·浙江大学哲学文存·

The Inheritance and Innovation of

Traditional Chinese Culture

□ 孔令宏/著

中国传统文化的守承与开拓

中国社会科学出版社

图书在版编目（CIP）数据

中国传统文化的守承与开拓 / 孔令宏著 . —北京：中国社会科学出版社，2021.10

（浙江大学哲学文存）

ISBN 978-7-5203-8356-1

Ⅰ.①中… Ⅱ.①孔… Ⅲ.①中华文化—研究 Ⅳ.①K203

中国版本图书馆 CIP 数据核字（2021）第 073112 号

出 版 人	赵剑英
责任编辑	朱华彬
责任校对	张爱华
责任印制	张雪娇

出　　版	中国社会科学出版社
社　　址	北京鼓楼西大街甲 158 号
邮　　编	100720
网　　址	http://www.csspw.cn
发 行 部	010-84083685
门 市 部	010-84029450
经　　销	新华书店及其他书店

印　　刷	北京君升印刷有限公司
装　　订	廊坊市广阳区广增装订厂
版　　次	2021 年 10 月第 1 版
印　　次	2021 年 10 月第 1 次印刷

开　　本	710×1000　1/16
印　　张	29.5
插　　页	2
字　　数	467 千字
定　　价	178.00 元

凡购买中国社会科学出版社图书，如有质量问题请与本社营销中心联系调换
电话：010-84083683
版权所有　侵权必究

序　言

　　历史是人的个体和不同层次的群体的行为的延续的记载、反思。它虽然落脚于过去，但也因为具有彰显价值、吸取经验、总结教训之类的意义而存在于当下和未来。据此，本书提出从活动作用看历史，从文化活动场出发，运用历史生态学的方法来研究传统文化与现代化的关系，更加侧重于就共时态来探讨传统文化、现代化和后现代化的关系。

　　哲学是文化的基础和核心，为此，本书侧重于中国哲学展开探讨。

　　一个多世纪以来，人们多以西方哲学理解、诠释中国哲学，对中国哲学的特殊性考虑不多。本书基于文化背景，在与西方哲学的比较中，从思维和逻辑等方面彰显了中国哲学的特点，进而论述了哲学与哲学史的关系，梳理了中国哲学的理论体系的形式要素，阐述了中国哲学研究中的生态学方法、诠释学方法、比较方法。

　　在历代统治者以儒治国的背景下，儒学是中国古代哲学的主体，当代仍然是中国哲学研究的主流。但是，如果不执着于门户观念，就不得不承认，道家是中国古代哲学的主干。[①] 基于前述中国哲学的研究方法，本书以儒学发展的高峰阶段宋明理学为例，研究了儒、道两家的双向影响，阐述了儒学通过吸收、改造道家思想而在宋明时期使得自己取得了卓越发展的历程/过程。宋明理学历时长，人物多，本书不可能全面展开，因此只选取了王安石学派、周敦颐、陆九渊、朱熹、王阳明、浙东学派为例进行了探讨。通过吸收道家思想，儒学在一定程度上超越了道

[①] 这一观点是陈鼓应先生提出的。笔者赞同并在《朱熹哲学与道家、道教》《宋代理学与道家、道教》等著作中作了比较全面的深入论证。

家，反过来能影响道家。所以，本书论述了朱熹哲学对道教①的影响。

作为文化的组成部分之一，儒学既是传统的，也在现代化中发挥着影响作用。基于这一认识，本书阐述了传承、弘扬儒学的新举措，探讨了儒学与当代商业文化的关系、儒学对现代管理的启示。

易经在夏代称为连山，商代称为归藏，周代称为周易。它与《奥义书》《圣经》一起并称人类文明的三大奇书、三大宝典。《易经》早于儒、道而产生，所以它既不是儒家的，也不是道家的，但对儒道两家都有深远的影响。大体说来，西汉以后，易学的义理派追随儒学，象数派追随道家。我们认为，易学对中国传统文化的影响主要呈现为观念、思维方式和理论模式。本书探讨了易学的时空整体观、信息衍生机制，并以传统地理为案例探讨了易学理论模式的运用。

狭义的科学技术近代在西欧产生并迅速传播到世界，逐渐成为一个普遍的具有宰制性的话语体系，在非西方国家尤其如此。广义的科学技术则普遍存在于各个国家的各个历史时期。本书研究了中国古代哲学与广义的科学技术的关系。我们赞同李约瑟博士的观点，认为儒学并不关心科学技术及其发展，而且在事实上对中国古代科学技术的发展没有发挥积极的作用。相反，道家则是中国古代科学技术发展的积极推动者。本书探讨了易学象数学派与中国古代科学技术的关系，论述了深受道家影响的儒者朱熹的科学哲学思想、多个领域的具体科学思想与道家的关系，阐述了中国古代科学技术思想中的机变论和感通论，进而论述了道家文化与科学技术的关系，概括了中国传统科学技术的思维方式。

提及中国古代科学技术，一个绕不开的问题就是李约瑟难题，即为什么狭义的科学技术没有在中国产生？为什么近现代中国科学技术落后于西方？为此，本书对李约瑟博士的道家科学技术观进行了评析，并运用技术社会学的方法和政治学的方法，试图为解答李约瑟难题交出一份答卷。

狭义和广义的科学技术，实际上是针对同一对象的不同话语体系。

---

① 道教是把道家运用于教化、教育的体系。笔者在《中国道教史话》《道教概论》等论著中多次论证，把道家视为哲学，把道教视为宗教的观念，是近代以来受西方人文社会科学学科分类体系影响的结果，与历史的真实是不相容的。二者之间的共通性远远多于差异性。

其间的可通约性和对话方法的探索很重要。为此，我们以道家文化中的内丹为案例，探讨了它的科学研究途径等相关问题，希望为进一步探讨中国古代科学技术及其现代化提供启示。

哲学是概括性的，文化是具体广博的，以哲学为中心来探讨传统文化与现代化的关系，难免有浮泛之弊。为此，我们采用了类型学的方法，就知识类型而以通书为案例，从横向的角度，即知识传播的角度，分析了文化的大传统与小传统之间的双向互动关系；就知识类型而以少数民族道士为案例，从纵向的角度分析了精英文化与俗众文化的双向互动关系，这是大传统与小传统双向互动关系的另外一个维度。此外，同样属于类型学方法的运用，我们就观念类型而以土葬为例，研究了云南十八寨汉族的丧葬礼仪所渗透的观念，由此可以理解从早期的火化到明代的土葬，再到今天提倡火化的观念演变的复杂性。在这个基础上，我们探讨了区域传统文化的保护及其产业化发展，把传统文化与现代化的关系落实到民生福祉这一基本点上，把抽象、空洞的有用转化到了具体、实在的有用上。

总之，本书是对传统文化与现代化关系探讨的推陈出新之作，一管之见，如能对深化问题的探讨有所启迪，如能对中华民族的发展有所助力，就是著者之大愿与荣幸。为此，衷心希望读者们批评指正。

我指导的研究生夏卓浩帮忙统一了注释、参考文献的体例，并作了校对，在此表示感谢。

是为序。

孔令宏
2020 年 9 月 7 日

目　　录

导　论 ……………………………………………………………… (1)
　第一节　从活动作用看历史 ………………………………………… (1)
　第二节　传统文化与现代化的共时性 …………………………… (10)

第一章　中国古代哲学及其研究方法 ………………………… (17)
　第一节　中国古代哲学的特点 …………………………………… (17)
　第二节　从中国哲学史谈历史生态学的几个问题 ……………… (23)
　第三节　论中国哲学的研究方法 ………………………………… (30)

第二章　易学的诠释 …………………………………………… (48)
　第一节　易学时空整体观 ………………………………………… (48)
　第二节　论《易》的信息衍生机制 ……………………………… (60)
　第三节　《易经》逻辑与辩证逻辑形式化 ……………………… (69)
　第四节　《周易》理论模式的案例分析 ………………………… (79)

第三章　儒学的诠释（上） …………………………………… (89)
　第一节　王安石学派的儒学思想与道家、道教 ………………… (90)
　第二节　周敦颐《太极图》源于张伯端 ………………………… (102)
　第三节　周敦颐思想与张伯端的关系 …………………………… (115)
　第四节　陆九渊思想与道家、道教 ……………………………… (125)
　第五节　朱熹陆九渊无极太极之辩与道家道教的关系 ………… (142)
　第六节　试论朱熹理一分殊思想的道家道教渊源 ……………… (151)

第四章　儒学的诠释（下） …………………………………（159）
　　第一节　朱熹思想对道教的影响 ……………………………（160）
　　第二节　宋明理学的纳道入儒与儒学的新发展 ……………（174）
　　第三节　浙东学派与道家、道教 ……………………………（185）
　　第四节　儒学仁礼关系的现代诠释与现代价值 ……………（196）
　　第五节　传承、弘扬儒学的新举措 …………………………（204）
　　第六节　儒家思想与商业文化的关系 ………………………（207）
　　第七节　儒家对现代管理的几点启示 ………………………（225）

第五章　中国古代哲学与科学技术 ……………………………（236）
　　第一节　《周易》象数与中国古代科学技术的关系略论 ……（238）
　　第二节　朱熹的科学哲学与道家、道教的关系 ……………（248）
　　第三节　朱熹的具体科学思想与道家、道教 ………………（266）
　　第四节　中国古代科学技术思想中的机变论 ………………（279）
　　第五节　中国古代科学技术思想中的感通论 ………………（288）
　　第六节　道家文化与科学技术 ………………………………（299）
　　第七节　中国传统科学技术的思维方式 ……………………（315）

第六章　中国传统科学技术及其现代化 ………………………（329）
　　第一节　思想要与历史吻合
　　　　　　——评李约瑟的道家科技哲学观 …………………（330）
　　第二节　试论用技术社会学方法解答李约瑟难题 …………（339）
　　第三节　从中国传统文化对王道政治的源属性谈
　　　　　　李约瑟难题 ……………………………………（347）
　　第四节　内丹的科学研究 ……………………………………（358）

第七章　区域传统文化及其现代化 ……………………………（371）
　　第一节　民间通书的知识类型分析 …………………………（372）
　　第二节　闾山教道士的知识类型研究
　　　　　　——以温州文成雷姓畲族道士为例 ………………（383）

第三节 云南省弥勒市十八寨汉族丧葬礼仪调查研究 ………… (404)
第四节 区域传统文化的保护及其产业化发展 ……………… (433)

参考文献 ………………………………………………………… (444)

导　论

　　传统的历史观念强调客观、真实、规律、对象、过去等等。这些是机械历史观的遗蕴，不能完全成立。在分析思维世界、历史人物、活动作用等概念的基础上，笔者提出了一种非实体主义的历史观。把这一历史观落实到传统文化与现代化的关系上，笔者指出，传统文化与现代化是共时态存在的文化的一体两面。不应该用实体论、整体论的观点来探讨传统文化和现代化的关系。

第一节　从活动作用看历史[*]

一

　　机械论的实证主义历史观的方法论原则归纳起来就是两个：历史学家的主观成分必须被删除，历史学家不应该对事实下判断，而只应该描述事实；历史可知的领域被分成无数事实而予以单独考察。

　　第二个原则是还原论性质的，而还原论是附属于机械论的主客二分的二元论的。所以，这两个原则的关键在于所谓客观性。它们最大的失误就是忽视了历史是人参与其间的——这是一个最基本的事实。

　　无论把历史视为"发展过程""经历""过去的""事实"或"事实的记载"，都只有它们已经存在于人的思维世界之内，人才能感知到它们的存在。没有进入人的思维世界之中的东西，即便它作为一个实体确实存在于人的思维世界之外，但它没有被人感知到，没有进入人的思维世界，人们也不可能说它是存在的。而且，某事物在进入人的思维世界的

---

　　[*] 本节原文发表于《福建论坛》（文史哲版）1998年第1期，此处略有修改。

过程中，现代认知科学的研究已经揭示，并非不受人的因素的影响。恰恰相反，人对外部世界的事物的感知并非机械的摄影，而是有人的既有知识、经验、价值标准、目标趋向、伦理标准、审美标准、符号与语言等等因素参与其间的。质言之，物理观察世界与思维世界契合无间这种最理想的境界，或许存在，但却是可望而不可即的。正如新康德主义所主张的："我们所说的世界是我们所理解的世界。"[1]

既然如此，纯客观的历史也就不存在。任何一种历史，都是人本身及其所处时代的信息与另一个时代的信息相互作用的结果。在这里，以往的历史都已经被当代化了，是研究者从当代的角度在自己的思维世界内所作出的阐释形态。用克罗齐的话来说，"一切真历史都是当代史"[2]。现代解释学也认为，历史是人类生存的基本方式。真正的理解就是以自己固有的历史性去消融异己性，海德格尔所说的"前理解"（即理解的"前提条件"）就是理解者因袭的、无法超越的历史文化传统，包括理解者所处的社会价值系统。正因为如此，从史学史中可以看出，对同一段历史，不同时代的人、同一时代的不同研究者，常常有各不相同的理解。因为不同的时代、不同的个人，由于知识等等诸多文化因素及其结构的变化，所形成的价值取向和认知结构不同，从而其用以接收信息的方式也不同，对同样信息的意义的理解也不一样。虽然历史的原生态运动对不同时代或同一时代的不同研究者是共同的，但原生态运动为历史学家感知却要受史学家个人、时代等诸多因素的影响。原生态运动以观念的形态存在于史学家的思维世界中是，也只可能是史学家思维世界的一部分而要受其他部分的影响。正如余英时先生所说："每个人既然不能避免主观，那么最可能做的事情，就是把主观的问题，把基本的假定提到一个明确的境地来，提到一种自觉的状态。假借客观的外形，来隐藏着一种主观，这对史学的发展来说是不利的。"[3] 这就是说，没有纯客观的历史。

历史既然不是纯客观的，自然也就不可能是绝对真实的。原生态的历

---

[1] 邱仁宗主编：《20世纪西方哲学名著导读》，湖南人民出版社1991年版，第47页。

[2] ［意］贝内德托·克罗齐：《历史学的理论和实际》，傅任敢译，商务印书馆1982年版，第2页。

[3] 余英时：《史学、史家与时代》，载《历史与思维》，台北：联经出版事业公司1976年版，第260页。

史是史学家的直接观察所不能及的，所谓的真实性也就无从谈起。但史学家们却往往把寻求真实的历史视为自己的崇高使命，对历史上的每一事件、人物，都要寻根究底，旁征博引，以证实其存在的真实性。但是，问题的关键并不在于历史上是否有其人其事，而在于其人其事是否已经造就或影响了当下可见的历史。如果其人其事已经造就或影响了当下的历史，即使被证伪了，也同样值得史学家去进行研究。例如，西方近代曾经就耶稣是否确有其人进行了长期的争论。但即便耶稣不存在，一千多年的基督教中世纪对欧洲社会所造成的深远影响却是值得进行研究的。

其次，即使历史人物、历史事件真实存在，在历史发展的长河中也会变得不完全真实。相距当代时间越长的历史事件、人物，其表面上因被很多的后人阐释而附加上的文化层越厚，其真实性也就越值得怀疑。

历史没有绝对的真实性，当然也就没有绝对的规律性。绝对的规律性意味着规律的绝对普遍适用性和绝对的重复性，以及可精确地预测未来。质言之，规律在任何时候、任何地方、对任何事物都适用。这对于历史是不能成立的。因为历史作为人参与其间的动态变化的复杂事物，具有多层次性，其间充满了相干性、偶然性。这表现在：

首先，意义的不确定性。过去了的历史，其意义不是就固定了。历史个案在历史上表现出来的东西要比原作者想要表达的多得多。理解的积极的、建设性的可能性、意义发现的无穷过程就是通过它来实现的。因此，历史的意义是可变的。这有六种情况：

第一，历史的意义由人创造。对此，克罗齐说过："每一历史论断的基础，都是实践的需要。它赋予一切历史以当代史的性质。因为无论与实践需要有关的那些事实如何年深久远，历史实际上总是面临着当代的需要和环境。"[1] 章学诚也强调以史学"经世"，他一方面说历史的意义在于能"纲纪天人，推明大道"，"通古今之变而成一家之言"，另一方面又主张史学"切合当时人事"，反对"舍今而求古，舍人事而言性天"。[2]

---

[1] [意]贝内德托·克罗齐：《作为思想和行动的历史》，田时纲译，商务印书馆2017年版，第6页。

[2] （清）章学诚著、叶瑛校注：《文史通义》卷五《浙东学术》，中华书局1985年版，第524页。

第二，历史个案在历史中的意义是多侧面、多层次的。要把握其所有侧面、所有层次的意义既是不可能的，也是不必要的。阐释哪些侧面、哪些层次就取决于人们的需要。孔子修《春秋》的目的是"疏通知远"，欲以历史教人，想于世道人心有所裨益。司马迁则是"亦欲以究天人之际，通古今之变，成一家之言"①。

第三，历史意义的评判标准是多元的。历史个案意义的多侧面、多层次决定了人们往往难以予以公允、公正的评判。而且，人们可以从多个角度去进行取舍、评判。同一历史个案的意义，在不同时代的人眼里，因评判标准不一样，是不会完全一样的，甚至有多次反复。历史上众多的"翻案"就说明了这一点。即使是同一时代的人，评判标准也会不同，对同一历史个案的评判也往往大相径庭。

第四，历史意义的表达只是一种简化。解释者与他所处的时代是一个整体，历史个案的原生态也是一个整体。一句话，解释本身就是一个整体。但是，解释却只能从一个立场，一个审视方位和一定的视域来进行。正如章学诚所说："既为著作，自命专家，则列传去取必有别识心裁，成其家言，而不能尽类以收，同于排纂，亦其势也。"② 这就意味着，任何一种对历史个案的意义的表达都只能是一种简化。也就是说，任何一种理论预设和解释模式都不可能穷尽历史事实，也不可能完备自足地解释历史。

第五，历史是一个相互关联的整体。历史个案的意义会因为这个整体中其他方面、个案的意义的重新评价而发生改变。例如，对中国古代哲学的特殊性、民族性的深入研究正在改变人们的术数、命相学等等的整体认识。

第六，既往历史的意义会因为新历史的创造而改变。如果一个落后民族的历史过去不为人注意，那么，当它崛起之后，其他民族和该民族的历史学家会比以前有浓厚得多的兴趣去关注它过去的历史，以弄清它

---

① 《汉书》卷六十二《司马迁传》，中华书局编辑部点校，中华书局1962年版，第2735页。

② （清）章学诚著、叶瑛校注：《文史通义》卷七《亳州志人物表例议上》，中华书局1985年版，第801页。

崛起的根源。此时该民族的历史的意义就比以前重大得多了。就个人而言，人才学上的"迪恩赖克西亚"现象也说明：不少后来成为伟人的人在儿童、少年时期，性情古怪，学习成绩并不好，不受父母、老师、旁人的青睐。但是，当他们成为伟人后，所有这些缺点就变为该称颂的事，并被渲染为幼年即已有伟大的萌芽。

其次，材料的不确定性。任何历史都可能会有新的材料来补充和否定它。例如，长沙马王堆汉墓出土的文物，对《易经》、《道德经》、黄老道家和中医药等等学科史和中国传统文化的研究，都有重大影响，史学家不得不改变了许多定论。

历史的不确定性决定了历史规律的非普适性、非重复性。历史规律只表现为具有逻辑形态的社会规律与大量历史现象的整体趋向所蕴含的深层逻辑结构的切近、相似。历史规律就是这种统计性的、相似性的趋势。质言之，决定论性质的规律在历史中是不存在的。

事实上，在复杂事物那里，不同层次有不同的规律。即便是同一层次的规律，由于相干性、偶然性造成的层次绞缠扭结，也是可变的。所以，永恒的、绝对的规律本来就不存在。在大多数情况下，历史就是这样的复杂性事物。

既然规律是可变的，整体趋势也是可变的，那么，对"未来"（"未来"仅仅针对共时态的有明确界限的局部或个体事物而言才是有意义的）的预测就不可能是精确的。因此，在一定意义上说，"未来"不可预测，"未来"是可塑造的。

总之，历时性和决定论的规律性不能相提并论。过程与规律，二者之间并不构成前提与结论间的必然联系。不应该先假定历史有某种必然的规律再来找乃至人为地制造它。

二

历史学家对既往历史个案进行新的解释，对其既往时代的意义进行替换，把当代的意义附加上去。他们所做的这些工作本身就是现时代人们的实践活动的一部分。史学家写史本身就是一个史实。就此而言，历史学家并不是研究历史，而是创造历史。

这样看来，我们眼中的历史都不是历史的原生态，而是后人、当代人的历史创造活动在我们思维世界中的开显。

历史学家是历史的一分子。他们的活动自然也就是历史活动的一部分。他们既影响其他历史活动，也受其他历史活动的影响。历史是人参与其间的活动，自然就不是既成的感性或理性的对象，就不是自足自在的实体，也不是可以消灭、毁坏、建造的实体。因此，历史之为历史，就在于它本质上不是对象，不是实体。质言之，实体论于历史是不能成立的。

但是，历史中却有文物、古迹和历史文本（包括书面文本和非书面文本两类，非书面文本包括口头、形体、心理等等文本）等东西存在。我们称这些东西为历史物。那么，历史与历史物的关系是什么样的呢？

历史物实际上是我们的观察世界，因我们的观察和认知而向我们开显，从而构成观察、认知的内容，并因意义关联而形成思维世界、意义世界。历史物就是历史的能指，而历史则是所指。历史物的功能并不在于它的观赏、游览和种种研究价值，而在于它作为某种载体将个人、群体、民族、社会、人类等等不同层次的人的精神意识代代相传的同时，又代代赋予它新的解释而服务于每一时代人们的活动。历史物绝对不是由死气沉沉的物质材料组构而成的古董仓库，而是通过对历史观察世界中的历史文本所作的读解的意义性张扬呈现出人们生存活动的精神层面，并通过人的传宗接代而把它们传承下去，构成历史文化传统，而不会像它的实物性材料一样在这种代代相传中自然消亡。也就是说，历史物之所以是历史物，恰恰因为它是历史事件、历史活动的一部分、一种凝聚体，是前人和当代人不断地对历史活动、历史事件赋予意义、进行塑造的结果。

与此相应，历史就是在这种意义的层次更替的变换中映现出特定时代特定的人们在特定的约束条件下的生存活动在我们思维世界中所开显出来的方式。正如"齐美尔看出历史是一种精神的东西，是一种人的本性的东西，而且使历史学家能以重新构造它们的唯一东西就只有这一事实，即历史学家本人就是一种精神和一种个性"①。它凝结、融化于人所位居其间的生存活动中，影响着活动的方式、形态和结果。所以，科林

---

① [英] R. G. 科林伍德：《历史的观念》，何兆武、张文杰译，中国社会科学出版社1986年版，第194页。

伍德说:"历史具有人文目的及自我展示的功能。"①

人在历史中生存,也在历史中消亡。无人的历史不存在,无历史的人也不存在。外在于历史的人,仅仅是一个抽去了一切现实规定的空洞之物。所以,人无法将历史作为对象性的东西来占有或抛弃,也不可能将历史作为实体性的东西而使之永恒不变。伽德默尔认为,真正的历史对象根本不是一个客体,而是自身和他者的统一,是一种涵盖一切的过程和关系。所以,历史既不是认识、实践的对象,也不是一个永恒不变却能派生一切的实体。历史不是别的,就是活动本身,就是人的认识、实践等等形式的活动。

三

一般认为,历史就是"过去了的"。这具体有两种看法:

其一,历史就是历史物所表征的"过去"的时间性。历史物一旦被视为"历史",那就表明它们被界定在"过去"的时间界限以内,其所有的意义都从"过去"涌流到现在,从而产生对现在而言的或多或少、或有或无的价值。

其二,一起历史物与现在有某种断裂性和连续性。以此为前提,断言历史就是从历史的时间性派生出的对历史的某种解释。

这两种观点的实质在于:历史物被视为一种其内容、结构、信息、意义等等都已经封闭了的既定的东西。"过时的"也就是"已经完成了的"。

但是,这种不变的、静止的、封闭的东西既不可能进入人的思维世界,也不可能为人所认识。从不变的、静止的、封闭的东西中不可能从其本性中产生运动的、可变的、开放的事件。这样的东西因而也不可能向人开显而被人所认识。

同时,承认这种观点就必然会认为,古人对与他们更接近的那些时代要比我们自己知道得更清楚,古人对与他们接近的那些时代的叙述比我们自己说的更值得相信。按这样的逻辑往下推理,就必然得出这样的

---

① [英] R. G. 科林伍德:《历史的观念》,何兆武、张文杰译,中国社会科学出版社1986年版,第19页。

结论：后来的史学家不可能超过前代的史学家。显然这是与事实不符的。

对此，科林伍德说过："历史学家把他所依据的权威著作安排在证人席上，反复加以询问，以便从其中追出它们本来不愿说出或未尝具备的消息。"① 历史物是一些本质上未完成的、活的、待定的、充满了无穷的可能性的东西。其实，过去之为过去，也仅仅在于它能返本开新、古为今用（一部分洋为中用、它为我用也属此）。历史不仅仅是对历史文本的读解，更是对历史文本的意义性张扬与创造。正如章学诚评论南宋史学家、《通志》作者郑樵时说："知作者之旨不徒以词采为文，考据为学也。于是遂欲匡正史迁，益以博雅，贬损班固，讥其因袭，而独取三千年来遗之故册，运以别识心裁，盖承通史家风而自为经纬，成一家言者也。"② 这样看来，历史实际上是存在于当下的思维世界中的一类活动作用。正如科林伍德所说："历史的过去……是一种活着的过去，是历史思维活动的本身使之活着的过去；从一种思想方式到另一种的历史变化并不是前一种的死亡，而是它的存活被结合到一种新的、包括它自己的观念的发展和批评在内的脉络中。"③ 历史学家不是被动地、消极地对待历史物，"科学的历史学家在自己的心灵中带着问题去阅读它们，由于为自己决定了他想要发现什么，就采取了主动"④。

总之，历史物仅仅在作为可能性而成为人生存活动的本身、方式、环境，而且只有与它们共存为一体时才是真正的历史物。这包含了两层意思：其一，人与历史物是共生的。历史只要存在，便必定内蕴了历史物；历史物只要存在，也必定属于一定的历史。人只有处于历史之中才谈得上对历史进行批判、理解和解释。对历史物意义世界的开显既有读者对历史物意义世界的理解与解释，也有历史物对读者的约束。此外，理解与阐释时公认的对历史物的常识、大多数人所接受的观念、学术传

---

① ［英］R. G. 科林伍德：《历史的观念》，何兆武、张文杰译，中国社会科学出版社1986年版，第59页。
② （清）章学诚著、叶瑛校注：《文史通义》卷五《申郑》，中华书局1985年版，第463页。
③ ［英］R. G. 科林伍德：《历史的观念》，何兆武、张文杰译，中国社会科学出版社1986年版，第256页。
④ ［英］R. G. 科林伍德：《历史的观念》，何兆武、张文杰译，中国社会科学出版社1986年版，第305页。

统、学术规范也制约着读者的阐释活动。这三方面的动态平衡贯注于思维世界的活动中。其二，体会是历史存在的方式之一。体会就是历史物与人在一个"场"中共同存在时的互相依赖、互为补充的过程，它们相互关联，相互作用，相互影响。

这种共生关系的实质是共时态。本来，真正"过去了的"东西谁都不会去关心，也是任何人都无法去关心的。一旦当我们去关心它、谈及它、想到它时，它就已经进入我们的思维世界之内，就已经不是"过去了的"东西。

历史既融合过去于现在，也基于现在塑造未来。显然，如果视历史为既定的、现成的、不变的、静止的，那么，"以前曾经——现在已不"和"现在尚不——但是以后"就是水火不相容的。但历史恰恰不是这样的，那么，这两者之间就不必然是互为前提的充要条件关系，而是相容的。因此，将来并非相对于现在的"尚未"，不是位于远处而尚未进入历史的东西。将来之为将来，仅仅因为它是相对于人的活动的抉择、选择而言的无穷多可能性的体现者。"现在"是人的生存状态的现实状态，是"本然"；"未来"是人的生存状态的"应然"或"或然"，"应然"是体现着价值尺度的理想状态，"或然"则是情况不明朗、信息不充分时的状态。"应然"与"或然"都是可能状态。人的思维活动的选择和行动的实施促成可能态向现实态的转化。"现在"是维护现实，"未来"则是批判现实。维护和批判是人们对历史状态评价的两个侧面。现实不会完全满足人们的需要，人们以自己的行动在可能态中进行抉择而改变现实，以满足自己的需要，而指导人们抉择的正是作为理想的"未来"。历史活动的变化在一个可能态转化为现实态的同时，也就失去了以其他种种可能态表现出来而存在的机会。但这并不是说其他可能性就消失了。它们照样存在，只是没有表现出来而已。这个现实态不可能是历史存在的唯一方式，因此种种可能性中必然会有另一个要表现出来。正是在这种可能态——现实态——可能态的交替演化中，历史维持了自我同一性，证明了自身的存在。所以，历史既是塑造过去、建构现在，也是创造未来。

其实，从上文可知，塑造过去、建构现在、创造未来，都是在同一思维世界中进行的，都是共时态的。这样，毋宁说，所谓过去、现在、未来，就是从不同立场（立于"场"中的不同位置），基于不同角度

（视角）来透视"场"中的不同部分的活动作用。所以，历史就是从过去、现在、未来三个角度进行的"活着的心灵的自我认识"[①]。

第二节　传统文化与现代化的共时性[*]

一

从17世纪德国法学家普劳多夫初步确立文化的概念后，学者们就文化的内涵和外延展开了诸多争论，形成了许多流派。20世纪中叶，美国文化学家克罗伯在总结前人观点的基础上，提出了比较为大家公认的文化定义："文化是一种架构，包括各种内隐或外显的行为模式，通过符号系统习得或传递；文化的核心信息来自历史传统；文化具有清晰的内在的结构或层面，有自身的规律。"[②] 这样看来，文化是人自己的生存活动，也是前人生存活动的结果。正如兰德曼所说："尽管文化只是源于人类，而且为了保存文化的生命力，人作为承担者使用文化，并用文化来充实自己。但文化并非附属于人，而是外在于人的独立存在。事实上，文化可以与承担者分开，并可以由一个承担者向另一个承担者转化。在一定程度上，文化与我们分离，如同自然先予的世界与我们分离一样。我们无法逃脱地站立在我们创造的文化世界中，也就象我们站在自然世界中一样。"[③] 个体的人一旦出生，就已经落入某种文化环境中了，这是他无从选择的。每一个人都是在文化中生存和活动并参与文化的创造的。"文化创造比我们迄今所相信的有更加广阔的和深刻的内涵。人类生活的基础不是自然的安排，而是文化形成的形式和习惯。"人与动物不同，"支配动物行为的本能，是动物物种的自然特性……人的行为则是靠人自己曾获得的文化来支配"[④]。支配人的行为的，表面上看是外在于人的事物

---

① ［英］R. G. 科林伍德：《历史的观念》，何兆武、张文杰译，中国社会科学出版社1986年版，第305页。

* 本节原文发表于《现代哲学》1997年第3期，人大复印报刊资料《文化研究》1997年第11期全文转载，此处略有修改。

② ［美］A. L. 克罗伯、K. 科拉克洪：《文化：一个概念定义的考评》，转引自庄春波《文化哲学论纲》，《管子学刊》1996年第1期。

③ ［德］米希尔·兰德曼：《哲学人类学》，彭富春译，工人出版社1988年版，第260页。

④ ［德］米希尔·兰德曼：《哲学人类学》，彭富春译，工人出版社1988年版，第277页。

及其间的关系，但实际上，它们必须转化为知识、价值、意义才能内在地控制人的行为。前人、他人的生存活动对自己的影响也是如此。这样看来，文化一方面是正在进行、不可停顿的生存活动，另一方面是寓蕴于这种当下的生存活动中并规范、调节、控制、影响着这些生存活动的知识、价值、意义。

　　文化活动既然是人类的生存运动，这种生存活动的基础既然是"文化形成的形式和习惯"，那么，文化活动的第一方面首先就是体现"文化形成的形式和习惯"、传递前人生存活动的经验和教训的传统文化。这是人一出生就置身于其间的、不可超越的。"人要成为全面的人，只有生存于承担了传统的同类群体中。人的文化方面只能以这种方式发展。"① 人要成长，"个体首先必须吸收与他相关的文化传统。个体首先必须爬上他出于其中的文化高度"②。这说明，传统文化一方面是前人生存活动的结果，另一方面也是一种知识、价值、意义，是前人生存活动的智慧的结晶。按照伽德默尔的看法，人作为有限的存在是处于传统文化之中的，不管他是否了解这种传统文化，也不管他是赞成还是反对，他都不可能超越传统文化的观念意识。我们始终只能在传统文化中进行理解。不管意识到与否，传统文化总是影响并形成我们，始终是我们的一部分。它当然不是躲在久远的过去，而是就存在于人的每一个成长阶段，就存在于人当下的生存活动中，存在于这种当下的生存活动的方方面面里。传统文化是我们进行思维的前提。我们固然也有许多无法控制的成见和思维定式，但我们必然要调整、修正、剔除和补充它们，在此基础上展开新的思维活动。这种新的思维活动及其成果马上就构成传统文化的一部分。思维转化为行动，行动产生成果，我们就这样也参与了传统文化的创造。传统文化就是这样存在、发展和延续下来的。传统文化还是使社会的各个部分、使社会的各个发展阶段保持紧密联系和统一性的东西，是社会发展的基因。它从物质技术、行为规范、精神意识等等层面表现出来，集中表现在语言符号、思维方式、价值观念等等方面。

---

① ［德］米希尔·兰德曼：《哲学人类学》，彭富春译，工人出版社1988年版，第268页。
② ［德］米希尔·兰德曼：《哲学人类学》，彭富春译，工人出版社1988年版，第278页。

这样看来，文化包含两部分：作为文化活动的结果的这一部分，是传统文化；作为对传统文化进行修正、补充、更新的另一部分，就是现代化。它们作为文化整体之两面，是共时态地位居于个人、社会当下的生存活动的方方面面里。换句话说，传统文化、现代化共同构成了人生存活动的本身。

二

为此，应该避免陷入对传统文化与现代化作"时代化"理解的误区：把现代化仅仅看作一个时间概念、一个历史时期，一个继传统文化之后的时期，而在此前存在、发生的一切事情都必然属于传统文化。关于这一点，福柯在《什么是启蒙》一文中谈及对现代化作时代性的理解时曾经指出：我们不应该将现代化仅仅看作处于前现代与后现代之间的一个时代，而更应该将其看作一种态度，而这种态度不是谁都有的，也不仅仅局限在某一个特定的时代。这是从个人对生存活动的态度来说的。著名后现代思想家、加利福尼亚大学的霍依教授则说得更加富有哲理意味："按照我所提出的后现代主义观，称福柯为一个后现代思想家并不意味着他的同时代人和幸存者同样也是后现代主义者或必须成为后现代主义者。历史的中断不是同时发生在每一个人身上的，也不是同时发生在所有地方的。同一个人、同一种纪律或设置在某些方面可以是传统的，在某些方面可以是现代的，在另一些方面可以是后现代的。"[1] 这个说法言之成理而且可以借鉴来理解传统文化与现代化的关系。对传统文化和现代化的关系作"时代化"的理解尽管简便，但却势必在两者之间设置一个僵硬的、各执一词的人为界限，由此导致一系列的混乱和产生很多问题。

之所以人们会把传统文化和现代化的关系理解为时代化的历时性关系，首要的原因是把传统文化和现代化作了实体化的理解。这有两种表现：一种表现是企图到前人遗留下来的书面文献材料中去寻找传统文化。这就把传统文化当作了一堆僵死的、既定的、静止的、封闭的东西，进而认为，传统文化是可有可无的可抛弃的东西，不必要浪费人力、物力、

---

[1] David C. Hoy, "Foucault: Modern of Postmodern?" in J. Arac, eds., *After Foucault*, New Brunswick, N. J.: Rutgers University Press, 1988, p. 38.

财力保存。由此出发，人们还认为：古代书面文献材料所表述的传统文化，比我们自己所知道的更清楚、更值得相信。其实，且不说这个观点只注意到了历史的描述性而未涉及其解释性，至少它还忽略了一个最基本的事实：古人书面文献材料所记述的东西，有的只是纸上谈兵，有的不过是无法实现的或本来应该实现却并未实现的理想，有的则是虚伪的或言不由衷的粉饰，还有的只是一家之言或从某种立场出发的、有倾向性的、为某一群体利益服务的主张。另一种表现是把传统文化当作现代化的阻力和障碍，把传统文化当作现实中的问题、消极的东西、社会的阴暗面、一切不如意的东西的替罪羊，总之，把现实中的一切问题都归咎于传统文化。例如胡适说："一面学科学，一面恢复我们故有的文化……这条路是走不通的。如果过去的文化是值得恢复的，我们今天不至于遭到这步田地了。"① 在这种观点的指导下，要进行现代化，就要彻底清除传统文化，"不破不立"。五四时期的"打倒孔家店""消灭汉字"等等口号、"文化大革命"中的诸多做法就是这样。这种观点过分夸大了传统文化的力量，把传统文化看作文化的全部，把传统文化视为一成不变的东西，最终必然要导致历史虚无主义。而且，如果传统文化真的都是现代化的阻力，那就意味着过去与现在必然发生了绝对的质变，过去与现在毫无共同性。这在事实上存在吗？如果承认过去与现在还多少有一些共同性，同时又坚持传统文化是现代化的阻力，那么，就意味着古人、前人必然是无能，至少是不如现代人。我们能找到充分的事实依据来证明所有的古人、前人在方方面面都不如所有的现代人吗？把传统文化当作现代化的阻力和障碍的观点，实际上是怯懦和懒惰的表现，是企图以此推卸自己肩上的责任和义务的想法和做法。而且，在现实中，颂扬和批判传统文化这两种情况往往同时存在。这说明，怎样在历史与现实、传统文化与现代化之间划分责任与荣誉，这关系到历史、文化研究的科学性和严肃性。其实，历史和传统文化既不承担责任，也不享有荣誉。承担责任或享有荣誉的，只能是各个时代的人。这两种表现都忽略了，文化既然就是人的生存活动和内蕴于其中的知识、价值、意义，那么，它就只可能是由不同人或同一个人各个方面的生存活动关联起来的

---

① 《胡适文存四集》卷四《再论信心与反省》，黄山书社1996年版，第343页。

关系网络，也就不可能是实体。它是具体的、与时俱迁、因人而异的。文化就是这个关系网络的调控配置，其中的一切都要根据具体的场景、局势和参与其间的人的情况来确定，根本谈不上有所谓最好的文化，甚至也谈不上有不错的文化。

传统文化是"文化活动的形式和习惯"，不是实体，因此只能在现时刻的人们的生存活动中去寻找。这样，"传统文化是否有利于现代化"或"传统文化是现代化的障碍还是动力"等等这一类问题，就是大而无当的假问题、不科学的问题。真正的问题是：传统文化的某一部分是否、以何种方式、在多大程度上影响、制约着我们特定方面的生存活动？我们怎样去超越它在特定历史条件下所形成的局限性？

由于把传统文化和现代化作了实体化的理解，人们往往企图寻找、确立一个唯一的标准以便把所涉及的东西确定地归类于传统文化或现代化中。例如，有人把洋务运动、袁世凯的改革、同治中兴的一系列举措划归现代化，而另一部分人则坚决反对。有人认为，辛亥革命是现代化的行动，但另外的人则指出，辛亥革命前期思想中的大汉族主义、种族复仇主义的存在说明不能简单地把辛亥革命归入现代化。在这些争论背后，都是企图寻找一个唯一的判定标准以便把所涉及的东西确定地归类于传统文化和现代化中。其实，这样的标准，如果说存在的话，也不是唯一的。因为对传统文化和现代化的所指，不同的人因立场、审视方位的不同，有不同的界定。

这也意味着，对传统文化和现代化不能简单地作整体化的抽象讨论，如果这样，就在实质上把传统文化和现代化都视为一个逻辑上周详严谨的、抽象的、统一的整体，从而认为，每个民族只有一个唯一的传统文化，而且至少到目前为止就是这个样子；现代化也只有一个唯一的模式，欧洲社会天然地具有实现现代化的潜力，现代化首先在欧洲发生是历史的必然，要进行现代化就要在各个方面都以欧洲社会为榜样来一番脱胎换骨的"革命"。这种观点实际上是把文化还原为地理因素和社会因素。事实上，把传统文化和现代化的关系作时代化的理解，就是假设"时代"在地理上和文化上是绝对同一的统一体或前后完全一致的整体。这样的假设显然是不能成立的，因为文化的发展有不平衡性，这包括文化各个子系统发展的不平衡性和文化发展的个体、群体、地域、民族、国家的不平衡性。因此，文化发生、存在和发展的独特性就不能被忽视。把传统文化和现代化进行时代化理解的观点同时还忽视了每个民族的传统文化都是多姿多彩的，远远不是一个逻辑上统一的整体。文化既然是人的生存活动本身，那就不可能是抽象的，而只能是具体的。现代化作为文化中的一个组成部分，当然也不可能是抽象的。既然是具体的，那么，在不同的国家，由不同的人所进行的不同的活动，其现代化就不会是只有一个模式，同样也是五彩缤纷、各具特色的。既然这样，对传统文化和现代化的探讨就不能再用整体性的思维模式作泛泛而论，而要在不同的个人、群体所特有的不同的生存活动中进行具体的深入研究。

由此可见，企图对传统文化进行重新梳理和解释，使之由障碍转化为动力的想法和做法是不对的。近代所谓的"整理国故"运动和新儒家的"创造性转换"所遭遇的尴尬和难堪就是典型的例子。其实，对传统文化的理性化、逻辑化、规律化，本质上都是把传统文化目的化、主观化，因为理性本身就是近代西方才产生的舶来品，并非西方以外的民族的传统文化所共有；逻辑虽然原则上说是多元的，但实际上现代人所用的都只是西方所继承下来的亚里士多德的形式逻辑，而中国古代的逻辑则是辩证——墨辩逻辑。各个民族的文化发展都有其特殊性，要找出所有民族文化都共有的规律不是短时间内通过研究一两个民族文化的发展就能办得到的。这样所梳理和解释出来的东西，当然也只可能是为特定的人的某些方面的生存活动服务罢了。但应该指出，如此固然可以发掘、拓展出一种新的意义的源泉，但往往更加可能遮蔽、损害了既往时代活跃的生命运动和富裕的精神生命。维特根斯坦后期主要攻击的对普遍性的渴望，应该不断地警惕。

上面我们从理论上说明了，坚持对传统文化和现代化作历时性的理解是错误的。在事实上，如果坚持用这样的观点去分析问题，就必然把传统文化与现代化的关系的若干侧面作二元对峙的理解。这里只谈三种表现。

第一种表现是肯定与否定的绝对化。这主要是针对传统文化而言，但批判现代化的也不是没有。对传统文化作绝对肯定的，往往主张一切古已有之，只要中本西用、中体西用、夷为夏用即可。否定传统文化的，往往认为它是糟粕，主张与传统文化彻底决裂，全盘西化。其实，对传统文化与现代化作肯定或否定的理解都是错误的。传统文化与现代化是相依共存的。传统文化是人一生下来就不得不生存于其间并受其制约的东西，不论你肯定它而把它捧上天，你都无法从中得到什么额外的收益；不论你否定它而把它贬低得一文不值，你也无法完全摆脱它，照样要受它的制约。对传统文化的肯定或否定也不是进行现代化的逻辑前提或行动所必须的第一步。同样，对现代化作或不作肯定也都无关于它存在于人们当下的活动中这一事实。魏源说过："执古以绳今，是为诬今；执今以律古，是为诬古。诬今不可以为治，诬古不可以语学。"[①] 当然这不是说搞现代化可以不考虑传统文化，而是说，对于传统文化与现代化的问题，重要的不是通过肯定或否定而比较孰优孰劣，孰重要孰不重要或进行取舍，而是要在人们当下的活动中来探讨它们之间的关系。这种探讨不是所谓整体性的泛泛而论，而是具体的、局部的、深入细致的实践操作。实践操作中所涉及的传统文化与现代化都不是抽象的，也不是空泛的。这样，传统文化是好还是不好，现代化是好还是不好，相对于具体的实践操作而言就成为可笑的问题，而且也是无从回答的问题。就好比去问一个下棋高手："请问这世界上最好的一步棋如何下？"脱离了特定的棋局及对手的情况，再高明的棋师都无法回答这个问题。再则，传统文化和现代化既然都是人的生存活动的组成部分，那么也就不可能只取其一而舍其二，它们都是无从取舍的。

第二种表现是厚古薄今与厚今薄古，这是前一种表现的转化形式，不必再作分析。

第三种表现是认为，传统文化是"源"，现代化是"流"，有了"流"就可以不必再去为"源"伤神费力。从传统文化与现代化的共时态来看，这种"源""流"观是不能成立的。

[①] 《魏源集·默觚下·治篇五》，中华书局2009年版，第48页。

第一章

中国古代哲学及其研究方法

基于文化背景,在与西方哲学的比较中,本章从思维与逻辑等方面指出了中国哲学的特殊性,探讨了运用历史生态学方法研究中国哲学的基本方面,分析了哲学与哲学史的关系、中国哲学理论体系的形式要素,具体阐述了中国哲学研究的基本方法。

第一节 中国古代哲学的特点

乾嘉以来,中国古代哲学的研究均致力于上承传统、下启未来、融贯中西。为此,"折戟沉沙铁未销,自将磨洗认前朝"显得尤为重要。受篇幅所限,本章的观点,不拟加论证。

一 中国古代哲学文化背景的特殊性

其他三大文明,尤其是其中的古希腊文明,都经历了漫长的神话与宗教时代。与之相比中国的诸如《山海经》《楚辞》这些神话系统都在春秋、战国之际才出现,并未成为哲学、艺术的前奏。在宗教方面,中国至少在公元前11世纪即已完成了神秘文化向理性文化的变革——以"德治"取代"神治",而其他三大古老文化是在公元前八九世纪才逐渐由神秘宗教变革为理性。

国家的形成及其结构与血缘关系的家庭全息同构,是中国文化的又一特殊性。温情脉脉的血缘关系被泛化而用于调整统治者内部的君臣上下关系、统治者与被统治者的关系。宗法维护君主法统、族权强化王权、家规补充国法、伦理化治理国家的特色尤为鲜明。因此,个体家庭是社会的细胞,家庭繁衍而产生的家族聚居地域——地、社是社会的基层组织形式,世袭分封是政治的基本结构,祭祀祖先的"礼""器"成为国家——社稷的要力象征。国君是全国民众所共同的家长,各级地方长官则为"民之父母"。

因此,官僚产生的程序是"修身、齐家、治国、平天下"。在社会结构上,土地国家所有权与土地使用权相分离的矛盾,官僚阶层的食户税制与兼并土地使用权的士族地主的矛盾,身份等级制与经济等级制的矛盾,高度分散的个体经济与中央政府的高度专制集权的矛盾,家庭、家族和村社的三级自治形式与外来的官方的类似于家长式的宏观管理的矛盾趋于激化的总态势的特征,决定了官僚管理社会正如管理家庭,重在"平"治和"教化",重在管人而非管物。

二 在与西方哲学的比较中透视中国哲学

中国哲学是一种力图对人的生命和谐发展的秩序、程序作出总体阐释的哲学。因此,它虽也追求普遍、永恒、终极的真理,但并未视哲学为单纯的理智认知理论,而注重开掘存在对人的意义,是真理、价值、审美、心证(生命境界体验)、知、性、心、情、意、志融为一体的生命哲学。

中国哲学也追问原初的、先天的东西,但对它们并不作绝对化的理解。原初、先天的东西仍无时无处不存在于衍生的、后天的、具体的物物事事之中,因此"六合之外,圣人存而不论"[1],中国哲学并不刻意从原初、先天的东西那里探求乃至虚造出人的生存本性、行为根据、存在价值、生活意义乃至前途命运。即使人们探讨这方面的意义,而探赜索隐、钩深致远,其出发点也是为了更有益于弄清人生活于其间的现实世界。人们注目于在现实当中找到与"道"的合契,与"天"、人、物的相通相融,此即人的价值和意义。中国哲学既是日常生活哲学,又超越了日常生活哲学。

这深刻地反映在时空观上。西方哲学的机械时空观,从未在中国哲学中获得生存权。"有实而无乎处者,宇也;有长而无本剽者,宙也",

---

[1] 陈鼓应:《庄子今注今译》,商务印书馆2007年版,第91页。

中国哲学主张的时空观，在一定程度上类于现代科学中的相对论与"时空质连续统"的融合，其基本概念是"势"，即某一类事物、现象在特定背景中产生、变化、发展的规律。伴随着"势"而存在的这种特定背景就是空间。势的形态更替所呈现出的节律周期就是时间。这样，时间、空间和它们的本体事物，三者构成了相互转换、相互制约而又一体化的连续运动变化的系统。所有置身于其间的物物事事，都在共时性的相互作用，历时性只是主观赋予的量度它们的状态变异的标尺。这把标尺因人所选定的参照系和基准点的不同而不同，因而渗透了主观的目的、价值、情感、经验等因素，故仅在人的思维世界中存在。如果勉强断言时间在思维世界之外存在，那么，它是因物质的属性存在于思维世界中才存在，因此它不是一维的、线性的、均衡一致的，疏密无间的流。与此一致，空间也是为了在思维世界中测度客体属性的状态变异而主观赋予的符号。这个背景空间坐标系的原点安放在何处，坐标上刻度的量纲也因人而定，同样渗透了主体的因素，故空间也非三维（现代分形几何学已证实）。即使从直观经验说三维，则这三个维度也是各向异性而非各向同性的，此即"泰山为小而毫末为大"和"山中一日，世上千年"的依据。

因此，从宇宙这个时空质连续统来看，对任何一个其间的元素或局部而言，维度、维数都没有实质性的意义和永恒的价值。因为每一个要素都受制于其他一切要素，而它自己的运动也同时对其他要素的运动产生影响。一个要素仅仅因为能对其他要素对自己的作用作出回馈而具有存在的价值。当然，这也以每一要素所处情景的差异性的存在为前提，这也是宇宙这个连续统得以存在的依据。因此，任一要素也就无所谓生、死、存、亡，而只是保持自身同一性的强、弱、盛、衰，是这一属性显化的同时那一属性的幽隐。但显化并非创生，幽隐也非寂灭。显化与幽隐的状态都是相对的，显化与幽隐的双向转化却是绝对的。这也是中国文化中伦理规范意义上的天国、尘世和地府三个世界在人们观念中并存不悖的深层原因。这是宏观俯瞰、微观探幽，逐层逼近，中观统一的思维方式的积淀，也是中国哲学可称之为环境哲学、文艺哲学、美学哲学的原因之一。

因此，中国哲学并不像西方哲学那样去寻找那个本只存在于思维世界中的绝对完善的存在假设,并由此去规定如"一切道德律令在我心中"那样的宗教式的、形而上学的绝对真理理论。中国哲学也"为天地立心",但更重要的是"为生民立命,为往圣续绝学,为万世开太平",蕴意完全判若两别。"精义入神,以致用也;利用安身,以崇德也。过此以往,未之或知也。"① 中国哲学注重的是面向未来、批判现实,力图在"执一统众""探幽寻几"的工作中,运用"中庸"这一根本原则"变"革现实,使之"化",达到"通彼我之怀""通天下之志"的"通"的境界。是谓"穷则变,变则通,通则久"②。

所以,中国哲学并非站立云端、俯瞰凡尘的清谈,也不是西方哲学只注重改变人们关于世界的思想的抽象论争,而在喧闹而情趣盎然的红尘里,穷神知化,民胞物与,探究并教导人们如何"达观处世"、养生、敬业乐群、自强新生、精勤不懈,力图使社会各方井井有条,协调发展。

两极对立的观念未进入文化的硬核地带,因此,中国哲学虽然强调整体性,但这种强调并未达到一元化、绝对化的程度,也未形成所谓的抽象同一性和"还原论"的思想方法,它追求整体性并不以消解个体独立性、泯灭个体差异性为代价。而是以个体为出发点,追求类群(同类个体的集合)、群体(不同类群组成的系统)的和谐统一。它认为,只有多样性的统一才能"和实生物",否则"同则不继"。因此,它既注重各个个体服务、贡献于整体而形成整体属性,又注重探究个体、个体之间相互作用的传导所致的融洽相处。以个体为本位,注重探究事物的多样性、多极性、相对性、暂态性、功能性,不能不说是中国哲学的鲜明特色。不容否认,在中国社会现实中有显见的压抑个性的现象,但那并非中国哲学所致。毕竟,哲学也只是社会政治文化系统的一个组成部分。此外,中国哲学中也未形成理性与非理性的尖锐对立。

既无对立的观念,因此,中国哲学也未形成主观、客观、主体、客体的概念,也就不去人为地自设立场、去规划某范围的事物而充作研究

---

① 《周易正义·系辞下》,阮元校刻《十三经注疏》(清嘉庆刊本),中华书局2009年版,第182页。
② 《周易正义·系辞下》,阮元校刻《十三经注疏》(清嘉庆刊本),中华书局2009年版,第191页。

对象。"天人合一"也未能切中肯綮,"天人合一,何必言合"呢?"对象"一词是舶来品,它原于实体性的思维方式。中国哲学不是本体论哲学,在它看来,关系重于关系项(关系并非仅包括因果关系),并非一切关系都可对应地找到实体性的关系项。"对象"一词在中国哲学里的本意,是"象"之间的匹配对应关系——"象"是中国文化的基因。这要求在研究立场上,把主体视为对象与背景(环境)合一的系统中的一个要素,并辅以若干旁体(旁观者,主客体之外的审视方位或参照系),适时在主体、客体、旁体间换质换位,以期密察无间,形成全面的认识,此即中国哲学"体天地之撰"的模式(关系整体)之间的双层(深层、表层),双向(源模式向目标模式,目标模式向源模式回溯)变换的全息(见一叶落而知天下秋,执一统众)的探知方法。

中国哲学具有鲜明的动态系统的特征,它的理论是一个由"道""德""势"("力")三要素构成的可调整的有机系统。在面对的是人的生命、思维、社会、"天人相与之际"等等这些深具复杂性的开放巨系统的情况下,中国哲学若不这样,又怎能不囿轸域,圆应无方呢?

三 从思维与逻辑看中国哲学

人们往往抱怨中国古代哲学笼统的学术分类传统,认为中国哲学的研究范围难定、对象不明,甚而认为中国文化"有哲无学",直接使哲理蕴藉于具体的文化领域中发挥作用。事实上,中国哲学认为,人既是认识的主体,更重要的是参与历史的无意识的客体,哲学的最高任务并非到现实世界的具体存在中寻找真理,而是要对现状有一种自觉圆满的理解和适应,使精神获得最大的解脱和满足。故它实质上是一种思维哲学,其思维的功能包括认知(描述、解释)、价值(价值创立和价值评判)、指导(关系协调)、规范(见于伦理、文学艺术领域)、表现(见于文学、艺术、美学领域)、境界(境界的构造、体验、提升)。因此,它没有西方哲学的语言崇拜和公理化崇拜,哲学家往往兼有政治家、科学家、医生、艺术家等的角色而是一个全才,故中国哲学也较西方哲学更圆满而和谐地将科学技术、人文科学、文学艺术统一起来。

这样,中国哲学遵循的是符合汉语而非仅符合印欧语系的易势逻辑,它圆满地把"相同者相互隐含"（形式逻辑）、"相反者相互蕴含"（辩证逻辑）、"相关者相互蕴含"（易势逻辑）统一为对动态、复杂的系统性事物有效的创造性逻辑，推阐理势，应用的是模式变换的方法，故能平正通达，精当圆明。

四 在与科学技术的关系中把握中国哲学

中国哲学强调在对天—人系统的动态考察中，使人与天通融为一有机整体。因此对自然、物的实践活动和由此产生的技术，要"物物而不物于物"，"落地为兄弟，何必骨肉亲"，"一重一掩吾肺腑，山鸟山花吾友于"，既不允许"化物为奴"，也绝不允许"人为物役"的情况出现，否则，与宇宙秩序合拍的人的生命本真状态就会被破坏。因此，文化各具体领域的地位并不平等，却也被统合在一融通和谐的开放系统内，对它的理解强调以整个文化为基础，注重贯注以理解（至少是宽容），以率"性"而通和"物物相通""事事相应"的人文精神。因此，现代西方科学文化与人文文化的分裂，与中国古代将人文文化置于科学文化之上，进而使科技的发展被约束在一合宜的范围内，是完全不同质的两个问题。认为中国哲学阻碍且不适合于科技发展是错误的，至少不能解释16世纪前中国科技整体水平高于西方等问题。

五 中国古代哲学研究展望

中国文化是至今保存古代史料最丰富、最完备的文化。研究古代文化史应以此为本位，必须抛弃欧洲中心论、一元论。哲学史的研究应首先把握文化背景，特殊的文化背景必产生特殊的哲学。用已有的理论框架去套中国哲学，去史料中按图索骥，必然会削足适履、挂一漏万。因此，必须超出中西哲学优劣的二元对举。同时，哲学只是文化的一个子系统，过分强调政治、经济等因素对哲学的影响，或单纯以民族性格、社会心理、社会发展等某方面的特征去评判哲学，轻视哲学发展的独立性，都不可取。总之，我们应反对形式主义、实用主义、泛伦理主义的研究方法。

语用学等实证主义的研究方法并非唯一的方法，这已为乾嘉以来的诸多疑古之误所证实。它也无法解释春秋战国何以一夜之间呈现了文化、哲学"百家争鸣"的高峰等问题,因此,唯科学主义势必破产。事实上,中国哲学源于伏羲时期,形成于《易经》和《洪范》,二者的交融产生了易、儒、道、法、名、墨、农、兵、阴阳、杂等家及此后的玄学、释学、宋学、朴学。儒学的独尊并非史实。哲学史并非不能用二分法的观点作历时性的探讨,但也不能排斥对各家各派学说的共时性并存融通作历史生态学研究和用作跨学科的方法。此外,中国哲学的研究还应从史学的框架中超脱出来。

训诂、考据等史料工作不可少,但更重要的是"究天人之际,成一家之言",新儒家、场有哲学、易势理论、界面论、全息论,泛系理论、相似论,一元数理论等已为此开了先河,但还不够。至形梦寐中华民族的民族哲学早日全面复兴。

第二节 从中国哲学史谈历史生态学的几个问题

历史生态学作为易道哲学历史观六个理论来源(历史发生论、历史生态学、历史传播学、历史解释学、历史界面学、历史创造论)之一,是生态学与历史科学的交叉科学。它认为,对历史事件、人物、史料、文物的研究,应据全息的观点,采用全角度、全方向、全层次的,主体、客体、旁体三者间换质换位的模式思考法,把研究者作为一个历史要素,参与到历史与其环境的交通互动中去,探讨共时态运动基础上的历时态运动,揭示这些运动的机制、特点、规律。它主要研究的问题有:历史圈与前历史圈的关系,历史生态系统的时空结构及其相互关系,历史个体、种群、群落的演替规律,历史生态系统的平衡与不平衡的秩序的生成与演化规律,不同历史系统之间历史信息的流通等等。

本章结合中国哲学史,对历史生态学的部分基本观点作一纲要式的阐发。

一

历史生态学研究的出发点是作为群体中一员的历史个体在系统中的生存运动,因而须从系统的角度出发来探讨历史个体所处的外环境和内环境的统一。

首先来看外环境，即历史背景。后人追溯前人历史往往难以把握历史背景或往往忽略掉。历史是在背景中发生发展的，离开了背景的把握，结论就难以可靠。把握历史背景就是要从哲学、政治、经济、文学艺术、历史、自然科学、伦理学、社会学等方面揭示历史据以发生的特殊环境。从中哲史来看，历史生态学的立场要求把它作为文化系统中的一个有机组成部分予以研究：1. 政治：儒家为表道家为里的思想结构；中庸、顺应自然与因时趣变的思维结构；"达则兼济天下，贫则独善其身"，出世与入世两难时流转迁化，立功最上、立德次之、立言为末的心理结构；中央集权与家庭、家族、村社自治的全息调控而非中心控制的运作结构。2. 经济：土地的国家所有权和使用权的个体家庭占有相分离的矛盾，官僚的食户税制（俸禄）与兼并土地使用权的士族地主的矛盾，富与尊、贵、贤的矛盾。3. 伦理：与保持生命本来面目相适应的生态伦理观，儒家强调社会生态，要求推己及人；道家强调自然生态，主张是法非法、非法是法、万法归宗，故能推己及非生物。4. 思维：《易》作为哲学之母为哲学各派提供了思维方式的内核，逻辑与哲理合而为一。5. 科学技术与哲学：医药、养生保健、堪舆、炼丹、农学、地理、天文及实用技术，以思维方式为中介，与哲学完美地结合在一起，哲理直接蕴藉于其中。6. 军事：军事著作与哲学著作没有明确的界限，如《孙子兵法》《道德经》《阴符经》皆如此。7. 文艺：哲学与文学艺术的创作、评判相一致，如《文心雕龙》《诗品》等。8. 美学：美的原理与哲学水乳交融。9. 语言文字：汉字的结构、书写、功用同哲学的内核有紧密的联系。10. 历史："通古今之变"与"究天人之际"是中国古代哲学的基本方面。对历史的研究贯注了哲学的理解，阐发历史往往是为了用旧瓶装新酒。11. 人才学：人才的成长强调国身通一，成才的目标是全才、通才，与哲学上的天人合一相一致。12. 心理学：强调内省和生命境界的哲学与研究人的心理密切相关。佛家的八识，儒家的心、性、情、意、志的心理研究，都是哲学的内容。13. 民族学与哲学：民族的"触处为缘，相遇为亲"的怀柔政策与哲学的"和实生物""不忍人之心"彼此贯能。14. 文化：雅文化成为俗文化与哲学沟通的中介，士大夫心理则是雅文化与俗文化的中介。对哲学的理解，雅文化与俗文化各有不同，却有共同的来源、原型。

　　这样探讨中哲史要求作中国学、中国文化学、中国哲学、中国哲学史学、中国哲学史的层层逼近的探讨。

　　其次，探讨历史的内环境，即探讨历史事件、历史人物、历史史料在历史递嬗过程中作为群体中的一员的散佚、沉晦、昭著、评价等问题及其规律。从中哲史来看，这涉及如下几方面的问题：（1）哲学伟人是民族在该时代的一面镜子，是民族历史的全息元，要从文化背景上揭示哲学家所处的文化环境和文化氛围。（2）以文化传统和文化现实的交叉点为焦点，从哲学家的心理状态、知识结构、理想追求、价值观念、社会交往状态、政治境遇、师承关系、人生经历、家庭背景等方面对哲学家的精神系统作文化发生学、文化心理学、文化历史学四者合一的阐述。（3）该时代的学术对前一时代的学术的继承与创新的状况，哲学家的文化继承线索和发展脉络。（4）该时代的学术中心课题和趋向、学术派别间的相互关系，各派各家学说的同异与交流状况。（5）该时代学术的传承机制，如孔子通过不拘一格培养适于在不同职位上为官的人和周游列国来传播他的学说。（6）由民族思维、文化、心理结构及其变异所决定的价值观及其演替对哲学探求方向、哲学观点辩论结果、哲学选择性接受结果的影响。（7）学说在当时所起的作用，如宋代的功利之学，既是当时经济发展、利欲泛滥的反映，又是对理学、心学以伦理理性为本位的静态文化系统的挑战和反叛。（8）在历史转折关头学说的社会性传播与意义性张扬所体现的历史的突进式运动，这往往以返本开新为契机，如玄学中断了汉代经学式微的状况是以返回到《老子》《易》《庄子》为契机，宋学的兴盛也是以唐代韩愈发端的儒学返回到《孟子》的孟子升格为亚圣的运动为契机。（9）政治对意识形态的控制所体现的史料命运，这往往通过官方编撰史书、集书体现出来。如唐代国子监祭酒孔颖达坚持纳《易》入儒而删除了一大批从佛、道角度与《易》汇通的史籍。（10）在一定方向上的随机性发展中滋生出的复杂结构的特征、动力、机制、规律，典型例子如从魏晋南北朝的经学式微、玄学兴衰、道教勃兴、佛主中原、儒潜暗流，到隋唐儒、道、佛三家并列这一段历程。

　　历史的外环境和内环境的研究应该有机地结合、统一起来。这以把历史作为一个系统看待时对该系统的内、外环境的界面的清晰把握为前提。这说明，对历史的研究涉及四个层次的系统：外环境是一个超系统，内环境是超系统的一个子系统，历史是内环境的子系统，内环境与历史又构成一个系统。这就要求以历史个体为中心枢纽来研究四个系统各自的界面及两两之间界面的交流沟通等问题。

这里的界面，从研究者的角度看就是审视方位。对外环境的探讨是从宏观着手，内环境则是从微观。外环境是历史群落，内环境是历史种群。对历史的研究，就是对历史生态圈中的个体存在的共时态关系模式的研究。显然，从宏观到微观的研究是逐层逼近的过程，是作为整体的事物不断以研究对象为中心退隐到背景中去的过程。这个过程事实上也往往交织着从微观向宏观层层超切的方法。逐层逼近与层层超切是辩证统一的，但首先是逐层逼近，在逐层逼近的过程中为了对历史有精深全面的把握才使用层层超切的方法，一开始就用层层超切往往难以把握方向和范围。

逐层逼近与层层超切的辩证统一之所以必要，还缘于为了对历史的进步及为此付出的代价有全面的认识。这个问题是从历时性的向度上来评价和研究历史运动而产生的。历史生态圈是一个完整的系统。从时间上说，历史在发展中受内、外环境诸多因素的影响而有多种发展变化的可能性，一旦某一种可能性变为现实，其他诸种可能性也就不再存在。而从后来的评价者的角度来看，变为现实性的这一种可能性如不是最好的，则它就是历史进步的代价。从空间上说，历史总是历史种群、群落系统中的一员，历史的某种变化必然会对种群、群落系统中的其他要素造成影响。这种影响如果阻碍了其他某一或某些乃至整个种群、群落要素的某方面的变化、发展，而这种变化、发展在后来的评价者看来是有利的时候，则该影响就是历史进步的代价。从时间、空间两方面来看，历史的进步与代价的问题，实质上是历史研究的共时态与历时态的统一问题。

历史研究的共时态，是指历史生态圈的所有信息，都以语言、符号为表现形式而同时存在于研究者的思维世界之内，就如克罗齐所说，一切历史都是当代史。原因在于"是知古亦未必为古，今亦未必为今，皆自我而观之也"①。

从共时态出发对史实的客观把握是公允、公正地阐释和评价历史的前提，但从史实先于阐释、评价者而发生、存在这一点来看，历史毕竟是历史，历史的历时态是存在的。何况，从历时态的角度考察历史个体也有助于对历史有更清晰的把握。

既然这样，则共时态与历时态必须统一起来。片面强调前者，会导致"以议代史"，缺少发展观念的单纯的引证论述；片面强调后者，会导致"有史无议"，不利于认清历史的内在联系意义和价值。两者的统一，才能基于把握从散点式的个人研究到学派的形成，再经学派间的相互交流争锋所造成的共时性的学术态势的历时性变化，弄清哲学家个人、群体（学派）相互作用的过程、机制、规律等。

二

历史的共时态与历时态的统一要求我们把历史原生态的复原与读解的梳理统一起来。

历史原生态的复原要求忠实于历史文本、历史文物等历史的观察世界。历史原生态的复原是读解的梳理的基础和出发点。否则，读解的梳理就成了主观随意的。

读解的梳理包括意义的张扬、替换、创造和价值评判两方面，并在历史的文化传播、传承上的文化差异、文化误读上体现出来。文化误读主要表现为断章取义、曲意解说、以词害义、以今意曲解古意等。文化差异一方面表现为继承与创造，另一方面表现为实用主义的指鹿为马、买椟还珠，再一方面表现为雅文化与俗文化的佛教信仰的差异。如雅文化的佛教哲学与俗文化的佛教信仰的差异，理学的伦理要求在俗文化中被极端化为"饿死事极小，失节事极大""以理杀人"。

文化误读、文化差异的根本原因，撇开有意为之的原因外，就是思维定式。思维定式固然有把同一类知识融会贯通的作用，但也会在处理不同类知识时发生不应有的、不合乎实际的情况，如用西方和现代盛行的形式逻辑的知性思维去梳理中哲史，用斗争哲学作样板去中哲史中贴

---

① 《邵雍集·观物内篇》，郭彧整理，中华书局2010年版，第20页。

标签。

思维定式的存在导致了历史原生态的复原在绝对意义上不可能,而历史研究也还包括历史的读解与梳理,所以,历史原生态的复原与读解的梳理是辩证统一的。唯其如此,原生态的复原才能客观、真实、系统,读解的梳理也才能在爬梳剔抉中做到支分节解、脉络贯通、详略相因、巨细毕举、曲畅旁通、各极其趣。在中哲史的研究上,就是要处理好"我注六经"与"六经注我"的关系。

为了真正实现历史原生态的复原与读解的梳理之间的辩证统一,有必要处理好社会性的人与文本、文本与读解、读解与反馈两两之间的相互关系。具体地,要研究如下几方面:(1)社会性的文本读解和意义性张扬由哪些具体因素、通过什么机制决定?(2)读解人的知识结构、思维方式、价值标准、理想追求、人生经历经验、兴趣趋向等。(3)文本的语言表述样态、内在逻辑结构和隐性信息的含量。(4)文本的理论、审美、实用价值。(5)同一作者的不同文本的历时性变异。(6)文本被读解人所归类、梳理成的群、列、类等意义秩序。(7)上述几方面对文本与读解关系的影响。(8)读解与反馈的中介环节,反馈的具体形式和手段,读解与反馈中信息形式的译码与解码。(9)文本读解与传播的内在联系、相互区别,各自的机理和运动规律。

为了把握上述几方面而解决历史原生态的复原与读解的梳理的统一问题,必须运用模式的研究方法。这是因为模式的如下特征体现了二者统一的内在要求:(1)模式是一个具有多维网络动态关系结构的系统。(2)模式是要素因相互关联和运动变化所形成的共时态状态体系。(3)作为整体性的运动变化的模式变换既发生于深层模式与表层模式之间,也发生于表层模式之间。(4)模式的内部结构变化,既考虑各个个体服务、贡献于整体而形成的整体属性,又注重探究个体之间相互作用的信息传输所致的并存状态。(5)模式存在于超模式之中,超模式就是模式赖以存在的环境、背景。(6)模式是其中若干个体的异质化与共生化对立统一的样态。异质化体现个体适应环境(在背景中存在)的能力,共生化体现个体保持自身同一性的能力。(7)模式既相对独立于环境,又是内环境、外环境的一个全息元。质言之,模式是以胚芽的形式包含着环境的整个发展的一切矛盾的那个方面,或者说,模式中已经以潜在的形式包括了揭示和展开环境的全部生动丰富内容的可能性。

如此看来,模式的研究方法要求研究者自视为历史的一个要素参与到历史的原生态运动中去,在体验中探讨多元要素的整合互动。具体的方法有:(1)回眉一观,反向探求。(2)流连忘返,动态跟踪。(3)步步登高,层层超切(超切即超而不离)。(4)宏观俯照,微观探幽,层层逼近,中观统一。(5)显中探幽,探赜索隐。(6)穷几知化,见微知著。(7)界面通疏,一以贯通。(8)网络联结,天网恢恢,疏而不漏,网络变动,变而合宜。(9)结构构造,结构关联。(10)归类,如结构有种属等级结构、进化等级结构、循环转移结构、自由模式(解构主义)结构和时间、空间、质、量、度五者合一的性状结构等五种。(11)系列推溯,多路推理。(12)推阐理势,由势知化。(13)全道全知,主体、客体、旁体多个审视方位适时变换,对历史予以全面透彻的把握。

显然,运用模式方法达到历史原生态的复原与读解的梳理的统一,在理想状态下,唯有当代人写当代史才能做到。对此,司马迁已开了先河,但历史研究更多的还是面向过去。为此,我们必须:(1)把对历史的一般抽象研究还原为对历史主体的具体研究,并把这种研究放到多维文化的宏阔视野中。(2)要从人、文化、社会三维交叉、双向交流的"大文化"背景中对历史予以原生态的具体生动的再现。(3)要以历史与现实的交叉点为焦点探讨历史研究活动本身。(4)要理解以二元关系格局把握事物仅在微观分析时有用。(5)要理解进化论的观点仅在忽略历史的原生态运动、忽略环境而单纯从历时性向度上比较历史个体前后两阶段某方面的同异,并以某种价值标准进行评判时,才能成立。(6)对历史的研究,在历史的统一性、秩序性、本源性、价值性四者中,不可偏废某一方面,才能对历史有详明精切的把握。

三

上文仅是对历史生态学一提纲挈领式的介绍,远未开示蕴奥。但由此可知,历史生态学于历史研究意义重大。五四以来,人们所做的工作,仅仅是杀出了传统,打碎了中国落后的制度文明的思想牢笼,却因历史的波澜壮阔而无暇顾及建设工作。现在是开始的时候了。同时,有中国特色的社会主义建设要求有中国特色的哲学社会科学的指导。以前的哲学社会科学过多地搬用、套用国外的东西，造成了不少恶果。有中国特色的哲学社会科学不能离开对民族历史文化的批判继承，批判继承不能采用实用主义的态度，能为我所理解、接受、运用便是精华，反之便是糟粕。如果我们不是从把握规律性的高度来观察问题，而是抱着实用主义的观点，那就难免陷入盲目崇拜或否定一切的片面性中去。所以，无论是对历史的建设工作还是对批判继承地搞好有中国特色的哲学社会科学工作，历史生态学都有极为重要的意义。

第三节　论中国哲学的研究方法*

一　哲学与哲学史的关系

近代以来，由于西方文化，尤其是西方哲学的影响和冲击，催生了中国哲学这一门学科。由于中国哲学与西方哲学的巨大差异和其固有的独特性，导致对中国哲学这一学科的存在合理性颇有争议。现在，坚持中国传统文化中没有哲学的人是很少了，这一问题，大体上可以说已经解决。说"大体上"，是因为还遗留有一个子问题，即哲学与哲学史的关系问题。中国哲学长期以来一直以"中国哲学史"的面目出现，与学术史、思想史难分难解，关系难以厘清，在研究方法和研究范式上没有完全摆脱史学的窠臼，在很大程度上成为历史学的附庸。其实，对这一问题，黑格尔曾经在《哲学史讲演录》中指出，"哲学是哲学史的总结，哲学史是哲学的展开"[①]。这一观点不无道理。从先秦以来的哲学史，为中国哲学的存在、发展及其内涵作了无可辩驳的说明，而它本身就是众多哲学家的哲学思想在历史长河中的继承与发展。这具体表现在两个方面：一方面，任何新哲学的建构都只能以此前哲学提出的问题和积累的思想成果为出发点；另一方面，对哲学史的梳理阐释包括两个方面，历史的分梳是立足于哲学发展的逻辑共性去把握历史、个性，理论的阐释则是

---

　　* 本节原文发表于《湖南科技学院学报》2004年第5期，《世界弘明哲学季刊》2004年第9期，此处略有修改。

　　[①]　［德］黑格尔：《哲学史讲演录》第1卷，北京大学哲学系外国哲学史教研室译，生活·读书·新知三联书店1956年版，第34页。

立足于历史、个性去把握逻辑、共性。而无论是历史的分梳与理论的阐释，都不可避免地要渗入研究者的"先见"，即研究者的哲学观。历史的分梳与理论的阐释确实难以截然分离而孤立地进行。前一方面容易理解，后一方面则需要详加说明。

基于史的哲学研究不可避免地要涉及作为研究对象的前人文本并以其本义或原义的发掘为目的。对象不因研究者的存在而存在，这是不容置疑的。对象可以分为潜在的对象和显在的对象。潜在的对象是一个无限广阔的世界，只有在研究者的选择下才会进入人的视野而变为显在的对象。对象的选择与研究者的兴趣、动机、价值观、背景知识有关。对于显在的对象，从研究工作的角度可分为事实对象和意义对象两类。事实对象是只需要作描述、认定而不需要解释的事实，如年代记载、文字复原、事件过程、人物的生平等。意义对象是需要进行理解和解释的对象，如文本的意义、事件的性质、评价等。与事实对象不同，意义对象是与研究者有关的。文本的意义是一个多侧面、多层次、复杂的集合体。它有很多层面，如基本意义与非基本意义、整体意义与部分意义、实际意义与联想意义、始源意义与引申意义、直接意义与言外意义等。从哲学史研究的角度来看，意义大体上可以划分为两类。一类是文本的原义，这是由作为人的存在方式的语言所决定的，是可以被研究者领会的。唯其如此，人们才能够相互沟通和理解。藉此，文本的原义可以称为存在论意义。中国哲学肯定原义的存在，如《庄子·天下》说："《诗》以道志，《书》以道事，《礼》以道行，《乐》以道和，《易》以道阴阳，《春秋》以道名分。"① 儒家更是把经典的原义视为具有最高真理和价值的"道"。另一类是在研究过程中产生、与研究者有关的意义，可以称为认识论意义。认识论意义的存在决定了同一文本由不同的研究者加以研究会得出不同的结果。

意义对象和认识论意义都与理解和解释有关。理解和解释是研究者的存在方式之一，人在筹划文本的历史的同时也在筹划着自己。意义既是人的生存状态，也是人对历史和文本进行筹划的产物。这样看来，理解和解释就不只是复制，同时也是创造。之所以说理解和解释是创造，

---

① 陈鼓应：《庄子今注今译》，商务印书馆2007年版，第983—984页。

首先是因为理解和解释与研究者个人的先见有关。先见即先入之见，包括已有的权威、传统、习俗、惯例、常识、背景知识等。中国哲学中对先见有一定程度的认可，如通常所说的"仁者见之谓之仁，智者见之谓之智"①。《庄子·知北游》所说的"是其所美者为神奇，其所恶者为臭腐。臭腐复化为神奇，神奇复化为臭腐"②。作为存在者生存方式的理解和解释必然以先见为其发生的前提条件。先见先于解释行为而存在，并必然伴随着解释的进行而存在。一无所知的人、一无所有如一块白板的心，是不可能理解和解释任何现象的。没有先见，解释就不可能发生，也不可能进行下去。先见就如同做手术的手术刀，是研究者用以向被解释的对象做手术的工具。先见并非都是对解释有害的。以作为先见的表现形式之一的权威而论，它是公认的而不是自封的，是历史形成的而不是现成给予的。权威是在人们以理性知觉到自己的局限性而承认他人有更好见解的情况下形成的，因此它有存在的合理性。传统也是先见的表现形式之一，它同样是人们在理性制约下对既有存在的合理保存。这就是说，笼统地反对先见不可取，正确的做法是把先见区分为正当的先见与非正当的先见两类。一般而言，涉及社会公共行为的信念、普遍性的价值等是正当的先见。当然，同一先见，在一个研究中是正当的，在另一个研究中就可能是非正当的。但是，同一先见，对同一研究而言，其正当与否则是确定的。只要研究者有意识地加以思考，对一个先见之于特定研究的正当与否是不难判明的。

先见是理解和解释得以发生的前提条件，因此，即使是非正当的先见，我们也无法彻底清除。非正当的先见虽然无法根除，但在特定的研究过程中把它尽可能屏蔽掉，不让它影响研究工作则是可以做到的。在狄尔泰看来，屏蔽非正当的先见的方法是设身处地地把自己直接置身于文本当时的环境中，重新体验和感受文本的意境和作者的意图，以求最终领悟、重现和复制文本的原意。这实际上是悬搁自己的实际处境、环境和时代，克服时间距离，把自己设定在文本的作者及其所处的环境、

---

① 《周易正义·系辞上》，阮元校刻《十三经注疏》（清嘉庆刊本），中华书局2009年版，第161页。

② 陈鼓应：《庄子今注今译》，商务印书馆2007年版，第646页。

时代中,去体验和感受文本的意旨和情趣。但是,就效果而言,这是不可能完全达到的,今人不可能与古人具有完全一样的感受,研究者至多是在尽力拉近与古人的时间距离的前提下去模仿古人的感受。而且,研究者当下的时代性是解释得以发生的条件之一。它使研究者能够以不同方式去理解同一历史,在其中发现不同的问题和意义。所以,今人与古人之间合宜的时间距离的保持、正当先见的保持与非正当先见的屏蔽之间的张力恰好是理解和解释得以发生并持续进行的动力。非正当的先见的屏蔽要求研究者切忌囿于非正当的先见之中,而是要虚心,保持思想的开放性和敞开性,通过先见与文本的不断交换和交流,修正不合适的先见,突破权威、传统等先见所带有的惰性和对新见的抑制性,不断地获得新的意义,不断地修正既有的意义,在这过程中获得对文本的更好的理解,获得系统、深刻的意义。这是"本之于古""以发己意",也就是"寓作于述""以述为作"。

哲学研究追求的是普遍的、绝对的、至上的、无限的意义,但这种追求却只能通过在具体的社会历史文化中生活的、有个性与先见的哲学家来实现。哲学发展的逻辑过程就存在于其历史过程中,并通过历史形态、风格各异的个性化哲学体系而得到展示。哲学研究固然要梳理既有的存在论意义,但同时也追求独树一帜的有价值的认识论意义。上述哲学研究的发生学和过程学考察说明,要把哲学与哲学史截然分开,搞纯而又纯的中国哲学,是不可能的。我们要么基哲学史以言哲学,要么本哲学以言哲学史。现实的做法是,只要不有意识地把"中国哲学"当作纯粹的"中国哲学史",哲学与哲学史的关系背景所引起的中国哲学的存在合理性这一问题就可以不必再耗费精力纠缠不休了。

二 中国哲学理论体系的形式要素

哲学的存在形态是理论体系。判断一个哲学工作者是不是哲学家,基本的标准是他是否建立了一个具有独到价值、圆满自足而且没有逻辑问题的哲学理论体系。与研究哲学的目标是建构理论体系一致,哲学史的研究对象也主要是既往的理论体系。所以,无论是研究哲学还是研究哲学史,都有必要明了理论体系的特征。《文心雕龙·神思》说:"寂然凝虑,思接千载;悄焉动容,视通万里;吟咏之间,吐纳珠玉之声;眉睫之前,卷舒风云之色。"① 人的思维无所不及、无所不能,反应快捷灵活,变化巨大。但思维科学的研究表明,这其中仍然有诸多共同性,在理论思维方面存在着共同的形式特征。作为理论思维的结果,理论体系的内容各不相同,形式则有共性可供我们加以考察。

每一个理论体系,无论它的建立者自觉认识到与否,都有一个立场。关于立场,《现代汉语词典》的解释是:认识和处理问题时所处的地位和所抱的态度——特指阶级立场。哲学认为场"就是事物的相对相关性的所在,也同时是此相对相关性之所以为可能的所在"②。综合这两种观点可以看出,立场即在关系场中的位置。从理论体系的建构与研究的角度来看,立场是一个理论体系由以建立的出发点,也是整个体系赖以支撑的基本立足点。例如,以血缘关系为纽带把君主专制、身份等级制联结起来,以这样的宗法性的体系把社会组织起来,是中国古代哲学赖以产生的社会基础。儒家高度地认同它并自觉地维护它,道家、道教则对儒家视为当然合理的这一社会组织体系提出质疑、评判和否定,力图把社会秩序建立在人的自然本性上。这就是儒道两家的不同立场。此外,事物所处的层次是立场的一个方面。如儒家哲学可以有伦理、政治两个最基本的层次,这同样可以成为一个特定的儒学理论体系的立场。立场不同,所建立的理论体系必定也不同。因为在同一时间,语言表达的线性序列特征决定了我们只能梳理出一套有条理的意义秩序,被广泛接受的以三段论为特征的形式逻辑决定了我们只能建立起一个逻辑严谨、一以贯之的理论体系。这就是说,一个统一的理论体系只能有一个立场。同一个理论体系如果有一个以上的立场,就必然会导致逻辑矛盾。在理论体系中,立场往往表现为一个以演绎法建立起来的逻辑体系的最根本的前提。这个前提在这一理论体系中既是不证自明的,也是无法加以证明的。它作为一个根本观念、信念渗透到理论体系的其他部分中。立场是判定一个哲学体系性质的重要根据之一。从哲学史的研究来说,有的研究对象的立场是自明的,有的是隐含的。如果是后者,就需要研究者加

---

① (南梁)刘勰:《文心雕龙》卷六,中华书局1985年版,第38页。
② [美]唐力权:《周易与怀德海之间:场有哲学序论》,台北:黎明文化事业公司1989年版,第2页。

以分析、确认。

我们在哲学史的研究中必须注意，研究对象的立场和研究者的立场有可能是不同的。以对中国古典哲学的研究为例，如果目的是让现代人理解它的特质，则应该以现代观念即研究者的基本观点为立场。如果目的是呈现出中国古典哲学原生态运动的纵向、横向结构及其特征，则应该选择中国古典哲学的立场为研究的立场。这就是说，哲学史研究目的的确定与立场的选择息息相关。再则，先见，即对哲学或哲学史的理解，也就是哲学观或哲学史观，同样对研究者的立场选择有较大影响。研究者应该对此有自觉的认识并在必要时加以反省和重新选择、确定。当研究对象的立场与研究者的立场不同时，必须促使二者之间的关系达到协调，这样研究的结果才会显得圆润和谐。

从哲学体系的建构来说，立场的选择要服务于我们预期的目的。立场的选择未必都是有意识的。但是，一旦你选择了某个问题，接受了某个观点，你同时就接受了某些预设，从而就在一定层次上取定了一个立场。

立场确定之后，就要确定审视方位，即视角。这好比我们站在一个地方向远方观望，总有一个观望的方向、方位，如上、下、左、右、前、后、东、西、南、北等。立场犹如坐标原点，审视方位好比在一个坐标体系中相对于 X 轴所能画出的各个不同度数的角度。这就是说，立场只能有一个，审视方位却可以有多个，如《庄子·秋水》所说的"以道观之""以俗观之""以差观之""以功观之"[1] 等。

全知全能的视角是不存在的。但众多的人对视角进行选择时，会表现出某些共同倾向或一致性，如对逻辑与数学的信心、自然科学知识的广泛运用、大多数常识的一致性。这意味着在众多的视角中存在着某些较差或较佳的视角。

原则上说，同一立场可有无限个视角可供选择。但实际上，受时间、精力、能力、物力、财力以及人的行为目的等的限制，从同一立场出发的视角只可能是有限的若干个。单一视角的理论体系并非没有，只是比较少，主要是那些研究相对简单、静止对象的理论。对复杂性事物或运

---

[1] 陈鼓应：《庄子今注今译》，商务印书馆2007年版，第487—488页。

动变化的事物，为了从不同视角来全面、清晰地揭示事物，需要从多个视角出发，单一的视角就显得不够用了。"横看成岭侧成峰，远近高低各不同"，从不同视角看到的世界是不一样的。世界的多样性决定了每个观察者都需要变换角度看世界。哲学中的世界观就是从特定角度看世界而产生的。

　　立场的选择当然会影响到视角的选择与确定。虽然说同一立场可以有无限个视角，但这些视角实际上都是被这个立场所决定了的。立场一旦确定，就确定了有哪些视角可供选择，虽然这些视角很多甚至可能是无限的。就哲学体系的建构而言，视角的选择主要取决于立场和研究者所欲解决的哲学问题。哲学史的研究可据此加以分析、确认。

　　视角确定之后，还要确定视界。这就如同照相，在取景完毕后要调整焦距。视界过远，照片模糊；视界过近，难以成像。摄影中有变焦镜头可供使用，理论体系的建立中自然可以有类似的处理，但这显然比摄影复杂多了。之所以复杂，是因为人的因素不可避免地渗透于其中，稍微处理不当就有可能导致一系列的问题和矛盾。

　　在理论体系的建立中，视界的确定很重要。视界直接影响到视域的大小。

　　从同一立场出发的若干个审视方位，由视界横向串联起来所囊括于内的事物和所形成的关系网络，就是视域。就哲学史研究而言，视域就是研究范围。视域的大小首先由立场决定。"欲穷千里目，更上一层楼。"立场是在每一层"楼"上具体确定的。在高低不同的"楼层"上的立场决定了能看到的范围，即视域。视域的大小还由视界来确定。视界越深越远，视域就大；反之，视界越浅越近，视域就小。在中国哲学研究中，视域有三个层次：一是微观层次，即在编年史、传记史的水平上展开对个别学者思想的细节研究；二是中观层次的断代史、哲学流派的各方面的综合研究；三是宏观层次的学派乃至中国哲学思维发展过程显示出的基本思维方式及其与西方哲学的比较研究。

　　视域的确定很重要。视域过大过宽过广，看似无所不包，实则往往粗疏，犹如蜻蜓点水。视域过小过狭过窄，往往越往细处钻研越感到吃力，甚至有力不从心之感。这往往被讥笑为钻牛角尖或烦琐。①

视域之外的视野就是背景。背景有近景与远景之分。近景在使用描述性方法时需要尽可能清晰地描述，远景则未必，如时代、原始社会、农业文明、俄国革命、文艺复兴等，当它们被视为远景时，几乎是作为抽象概念使用的。

立场、视角、视界、视域一旦确定，背景就随之被确定。

立场、视角、视界、视域、背景的选择体现了价值观的运用。研究者对立场、视角、视界、视域、背景的选择决定着研究的思路、过程和结论。

立场、视角、视界、视域、背景确定后，对于理论体系的梳理或建立而言，余下的重要问题就是审视方法或研究方法。立场、视角、视界、视域、背景等要素的组合形态不同，所能使用的研究方法也不同。因为一方面，这些要素的特定组合形态的形成往往意味着研究者只能采用与之相应的研究方法；另一方面，一定的研究方法也对应着自己特定的对象，从而只适用于前述要素的特定组合形态。

三　中国哲学研究的基本方法

与中国哲学的存在合理性相关的问题是中国哲学的研究方法，这是长期以来倍受学者们关注、直到今天尚未给予满意解决的问题之一。

在先秦中国哲学以语录、散文等为表述形式的原典出现之后，占据主导地位的哲学研究范式是用笺注、论说经书的方式表达思想。作为中国哲学成熟形态的宋明理学也是这样。从今天看来，这导致了多方面的消极后果：概念、范畴缺乏界定导致涵义笼统模糊，缺少明晰性和确定性；命题之间没有清晰的逻辑联系；理论体系的各个环节不是根据其内在的有机联系和逻辑顺序排列，而是根据经文的顺序，以零乱的、松散的形式无规律地排列着，严重影响了理学思想体系自身的严密性，给它的传播造成了一定的障碍，给后人对它的阐述、评价造成了一定的随意性，给后人对它的研究带来了一定的困难。

中国哲学研究传统的方法是对若干语录按照核心思想分类荟萃，加

---

① 孔令宏：《试论理论体系的比较与评价》，《云南学术探索》1997年第2期。

以评析。20世纪上半叶以来，人们习惯于或者参照西方哲学而按自然观、认识论、方法论、伦理学、政治观、历史观、教育思想等方面作分门别类的研究，或者近于中国哲学的原貌而按天理论、格物致知论、人性论、持敬说、理欲观、理一分殊、太极论等作分类研究。其中最为典型的做法是20世纪50年代至80年代在大陆中国哲学界盛行的研究方法：一搞阶级定性，二框对子（即分判唯物还是唯心、辩证法还是形而上学），三切块（世界观、认识论、社会历史观）。这种深受唯政治论影响的教条化、公式化、简单化的做法，给中国哲学的发展带来了严重的消极后果，引发了回归中国哲学本来面目的强烈呼吁。20世纪90年代以来，在全球化的背景下，中西方哲学已经相遇并且必须沟通，这些事实促使中国哲学的研究方法有了变化。人们首先专注于基本概念的研究和主要范畴的论证，进而力图作范畴之间的联结，通过诸如理与气、心与物、格物与致知、知与行、尊德性与道问学、道与器、天与人、义与利、道心与人心等概念、范畴的不同结合方式的研究，说明构成各不相同的哲学逻辑结构或哲学体系。但这种做法同样有食洋不化、扦格不通之讥。这三个阶段对中国哲学研究方法的探索取得的成绩是有目共睹的，但是存在的问题同样不容忽视。历史和现实的问题促使我们必须把中国哲学的研究方法论上升到自觉意识的程度，并融入具体的研究工作中去。

哲学史研究最基本的方法有三种：生态学方法、诠释法和比较研究方法。

实证研究方法是任何研究工作都必不可少的，因为它求真，为研究结果的正确性提供了担保。在中国哲学的研究中，它主要运用于版本考订、古籍校勘、文字训诂、史实考证、义理源流的梳理等方面。它的根本特点是研究者必须最大限度地把自己的先入之见、成见等主观意识排除于研究工作之外，尊重客观实际，实事求是。

实证研究方法在哲学史研究中的表现形态就是生态学方法。它与经典自然科学的方法很接近，是描述性的。审视者作为主体的因素应该有意识地、最大限度地避免渗入到研究工作中去，把文本当作纯粹客观的对象来进行经验性的分析研究，在涉及知识判断时，采取价值中立的态度。总的说来，中国哲学认为，先见妨碍研究者准确地把握作者的原义，因而主张要在研究过程中尽可能排除它。《老子·三十八章》说："前识者，道之华，愚之始也。"①《韩非子·解老》对此解释说："先物行、先理动之谓前识。前识者，无缘而妄意度也。"② 朱熹同样强烈批判"先见"和"已意"。《朱子语类》卷十一说："今人观书，先自立了意后方观，尽率古人语言入做自家意思中来。如此，只是推广得自家意思，如何见得古人意思！须得退步者，不要自作意思，只虚此心将古人语言放前面，看他意思倒杀向何处去。如此玩心，方可得古人意，有长进处。且如孟子说《诗》，要'以意逆志，是为得之'。逆者，等待之谓也。如前途等待一人，未来时且须耐心等待，将来自有来时候。他未来，其心急切，又要进前寻求，却不是'以意逆志'，是以意捉志也。如此，只是牵率古人言语，入做自家意中来，终无进益。"③ 即使朱熹有这种自觉性，他及其他的思想所属的宋学仍然难免受到后世的批评。戴震批评宋学以老、释解经，说："宋以前，孔孟自孔孟，老释自老释。谈老释者，高妙其言，不依附孔孟。宋以来，孔孟之书，尽失其解，儒者杂袭老释之言以解之。"④ 他认为宋学对《论语》《孟子》的解释不合它们的本意，原因在于理学家们头脑中有道家、道教和佛教的思想等先入为主的成见、偏见。他揭露说："盖其学借阶于老庄释氏，是故失之。凡习于先人之言，往往受其蔽而不自觉。"⑤ 戴震的批评确有事实依据。

生态学方法的适用对象是事实对象，但也不尽然。作为意义对象的一种，文本作者的原意、本义存在的必然性与合理性同样是生态学方法得以存在的前提。追求文本的原义、本义是研究的基础工作。诚如朱熹所说："读书须是虚心平气，优游玩味，徐观圣贤立言本意所向如何，然后随其远近浅深、轻重缓急而为之说。如孟子所谓以意逆志者，庶乎可以得之。"⑥ 戴震晚年说过类似的观点："治经先考字义，次通文理，志存

---

① 陈鼓应：《老子今注今译》，商务印书馆 2003 年版，第 215 页。
② （清）王先慎：《韩非子集解》，钟哲点校，中华书局 1998 年版，第 134 页。
③ （宋）黎靖德编：《朱子语类》卷十一，王星贤点校，中华书局 1986 年版，第 180 页。
④ （清）戴震：《答彭进士允初书》，《戴震全集》第 1 册，清华大学出版社 1991 年版，第 216 页。
⑤ （清）戴震：《孟子字义疏证》卷中《天道》，《戴震全集》第 1 册，清华大学出版社 1991 年版，第 174 页。
⑥ 《朱熹集》卷四十六《答胡伯逢》，郭齐、尹波点校，四川教育出版社 1996 年版，第 2246 页。

闻道，必空所依傍……宜平心体会经文，有一字非其的解，则于所言之意必差，而道从此失……圣人之道，使天下无不达之情，求遂其欲而天下治。"① 没有实证研究方法，我们就难以客观地、符合历史发生顺序地理解、把握前人思想产生、演变的历程和具体的学术主张。

生态学方法有两种子方法：过程描述法和结构描述法。事件发生、发展的历史顺序，是过程描述法的适用对象。在哲学史中，思潮的起伏、学派的兴衰、义理的源流、论域的推移、范畴的演化、后世的影响，都可用过程描述法进行描述。文本中某些思想范畴与多方面的指征相联结，从而成为理解的线索。文本中命题与命题间有联结关系，而且文本中有明确说法的，同样是理解的线索。如此之类的理解的线索、文本本身的篇章结构、义理体系的构成、学派内部的纷争及其与外部的冲突等，是结构描述法的适用对象。

对哲学史而言，生态学方法的对象主要是历史上的经验事实。它以追求文本的具体知识的确定意义为目标，既包括文本中所涉及的人物、事件、典章制度、习俗等，也涉及作者、成书年代、版本等，还包括文本中重要思想范畴在语言学意义上的词在同期和此前文献中的一般意义。在中国哲学史研究中，生态学方法运用的典型方法之一是注释与考证。它们要回答"原作者说了什么""原作者真正的意思是什么"的问题，答案有真假对错之分。

但是，研究者如果没有自己的思想，那么他要么只能原封不动地复述前人的思想，要么根本就弄不懂前人究竟说了些什么。前者谈不上是研究，后者则无法展开研究。研究者一旦有自己的思想，就必定会按照他自己的思想范畴、思维框架、价值取向去理解、建构、复述前人的思想。这就是面对大体相同的史料，不同学者进行考证会得出有差异的结论的重要原因。再如，同一个哲学家的思想，因研究者的哲学背景知识、思想倾向的不同，可能被研究者理解为托马斯·阿奎那、康德、黑格尔、贝克来、费希特、海德格尔等不同哲学家的同道。此外，作为一个研究哲学史的现代学者，他总是保持着与现代学术体系的密切联系而展开哲学史研究工作。一方面，他不得不从现代学术分科的视野去理解、诠释、

---

① （清）戴震：《与某书》，《戴震全集》第1册，清华大学出版社1991年版，第211页。

阐述前人的思想；另一方面，中国古代思想是综合型的，用现代学术分科框架去规范它，总难免有削足适履之感，有很大的局限性，难以实现研究者与研究对象的和谐、融洽。何况，哲学史作为一门人文学科所探讨的是意义与价值，哲学史研究者以一定的思想为背景去理解、诠释前人思想的意义与价值。因此，哲学史研究的真理性只能是研究者与研究对象的思想之间的一种通过对话而形成的和谐融洽的关系。如何使这种关系的相融程度更高呢？这就得联系着具体的诠释方法来加以探讨。下文将根据个人从方法论角度对西方诠释学的概括性理解来探讨中国哲学的研究。

诠释法是审视者以自己的"先入之见"和背景知识作为基础对既有的文本作出新的意义秩序的梳理。先见存在的必然性与合理性是诠释法得以存在的前提。诠释法很适合中国哲学。诚如金岳霖在《中国哲学》中所说："中国哲学非常简洁，很不分明，观念彼此联结，因此它的暗示性几乎无边无涯。"[①] 既要用逻辑方法来改造和丰富中国哲学，又要继承中国哲学的固有特色并避免单纯运用逻辑方法所具有的局限性。诠释是从注释上升而来的，其任务是对注释的结果作综合的理解，揭示义理，尤其是要揭示句子、段落、章节、全文乃至一个哲学家所写的全部文本的义理上的连贯性、完整性、逻辑合理性，还有深刻性，即存在于它们背后的、逻辑上所蕴含的更根本的价值信念、思想原则。诠释要回答"原作者为什么这样说""原作者可能说什么""原作者本来应当说什么"等问题。诠释无对错之别，但并非任意，因为意义的发展是有一定的逻辑合理性的，只不过其逻辑制约性稍弱一些。例如，就概念而言，诠释不能超出该概念在文本中的上下文表达环境中逻辑蕴涵的范围，如"人皆可为尧舜"中的"尧舜"可以诠释为圣人，但不能诠释为王。这是诠释的合理性。此外，诠释出来的新意有价值上的高低之别、深浅之分。这是诠释的创新性。再则，诠释的现实性也应该加以考虑，因为不同诠释的引申对现实社会的影响是有大有小的，不可一概而论。总之，合理性、创新性、现实性，是诠释是否可取的判断标准。

从研究过程来看，诠释法可以分为具体诠释法与抽象诠释法。具体

[①] 金岳霖：《中国哲学》，《哲学研究》1985 年第 9 期。

诠释法是针对特定的现象，探寻其成因。在历史、哲学等人文领域，由于支配历史人物的行为动机没有普遍规律，事件的起因众多而难以确定孰主孰从，所以具体诠释法得出的结论只有或然性而没有必然性。抽象诠释法即对一组类似现象进行分析以求弄清这组现象之所以类似的共同原因。这组现象的类似性或同一性只是一个侧面的同一，是抽象的同一，所以称为抽象诠释。抽象诠释的目标是形成一种有普遍意义的知识，并将其表述为某种规律。规律因其抽象性，不能独立解释或预测一个复杂、具体的事件，但它有助于对事件的说明。在这个意义上，抽象诠释法也称为规律性诠释法。由于历史领域存在着相对的稳定性，所以抽象诠释法有其存在的土壤。抽象诠释法可以分为静态的和动态的两种子方法。静态的抽象诠释法是从相关经验的核心特征中提取、概括出理想类型，把它作为概念工具用以解释研究对象。动态的抽象诠释法即把历史现象当作家族类似现象的集合，从中揭示出社会发展的趋势，为人类从过去走向未来提取有益的经验与信念。但这种趋势在内涵上是极度抽象的，对具体事件而言，其论断带有高度或然性，不能用它代替具体的经验事实的研究。

从内容来看，诠释法有三种子方法：语言诠释法、历史诠释法、心理诠释法。语言诠释法本于语言的社会性和交往功能，在训释词语意义、揭示句子结构、分析表达方式，进行语法、修辞、逻辑分析的基础上，如朱熹所说的"逐层推揠"，辨名析理，开掘意义。这里要注意的是，对前人哲学资源的借鉴有两种方式，一是对前人思想有实质性的继承，却采取了作者所处时代的话语和言说方式，二是运用了传统哲学的概念和术语，但却没有继承其实质性内容。前者可称为"新瓶装旧酒"，后者可称为"旧瓶装新酒"。金岳霖的《论道》就是后者的典型例子之一。历史诠释法即"知人论世"。如《孟子·万章下》所说："颂其诗，读其书，不知其人，可乎？是以论其世也，是尚友也。"[①] 文本是其作者在特定的社会环境中写的，要理解文本，要先了解文本作者所处的大时代——包括其人所处历史阶段的社会环境、政治背景、文化氛围等，小环境——包括其人的家庭环境、受教育背景、交际环境等，此外还有作者的人生

---

① （清）焦循：《孟子正义》，沈文倬点校，中华书局1987年版，第726页。

经历、主要事迹等,这就是乾嘉学者每每强调的"知古人之身处"。罗素说过:"在真相所能容许的范围内,我总是试图把每一个哲学家显示为他的环境的产物,显示为一个以笼统而广泛的形式,具体地并集中地表现了以他作为其中一个成员的社会所共有的思想与感情的人。"① 这一意思,近代哲学家金岳霖在《中国哲学》一文中也有表述,他说:"哲学从来不单是一个提供人们理解的观念模式,它同时是哲学家内心中的一个信条,在极端情况下,甚至可以说就是他的自传。"② 心理诠释法即"以意逆志",理解、把握作者的个人气质、心态及其特征。《孟子·万章上》说:"故说《诗》者,不以文害辞,不以辞害志;以意逆志,是为得之。"赵岐对此解释说:"文,诗之文章,所以兴事也。辞,诗人所歌咏之辞。志,诗人之志,所欲之事。意,学者之心意也。孟子言,说诗者当本之志……人情不远,以己之意逆诗人之志,是为得其实矣。"③ 赵岐认为心理诠释法有普遍的适用性,他说:"斯言殆欲使后人深求其意,以解其文,不但施于说《诗》也。"④ 朱熹在《朱子语类》卷八十中对此也作了解释,他认为这是"借彼一物以引起此事",通过"兴"来唤醒体验,以己之心与文本作者之心相遇、相撞、相融,到"浃洽"之时,"候仿佛见个诗人本意,却从此推寻将去,方有感发"⑤。从赵岐和朱熹的解释中可以看出,作为一种普遍的诠释方法,"以意逆志"是在人性大体相同,"人情不远"、"同类相似",因而能够相互理解的前提下,在"因文释辞"的语言解释方法和"知人论世"的历史解释方法得以运用的同时,研究者设身处地地去体验前人、古人、他人的内心世界,并力求准确地把它呈现出来。之所以如此,是因为文本是其作者的文化心理和个性特征在特定的历史环境中、针对特定的问题所作出的个性化反应或评论。心理诠释法有其运用的限度,因为历史的时间距离使得后人无法完全恢复先人的心理、意图。但是,有条件地进行部分恢复是能够做到的。在这个前提下,研究者能够对先人的内心世界进行理解,从中挖掘意义,

---

① [英] 罗素:《西方哲学史》上卷,何兆武、李约瑟译,商务印书馆1963年版,第9页。
② 金岳霖:《中国哲学》,《哲学研究》1985年第9期。
③ (清) 焦循:《孟子正义》,沈文倬点校,中华书局1987年版,第648页。
④ (清) 焦循:《孟子正义》,沈文倬点校,中华书局1987年版,第18页。
⑤ (宋) 黎靖德编:《朱子语类》卷八十,王星贤点校,中华书局1986年版,第2085页。

塑造历史经验。在现实中，我们对周围的人的了解是通过其种种行为表现同我们的个人经验作类比而推测的。那么，对历史人物同样可以。对历史人物的心理诠释的成功与否，取决于研究者个人的人生阅历、知识视野和心理敏感性等。这样，在对先人的心理有充分理解的前提下，研究者以自己先在之"意"，设身处地，与先人展开知心朋友般的对话，通过这种虚拟式的对话，去追溯、体验作者寄托在文本中的"志"，进而在"意"与"志"的交融中阐发出文本的多重意蕴。这就是心理诠释法。

从形态来看，诠释法有两种子方法：外构解析法和内构解析法。例如，用西方哲学和现代各学科的知识作为解析中国古典哲学的知识基础，这是外构解析法。此法的优点在于能从熟悉的现象中发现应该给予关注的陌生点，有利于作出新的发现和突破。但如果操作不当，容易出现削足适履等不太合适的情况。内构解析法的运用，以中国古典哲学为例，是运用中国古代的儒家、道家、禅宗等各主要流派的哲学思想作为基本模板来解析研究对象。以某一哲学家的哲学为例，是运用该哲学家的其他相关思想来印证文本中的某一具体观点。内构解析法的优点是谨严、周密、平实、周遍畅达，但却难于作出新发现或突破。

从结果来看，诠释法可分为常规性诠释法和创造性诠释法。前者是对前人的思想进行考证、整理，找到那些跨时代的普遍适用的东西，进而"体证"，用现代的语言表述古人的思想，站在现代的立场上对古人的思想进行批判性的反省。后者是研究者在揭示前人哲学的原本意蕴的基础上找到现代哲学进一步发展的生长点，揭示前人哲学中以萌芽、征兆、端倪形式存在的发展因素，经由批判的继承而开创新的理路、思想，领悟宇宙、人生的真理，建构新的理论体系，使生命达到它的终极可能性，进入超越的境界。

比较研究法在哲学史研究中同样有运用。我们需要运用它把一个文本的意义与另一个文本进行对比，揭示其共同性与差异性，理清学术史上的继承与发展的关系，揭示出思想家对学术事业的独到贡献及其历史局限性。以异同比较为例，哲学史的研究应该在求同与存异之间保持一个合宜的张力，因为重在求同往往会在兼顾各家各派的特殊意义及各家在哲学史上的地位等方面有所欠缺，并且难以对各家各派的历史背景及其阶段性的历史发展样态有足够的考虑；重在求异则往往陷入只见树木不见森林的局面之中，难以找到共通之处，并寻绎出一以贯之的发展线索，概括出共同的实质。

上述三种方法既有各自的优点，也有其缺点。仅仅用生态学方法，难以揭示出思想之间的联系，也难以对思想作出分析评价。诠释法同样有其局限性。诠释的历史性决定了它无法超越诠释者所处的特定立场，如果孤立运用它，一方面往往会因过分强调哲学发展的普遍规律性而有失具体的历史之真，缺乏鲜活丰满的内容；另一方面会导致因自己的好恶选择而对哲学的评价有失公正。比较方法只能用以说明研究对象的同异，难以深入地开掘深刻的意蕴，而对理论体系的研究显然不能仅仅以异同比较为满足。这就决定了研究过程不能孤立地只使用一种方法，而应该根据需要把几种方法结合起来使用。事实上，上述三种方法之间本来就存在着内在的有机联系。例如，生态学方法以描述为本，但描述不等于记流水账，这其中存在着一个选择的过程，而选择与描述者的知识背景、价值立场有关，这就与诠释法有了内在的相通之处。作为诠释法的子方法，外构解析法和内构解析法的运用都涉及比较研究方法的运用。在一定意义上可以说，这两种方法是比较研究方法与诠释法交融而产生的。这说明上述三种方法有相互渗透之处，有可以相互沟通的地方。所以，可以把它们联结起来形成系统研究方法。

哲学史的研究对象是整体性的理论体系。在运用生态学方法、诠释法、比较方法这三种基本方法的过程中，考虑到这一特点和思想理论体系的复杂性，就应该使用系统研究方法。系统研究方法以对思想作整体把握为特色，在很大程度上可以说是最适合于哲学史研究的方法。站在系统研究方法的高度来看，生态学方法、诠释法与比较方法就具有了新的特点。生态学方法可作为语言诠释法、历史诠释法的基础，二者相互配合可以取得更好的效果。内构解析法和外构解析法的运用必须上升到理论体系的比较与评价的高度，诠释法因此而显示出了新的特点。比较方法在运用时，必须从整体入手，依据理论体系的立场、视角、视界、视域逐一展开，把比较的重点放在类型、结构、关系上。就哲学体系的比较而言，要把重点放在两个哲学体系所欲解决的基本问题上，弄清各自的基本范畴、概念框架、思维理路等，展开以相关问题为核心的关系模式的比较。通过比较，弄清各个哲学体系对所欲解决的问题解决到了何种程度，其利弊得失如何，这样评价才有依据。

哲学史的评价，如韦伯所说，应该采取价值中立（ethical neutrality）的态度。这可以联系价值判断（value-judgment）和价值关联（value-relevant）来进行理解。价值判断是研究者从自己的立场出发，表达对研究对象的态度，具有个体性、主观性。价值关联是特定的事物同一定的价值观念的逻辑关系。在哲学史研究中，它体现为指出特定事物或行为对某种价值目标的促进或阻碍作用，以便认同这种价值的人采取相应的行为，这是一种因果分析，研究者的价值信念不必表达出来。这有相对的公共性和客观性。当然，这不是说对价值判断不进行合理的分析批评，但"它仅仅是一种关于历史给定的价值判断和观念的形式逻辑判断，是概念所期望的目标的内在一致性这一假定对理想所作出的检验。就它为自己所提出的这一目标而言，它能够有助于这个行动着的、意欲着的人弄清楚推导出其所期望的目标的决定性原则。它能够帮助他意识到基本的价值标准，这是他自己还没有弄明白的，或者说是要成为有逻辑头脑的人所必须首先具有的。把表现在具体价值判断中的这些基本标准提高到清晰的层次，是关于价值判断的科学探讨在不陷入思辨境地的条件下所达到的最高水准"[①]。这就是说，哲学史的评价只是价值关联而不应该是价值判断，或者说，只有在做好价值关联的前提下，才能进行价值判断。具体地说，历史上的哲学家和哲学理论往往是从不同的角度，在不同的深度上提出相同或相似的问题，他们解决这些问题的思维路向、方法和态度等各不相同，他们所提出的问题及对问题的解决程度在当时的意义和所具有的局限性往往也互不相同。只有在把这些搞清楚的基础上，才能联系"今天"来判定它在"今天"的价值、意义，进而使其成为当代哲学寻求创造性的理路突破和发展的思想资源。

从系统研究法来看，"即哲学史以言哲学"的工作，首先要以客观的态度，运用生态学方法对前人的思想进行历史的梳理，然后才是对前人的思想进行阐释。这种理论阐释的过程本为研究者自己的生命活动的一个部分，其中渗透着研究者的哲学观。研究者正是这样方可从前人的文

---

① ［德］马克斯·韦伯：《社会科学方法论》，朱红文等译，中国人民大学出版社1992年版，第51页。

本中解读出任何时代均适用的普适性的内容，从而可以在自己的哲学创造中加以汲取、改造、融会。诚如唐君毅用"仁""义""礼""智"四心对此进行解释时所言：

> 吾今之所谓即哲学史以为哲学之态度，要在兼本吾人之仁义礼智之心，以论述昔贤之学。古人往矣，以吾人之心思，遥通古人之心思，而会得其义理，更为之说，以示后人，仁也。必考其遗言，求其训诂，循其本义而评论之，不可无据而妄臆，智也。古人之言，非仅一端，而各有所当，今果能就其所当之义，为之分疏条列，以使之各得其位，义也。义理自在天壤，唯贤者能识其大。尊贤崇圣，不敢以慢易之心，低视其言，礼也。吾人今果能兼本此仁义礼智之心，以观古人之言，而论述之，则情志与理智俱到，而悟解自别。今若更观此所悟解者之聚合于吾人之一心，而各当其位，则不同历史时代之贤哲，所陈之不同义理，果皆真实不虚，即未尝不宛然有知，而如相与揖让于吾人之此心之中，得见其有并行不悖，以融和于一义理之世界者焉。斯可即哲学义理之流行于历史之世代中，以见其超越于任何特定之历史世代之永恒普遍之哲学意义矣。①

总之，对中国哲学的研究，应该坚持理性分析优先、现代批判意识其次、超越与创新再次的原则。

---

① 唐君毅：《中国哲学原论·原性篇》，台北：台湾学生书局1984年版，第7—8页。

第二章

易学的诠释

易学起源甚早。本章基于前述文化活动场的观念指出，易学的绵延要呈现为观念、思维及其理论模式。为此，本章首先研究了易学时空观。它认为，一定事物的关系结构就是空间，这种结构的变异就是时间。时空互蕴而统一，就表现为动态的关系结构的整体模式，其三要素是位置、关系、动态的处境。这个时空整体观实际上包含了生态时空观、关系时空观、人文时空观三个层次。对这种独具特色的时空整体模式的学习、掌握和运用，要用体悟的方法。

本章接着研究了易学的信息衍生机制。本章认为，《周易》在"体""用"中重视"用"。在用的使用上，《周易》有三个步骤：一是根据卦用的需要把卦性（卦德）具体化为卦象；二是给卦象进行分类；三是考察象类内部、象类与象类之间的信息随条件变化从潜在状态向显在状态转化的自复制全息模式变换。这是独具特色的信息衍生机制。

作为易学理论模式的案例，本章指出，风水运用了《周易》的阴阳、五行、八卦等象数派理论模式，但又有自身的特点。

第一节　易学时空整体观[*]

《易经》以乾卦为首，乾象为天，"天易谓之乾。乾，健也。健行不

---

[*] 本节原文发表于《河北大学学报》（哲社版）2001年第1期，人大复印报刊资料《中国哲学》2001年第6期全文转载。

息也"①。可见，《周易》书名正是对乾之大义的阐发。《易·系辞》又指出："易者，象也。""悬象著明莫大乎日月。"由此可知，《周易》的本义是阐释日月互动及它们在整个天空中运动的规律。对此，《易传·系辞下》指出："日往则月来，月往则日来，日月相推而明生焉。寒往则暑来，暑往则寒来，寒暑相推而岁成焉。往者屈也，来者信也，屈信相感而利生焉。"②这说明，从日与月、寒与暑、屈与伸等中归纳而出的阴与阳的互动是推动事物发展的原因。阴与阳不是孤立的、封闭的运动，而是处于一个更大范围之中，与其他事物互相联系的开放式运动。这个运动得以实现的关键是阴阳相感、过去与现在相感、物物相关联、事事相关系。正是在这个基础上，赵天子先生才指出，《周易》义即周密的感应与效验。所以，《周易》所要阐释的，就是日月旋转运动，同时又一体绕行周天的不同节律周期运动对地上人事、万物的普遍细密的感应与效验。

一 时空合一

这些节律周期是以太阳、月亮、地球、万物、人作为藉以表现自己的实体。这些实体在上、下、左、右、前、后等"六合"中的存在形态，就是空间。这些实体的运动，就是时间。正如《易·系辞》所说："法象莫大乎天地，变通莫大乎四时，悬象著明莫大乎日月。"③它说明，日月、天地是两个层次的空间。它们内部的运动和它们两者之间的相对运动所形成的节律周期，对地上万物和人所产生的影响，就表现为时间。在这里，时间和空间是浑然一体的。这可以从"宙轮于宇"，"宇中有宙，宙中有宇"④的先天、后天两种八卦图式中得到更为详明精切的领悟。

先天八卦讲对待，以阴阳对立统一立论，强调作为一点事物的关系

---

① （东汉）刘熙撰、（清）毕沅疏证、（清）王先谦补：《释名疏证补》卷一，祝敏彻、孙玉文点校，中华书局2008年版，第25页。

② 《周易正义·系辞上》，阮元校刻《十三经注疏》（清嘉庆刊本），中华书局2009年版，第182页。

③ 《周易正义·系辞上》，阮元校刻《十三经注疏》（清嘉庆刊本），中华书局2009年版，第170页。

④ （明）方以智：《物理小识》，《影印文渊阁四库全书》第867册，台北：台湾商务印书馆1986年版，第61页。

结构的空间，但对待中寓流行，显示事物发展的螺旋周期规律。其理论源自《说卦传》："八卦相错，数往者顺，知来者逆，是故易逆数也。"其功用是"彰往而察来"，寓时间之用于空间中——一定事物的关系结构的变异就是时间。

后天八卦讲流行，言易之用，体现了五行学说的精义，反映了同一空间中四时八节的推移、万物生长收藏的规律。其理论源自《说卦传》："帝出乎震，齐乎巽，相见乎离，致役乎坤，说言乎兑，战乎乾，劳乎坎，成乎艮……艮东北方之卦也，万物之所成终而成始也，故曰成言乎艮。"帝喻北斗，北斗的斗柄依时转向。斗柄东指，卦象为震（木），时当二月，节令春分，此时春气旺而万物出土，故曰"万物皆出乎震"。斗柄指东南，卦象为（木），时当四月，节令立夏，此际万物繁茂，故曰"万物皆整齐长大"。斗柄南指，卦象为离（火），时当五月，节令夏至，此际阳气旺而万物皆蕃秀成英。故曰"离照当空"，万物长大成形，皆有显著之象可见。斗柄指西南，卦象为坤（土），时值七月，节令立秋，万物都从大地得到充足的养分而茁壮成长，故曰："万物致养，致役乎坤。"斗柄西指，卦象为兑（金），时当八月，节令秋分，此时万物皆成熟而喜悦，故曰"成言乎兑"。斗柄指西北，卦象为乾（金），时当十月，节令立冬，万物由成熟走向老枯，处于盛衰之际，故曰"阴阳象搏"。斗柄北指，卦象为坎（水），时当冬月，节令冬至，此时万物皆蛰藏，故曰"万物所归"。斗柄指东北方，卦象为（艮），时值正月，节令立春，天体运行每岁一周，气机变化终而复始，故曰"万物之所成终而成始。"由此可见，后天八卦含有四时、五方、五行、八节，万物一年中生成变化的整个过程和规律，它是时空合一的象数整体模式。但在时间流行中寓蕴共时态的空间关系整体结构的状态变异。

可见，古代学者们在阴阳五行的宇宙图式中，以空间结构统率时间结构形成时空合一的基本构架。万事万物各自处于一定的空间位置上，按照该空间中事物相互运动所表现出的时间节律周期，以自然而然却又是统一的步调，在同一空间中进行着和谐一致，周而复始的运动。这就是我们所处的形态学的、"力场"型的宇宙。由此也可看出，与西方实体型的时空观不同，易学的时间、空间都不是实体，而是形态学上的关系网络及其运动。时间、空间水乳交融，形成一个万事万物"枝枝相覆盖，叶叶相交通"、运化不休的大全整体。在这个时空图式中，土居中央，渗彻四季，人生于土，生活在土地之上，死后仍然复归于土。中央土是人的视界点，世界图式的中心。通过土，时空与人构成了一个有内在联系的有机整体，天人合一被具体化了。

对此的运用，《易传·文言》说道："夫大人者，与天地合其德，与日月合其明，与四时合其序，与鬼神合其吉凶，先天而天弗违，后天而奉天时。""大人"行为做事，首先是考虑要在自己所置身的天地空间中发挥作用，行事要效法于日月阴阳的"一阴一阳"之"道"，在步骤安排上合乎环境中其他事物作用于自己的时间节律周期，根据形势变化，机敏神应，避实击虚，因地制宜，趋利避害，方能求优求利。

二 整体模式

时空合一的观点寓蕴了整体的观点。整体的观点是易学思想的基本观点之一。

《易经》的卦象和六十四卦的编排都鲜地体现了这一观点。《易经》作者以代表天地的乾坤二卦起始，将象征万事万物的其余六十二卦置于其后，表明了要在天地这一空间整体中把握所有事物的意图。无论六十四卦还是每一个别卦，其卦象都是整体性结构，必须从整体上去理解，才能抓住其实质。

《易传》发展了《易经》的整体思维，如对八卦的认识和运用就是一个典型的例子。《易经》的八卦分别代表天、地、雷、风、水、火、山、泽。这八种自然物是构成宇宙整体的基本单元，合起来构成一个宇宙整体的抽象模型。《易传》进一步将八卦与人体作比类："乾为首，坤为腹，震为足，巽为股，坎为耳，离为目，艮为手，兑为口。"[1]显然，首、腹、足、股、耳、目、手、口构成人身的整体。同时，《易传》说："乾，天也，故称乎父。坤，地也，故称乎母。震一索而得男，故谓之长男。巽一索而得女，故谓之长女。坎再索而得男，故谓之中男。离再索而得女，故谓之中女。艮三索而得男，故谓之少男。兑三索而得

---

[1] 《周易正义·说卦》，阮元校刻《十三经注疏》（清嘉庆刊本），中华书局2009年版，第198页。

女,故谓之少女。"① 这里,《易传》又把八卦比作一个由父母兄弟姐妹组成的家庭整体。

不但外界的客观事物组成一个整体,人和物也是一个整体。因此,《易传》的作者们没有把认识的主体与客体明确区分开来,而是把它们当作一个整体来进行考察。据此,南宋杨简在程颢和陆九渊易学思想的基础上提出了天人一本的思想,并视为其易学哲学的基本原则。他认为,天人本一,天人一致,天、地、人三才一体。如他所说:"君子所以自强不息,即天行之健也,非天行之健在彼,而君子仿之于此也。天人未始不一也。"② 天与人、天道变化与人心变化是一致的,天道不在人心之外。"易者,己也,非有他也。以易为书,不以易为己,不可也。以易为天地之变化,不以易为己之变化,不可也。天地我之天地,变化我之变化,非他物也,私者裂之,私者自小也。"③ 他认为《周易》所讲的天地变化之道与个人的意识变化是一致的,不可以天地为大,以我为小而割裂天人关系。"一者,吾之全也,一者吾之分也。全即分也,分即全也。"④ 部分乃是整体的部分,整体是由部分构成的整体。"举天地万物万化万理,皆一而已也。"⑤

为此,《易经》认为应该把物我一体的思想贯穿到生命活动中去。以艮卦卦辞为例。它说:"艮其背不获其身,行其庭不见其人。"艮为止,引申为注意、顾及。全句意思是,如果只注意到人体的背部而没有照顾到全身,那就像走进一家庭院却未看到主人一样。全身为整体,脊背是局部。主人是一个家庭的灵魂,会见主人是进入庭院的目的,走进庭院只不过是会见主人所须采取的手段和步骤。所以,用走进庭院不见主人,比喻只顾局部不顾整体,包含有重视整体、将整体视为事物之本质和主旨的思想。

但这只是一个方面。另一方面,相对于五官四肢,背部在人身上属

---

① 《周易正义·说卦》,阮元校刻《十三经注疏》(清嘉庆刊本),中华书局 2009 年版,第 198 页。
② 《杨简全集》第 1 册,董平校点,浙江大学出版社 2016 年版,第 18 页。
③ 《杨简全集》第 7 册,董平校点,浙江大学出版社 2016 年版,第 1972 页。
④ 《杨简全集》第 7 册,董平校点,浙江大学出版社 2016 年版,第 1973 页。
⑤ 《杨简全集》第 7 册,董平校点,浙江大学出版社 2016 年版,第 1974 页。

于静止的部位，人的各种运动和实践功能，集中在身体的前部。就一个家庭而言，住所是静止的，住所的主人却是能动的。因此，"艮其背不获其身，行其庭不见其人"还具有这样的意思：如果仅仅把握住事物整体的静止的方面，而没有把握其动态功能的方面，则是本末倒置，不得要领。在《易经》作者们看来，事物整体和本质与动态功能相联系，事物的整体特性通过动态功能显现出来。质言之，整体是动态的整体。

三 活动模态

《易经》怎么来具体阐明这些运动变化的整体呢？

《易·系辞下》说："天下同归而殊途，一致而百虑。"殊，异也。涂，通途。《易经蒙引》对此解释道："天下感应之理，本同归也。但事物则千形万状，而其涂殊异。"① 这就是说，这句话的本意是指事物沿着不同的道路而走到了个体的目标，但其实质则是阐发天下万事万物的自然感应之理。可资参证的是，《易·乾文言》说："九五曰：'飞龙在天，利见大人。'何谓也？子曰：'同声相应，同气相求。'""同声相应，同气相求"指具有共同性的事物相互感应。《正义》对此进一步予以阐发："此义明九五之义也。'飞龙在天'者，言天能广感众物，众物应之，所以'利见大人'，因大小与众物感应，故广陈众物相感应，以明圣人之作而万物瞻觐以结之也。'同气相求'者，若天欲雨而柱础润是也，此二者声气相感也。"② 《易经》认为，事物之间的相互感应引起相互作用。这种感应绝非有目的的行为，而是一种"集体无意识"，是整体性、系统性事物协调存在的自然而然的要求，或者说是"共振"效应。这种相互作用并非由于实体性事物相互碰撞的机械推动而获得的机械性的因果关系，而是由感应引起的。相互感应和相互作用的事物千形万状，它们之间是同等、对等的，而不是从属的、包含的关系。它们自主地走各自的发展道路。相互感应导致相互作用，相互作用导致运动，只是就同一个层次而言的。

---

① （明）蔡清：《易经蒙引》下册，刘建萍等点校，商务印书馆2017年版，第675页。
② 《周易正义·乾卦》，阮元校刻《十三经注疏》（清嘉庆刊本），中华书局2009年版，第28页。

那么，对不同层次的事物，情况又如何呢？"一阴一阳之谓道"，"道"就表现为事物运动变化所引起的或高或低的层次变异。这就是"阴阳各生阴阳"的"交易"观："一物上又各自有阴阳。如人之男女，阴阳也。逐人身上，又各有血气，血阴而气阳也。如昼夜之间，昼阳而夜阴也。而昼阳自午后又属阴，夜阴自午后又属阳，便是阴阳各生阴阳之象。"① 对此，朱熹指出：万事万物各分阴阳，一事一物又各有阴阳，阴中有阳，阳中有阴，阴阳交错对待。由于层次变异，导致层次绞缠扭结。这个整体既然是运动变化的，也就不可能是一个封闭性的结构，而是开放性的。

之所以是开放性的，根本原因是"孤阴不生，独阳不长。"阴与阳，无论哪一方想存在和发展，都必须与对方相"交"，这就是"阴阳交互之理"②。对此，毛奇龄在《仲氏易》中说："交易谓阴交乎阳，阳交乎阴。如乾坤交谓泰否，坎、离交为既济、未济类。"③ 阴阳相交同样是有层次的。阴爻（--）、阳爻（—）相交，产生四象：老阳、老阴、少阳、少阴。四象再与阴阳爻相交，产生八经卦，这是第二层次。八卦两两相交就成六十四卦：以经卦乾交于经卦坤，则为别卦否；以经卦坤交于经卦坤，则为别卦坤；以经卦坤交于经卦乾，则成别卦泰。以经卦乾、坤遍交于六子卦，又以六子卦反交于乾、坤二经卦，这样就产生了六十四别卦。这是第三层次。

阴与阳在不同层次的相交，产生了不同层次的整体。在这些整体中，阴与阳既相反又互为补充。同时，在力量上，两者也必然相互制衡以维持整体的存在。以卦为例，就必然会存在"阳卦多阴，阴卦多阳"的现象。八卦之中，乾为纯阳，坤为纯阴，其余六卦也分阴阳，震、坎、艮为阳卦，都由一阳爻、两阴爻构成，是乃"多阴"；巽、离、兑为阴卦，都由一阴爻、两阳爻构成，是乃"多阳"。《正义》对此有明确表述：

---

① （宋）黎靖德编：《朱子语类》卷六十五，王星贤点校，中华书局1986年版，第1604—1605页。

② （宋）黎靖德编：《朱子语类》卷六十五，王星贤点校，中华书局1986年版，第1603页。

③ （清）毛奇龄：《仲氏易》，《影印文渊阁四库全书》第41册，台北：台湾商务印书馆1986年版，第184页。

"'阳卦多阴',谓震、坎、艮,一阳而二阴也;'阴卦多阳',谓巽、离、兑,一阴而二阳也。"① "阳卦多阴",其中的一阳是少阳,二阴是老阴,有转化为少阳的可能性。少阳与老阴相对待,又有流行变化的趋势。"阴卦多阳",其中的一阴是少阴,二阳是老阳,老阳有转化为少阴的可能。同理,少阴与老阳既对待,又流行。"阳卦多阴",本性属阳的卦,阴的成分多一些,有利于维持结构的相对稳定。"阴卦多阳,"本性属阴的卦,阳的成分多一些,也有利于维持对立统一体不瓦解前提下的动态稳定。

《易经》卦爻辞虽然未提到阴阳的概念,但阴阳对待流行的关系结构的思想的存在却是显然的。例如损卦六三爻辞说:"三人行则损一人,一人行则得其友。"将其引申开来,说明事物总要结成对子,在一个整体中方能存在,而且总是在对待反照的基础上方能流行——即发展变化。

阴阳对待流行的关系结构是《易经》关系结构的始基。《易·系辞上》说:"乾坤其〈易〉之蕴邪?乾坤成列,而〈易〉立乎其中矣。乾坤毁,则无以见〈易〉;〈易〉不可见,则乾坤或几乎息矣。"② 乾为纯阳,坤为纯阴。《易经》以乾坤二卦开始并用之统帅其余六十二卦,足见说明阴阳对待流行的关系结构的重要性。《易·系辞下》说:"古者包牺氏之王天下也,仰则观象于天,俯则观法于地,观鸟兽之文与地之宜,近取诸身,远取诸物,于是始作八卦,以通神明之德,以类万物之情。"③《本义》对此解释道:"俯仰远近,所取不一,然不过以验明阴阳消息,两端而已。"④ 正因为如此,阴阳对待流行的关系结构被贯穿于阴爻和阳爻所代表的事物及其关系上,表现在乾卦与坤卦、上(外、表、彼)卦与下(内、里、此)卦、对偶卦、部分相邻卦(如"非覆即变")等等的空间位置关系上。任何一个爻若不通过感应而感知动态变化的处境、环境并依据作为一个整体模式的卦协调存在的要求、方式而活动,就会

---

① 《周易正义·系辞下》,阮元校刻《十三经注疏》(清嘉庆刊本),中华书局2009年版,第181页。
② 《周易正义·系辞上》,阮元校刻《十三经注疏》(清嘉庆刊本),中华书局2009年版,第171页。
③ 《周易正义·系辞下》,阮元校刻《十三经注疏》(清嘉庆刊本),中华书局2009年版,第179页。
④ (宋)朱熹:《周易本义》卷三,廖名春点校,中华书局2009年版,第246页。

失去在整体中的相关地位（此种地位乃是使它成为它的决定性原因），而变成另外的爻。

以阴阳对待流行的关系结构为基础，《易经》的关系结构还有六爻结构、八卦结构、六十四卦结构等。这里只谈六爻结构和六十四卦结构。

六爻结构由六个爻叠次排列而成。上三爻和下三爻分别组成上下二经卦，成为六爻结构内部的两个子系统。六爻之间和上下经卦之间形成稳定的关系结构。《易经》认为六爻结构中的位次具有重要意义："其初易知，其上易知，本末也。初辞拟之，卒成之终。若夫杂物撰德，辩是与非，则非其中爻不备……二与四，同功而异位，其善不同。二多誉，四多惧，近也。柔之为道不利远者，其要无咎，其用柔中也。三与五，同功而异位。三多凶，五多功，贵贱之等也。"[1] 初爻为事物之始，上爻为事物之终。初爻之时，事物如何发展尚难以看出，到了上爻，结果显现。但若想综观全局，细致地了解其发展过程，辨别错综复杂的性态和是非真假，就非得依靠二、三、四、五这四个中爻。中爻把上下二卦连成一个整体，因而对认识事物发展进程和弄清事物之间的相互关系有特殊的意义。第二、四爻从爻序上说是偶数位，是阴位，其功能相同，但由于在卦的整体中所处的位置次序不同，因而表现出不同的作用。《易传》认为，"中"则无过无不及，常无咎，而且"柔之为道不利远者"[2]。别卦中，下卦为近，上卦为远，所以居处下卦之中位的第二爻多美誉。第四爻居上卦为远，又距全卦之尊位第五爻太近，所以多有恐惧。第三、五爻是奇数位，为阳位，皆以刚健自主用事，但第三爻处于下卦之偏位，属卑贱之位，故多遇凶咎。第五爻居上卦之中位，为六爻中至尊至贵之位，故多建功绩。如果把卦当作一个模式来看待的话，则六个爻并排、平等、对等地共存于这个模式中。每个爻独有的性质是因它在整体模式中的独特地位而获得的。

爻与爻之间的对等地位是由爻位、爻性共同决定的。如果把实际占

---

[1] 《周易正义·系辞下》，阮元校刻《十三经注疏》（清嘉庆刊本），中华书局2009年版，第187—188页。

[2] 《周易正义·系辞下》，阮元校刻《十三经注疏》（清嘉庆刊本），中华书局2009年版，第188页。

据各爻位的阴阳性也考虑进来，又如何呢？紧接着上面的引文，《系辞下》说："其柔危，其刚胜邪恶？"① 这是针对第三、五爻位而言，如果占以阴爻则危险。因为三、五爻为主事之阳位，阴爻居阳位，象征人不称其职，事不当其位，名不副其实。如果占以阳爻，阳爻居阳位，象征人称其职，是当其位，名副其实，可成功。所以，"三多凶，五多功"不是绝对的，而是可变的。要看占据该爻位的是阴性爻还是阳性爻，以及其他一些有关约束条件，才能最后决定。对于第二、四爻位也如是。《系辞上》说："天下之理得，而成位乎其中矣。"② 《易传》作者们将获得天下之理与掌握阴阳六爻的位置的关系相提并论，足见其对空间因素的重视。

六个爻在卦中的并排本身就意味着它们在空间位置上有秩序的不同；先天的平等并不抹杀后天的差异；结构上的对等也并不泯灭在功能上和价值上的后天的事实上的不对等。正是因为存在这些情况，每一个爻才独具特质、异彩。这样，多样性统一的关系模式才有生机蓬勃的运动、变化、发展的潜力。所以，六爻并非静态结构，而是动态的。六爻从初爻至上爻，迭次排列，代表事物由始至终的运动过程或在东、西、南、北、中五个方位之一上的层次推进。当事物发展到上爻进到某一空间的有限边界，则返至初爻开始新一轮的螺旋式运动。这是《易经》所要阐明的整体性事物的活动模态之一。

关于六十四卦结构，这里只谈"综"与"错"两个方面。

综卦，是《易经》中卦爻关系的重要一种。三国时虞翻谓之"反对"；晋韩康伯《系辞注》中指"以同相类"的对立卦，即上下颠倒的两卦，如屯与蒙、需与讼。六十四卦中，除乾、坤、坎、离、小过、中孚、大过、颐八个卦不相综外，其余五十六卦皆相综。这也就是孔颖达所谓的"复"卦，古人又称之为"倒象""反易"。来知德在《周易集注》中认为综卦之间有相同之象，以此来解释《周易》卦爻辞，如损益

---

① 《周易正义·系辞下》，阮元校刻《十三经注疏》（清嘉庆刊本），中华书局2009年版，第188页。
② 《周易正义·系辞上》，阮元校刻《十三经注疏》（清嘉庆刊本），中华书局2009年版，第157页。

两卦相综,损卦之六五爻即益卦六二爻之倒转,故其象皆"十朋之龟。"夬、姤两卦为综卦,夬之九四爻即姤之九三爻之倒置。故其象皆"臀无肤"。来氏又认为,《序卦传》是讲综卦关系的,但有"正综""杂综"之别。依据京房"八宫卦",来氏认为,乾卦初爻变姤,坤逆行五爻变夬与姤相综,合乎阳顺行而阴逆行。初与五综、二与四综、三与三综的综卦为"正综",如姤综夬、遯综大壮、否综泰、观综临、剥综复之类。初、二、三、四、五分别指一世卦、二世卦、三世卦、四世卦、五世卦。关于"杂综",来氏认为:"若乾坤所属尾二卦晋、大有、需、比之类,乃术家所谓游魂、归魂,出于乾坤之外者,非乾坤五爻之正变,故谓之杂综。"①

错卦是《周易》的另一种卦爻关系。韩康伯《系辞注》指"以异相明"的对立卦,也就是同一爻位上的爻象性质互相对立的两卦,如乾与坤、坎与离。来知德在《周易集注》中把六十四卦分为三十二对错卦,而且把范围由重卦扩展到经卦,认为错卦之间寓有相同之象,以此来解释《周易》的卦爻辞。例如,乾、坤为错卦,依《说卦传》,乾为马,坤卦卦辞则说"利牝马之贞"。履卦上乾下兑,兑错艮,艮为虎,卦辞即以虎言之。革卦上兑下离,兑错艮,艮为虎,故革的九五爻亦以虎言之。来氏还认为《伏羲六十四卦圆图》中从坤向左至姤的卦,与从乾向右至复的卦是错卦。这三十二对四组错卦,每组八对之间的变化都是有一定规律的。

"错"从横的方面揭示了卦之间的关系,即阴阳对待相依。"综"则从纵的方面揭示了卦之间的演变关系,反映了阴阳二气上下流行的过程。来氏从纵与横、内与外两方面把作为万事万物的模型的六十四卦组成了有关不可分割的关系结构整体,深刻地阐明了宇宙实则为一种环境,它既规定了组成它的成分,也被其成分所规定。他就这样描摹出了人位处其间的时空宇宙形态。

由此看来,易学的时空观既来源于自然界的生态运动的描摹,但又不仅仅停留于这里,而是进一步作了哲理的抽象,上升为关系时空观,

---

① (明)来知德:《周易集注》,《影印文渊阁四库全书》第32册,台北:台湾商务印书馆1986年版,第9页。

在复杂的动态变化的事物的关系网络中，既以太阳、月亮相对于地球的运动作为最基础的生态时空坐标，但又因应处理复杂性事物之间的动态关系的需要，灵活地选择、变更参照系坐标，使得主体能够作为关系网络之中的一员，顺应场景中的变化而改变视角，机动地选择最适宜的刻画事物变化的标度，立体地透视、洞悉事物。

这个关系时空观还被赋予了价值论上的人文意义，因为它把人作为时空观的一个自然而然的组成部分。易学天、地、人"三才"学说本身就说明了这一点。这样，关系时空观又进而上升为人文时空观。易学正是通过生态时空观、关系时空观、人文时空观三个层次把自然界与人类社会紧密关联起来，从而成为一个普遍适用的理论体系的。

四 结语

关于易学独具特色的时空整体观，李郁说过："《周易》不徒言分，且亦言整，是故六十四卦，三百八十四爻，学者须作整个读。爻爻联络，卦卦贯通，于以见宇宙之统一整齐，于以见万物之经纬组织。纵横交错，左右逢源，此何等气象也。大凡社会上事件皆为多数人行动的集积，是故一卦中之事态，亦多为六爻变动所构成。《易》之有六十四卦，一大体系也，而每卦则一小体系。卦中六位，则亦体系中之上下左右前后也。爻之有位，则在体系中某一人或某一物所处之时地也。六位互相联系，互生影响，一有声动，近之则影响于自身，远之则影响于他人；小之则影响于本体系，大之则影响于大体系之全境也。由此可见为人之不可苟也。"[1] 这里，人既然是这个时空宇宙中的一分子，那么，在赋予宇宙以意义与价值上，人类应该扮演一个主动的、积极的、共同的创造者的角色。正如孔子所说："人能弘道，非道弘人。"[2]《易经》也是这样。《说卦传》说："立人之道曰仁与义。"[3]《乾文言》说："利者，义之和也。"

---

[1] 李郁：《周易正言》，转引自程发轫编《六十年来之国学》第一册，台北：正中书局1972年版，第22—23页。

[2] 程树德：《论语集释》，程俊英、蒋见元点校，中华书局1990年版，第1116页。

[3] 《周易正义·说卦》，阮元校刻《十三经注疏》（清嘉庆刊本），中华书局2009年版，第196页。

"利物足以和义。"①《系辞下》说："井以辩义。""理财正辞，禁民为非曰义。""小人不耻不仁，不畏不义。"② 综合这些论述，我们可以知道，"义"是自我与环境的积极的、有成效的整合。在这个过程中，自我以富有新意和创意的方式进行独特的活动，并且根据自己的意愿表现自己。"君子之于天下也，无适也，无莫也，义与之比。"③ 君子必须按照他自己对义的体认，鞭策自己去在时空宇宙中实现自我和人生的价值。

对此应如何把握？清初沈廷励说："以心言易，未若以身体易之为实；以身体易，又必以易见诸用之为实。"④ 这启发我们：要把自身放到关系网络的变动中，体观、体察、体知、体究、体味、体验、体悟、体证，感知与作行相须并进，心、性、情、理圆融中应，使内外、群己通畅谐合，在理解中表达世界，在理解中从身之体、心之知、灵之觉、神之明四个层次来调节人的生命运动。《周易》是中国传统文化的基因和圭臬，对中国古代哲学、美学、中医药等等，均须作如是观，方能把握其真精神。

第二节　论《易》的信息衍生机制*

八卦不是指八种物质元素。八卦不是以天、地、雷、风、水、火、山、泽这八种有形质的自然物作为名称，而是以卦德乾、坤、震、巽、坎、离、艮、兑作为名称。对此，孔颖达在《周易正义》中说道："此乾卦本以象天。""而谓之乾者，天者定体之名，乾者体用之称，故〈说卦〉云：'乾者，健也。'言天之体以健为用。圣人作《易》本以教人，欲使人法天之用，不法天之体，故名乾不名天也。天以健为用者，运行不息，应化无穷，此天之自然之理，故圣人当法此

---

① 《周易正义·乾卦》，阮元校刻《十三经注疏》（清嘉庆刊本），中华书局2009年版，第25页。

② 《周易正义·系辞下》，阮元校刻《十三经注疏》（清嘉庆刊本），中华书局2009年版，第186、179、183页。

③ 程树德：《论语集释》，程俊英、蒋见元点校，中华书局1990年版，第247页。

④ （清）沈廷励：《身易实义》序，康熙二十三年洗心楼刻本，第2页。

* 本节原文发表于《船山学刊》1997年第2期，此处略有修改。

自然之象，而施人事亦当应物成务云。"① 张介宾在《类经附翼·医易》中也说："以体而言为天地，以用而言为乾坤。"② 以此类推，八种自然物均为体，八卦之名均表用。这说明，八卦结构模型的认识重心在"用"不在"体"。

天、地、雷、风、火、山、泽这八种自然物，称为卦质，乾、坤、震、巽、坎、离、艮、兑称为卦用。它们之间的关系，类似于五行与五材的关系。只不过五行与五材名称未变，而八卦与八种自然物的名称发生了变化。

显然，卦质和卦用不可能完全脱节，它们是以卦德（卦性）为中介统一起来的。但是，《周易》和《易传》的立脚点和核心仍然是卦用。那么，《周易》和《易传》是怎么使用卦用的呢？这包括三个步骤：一是根据卦用的需要把卦性（卦德）具体化为卦象；二是给卦象进行分类；三是考察象类内部、象类与象类之间的自复制全息模式变换。

一

《易传》说，圣人制作卦爻的原则是，"拟诸其形容，象其物宜，是故谓之象。"③ 卦在于模拟事物的"形"，以"象"的形式说明事物的义理。"象"是"观天下之颐"，"观天下之动"、"观其会通"而来的。对此，《易传》反复予以强调："易者，象也。象者，像也。""爻也者，效此者也。象也者，像此者也。"④ "广大配天地，变通配四时，阴阳之义配日月，易简之善配至德。""易与天地准，故能弥纶天地之道。""与天地相似，故不违。"⑤ 这说明，象是"颐"与"动"，"形容"与"物宜"

---

① 《周易正义·乾卦》，阮元校刻《十三经注疏》（清嘉庆刊本），中华书局2009年版，第21页。
② （明）张介宾：《类经图翼·类经附翼评注》，陕西科学技术出版社1996年版，第352页。
③ 《周易正义·系辞上》，阮元校刻《十三经注疏》（清嘉庆刊本），中华书局2009年版，第163页。
④ 《周易正义·系辞下》，阮元校刻《十三经注疏》（清嘉庆刊本），中华书局2009年版，第179页。
⑤ 《周易正义·系辞上》，阮元校刻《十三经注疏》（清嘉庆刊本），中华书局2009年版，第163、160页。

的统一。这是一方面。另一方面,"爻象动乎内,吉凶见乎外"①。象也是在质的基础上的德性与功用的统一,并内在地蕴涵了对对象作精确化处理的数。

阴阳二爻作为构成世界的最基本的元素,具有类的属性,因而,由爻发展起来的经卦、复卦也是一个个类。每一个卦又可以象征若干事物的类。六爻六十四卦,是继八卦之后更深一层次的分类。此时所被分类的对象,已经不仅仅是依赖于具体事物的卦质,而且是事物与事物之间的联系、事物发生的规律,即类与类之间的关系。可见,类是有层次性的。同时,这也说明,"象"已经从感性的物质层面上升到了体验、认知的层面。

二

《周易》把"象"进行分类的原则有四个:

其一,相应则同类。

《系辞上》说:"方以类聚,物以群分,吉凶生有矣。"这是对《周易》乾坤大义的阐发。关于"方",《集解》所引《九家易》曰:"方道也,谓阳道施生,万物各聚其所也。"②《正义》也说:"《春秋》云:'教子以义方'。注云:'方,道也;'是方谓性行法术也。"③ 这说明,"方"指观念、道理、规律。"物",具体可感的事物,与"方"相对。《韩注》说:"方有类,物有群,则有同有异、有聚有分也。顺其所同则吉,乖其三趣则凶,故'吉凶生也'。"④ 世间各种观念和事物,都以群类相分合,同者则聚则群,异者则散则分。遵循共同规律的事物则聚为一类。尚秉和在《周易尚氏学》中也说:"'方以类聚',言万物能聚于一方者,以各从其类也。阴阳遇为类,类则聚,聚则合,合而言吉矣。物者,阴物,

---

① 《周易正义·系辞下》,阮元校刻《十三经注疏》(清嘉庆刊本),中华书局2009年版,第179页。
② (唐)李鼎祚:《周易集解》卷十三,王丰先点校,中华书局2016年版,第390页。
③ 《周易正义·系辞上》,阮元校刻《十三经注疏》(清嘉庆刊本),中华书局2009年版,第156页。
④ 《周易正义·系辞上》,阮元校刻《十三经注疏》(清嘉庆刊本),中华书局2009年版,第156页。

阳物，纯阳或纯阴为群……纯阳纯阴则不交而阴阳分，分则类离，离则凶矣。"① 这说明，事物的或分或聚由其类的属性的异同决定，凡是相互靠拢，有聚合趋向的事物，即为同类。

类的属性的异或同则取决于事物间的"交感"即关联关系的有或无。《易·文言》说道："同声相应，同气相求。水流湿，火就燥，云从龙，风从虎。圣人作而万物睹。本乎天者亲上，本乎地者亲下。各从其类也。"② 王弼注释咸卦文时说："凡感之为道，不能感非类者也。故引取女以明同类之义也。"③ 同类相感，这是概括而言的。同为一类的事物，相互之间或多或少又总是有差异的。正是考虑到这一点，欧阳修对咸卦文的注释是："凡柔与柔为类，刚与刚为类，谓感必同类，则以柔应柔，以刚应刚，可以为咸乎？故必二气交感，然后为咸也。夫物类同者自同也，何其所感哉！惟其异类而合，然后见其感也。"④ 这说明，相感乃基于异中有同，相感的目的是合其为类。

由此可见，"方以类聚，物以群分"的分类原则的核心是"同类相应""同类相动"，即凡是能够相感、相从、相召、相动的事物，则为同类。例如，春天大地复苏萌动，震雷出滞，多刮冬风，植物开始生长，冬眠的动物醒来，到处呈现出玄黄之色，开满绚丽的鲜花（"敷"），这些事物之间有相动相从的关系，故分为一类，以震为标志。

其二，功能和行为方式相同则归为一类。

例如古人认为天在自然界有统摄万物的作用，而君为一国之主，父为一家之长，首为一身之统领，居全身之最高位。这四者在各自的关系系统中有相同或相近的功能，所以视为一类，以乾为象。大地长养万物，母亲哺育儿女，腹为全身营养之本，釜用来煮熟食物以养人，这四者有相同或相近的功能，故为同类，以坤为象。再如水有润下的品性，故将水、陷、润、下、藏、蛰伏、冬等归为一类，则以行为方式相同或相近

---

① （清）尚秉和：《周易尚氏学》卷十八，张善文点校，中华书局2016年版，第289页。
② 《周易正义·乾卦》，阮元校刻《十三经注疏》（清嘉庆刊本），中华书局2009年版，第28页。
③ 《周易正义·咸卦》，阮元校刻《十三经注疏》（清嘉庆刊本），中华书局2009年版，第95页。
④ 《欧阳修全集》卷七十六，李逸安点校，中华书局2001年版，第1111页。

为归类标准。

其三，动态属性相同则归为一类。

例如，天、马在运行过程中都表现出刚健的品格，故天、刚、健、马被视为同类。地与牛都柔顺，故归为同类。

其四，静态属性相同或因有纯粹形式上的外在联系，而划归为一类。

例如，古人认为天形圆，而木果形亦圆，故将木果与天归为一类。又如震为正春，大地玄黄，而仓竹和蕉苇色亦黄，故将它们划归为同类。

四种分类原则中，前两条占主导地位。

根据象进行归类，它的功能在于："其称名也小，其取类也大。"[1] 所以，虞翻曰："谓乾，阳也，为天，为父，触类而长之，故大也。"[2]《系辞》也说："十有八变而成卦，八卦而小成，引而伸之，触类而长之，天下之能事毕矣。"[3] 卦名、卦辞和爻辞在名称上只是一些具体的指称，但由于它们具有作为普遍性模型的比类功能，而不是代表某一特定事物，所以能"范围天地之化而不过，曲成万物而不遗。"[4] 以有限的图象囊括无限的天地万物，产生以简驭繁，"易简而天下之理得矣"[5] 的功效。

三

完成根据"象"所对事物进行的分类后，对功能进行实际操作的第三个步骤就是"类"的自复制模式变换。

根据象所划分出来的类，实际上是共时态的动态关系结构，我们称之为模式。象类与象类之间的信息的相互过渡和相互沟通、相互衍生，我们称之为模式变换。《易经》中的模式变换主要有如下四种：

其一，阴阳二爻的模式变换。

---

[1] 《周易正义·系辞下》，阮元校刻《十三经注疏》（清嘉庆刊本），中华书局2009年版，第185页。

[2] （唐）李鼎祚：《周易集解》卷十六，王丰先点校，中华书局2016年版，第479页。

[3] 《周易正义·系辞上》，阮元校刻《十三经注疏》（清嘉庆刊本），中华书局2009年版，第166—167页。

[4] 《周易正义·系辞上》，阮元校刻《十三经注疏》（清嘉庆刊本），中华书局2009年版，第160页。

[5] 《周易正义·系辞上》，阮元校刻《十三经注疏》（清嘉庆刊本），中华书局2009年版，第157页。

上文已述及，阴中含阳，阳中含阴，阴阳一体。少阴变换为老阴，少阳变换为老阳，这是显而易见的。乾卦上爻说："用九，见群龙无首，吉。"坤卦上爻说："用六，利永贞。"六代表老阴，九代表老阳，七为少阳，八为少阴。"用九"是说，九有可变可动的功用，即阳动而变为阴。"群龙"代表多个之阳，"无首"即"无终"。宋代项安世在《周易玩辞》中说："凡卦，以初为趾，为尾，终爻为首。形至首而终，故《易》中首字皆训终。"① 所以，六十四卦之阳爻标为九，是为了表示它们都不会以阳为终，而必定阳极反阴，这样方吉利。"用六，利永贞"则表明六有由阴转阳的功用。以六示阴意谓阴到了极点必转化为阳，这样有利于长久正固。显然，阴阳互变的基础在于阴中有阳，阳中有阴。阴变为阳，阴并不丧失，阳变为阴，阳并不完全消亡，因而阴阳互化才吉利、安贞，才能产生出源源不断的新信息。

阴阳爻双向循环的模式变换是其他信息模式变换的基础。

其二，乾坤两卦阴阳爻位的升降变换构成六十四卦大模式。

东汉荀爽认为，乾坤两卦爻位的升降乃八卦和六十四卦的基础。三国时吴人虞翻发挥荀爽的"乾升坤降"说而提出了卦变说，力图说明如何从一卦阴出另一个卦，两卦合在一起，以解释《周易》经传。它包含两方面：一是乾坤父母卦变为六子卦，二是以乾坤两卦为父母，它们相互推移拓展为十二消息卦，十二消息卦再经爻象互易而变为杂卦。

在他们的基础上，北宋李之材作六十四卦相生图，指出：乾坤两卦第一次相交而生后、复两卦，复为五阴一阳之卦，其一阴爻逐步上升，五变而生出五卦；后为五阳一阴之卦，其一阴爻逐步上升，五变而生出五卦。乾坤第二次相交，生出遯与临两卦。临为四阴二阳之卦，从明夷至艮卦，阳爻逐步上升，阴爻逐步下降，五变而生出十四卦，皆四阴二阳之卦；乾坤第三次相交而生出否与泰两卦，泰为三阴三阳之卦，三变而生出九卦；否为三阳三阴之卦，三变而生出九卦。泰卦所生九卦从归妹到丰，到恒，表示三阴爻逐步上升。第一复三变，指归妹一组从归妹到损，三阳中的一阳逐渐上升的变化过程。第二复三变，指丰卦一组从丰到贲，三阳爻中二阳逐渐上升的变化过程。第三复三变，指恒卦一组

---

① （宋）项安世：《周易玩辞》，上海古籍出版社1990年版，第13页。

从恒到蛊，三阳爻逐渐上升的变化过程。这个图显然是对虞翻卦变说的发展。邵雍的"伏羲六十四卦方位图"及其"复后小父母"说均与此图有渊源关系。

乾为阳，坤为阴，乾坤二卦衍生出六十四卦是《周易》信息衍生机制的另一个层次。这一学说，实际上不过是阴阳二爻信息模式双向变换的进一步应用而已。

其三，六十四卦信息模式结构透视。

《易经》六十四卦的排列有严密的逻辑性。其中五十六卦，是一个卦象以自身所在空间的正中为圆心，旋转180度后，则生成另一个卦。《易经》将这样的两卦分前后排列在一起，相邻二卦的对偶关系，乃是卦的循环运动的表现。这说明卦自身在作双向模式变换。

关于卦自身所作的双向模式变换，可以泰、否二卦为例来予以说明。泰卦和否卦互为覆者，成为一对。泰卦卦辞说："小往大来。"在《易经》中，坤阴为小，乾阳为大，上位为远、为外、为表，下位为近、为内、为里。泰卦"小往大来"，说的是由三个阴爻组成的坤由下位旋转到了上位，由三个阳爻组成的乾由上位旋转到了下位；否卦则相反。由卦辞可以看出，泰与否是因为他们相互之间有倒转关系而排列在一起的。泰的卦辞是："泰，小往大来，吉亨。"否卦的卦辞是："否之匪人，不利君子贞，大往小来。"《序卦传》则对此解释道："泰者通也，物不可以终通，故受之以否。"这里，泰与否成为一个循环发展过程的两极，呈现出相反对偶的关系。

除上述关系外，其余八个卦，即乾和坤、坎和离、颐和大过、中孚和小过，则以自身中点为轴心旋转180度后仍为自身，不能产生新卦，但它们仍然两两相对而排在一起。成对之卦所含六爻按爻位一一对应，而阴阳属性刚好相反。因此，它们具有同位爻性循环旋转的关系，即孔颖达所说的"变以对之"。

既然每一卦的任一爻，都可以由阳变阴或由阴变阳。五十六卦又各自变换而转换成自己的对偶卦，所以六十四卦之间，是普遍地相互沟通的，也即每一卦都可以变换而成为其他任何一卦。所以，当我们把六十四卦作为一个整体来看待时，就会发现，六十四卦实际上是一个信息衍生场，它通过整体变换而不断地产生新信息。

其四，飞复——新信息衍生的机制。

乾卦六爻，共有七句爻辞，句句都与龙有关，本身就是一个双向循环的模式变换的描述。爻辞中的"龙"，从闻一多《周易义证类纂》开始，就认为是东方苍龙七宿之象。初九的爻辞是"潜龙勿用"。根据学术界的观点，"初九潜龙指冬天，苍龙全体处于地平线下（中国天文神话谓地平线之下为渊）。"① 九二爻"见龙在田，利见大人"。是苍龙东升，角宿出现在东方地平线之上的情景。九三爻"君子终日乾乾，夕惕若厉，无咎"指"苍龙正处于从地平线处上升的阶段，""龙位即相当于君子之位。"② 九四爻"或跃在渊，无咎"，表现龙身"跃上天空"，九五爻"飞龙在天，利见大人"指"初昏时苍龙位于正南方"。上九爻"亢龙有悔"，表示"苍龙升至高位之后，开始下行"。用九"见群龙无首，吉"，龙无首，指东方苍龙七宿的角宿（代表龙头）"隐没不见，而苍龙其他各个部分在初昏时仍在西方地平线以上"③。

这番解释让我们明白，乾卦六爻表现了东方苍龙从潜隐到出现、飞升、高亢，然后一步步伏沉，回归潜渊的双向循环过程。这说明，信息的衍生是从潜在状态转化为显在状态，然后，在条件变化后，又转化为潜在状态。

乾卦六爻所阐释的思想，被京房等所领悟而提出了飞伏学说。京房认为，卦象和爻象都有飞和伏。"飞"指可见而现于外者，"伏"指不可见而藏于背后者。飞和伏都指对立的卦象和爻象。如乾卦象，可见者为乾，为飞，其对立的卦象为坤，潜伏在乾象的背后，不可见，为伏。朱震于《汉上易传》中解释飞伏时说："'伏爻何也'，曰京房所传飞伏也。乾坤坎离震巽艮兑相伏者也。见者为飞，不可见者为伏。飞者来也，伏者既往也。《说卦》言巽，其究为躁，卦倒飞伏也。《太史公·律书》曰：'冬至一阴下藏，一阳上舒。此论复卦初爻之伏巽也。"④ 朱震认为京房的飞伏说来源于《说卦传》的巽的解释。巽有顺义，《说卦传》谓其终归于

---

① 夏含夷：《周易乾卦六爻新解》，载《文史》第二十四辑，中华书局1985年版，第9—10页。
② 陈久金：《〈周易·乾卦〉六龙与季节的关系》，《自然科学史研究》1987年第3期。
③ 陈久金：《〈周易·乾卦〉六龙与季节的关系》，《自然科学史研究》1987年第3期。
④ （宋）朱震：《汉上易传》，《影印文渊阁四库全书》第11册，台北：台湾商务印书馆1986年版，第8页。

急躁，是说它的背后隐藏着与顺相反的含义。《说卦传》谓以震为急躁，震乃巽的对立面，故震巽互为飞伏。《史记·律书》论冬至，朱震认为"一阳上舒"，即复卦初九爻，一阳生，"一阴下藏"，指复卦下体震的对立面，也即巽卦初六爻，因为隐而不见，故曰"藏"。关于八宫卦的飞伏，京房于《易传》中解释乾卦"与坤为飞伏"，释坤卦"与乾为飞伏"。坎离和兑艮，亦都如是，互为飞伏。这说明，八宫卦的背后都潜伏着与其对立的卦象。其他卦例，亦都如此。

互为飞伏的实质是飞与伏可以互相转化。显然，"无平不陂，无往不复"①。飞与伏的转化决非一次完成，而是要经历若干个中间阶段。例如，复卦与剥卦为对偶，两卦相邻，剥卦在前，复卦在后，一名"剥"，一名"复"，表明阳气被阴气一层层剥落，以至阴极反阳，阳气重又在初爻复苏。

我们再来看复卦爻辞。初九："不远复，无祗悔，元吉。"模式变换所涉及的空间范围不大就回到原地，肯定比较顺畅、吉利。六二："休复，吉"。双向变换很完美，当然吉利。六三："频复，厉，无咎。"颦促双眉而归，表明碰到了障碍，但还没有造成重大损伤，故曰："厉，无咎。"上六："迷复，凶，有灾眚。"由于迷失方向，不能自觉地沿着正确道路完成双向变换，经历曲折勉强返回原地，当然有凶眚。复卦卦辞曰："复，亨，出入无疾，朋来无咎……利有攸往。"这就明晰地教导人们，能胜利地完成双向变换，则一切吉利。出行、交往、办事，都要回归本位，这样就会成功。引申来看，也就是说，无论在什么情况下，为人的根本都不能动摇。进一步，也就是说，外在的活动要受内在的"基因"的控制。因为外在的活动是"基因"的自复制的结果。所以，《象传》曰："复，其见天地之心乎。"② 可见，信息衍生的实质是信息的自复制。

如果说，复卦的思想在《周易》中只是个别现象，那么，再让我们来看一看履卦。履卦九五说："夬履，贞厉。"上九说："视履考详，其旋元吉。"意思是，经过仔细考察和周详考虑，结论是唯有实现双向模式变

---

① 《周易正义·泰卦》，阮元校刻《十三经注疏》（清嘉庆刊本），中华书局2009年版，第55页。

② 《周易正义·复卦》，阮元校刻《十三经注疏》（清嘉庆刊本），中华书局2009年版，第78页。

换，才能化险为夷，得其大吉。孔颖达疏："旋，谓旋反也，上九处履之极，下应兑说，高而不危，是其不堕于履而能旋反行之，履道大成，故元吉也。"① 朱熹注："周旋无亏，故得元吉。"② 履卦旋转后得小畜卦。前者的上爻成为后者的初爻。小畜初爻曰："复自道，何其咎，吉。"③ 此句正与履卦上九爻辞呼应，申明自己遵守模式双向变换的循环之道反转而来，那还有什么不好呢？当然吉利。再如解卦，其耦卦为蹇卦，蹇训难，解与蹇相反，为困难之克服。解卦卦象坎下震上，坎为雨，震为雷，此卦象象征天地之气循环交汇，形成雷雨，而一切矛盾的解决、困难的排除，正在天地阴阳之气的双向流通交汇之时。所以，《象传》曰："天地解而雷雨作，雷雨作而百果草木皆甲坼。"④

这说明，飞伏学说具有一般性意义。信息的衍生是在条件变化的情况下从隐态到显态的自复制，每一卦、每一爻都含有其他卦、爻的信息，只要条件成熟，信息的转化和衍生就能实现。这与《系辞下》描述《周易》"开物成务"的特点时所说的"其指远，其辞文，其言曲而中，其事肆而隐。"是一致的。

正是因为有这样的信息衍生机制，圣人用《周易》才能"以通天下之志，以定天下之业，以断天下之疑"，"能弥纶天下之道"⑤。

第三节 《易经》逻辑与辩证逻辑形式化[*]

一

在逻辑史上，亚里士多德首先完成了为苏格拉底和柏拉图所发展的

---

① 《周易正义·履卦》，阮元校刻《十三经注疏》（清嘉庆刊本），中华书局2009年版，第54页。

② （宋）朱熹：《周易本义》卷一，廖名春点校，中华书局2009年版，第73页。

③ 《周易正义·小畜卦》，阮元校刻《十三经注疏》（清嘉庆刊本），中华书局2009年版，第52页。

④ 《周易正义·解卦》，阮元校刻《十三经注疏》（清嘉庆刊本），中华书局2009年版，第106页。

⑤ 《周易正义·系辞上》，阮元校刻《十三经注疏》（清嘉庆刊本），中华书局2009年版，第168、160页。

[*] 参见《易经与辩证逻辑形式化》，《中山大学研究生学刊》（哲学社会科学版）1996年第2期增刊。

概念论，在此基础上提出了判断和推理，今天形式逻辑的基本内容已由他完成。莱布尼兹揭示了关系判断的性质，扩大了演绎推理的学说，提出了使逻辑数学化的光辉思想，为数理逻辑的诞生奠定了基础。此后，1854年英国数学家布尔出版了《思维法则》，提出了今天的布尔代数（逻辑代数）。1879年佛雷格在其《表意符号》中发展了命题演算。1894年，皮亚诺出版了他的《数学公式》一书，其中正式运用了命题演算和谓词演算的成果。罗素与怀特海集前人之大成而著《数学原理》。此后，经过许多人的努力，形成了现代数理逻辑，它包括公理集合论、证明论、递归函数论和模型论四部分，它们又都以命题、谓词演算为基础。布尔代数转化为开关代数后，人们以此为原理设计制造出了冯·诺依曼型电子计算机。数理逻辑在电子计算机中的成功运用，更进一步坚定了人们对亚氏逻辑的崇敬与信任。

但是，20世纪60年代以来，人工智能诞生并飞速发展，数理逻辑的局限性也开始暴露出来了。数理逻辑的核心规律是同一律，由此决定了它的推理具有抽象性、确定性、单一性，与客观对象之间也就有三方面的差距：抽象对具体的差距、确定对灵活的差距、单一对体系的差距。后两个差距往往导出某些逻辑假象，或使可推的不可推，或以假推真。推理的形式是单一的，实际运用也就是以单一的形式被一一举例，这就遗漏了各种推理之间的有机联系和逻辑组合，也遗漏了推理的连续使用。数理逻辑除了这三个局限性之外，还有五个缺陷：其一，语义、语形、语用未给予明晰的区分而致使把语用当作语义结构，把句型当作命题形式，把语言结构当作逻辑结构。其二，推理本身有由已知到未知的意义，但以演绎为核心的数理逻辑却已经失去了这种意义。演绎推理的结论既然必须是前提所包含的，演绎推理既然只能处理外延而无力涉及内涵，那何以给人以新知？！其三，过分专注于与人们的思维实际关系不大的语言量词，把语言量词误认为逻辑量词，全称量词不能包含内涵的"必定"，特称量词也难以接纳内涵的"可以"，主词问题未予以解决，数理逻辑也就成了唯名词逻辑。其四，没有对名词作更精细的分析，也没有对除包含关系以外的其他需取决于个体词和函数词的逻辑联系进行研究。其五，推理形式不够丰富，不足以对实际的逻辑思考作理论分析。

追根溯源，亚里士多德不只在三段论的若干点上有错误，而且他只研究了主谓词项间的关联逻辑。他对量词缺乏本质性的了解,也就没有区分单称和全称这两种性质完全不同的命题。他也没有严格地区分出概念的内涵和外延,没有研究关系及其推理,命题逻辑和辩证逻辑均在其视野之外。然而,莱布尼兹由于对亚里士多德的崇敬,对这些缺点未能发现。他尽管天才地预见到了概念、命题、推理与代数的字母、方程式、变换等有类似于数学演算的性质,尽管他已经发现了代数项的相加、相乘与概念的析取、合取有某些相似的特点,但由于他未能将内涵演算和外延演算自觉地区分开来,也不知道外延逻辑比内涵逻辑更具有简单性和确定性,要探讨内涵的形式化必须以外延的形式化为基础和参照系,因而他的内涵形式化的目标终究未能实现。

莱布尼兹未能遂愿,还与他没有完全读懂《易经》图象有关。李约瑟博士在《中国科学技术史》中翔实地考证了莱布尼兹与《易经》的关系,认为莱氏的二进制算术的思想是受了《易经》的"伏羲六十四卦次序图"和"伏羲六十四卦方位图"的启发。"莱布尼兹除发展了二进制算术以外,也是现代数理逻辑的创始人和计算机制造的先驱。这并不是一种巧合。后面我们就会看到,中国的影响对他形成代数语言或数学语言的概念至少起了部分作用,正如《易经》中的顺序系统预示了二进制的算术一样。"[①] 但是,他虽然发现了两个图中的反映 0—63 的横向二进位制原理:000、001、010、…,但却没有发现能代表 n 元命题之一切真值组合的纵向二进制原理:2、2、2…2。这个原理具有递归函数的性质。[②] 方图中的矩阵性质,莱氏也没有发现。[③] 总之,莱布尼兹没有发现这两个图中的二进制所蕴含的是一种完全不同于亚里士多德逻辑的内涵逻辑——阴阳排列组合理论。

二

《易经》中真的有逻辑吗?

---

① [英]李约瑟:《中国科学技术史》第二卷,科学出版社、上海古籍出版社 1990 年版,第 371 页。
② 直到 1930 年哥德尔才提出递归函数的概念。
③ 直到 1850 年西威尔斯才提出矩阵理论。1979 年美籍华裔物理学家李政道博士在中国科技大学讲学时指出:"方图是八阶矩阵"。

"正确的逻辑不止一种,逻辑本质上是多元的。"① 事实也是如此。多篇文献均指出,西方逻辑、因明逻辑、中国逻辑是世界上独立发展的三种互不相同的逻辑体系。② 西方逻辑也有亚里士多德逻辑和斯多葛逻辑两大体系。

关于中国逻辑的独特性,李约瑟博士认为,由于古代汉语中系动词"是"不发达等一系列特征不同于印欧语系,致使中国的逻辑是一种关系过程的有机逻辑,是辩证逻辑。③ 王路先生也指出:"就汉语来说,真正的系词只有一个'是'字。"但"汉语真正系词的产生,大约在公元第一世纪前后,即西汉末年或东汉初年。"由于"古汉语中没有'是'作系动词,因此逻辑学家没能对'是'进行逻辑分析,也就没能形成相应的逻辑理论。"④ 他这里所说的"逻辑理论",仅仅指亚氏逻辑。过分专注于以印欧语系的语法体系为样板来研究汉语语法,致使真正符合汉语实际的语法体系迄今为止尚未建立起来。与此相应,由于视亚氏逻辑为唯一的逻辑或以之作为逻辑的标准,中国逻辑史学界多年来仅研究了与亚氏逻辑貌似的墨辩逻辑,而墨辩家在秦后埋没无闻,研究者大多也就得出了中国无逻辑或逻辑不发达的结论。这种状况,迄今为止尚未有明显的改变。我国的逻辑史著作通常从邓析等名家或《道德经》、《墨子》开始讲,很少提及《易经》,对它也未予以重视。胡适在《先秦名学史》中虽然着意论述了《易传》的逻辑思想,却把它归于孔子的名下,而且没有展开深入的研究。

周继旨先生在《〈周易〉与中国传统思维模式》中认为,《周易》逻辑是三大古典逻辑(希腊亚氏、印度因明、中国墨辩)以外的独特逻辑,被它所决定的中国传统思维模式具有五个特征:其一,思维主体的整体、一般、直观映照地体证了悟"道体"和"万象",而以前者为主。其二,

---

① 陈波:《"是"的逻辑哲学分析》,《中国社会科学》1993年第1期。
② 参见孔令宏《由ICALP'91谈辩证逻辑形式化的若干问题》,云南省逻辑学会1991年年会报告论文,昆明,1991年;林铭均、曾祥云:《中国逻辑史研究中的两个理论问题质疑》,《中山大学学报》(社会科学版)1994年第2期。
③ [英]李约瑟:《中国科学技术史》第二卷,科学出版社、上海古籍出版社1990年版,第223页。
④ 王路:《"是"的逻辑研究》,《哲学研究》1992年第3期。

思维本身的模糊游移与规范确定相统一，而以前者为主。其三，认识对象的相似性与区别性相统一，而以前者为主。其四，全系统的和谐稳定与组成要素的协调变动相统一，而以前者为主。其五，价值判断与真理判断相统一，而以前者为主。① 李廉也指出，《周易》中既有普通逻辑的成分，也有辩证逻辑的成分。"《周易》中的辩证逻辑，至少有如下四大特点：第一，多样性对立统一的思维形式；第二，辩证逻辑的多值系统；第三，辩证逻辑以一元辩证前提，可以推导出多元以及多层必然结论的推理形式；第四，具有对立统一机制、三级辩证结构、别卦的六层'集合'，且是形义一致，一般与个别结合的辩证符号系统，对于建立现代辩证逻辑的形式化系统，有十分可贵的借鉴意义。"② 笔者的研究也表明，《易经》作为一套精致的符号解释系统，本身就是一个符号逻辑体系，这在炼丹、堪舆、历法、中医药等实用技术中有成效卓著的运用，在其象数学派所发展的奇门遁甲、紫微斗数、太乙、六壬等中，也有鲜明的体现，在灾害预测预报方面有一定的实用价值。这套符号逻辑体系既有与公理化逻辑相同的方面，也有诸多不同的方面。

总之，学者们不仅肯定《易经》有逻辑，而且揭示了《易经》逻辑的一些特征。这可以进一步从辩证逻辑形式化发展的历程来看。

三

1911 年，俄国逻辑学家瓦西列夫提出，可通过增加一些推理规则，使得从命题"S 是 P 又不是 P"得出有意义的结论。1936 年，意大利逻辑学家 Franco Spisani 提出了"一般的 A 和非 A 的特殊情形，"试图将黑格尔的逻辑符号化。他的符号系统理论有三个特征：其一，"蕴涵自己的同一体，不但蕴涵同一性而且还蕴涵相异性"。其二，"产生相异性的同一体肯定是相异体"。其三，"蕴涵相异性的相异体蕴涵同一性"。后来，意大利的 V. Sesie 提出了辩证逻辑符号化的三条定理：其一，"任何一个变化现象至少含有一个辩证矛盾"。其二，"任何一个发展现象，无论它是自然的或社会的对象还是一个命题，都至少含有一个辩证矛盾"。其

---

① 参见周继旨、卢央《〈周易〉与中国传统思维模式》，《文史哲》1992 年第 1 期。
② 李廉：《周易的思维与逻辑》，安徽人民出版社 1994 年版，第 4 页。

三，"如果一个变化的现象是另一现象的条件，那么前者便是这个含有双重辩证矛盾的复杂过程的条件"。1948 年，雅斯柯夫斯基提出一个超协调逻辑系统，从而使 A 与¬ A 都可以是真，又不至于推出任意公式 B 为真。70 年代，雷歇尔和布兰登从雅斯柯夫斯基的理论出发，承认从 A∧A 可推出任意 B，但不允许出现 A 与¬ A 的合取。与此相关，达科斯塔和沃尔夫构建了次协调逻辑的一阶谓词逻辑系统 DLQ，但它尚未充分反映出辩证逻辑的本质，还不是严格意义上的数理辩证逻辑，但已经向这个方向迈进了一步。此外，卢卡西维茨等人的三值逻辑、量子逻辑等也与辩证逻辑的形式化有一定关系。由这些情况来看，国外诸家都以对矛盾律的某种约束或修改为出发点，本质上都是对亚氏逻辑作修修补补的工作，未能把握辩证逻辑的精髓。

在国内，赵总宽于 1982 年对辩证逻辑形式化提出了"自然推理系统 DPNR 和 DQNR"，其要点是：其一，"它们是以经典逻辑为基础的"。其二，"它们属内涵逻辑系统"，引进了全属性、正属性、负属性、中介属性、正中介属性、负中介属性、纯正属性、纯反属性等八种属性范畴。其三，"引进了内涵逻辑联结词"。其四，"引进了内涵逻辑特有的推理规则"。其五，"为解决逻辑悖论和语义悖论提供了新观点及新方法"[①]。张金成则用对立统一规律、否定之否定规律作为基础，建构了形式系统 Z，其要点是：其一，在辩证否定 Z 下排中律不成立。其二，系统 Z 是在经典命题逻辑基础上引入辩证否定词 z 并附加有关 Z 的两条公理而构成的。其三，A 与 ZA 永远只能处于同一原世界中而且不能同真，而 Z 具有超越功能，可使 ZA 在超越世界中与 A 同真。[②] 赵、张都是基于黑格尔及其后学对辩证逻辑的阐释，用对立统一的观念来探讨辩证逻辑的形式化问题，仍然局限于"S 是 P 又不是 P"这一为逻辑学界诟病多年的框套中。

1988 年尹奈把辩证逻辑作为《周易》多层次思维模式的一个层次进行了探讨，并联系易学史上的重要著作《皇极经世》谈了智能逻辑与计

[①] 赵总宽：《关于辩证逻辑形式化的若干问题》，《逻辑科学》1988 年第 2、3 期。
[②] 参见张金成《对辩证逻辑形式化的研究》，《武汉大学学报》（哲学社会科学版）1992 年第 6 期；陈晓平、桂起权：《辩证逻辑形式化的新进展——对张金成系统的评价和补正》，《武汉大学学报》（哲学社会科学版）1992 年第 6 期。

算机的发展问题。① 李廉也对《周易》的逻辑分普通逻辑和辩证逻辑作了探讨。但尹、李都只就句子实例归纳了一些共同性的辩证逻辑的特征，未上升到符号化的高度，对《周易》逻辑的独特性的把握仍然不能令人满意。在这方面，罗翊重做得要好一些。1986年以来，他以《周易》象数学为出发点研究逻辑问题，其基本观点可概括为：其一，以反否定算子"⌢"表示阴阳正反对称互补关系。其二，外延逻辑（形式逻辑）的形式化与内涵逻辑的形式化构成正反关系，形式逻辑的异真值矛盾命题和辩证逻辑的同真值矛盾命题相互之间构成正反对称互补关系。其三，逻辑的基本概念及其符号表示都是成双成对出现的阴阳对偶概念。他提出了质词（是、不是）、量词（全称、特称）、真值（真、假）、模态词（必然、可能）等八种非算子性对偶逻辑常项和四种算子性对偶逻辑常项：基本真值算子（析取、合取）、根本否定算子（非、反）。② 但罗尚未做形式化系统的工作。

四

我们认为，《周易》的阴阳排列组合原理所体现的辩证逻辑，与英语的dialectic有实质性的不同，故应从汉语"辩证"一词的源头——中医药中汲取经验实证材料，再结合《易经》本身来理解。③ 由于形式化的目的是服务于现代科技文化，所以应该从逻辑哲学的高度来理解。为此，笔者提出，形式逻辑的对象是静态的孤立事物，辩证逻辑的对象是动态的事物体系。这是因为它们各自在逻辑哲学中所依据的基本观点不同：形式逻辑所注重的是可逆性、对称性、稳定性、精确性、渐变性、简单性、非相干性，一句话，复杂的事物一经分解，必定会变得简单。辩证

---

① 参见尹奈《智能逻辑初探》，电子工业出版社1988年版。

② 参见罗翊重《用〈易经〉阴阳象数看莱布尼茨逻辑数学化的思想》，《周易研究》1991年第4期；罗翊重：《论一阶谓词逻辑诸词项间的层次结构——关于〈易经〉象数模式在经典数理逻辑中的运用》，中国逻辑学会现代逻辑学术讨论会论文，哈尔滨，1993年。

③ Kong Linghong, *Mathematical Dialectical Logical Proportional System and Medical Expert System*, The Symposium of the Sixth World Congress on Medical Informatics; Kong Linghong, *Mathematical Dialectical Logical Proportional System and the Study of Medical Expert System of Traditional Chinese Medicine*, INFORMATICA'90, 1990；孔令宏：《中华生命科学理论的易释逻辑阐释》，云南省人体科学学会第三届会员代表大会获奖论文，昆明，1991年。

逻辑所注重的是不可逆性、非对称性、非稳定性、模糊性、突变性、复杂性、相干性、协调性等，一句话，事物本来就是动态变化的复杂体系中的一个有机分子。形式逻辑研究的是同一对象、同一时间、同一空间、同一条件下静态物质、结构的个体与集合的理想化关系。辩证逻辑研究的是不同对象、不同时间、不同空间、不同条件下的状况和动态关系。[①] 与静止的状态相适应，形式逻辑要求人们明确回答是或否、对或错、真或假，不能模棱两可，因而其核心规律是同一律。辩证逻辑所反映的是变动不居的多要素的相关关系，具有对未来预测的性质。它的"一分为二"和"合二为一"仅仅被当作一种解耦降维的化简手段。因此它的判断标准类似于模糊逻辑或多值逻辑，表现为真值指派。[②] 既然这样，则形式逻辑是低级逻辑，辩证逻辑是高级逻辑的说法，就不能成立。它们之间也不存在孰优孰劣的问题。

辩证逻辑的形式化，在这样的逻辑哲学的指导下，应该从数理逻辑的模型论入手，把命题逻辑和谓词逻辑作为主线贯穿于公理集合论、证明论、递归函数论中，并充分而全面地考虑到《易经》逻辑的独特性。

经典数理逻辑的关系项是个体，数理辩证逻辑的则是模式（个体是模式的特殊种类）。经典数理逻辑的同一律可表述为"相同者相互蕴涵"，罗翊重提出"非"与"反"的区别并把"反"界定为"相反者相互蕴涵"。笔者提出"相似者相互蕴涵"和"相关者相互蕴涵"，并把这四种蕴涵关系统摄起来成为一个四层嵌套结构。这种统摄由四种否定来实现。非否定对应"相同者相互蕴涵"，刻画正非演算，说明 A 与 ¬A 无认识论意义上的关联关系存在，或未知。反否定对应"相反者相互蕴涵，"刻画正反演算，说明 A 与 ∽A 为正反对偶两者间一一对应的映射关系。全否定对应"相似者相互蕴涵，"刻画正全演算，说明 A 与 ·A 为局部与整体、象与原象等模式之间在一对一的双方连续变换下的不变性。全息否定对应"相关者相互蕴涵"，刻画正息演算，说明 A 与 ∞A 之间存在一种

---

① 参见孔令宏《形式逻辑·辩证逻辑与模式变换》，云南省逻辑学会成立十周年庆祝大会暨 1992 年年会论文，昆明，1992 年；孔令宏：《易势分形学导论》，全国分形理论讲习班暨专题讨论会论文，武汉，1991 年。

② 参见孔令宏《运用易势逻辑进行中医专家系统医理设计》，首届国际中医药工程学术讨论会论文，南京，1992 年。

近邻、逼近、极限关系。以《易经》举例来说，正非演算说明"匪我求童蒙，童蒙求我。"①"不利为寇。利御寇。"② 正反演算说明阴阳相生，物性共存，同生同灭，同假同真的两仪关系，即"一阴一阳之谓道。"正全演算即用"效""象""法"以求"类族辨物"③，"触类而长之"④。正息演算说明"天地感而万物化生"⑤，"刚柔相摩，八卦相荡"⑥ 的"通""变"关系。四种演算层层递进而构成一个系统，就可以知来藏往、察故知说、称名稽类、当名辨物、正言断辞、通变断疑。

从词项上来说，"非"否定质词、量词、真值词、模态词这些助范畴词。"反"否定个体词、谓词这些范畴词。"全"否定状（语）项、补（语）项和除"非""反"否定所涉及的定（语）项，为语势词，属于语境的最低层次。"全息"否定⊢、∪（→）、∩（←）、=、$\overset{\rightarrow}{\leftarrow}$、≡推理关系词。

推理演算以 Pα（¬）$\overset{\rightarrow}{\leftarrow}$ Pα（P）为公理。该公理说明，P 在状况模式 α 下真固然可以保证不会 P 在状况模式 α 下也真，但是，非 P 在状况模式 α 下假却不能保证 P 在状况模式 α 下真，也可能取第三种真值，即真值不定或部分未知。这样就能处理三值、多值逻辑所要求的多值重言式的问题。⑦

这样的数理辩证逻辑有如下优点：

---

① 《周易正义·蒙卦》，阮元校刻《十三经注疏》（清嘉庆刊本），中华书局2009年版，第36页。
② 《周易正义·蒙卦》，阮元校刻《十三经注疏》（清嘉庆刊本），中华书局2009年版，第37页。
③ 《周易正义·同人卦》，阮元校刻《十三经注疏》（清嘉庆刊本），中华书局2009年版，第57页。
④ 《周易正义·系辞上》，阮元校刻《十三经注疏》（清嘉庆刊本），中华书局2009年版，第167页。
⑤ 《周易正义·咸卦》，阮元校刻《十三经注疏》（清嘉庆刊本），中华书局2009年版，第95页。
⑥ 《周易正义·系辞上》，阮元校刻《十三经注疏》（清嘉庆刊本），中华书局2009年版，第157页。
⑦ 孔令宏：《全息逻辑》，《潜科学》1994年第1、2期。

其一，契合于《易经》阴阳排列组合原理，把莱布尼兹所忽视的方面补全。莱布尼兹"一直到他逝世为止，他都认为组合理论是某种比普通逻辑更基本的东西"①。这一点的重要正如美国中国科技史专家席文所指出的："《周易》的语言是极有意义的专门语言，在系统地把人类的广阔经验联结在一起这一方面，它比现代科学所试图达到的，要更为有力。在没有努力去透彻理解它以前就把它当作科学发展的障碍而加以排斥，这是令人遗憾的。"②

其二，既能够与经典数理逻辑相容，又包含了它所不能包含的内容。相容表现在非否定与反否定之间为正反互蕴关系，同生同灭，同假同真。它更有普遍性是因为它以模型论为特征包含了全否定、全息否定、反否定三种新算子，是真正的命题、谓词逻辑，体现了语形、语义与语用在严密区分的前提下的统一。

其三，把推理功能和发现功能集于一身。推理自不必言，发现功能由前述公理可知。莱布尼兹尤其注重后者。"当他著述他的《论组合术》时，他已经提出了发现的逻辑这一思想。在他后来的著作中，这种思想成了支配一切的主题。他的其他兴趣全都可以按照这个主题加以组织。"③

其四，它预示了计算机的发展方向。三值逻辑电路、神经网络计算机的不少成功的研究结果已经说明了这一点。在人工智能上，数理辩证逻辑系统能够把自顶向下与自底向上两种推理有机结合起来，实现非单调推理。它把记忆器和推理（处理）器合二为一于一模式，用模式局部活动状态的累进式移动来解决整体的网络活动状态的连续变化，解决了推理与学习、处理与督评解释的矛盾，并可恰当地处理元规则与规则即背景知识与领域知识的关系。④

---

① [英]威廉·涅尔、玛莎·涅尔：《逻辑学的发展》，张家龙、洪汉鼎译，商务印书馆1985年版，第419页。

② [美]席文：《为什么科学革命没有在中国发生——是否没有发生?》，李国豪等主编《中国科技史探索》，上海古籍出版社1986年版，第106页。

③ 孔令宏：《运用易势逻辑进行中医专家系统医理设计》，首届国际中医药工程学术讨论会论文，南京，1992年，第426—427页。

④ Kong Linghong, *Mathematical Dialectical Logical System and It's Uses of Ec*, ICALP'91, Madrid, 1991.

第四节 《周易》理论模式的案例分析

风水又称为堪舆、卜宅、相宅、青乌、青囊、形法、地理、阴阳、山水之术等。风水作为术的一种，起源甚早，但成型则在晋代。风水理论深受易学影响，尤其是其中的理气派。

一 风水的哲理与易学相通或相同

《管氏地理指蒙》是一部重要的风水著作。从其章节标题可以看出易学哲学概念的影响及运用：有无往来第一，山岳配天第二，象物第十，克人成天第三十，二道释微第三十一，五行五兽第三十四，方圆相胜第三十七，阳明造作第四十九，亨绝动静第五十三，通脉散气第六十，五行象德第六十四，阴阳释微第六十五，五地变动第六十七，五行正要第七十一，二气从违第七十二，积气归葬第七十三，天人交际第七十四，五方应对第七十九，气脉体用第八十，阴阳交感第九十六，五气祥珍第九十七，望气寻龙第一百，等等。风水学中所运用的易学范畴主要是道、气等。

道

道是易学哲学的本源论的本源。在这个意义上，道往往被等同于元气，经阴阳而产生万物。风水学认可这一观点。如《黄帝宅经》说："夫宅者，乃是阴阳之枢纽，人伦之轨模，非博物明贤者未能悟斯道也。"[1] 这是主张阴阳反映了道的内涵，通过阴阳可以上溯于道并认识它。诚如《黄帝宅经》所说："阴阳往来，即合天道自然昌吉之象也。"[2]

道是易学哲学的本体论的本体。风水学赞成这一点。《管氏地理指蒙》说："大哉中之道，天地以立极，寒暑以顺时，阴阳以致和，日月以重辉。"[3] 这是把道视为本体论的本体。

---

[1] 《黄帝宅经》，载《道藏》第 4 册，文物出版社、上海书店、天津古籍出版社 1988 年版，第 979 页。

[2] 《黄帝宅经》，载《道藏》第 4 册，文物出版社、上海书店、天津古籍出版社 1988 年版，第 980 页。

[3] （魏）管辂：《管氏地理指蒙·释中第八》，一苇校点，齐鲁书社 2015 年版，第 22 页。

易学认为，有生于无，有又可返归于无。此即老子《道德经》所说的"有无相生"。风水学继承了这一观点。如《管氏地理指蒙》说："人由五土而生，气之用也。气息而死，必归藏于五土，返本还原之道也。"①此处"返本还原"，实即易学的否极泰来观念的运用，风水进而把它发展为逆、顺的运用。《青囊海角经》说："凡地理，先明其理气，察于阴阳，熟于山川，辩于脉息，然后以逆顺而控善恶之用。"②

气

气是易学的基本范畴之一。在风水学中，它同样是基本范畴之一。风水进而把它具体化为阴阳之气、生气、天气、地气、门气、实气、虚气、吉气等概念。

关于阴阳之气，《葬经》说："夫阴阳之气，噫而为风，升而为云，降而为雨，行乎地中而为生气，发而生乎万物……气乘风则散，界水则止，古人聚之使不散，故谓之风水。"③ 这是基于阴阳之气来界定风水这一概念，说明阴阳之气是风水的核心范畴。阴阳之气是地道的具体表现。如《葬经翼》所说："夫山者宣也，其气刚；川者流也，其气柔；刚柔相荡而地道立矣。"④ 在风水学的形势派看来，风水的各关键要素均与阴阳之气有紧密的关系。《青囊海角经》说："山水者，阴阳之气也……动静之道，山水而已，合而言之，总名曰气；分而言之，曰龙、曰穴、曰砂、曰水。有龙无水则阴盛阳枯而气无以资，有水无龙则阳盛阴衰而气无以生。"⑤ 通过阴阳之气可以判断龙、穴、砂、水的生、旺、衰等。

阴阳之气在地中表现为生气。《葬经》解释说："夫阴阳之气，噫而为风，升而为云，降而为雨，行乎地中而为生气。夫土者，气之体，有

---

① （魏）管辂：《管氏地理指蒙·序》，一苇校点，齐鲁书社2015年版，第1—2页。
② （晋）郭璞：《青囊海角经》卷三，载《四库存目青囊汇刊（二）》，郑同校，华龄出版社2017年版，第90页。
③ （晋）郭璞：《葬书》，载《影印文渊阁四库全书》，台北：台湾商务印书馆1986年版，第808册，第16页。
④ （明）缪希雍：《葬经翼》，载《丛书集成新编》第25册，台北：新文丰出版公司1986年版，第250页。
⑤ （晋）郭璞：《青囊海角经》卷三，载《四库存目青囊汇刊（二）》，郑同校，华龄出版社2017年版，第90—91页。

土斯有气。气者，水之母，有气斯有水。"① 顾名思义，生气就是生生不息之气。风水术的目的就是获得生气。《珠神真经》说得很明白："生气者，生生不息之谓也。譬之人身，充体皆气，惟鼻之气呼吸不息而后能生人。盖鼻之气统诸气之会以施其出入，而地之气犹是也。然地之气呼吸无以见，必以脉以星而见也。夫地脉以吸之，星以呼之，有脉而吸也，可知星而呼也，可知有呼吸而生生不息也。"② 把死者埋葬于有生气的地方，这是阴宅风水的目的。《葬经》说："葬者，乘生气也，五行行乎地中，发而生乎万物。人受体于父母，本骸得气，遗体受荫。经曰：气感而应鬼福及人，是以铜山西崩，灵钟东应，木华于春，粟芽于室。盖生者，气之聚，凝结者成骨，死而独留。葬者，反气入骨，以荫所生之法也。"③ 这可谓是阴宅风水学的总纲。其实，阳宅风水学也有类似的观点。阳宅的靠山是否有生气非常重要。《葬经翼》描述了判断靠山有无生气的方法："凡山紫气如盖，苍烟若浮，云蒸雾盖，四时弥留，皮无崩蚀，色泽油油，草木繁茂，流泉甘洌，土香而腻，石润而明，如是者气方钟而未休。"④ 类似地，《青乌先生葬经》说："草木郁茂，吉气相随……生气充备，亦一验也。或本来空缺通风，今有草木郁茂，遮其不足，不觉空缺，故生气自然。草木充塞，又自人为。"⑤ 风水学强调，龙脉是否有生气及气是盛还是衰也很重要。《管氏地理指蒙》主张："势远形深者，气之府也……势促形散者，气之衰也。"⑥

风水学还把气具体化为地气、门气等概念。《金氏地学粹编·归厚禄阳基章》对门气有专论："阳宅穴在地上，不专以地气为用，兼取门气。

---

① （晋）郭璞：《葬书》，载《影印文渊阁四库全书》，台北：台湾商务印书馆1986年版，第808册，第16页。

② （宋）李德鸿：《珠神真经》，载《丛书集成续编》第43册，台北：新文丰出版公司1989年版，第729页。

③ （晋）郭璞：《葬书》，载《影印文渊阁四库全书》，台北：台湾商务印书馆1986年版，第808册，第12页。

④ （明）缪希雍：《葬经翼》，载《丛书集成新编》第25册，台北：新文丰出版公司1986年版，第253页。

⑤ （汉）青乌先生撰，（金）兀钦仄注：《青乌先生葬经》，载《丛书集成新编》，台北：新文丰出版公司1986年版，第25册，第208页。

⑥ （魏）管辂：《管氏地理指蒙·心目圆机第三十七》，一苇校点，齐鲁书社2015年版，第89—90页。

盖清虚之上，气本横行，门户一启，气即从门而入，其力与地气相敌。须得门地两旺，然后可以招诸福。门地之外又看道路，道路局势朝归者，作来气断；横截者，作止气断。朝路比来龙，横路比界水，所谓三衢、桥梁同断。峤者，邻居高峻处。如艮方有高屋，则气被障断，反从艮方还转气来，回向我宅。所谓同回风反气，自高及下者，高屋多则气厚，高屋少则气浅。空缺者，方隅孔窍，或在宅外，或在宅内，能引八风而入，关于祸福，不可不知。"① 阴宅重在地气，阳宅则不只考虑地气，还要考虑门气。

风水学又把气具体化为内气、外气。《青乌先生葬经》提到了这两个概念并论述了它们之间的关系："内气萌生，外气成形，内外相乘，风水自成……内气萌生，言穴暖而生万物也；外气成形，言山川融结而成形像也。生气萌于内，形象成于外，实相乘也。"②

风水学还把气具体化为实气、虚气。《管氏地理指蒙》的论述是："水随山而行，山界水而止，界分其域，止其逾越，聚其气而施耳。水无山则气散而不附，山无水则气塞而不理……山为实气，水为虚气。土逾高其气逾厚，水逾厚其气逾大。土薄则气微，水浅则气弱。"③

风水学还有易野之气的说法，如《管氏地理指蒙》说："易野一望无际，有近案则易野之气为之一收。"④

前面这些风水学中的气概念，都与物形有直接的关联。对气与形的关系，风水学作了探讨。《管氏地理指蒙》主张通过物来认识气之象："善言天者必验于人，善言气者必证于物。"⑤《葬经翼》作了进一步的讨论，说："气者形之微，形者气之著。气隐而难知，形显而易见。经曰：

---

① （清）金志安著：《金氏地学粹编》，北平绒线胡同金宅发行，1930年版，第350页。
② （汉）青乌先生撰，（金）兀钦仄注：《青乌先生葬经》，载《丛书集成新编》第25册，台北：新文丰出版公司1986年版，第209页。
③ （魏）管辂：《管氏地理指蒙·山水会遇第三十九》，一苇校点，齐鲁书社2015年版，第93页。
④ （魏）管辂：《管氏地理指蒙·贪峰失宜第八十一》，一苇校点，齐鲁书社2015年版，第189页。
⑤ （魏）管辂：《管氏地理指蒙·三家断例第八十九》，一苇校点，齐鲁书社2015年版，第210页。

'地有吉气，土随而起'。化形之著于外者也。气吉形必秀润，特达端庄；气凶形必粗顽，剞斜破碎。"①

气不只是自然性的客观的东西，风水学还赋予了它人的价值负荷。《青乌先生葬经》宣称："地有佳气，随土所生；山有吉气，因方而止。气之聚者，以土沃为佳；山之美者，以气止而吉。"② 这里的"佳气"、"吉气"就是有价值属性的气。类似的概念在风水学中还有凶气、死气等。

二　风水中的易学理论模式

阴阳、五行、八卦是中国古代诸多与现代科学技术相近的领域，如中医、道教等共同的理论模式，它们都源于《周易》，尤其是易学的象数学派。风水学也使用了它们，但根据自身的实际情况作了发展。

阴阳

阴阳学说是中国古代传统文化中处理事物关系及其变化的基本理论模式。道家、道教用它，风水也用它。阴阳学说可谓风水学的总纲。《黄帝宅经》说："大矣哉，阴阳之理也。经之阴者生化，物情之母也；阳者生化，物情之父也。作天地之祖，为孕育之尊，顺之则亨，逆之则否。"③ 万物均从阴阳产生，这是中国古代的宇宙发生论，道家、道教认同它，风水学也同样。《葬经翼》类似地强调："阴阳变化，自然之道也，循而穷之，虽山川诡异，莫能逃焉。"④ 阴阳学说还是中国古代分析事物变化的基本理论模式，风水也采纳了它。

阴阳学说被具体化为谈论动静关系，以动为阳，以静为阴。道家、道教如此，风水也如此。《葬经翼》说："盖以动静之理言，则水动为阳，山静为阴。以险易之理言，则坦夷为阳，崇峻为阴。以情

---

① （明）缪希雍：《葬经翼》，载《丛书集成新编》第 25 册，台北：新文丰出版公司 1986 年版，第 270 页。

② （汉）青乌先生撰，（金）兀钦仄注：《青乌先生葬经》，载《丛书集成新编》，台北：新文丰出版公司 1986 年版，第 25 册，第 209 页。

③ 《黄帝宅经》，载《道藏》第 4 册，文物出版社、上海书店、天津古籍出版社 1988 年版，第 979 页。

④ （明）缪希雍：《葬经翼》，载《丛书集成新编》，台北：新文丰出版公司 1986 年版，第 25 册，第 269 页。

势之理言，则开耸为阳，局缩为阴；抽褒为阳，硬滞为阴；面豁为阳，背负为阴。"① 类似这样以阴阳关系来分析事物间关系的做法，在道家、道教典籍中很常见。

依道教《太极图》，阴中有阳，阳中有阴。阳动至极点则转化阴，阴到了极点就转化为阳。风水学对此有精辟的论述。如《青囊海角经》说："山水者，阴阳之气也。山有山之阴阳，水有水之阴阳。山者阴盛，水则阳盛。高山为阴，平地为阳。阳盛则喜乎阴，阴盛则欲乎阳。山水之静为阴，山水之动为阳。阳动则喜乎静，阴静则喜乎动。"② 山与水之间的关系，即如阴与阳之间的互不相同，但又互相影响、互相依赖、互相转化。《管氏地理指蒙》指出："水界山住，住山之尽；水从山来，来山之真。水者山之准，山者水之仪，仪准之道，山水之因……如阴阳之应，如刚柔之济。"③ 风水学把宅视为阴阳汇聚之处。《黄帝宅经》主张："夫宅者，乃是阴阳之枢纽……是以阳不独王，以阴为得；阴不独王，以阳为得。亦如冬以温暖为德，夏以凉冷为德，男以女为德，女以男为德之义……凡之阳宅即有阳气抱阴，阴宅即有阴气抱阳……阴阳往来，即合天道自然，吉昌之象也。"④ 这意味着阴阳必须相得。《管氏地理指蒙》强调："山水相得，如方圆之中规矩；山水相济，如堂室之有门户。"⑤

风水家论山水，以山主静而属阴，水主动而属阳，认为山水交会，动静相乘，阴阳相济乃有情之所钟处。因此，山有"指山为龙兮，像形势之腾伏"⑥ 的种种寻龙之法，务求其动。对水则求其静而臻于美，故

---

① （明）缪希雍：《葬经翼》，载《丛书集成新编》，台北：新文丰出版公司1986年版，第25册，第259页。

② （晋）郭璞：《青囊海角经》卷三，载《四库存目青囊汇刊（二）》，郑同校，华龄出版社2017年版，第90页。

③ （魏）管辂：《管氏地理指蒙·克人成天第三十》，一苇校点，齐鲁书社2015年版，第75—76页。

④ 《黄帝宅经》，载《道藏》第4册，文物出版社、上海书店、天津古籍出版社1988年版，第979页。

⑤ （魏）管辂：《管氏地理指蒙·水城第四十八》，一苇校点，齐鲁书社2015年版，第120页。

⑥ （魏）管辂：《管氏地理指蒙·象物第十》，一苇校点，齐鲁书社2015年版，第24页。

"左水为美，要祥四喜，一喜环弯，二喜归聚，三喜明净，四喜平和"①。山水植被、阳光空气以及建筑形式空间布局，要努力做到"动静阴阳，移步换形，相生为用"，"如画工丹青妙手，须是几处浓，几处淡，彼此掩映，方成佳景"②。

清代风水家李德鸿在《珠神真经》中总结性地阐述道："有变化而后谓之龙，有阴有阳而后能变化。盖地之道，大小高低，屈伸阖辟相荡而成形；刚柔险夷强弱老少相资以为用，总之皆阴阳也。阴阳变而为五行，五行变而为七曜九星，分合互乘，正变杂出，动静相生，隐显不一。"③这里明确指出，阴阳学说可以具体化为五行学说。

五行

五行学说是从阴阳学说发展而来的，更加细腻地描述了事物之间互不相同，但又互相依赖、互相影响、互相转化的关系，并突出强调事物之间的整体联系和动态平衡，是中国古代自然观与世界观的基本内容之一。风水学也运用了它。

对气、阴阳、五行的关系，如同易学作了详细的探讨一样，风水学也有深刻的思考。《青囊海角经》论述道："天地一气，阴阳所根，赋万物以动植，禀五行而化成。"④《管氏地理指蒙》作了发挥："一气积而两仪分，一生三而五行具。吉凶悔吝有机而可测，盛衰消长有度而不渝。"⑤它认为，万物都是五气化生的结果："布于天为五星，分于地为五方，行于四时为五德，布于律吕为五声，发于文章为五色，总其精气为五行，人灵于万物，禀秀气而生。易曰：天数五，地数五，天地之数五十有五，

---

① （晋）郭璞：《青囊海角经》卷三，载《四库存目青囊汇刊（二）》，郑同校，华龄出版社2017年版，第92页。

② （晋）郭璞：《青囊海角经》卷四，载《四库存目青囊汇刊（二）》，郑同校，华龄出版社2017年版，第130页。

③ （宋）李德鸿：《珠神真经》，载《丛书集成续编》第43册，台北：新文丰出版公司1989年版，第723—724页。

④ （晋）郭璞：《青囊海角经》卷四《穴法赋》，载《四库存目青囊汇刊（二）》，郑同校，华龄出版社2017年版，第110页。

⑤ （魏）管辂：《管氏地理指蒙·有无往来第一》，一苇校点，齐鲁书社2015年版，第4页。

故万物皆感五气而成。"① 五行广泛存在于天地之间。人也如此。它专就人事而论五行，说："人者，二气钟之，五行之裔也；五神命之，五行之辉也；五常性之，万物之灵也；五事役之，五行之运动也；五福六极舒惨之，五行之亏盈也；死者无嗜欲泪之，五行之已息也；魂气散之，五行之变化也；骨肉归之，五行之情浊也。葬者，乃五行之反本还元，归根复命而教化之达变也。"② 五行学说不仅用于活人，也用于死者，这是道教度亡、炼度等术已有的观念，但把"葬"视为死者返本还元、归根复命的教化之具，则是风水独有的，因为道教的终极目标是成仙而不死，而阴宅风水基于世俗人生承认人必然死亡的事实，并以此为前提选择墓地。《管氏地理指蒙》强调："葬者，反本而归藏也，奉先以配五土而一体于青山。山者，地崇而势，水限而形，五气精积，五运通灵；气概融而下符地络，辉光发而上普天星，岂人力之可伪而簪进之可凭，虽盈亏乎地理而高下乎天然。"③ 在风水学看来，埋葬亲人主要是寄托哀思，表达感恩之情，获取世俗舆论的好评，安顿个人的心灵，慎终追远，获取个人在宗族血缘传递的历史长河中的价值，祈求先人的荫典。

五行学说在风水学中的形势派与理气派中侧重点并不相同。形势派侧重于五行之形与势，主要用于寻龙。《管氏地理指蒙》说："故寻龙之术，惟贵识五行之盛衰，辨二气之清浊……夫相龙者，即五土以配五行，即五行以应五星。"④ 这里强调以五行配五星，但侧生点在外形上，并不强调五行之间的生克关系。诚如《葬经翼》所说："要之，山川本乎一气，气有变化，则精微始著，故假五星虚号以纪其圆直曲尖方之变体尔，岂真有所谓五行生克之说哉。"⑤ 五行的具体形状，《葬经翼》谈道："气

---

① （魏）管辂：《管氏地理指蒙·五气祥诊第九十七》，一苇校点，齐鲁书社2015年版，第232页。

② （魏）管辂：《管氏地理指蒙·五行变动第六十七》，一苇校点，齐鲁书社2015年版，第167—168页。

③ （魏）管辂：《管氏地理指蒙·凭伪丧真第五十九》，一苇校点，齐鲁书社2015年版，第149—151页。

④ （魏）管辂：《管氏地理指蒙·五鬼克应第二十八》，一苇校点，齐鲁书社2015年版，第70页。

⑤ （明）缪希雍：《葬经翼》，载《丛书集成新编》，台北：新文丰出版公司1986年版，第25册，第269页。

之积而成体也，厥状有五；火言其锐也，水言其波也，木言其直也，金言其圆也，土言其方也。五体咸备，气之至盛者也。"①《空石长者五星捉脉正变明图》有更详细的阐述："金之体，圆而不尖；金之性，静而不动；势面顶脚，以定静、光圆、肥满、平正则吉，流动、剞斜、臃肿、破碎则凶。木之体，直而不方；木之性，顺而条畅；势面顶脚，以清秀、光润、精彩、圆净则吉，剞崩、散漫、破碎、臃肿则凶。水之体，动而不静；水之性，沉流就下势；势面顶脚，以层波叠泡、圆曲活动则吉，牵拽、懒坦、散漫、倾剞则凶。火之体，锐而不圆；火之性，炎而不静；势面顶脚，以削峻、焰动、明净、秀丽则吉，不经、脱卸、破碎、恶陋则凶。土之体，方凝而正；土之性，镇静而迟；势面顶脚，以浑厚、高雅、平正、端方则吉，剞斜、倾陷、臃肿、崩破则凶。"②

至于理气派中对五行的运用，主要是把五行与八卦、二十四分位相配，用五行的生克关系来判断生、旺、墓等三个运程和方位朝向的吉凶。

八卦

风水中对八卦的运用也很多，主要是运用《周易》象数学对八卦进行解释。对理气宗而言，相宅定向时所用的九星飞宫法、择时所用的紫元飞白法、罗盘上的时空坐标，都主要是取法于后天八卦与先天八卦之间的数字、方位的推导，据此可判断事物的吉凶。对形势宗而言，八卦主要是被作为标定时空方位的符号系统。受篇幅所限，这些内容我们不再详述。总之，风水对八卦的运用，对义理内涵的引申、发挥、创新不多。

应该指出，阴阳、五行、八卦等《周易》理论模式作为一套近于形式化、公理化的符号系统，具有较高的抽象性，赋予不同的实际意义，就能给出不同内涵的解释。所以，易学符号系统在中国古代的不同文化领域，其具体模式是不同的。以阴阳学说而论，中医药学中强调阴平阳秘，道教内丹学中则强调炼尽群阴而成纯阳，风水学中虽然也强调阴阳

---

① （明）缪希雍：《葬经翼》，载《丛书集成新编》，台北：新文丰出版公司1986年版，第25册，第250页。

② （唐）空石长者：《五星捉脉正变明图》，载《四库存目青囊汇刊（一）》，郑同校，华龄出版社2017年版，第127—128页。

和谐，但主要是就形势而论。五行学说也如此。道教炼丹学中强调五行的生克关系，尤其注重其中水与火，即坎与离的相克关系。风水学中的五行学说在形势派与理气派中有不同的表现形态，形成独具特色的五行模式。

气、阴阳等范畴的内涵具有模糊性和几乎无限的类比外推的取向，无法阻止风水作直线化、简单化、夸大化的外推类比，因而往往陷入无类比附，陷入迷信和愚昧。所以，与此紧密相关的阴阳、五行、八卦等哲理模式在风水中的运用，也有一定程度的类似现象。这是导致历代均有人批判风水的原因之一。

第 三 章

儒学的诠释(上)

儒学无疑是中国哲学的主要方面。本章基于前文所述文化活动场、历史生态学方法等，探讨作为儒学高峰阶段的宋明理学与道家的关系。

王安石是宋明理学的前奏之一。我们认为，以道融儒是王安石学派的思想特色。它的天道观和有关道与万物关系的论述多受道家影响，以天道为本而开出仁义礼乐的价值规范的思路是借鉴自道家，对性、命、情、理等范畴关系的论述同样如此。调和儒道矛盾，以道家道教的思维理路、思维形式为本，借鉴道家形上学的成果而与儒家的政治伦理主张相融合，为政治变法服务，是王安石学派的特点。这一特点对后世的程朱理学产生了重要的影响。只不过在程朱理学看来，王安石学派以道家之道为儒家仁义礼乐之本，犯了裂体用为二的错误，丧失了儒学立场，是杂学。

周敦颐被视为理学宗主。其《太极图》来源于北宋道教学者张伯端，其思想与张伯端有诸多相同之处，是受张伯端思想影响的结果。我们认为，以儒为本，儒道融合，是周敦颐思想的特点。

陆九渊是宋明理学中心学一系的发端者。一般认为，在学术渊源上，它倾向于禅宗。但事实上，陆九渊对《老子》、《庄子》、《列子》、黄老道家的思想深有所究，对道教也有所了解，在理本论、功夫论、境界论和社会政治思想等方面，都深受道家、道教的影响。他虽本于《孟子》并站在儒家的立场上对儒家思想多所发展，但促成其创新的思想源泉主要是道家、道教。陆九渊并非淳儒。

朱熹与陆九渊的学术辩论是从宋代以来的中国哲学史上的重要问题，其中无极与太极的关系是双方辩论的问题之一。本书把这放到儒道关系的大背景中考察,并阐明这一问题所涉及的形而上哲理的一个侧面,即无极与太极关系所代表的道与物的关系的两种解释方向,本源论与本体论。

"理一分殊"是由程颐提出、由朱熹进行系统论述的程朱理学中的一个核心观点。学术界历来认为其来源是佛教华严宗。根据本章考察,这个思想的主要来源不是佛教而是道家、道教。尤其朱熹对这个思想进行系统阐述时所体现的哲理样式与道家、道教哲学非常相似。吸收道家、道教形而上之体来提升儒家哲学的思辨水平,加以改造后与儒家形而下的用相结合,这是朱熹论"理一分殊"的特点。

第一节 王安石学派的儒学思想与道家、道教[*]

王安石(1021—1086),字介甫,江西临川人,是北宋著名的政治家、思想家、文学家。他的哲学思想散见于《王文公文集》中的《杂著》等篇卷中。《洪范传》《老子注》[①]是其哲学代表作。由他领导的政治改革运动,史称"王安石变法"。以他为核心的学派,包括吕惠卿、王雱、陆佃、刘概、刘泾等学者,后世称为"荆公新学"。

王安石学派的思想特点,后世称其为"杂学",这一概括未必恰当。以王安石而论,关于其思想特色,据彭耜的《道德真经集注杂说》卷上载,他的政治改革对手司马光说过:"光昔从介甫游,介甫于诸书无不观,而特好《孟子》与《老子》之言。"[②]他对《老子》尤为青睐。晁公武在《郡斋读书志》中说:"介甫生平最喜《老子》,故解释最所致意。"[③]对《庄子》,他也给予较高的评价。如他在《杂咏八首》之一中

---

[*] 本节原文发表于《社会科学战线》2009年第2期,此处略有修改。

[①] 王安石《老子注》已佚,部分注文存于彭耜《道德真经集注》和李霖《道德真经取善集》中。今人蒙文通、严灵峰、容肇祖均有辑本,尤以蒙本最完备。蒙本载于蒙文通《道书辑校十种》,巴蜀书社2001年版。

[②] (宋)彭耜:《道德真经集注杂说》,载《道藏》第13册,文物出版社、上海书店、天津古籍出版社1988年版,第261页。

[③] (宋)晁公武撰,孙猛校证:《郡斋读书志校证》卷十一,上海古籍出版社1990年版,第471页。

说:"万物余一体,九洲余一家。秋毫不为小,徼外不为遐。不识寿与夭,不知贫与奢。忘心乃得道,道不去纷华。近迹以观之,尧舜亦泥沙。庄周谓如此,而世以为夸。"① 他固然作有佛教方面的文章,晚年也曾因变法失败,丧子丧妻而有信仰佛教的行为,但这是发生于他思想完全成熟之后,不足以说明其思想特色。反之,与道家、道教的关系则是一贯的。他对道家的两大基本文献《老子》和《庄子》均有注解,对道教也有浓厚的兴趣。他读过晋代葛洪的《神仙传》等著作,一生中多有与道教有关的经历。例如,他在潜山任舒州通判时,拥火夜游天柱山石牛古洞,作《题舒州山谷寺石牛洞泉穴》诗说:"水无心而宛转,山有色而环围。穷幽深而不尽,坐石上以忘归。"道教把天柱山列为三十六洞天之十四,视其为五大镇山之中镇。他游清凉寺(宋代为道教道场)而作《清凉寺白云庵》②,游茅山而作有《登大茅山顶》《登中茅山》《中茅峰石上徐锴篆字题名》《登小茅峰》等四首诗③,而茅山被道教列为"第一福地,第八洞天"。他还为"仙人之骐骥"的鹤作《相鹤经》④,为道观作《大中祥符观新修九曜阁记》《抚州招仙观记》⑤,与道人多有交往。例如,他是当时道教领袖陈景元的同乡和好友,二人的诗酬颇多,如《代陈景元书》说:"官身有吏责,触事遇嫌猜。野性岂堪此,庐山归去来。"⑥ 此外,他作有《送李生白华岩修道》⑦《寄北山详大师》《寄李道人》⑧ 等诗文。由这些经历来看,他对道家、道教很有兴趣,有所研究,思想上受他们的影响⑨。当然,作为一度官居宰相,力图平治天下的他,毫无疑问是自觉地站在儒学的立场上的,因此其思想特色只能概括为以道融儒。该学派的其他学者也大致是这一特点,如吕惠卿著有《道德真

---

① 《王安石全集》,秦克、巩军标点,上海古籍出版社1999年版,第412页。
② 《王安石全集》,秦克、巩军标点,上海古籍出版社1999年版,第506页。
③ 《王安石全集》,秦克、巩军标点,上海古籍出版社1999年版,第512页。
④ 《王安石全集》,秦克、巩军标点,上海古籍出版社1999年版,第300页。
⑤ 《王安石全集》,秦克、巩军标点,上海古籍出版社1999年版,第319页。
⑥ 《王安石全集》,秦克、巩军标点,上海古籍出版社1999年版,第590页。
⑦ 《王安石全集》,秦克、巩军标点,上海古籍出版社1999年版,第463页。
⑧ 《王安石全集》,秦克、巩军标点,上海古籍出版社1999年版,第483页。
⑨ 据陈师道《后山谈丛》卷三记载,王安石变法失败时曾请吕洞宾引介加入道教而遭拒绝,理由是他的业障太重。

经传》四卷和《庄子义》十卷,王雱著有《论语孟子义》、《道德真经集注》和《南华真经新传》,参撰《三经新义》。

受李觏等学者的思想影响,王安石明确地意识到,必须从哲理思辨上提升儒家思想的深刻性,建构严谨的、有说服力的哲学体系,方可战胜佛道二家。为此,他通过探讨天道观,力图建构道气一元的本体论。他在《周官新义》卷八中说:"天地之化,是谓大和,百物之产,则亦天地之和而已。"① 在他看来,世界是一个变动不已的整体,其中有和谐的秩序。这一和谐的秩序得之于道。首先,万物都是从道生出来的。他说:"道,无体也,无方也,以冲和之气鼓动于天地之间而生养万物,如橐籥虚而不出,动而愈出。"② "冲和之气"是阴阳二气交融而成的。据此,他有"道立于两,成于三,变于五,而天地之数具"③ 的观点。"两"即阴阳二气,"三"即阴阳二气与冲和之气,"五"即金、木、水、火、土五行。把道视为宇宙万物在时间上最初的源头,由它而生二仪、三才、五行而成万物,这是此前道家、道教已有的观点。这是把《老子·四十二章》所说的"道生一,一生二,二生三,三生万物"④ 与《周易·系辞上》所说的"天数五,地数五,五位相得而各有合。天数二十有五,地数三十,凡天地之数五十有五,此所以成变化而行鬼神也"⑤ 糅合起来了。那么,在产生万物之后,道还存在吗?他认为仍然存在。他注《老子》"有物混成"章时说:"夫道者,自本自根,无所因而自然也。"在产生万物之后,道是万物存在的最根本的依据:"道者,万物莫不由之者也。"⑥ 这是把道作为万物的本体。对上述两个方面,他以体用这对范畴进行综合,说:"道有体有用。体者元气不动,用者冲气运行于天地之间。"⑦ 结合《周官新义》卷十所谓"万物一气也"之说,可以肯定他是

---

① (宋)王安石:《周官新义》卷八《春官一》,吴人整理,上海书店出版社2012年版,第360页。

② 蒙文通:《道书辑校十种》,巴蜀书社2001年版,第681页。

③ 《王安石全集》,秦克、巩军标点,上海古籍出版社1999年版,第208页。

④ 陈鼓应:《老子今注今译》,商务印书馆2003年版,第233页。

⑤ 《周易正义·系辞上》,阮元校刻《十三经注疏》(清嘉庆刊本),中华书局2009年版,第166页。

⑥ 《王安石全集》,秦克、巩军标点,上海古籍出版社1999年版,第208页。

⑦ 蒙文通:《道书辑校十种》,巴蜀书社2001年版,第680页。

以元气为道之本，冲气为道之用。也就是说，道与气本为一而非二。这是以气为道的道气一元的本体论。

关于本体与万物的关系，王安石以"有"与"无"、"形而上"与"形而下"两对范畴进行分析。他说："道一也，而为说有二。所谓二者何也？有、无是也。无则道之本，而所谓妙者也。有则道之末，所谓徼者也。"无为道之本、道之体，有为道之末、道之用。所以说，"道之本出于无……道之用常归于有"①。关于有、无的内涵，他引《全义》解释说："无者，形而上者也。自太初至于太始，自太始至于太极，太始生天地，此名天地之始。有形之下者也。有天地然后生万物，此名万物母。"②《列子·天瑞》有"太始者，形之始也"③ 之说，王安石据此把太始以前的宇宙状态称为形而上者，形而上为无形，即无。"有天地然后生万物"④ 则本之于《周易·序卦传》。王安石的观点显然是用《老子》"有生于无"的思路来解释无为形而上、有为形而下的观点，不过，应该看到，"有生于无"谈的是宇宙发生论，"形而上"与"形而下"这对范畴，一般是用在本体论中。

王安石赞成王弼"举本崇末"的观点。他在注《老子》时详细阐述了本与末的关系：

> 道有本末，本者万物之所以生也，末者万物之所以成也。本者出之自然，故不假乎人之力，而万物之所生也。末者涉乎形气，故待人力而后万物以成也。夫其不假人之力而万物以生，则是圣人可以无言也、无为也。至乎有待于人力而万物以成，则是圣人之所以不能无言也、无为也。故昔圣人之在上，而以万物为己任者，必制四术焉：礼、义、刑、政是也，所以成万物者也。故圣人唯务修其成万物者，不言其生万物者，盖生者尸之于自然，非人力之所得与矣。老子者独不然，以为涉乎形器者皆不足言也、不足为也，故抵

---

① 蒙文通：《道书辑校十种》，巴蜀书社2001年版，第676页。
② 蒙文通：《道书辑校十种》，巴蜀书社2001年版，第675页。
③ 杨伯峻：《列子集释》，中华书局1979年版，第6页。
④ 《周易正义·序卦》，阮元校刻《十三经注疏》（清嘉庆刊本），中华书局2009年版，第200页。

去礼乐刑政而惟道之称焉,是不察于理而务高之过也。①

本为形而上,是末之所从出;本是生万物者,末是为本所生者;本本性自然,末则有待于形气,是形而下的万物。本无待,故无为;末有待,故有为。本固然重要,但过分强调道之本而重视无为,轻视道之末而笼统地以本代末,反对有为是错误的。作为万物中的一类的人属于形而下之末,末应该始于天道而成乎人。仁义礼乐等作为人伦规范,当然应该以道为归依。形名度数等名教乃至对人们行为的赏罚同样要以道为依据。对此,王安石在《九变而赏罚可言》中说:"万物待是而后存者,天也;莫不由是而之焉者,道也;道之在我,德也;以德爱者,仁也;爱而宜者,义也。仁有先后,义有上下,谓之分;先不擅后,下不侵上,谓之守。形者,物此者也;名者,命此者也……是非明而后可以施赏罚。"② 这一思想并不完全是他的独创。《庄子·天道》说:

本在于上,末在于下;要在于主,详在于臣。三军、五兵之运,德之末也;赏罚、利害、五刑之辟,教之末也;礼法、数度、刑名、比详,治之末也;……宗庙尚亲,朝廷尚尊,乡党尚齿,行事尚贤,大道之序也。语道而非其序者,非其道也。语道而非其道者,安取道?是故,古之明大道者,先明天,而道德次之;道德已明,而仁义次之;仁义已明,而分守次之;分守已明,而形名次之;形名已明,而因任次之;因任已明,而原省次之;原省已明,而是非次之;是非已明,而赏罚次之;赏罚已明,而愚知处宜,贵贱履位,仁贤不肖袭情,必分其能,必由其名。以此事上,以此畜下,以此治物,以此修身;知谋不用,必归其天。此之谓太平,治之至也。故书曰:"有形有名。"形名者,古人有之,而非所以先也。古之语大道者,五变而形名可举,九变而赏罚可言也③。

---

① 蒙文通:《道书辑校十种》,巴蜀书社 2001 年版,第 687—688 页。
② 《王安石全集》,秦克、巩军标点,上海古籍出版社 1999 年版,第 242 页。
③ 陈鼓应:《庄子今注今译》,商务印书馆 2007 年版,第 398—399 页。

两相对照，王安石显然是以《庄子》的哲理思路来诠释《尚书》中《尧典》《舜典》《大禹谟》等篇的思想，凸显了一个从明天、明道到推行赏罚的政治理论框架，目的是克服现实中皇帝"直信吾之是非而加人以其赏罚"的不合理现象，为政治决策和现实政治的运作提供理论依据。这一点结合《庄子·天下》可以看得更清楚。《庄子》把"天地之纯，古人之大体"[①]作为批判现实的理想标准。"天地之纯"即"不离于宗，谓之天人"，是自然天道的原始完整状态；"古人之大体"即"明于本数，系于末度"[②]，"本数"指道体之无、道体的大全，"末数"指道发散而生成并有道内蕴于其中的特殊之物。这样，"古人之大体"就是道体之全及其全体大用的统一。以此为准的，方可批判社会现实。所以，王安石高度赞扬庄子，说："庄周曰：'五变而形名可举，九变而赏罚可言。''语道而非其序，安取道？'善乎，其言之也！"[③] 与儒家道统论的韩愈所阐述的理论框架正好相反。韩愈在《原道》中说："博爱之谓仁，行而宜之之谓义，由是而之焉之谓道，足乎己无待于外之谓德。仁与义为定名，道与德为虚位。"[④] 这是把仁义强加到道、德的内涵中。这样一来，所谓道与德不再是本原的天道与天德，这必然导致儒学哲理抽象程度的降低。不过，这得到了二程和朱熹的高度赞扬。[⑤]

由此看来，道家并非缺乏治世的思想资源。但一般儒者认为，《老子》不可谓不关注社会现实，但其中多是权谋的内容，不合于正道。《庄子》则"蔽于天而不知人"，根本不可能对平治天下有所启发。王安石不赞成这种观点，他对《庄子》的评论颇具精湛的独到之见：

昔先王之泽，至庄子之时竭矣，天下之俗，谲诈大作，质朴并散，虽世之学士大夫，未有知贵己贱物之道者也。于是弃绝乎礼义

---

① 陈鼓应：《庄子今注今译》，商务印书馆2007年版，第984页。
② 陈鼓应：《庄子今注今译》，商务印书馆2007年版，第983页。
③ 《王安石全集》，秦克、巩军标点，上海古籍出版社1999年版，第243页。
④ （唐）韩愈著，刘真伦、岳珍校注：《韩愈文集汇校笺注》，中华书局2010年版，第1页。
⑤ 参见（宋）黎靖德编《朱子语类》卷一百三十七，王星贤点校，中华书局1986年版，第3270页。

之绪,夺攘乎利害之际,趋利而不以为辱,殒身而不以为怨,渐渍陷溺,以至乎不可救已。庄子病之,思其说以矫天下之弊而归之于正也。其心过虑,以为仁义礼乐皆不足以正之,故同是非,齐彼我,一利害,而以足乎心为得,此其所以矫天下之弊者也。既以其说矫弊矣,又惧来世之遂实吾说而不见天地之纯,古人之大体也,于是又伤其心于卒篇以自解。故其篇曰:"《诗》以道志,《书》以道事,《礼》以道行,《乐》以道和,《易》以道阴阳,《春秋》以道名分。"由此而观之,庄子岂不知圣人者哉?……伯夷之清,柳下惠之和,皆有矫天下者也,庄子用其心亦二圣人之徒矣。然而庄子之言不得不为邪说比者,盖其矫之过矣。夫矫枉者,欲其直也,矫之过则归于枉矣。①

王安石在深入研究《庄子》的基础上,通过探寻庄子立言本意、真意而调和儒道二家的分歧,力图把本具批判性的庄子哲理转化为建设性的思想资源。在他看来,庄子洞悉社会人情,只不过他站得太高,是站在天道自然的高度来看待人类社会的,因此,对理想社会的标准也定得很高。以此看待社会现实,必然会对使积弊太深的社会达于理想状态有悲观的估计,因而他对社会进行了严厉的批判。矫枉往往会过正。如果说庄子有什么过错的话,那不过是矫枉而有所过正而已,他的"为书之心"是好的,如果明了庄子之书"有所寓而言",就不至于批判他了。庄子从"天地之纯,古人之大体"的高度出发,主张"同是非,齐彼我,一利害",然后求仁义礼乐之发用。这一思路,在王安石看来是正确的。只不过站在儒家的立场上,他不能直接照搬庄子的观点。

受道家影响,王安石对儒家所讲的仁义礼乐也作出了与传统观点不同的解释:"体天下之性而为之礼,和天下之性而为之乐。礼者,天下之中经;乐者,天下之中和。礼乐者,先王所以养人之神,正人气而归正性也。是故大礼之极,简而无文;大乐之极,易而希声。简易者,先王建礼乐之本意也。"② 关于"中",儒家谈的是中庸,道家和道教则讲中

---

① 《王安石全集》,秦克、巩军标点,上海古籍出版社1999年版,第232页。
② 《王安石全集》,秦克、巩军标点,上海古籍出版社1999年版,第249页。

和。把礼乐的功能确定为养人之神,这显然也是受道家影响的结果。"大礼之极,简而无文"强调质而不主张文,显然是受道家强调质朴的观点影响。"大乐之极,易而希声"当来自于《道德经》"大章希声"。王安石显然是本于道家思想而解释儒家的礼乐。对仁义的解释,他同样是如此。"养生以为仁,保气以为义,去情却欲以尽天下之性,修神致明以趋圣人之域。"① 把养生视为成仁之方,这是此前儒家所没有的观点,而养生是道家、道教所强调的,显然,王安石是受了他们的影响。当然,王安石推崇扬雄:"扬雄者,自孟轲以来,未有及之者。"② "自秦汉已来儒者,惟扬雄为知言,然尚恨有所未尽。"③ 而扬雄有"自爱,仁之至也"④的观点,所以王安石的观点直接源自扬雄,但扬雄深受道家影响,故王安石的上述观点源自道家无疑。把保气视为成义之道,也是受道家影响的结果。不过,道家讲保气通常不与伦理相联系,气是一个纯自然的范畴。王安石这样做的目的是想为儒家的伦理规范寻找形而上的根据。他注《老子》"专气致柔,能如婴儿乎"时说:"孟子言其气则谓至大至刚塞乎天地之间,老子乃谓专气致柔,何也?孟子立本者也,老子反本者也,故言之所以异。"⑤ 这是力图调和老子与孟子有关修养气的不同观点。在他看来,孟子讲浩然之气可以至大至刚而充塞于天地之间,这是本。老子讲的专气致柔,则是回返本原。二人的观点都有道理,而且可以相互补充,并不矛盾。这样一来,保气当然可以成为成义的途径。

作为维护社会秩序的仁义礼乐,其价值标准是善。借鉴庄子的思路,王安石明确提出:"善者可以继道,而未足以尽道。"⑥ 这是根据《易传》"一阴一阳之谓道,继之者善"⑦ 和《庄子·缮性》"离道以善"⑧ 而来的。在王安石看来,善应该根据于道,但不可能包含道的全部内容。那

---

① 《王安石全集》,秦克、巩军标点,上海古籍出版社1999年版,第249页。
② 《王安石全集》,秦克、巩军标点,上海古籍出版社1999年版,第65页。
③ 《王安石全集》,秦克、巩军标点,上海古籍出版社1999年版,第66页。
④ 《王安石全集》,秦克、巩军标点,上海古籍出版社1999年版,第229页。
⑤ 蒙文通:《道书辑校十种》,巴蜀书社2001年版,第686页。
⑥ 蒙文通:《道书辑校十种》,巴蜀书社2001年版,第684页。
⑦ 《周易正义·系辞上》,阮元校刻《十三经注疏》(清嘉庆刊本),中华书局2009年版,第161页。
⑧ 陈鼓应:《庄子今注今译》,商务印书馆2007年版,第468页。

如何让人最大限度地保持善而不作恶呢？这就必须更深一层地考虑人的性、命及其关系。本来，《老子》并未明确探讨性命关系，《庄子》才有所探讨。但王安石学派不这样看。据彭耜《道德真经集注杂说》卷上载，该学派的代表人物之一陆佃在其《老子注》中认为："道德者，关尹之所以诚心而问，老子之所以诚意而言，精微之义，要妙之理多有之，而可以启学之蔽，使之复性命之情。"① 那《老子》的"道德"与"复性命之情"的关系是什么样的？王安石说："道之在我者，德也。"② 其子王雱说："德者，得也。物生乎道各得于道，故谓之性。得其性而不失，则德之全也。"③ 在他们看来，道化生万物和人的功能是德。人禀受道而存之于身，就是性。关于命，王安石的观点是："命者，自无始以来，未尝生、未尝死者也。"④ 王雱的观点是："有生曰性，性禀于命，命者在生之先，道之全体也。"⑤ 如此看来，使人之性不减少、不丧失，人就能保有完全、完整的道，而这就是人的本原之命。此外，王安石认为，命还有生命、寿命的涵义。这是性的载体。他在《礼乐论》中说："神生于性，性生于诚，诚生于心，心生于气，气生于形，形者，有生之本。"一方面，养生必须达致尽性，不尽性不是真正的养生："故养生在于保形，充形在于育气，养气在于宁心，宁心在于致诚，养诚在于尽性。"另一方面，尽性有赖于养生："能尽性者，至诚者也；能至诚者，宁心者也；能宁心者，养气者也；能养气者，保形者也；能保形者，养生者也。"总之，"生与性之相因循，志之与气相为表里也。"⑥ 把尽性与养生相关联，这显然是受道教的影响。关于性命，王安石学派比较推崇庄子的观点。他说："庄生之书，其通性命之分，而不以死生祸福累其心，此其近圣人

---

① （宋）彭耜：《道德真经集注杂说》，载《道藏》第13册，文物出版社、上海书店、天津古籍出版社1988年版，第260页。

② 蒙文通：《道书辑校十种》，巴蜀书社2001年版，第687页。

③ （宋）王雱等撰：《道德真经注》，载《道藏》第13册，文物出版社、上海书店、天津古籍出版社1988年版，第52页。

④ 蒙文通：《道书辑校十种》，巴蜀书社2001年版，第689页。

⑤ （宋）王雱等撰：《道德真经注》，载《道藏》第13册，文物出版社、上海书店、天津古籍出版社1988年版，第24页。

⑥ 《王安石全集》，秦克、巩军标点，上海古籍出版社1999年版，第249页。

也。自非明智不能及此。"①

王安石有关性命关系的思想，概括而言即尽性复命。那如何尽性复命呢？他在《老子·第四十八章》中解释老子的"为学日益，为道日损，损之又损，以至于无为"时说："为学者，穷理也。为道者，尽性也。性在物谓之理，则天下之理无不得，故曰'日益'。天下之理，宜存之于无，故曰'日损'。穷理尽性必至于复命，故'损之又损之，以至于无为'者，复命也。"② 这是用《易传·说卦》的"穷理尽性以至于命"来解释老子的"无为"，实际上是把老子之学用《周易》的语言转化为性理之学。王安石父子主张：物之性即理，为学穷理即可尽性，尽性而明万物一致之理，就是尽性而复命。这与程朱理学主张逐一认识具体物之理，积累多后豁然贯通而体会万物之理的思路在本质上是一致的。

在实践中尽性复命还涉及性与情的关系。对此，王安石从《中庸》的未发、已发来作了讨论："性情一也。世有论者曰'性善情恶'，是徒识性情之名而不知性情之实也。喜、怒、哀、乐、好、恶、欲未发于外而存于心，性也；喜、怒、哀、乐、好、恶、欲发于外而见于行，情也。性者情之本，情者性之用。故吾曰性情一也。"③ 在王安石之前，李翱有"性善情恶"、君子用性而小人用情、圣人无情的观点。王安石不同意，认为性是"喜、怒、哀、乐、好、恶、欲，未发于外而存于心"，情是"喜、怒、哀、乐、好、恶、欲，发于外而见于行"，性是未发，情是已发，情生于性，性是本，情是末；性是体，情是用。它们都无所谓善与恶。他进而论述说："性者，五常之太极也，而五常不可以谓之性……夫太极生五行，然后利害生焉，而太极不可以利害言也。性生乎情，有情然后善恶形焉，而性不可以善恶言也。"④ 性与情相互依存，不可偏废。圣人同样有情，只不过圣人能够节制情而不至于在行动上为恶。他说："如其废情，则性虽善，何以自明哉？诚如今论者之说，无情者善，则是若木石者尚矣。是以知性情之相须，犹弓矢之相待而用。"⑤ 王安石从已

---

① 《王安石全集》，秦克、巩军标点，上海古籍出版社1999年版，第249页。
② 蒙文通：《道书辑校十种》，巴蜀书社2001年版，第699页。
③ 《王安石全集》，秦克、巩军标点，上海古籍出版社1999年版，第234页。
④ 《王安石全集》，秦克、巩军标点，上海古籍出版社1999年版，第235页。
⑤ 《王安石全集》，秦克、巩军标点，上海古籍出版社1999年版，第235页。

发、未发论述性与情,是继承了唐代孔颖达《礼记正义·中庸》的观点,而后者对《中庸》的解释,包容《中庸》首章把未发等同于"中"的观点又是在道家思想影响下形成的。① 王安石的这一观点,对南宋朱熹的中和说是有影响的。不过,据《续资治通鉴长编》卷二三六载,熙宁五年,王安石与宋神宗对答时有"任理而无情"之说,这就同于其子王雱的观点,而与《庄子》几无差别了,说明他在性情关系上的观点尚有矛盾之处。

在王安石学派看来,情是已发,但还不具有善与恶的区分,不过,情既然是已发,就有可能偏离善而为恶。这是因为人欲望贪婪,追逐外物而不知停止。王雱说:"失性之人,忘其不赀之有,而贪逐外物。"② 人一旦为恶就意味着失性。那如何修养而恢复性之本然呢? 他说:"修者要在胜利欲之私。胜其私者,要在知内外之分,夫然后能强行而进此道矣。此尽性复命之序也。"③ 这种把性与私欲对立起来的观点,是道家和道教一贯的观点,而不是儒家坚持的"寡欲""节欲"的观点。结合前述以穷理为尽性的观点可以看出,王安石学派已经有后世程朱理学"存天理灭人欲"的思想萌芽了。

由于穷理是尽性的手段,王安石对它颇为重视。他在《致一论》中说:"万物莫不有至理焉,能精其理则圣人也。精其理之道,在乎致其一而已。致其一,则天下之物可以不思而得也。"又说:"天下之理皆致乎一,则莫能以惑其心也。"④ "天下之理皆致乎一"就是"天下之理宜存之于无"。这类同于道家、道教对理范畴的看法。⑤ 这是理范畴从万物之理向二程的万理归于一理演变的过渡环节。这是王安石学派对程朱理学有影响的地方之一。

调和儒道矛盾,以道家道教的思维理路、思维形式为本,借鉴道家形上学的成果而与儒家的政治伦理主张相融合,为政治变法服务,是王

---

① 参见孔令宏《朱熹哲学与道家、道教》,河北大学出版社2001年版,第197—205页。
② (宋)王雱等撰:《道德真经集注》,载《道藏》第13册,文物出版社、上海书店、天津古籍出版社1988年版,第63页。
③ (宋)王雱等撰:《道德真经集注》,载《道藏》第13册,文物出版社、上海书店、天津古籍出版社1988年版,第48页。
④ 《王安石全集》,秦克、巩军标点,上海古籍出版社1999年版,第255页。
⑤ 参见孔令宏《朱熹哲学与道家、道教》,河北大学出版社2001年版,第41—43、47—48页。

安石学派的特点。例如，对《老子》所谈及的自然界和人类社会存在的大量矛盾现象及其化解之道，儒家并不以为意，而且认为老子是在宣传权谋，可能会被心术不正者用以搞乱社会秩序。王安石在注《老子》"天下皆知"章时对此进行调和，说："夫美者恶之对，善者不善之反，此物理之常。惟圣人乃无对于万物，自非圣人之所为，皆有对矣。"① 这就是说，矛盾的存在是客观事实，只有圣人才能做到化解所有矛盾。只要圣人不出现，社会生活中就必定存在大量矛盾。正是基于这种认识，他认为，道家刻意彰扬无为，反对有为，这是不对的。他在注《老子》"谷神不死"章时说："天道之体，虽绵绵若存，故圣人用其道，未尝勤于力也，故皆出于自然。盖圣人以无为用天下之有为，以有余用天下之不足故也。"② 显然，这是主张无为而不废有为。对解决现实社会生活中的矛盾而言，这就比较全面了。受到道家承认变化、重视变化的思想影响，王安石注《老子》"圣人不仁"时提出了"与时推移，与物运转"的思想，倡导思想解放，为变法服务。此外，从动机与目的、公与私的区别来辨明儒家的义与利、王与霸，王安石学派多有论述。他们的公私之论，同样有调和儒道矛盾而服务于变法的企图。

从上述可见，与此前儒学相比，王安石学派思想深刻，见解独到。晁公武在《郡斋读书志》中载王安石女婿蔡卞对王安石学术的评价，说："宋兴，文物盛矣，然不知道德性命之理。安石奋乎百世之下，追尧舜三代，通乎昼夜阴阳所不能测而入于神。初著《杂说》数万言，世谓其言与孟轲相上下。于是天下之士，始原道德之意，窥性命之端。"③ 如果说学派内的评价有溢美之嫌的话，那可以看看该学派的反对者的观点。《靖康要录》卷五载钦宗靖康元年（1126年）4月23日臣僚上疏说："熙宁间王安石执政，改更祖宗之法，附会经典，号为新政，以爵禄招诱轻进冒利之人，使为奥援，挟持新政。期于必行，自比商鞅，天下始被其害

---

① 蒙文通：《道书辑校十种》，巴蜀书社2001年版，第677页。
② 蒙文通：《道书辑校十种》，巴蜀书社2001年版，第683页。
③ （宋）晁公武撰，孙猛校证：《郡斋读书志校证》卷十二，上海古籍出版社1990年版，第525页。

矣，以至为士者非性命之说不谈，非庄老之书不读。"① 后世也有学者有类似的说法，如赵秉文在《滏水文集》卷一《性道教说》中谈道："自王氏之学兴，士大夫非道德性命之学不谈。"② 看来，真正革章句训诂之学的命，使儒学从汉代经学牢笼中摆脱出来而转化为义理之学，进而转化为性理之学，为此奠定基石者非王安石学派莫属。它确实在当时形成了"体不欲迷一方，用不欲滞一体"③ 的学术新气象并影响北宋学术思潮六十余年。

王安石去世后，荆公新学被意识形态化而变质。北宋末年后，新学没有出现有影响力的思想家，又相继被北宋的蔡京、南宋的秦桧两代宰相利用为排斥异己的工具。秦桧死后，由于社会主流思潮否定王安石变法，与新学有较大差异的程朱理学成为思想界正统，新学不断遭到贬低甚至否定。究其原因，王安石变法失败和北宋灭亡是导致理学思潮转向的重要外部原因。从思想上说，新学主张三教整合，程朱理学则坚持儒学本位。在程朱理学看来，新学是杂学，丧失了儒学立场。朱熹在《杂学辨·苏黄门老子解》中说："道者仁义礼乐之总名，而仁义礼乐皆道之体用也。圣人之修仁义，制礼乐，凡所以明道故也。"儒家之道蕴含于仁义礼乐中，体用是一源的，不能在这之外另寻所谓道。在朱熹看来，新学以道家之道为儒家仁义礼乐之本，犯了裂体用为二的错误。其实，朱熹自己也深受道家、道教的影响。

第二节　周敦颐《太极图》源于张伯端[*]

一　周敦颐《太极图》的渊源

周敦颐的至友潘兴嗣在其所撰《濂溪先生墓志铭》中说，周敦颐

---

① （宋）汪藻：《靖康要录》，《影印文渊阁四库全书》第329册，台北：台湾商务印书馆1986年版，第491页。

② （金）赵秉文：《闲闲老人滏水文集（附补遗）》卷一，中华书局1985年版，第3页。

③ （宋）陆佃：《陶山集》，《影印文渊阁四库全书》第1117册，台北：台湾商务印书馆1986年版，第151页。

[*] 本节原文发表于《中华道学》1998年第1期，此处略有修改。

"尤善谈名理,深于易学,作《太极图》《易说》《易通》数十篇"①。《易说》即《太极图说》,为《太极图》之阐发。这是主张《太极图》为周敦颐所作。但是,南宋初朱震在《汉上易解》中述及此事时则认为是传自穆修:"陈抟以《先天图》传仲放,放传穆修……穆修以《太极图》传周敦颐,敦颐传程颢、程颐。"② 他在宋高宗四年(公元1134年)在《进周易表》中也坚持这一观点。对周敦颐作《太极图》,周敦颐身后百余年间并未有人怀疑,但从宋代朱震之后至清代,则赞成者有之,怀疑者也不少。

史学家肯定周敦颐作《太极图》。元脱脱所撰《宋史列传·道学》载:"至宋中叶,周敦颐出于舂陵,乃得圣贤不传之学,在《太极图说》《通书》,推阴阳五行之理,命于天而性于人者,了若指掌。"③《宋史·周敦颐传》也说他:"博学力行,著《太极图》,明天理之根源,究万物之始终。"④

朱熹的观点则有矛盾之处。他一方面肯定《太极图》是周敦颐所作,说:"自周衰,孟轲氏殁而此道之不属,至宋受命,五星聚奎,开文明之运,而周子出焉,不由师傅,默契道体,建图著书,根极领要。"⑤ 因此,朱熹在《濂溪先生事状》中认为周敦颐作图及图说,而且认为:"先生之精,因图以示,先生之蕴,因图以发。"⑥ 在《周子太极通书后序》中他又说道:"盖先生之学,其妙具于太极一图,《通书》之言,皆发此图之蕴,而程先生兄弟语及性命之际,亦未尝不因其说……潘清逸志先生之为墓志,叙所著作,特以作《太极图》为称首,然则此图当为书首不疑

---

① 《周敦颐集》,陈克明点校,中华书局1990年版,第91页。
② (宋)朱震:《汉上易传》,《影印文渊阁四库全书》第11册,台北:台湾商务印书馆1986年版,第5页。
③ 《宋史》卷四百二十七《道学传》,中华书局编辑部点校,中华书局1985年版,第12710页。
④ 《宋史》卷四百二十七《周敦颐传》,中华书局编辑部点校,中华书局1985年版,第12712页。
⑤ 《朱熹集》卷七十八《江州重建濂溪先生书堂记》,郭齐、尹波点校,四川教育出版社1996年版,第4073页。
⑥ 《朱熹集》卷七十九《韶州州学濂溪先生祠记》,郭齐、尹波点校,四川教育出版社1996年版,第4106页。

也。"另一方面又对此表示怀疑。他在《周子太极通书后序》中说:"五峰胡公仁仲作《通书序》……夫以先生之学之妙,不出此图,以为得之于人,则决非种穆所及……是以尝窃疑之。及得志文(指潘兴嗣《濂溪先生墓志铭》)考之,然后知其果先生之所自作,而非有所受于人者。"① 这里已经表示怀疑。在《再定太极通书后序》中他又坚持怀疑的观点,说:"张忠定公(张咏)尝从希夷学,而其论公事之有阴阳,颇与图说意合。窃疑是说之传,固有端绪,至于先生然后得之于心,而天地万物之理,钜细幽明,高下精粗,无所不贯,于是始为此图,以发其秘尔。"② 按照这里的意思,《太极图》或许是周敦颐自作,但其思想却是得之于别人。潘兴嗣、胡五峰等与周敦颐同时,而且关系密切,朱熹根据他们的记述加以考订,认为太极图为周敦颐所作,这个意见当然值得重视,但朱熹的怀疑也不会毫无根据。这说明,周敦颐是否作《太极图》,在朱熹的时代已经难于弄清了。

与朱熹同时代的陆九渊对此坚定地持怀疑态度。陆九渊在写给朱熹的书信中说:"梭山兄谓《太极图说》于《通书》不类,疑非周子所为……"陆九渊兄弟最根本的理由是,《太极图》与《太极图说》在"太极"之上又加"无极","无极"为道家之用语,周敦颐是儒家,他所著《通书》亦不言"无极"。但陆九渊尚未断然否定《太极图》非周敦颐所作,而认为可能是周敦颐思想未成熟时的早年作品:"假令《太极图说》是其所传,或是少时所作,则作《通书》时,盖已知其说之非矣。此言殆未可忽也。"③

王夫之则认为,周敦颐只是作了《太极图》的一部分。他在《思问录外篇》中说:"《太极》第二图,东有坎,西有离,颇与玄家毕月乌、房日兔、龙吞虎髓、虎吸龙精之说相类似,所谓互藏其宅也。世传周子得之于陈图南,愚意陈所传者此一图,而上下四周,则周子以其心得者益之,非陈所及也。"④ 即认为只有第二卷之"取坎填离"图是陈抟所

---

① 《朱熹集》卷七十五《周子太极通书后序》,郭齐、尹波点校,四川教育出版社1996年版,第3942—3943页。
② 《周敦颐集》,陈克明点校,中华书局1990年版,第48页。
③ 《陆九渊集》卷二,钟哲点校,中华书局1980年版,第22页。
④ (清)王夫之:《思问录》,王伯祥点校,中华书局2009年版,第34页。

传，其余均周敦颐自作。

明末清初的黄宗炎则完全否定周敦颐作《太极图》。他认为，周敦颐"得图于方士，得偈于释心证，而后推墨附儒，借大易以申之，更为《太极图说》。"关于《太极图》的渊源，他说道："太极图者，创于河上公，传自陈抟南，名为无极图，乃方士修炼之术……周茂叔得之更为太极图说，则穷其本而反于老庄，可谓恰瓦砾而悟精蕴，但缀说于图，合二图为一门……又惧老氏非孔孟之正道，不可以传来学，借大易以申其意，混二术而总冒以儒……"[1] 按他的观点，《太极图》就是道士修炼所用的《无极图》，周敦颐只不过改了一下名称。

清毛奇龄认为周敦颐的《太极图》端绪于陈抟和僧寿涯，所谓"方士所传，老僧所授"[2]，周敦颐合二氏加以修饰而作《太极图》。他在《太极图说遗议》中说："闻之汉上（朱震）所进图在高宗绍兴甲寅，而亲见其图，而摹画之，则在徽宗政和之丙申……况其图后注云：右太极图周敦实，茂叔传二程先生，其称敦实，则在英宗以前，未经避讳改名之际，其图之最真最先已了然矣。"[3]

朱彝尊在其《太极图授受考》中则有前后矛盾的两种说法。前一种说，陈抟居华山，曾以《无极图》授吕岩，岩授钟离权，权得说于伯阳，伯阳闻其旨于河上公；周敦颐取而转易之，更名《太极图》。而在同一篇文章的后部却说："山阳度正作元公年表，[4] 书庆历六年知虔州兴国县，程公向假促南安，因与先生为友，令二丁师之，时明道年十五，伊川年十四，尔其后先生作《太极图》，独手授之，他莫得而闻焉。考是年元公以转运使王逵荐移知郴州，自是而后，二程子未闻与元公觌面，然则从何地手授乎？伊川撰《明道行状》云：'先生为学，自十五六时闻汝南周茂叔论道……未知其要，泛滥于诸家，出入于老释者几十年，返求诸六

---

[1] （清）黄宗炎：《图学辩惑》，载黄宗羲撰《易学象数论（外二种）》，郑万耕点校，中华书局2010年版，第454页。

[2] （清）毛奇龄：《太极图说遗议》，《毛奇龄易著四种》，郑万耕点校，中华书局2010年版，第109页。

[3] （清）毛奇龄：《太极图说遗议》，《毛奇龄易著四种》，郑万耕点校，中华书局2010年版，第103页。

[4] 宋宁宗嘉定十三年，赐周敦颐谥元，见《周敦颐集》附录一《周敦颐年谱》，陈克明点校，中华书局1990年版，第114页。

经而后得之。绎其文，若似乎未授业于元公者，不然，何以求道未知其要，复出入于老、释邪?"① 意思是《太极图》及《说》并非周敦颐所作，可能为程颢所作。

综合上述诸家的看法，我们认为，周敦颐从道士陈抟处间接得到《无极图》或把它改为《太极图》，并作了部分修改或新的解释，当无异议。

二　周敦颐可能是从张伯端那里得到《太极图》

黄宗炎撰《图学辩惑》，毛奇龄撰《太极图说遗议》，胡渭撰《易图明辨》，朱彝尊著《太极图授受考》等等，论证《太极图》出自道家《无极图》或出自《上方大洞真元妙经图品》中的《太极先天之图》。李申在《太极图渊源辩》② 中以考据否定了《太极图》出自《上方大洞真元妙经品》，并认为此书出自宋以后之人之手。但上述诸家并未阐明陈抟与《无极图》或《上方大洞真元妙经品》的关系。北宋邵伯温在其《易学辨惑》中说陈抟的《易》学"不烦文字解说，止有一图以寓阴阳消长之数与卦之生变。"③ 但这个图是否就是无极图则没有明说。对陈抟所传的究竟是《无极图》还是《太极图》，由于文献的缺乏，已经无从考证了。束景南先生认为，《无极图》和《太极图》为同一图的顺逆二用。这个观点应该说是有道理的。在下文中，我们将把《无极图》和《太极图》暂时视为同一个图，以方便讨论。

这样，要弄清周敦颐的思想的来源和学派性质，我们只能从考察他间接从陈抟处得到《太极图》的中间所经过的环节。

毛奇龄认为，周敦颐从穆修和僧寿涯处得来，即所谓"方士所传，老僧所授"。他的根据是：张南轩所说周濂溪之学始宗陈希夷，后从穆修、邵康节游，又尝学于润州鹤林寺僧寿涯；胡汲仲《大同论》所说河南程氏二子得周子之传，周子之传出北固（润州）竹（鹤）林寺僧寿涯；

---

① （清）朱彝尊:《经义考》,《影印文渊阁四库全书》第 678 册,台北：台湾商务印书馆 1986 年版,第 5—6 页。
② 李申:《太极图渊源辩》,《周易研究》1991 年第 1 期。
③ （宋）邵伯温:《易学辨惑》,《影印文渊阁四库全书》第 9 册,台北：台湾商务印书馆 1986 年版,第 406 页。

胡双湖一桂《启蒙翼传》所说胡武平、周茂叔同师润州鹤林寺僧寿涯，其后武平传其学于家，茂叔传二程。这些根据只能说明周敦颐与穆修、寿涯有交往或师承关系，却不足以说明《太极图》从穆修、寿涯得来。穆修既不是道士，也不是以研究学问见长，只以古文见称于当时。《宋史·本传》说他死后，"庆历中，祖无择访得所主诗、书、序、记、志等数十首，集为三卷。"① 这就是现今所见的《穆参军集》。其中既没有先天、太极二图，也没有提及陈抟以及图书授受之事。因此，朱熹虽然并不否认陈抟传授之说，也不得不说："从图自陈希夷（抟）传来，如穆、李，想只收得，未必能晓。康节自思量出来。"② 而且，根据苏舜钦《哀穆先生文》说："穆伯长以明道元年夏（1032年）客死于淮西道中"③，其时周敦颐年仅十六岁，④ 又远在道州，不存在传授的可能性。而且，"方士所传，老僧所授"本身就令人怀疑，方士的图怎么会到了地道的儒生（穆修为儒生）、僧人手中呢？至于说僧人传授，则更加显得证据不足。

考诸历史，我们认为，周敦颐的《太极图》应该是通过一些中间渠道得之于全真教南宋始祖张伯端（984—1082）。

为了方便讨论，我们不妨先来看看周敦颐对道家、道教的态度。蒲宗孟说："吾尝谓茂叔为贫而仕，仕而有所为，亦大概略久于人，人亦颇知之；然至其孤风远操，寓怀于尘埃之外，常有高栖遐遁之意，则世人未必尽知也。"周敦颐"生平襟怀飘洒，有高趣，常以仙翁自许。尤乐佳山水，遇适意处，终日徜徉其间"⑤。对"仙翁"的迷恋，"常有高栖遐遁之意"说明他根本不是一般的喜好山水。在喜好山水的背后，是对道家、道教思想的青睐。当然，周敦颐也在诗歌中说过："老子生来骨性

---

① 《宋史》卷四百四十二《穆修传》，中华书局编辑部点校，中华书局1985年版，第13070页。
② （宋）黎靖德编：《朱子语类》卷六十五，王星贤点校，中华书局1986年版，第1618页。
③ （宋）吕祖谦编：《宋文鉴》卷一百三十二《哀穆先生文》，齐治平点校，中华书局1992年版，第1857页。
④ 参见（清）黄宗羲著，（清）全祖望补修《宋元学案》卷十二，陈金生、梁运华点校，中华书局1986年版，第509页。
⑤ 《周敦颐集》，陈克明点校，中华书局1990年版，第94页。

寒，宦情不改旧儒酸。"① 这里透露出，他是因官场不得志才对道家、道教感兴趣的。他作有《题酆都观三首》，其中《右仙（酆）都观》说："山盘江上虬龙活，殿倚云中洞府深。钦想真风杳何在，偃松乔柏共萧森。"《宿山房》中说："久厌尘坌乐静元，俸微犹乏买山钱。徘徊真境不能去，且寄云房一榻眠。"② 可见，他对道家道教思想并不是停留在感兴趣的层次，而是上升到了思想的高度。朱熹指出，周敦颐的"《拙赋》'天下拙，刑政徹'，其言似庄老。"③ 这说明周敦颐对道教以"静"为主的修炼理论是很有研究的。

庆历六年到至元二年，周敦颐任郴县令、桂阳令，他在《题大颠壁》中写道："退之自谓如夫子，原道深排佛老非。不识大颠何似者，数书珍重更留衣。"④ 可见他不赞成韩愈在《原道》中力辟佛老，要"不塞不流，不止不行。人其人，火其书，庐其居"⑤ 的态度。在岭南，他游览了葛洪曾经在这里炼丹的道教圣地罗浮山，作《同友人游罗浮岩》，说："闻有山岩即去寻，亦跻云外入松阴。虽然未是洞中境，且异人间名利心。"⑥ 流露出对道教的欣赏。蒲宗孟撰周敦颐墓碣，说他："孤风远操，寓怀于尘埃之外，常有高栖远遁之意。"朱熹也称周敦颐有仙风道骨。

周敦颐在41岁时就曾经写信给傅伯成，傅在答书中说道："执事以济众为怀，神所劳赍，故得高士与施至术，而心朋远寓名方，岂不胜哉！"⑦ 这里的"高士""至术""名方"，当是指道教徒的丹方道术。周敦颐对陈抟的内丹术是很推崇的。他在游道观时曾经题诗《读英真君丹诀》赞扬道："始观丹诀信希夷，盖得阴阳造化几。子自母生能致主，精神合后更知微。"⑧ 英真君指阴长生。子，指水，母，指金。道教内丹学认为，水虽自金生，但金也只能从水中生出。周敦颐的这首诗涵含甚深，若非得个中意味，决难写出。《周敦颐集》卷七载有蜀文仲琏《嘉定七年

---

① 《周敦颐集》，陈克明点校，中华书局1990年版，第73页。
② 《周敦颐集》，陈克明点校，中华书局1990年版，第69、70页。
③ （宋）黎靖德编：《朱子语类》卷九十四，王星贤点校，中华书局1986年版，第2414页。
④ 《周敦颐集》，陈克明点校，中华书局1990年版，第67页。
⑤ （唐）韩愈著，刘真伦、岳珍校注：《韩愈文集汇校笺注》，中华书局2010年版，第4页。
⑥ 《周敦颐集》，陈克明点校，中华书局1990年版，第68页。
⑦ 《周敦颐集》，陈克明点校，中华书局1990年版，第105页。
⑧ 《周敦颐集》，陈克明点校，中华书局1990年版，第69页。

九月十三日敬拜濂溪先生祠下》诗:"迹践心亲四十年,口吟手舞亦欣然。眼明当日清溪上,身到平生霁月边。天实有言谁启秘,道从无极独开先。持循不许秋毫失,期契堂中觌面传。"① 又潘之定《濂溪六咏》诗中说:"当年太极揭为图,万有皆生于一无,动静互根谁是主,试于静处下功夫。"② 陆九渊在与朱熹辩论时说:"朱子发谓濂溪得《太极图》于穆伯长,伯长之传,出于希夷。"③ 这都表明周敦颐《太极图》是本于陈抟《无极图》的。

正是因为如此,甚至有人主张周敦颐不是儒家,而是道教人物。

朱熹曾经多次推测周敦颐《太极图说》与陈抟有关:"尝读张忠定公语录,公询李畋云,汝还知公事有阴阳否(云云)。此说全与濂溪同。忠定见希夷,盖亦有些来历。"④ "周子太极之书,如《易》六十四卦,一一有定理,毫发不差,自首至尾,只不出阴阳二端而已。……因举张乖崖说断公事,以为未判底事皆属阳,已判之事皆属阴。……《通书》无非发明此二端之理。"⑤ "尝见张乖崖云,未押字时属阳,已押字属阴。此语疑有得于希夷。未可知。"⑥ "按张忠定公尝从希夷学,而其论公事之有阴阳,颇与图说(指太极图说)意合。窃疑是说之传,固有端绪。至于先生(指周敦颐)而后得之于心,……于是始为此图以发其秘尔"⑦ 朱熹的这些说法,肯定张忠公(张乖崖)从陈抟所学到的阴阳之说与《太极图说》意合,也就是说,周敦颐的《太极图》间接传自陈抟。

证明了周敦颐对道家、道教的态度和《太极图说》间接来源于道士陈抟,我们再进一步考察《太极图》的直接来源。

朱熹推测周敦颐的思想来源于陈抟之后,又进一步推测其直接来源。《朱子语类》卷九十四中董铢所记的一则材料写道:"……因问:'周子之学,是自得于心,还是有所传授否?'曰:'也须有所传授。渠是陆诜婿。

---

① 《周敦颐集》,陈克明点校,中华书局1990年版,第159页。
② 《周敦颐集》,陈克明点校,中华书局1990年版,第160页。
③ (清)黄宗羲著,(清)全祖望补修:《宋元学案》卷五十八,陈金生、梁运华点校,中华书局1986年版,第1898页。
④ (宋)黎靖德编:《朱子语类》卷九十三,王星贤点校,中华书局1986年版,第2357页。
⑤ (宋)黎靖德编:《朱子语类》卷九十四,王星贤点校,中华书局1986年版,第2386页。
⑥ (宋)黎靖德编:《朱子语类》卷九十四,王星贤点校,中华书局1986年版,第2386页。
⑦ 《周敦颐集》,陈克明点校,中华书局1990年版,第48页。

温公《涑水记闻》载陆诜事，是个笃实长厚底人。'"① 董铢记此事的时间是庆历二年以后，其时正是朱熹研究《周易参同契》并作《周易参同契考异》、并托蔡元定到巴蜀寻得阴阳合抱《太极图》之时。朱熹在这种情况下提到周子之学"也须有所传授"，并特别提到"渠是陆诜婿"，当有所指。潘兴嗣在《濂溪先生墓志铭》中谈到，周敦颐"娶陆氏，职方郎中参之女。再娶蒲氏，太常丞师道之女"②。陆参即陆诜（"参""诜"同音而讹用），乃好道之士，与张伯端关系至密。陆诜之孙陆思诚说：张伯端"少进士业，坐累谪岭南兵籍。平治（1064—1067）中，先大夫龙图公诜帅桂林，引置帐下，典机要。公移他镇，皆以自随，最后公薨于成都，平叔转秦陇"③。张伯端亦说："……至熙宁（1068—1077）己酉，因随龙图陆公入成都，以凤志不回，初诚愈恪，遂感真人授金丹药物火后之诀，其言甚简，其要不繁，可谓指流知源、悟一悟百，雾开日莹，尘尽鉴明，考之丹经，若合符契。"④（《悟真篇序》）那么，授其金丹药物火候的异人是谁呢？薛道光在《悟真篇注》中说："仙翁（指张伯端）游成都，遇青城丈人，得金液还丹之妙道。"⑤ 青城丈人是谁，他没有明说。《山西通志》则说张伯端"遇刘海蟾，授以金液还丹之道"⑥。《历世真仙体道通鉴》卷49《张用成传》亦说张伯端"遇刘海蟾，授金液还丹火候之诀，乃改名用成（诚），字平叔，号紫阳"⑦。如果张伯端所遇"异人"确实是刘海蟾，那么，刘海蟾是陈抟的弟子，所谓"金丹药物火候之诀"当来自于陈抟，而陈抟的《无极图》正是讲炼丹之术的。以图解义是道教的传统，陈抟的思想受《周易参通契》的影响很大。《悟真

---

① （宋）黎靖德编：《朱子语类》卷九十四，王星贤点校，中华书局1986年版，第2396—2397页。

② 《周敦颐集》，陈克明点校，中华书局1990年版，第91页。

③ （宋）陆思诚：《悟真篇记》，载《道藏》第2册，文物出版社、上海书店、天津古籍出版社1988年版，第966页。

④ （宋）张伯端撰，王沐浅解：《悟真篇浅解（外三种）》，中华书局1990年版，第3—4页。

⑤ （宋）薛道光等注《紫阳真人悟真篇三注》，载《道藏》第2册，文物出版社、上海书店、天津古籍出版社1988年版，第974页。

⑥ （清）王轩等纂修《光绪山西通志》卷一百六十，三晋出版社2015年版，第6923页。

⑦ （元）赵道一：《历世真仙体道通鉴》，载《道藏》第5册，文物出版社、上海书店、天津古籍出版社1988年版，第382页。

篇》亦是如此，其中许多文句说明它与《无极图》有很深的联系，张伯端不可能不知道《无极图》。仅仅六年以后，张伯端就写出《悟真篇》。由此看来，张伯端从刘海蟾得到的应该不只是"金丹药物火候之诀"，有可能还包括陈抟用以讲炼丹的《无极图》。朱熹在谈到周子之学有无师承时，特别提到周敦颐是陆诜女婿，也是在推测周敦颐有得高士间接传陈抟所授的可能。这个高士极有可能就是张伯端。周敦颐乃是张伯端挚友、恩人陆诜的女婿。他完全有可能从陆诜那里得到《无极图》。当然，张伯端也有可能先将《悟真篇》传给张履，履亦是陆诜之婿；张履又将此书授陆诜之子陆师闵。但周敦颐既然是陆诜之婿，同样也有可能通过张履、陆师闵而得到张伯端通过刘海蟾从陈抟那里得来的真传。

如果这个张伯端在成都所遇到的"异人"不是刘海蟾，则张伯端有可能从别的渠道在熙宁二年之前就已得到《无极图》。因为，张伯端"幼而好道，涉猎三教，以至医卜战阵，天文地理之术，靡不留心。惟有金丹一道，阅尽群书终不知坎离铅汞是何着落，火候法度是何指归"[①]。这说明他在去岭南之前就已经开始修道，只不过还有些问题没有弄懂而已。朱彝尊在《经义考》中说："《无极图》在道家未尝自诩为千圣不传之秘。周子取而转易为图，更名《太极图》，仍不没《无极图》之旨。"[②] 张伯端在去岭南之前就有可能已经间接从陈抟处得到了《无极图》。这样，周敦颐仍然有可能从张伯端处得到《无极图》。张伯端也恰好在这时谪戍岭南。对道教的共同兴趣促使他们二人在这里有直接结识的可能。他们若有交往，则张伯端有可能会传周敦颐。

周敦颐还是张伯端的挚友蒲宗孟的妹夫。周敦颐43岁时所续娶的蒲氏，乃是蒲宗孟的妹妹。《年谱》记载："左丞蒲公宗孟，阆中人，太常丞蒲师道之子也。从蜀江道于合，初见先生，相与款语，连三日夜，退而叹曰：'世有斯人欤？'乃议以其妹归之，是为先生继室。"[③] 左相蒲宗孟非常推崇周敦颐，以至亲自为周敦颐作碣铭，也是一位好道之人，同

[①]（宋）张伯端撰，王沐浅解：《悟真篇浅解（外三种）》，中华书局1990年版，第3页。
[②]（清）朱彝尊：《经义考》，《影印文渊阁四库全书》第680册，台北：台湾商务印书馆1986年版，第644页。
[③]《周敦颐集》，陈克明点校，中华书局1990年版，第106页。

张伯端、陈景元均甚友善。这样,我们也不排除周敦颐通过蒲宗孟而得到张伯端《无极图》的可能。

张伯端在熙宁二年(1069年)陆诜死后,曾经从成都转徙秦陇,即关中地区,此后才去河东追随扶风人马默。根据《宋史·孝义传》和《宋元学案》卷六《士刘诸儒学案》记载,当时侯可是关中学术大家,对"于礼之制度,乐之形声、《诗》之比兴、《易》之象数,天文地理、阴阳气运、医算之学、无所不究","自陕而西,多宗其学。"① 他的思想对张载影响极大。这样,从张伯端本人是幕僚而不是出家的道士、以及他提倡"大隐居尘"即尘世中修道的情况来看,他有可能与侯可有接触而相互切磋讨论共同感兴趣的东西。侯可是二程的舅舅,张载是二程的表叔,周敦颐又是二程的老师,张伯端和他们的相互影响或间接接触也是有可能的——史称"宋之道学(指邵周张程朱),同源于希夷"②,并非虚语。这一点的证据是,张伯端对性进行了详细的探讨。他认为,人的精神有两种,一是元神,一是欲神。元神是先天存在的一点灵光,是先天之性。欲神,就是气禀之性。气禀之性在形成气质之性后,"形而后有气质之性,善返之,则天地之性存焉。自为气质之性所蔽之后,如云掩月。气质之性虽定,先天之性则无有。然元性微而质性彰,如君臣之不明,而小人用事以蠹国也"③。张伯端还解释道:父母构我形体时,我具备了气质之性;将要出生时,元性才进入我的身体。由于父母是因为情欲而生了我,所以人在接物时,总是由于气质之性而产生情欲。普通的老百姓,是气质之性胜过本元之性。气质之性随着人的发育而增长。如慢慢铲除气质之性,可使本源之性显现,"气质尽而本元始见",复归元性。复归元性,就生元气,"元气生则元精产"④,这是事物相互感应之理。元性就是元神,元神、元精、元气合而为一就是金丹。炼丹归根结

---

① (清)黄宗羲著,(清)全祖望补修:《宋元学案》卷五十八,陈金生、梁运华点校,中华书局1986年版,第260页。
② 马宗霍:《中国经学史》,上海书店1984年版,第113页。
③ (宋)张伯端撰,王沐浅解:《悟真篇浅解(外三种)》,中华书局1990年版,第231页。
④ (宋)张伯端撰,王沐浅解:《悟真篇浅解(外三种)》,中华书局1990年版,第231—232页。

底就是克服气质之性，复归先天的元性。一般认为，天地之性和气质之性的两分法是由张载首先提出的。但张伯端的《青华秘文》中也讲气质之性，而且其文字和张载所说的几乎一字不差。由于张伯端年龄比张载大，我们有理由相信，张载的气质之性说有可能是通过周敦颐或二程而来源于张伯端。朱震说："……穆修以太极图传周敦颐，敦颐传程颢、程颐。是时，张载讲学于二程、邵雍之间。故邵雍著《皇极经世》书，牧陈天地五十有五之数，敦颐作《通书》，程颐述《易传》，载造《太和》《三两》等篇。"① 那么，周敦颐亦有可能通过二程或张载得到张伯端的《无极图》。

上述证据涉及一个问题，即周敦颐《年谱》中说，庆历六年（1046年）周敦颐教二程，"其后先生作太极图，独手授之，他莫得而闻焉。是年冬以转运使王逵荐移郴州县令。"② 如果这是真的，则上述证据都发生于此后，也就不能成立。但我们认为这一条记载是有问题的。因为关于二程的学统，北宋以来就有两派意见：一派是吕希哲、吕本中、汪应辰、黄百家，认为二程虽少尝游于"濂溪之门"，然"其后伊洛所得，实不由于濂溪"③。程颐十分礼敬胡瑗，"非安定先生不称"，而"于濂溪虽尝从学，往往字之曰茂叔"④。另一派是朱熹、张栻，认为濂溪"为二程子所自出"⑤。朱熹还说："二程不言太极者，用刘绚记程言，清虚一大，恐人别处走。今只说敬，意只在所由，只一理也。一理者，言'仁义中正而主静'。"⑥ 应该看到，二程思想中确实有一些是受周子影响的。例如，"主敬"是对周子"主静"说的继承的发挥，"中正而诚则圣"是本于周

---

① （宋）朱震：《汉上易传》，《影印文渊阁四库全书》第 11 册，台北：台湾商务印书馆 1986 年版，第 5 页。

② 《周敦颐集》，陈克明点校，中华书局 1990 年版，第 103 页。

③ （清）黄宗羲著，（清）全祖望补修：《宋元学案》卷首，陈金生、梁运华点校，中华书局 1986 年版，第 3 页。

④ （清）黄宗羲著，（清）全祖望补修：《宋元学案》卷一，陈金生、梁运华点校，中华书局 1986 年版，第 26 页。

⑤ （清）黄宗羲著，（清）全祖望补修：《宋元学案》卷十一，陈金生、梁运华点校，中华书局 1986，第 480 页。

⑥ （宋）黎靖德编：《朱子语类》卷九十三，王星贤点校，中华书局 1986 年版，第 2358 页。

子《通书》"圣,诚而已"之说。程颢说:"自再见周茂叔后,吟风弄月以归,有'吾与点也'之意。"[①]但二程之说又"不尽由于周子"。程颢曾说:"吾学虽有所授受,'天理'二字却是自家体贴出来。"[②]但对太极、阴阳、五行,二程则几乎没有涉及。而朱熹、张栻(1133—1180)之所以强调二程与周子的学统,很大程度上是出于维护和加强自己的思想地位的需要。周敦颐《年谱》的编者是朱熹的入室弟子度正,受朱、张观点的影响,其中错误失实之处不少,按朱熹的观点吹捧周敦颐的事例是存在的。例如说,王安石少年怀刺三及门,周三拒之。王、周相遇于南昌,王退而精思至忘寝食。其实周仅仅比王大四岁,王也为未第少年,怎么会"不可一世"?根据蔡上翔考证,周、王二人"是二人当少年时,未尝一日相值……以为二人相遇于江东,其年与地皆不合"[③]。再则,根据祁宽于绍兴甲子(1144年)所作的《通书后跋》,周敦颐九江家中的《通书》旧本无《太极图》,表明《太极图》与《通书》是分开的,与潘兴嗣所撰墓志符合。这说明,周得到或改作《太极图》与写作《通书》并非同时。另外两个出于程门的《通书》本子中,《太极图》也是附于卷末,通常晚出的东西才放到后面。前面所述陆九渊和朱彝尊的怀疑也并非毫无道理。它使我们想到,《易说》(即后人所说的《太极图说》)早出,是周敦颐钻研《周易》的思想结晶,或者,其基本思想多年前就已初步形成,然后经修改定稿。《太极图》的得到或改作晚于《太极图说》和《通书》,甚至是周敦颐晚年的事。周敦颐崇尚简洁,《太极图》是他受到道教以图解《易》的传统的影响、用以简明地概括和凝练地表达自己思想的工具。周敦颐教二程的只是《太极图说》的一些基本思想,其时《太极图说》尚未最后定文,周敦颐也还未得到《无极图》或改作《太极图》,思想还未最后成熟。得到《无极图》或改作《太极图》是他到岭南(即1046年)以后,甚至是1068年以后的事。

与周敦颐和张伯端有紧密联系的人物还有宋代著名道士陈景元。他

---

① 《周敦颐集》,陈克明点校,中华书局1990年版,第81页。
② 王孝鱼点校:《二程集》,中华书局2004年版,第424页。
③ (宋)詹大和等:《王安石年谱三种》,裴汝诚点校,中华书局1994年版,第348页。

是张伯端的挚友。陈景元,号碧虚子,是陈抟弟子张无梦[①]的高足,得陈抟之学的精髓。蒙文通先生说:景元之学"源于希夷。昔人仅论濂溪、康节之学源于陈氏,刘牧《河图》《洛书》之学亦出希夷,而皆以象数为学,又自附于儒家。今碧虚(景元)固道士之谈《老》《庄》者,求抟之学,碧虚倘视三家(周敦颐、刘牧、邵雍)更得其真邪?"[②] 陈抟的《无极图》是可以通过张无梦传给陈景元的,而陈景元与蒲宗孟、张伯端赋诗唱酬很多,关系密切。周敦颐有可能通过陈景元而得到陈抟的真传。另外,陈景元与张伯端同为北宋道教理论家,也不排除陈景元知悉《无极图》或通过张伯端得到《无极图》的可能。陈景元数任道官,对道教学术颇有贡献。晚年归隐庐山以琴书自娱,与周敦颐同居一处。他们二人性情几乎相同,陈景元藏书甚丰,乐于教人。周敦颐"谈笑有鸿儒,往来无白丁",素喜交往有学识的人。他们酬唱往来甚多。这样,周敦颐通过陈景元而得到张伯端的《无极图》的可能性是很大的。

在上述所涉及的人物中,也只有周敦颐的思想与张伯端最接近。

第三节 周敦颐思想与张伯端的关系[*]

周敦颐《太极图》来源于张伯端,[③] 周敦颐的思想也与张伯端有诸多相同之处。戴震说:"周子之学,得于老氏者深,而其言浑然与孔、孟比附,后儒莫能辩也。"[④] "老氏者"指的是道教人物,其实就是张伯端。

一

周敦颐是宋代图书学派中出图返儒的人物,其出图返儒的关键是陈抟的《无极图》与道教内丹修炼的义理。他的思想是以《易经》和《中庸》

[①] 彭鹤林《道德集注》引《高道传》说:"鸿蒙子张无梦,字灵隐,好清虚,穷《老》、《易》。入华山,与刘海蟾、种放结为方外友,事希夷先生,无梦多得微旨。"参见(宋)彭耜《道德真经集注杂说》,载《道藏》第13册,文物出版社、上海书店、天津古籍出版社1988年版,第255页。
[②] 《蒙文通全集》,巴蜀书社2015年版,第309页。
[*] 本节原文发表于《合肥联合大学学报》2000年第2期,此处略有修改。
[③] 参见孔令宏《周敦颐〈太极图〉与张伯端的关系》,《中华道学》1998年第1期。
[④] (清)戴震:《孟子字义疏证》,何文光整理,中华书局1982年版,第121页。

为本的,同时以《周易》为基础。《通书》又名《易通》。张伯端本为儒生,得道前是一个官吏,得道后也是一个幕僚,是出儒入道的人。他的思想来源主要是《周易》《老子》《阴符经》,其中《周易》是最根本的。《悟真篇》的结构安排鲜明地体现了《易》的思想:"内七言四韵一十六首,以表二八之数;绝句六十四首,按《周易》诸卦;五言一首,以象太乙之奇;续添《西江月》一十二首,以周岁律。其如鼎器尊卑、药物斤两、火候进退、主客①后先、存亡有无、吉凶悔吝,悉备其中也。"② 在《悟真篇》中,张伯端以十二辟卦对应十二辰,辅以二至二分说明进阳火、退阴符,炼成金丹的过程。此外,张伯端丰富的《易》学思想还表现在"取坎填离",以后天还返先天,"南北宗源翻卦象","自如颠倒由离坎"等方面。可见,周敦颐和张伯端均以《周易》为主要的思想渊源。

张伯端的基本思想是:无极—太极的宇宙论,性命双修的内丹学和主静去欲的方法论。先来看无极而太极的宇宙论。周敦颐曾经作《读英真君丹诀》:"始观丹诀信希夷,盖得阴阳造化几。子自母生能致主,精神合后更知微。"③把这首诗与陈抟的《无极图》相对照可知,"子"指水火,"母"指金木,"主"指圣胎。水火来自于金木,相交成为圣胎,即"子自母生能致主"。"精神合",指精、气、神化而为一。"微",指炼神还虚,微妙莫测。这样看来,周敦颐的《太极图》基本上是以道教的《先天太极图》为蓝本、参照陈抟的《无极图》而作,即将《先天太极图》的第二圈改为无极图的第二圈,以坎离相填即中爻互易为乾坤卦象。《太极图说》中的首句"自无极而为太极",无极和太极联系在一起而说,当是在这两个图的启发下提出的。黄宗炎对此说道:"周子之'无极而太极',则空中之造化,而欲合老庄于儒也……老氏之学,致虚极,守静笃,甘瞑于无何有之乡,愁然似非人,内守而外不荡,归根曰静,静曰复命。'主静''立人极',其亦本此与?"④张伯端同样继承了陈抟

---

① 指卯酉界隔南北。子为北,午为南,卯为东,酉为西。子之右转时以酉为主,卯为客。午乃东旋,则以卯为主,酉为客。
② (宋)张伯端撰,王沐浅解:《悟真篇浅解(外三种)》,中华书局1990年版,第4页。
③ 《周敦颐集》,陈克明点校,中华书局1990年版,第103页。
④ (清)黄宗炎:《图学辩惑》,载黄宗羲撰《易学象数论(外二种)》,郑万耕点校,中华书局2010年版,第454—471页。

无极而太极的宇宙论,说:"夫人之身,大而可以取象天地,包容万汇,变化莫测,灵通玄妙。百姓日用而不知,故金丹之道鲜矣……且以君身之天地言之,自太极既分,两仪判矣,两仪生四象,四象生八卦,八卦立而天、地、人之道备矣。"① 这是万物生化的过程。就修炼而言,"元神见则元气生,盖自太极既分,禀得这一点灵光,乃元性也。"② 炼丹就是彰显此元性而得道的过程:"盖一阴一阳之为道,往来不可穷,用之则充塞于一身之中,是此物之作用,不用则归藏于心田之一,了然无形象,然则何物耳?意之主耳。左属阳,右属阴,做到这里,方是返太极。曰返太易者,自太极,返太极者,自太和,致太和者,自阴阳始。"③ "反太极"之"太极",实为无极。这是逆万物化生的过程而成丹的过程。陈抟和张伯端以图解易,制作和运用《无极图》,是以无极为宇宙本原,演绎出"逆以成丹"的内丹理论。《悟真篇》内炼成仙的原理是以人身一小天地的天人合一论为基础的。张伯端承钟吕之说,认为在身内炼丹,须取法于身外天地,穷究宇宙生成的本原与规则。《悟真篇》说:"道自虚无生一气,便从一气产阴阳,阴阳再合成三体,三体重生万物昌。"④ 这是道顺生天地万物的顺序。张伯端认为"道"是阴阳五行之至精的凝聚体,是永恒的。按照天人一体的原理,人身中亦有阴阳五行之至精,效法自然,以己身为天地,"颠倒陶熔,逆施造化",循阴阳转化和五行相生相克而逆转运动,就可以使阴阳五行至精凝聚,返本还元,与道合契,便可长生不死,即"返根复命即长存"⑤。周敦颐则抛弃内丹修炼的具体内容,吸取"无极"为宇宙本原的说法,用"无极"代表"无",用"太极"代表"有",无极生太极,建立以"理"为宇宙本原的宇宙生成论;然后周敦颐基于天人一体的观点,仿效"道法自然"的思维模式,创立"顺以生人"的成圣之道:"二气交感,化生万物",五气顺布,顺以生

---

① (宋)张伯端撰,王沐浅解:《悟真篇浅解(外三种)》,中华书局1990年版,第250—251页。
② (宋)张伯端撰,王沐浅解:《悟真篇浅解(外三种)》,中华书局1990年版,第231页。
③ (宋)张伯端撰,王沐浅解:《悟真篇浅解(外三种)》,中华书局1990年版,第243页。
④ (宋)张伯端撰,王沐浅解:《悟真篇浅解(外三种)》,中华书局1990年版,第48页。
⑤ (宋)张伯端撰,王沐浅解:《悟真篇浅解(外三种)》,中华书局1990年版,第112页。

人，即"无极之真，二五之精，妙合而凝。乾道成男，坤道成女"①。周敦颐《太极图说》的基本思想就是顺生万物，逆则个人修养。"无极而太极……万物生生而变化无穷焉"讲的是顺生，即太极→阴阳→五行→万物（人）的宇宙生化过程。这里的思想来源于《老子》："天下万物生于有，有生于无。道生一，一生二，二生三，三生万物"②，以及《易大传》的"易有太极，是生两仪，两仪生四象，四象生八卦"③。"唯人也……小人悖之则凶"④讲的是逆行，即万物（人）→五行→阴阳→无极的万物复归过程。这里的思想来源于《老子》所说的"谷神不死，是谓玄牝；玄牝之门，是谓天地根"，"夫物芸芸，各复归其根"，"常德不忒，复归于无极"⑤。"故曰"以后为总结。对张伯端和周敦颐在顺则生人、逆则修养这一思想上的相同，黄宗炎有明确的评论："考河上公本图名《无极图》。""周子《太极图》，创自河上公，乃方士修炼之术也，实与老庄之长生久视，又属旁门。老庄以虚无为宗，无事为用。方士以逆成丹，多所造作，去致虚静笃远矣。周子更为《太极图说》，穷其本而返于老庄，可谓恰瓦砾而得精蕴。""周子得此图，而颠倒其序，更易其名，附于《大易》，以为儒者之秘传。盖方士之诀，在逆而成丹，故从下而上；周子之意，以顺而生人，故从上而下。"⑥周敦颐把万物和人产生的源头即宇宙的本源视为人性的根本，把它当作人性的最完满的状态，要求"原始反终"，回归到这种状态。他用"性者刚柔善恶"来解释"穷理尽性以至于命"，也有与张伯端相通之处。张伯端在《悟真篇》末《西江月》中说道："丹是色身至宝，炼成变化无穷，更能性上究真宗，决了无生妙用。不待他生后世，现前获道神通。"⑦《悟真篇》诗说："一粒金

---

① 《周敦颐集》，陈克明点校，中华书局1990年版，第5页。
② 高明：《帛书老子校注》，中华书局1996年版，第38—39页。
③ 《周易正义·系辞上》，阮元校刻《十三经注疏》（清嘉庆刊本），中华书局2009年版，第169—170页。
④ 《周敦颐集》，陈克明点校，中华书局1990年版，第6—7页。
⑤ 陈鼓应：《老子今注今译》，商务印书馆2003年版，第98、134、183页。
⑥ （清）黄宗炎：《图学辩惑》，载黄宗羲撰《易学象数论（外二种）》，郑万耕点校，中华书局2010年版，第454—459页。
⑦ （宋）张伯端撰，王沐浅解：《悟真篇浅解（外三种）》，中华书局1990年版，第157—158页。

丹吞入腹，始知我命不由天。"① 可见，在张伯端看来，炼丹实际上也是穷理尽性至命。

如何原始反终而尽性呢？这首先得探讨人性的具体内容。张伯端对性进行了详细的探讨："夫神者，有元神焉，有欲神焉……形而后有气质之性，善返之，则天地之性存焉。自为气质之性所蔽之后，如云掩月。气质之性虽定，先天之性则无有。然元性微而质性彰，如人君之不明，而小人用事以蠹国也。且父母媾形而气质具于我矣，将生之际而元性始入。父母以情而育我体，故气质之性每寓物而生情焉。今则徐徐划除，主于气质尽，而本元始见。"② 他认为，人的精神有两种，一是元神，一是欲神。元神是先天存在的一点灵光，是先天之性。欲神，就是气禀之性。气禀之性在形成气质之性后。父母构我形体时，我具备了气质之性；将要出生时，元性才进入我的身体。由于父母是因为情欲而生了我，所以人在接物时，总是由于气质之性而产生情欲。普通的老百姓，是气质之性胜过本元之性。气质之性随着人的发育而增长。如慢慢铲除气质之性，可使本源之性显现，复归元性。复归元性，就生元气，"元气生则元精产"，这是事物相互感应之理。元性就是元神，元神、元精、元气合而为一就是金丹。炼丹归根结底就是克服气质之性，复归先天的元性。一般认为，天地之性和气质之性的两分法是由张载首先提出的。但张伯端在《青华秘文》中也讲气质之性，而且第一句话的文字和张载在《正蒙·诚明》中所说的一字不差，其他句子的意思也差不多。由于张伯端对"天地之性"（或称"本元之性"）和"气质之性"相互关系的论述虽然多，但不如张载讲得那么深刻，因此必定是张载受了张伯端的影响。朱震说："……穆修以太极图传周敦颐，敦颐传程颢、程颐。是时，张载讲学于二程、邵雍之间。故邵雍著《皇极经世》书，牧陈天地五十有五之数，敦颐作《通书》，程颐述《易传》，载造《太和》《三两》等篇。"③ 可以断言，张载的气质之性说很可能是通过周敦颐或二程而来源于张伯

---

① （宋）张伯端撰，王沐浅解：《悟真篇浅解（外三种）》，中华书局1990年版，第118页。
② （宋）张伯端撰，王沐浅解：《悟真篇浅解（外三种）》，中华书局1990年版，第231页。
③ （宋）朱震：《汉上易传》，《影印文渊阁四库全书》第11册，台北：台湾商务印书馆1986年版，第5页。

端。对此,朱熹说过:"退之说性,只将仁义礼智来说,便是识见高处。但以某观,人之性岂独三品,须有百千万品。退之所论却少了一气字……惟周子《太极图》却有气质底意思。程子之论,又自《太极图》中见出来也。"① "须如此兼性与气说,方尽此论。盖自濂溪太极阴阳五行有不齐处,二程因其说推出气质之性来。使程子生于周子之前,未必能发明到此。"② 按这里所言,周敦颐也有"天地之性"和"气质之性"的思想。所以,朱熹所说的"气质之性""近世被濂溪拈掇出来,而横渠二程始有气质之性之说"③ 是不正确的。关于周敦颐的人性思想,他在《太极图·易说》中说:"惟人也,得其秀而最灵。形既生矣,神发知矣,五形感动而善恶分,万事出矣。圣人定之以中正仁义而主静,(自注云:无欲故静)立人极焉。故圣人与天地合其德,日月合其明,四时合其序,鬼神合其吉凶。君子修之吉,小人悖之凶。"④ 这说明,在人性论上,周敦颐是从天地和人的二分来考察人性的。他的思想实际上也是主张天地之性和气质之性。圣人的气质之性与天地之性相吻合,君子的气质之性较小人的好,故修之为吉,小人的气质之性差,故修之则凶。

为了返归人性的本原即宇宙论意义上的乾元,就要"静"心、无欲。为此,周敦颐提出了"无欲""主静"的主张。《通书·圣学章》中说:"圣可学乎?曰:'可'。曰:'有要乎?'曰:'有。''请闻焉。'曰:'一为要。一者,无欲也。'"⑤ 儒家本来不讲"无欲",孟子只提到"寡欲",但周敦颐认为,"养心不止于寡焉而存尔,盖寡焉以至于无,无则诚立、明通。"⑥ 显然,这个思想只能来源于道教无欲清静说,与张伯端的思想有类似之处。张伯端说:"欲念者,气质之性所为也。此性役真性。"去除欲念,还得靠心:"人之所以憔悴枯槁者,谁使之然?心也……吾本无他术焉,为能定心故。"他认为,"定心",就是使得"心无念","心无念,则神之灵,不可得而知也。""心无念"就是静,心静是

---

① (宋)黎靖德编:《朱子语类》卷一百三十七,中华书局1986年版,第3272页。
② (宋)黎靖德编:《朱子语类》卷五十九,中华书局1986年版,第1386页。
③ (宋)黎靖德编:《朱子语类》卷五十九,中华书局1986年版,第1386页。
④ 《周敦颐集》,陈克明点校,中华书局1990年版,第6—7页。
⑤ 《周敦颐集》,陈克明点校,中华书局1990年版,第31页。
⑥ 《周敦颐集》,陈克明点校,中华书局1990年版,第52页。

内丹修炼的起手功夫:"盖心静则神全,神全则性现,又一言以蔽之曰静。"①

类似地,周敦颐也"主静"。他认为:"无欲则静虚动直。静虚则明,明则通。动直则公,公则溥。明通公溥,庶矣乎。"② 由于受道教内丹修炼的影响,他把无极之静看成阳气运动的本原,把诚视为操作的根本原则,在人性论上把"静无"视为诚的基础,从而与《中庸》之诚区别开来。张伯端是道教内丹学的集大成者,也有几乎相同的主张。张伯端说:"所谓'静',不是空寂,君寻其平日用心,何为而动,寂然不动,感而遂通,乃吾心之用也……唯其不动之中,而有所谓动者,丹士之用心也。唯其动之中,而存不动者,仁者之用心也。"③ 周敦颐把"主静"提高到了"主静立人极"的高度,主张阴静阳动,"一动一静,互为其根"④。他用"动而无动,静而无静"⑤ 来解释"阴阳不测之谓神",用行为动机的"有无之间"来解释"几者动之微"也是受了内丹修炼中意念控制的影响——张伯端说:"但于一念妄生之际,思平日心不得静者,此为梗耳,急舍之,久久纯熟,则自然静矣。夫妄念莫大于喜怒,怒里回思则不怒,喜中知抑则不喜,种种皆然,久而自静。岂独坐时然,平日提百万强兵,但事至则应,退则休,亦可为静之本。以此静心应事接物,谁云误事,实是灵耳,故曰以事炼心,情无他用。镜能察形,不差毫发,形去而镜自镜,盖事至而应之,事去而心自心也。"⑥ 这同周敦颐"无思本也,思通用也"⑦,以喜怒哀乐为妄心,以忠恕慈顺恭敬谨为真心,在入世的社会中警惕自己的行为动机,祛恶从善,"纯其心"⑧ "端本,诚

---

① (宋)张伯端撰,王沐浅解:《悟真篇浅解(外三种)》,中华书局1990年版,第228—229页。
② 《周敦颐集》,陈克明点校,中华书局1990年版,第31页。
③ (宋)张伯端撰,王沐浅解:《悟真篇浅解(外三种)》,中华书局1990年版,第228—229页。
④ 《周敦颐集》,陈克明点校,中华书局1990年版,第4页。
⑤ 《周敦颐集》,陈克明点校,中华书局1990年版,第27页。
⑥ (宋)张伯端撰,王沐浅解:《悟真篇浅解(外三种)》,中华书局1990年版,第229—230页。
⑦ 《周敦颐集》,陈克明点校,中华书局1990年版,第22页。
⑧ 《周敦颐集》,陈克明点校,中华书局1990年版,第24页。

心而已矣"①，进行修养基本上是一致的。周敦颐还说："予谓养心不止于寡焉而存耳，盖寡焉以至于无。无则诚立，明通。诚立，贤也；明通，圣也。是圣贤非性生，必养心而至之。"② 这里所谓的"养心"实际上就是炼丹中的意念控制。当然，周敦颐不仅仅停留在内心意念的控制上，而且还上升到了哲理的高度，并比张伯端更自觉地把这种观点贯彻到社会日常生活中去。

周敦颐的修养是从心上用功夫，张伯端亦如此。张伯端主张，"不识真铅真祖宗，万般作用枉施功"③。"真铅真祖宗"即心。在整个修炼过程中，心神的修炼至关重要。"若要修成九转，先须炼己持心。"④ 在《禅宗诗偈》中，他说得更加明确而有哲理意味："欲体夫至道，莫若明乎本心。故心者，道之体也，道者，心之用也。人能察心观性，则圆明之体自现，无为之用乃成，不假施功，顿超彼岸。"⑤ 在《青华秘文》中，张伯端以心为君、神为主、气为用、精从气、意为媒，谓"心者众妙之理而宰万物也，性在乎是，命在乎是"⑥，以心的主宰作用统摄内丹学中的性与命，形成了道禅融合的哲学体系。

周敦颐认为，心性修养有三个层次："圣希天，贤希圣，士希贤。"⑦ 他的心性修养功夫是本于自然之天的。"静无而动有……故诚则无事矣。"⑧ 他主张主静无欲、诚而无妄、无事、无为，体现了"道法自然"的精神。"故圣人作乐，以宣畅其和心，达于天地，天地之气，感而太和焉。天地和，则万物顺。"⑨ 这是从宇宙自然的整体来立论的，是哲理化的精神境界。张伯端的炼丹同样也本于自然之天，以《老子》的"道法自然"为原则。《悟真篇正义》说到，炼丹"但闲闲养其精神，温温炼其

---

① 《周敦颐集》，陈克明点校，中华书局1990年版，第39页。
② 《周敦颐集》，陈克明点校，中华书局1990年版，第52页。
③ （宋）张伯端撰，王沐浅解：《悟真篇浅解（外三种）》，中华书局1990年版，第27页。
④ （宋）张伯端撰，王沐浅解：《悟真篇浅解（外三种）》，中华书局1990年版，第141页。
⑤ （宋）张伯端撰，王沐浅解：《悟真篇浅解（外三种）》，中华书局1990年版，第175页。
⑥ （宋）张伯端撰，王沐浅解：《悟真篇浅解（外三种）》，中华书局1990年版，第228页。
⑦ 《周敦颐集》，陈克明点校，中华书局1990年版，第22页。
⑧ 《周敦颐集》，陈克明点校，中华书局1990年版，第15页。
⑨ 《周敦颐集》，陈克明点校，中华书局1990年版，第30页。

元气"①即可。"药逢气类方成象，道在希夷合自然。"②"不假吹嘘并着力，自然果熟脱灵胎。"③周敦颐的去欲成圣与张伯端的内丹义理，实质上是道同而迹异。

二

张伯端在《青华秘文·百窍说》中已经提到："天向一中分造化，人从心上起经纶。"周敦颐对它进行改造，以人性为天所赋予，系阴阳五行妙合而成，人得天地灵秀之气而成，则中、正、仁、义、诚等社会伦理道德就是天地五行之性在人类社会伦理方面的体现。人如能遵循这些道德，便能够"存天理"，克"人欲"，成为圣人，"与天地万物上下同流"。周敦颐认为社会伦理道德仁、义、礼、智、信是金、木、水、火、土五行之性所派生的。周敦颐对社会伦理道德的本源的看法明显地与张伯端有相似之处。周敦颐主张人性本善，认为每一个人通过修养都可以成为圣人。张伯端也认为"我命在我不在天"，通过修炼，人人都可以成为仙人，升临仙境。天仙本性最游最纯，当然是善而非恶。此外，张伯端的伦理道德与周敦颐的儒家伦理道德是相通的——伦理道德也是修丹成仙的基本条件。《悟真篇》说："德行修逾八百，阴功积满三千，均齐物我与亲冤，始合神仙本愿。"④"若非积行施阴德，动有群魔作障缘。"⑤张伯端把行善积德的伦理实践作为内炼成仙的基础，强调"志士若能修炼，何妨在市居朝"⑥，他的伦理道德观念也就与儒家几乎没有什么区别了。

周敦颐的思想同张伯端一样受到禅宗的影响。黄百家在《濂溪学案》中说："晁氏（晁景迂）谓元公师事鹤林寺僧寿无涯，而得'有无先天地，无形本寂寥，能为万象主，不逐四时凋'之偈。《性学指要》谓元公

---

① （清）董德宁：《悟真篇正义》，周全彬等编校《悟真抉要：道教经典〈悟真篇〉注解集成》，宗教文化出版社2010年版，第824页。
② （宋）张伯端撰，王沐浅解：《悟真篇浅解（外三种）》，中华书局1990年版，第118页。
③ （宋）张伯端撰，王沐浅解：《悟真篇浅解（外三种）》，中华书局1990年版，第106页。
④ （宋）张伯端撰，王沐浅解：《悟真篇浅解（外三种）》，中华书局1990年版，第155页。
⑤ （宋）张伯端撰，王沐浅解：《悟真篇浅解（外三种）》，中华书局1990年版，第121页。
⑥ （宋）张伯端撰，王沐浅解：《悟真篇浅解（外三种）》，中华书局1990年版，第139页。

初与东总游，久之无所入，总教之静坐，月余忽有得，以诗呈曰：书堂兀坐万机休，日暖风和草自幽。谁道二千年远事，而今只在眼前来。总肯之，即与结青松社。游定夫有周茂叔穷禅客语。"① 虽然这里所提及的偈、诗都充满了道家风味，但这则材料毕竟说明周敦颐与禅师有往来。周敦颐虽然没有明确主张三教合一，但从他批判韩愈对佛道的观点来看，可以认为他是主张三教合一的。在这一点上，张伯端则直截了当地宣称"三教合一"："教虽分三，道乃归一。"② 禅宗讲"明心见性"，张伯端讲"全性养命"，周敦颐则讲"复性明理"。心理上追求清静虚明，无私无虑，生活上追求自然恬淡，少私寡欲，养气守神是儒释道三家都一致提倡的。当然，儒家与道教毕竟还是有差别的。对于这种异同关系，张伯端的看法是："复命归根之由，深根固蒂也。深根固蒂之道，自澄心遣虑始；澄心之理，屏视去听始。孔子曰：非礼勿视，非礼勿听。非礼勿言，非礼勿动。此便是真实道理。但儒教欲行于世，而用于时，故以礼为之防。所谓妄心者，喜、怒、哀、乐各等尔耳。忠、恕、慈、顺、恤、恭、敬、谨则为真心，而修丹之士，则以真心亦为妄心，混然返其初而原其始，却就无妄心中，生一真心，奋天地有为，而终则致于无为也。"③ 这也可看作是张伯端与周敦颐的区别。

总之，我们认为，周敦颐的思想极有可能是来自于张伯端，或受其影响很深。之所以难以找到直接的证据说明这一点，是因为儒道相绌，理学家"掩耳盗铃"的做法掩盖了历史的真面目。黄宗炎就说过："……周茂叔得之更为《太极图说》……又惧老氏非孔孟之正道，不可以传来学，借大易以伸其意，混二术而总冒以儒。"④

三

周敦颐思想来源于道教的另一个证据是他的《太极图说》与司马承

---

① （清）黄宗羲著，（清）全祖望补修：《宋元学案》卷十二，陈金生、梁运华点校，中华书局1986年版，第524页。

② （宋）张伯端撰，王沐浅解：《悟真篇浅解（外三种）》，中华书局1990年版，第1页。

③ （宋）张伯端撰，王沐浅解：《悟真篇浅解（外三种）》，中华书局1990年版，第247—248页。

④ （清）黄宗羲著，（清）全祖望补修：《宋元学案》卷十二，陈金生、梁运华点校，中华书局1986年版，第524页。

祯的《服气精义论》的思想很相似。司马承祯说:"夫气者,道之几微也。几而动之,微而用之,乃生一焉,故混元全乎太易。夫一者,道之冲凝也。冲而化之,凝而造之,乃生二焉,故天地分乎太极。是以形体立焉,万物与之同禀;精神著焉,万物与之齐受。在物之形,唯人为正;在象之精,唯人为灵。并乾坤,居三才之位;合阴阳、当五行之秀。故能通玄降圣,炼质登仙。"① 二者不但对事物生成有相同的看法,而且《太极图说》所说的"圣人定之以中正仁义而主静"与司马承祯的坐忘主静以修性的说法也相同。张伯端应该是司马承祯与周敦颐思想之间的中介。司马承祯与张伯端虽然隔了几百年,但他们二人一个是内丹学思想的发端者,一个是内丹学思想的集大成者,其间的思想联系是很显然的。

由上可见,周敦颐的思想基本上是站在道家、道教的立场上来融合儒道二家。如果说,在《太极图说》中他的思想基本上是道家、道教的话,那么,在《通书》中他的伦理道德思想体现出了鲜明的儒家色彩。实质上,《太极图说》所阐述的主要是天道论,是天人合一之本。《通书》所阐述的则主要是天人相分之后的"迹"。换言之,《太极图说》为他的思想奠定了基础,提供了一个观念框架和基本的思维方法,而《通书》则是这些观念框架和基本的思维方法在社会人事领域的运用。

第四节 陆九渊思想与道家、道教*

一

对道家、道教的历史,陆九渊认为,"老氏之学始于周末,盛于汉,迨晋而衰矣。老氏衰而佛氏之学出焉"②。这对道家而言大体上是正确的。但是,如果把道教也作为老氏之学的一部分,这个观点就不符合历史事实了。

《老子》《庄子》《列子》是道家的基本经典。陆九渊对《老子》《庄

---

① (唐)司马承祯:《服气精义论》,载《道藏》第18册,文物出版社、上海书店、天津古籍出版社1988年版,第447页。

* 本节原文发表于《世界弘明哲学季刊》2003年第6期。有所修改后刊于刘大钧主编《儒学释蕴》,上海古籍出版社2007年版,第356—375页。

② 《陆九渊集》卷三十五,钟哲点校,中华书局1980年版,第473页。

子》深有所究，对其主张，作了无情的抨击。

　　老氏以无为天地之始，以有为万物之母，以常无观妙，以常有观窍，直将无字搭在上面，正是老氏之学，岂可讳也？惟其所蔽在此，故其流为任术数，为无忌惮。此理乃宇宙所固有，岂可言无？若以为无，则君不君、臣不臣、父不父、子不子矣。①

道家的立场之所以应该抨击，是因为它的根本观点是"无"，"无"中没有儒家所主张的伦理纲常。陆九渊还认为，"老氏见周衰名胜，故专攻此处而申其说，亡羊一也"②。在他看来，老子仅仅以周代之衰世的现象为背景而引申出其学说，显得偏颇、偏激。陆九渊站在儒家的立场上对于老庄作了批判，但对能够加以利用的东西，他也不加掩饰地作了多方面的利用。

陆九渊还读过《列子》。他认为，列子的思想是对老子思想的继承和发展。"虽然，御寇之学，得之于老氏者也。老氏驾善胜之说于不争，而御寇托常胜之道于柔，其致一也。"③ 在他看来，"常胜之道曰柔"是列子的主要思想。

陆九渊与道教也有些因缘。他的九世祖为唐代末年道教学者陆希声。他的祖父"好释老言，不治生产"④。陆九渊所居象山实为龙虎山之宗。⑤龙虎山为正一道的总坛，正一道在宋元时期盛极一时，同处一地的陆九渊对它不可能不了解。陆九渊懂得"命术"。命术即卜筮，是道教方术之一，陆九渊指出："其说出于蒙庄。"⑥这里的"蒙庄"应该是道教才对，因为《庄子》中虽有卜筮的典故，但庄子并未对卜筮作过任何理论分析。陆九渊对道教的思想能够身体力行。"侍登鬼谷山，先生行泥途二三十里。云：'平日极惜精力，不轻用，以留有用处，所以如今如是健。'诸

---

① 《陆九渊集》卷二，钟哲点校，中华书局1980年版，第28页。
② 《陆九渊集》卷三十五，钟哲点校，中华书局1980年版，第469页。
③ 《陆九渊集》卷三十，钟哲点校，中华书局1980年版，第361页。
④ 《陆九渊集》卷二十七，钟哲点校，中华书局1980年版，第312页。
⑤ 参见《陆九渊集》卷二，钟哲点校，中华书局1980年版，第22页。
⑥ 《陆九渊集》卷二十，钟哲点校，中华书局1980年版，第247页。

人皆困不堪。"① 他曾宣称:"某年来气血殊惫,颇务养息,然亦不遂所志。"② 看来,他按照道教的养生方法身体力行地修养过。陆九渊对正一道的斋、醮是有所了解的,否则不会反对并以讲学取代它:

> 郡有故事,上元设醮黄堂,其说曰:"为民祈福。"先生于是会吏民,讲洪范敛福锡民一章,以代醮事。发明人心之善,所以自求多福者,莫不晓然有感于衷,或为之泣。有讲义,仍书河图八卦之象,洛书九畴之数于后,以晓后学。③

陆九渊读过与道教有关的一些典籍。例如,他对与道教关系至为密切的邵雍耳熟能详,曾经说:"尧夫只是个闲道人。圣人之道有用,无用便非圣人之道。"④ 对陈抟、邵雍所讲的先天象数之说,陆九渊指出,这与儒学之道不合,是道教的东西,不能据以解释《周易》。"河图属象,洛书属数,先天图非圣人作易之本旨,有据之于说易者陋矣。"⑤ 但是,他对河图、洛书所表达的先天象数之学并不完全加以否定。他用河图、洛书来讲《尚书》的洪范九畴以发明人心之善,其中就对道教的先天象数学有所赞同、有所汲取。此外,陆九渊称赞其弟子包详道资质"本甚淳朴","天质淳真"。这一评语来源于道家、道教而且是道家、道教在人性论方面的主张,这也说明陆九渊对道教的观点并非完全反对。

在与朱熹辩论"无极而太极"时,陆九渊不赞成在"太极"之上加"无极"二字,认为这样做会暴露其道家、道教渊源,有损儒学纯正的光辉形象。何况,这是床上架床、屋上叠屋。他正确地指出,周敦颐《太极图》得之于穆修,穆修受传于陈抟、陈抟的思想属于道教。"无极"这一概念出于《老子·知其雄章》,"无极而太极"有自无生有的含义。

> 若于太极上加无极二字,乃是蔽于老氏之学。又其图说本见于

---

① 《陆九渊集》卷三十五,钟哲点校,中华书局1980年版,第463页。
② 《陆九渊集》卷六,钟哲点校,中华书局1980年版,第83页。
③ 《陆九渊集》卷三十六,钟哲点校,中华书局1980年版,第510页。
④ 《陆九渊集》卷三十四,钟哲点校,中华书局1980年版,第426页。
⑤ 《陆九渊集》卷三十六,钟哲点校,中华书局1980年版,第504页。

朱子发附录。朱子发明言陈希夷太极图传在周茂叔,遂以传二程,则其来历为老氏之学明矣。①

朱子发谓濂溪得《太极图》于穆伯长,伯长之传出于陈希夷,其必有考。希夷之学,老氏之学也。无极二字,出于老子知其雄章。吾圣人之书所无有也。老子首章言无名天地之始,有名万物之母,而卒同之,此老氏宗旨也。无极而太极,即是此旨。老氏学之不正,见理不明,所蔽在此。②

陆九渊认为,"以无为本"是儒家所不能赞同的。

陆九渊站在儒家的立场上,针对道家对儒家的抨击进行了反击。"老聃蒙庄之徒,恣睢其间,摹写其短,以靳病周孔,蹢籍诗礼,其势然也。"在陆九渊看来,道家、道教不懂得在社会上施行仁义的必要性,缺乏社会责任感,自利而不利它。

新城三老,盖深于老氏者也,彼知取天下之大计在此耳,岂有"匹夫匹妇,不与被尧舜之泽,若己推而纳诸沟中"之心哉?庄子讥田常盗仁义以穷国,乃不知其学自有盗仁义以穷天下之计也。③

在陆九渊看来,道家、道教之所以主张绝圣弃智,首先是因为它们的"智"是"私术",是自私之智:"彼役役者方且各以其私术求逞于天下,而曰此圣人之所谓智也。故老氏出于春秋而有弃智之说,孟子生于战国而有恶凿之言,是皆见夫逞私术之失也。"由于道家、道教之术是一己之私术,为了在全社会推行自己的主张,排斥别的主张,所以提出了"绝圣弃智"的主张,进而以偏概全地排斥一切智慧。"老氏者,得其一,不得其二,而圣学之异端也。故幸夫私术之失,因欲申己之学,而其言

---

① 《陆九渊集》卷十五,钟哲点校,中华书局1980年版,第192页。
② 《陆九渊集》卷二,钟哲点校,中华书局1980年版,第24页。
③ 《陆九渊集》卷十九,钟哲点校,中华书局1980年版,第236页。

则曰绝圣弃智,又曰以智治国国之贼,是直泛举智而排之。"① 陆九渊的这一观点显得过于情绪化,是门户之见作祟的产物,完全不符合道家、道教的本意。

道家、道教如此荒谬不可取,那为什么那么多人还崇信其说呢?陆九渊的观点是:

> 先生语缪文子云:"近日学者无师法,往往被邪说所惑。异端能惑人,自吾儒败绩,故能入。使在唐虞之时,道在天下,愚夫愚妇,亦皆有浑厚气象,是时便使活佛、活老子、庄、列出来,也开口不得。惟陋儒不能行道,如人家子孙,败坏父祖家风。故释老却倒来点检你。如庄子云:'以智治国国之贼。'惟是陋儒,不能行所无事,故被他如此说。若知者行其所无事,如何是国之贼?今之攻异端者,但以其名攻之,初不知自家自被他点检,在他下面,如何得他服。你须是先理会了我底是,得有以使之服,方可。"②

这里,陆九渊坦率地承认,佛、道之所以嚣张,是因为儒家自己不争气,儒者不能行道,以至于给了佛、道生存的空间。他认为,佛道不合于圣人之道,是应该批判;但批判不能只是因为它们与儒家不同就简单地斥其为异端,而要看其内容的是与非。

> 天下之理,但当论是非,岂当论同异?况异端之说,出于孔子。今人卤莽,专指佛老为异端,不知孔子时固不见佛老,虽有老子,其说亦未甚彰著。夫子之恶乡愿,论孟中皆见之,独未其见排老氏。则所谓异端者,非指佛老明矣。③

这就是说,异端是指不合于理的主张,孔子、孟子没有排斥道教,说明佛老不是异端。只不过它们的主张与儒家不同罢了。

---

① 《陆九渊集》卷三十,钟哲点校,中华书局1980年版,第350页。
② 《陆九渊集》卷三十五,钟哲点校,中华书局1980年版,第438—439页。
③ 《陆九渊集》卷十三,钟哲点校,中华书局1980年版,第177页。

从这个观点出发，陆九渊看到，道家、道教的主张并非都是错误的，并非一无可取。"如杨朱墨翟老庄申韩，其道虽不正，其说自分明。若是自分明，虽不是亦可商榷理会。"① 他很欣赏道家主柔的思想。

老氏驾善胜之说于不争，而御寇托常胜之道于柔，其致一也。是虽圣学之异端，君子所不取，然其为学，固有见乎无死之说，而其为术，又有得于翕张取予之妙。殆未可以浅见窥也。其道之流于说者，为苏张之纵横，流于法者，为申韩之刑名；流于兵者，为孙吴之攻战……今苟苴竿牍之智，弊精神乎塞浅者，其于苏张申韩之伦，无能为役，而欲肆其胸臆，以妄议老氏御寇之学，多见其不知量也。②

对列子"常胜之道曰柔"的观点，他说："御寇是说，固不可以苟訾，亦不可以苟赞。"③ 既不能笼统地贸然抨击，也不能笼统地贸然赞成，而要具体地展开分析。列子的学说不是不可取，关键是站在什么立场上利用它。纵横家、兵家、法家均有所取，儒家又何尝不可利用它以成就经世济民之功业呢？陆九渊认为，对佛道的批判不能停留于口号和名相上，必须深入其内在实质，从根本的道理上驳倒它们，这样才能让对方心服口服。

陆九渊并不因为反对道家、道教的主张就把它彻底抛弃。对道家、道教，他从多方面作了利用。在诗文中，陆九渊对道家、道教的典故多有运用。例如，他有"物非我辈终无赖，书笑蒙庄只强齐"④ 的诗句，这是用了《庄子·齐物论》的"天地一指，万物一马"的典故。在讲学活动中，陆九渊多次运用道家的文字来进行训诂，对一些文句作出解释。

来教谓："容心立异，不若平心任理。"其说固美矣。然"容心"

---

① 《陆九渊集》卷四，钟哲点校，中华书局1980年版，第50页。
② 《陆九渊集》卷三十，钟哲点校，中华书局1980年版，第361—362页。
③ 《陆九渊集》卷三十，钟哲点校，中华书局1980年版，第361页。
④ 《陆九渊集》卷二十五，钟哲点校，中华书局1980年版，第302页。

二字不经见，独列子有"吾何容心哉"之言。"平心"二字亦不经见，其原出于庄子："平者，水停之盛也，其可以为法也，内保之而外不荡也。"其说虽托之孔子，实非夫子之言也。彼固自谓寓言十九。其书道父子言行者，往往以致其靳侮之意；不然，则借尊其师；不然，则因以达其说；皆非事实，后人据之者陋矣！①

"天下之言性也，则故而已矣"。此段人多不明首尾文义。中间"所恶于智者"至"智亦大矣"，文义亦自明，不失孟子本旨。据某所见，当以庄子"去故与智"解之。观庄子中有此"故"字，则知古人言语文字必常有此字。②

在更高的层次上，陆九渊自觉地把若干道家思想作为可以认同的观点用以阐述自己的主张，或用以批评自己不赞同的主张。例如，他谈到人们对诸子百家的态度时说："百家满天下，入者主之，出者奴之，入者附之，出者污之，此庄子所以有彼是相非之说也。"③ 再如，他批评王顺伯的观点时引用了道家的观点："尊兄政如老氏所讥夫子所谓：'明乎礼义，而陋于知人心。'"④

陆九渊对道家的研究达到了相当的深度，并不只表现在借助道家思想来批判他人的思想，甚至反过来在比较高的层次一针见血地指出了道家思想中的矛盾。例如，他不赞成二程、朱熹关于天理人欲的主张。他认为，"若天是理，人是欲，则是天人不同矣。此其原盖出于老氏"。天理人欲之论，在儒家典籍中首先见之于《乐记》，他指出："《乐记》之言亦根于老氏。"何以见得呢？他认为，《乐记》"专言静是天性，则动独不是天性耶？"以静为本是道家、道教的主张。再则，后来的解释者往往把人心解释为人欲，把道心解释为天理，这也不对。心只有一个，人哪里有两个心呢？所谓"惟危"，是就人而言的，因为人的念头一旦控制不好，行为就会偏离正道；所谓"惟微"，是就道而言的，因为道无声无

---

① 《陆九渊集》卷十一，钟哲点校，中华书局1980年版，第149页。
② 《陆九渊集》卷三十四，钟哲点校，中华书局1980年版，第415页。
③ 《陆九渊集》卷二十四，钟哲点校，中华书局1980年版，第289页。
④ 《陆九渊集》卷十一，钟哲点校，中华书局1980年版，第153页。

臭，无形无体。这实际上是把道与人隔离开来了，与《庄子·德充符》的"眇乎小哉，所以属于人也；謷乎大哉，独成其天"① 如出一辙，也与《庄子·在宥》的"天道之与人道也，相去远矣"② 之说完全吻合，这"是分明裂天人之为二也"③。

陆九渊还自觉地把道家典籍中的典故进行改造后而加以利用。例如，他曾将《庄子·骈拇》中用来说明"事业不同，名声异号，其与伤性殉身一也"的"臧博塞以游，臧挟策读书，共于亡羊均也"④ 的故事意境改造后，用来批评"今人读书，平易处不理会"，汲汲于章句传注，拘泥于书本教条。他认为，这与"束书不观，游谈无根"的倾向一样，都是错误的。进而，陆九渊用它说明他的"某读书只看古注，圣人之言自明白"⑤，即"优游读书"的观点。⑥

之所以如此，是因为陆九渊认为，"诸子百家，说得世人之病好，只是他立处未是。佛老亦然。"⑦ 立场不对并不等于所有主张都不对。儒、道、释三家均有深浅、精粗、偏全、纯驳的问题，儒家并非尽善尽美。"论三家之同异、得失、是非，而相议于得与不得，说与实，与夫深浅、精粗、偏全、纯驳之间，而不知其为三家之所均有者，则亦非其至者矣。"⑧ 学习时，应该比较它们在同一问题上的同异、得失，才能根据自己的观点判断它们的是非、虚实。学习它们，应该在把握根本的基础上求其同而存其异。从这个观点出发，陆九渊甚至大胆断言："观春秋诗书易，经圣人手，则知编论语者亦有病，顾记礼之言，多原老氏之意。"⑨ 也就是说，《论语》没有编好，其中道家的成分没有删除干净，《礼记》中有很多发挥老子之意的观点。

---

① 陈鼓应：《庄子今注今译》，商务印书馆2007年版，第191页。
② 陈鼓应：《庄子今注今译》，商务印书馆2007年版，第342页。
③ 《陆九渊集》卷三十四，钟哲点校，中华书局1980年版，第395—396页。
④ 陈鼓应：《庄子今注今译》，商务印书馆2007年版，第280页。
⑤ 《陆九渊集》卷三十五，钟哲点校，中华书局1980年版，第441页。
⑥ 《陆九渊集》卷三十五，钟哲点校，中华书局1980年版，第432页。
⑦ 《陆九渊集》卷三十五，钟哲点校，中华书局1980年版，第454页。
⑧ 《陆九渊集》卷二，钟哲点校，中华书局1980年版，第16页。
⑨ 《陆九渊集》卷三十六，钟哲点校，中华书局1980年版，第504页。

二

陆九渊对《周易》有所研究。他的易学思想主要是把河图、洛书与《尚书》洪范九畴联系起来，对象数学作出符合儒家立场的解释。河图、洛书作为名词虽然在汉代甚至更早就已出现，但真正清晰、系统的表达则是出自五代宋初的道士陈抟，而后为受学于陈抟的刘牧、邵雍等发扬光大，形成易学史上的图书学派。陆九渊所运用的河图、洛书实际上是道教象数易学的内容。对此他并非不了解，他自己就明白地指出来了。

>……由是观之，三五之变，可胜穷哉！天地人为三才，日月星为三辰，卦三画而成，鼎三足而立。为老氏之说者，亦曰："一生二，二生三，三生万物。"盖三者，变之始也。①

>水生数一，成数六，其卦为坎，坎阳里而阴表。水形柔弱，盖阴表也，然本生于阳，故道家谓水阴根阳。火生数二，成数七，其卦为离，离阴里而阳表。火形刚烈，盖阳表也，然本生于阴，故道家谓火阳根阴。②

太极、两仪（阴阳）、三才、四象（指老阴、老阳、少阴、少阳）、五行、六爻、八卦、九宫等，是周易象数学的基本内容。河图、洛书就是由这些要素构成、用以阐发宇宙发生论和宇宙结构论。不过，陆九渊对此只是一带而过，他主要侧重于以本体论为基础探讨功夫论。就本体论而言，他同朱熹一样，以理为万物存在的最终依据和运动变化的根本规律，把理视为万物的本体。"此理充塞宇宙，天地鬼神，且不能违异，况于人乎？诚知此理，当无彼己之私。"③ 不过，朱熹对本体论作了多方面的探索，陆九渊则侧重于功夫论，把理本体作为修养功夫的终极目标。

陆九渊认为理就是道。道是客观的，而且是圆满自足的，人既不可

---

① 《陆九渊集》卷二十一，钟哲点校，中华书局1980年版，第262页。
② 《陆九渊集》卷二十一，钟哲点校，中华书局1980年版，第259页。
③ 《陆九渊集》卷二十一，钟哲点校，中华书局1980年版，第147页。

能增加它的内容，也不可能减少它的内容。"道在宇宙间，何尝有病，但人自有病。千古圣贤，只去人病，如何增损得道？"道是学习的根本内容，是认识过程的终点，是功夫修养的终极目标，是诸子百家从各个不同角度展开探讨的实质内容，也是评判一切价值观念的根本依据。"苟学有本领，则知之所及者，及此也；仁之所守者，守此也。时习之，习此也。说者说此，乐者乐此，如高屋之上建瓴水矣。学苟知本，六经皆我注脚。"① 但是，与朱熹主张通过格物穷理、下学而上达、循序渐进地把握理（道）不同，陆九渊主张"先立乎其大"②。所谓"大"，本质上就是理（道）。这样不就与他把理作为学习、认识的对象和修养的目标矛盾了吗？因为这意味着理是外在于人的。其实陆九渊不这样认为。在他看来，理不是外在于人的，而是内在于人中。之所以要把理作为学习、认识的对象和修养的目标，是因为人的心受了蒙蔽，与道产生了隔阂。他从各个不同角度，反复阐发这一观点。

　　道不远人，人自远之耳。人心不能无蒙蔽，蒙蔽之未彻，则日以陷溺。③
　　宇宙不曾限隔人，人自限隔宇宙。④
　　道大，人自小之；道公，人自私之；道广，人自狭之。⑤

　　在他看来，道就在人身中，不假外求。道没有限制、隔离、疏远人，是人自己限制、隔离、疏远了道。之所以如此，是因为人心被蒙蔽。只要除去蒙蔽，人就能够重新与道合一，就好比拭去镜子上的灰尘，镜子就能重新照人一样。陆九渊这一思想的逻辑框架来源于道家、道教。道家、道教认为，道是本源和本体，在人产生后就与人有了隔阂，从而成为人修炼的目标。就心而言，道本在心中，扫除遮蔽在它上面的欲望等，道就能显露出来。例如，《庄子·天道》说："圣人之心静乎！天地之鉴

---

① 《陆九渊集》卷三十四，钟哲点校，中华书局1980年版，第395页。
② 《陆九渊集》卷三十四，钟哲点校，中华书局1980年版，第400页。
③ 《陆九渊集》卷一，钟哲点校，中华书局1980年版，第8页。
④ 《陆九渊集》卷三十四，钟哲点校，中华书局1980年版，第401页。
⑤ 《陆九渊集》卷三十五，钟哲点校，中华书局1980年版，第448页。

也，万物之镜也。夫虚静恬淡寂寞无为者，天地之平而道德之至也。"①《庄子·应帝王》也说："至人之用心若镜，不将不逆，应而不藏，故能胜物而不伤。"② 庄子的这一思想，后来为道教所继承。

陆九渊用基于道家的明镜说阐明，道就在每一个人身上，就在每一个人的心中。每一个人就其本性而言都是圆满自足、分毫无欠的，用不着向外寻求，用不着拜倒在圣人的脚下。"女耳自聪，目自明，事父自能孝，事兄自能弟，本无欠缺，不必他求，在自立而已。"③ 既然如此，就要"自立"，自做主宰，通过自我修养，恢复自己本有的与道完全合一的状态。在这过程中，不能自卑，要"自信"，有足够的信心和勇气，"奋发植立"。他批评那些不自信的学者说："然学者不能自信，见乎标末之盛者便自慌忙，舍其涓涓而趋之，却自坏了。"④ 在他看来，如果缺乏足够的自信，不"自重"，见到那些华丽而貌似高妙卓越的言论便乱了阵脚，失去自信，舍弃自己一点一滴积累起来的基础而匍匐在别人脚下，那就是自暴自弃而前功尽弃了。陆九渊的自立、自信之说，固然有类似于禅宗的地方，但禅宗本为以《庄子》为底蕴的中国化了的佛教宗派，到唐代才形成。而在此之前，《淮南子》以后的道家和汉代产生的道教，都充分强调了自尊、自爱、自重、自修、自得的思想，如《太平经》主张，对老百姓，要"教导之以道与德，仍当使有知自重、自惜、自爱、自治"⑤。成玄英的《庄子·盗跖疏》说："无转汝志，为圣迹之行；无成尔心，学仁义之道；舍己效他，将丧尔真性也。"⑥ 道教还提出了"我命在我不在天"的响亮口号。陆九渊自命为孟子的私淑弟子和孔孟儒家正统的传人，儒家与道家、道教同为中国本土思想，都极其重视实在。把自信、自立与陆九渊的其他思想联系起来看，陆九渊这一思想的渊源，从根本上说应该是与儒家比较接近的道家、道教而不是禅宗。

---

① 陈鼓应：《庄子今注今译》，商务印书馆2007年版，第393页。
② 陈鼓应：《庄子今注今译》，商务印书馆2007年版，第264页。
③ 《陆九渊集》卷三十四，钟哲点校，中华书局1980年版，第399页。
④ 《陆九渊集》卷三十四，钟哲点校，中华书局1980年版，第398页。
⑤ 王明编：《太平经合校》，中华书局1960年版，第164页。
⑥ （晋）郭象注，（唐）成玄英疏：《庄子注疏》，曹础基、黄兰发点校，中华书局2011年版，第524页。

基于这种"先立乎其大""自信""自重""自立"的观点，陆九渊对功夫论展开了多方面的论述。

陆九渊认为，修养首先要立志，要有恢复本来面目、与道合一、成为圣人的远大理想，痛下决心，付诸行动。"学者须先立志，志既立，却要遇明师。"① 立志之后，须有高明的老师指导。由于是以"先立乎其大"为出发点，所以这一点非常重要。出发点错了，就意味着修养犯了根本性的错误。

其次，陆九渊认为，"先立乎其大"的修养在方向上与一般的学习完全不同。一般的学习是增加对社会、人生、历史和自然界的知识，"先立乎其大"的修养由于终极目标是恢复自己的本来面目、抹去心中遮蔽自己本真的尘埃，所以方向恰好相反，是要除去人出生以后所接受的种种陈见、偏见，恢复虚、静、灵、明的本心。这是减少，而不是世俗学习中的增加。如他所说："今之论学者只务添人底，自家只是减他底，此所以不同。"② 陆九渊的这一思想与道家、道教思想如出一辙。《老子·四十八章》说："为学日益，为道日损。损之又损，以至于无为。"③ 同样是通过减担还反功夫而得道，陆九渊与道家、道教的区别仅仅在于，陆九渊的道是以人伦礼法规范为实质内容的理，道家、道教的道是宇宙的本源、本体和万物运动变化的最根本的规律——由它可以自然而然地衍生出儒家的人伦礼法之理！

根据减担还反的修养方向，陆九渊主张为学要自反，即反身于内，不能让心驰骛于外。心驰骛于外的表现首先是汲汲于追求吃喝玩乐，沉溺于赌博等不正当的活动。其次是"及一旦知饮博之非，又求长生不死之药，悦妄人之言，从事于丹砂、青芝、煅炉、山屐之间，冀蓬莱、瑶池可至，则亦终苦身亡家，伶仃而后已"④。陆九渊反对道教通过炼丹服食可以长生不死的观点，不赞成人们从事这样的活动，认为"长生不死之术"是"妄人之说"。不过，陆九渊之所以反对这一点，主要是因为这

---

① 《陆九渊集》卷三十四，钟哲点校，中华书局1980年版，第401页。
② 《陆九渊集》卷三十四，钟哲点校，中华书局1980年版，第401页。
③ 陈鼓应：《老子今注今译》，商务印书馆2003年版，第250页。
④ 《陆九渊集》卷四，钟哲点校，中华书局1980年版，第57页。

种活动花费时间精力很多，耗资巨大，何况长生不死本来就不可能。他认为，外丹烧炼的最终结局只能是伤身、破财、破家。对注重心性修养的内丹术，撇开长生不死的终极目的不论，陆九渊则未必反对。因为内丹术同陆九渊的主张一样，以立志为修炼的起点，以反身于内、减担为修炼的入手功夫，以心性为修养的内容，以回复本真为方向。

作为功夫修养的原则，陆九渊提出了三点：一是"无事""无累"。在陆九渊看来，自反而不驰骛于外，是把散漫于外的心思停止并收拢回来，进一步要使得心中无事，空空阔阔。这样做的目的，就如同把镜子揩拭干净，到有物来时才能清晰地照物一样，是为了积蓄精力，更好地成就治国平天下的伟业。他说："我无事时，只似一个全无知无能底人。及事至方出来，又却似个无所不知、无所不能之人。"[①] 无事便可"内无所累，外无所累，自然自在。"[②] 如此便可有旺盛的精力和高妙的智慧，做事就能成功。如他评论下象棋说："其发若机栝，其司是非之谓也，其留如祖盟，其守胜之谓也。庄子势则谋，计得则断。先生旧尝作小经云意似庄子。"[③] 陆九渊的"无事"论，是直接来源于道家。《老子·四十八章》说："无为而无不为。取天下常以无事。及其有事，不足以取天下。"[④] 而且，陆九渊"无知无能""无所不知、无所不能"的言辞表明，他的这一思想尚有道教的来源。道教中有题为《无能子》的著作。"无所不知、无所不能"则是道教描述神仙高强无比的能力时的常用词。无事时"无知无能"、有事时"无所不知、无所不能"的转变，也是道教理论常见的逻辑。

陆九渊提出的第二个修养的原则是"静"，这是他通过阐释《大学》"知止而后有定，定而后能静，静而后能安，安而后能虑，虑而后能得"的主张而提出来的。"人诚知止，即有定论，静安虑得，乃必然之势，非可强致之也。"[⑤] 这里的"定"和"静安虑得"虽然是直接来源于《大学》，但有道家的思想内蕴。"知止"来源于道家，如《老子·四十四

[①] 《陆九渊集》卷三十五，钟哲点校，中华书局1980年版，第455页。
[②] 《陆九渊集》卷三十五，钟哲点校，中华书局1980年版，第455页。
[③] 《陆九渊集》卷三十五，钟哲点校，中华书局1980年版，第470页。
[④] 陈鼓应：《老子今注今译》，商务印书馆2003年版，第250页。
[⑤] 《陆九渊集》卷一，钟哲点校，中华书局1980年版，第11页。

章》说:"知足不辱,知止不殆,可以长久。"① "非可强致"意即自然,也属于道家思想。联系陆九渊在为学上反对"自任私智,好胜争强"而与道家类似来看,陆九渊的这一主张,总的思想倾向是道家的。"止""定""静""安""虑""得"这六个环节中,止、定、安三个环节在实质上都可以归结为静。静是思考的前提,思考总会产生结果,即得。所以,静是六个环节的中心、核心。以静为本是道家、道教一贯的主张。道家、道教既把它作为形而上的观点加以阐发,也把它作为形而下的修养原则,并采用了静坐的形式来修养。陆九渊曾使用了道家、道教的静坐功夫,既自己使用,也把它教给学生。

> 先生举"公都子问钧是人也"一章云:"共有五官,官有其职,某因思是便收此心,然惟有照物而已。"他日侍坐无所问,先生谓曰:"学者能常闭目亦佳。"某因此无事则安坐瞑目,用力操存,夜以继日。如此者半月,一日下楼,忽觉此心已复澄莹。中立窃异之,遂见先生,先生目逆而视之曰:"此理已显也。"某问先生:"何以知之?"曰:"占之眸子而已。"②

通过静坐而体验根本的理,这与庄子通过心斋、坐忘的功夫而得道是一致的,也与道教以静坐为形式,通过内丹等内修方术修炼而得道是一致的。

陆九渊提出的第三个修养的原则是"自然自在"。陆九渊首先从学脉上阐发这一主张。他说:"二程见周茂叔后,吟风弄月而归,有'吾与点也'之意。后来明道此意却存,伊川已失此意。"③ 在陆九渊看来,二程从周敦颐那里学习回来时,有曾子的自然自在的气象,后来伊川失却了这一气象,只有明道还保留着。伊川与明道的思想,虽然在根本点上是相同的,但也存在着一些差异。伊川近于主张理学,故其思想为后世朱熹所彰扬;明道近于主张心学,陆九渊颇为推崇其思想。同明道主张自

---

① 陈鼓应:《老子今注今译》,商务印书馆2003年版,第241页。
② 《陆九渊集》卷三十五,钟哲点校,中华书局1980年版,第471页。
③ 《陆九渊集》卷三十四,钟哲点校,中华书局1980年版,第401页。

然、自在、自得一样，陆九渊把自然、自在、自得作为修养的原则。他说："内无所累，外无所累，自然自在，才有一些子意思便沉重了。彻骨彻髓，见得超然，于一身自然轻清，自然灵。"①"虚""自然""无为"，是道家、道教的根本观点，由此出发，道家、道教不厌其烦地强调自在、自得。陆九渊的这一思想，是颇得道家、道教之神韵的。陆九渊甚至把这一点作为品评人物的标准。他公开说："某自来非由乎学，自然与一种人气相忤。才见一造作营求底人，便不喜；有一种冲然淡然底人，便使人喜。"②

陆九渊提出的第四个原则是"简易"。陆学直指人心，先立根本，强调简易，不注重烦琐的文字训诂和义理推衍等道问学的功夫，而重尊德性。他的这一主张，是深受道家、道教影响的结果。他曾引用老子的话来证说自己的主张："老子曰：'大道甚夷而民好径。'"③ 意即道本来很简单、容易，人们偏偏要把它弄得很复杂、晦涩、困难。在读书学习时，也是如此。"今人读书，平易处不理会，有可以起人羡慕者，则着力研究。古先圣人，何尝有起人羡慕者？"以庄子为代表的道家主张书不尽言，言不尽意，书只是传达意思的媒介，读书贵在得意，不可把书中的文字作为教条，泛观博览要适可而止。陆九渊对此的阐发恰好是受了庄子的启发。他说："所以庄周云：'臧与谷共牧羊，而俱亡其羊。问臧奚事？曰：博塞以游；问谷奚事？曰：挟策读书。其为亡羊一也。'某读书只看古注，圣人之言自明白。"④ 这里，"牧羊"喻指修心。臧的"博塞以游"指行走的范围太大，隐喻一味追求广博而不能收放心。谷的"挟策读书"隐喻执着于读书，拘泥于语言文字而疏忽于书和文字所阐发的道理。

陆九渊主张通过修养而上达于与道为一的境界。在境界论方面，陆九渊的思想，同样多与道家、道教相通、相类、相同。陆九渊认为，人心因逐物而变得昏眩。人心有病，须用剥落的功夫，剥落掉一层，就多

---

① 《陆九渊集》卷三十五，钟哲点校，中华书局1980年版，第468页。
② 《陆九渊集》卷三十五，钟哲点校，中华书局1980年版，第465页。
③ 《陆九渊集》卷三十五，钟哲点校，中华书局1980年版，第435页。
④ 《陆九渊集》卷三十五，钟哲点校，中华书局1980年版，第441页。

一分清明；彻底剥落干净，才能回复本来的清虚灵明。此时，心变得与身外之天即太虚一样悠游广阔，自私之念彻底消失，物我齐一。进而，内外物我之间的隔阂不见了。"'艮其背，不获其身'，无我；'行其庭，不见其人'，无物。"① 既无所谓"我"，也无所谓"物"。人所体验到的，心中只是空茫茫一片太虚。此时此刻，"宇宙即是吾心，吾心即是宇宙"②。我与道完全合一，充塞宇宙。"仰首攀南斗，翻身倚北辰，举头天外望，无我这般人。"③ 陆九渊以减担、剥落的方式所修养到的这种境界，与道家通过心斋、坐忘的方式而达到的齐同万物、与天地万物同浮游、逍遥太虚之境是类似的，与道教修炼所达到的心道等同、天人合一、物我无别的神秘境界也是类似的。对于陆九渊的这一类过去被贬为主观唯心主义、唯我论的观点，只有从内心修养所达到的境界来理解，才能真正正确地把握其实质。

三

在社会政治主张方面，陆九渊认为，黄老之学对汉代治国是有积极影响的。

> 夫子没，老氏之说出。至汉而其术益行。曹参相齐，尽召长老诸先生，问所以安集百姓，而齐故儒生以百数，言人人殊，参未知所定。闻胶西有盖公，善治黄老言。使人厚币请之。既见盖公，公为言治道，贵清静，而民自定。推此类具言之。参于是避正堂舍盖公焉。其治要用黄老术，故相齐九年，齐国安集，大称贤相。此见老氏之脉在此也。萧何毙，参入相，壹遵何为之约束，择郡县吏长，木讷于文辞。谨厚长者，即召为丞相吏。吏言文刻深，欲声名，辄斥去之。日夜饮酒不事事，见人有细过，掩匿覆盖之，府中无事。汉家之治，血脉在此。④

---

① 《陆九渊集》卷三十四，钟哲点校，中华书局1980年版，第419页。
② 《陆九渊集》卷二十二，钟哲点校，中华书局1980年版，第273页。
③ 《陆九渊集》卷三十五，钟哲点校，中华书局1980年版，第459页。
④ 《陆九渊集》卷三十四，钟哲点校，中华书局1980年版，第426页。

在社会政治主张方面，他对道家、道教思想是有所吸收的。他对儒家传统的高扬君权的观点颇不以为然。他说："孟子曰：'民为贵，社稷次之，君为轻。'此却知人主职分。"① 儒家颇为忌讳孟子的这一观点。这是导致孟子在宋代之前的儒家阵营中地位不高的主要原因之一。陆九渊对传统儒家把君主视为天的化身、称为天子也颇有微词，认为这导致君主们把天子之位当作私有资源而滥加使用。他说："后世人主不知学，人欲横流，安知天位非人君所可得而私？"② 在陆九渊看来，人道为天道所衍生。"天之所以予我者，至大、至刚、至直、至平、至公。"人道以"至大、至刚、至直、至平、至公"为内容，王道政治自然应该以人道为依据。"无偏无党，王道荡荡；无党无偏，王道正平；无反无侧，王道正直。"③ 只有公而无私，才能正直地处理政务，才能公开、公平、公正，才能造就太平盛世。陆九渊的这些思想，在精神实质上与道家、道教对社会政治弊病的批评及其相应的主张是一致的。他这些思想的提出，未必没有得到过道家、道教的社会政治主张的启发。他认识到《老子》对社会政治弊端的抨击，是本于周王朝衰落中的实际情况而发的。"老氏见周衰名胜，故专攻此处而申其说，亡羊一也。"④ 他也认识到，后世儒家关于人伦礼法和社会政治的观点深受道家、道教的影响。他指出："洙泗门人，其间自有与老氏之徒相通者，故记礼之书，其言多原老氏之意。"⑤

综上所述，陆九渊在本体论、修养论、境界论诸方面均深受道家、道教的影响。他虽本于《孟子》并站在儒家的立场上对儒家思想多有发展，但促成其创新的思想源泉主要是道家、道教。陆九渊并非淳儒。

---

① 《陆九渊集》卷三十四，钟哲点校，中华书局1980年版，第403页。
② 《陆九渊集》卷三十四，钟哲点校，中华书局1980年版，第426页。
③ 《陆九渊集》卷三十五，钟哲点校，中华书局1980年版，第441页。
④ 《陆九渊集》卷三十五，钟哲点校，中华书局1980年版，第469页。
⑤ 《陆九渊集》卷三十四，钟哲点校，中华书局1980年版，第407页。

第五节　朱熹陆九渊无极太极之辩与道家道教的关系*

朱熹与陆九渊的学术辩论是从宋代以来的中国哲学史上的重要问题，其中无极与太极的关系是双方辩论的问题之一。与前贤有所不同，本节把这放到儒道关系的大背景中考察，希望作出一些新的阐发。

一　无极、太极的道家、道教渊源

朱熹和陆九渊曾就周敦颐《太极图》的"无极而太极"展开了激烈的争论。对此的解释本来就是朱熹哲学的核心基础，加之涉及该学说是不是从异端窃取思想营养这一涉及道统地位的重大问题，所以双方各不相让，其中不免渗入了双方强烈的情绪。

陆九渊认为："'无极'二字，出于《老子·知其雄章》，吾圣人之书所无有也。《老子》首章言：'无名天地之始，有名万物之母'，而卒同之，此老氏宗旨也。'无极而太极'，即是此旨。"[①]《老子·知其雄章》确实有"无极"这两个字："知其白，守其黑，复归于无极。"[②] 如他所说，儒家确实不用"无极"，只用"太极"，以其内涵为有。[③] 陆九渊认为这是道家的观点，不是周敦颐的观点，或者是其思想不成熟的早年时期的观点。朱熹赞成这一点，是承袭道家"有生于无"观点的表现。他说：

> 《太极图说》，乃梭山兄辩其非是，大抵言"无极而太极"是老氏之学，与《周子通书》不类。《通书》言太极不言无极，《易大传》亦只言太极不言无极。若于太极上加无极二字，乃是蔽于老氏之学。又其《图说》本见于朱子发附录。朱子发明言陈希夷《太极图》传在周茂叔，遂以传二程，则其来历为老氏之学明矣。《周子通

---

* 本节原文发表于《上饶师院学报》2015年第5期，此处略有修改。
① 《陆九渊集》卷二，钟哲点校，中华书局1980年版，第24页。
② 陈鼓应：《老子今注今译》，商务印书馆2003年版，第183页。
③ 《魏书·儒林列传》卷八十四《列传》第七十二《李业兴传》载："衍又问：《易》曰太极，是有无？业兴对：所传太极是有，素不玄学，何敢辄酬。"

书》与二程言论，绝不见无极二字，以此知三公盖已皆知无极之说为非矣。①

但朱熹不以为然，认为《太极图说》中的"无极"概念"乃是周子灼见道体，迥出常情，不顾旁人是非，不计自己得失，勇往直前，说出人不敢说出底道理。"他反驳陆九渊说："老子云'复归于无极'，'无极'乃无穷之义。如庄生'入无穷之门，以游无极之野'云尔，非若周子所言之意也。今乃引之而谓周子之言实出乎彼，此又理有未明而不能尽乎人言之意者七也。"② 这个说法是不对的。《庄子·在宥》提到，广成子对黄帝说："今夫百昌皆生于土而反于土，故余将去女，入无穷之门，以游无极之野。"③ 如果说这里的"无极"还有浓重的无穷的意蕴的话，则《庄子·刻意》所说的"淡然无极，天地之道也"④ 的"无极"显然是道的含义。《庄子》中确实有的地方所用的"无极"是无穷的含义，例如《庄子·逍遥游》说："吾惊怖其言，犹河汉而无极也。"⑤ 这里的"无极"就是无穷的意思。但不能因此而以偏概全地认为道家所说的无极都是无穷的意思。其实，《老子》二十八章就已经提到"复归于无极"，把"无极"与"婴儿""朴"并列使用，"无极"实际上是"道"的含义。其他道家作品也多有这种用法。例如：

无则无极。⑥

终而复始，转于无极。⑦

宣明大道，通于无穷，究于无极也。⑧

运乎无极，翔乎无形。⑨

---

① 《陆九渊集》卷二，钟哲点校，中华书局1980年版，第192页。
② 《朱熹集》卷三十六《答陆子静》，郭齐、尹波点校，四川教育出版社1996年版，第1575、1577页。
③ 陈鼓应：《庄子今注今译》，商务印书馆2007年版，第329页。
④ 陈鼓应：《庄子今注今译》，商务印书馆2007年版，第456页。
⑤ 陈鼓应：《庄子今注今译》，商务印书馆2007年版，第28页。
⑥ 杨伯峻：《列子集释》，中华书局1979年版，第148页。
⑦ 何宁：《淮南子集释·要略》，中华书局1998年版，第1442页。
⑧ （清）张隐庵集注：《黄帝内经素问集注》，上海科学技术出版社1959年版，第279页。
⑨ 何宁：《淮南子集释·泰族训》，中华书局1998年版，第1419页。

可见，"无极"是反映道家"以虚无为本"的一个重要概念，是对道的性质的描绘。道教产生后，把"无极"作为道的化身而加以神化。《太平经》有近二十处使用了"无极"一词，如"无极之道"等说法。《老子想尔注》在注解"复归于无极"时说："唯有自守，绝心闭念者，大无极也。"[1]"无极"即道，"大无极"即大道之意。《无上秘要》卷五十有所谓"无极大道太上老君"[2]。唐代李少微注释的《度人经》引《龙跷经》说："元始有十号，一曰自然，二曰无极。"[3]"自然"与"无极"同作为"元始"即道的号，说明"无极"并非无穷之意。《道藏》中《灵宝自然经诀》说："太上玄一真人曰：太上无极大道。"《上方大洞真元妙经品》里也有"上方开化无极""上方无极太上灵宝天尊""上方无极太上道德天尊"[4]等说法。还有一些道家、道教学者明确在道的意义上使用无极的概念。例如，庄遵（严君平）说："反于未生，复于未始，与道为常，归于无极矣。"[5]成玄英说："道以虚通为义，常以湛寂得名，所谓无极大道，是众生之正性也。"[6]由此可见，"无极"在道家、道教哲学中是一个用以说明道、与道紧密相关的重要范畴。佛教传入中国后，借用老庄思想"格义"翻译解释，也引用了"无极"概念，如《肇论·涅槃无名论》说："妙契之致，本乎冥一。然则物不异我，我不异物，物我玄会，归乎无极。"[7]这里的"无极"就是涅槃，类同于道。但哲理意义上的"无极"概念唯独不见于宋代以前的儒家典籍。这说明，"无极"这个哲学范畴是道家、道教的东西，是无法否认的。道家、道教讲无极而太极多是就本源论而言，阐明道生万物的关系。朱熹把无极解释为无形，是想把太极解释为理，凸显理的本体地位，阐述"无形而有理"的观点。

---

[1] 饶宗颐：《老子想尔注校证》，上海古籍出版社1991年版，第36页。
[2] （北周）宇文邕纂：《无上秘要》，《道藏》第25册，文物出版社、上海书店、天津古籍出版社1988年版，第59页。
[3] （宋）陈景元：《元始无量度人上品妙经四注》，载《道藏》第2册，文物出版社、上海书店、天津古籍出版社1988年版，第208页。
[4] （唐）李隆基：《上方大洞真元妙经品》，载《道藏》第6册，文物出版社、上海书店、天津古籍出版社1988年版，第705页。
[5] 蒙文通：《严君平〈道德指归论〉佚文》，《图书集刊》1948年第8期。
[6] 蒙文通：《道书辑校十种》，巴蜀书社2001年版，第375页。
[7] （晋）僧肇著，张春波校释：《肇论校释》，中华书局2010年版，第227页。

"太极"首见于《庄子》内篇《大宗师》:"夫道,有情有信……在太极之先而不为高,在六极之下而不为深,先天地生而不为久,长于上古而不为老。"对此,郭象注释说:"言道之无所不在也,故在高为无高,在深为无深,在久为无久,在老为无老,无所不在,而所在皆无也。"① 显然,"太极"不是最高远的空间、最久远的时间的意思,而具有万物本原的含义,但阐述得不够清楚。正是如此,《易传·系辞》把它移植过去,清楚地把它作为最高、最先的本原,说:"易有太极,是生两仪。"《淮南子》揭示了太极—动静—阴阳之间的逻辑联系。把太极视为宇宙万物的本原,这是一种观点。另一种观点则把太极视为宇宙本原之道或炁的次生阶段,这是道教中从南北朝时上清派开始而形成的道教主流的观点。例如,南朝梁代道士陶弘景说:"道者混然,是生元炁,元炁成,然后有太极。太极则天地之父母,道之奥也。"② 他用道—元炁—太极—天地的次序说明万物的生成。

根据庄子的"在太极之先不为高",可以看出他所说的"太极"只相当于《老子》"道生一"的"一"。其实,在宇宙论上,老子有"道生一,一生二,二生三,三生万物"的说法,《周易》有"易有太极,是生两仪,两仪生四象,四象生八卦"的说法。此后人们便力求把这二者调和起来,形成道—太极的思维架构。唐代孔颖达就是这样理解的。他在《周易正义》中解释"易有太极"时说:"太极谓天地未生之前元气混而为一,即是太初,太一也。故老子云,道生一,即此太极是也。又谓混元既分即有天地,故曰太极生两仪,即老子云一生二也。"③ 这明显是受到道家、道教元气自然论的影响。这里,道(元气)—太极的思维架构已经基本形成。承此,朱熹直接说:"道,即《易》之太极。"④ 他进一步把它解说为无形的"实理"。另一方面,在道(元气)—太极的思维架

---

① (晋)郭象注,(唐)成玄英疏:《庄子注疏》,曹础基、黄兰发点校,中华书局2011年版,第136—137页。
② (南梁)陶弘景:《真诰》,载《道藏》第20册,文物出版社、上海书店、天津古籍出版社1988年版,第516页。
③ 《周易正义·系辞上》,阮元校刻《十三经注疏》(清嘉庆刊本),中华书局2009年版,第169—170页。
④ 严灵峰辑校《老子宋注丛残》,台湾学生书局1979年版,第128页。

构中，由于太极可视为道的化身，所以有些学者把道（元气）—太极转化为无极—太极。王弼在注《老子》时说："门，玄牝之所由也。本其所由，与太极同体，故谓之'天地之根'也。"① 这里的太极是"道、无"的意思。王弼融通《易传》和道家，用无形容道或玄的状态，用太极说明道（无）生物的状况，已显示出无极与太极范畴结合的趋势。② 唐代道教学者吴筠说："天地不能自有，有天地者太极；太极不能自运，运太极者真精。真精自然，惟神惟明，实曰虚皇。"什么是"虚皇"呢？"虚皇高居九清，乃司玄化，总御万灵，乾以之动，坤以之宁，寂默无为，群方用成。"③ "虚皇"就是《真灵位业图》中列在第一中位的虚皇道君应号元始天尊者，实际上是被神化了的道，也就是前面所说的"无极"。"虚皇"作为道，"寂默无为"，当然也是无形的。无形之道与太极产生万物的关系已经呼之欲出了。五代宋初道教学者陈抟则直接把无极与太极联系起来并列使用，把它们作为道教哲学的最高范畴。他说："两仪即太极也，太极即无极也。两仪未判，鸿濛未开，上而日月未光，下而山川未奠，一气交融，万气全具，故名太极，即吾身未生以前之面目。二仪者，人身呼吸之气也。鸿濛者，人身无想之会也。日月者，人身知觉之始者也。山川者，人身运动之体也。故四者之用，运之则分为四象，静之则总归太极。"④ "无极"就是"无"："无者，太极未判之时一点太虚灵气，所谓视之不见，听之不闻是也。"⑤ 太极则是"一气交融，万气全具，故名太极，即吾身未生之前之面目"⑥。显然，无极、太极是气化生万物的两个先后不同的阶段，无极在先，太极在后。但实际上，这二者的联系是如此密切，以至于很难区分，所以陈抟也说："两仪即太极也，太极即

---

① 楼宇烈校释：《王弼集校释》，中华书局1980年版，第17页。
② 钱穆在《庄老通辨》中的《郭象庄子注中之自然义》说："王弼以自然为无称之言，穷极之辞。穷极犹云太极，即所谓有物先天地也。无称之言，则无形本寂寥也。循此言之，则宋儒无极而太极之说，亦可谓其实始于王弼也。"（钱穆：《庄老通辨》，生活·读书·新知三联书店2002年版，第435页。）
③ （唐）吴筠：《宗玄先生玄纲论》，载《道藏》第23册，文物出版社、上海书店、天津古籍出版社1988年版，第674页。
④ （清）彭定求编：《道藏辑要》，巴蜀书社1995年版，第357页。
⑤ （清）彭定求编：《道藏辑要》，巴蜀书社1995年版，第356页。
⑥ （清）彭定求编：《道藏辑要》，巴蜀书社1995年版，第357页。

无极也。"陈抟的再传弟子、与二程同时活跃于宋神宗前后的道士陈景元提出:"自然生太极,太极生天地,天地生阴阳,阴阳生万物。"① 那什么是太极呢?他说:"《经》曰:'道生一'。一者,道之子,谓太极也。太极即混元,亦太和纯一之气也。"② 由这里可以推断,"自然生太极"就是道生太极。尚可加以印证的是,他说:"虚无生自然,自然生道,道生一气,一气变而有物,故谓之出生;生之极也,变而无形,故谓入死。"③这里所说的"虚无""自然"是什么呢?"道者,虚之虚,无之无,自然之然也。"④"虚无者,道之体也。"⑤"虚无""自然"实际上都是道的特性,所以"自然生太极"就是"道生太极"。如果把虚无、自然的道视为"无极"的话,那就可以得出"无极生太极"的命题,可惜陈景元没有使用"无极"的概念。由"虚无生自然","自然生太极"可合乎逻辑地推出"虚无生太极"。这与周敦颐的"无极而生太极"已经很接近了,如果把生理解为只是逻辑上的关系(例如,本体论意义的"生"),则它也含有"无形而有理"的思想萌芽在内。同样受陈抟影响很深的邵雍说:"能造万物者,天地也。能造天地者,太极也。太极其可得而名乎?故强名之曰太极。"⑥"生天地之始者,太极也。"⑦ 邵雍认为,太极无形而难以名状,是天地万物的本源,实际上就是道。周敦颐所说的"无极之真"就是道家、道教的"道"。宋代人托名程颐所作的所谓《程氏易传·易序》说:"……所以易有太极,是生两仪。太极者,道也;两仪者,阴阳也;阴阳一道也。太极无极也。"这显然直接脱胎于周敦颐《太极图说》

---

① (宋)陈景元:《道德真经藏室纂微篇》,载《道藏》第13册,文物出版社、上海书店、天津古籍出版社1988年版,第665页。
② (宋)陈景元:《道德真经藏室纂微篇》,载《道藏》第13册,文物出版社、上海书店、天津古籍出版社1988年版,第677页。
③ (宋)陈景元:《道德真经藏室纂微篇》,载《道藏》第13册,文物出版社、上海书店、天津古籍出版社1988年版,第701页。
④ (宋)陈景元:《道德真经藏室纂微篇》,载《道藏》第13册,文物出版社、上海书店、天津古籍出版社1988年版,第694页。
⑤ (宋)陈景元:《道德真经藏室纂微篇》,载《道藏》第13册,文物出版社、上海书店、天津古籍出版社1988年版,第693页。
⑥ 《邵雍集·伊川击壤集》,郭彧整理,中华书局2010年版,第550—551页。
⑦ 《邵雍集·观物外篇》,郭彧整理,中华书局2010年版,第163页。

中"五行一阴阳也，阴阳一太极也，太极本无极也"①。陈抟、陈景元、周敦颐和《程氏易传》都相同地强调了无极、太极的紧密联系。

"无极""太极"的概念来源于道家、道教。无极—太极的理论架构也是道家、道教首先树立起来。朱熹坦率地承认："今观道书，皆是发明太极。"②"发明太极"就是指无极—太极的理论架构，这个架构是朱熹哲学的核心基础。正如梁启超所说："须知所谓无极、太极，所谓河图、洛书，实组织宋学之主要根据。宋儒言理、言气、言教、言命、言心、言性，无不从此衍生出。"③ 因为，无极—太极的理论架构所表述的是道或理与万物的关系。

二 儒道关系背景中无极与太极关系的两种解释

老子既说"天下万物生于有，有生于无"④，又说"有无相生"⑤，从这两个方面来看，"无"只能是道。在老子看来，道是万物产生的源头和归宿，同时是万物的本质、本体，总的看来，他更偏重于讨论后者。但对二者的关系，他没有说清楚。庄子进一步引入气的概念来探讨道与万物的关系。《则阳》篇说："天地者，形之大者也；阴阳者，气之大者也；道为之公。"万物因气聚而生，因气散而亡，万物又"通天下一气耳"，这样，就把生成万物的功能赋予了气范畴，从而凸显了道的"公"性，也即把道本质化了，道成了宇宙万物的本体。后来，道教继承老庄这种既把道作为万物发生的源头而讨论万物的产生，又把道作为万物的本质、本体而讨论万物的主宰的做法。例如《阴符经》说："自然之道静，故天地万物生；天地之道浸，故阴阳胜。"

深受道家、道教思想影响的周敦颐也如此，其《太极图说》中的"无极而太极"是宋代朱震之后分歧最大的一句话。这种分歧来源于原文的三种说法，即"无极而生太极""自无极而为太极""无极而太极"。

---

① 陈来：《关于程朱理气学说两条资料的考证》，《中国哲学史研究》1983 年第 2 期。
② （宋）黎靖德编：《朱子语类》卷九十三，王星贤点校，中华书局 1986 年版，第 2358 页。
③ 梁启超：《清代学术概论》，上海古籍出版社 2000 年版，第 13 页。
④ 陈鼓应：《老子今注今译》，商务印书馆 2003 年版，第 226 页。
⑤ 陈鼓应：《老子今注今译》，商务印书馆 2003 年版，第 80 页。

"无极而生太极"是九江故家本的说法;"自无极而为太极"是宋史馆淳熙十三年编修完成的《四朝国史》(史学家洪迈执笔)的说法;"无极而太极"是延平本的说法,也是符合朱熹的需要而为他所力争的说法。从周敦颐的思想尤其是《太极图说》的思想,以及语言风格来看,这三种说法都可以成立。① 前两种表达了本源论思想,后一种表达的是本体论思想。

对《太极图说》"无极而太极"在理解上的分歧的产生,不能责怪后人,周敦颐自己就没有理解得很清楚,当然也不可能说得很清楚。也不能责怪周敦颐,因为这种分歧的产生可谓其来有自。作为万物本体的道如何先于万物而存在,是老子没有解决的问题。庄子为此提出了"物物者非物"的命题,把"有物混成"之道改变为"非物",以此为基础阐发道无所不在的思想。后来的学者们受庄子的影响以庄解老,把老子的道理解为虚无,"自无极而太极"就成了自虚无中产生太极,这个观点当然是思维上偏重于实在、实存的朱熹所不能同意的:"太极乃在阴阳之中,非在阴阳之外……有是理即有是气,气则无不两者,故《易》曰:'太极生两仪'。而老子乃谓道先生一,而后一乃生二,则其察理亦不精矣,老庄之言之失大抵类此。"② 因此他提出:"总天地万物之理,便是太极。"③ 他不承认在太极之前、之先还有一个无极存在,倘若承认,就意味着还有一个比理更根本的范畴,理的本体地位就动摇了,他的理本体论体系就难以成立,所以他把"无极而太极"的意思解释为"无形而有理",从本体论出发来批评道家的本源论。但实际上,他的这一思想仍然与道家有关。他说:"……无极而太极,犹曰莫之为而为,莫之致而至。又如曰无为之为,皆语势之当然,非谓别有一物也。"④ "莫之为而为,莫

---

① 参见卿希泰主编《中国道教史》第2卷,四川人民出版社1992年版,第705页;梁邵辉《周敦颐评传》,南京大学出版社1994年版,第129—134页。但束景南指出,洪迈有反道学之嫌疑,且未用证据证明,则"自无极而为太极"之说站不住脚(束景南:《周敦颐太极图说新考》,《中国社会科学》1988年第2期)。
② 《朱熹集》卷三十七《答程可久》,郭齐、尹波点校,四川教育出版社1996年版,第1660页。
③ (宋)黎靖德编:《朱子语类》卷九十四,王星贤点校,中华书局1986年版,第2375页。
④ 《朱熹集》卷三十六《答陆子静》,郭齐、尹波点校,四川教育出版社1996年版,第1582页。

之致而至","无为之为"是道家的话语。这说明他不同意"有生于无"的观点也是受到道家思想影响。①

其实,"无极而太极"本来就有"无形而有理"和"有生于无"两个层次的真实涵义,这本是周敦颐《太极图说》所要表达的内容。周敦颐一方面讲顺而生成万物,另一方面"观天地生物气象",逆推而讲本体:"周茂叔窗前草不除,问之,云:与自家意思一般。"这表明周敦颐既重视本体的探讨,也不忽视生成的研究。虽然张载说过:"大易不言有无,言有无,诸子之陋也。"但不言有无,以体用概念显然无法说明万物的生成问题。张载自己实际上也没有完全抛弃"有无混一之常"的探讨。后来,二程提出了"体用一源,显微无间"的思想,才把"有生于无"内在地、有机地包容进来。同样,朱熹想完全否定"有生于无"是不可能的,故他只能辩解说:"熹详老氏之言有无,以有无为二。周子之言有无,以有无为一。"② 如果真的有无是一的话,那又何必用有无这一对范畴呢?同样是谈有无,何以老氏是"二"而周敦颐是"一"呢?对张载评论"有无"的话,他说:"无者无物,却有此理;有此理,则有矣。老氏乃云'物生于有,有生于无',和理也无,便错了!"③ 原来,朱熹之所以不同意"有生于无"的观点,是因为他把"无"理解成了绝对的空、不存在!如果朱熹的理解是对的,那么,老子所说"有无相生"就是荒诞的了。所以,如果朱熹的理解不发生偏失的话,他就不得不承认,在道既是万物的本源又是万物的本体这一点上,他与老子并没有什么两样。他一方面承认"无极而太极,言无能生有也",沿道家、道教"有生于无"的逻辑理路建构以"理生气"为特色的本源论,另一方面又把"无极而太极"解释为"无形而有理",建构理本体论,并把二者紧密关联起来。限于篇幅,对此将另文阐述。

---

① 魏晋时期,韩康伯称"夫有必始于无,故太极生两仪也。太极者,无称之称,不可得而名,取有之所极,况之太极者也"(楼宇烈校释:《王弼集校释》,中华书局1980年版,第553页)。

② 《朱熹集》卷三十六《答陆子静》,郭齐、尹波点校,四川教育出版社1996年版,第1579页。

③ (宋)黎靖德编:《朱子语类》卷九十八,王星贤点校,中华书局1986年版,第2531页。

第六节　试论朱熹理一分殊思想的
　　　　道家道教渊源*

　　程朱理一分殊的观点，学界一般认为是来源于佛教。其根据是，程颐的弟子刘安问："某尝读《华严经》，第一真空绝相观，第二事理无碍观，第三事事无碍观，譬如镜灯之类，包含万象，无有穷尽，此理如何？"程颐回答说："只为释氏要周遮，一言以蔽之，不过曰万理归于一理也。"①或许对程颐而言，理一分殊确实是受了佛教的启发。朱熹对程颐的思想固然有继承，但他对理一分殊的理论自觉却未必完全是来源于佛教。朱熹明白地指出，"理"范畴来自于《庄子·养生主》中"庖丁解牛"的寓言。②他正是从这里引出了理为条理、文路的意思，并推扩为"阴阳五行错综不失条绪，便是理。"③朱熹承认理的得名是渊源于《庄子》，那么，他把理的观念贯彻始终的思想，也应该首先从道家或道教中寻找可资得到启发的东西，不至于要舍近求远去佛教中寻找。事实上也是这样。朱熹解释孔子的"吾道一以贯之"是说："盖为道理出来处，只是一源。散见事物，都是一个物事作出来底。一草一木，与它夏葛冬裘，渴饮饥食，君臣父子，礼乐器数，都是天理流行，活泼泼地。那一件不是天理中出来！见得透彻后，都是天理。理会不得，则一事各自是一事，一物各自是一物，草木各自是草木，不干自己事。倒是庄老有这般说话。庄子云：'言而足，则终日言而尽道；言而不足，则终日言而尽物。'"④显然，"吾道一以贯之"对于朱熹来说，就是"天理一以贯之"。如果说朱熹仅仅从《庄子》这句话就受到启发而完成了"理一分殊"的思想升华显得夸张的话，我们再看一看道家、道教中还有什么可以给朱熹予启发的东西。

---

　　* 本节原文发表于《朱子学刊》第十一辑，黄山书社 2001 年版。此处略有修改。
　　① 《程氏遗书》卷十八，华东师范大学出版社 2010 年版，第 249 页。
　　② 参见（宋）黎靖德编《朱子语类》卷一百二十五，王星贤点校，中华书局 1986 年版，第 3000 页。
　　③ （宋）黎靖德编：《朱子语类》卷一，王星贤点校，中华书局 1986 年版，第 3 页。
　　④ （宋）黎靖德编：《朱子语类》卷四十一，王星贤点校，中华书局 1986 年版，第 1049 页。

其实，远在佛教传入中国以前，理一分殊就已经是道家、道教一贯的观点。《老子》既讲了道的周遍和无所不在，又讲了道的"扑散则为器"①，已含有某种理一分殊的思想萌芽在内。庄子认为，一方面，道"无所不在"②，"何适而无有道耶？"③ 万物之中都有理，"万物殊理，道不私"④。另一方面，道"自本自根，自古以固存"⑤，"道通为一"⑥。而且，《庄子》明确说过："道通其分也……以有形者象无形者而定矣。"⑦ "分也者，有不分也。"⑧ 这样两个方面结合起来，"理一分殊"已经是呼之欲出了。《庄子》中就有一段话试图结合起来，《庄子·大宗师》说："夫道，有情有信，无为无形；可传而不可授，可得而不可见；自本自根，未有天地，自古已固存；神鬼神帝，生天生地；在太极之先而不为高，在六极之下而不为深，先天地生而不为久，长于上古而不为老。狶韦氏得之，以挈天地；伏羲氏得之，以袭气母；维斗得之，终古不忒；日月得之，终古不息……傅说得之，以相武丁，奄有天下。"⑨ 庄子在这里既说明了道无所不在，又说明了不同的人、不同的物得到它，效用或显示出来的性质并不相同，也就是说，同一的道在不同的具体的人、物那里，其存在和表现的情况并不完全相同。这段话深得程颐和朱熹的赞赏。程朱认为《庄子》的这些话是讲道体的，其实它也是讲理一分殊的。朱熹说："宇宙之间，一理而已！天得之而为天，地得之而为地，而凡生于天地之间者，又各得之而为性。其张之如三纲，其纪之如五常，盖皆此理之流行，无所适而不在。"⑩ 这是把来源于《庄子》的东西与儒家伦理纲常结合起来。朱熹引入禅宗永嘉玄觉禅师的《永嘉证道歌》的话："一月普现一切水，一切水月一切摄，诸佛法身入我性，我性遂与如来

---

① 陈鼓应：《老子今注今译》，商务印书馆2003年版，第183页。
② 陈鼓应：《庄子今注今译》，商务印书馆2007年版，第662页。
③ 陈鼓应：《庄子今注今译》，商务印书馆2007年版，第301页。
④ 陈鼓应：《庄子今注今译》，商务印书馆2007年版，第794页。
⑤ 陈鼓应：《庄子今注今译》，商务印书馆2007年版，第213页。
⑥ 陈鼓应：《庄子今注今译》，商务印书馆2007年版，第75页。
⑦ 陈鼓应：《庄子今注今译》，商务印书馆2007年版，第705页。
⑧ 陈鼓应：《庄子今注今译》，商务印书馆2007年版，第91页。
⑨ 陈鼓应：《庄子今注今译》，商务印书馆2007年版，第213页。
⑩ 《朱熹集》卷七十《读大纪》，郭齐、尹波点校，四川教育出版社1996年版，第3656页。

合"来解释:"本只是一太极,而万物各有禀受,又自各全具一太极耳。如月在天,只一而已;及散在江湖,则随处而见,不可谓月已分也。""只如月印万川相似。"① 只不过是因为这个"月印万川"比喻可以形象具体地表达理一分殊的思想,可以使学生更加容易接受罢了。这个比喻固然可以用,但佛教的真幻之辨也随之引入。王夫之指出道:"然则先儒以月落(印)万川为拟者,误矣!川月非真,离月之影,而川固无月也。以川为子,以月为父母,则子者父母之幻影也,子固非幻有者也。是'天地不仁,万物刍狗'之义也。"② 也就是说,这样一来,"独立不改"之"道"成了空中之月,"道"的不殆周行,成了川中之月。王夫之指出,倒是老子所说的"天地不仁,万物为刍狗"③之义更加恰当。对此,戴震也说:"程子、朱子之学,借阶于老庄、释氏,故仅以'理'之一字易其所谓真宰、真空者,而余无所易。"④ 这话虽然偏颇,但说明程朱理一分殊观念的形成确实受益于老庄很多。朱熹对理一分殊还解释说:"万一各正、大小有定,言万个是一个,一个是万个,盖统体是一太极,然一物又是一太极。"⑤ 有人据此断言他受佛教华严宗"一多相摄"的思想影响。其实,这二者有质的不同。朱熹所说的"一"指普遍的一理,"万"指众多的个别的具体的理;而华严宗的一则指个别,万指全体。而且,朱熹这样解释并不是如华严宗一样是从量上着眼,而是从质上着眼。朱熹虽然说过心具万理的话,但万理也是指人心具有仁义礼智等等道德条目。对照之下,与朱熹思想接近的不是华严宗,而是道家。所以,可以断言,朱熹理一分殊的思想,道家是一个重要渊源。当然,应该指出,道家之"道"是一种纯粹的本然、自然,而朱熹的理的内涵主要是伦理道德:"其造化发育,品物散殊,莫不各有固然之理,而其最大者则仁义礼智之性。"⑥ 这与道家以宇宙为本位、儒家的朱熹以社会为本位有关。

---

① (宋)黎靖德编:《朱子语类》卷九十四,王星贤点校,中华书局1986年版,第2409页。
② (清)王夫之:《尚书引义》卷四,王孝鱼点校,中华书局1962年版,第77页。
③ 陈鼓应:《老子今注今译》,商务印书馆2003年版,第93页。
④ (清)戴震:《孟子字义疏证》,何文光整理,中华书局1982年版,第19页。
⑤ (宋)黎靖德编:《朱子语类》卷九十四,王星贤点校,中华书局1986年版,第2409页。
⑥ 《朱熹集》卷七十八《江州重建濂溪先生书堂记》,郭齐、尹波点校,四川教育出版社1996年版,第4073页。

理一分殊还是老庄之外的道家、道教一贯的思想。王弼说："理虽博,可以至约穷。"① 道教方面,葛洪在《抱朴子》中说过,孔子三千弟子中的七十二贤士"各得圣人之一体",有"善图画之过人者",是"画圣";有"善刻削之尤巧者",称为"木圣";此外还有"清之圣""和之圣"等等,"此则圣道可分之明证也"②。他的"圣道可分"的思想已经鲜明地体现了理一分殊的思想。

顾欢在注释老子的"三十辐共一毂"时说："欲明诸教虽多,同归一理;一理虽少,能总诸教。"③ 这已经触及到了理一分殊的实质,即一理与万理的关系。

唐太宗和唐高宗之际成书的《海空经》说："一切六道四生业性,始有识神,皆悉淳善。唯一不杂,与道同体。依道而行,行住起卧,语嘿食息,皆合真理。如鱼在水,始生之初,便习江湖,不假教令。亦如玉质本白,黛色本青,火性本热,水性本冷,不关习学,理分自然。一切众生识神之初,亦复如是,禀乎自然,自应道性,无有差异。"④ "真理"即"真一妙理"。这里既提及了"真一妙理",又提及了"理分自然",理一分殊的思想是很明显的。成玄英也表述过类似的思想："理无分别,而物有是非。"⑤

周敦颐在阐释他的来源于道教的《太极图》时说："二气五行,化生万物,五殊二实,二本则一,是万是一,一实万分,万一各正,大小有定。"⑥ 太极既内在地具有生成的功能,即道教经典《英真君丹诀》所说的"阴阳造化机",是宇宙的本源,同时又是万物的本体。本源化生万物的过程,也是本体展露自己的存在的实在。所以,万物是本体"一"自然生成的殊相,是"一"的体现;"一"是万物之性命的生成的本源。朱

---

① 楼宇烈校释:《王弼集校释》,中华书局1980年版,第622页。
② 王明:《抱朴子内篇校释》,中华书局1985年版,第225—226页。
③ (南齐)顾欢:《道德真经注疏》,载《道藏》第13册,文物出版社、上海书店、天津古籍出版社1988年版,第281页。
④ 《太上一乘海空智藏经》,载《道藏》第1册,文物出版社、上海书店、天津古籍出版社1988年版,第615页。
⑤ (晋)郭象注,(唐)成玄英疏:《庄子注疏》,曹础基、黄兰发点校,中华书局2011年版,第47页。
⑥ 《周敦颐集》,陈克明点校,中华书局1990年版,第32页。

熹正是从这里加深了他对程颐和李侗所说的理一分殊原理的理解①。他说："周子谓：'五殊二实，二本则一。一实万分，万一各正，大小有定。'自下推而上去，五行只是二气，二气又只是一理。自上推而下来，只是此一个理，万物分之以为体。万物之中又各具一理，所谓'乾道变化，各正性命'，然后又只是一个理。"② 其实，周敦颐的"一实万分"无非是《老子》的"扑散则为器"，"万一各正"无非是道无所不在。至于"五殊二实"，"五殊"即五行，"二殊"即阴阳二气。道教中早就有系统的论述说明，"阴阳互具"，阴阳中各自有阴阳，五行中每一行也各自有五行。朱熹解释《易通》的"一实万分"就是"理一分殊"，"万一各正"就是"物物各具一太极"。而周敦颐的宇宙生成论，就是直接来源于道教。这说明，受道家思想深刻影响的华严宗和禅宗形成后，它们对万物本体和具体事物的关系的阐述，达到了很高的思辨水平，尤其是华严宗的水月之喻更是如此。理学家们把从周敦颐的《易通》中推导出来的思想直接精致地表达为"理一分殊"或许也有它们的启发，但不依靠它们，直接从道家、道教中同样也可以受到相同效果的启发，并且对理学家来说，它与现实社会的距离要更加接近得多。

张载的气本体论的思想来源于庄子。他认为，气与万物的关系是："散则为殊，人莫知其一也；合则混然，人不见其殊也。形聚为物，形溃反原。"③ 这显然是借鉴庄子的"通天下一气耳"，"合则成体，散则成始"的思想。张载的《西铭》的思想核心"民，吾同胞；物，吾与也"充溢着庄子的"与物为春"的自然精神，只不过张载在其中贯穿了儒家的伦理道德思想。《西铭》备受二程和朱熹的推崇，被认为"句句皆是理一分殊"。朱熹表达理一分殊观念时说："万物皆有此理，理皆同出一源，但所据之位不同，则理之用不一，如为君须仁，为臣须敬，为子须孝，为父须慈，物物各具此理，物物各异其用，然莫非一理之流行。"④ 这也

---

① 程颐自认为他提出"理一而分殊"的命题是受张载《西铭》的启发。但实际上他的思想中早已有早年周敦颐给他播下的种子。而且，张载的思想本也主要来源于道家、道教。
② （宋）黎靖德编：《朱子语类》卷九十四，王星贤点校，中华书局1986年版，第2374页。
③ 章锡琛点校：《张载集》，中华书局1978年版，第66页。
④ （宋）黎靖德编：《朱子语类》卷十八，王星贤点校，中华书局1986年版，第398页。

与《庄子》的"以道观分,而君臣之义明"① 在思想实质上是一样的。朱熹的理一分殊的解释同样也是渊源于庄子。他认为:"天下之理万殊,然其归则一而已矣,不容有二、三也。"② 人与万物作为禀受"理"者,"以理言之则无不全,以气言之则不能无偏"③。由于气有偏狭,"常人之学,多是偏于一理,主于一说,故不见四旁,以起争辩。"④ 因而要"会万殊于一贯"⑤。这与庄子以"道通为一"来"齐是非"是同一思维理路。

朱熹理一分殊的思想与道家、道教的渊源关系,是他自己都承认的。他说:"万理虽只是一理,学者且要去万理中,千头万绪却理会,四面凑合来,自见得是一理。……圣贤之学,非老氏之比。老氏说通于一,万事毕。其他都不说。少间又和那一都要无了方好。"⑥ 这里表面上是批判道家、道教,但批判的焦点是在道家、道教只理会"一"不理会"万事",说白了是没有践行儒家伦理纲常,并没有否定道家、道教理一分殊的思想。

前文所说的是朱熹用理一分殊来表达其理本体论的思想。其实,他也用它来表达本源论的思想。他说:"只是此一个理,万物分之以为体……所谓乾道变化各正性命,然总又只是一个理。此理处处皆混沦。如一粒粟,生为苗,苗便生花,花便结实,又成粟,还本无形。一穗有百粒,每粒各各完全。又将这百粒去种,又各成百粒。生生只管不已,初间只是这一粒分去。物物各有理,总只是一个理。"⑦ 太极,就是万物的本源。本根与果实的关系,就是太极和万物的关系。"太极如一木生长,分为枝干,又分而生花生叶,生生不穷,得到成果子,里面又有生

---

① 陈鼓应:《庄子今注今译》,商务印书馆2007年版,第347页。
② 《朱熹集》卷六十三《答余正甫》,郭齐、尹波点校,四川教育出版社1996年版,第3313页。
③ (宋)黎靖德编:《朱子语类》卷四,王星贤点校,中华书局1986年版,第58页。
④ (宋)黎靖德编:《朱子语类》卷八,王星贤点校,中华书局1986年版,第130页。
⑤ (宋)黎靖德编:《朱子语类》卷二十七,王星贤点校,中华书局1986年版,第679页。
⑥ (宋)黎靖德编:《朱子语类》卷一百一十七,王星贤点校,中华书局1986年版,第2820—2821页。
⑦ (宋)黎靖德编:《朱子语类》卷九十四,王星贤点校,中华书局1986年版,第2374页。

生不穷之理，生将出去，又是无限个太极，更无停息。"① 宇宙万物，都是从太极中产生出来的。但这个比喻并不是说太极自身可以生出万物或理，真正生化万物的是气，理体现在其化生万物的过程中。这个比喻的实质是：作为最初根源的种子（太极）与代代相续、又可以作为种子的果实（理）之间具有同一性。如果说，用理一分殊来表达本体论是从横的方面来说，即月映万川的话，那么，用它来表达本源论则是从纵的方面来说，即一种万实，类似于基因的遗传表达。

这样看来，朱熹对理一分殊的解释仍然是以道家、道教的思想框架来进行的。那是不是说朱熹的解释就与道家、道教的完全一样的呢？朱熹肯定是不会承认这一点的。他辩解说："客因有问者曰，太极之论则闻之矣。宗子之云，殆即庄子所谓知天子与我皆天之所子者。子不引之以为助，何也。予应之曰：庄生知天子与我皆天之所子，而不知其适庶少长之别。知擎跽曲拳为人臣之礼，而不知天理之所自来。故常以其不可行于世者为内直而与天为徒。常以其不得已而强为者为外曲而与人为徒。若如其言，则是臣之视其君，阴固以为无异于吾之等夷，而阳为是不情者以虚尊之也。孟子所谓杨氏为我是无君也，正谓此尔。其与张子之言理一分殊者，岂可同日而语哉。"② 这意思是说，道家尊天而忽视了人，天之下，人与万物都平等，这就是只知道理一而不知道分殊，或者说，因为认识到理一而内直，就把分殊当作不得已而表面上曲从它，心里仍然是想着超脱于世外，没有从天理的高度认识伦理道德的存在是必然的，遵循它是当然的，并应该做到自然而然。而儒家则由于是从人以知天，故能乐天而践形。其实这只是从字面意思去理解道家、道教的一些批评儒家伦理道德的词句，没有真正完整地理解道家、道教关于伦理道德的思想的实质。道家、道教认为，伦理规范必须与道相吻合，只有能真正促进生命发展的道德才有存在的价值和必要，道德的消极和负面作用必须得到有效的抑制。更深一层来看，朱熹认为道家、道教好高骛远，只

---

① （宋）黎靖德编：《朱子语类》卷七十五，王星贤点校，中华书局1986年版，第1931页。

② 《朱熹集》卷七十一《林黄中辩易西铭》，郭齐、尹波点校，四川教育出版社1996年版，第3693—3694页。

追求形而上的精深高远玄妙,而缺少形而下的实在功夫,尤其是缺少儒家一样积极入世的精神,缺乏对社会的责任意识。按照朱熹的话来说,就是"有体而无用"。朱熹的辩解从他的儒家立场上来说是可以理解的。站在儒家的立场上吸收其他学派的东西,尤其是形而上的"体"的方面,加以改造后提升儒家哲学的思辨水平,并与儒家的人伦礼法之"用"结合起来,是宋明理学家的一般特点,朱熹也不例外。该特点在"理一分殊"这一点上表现得尤其突出。

第四章

儒学的诠释(下)

本章承上一章继续就儒学与道家的关系进行探讨。

朱熹的人格和学识得到了道教人士的推崇,其思想得到了道教学者们的高度评价,并广泛而深刻地影响了宋末之后道教的各个方面。

浙东学派是宋明理学的分支之一。浙江在南宋之前的道教史上涌现出了一大批著名道士、宗派领袖和思想家,一大批籍贯不是浙江的道教学者、思想家也往往长期在浙江传道、讲学,他们及其思想构成了浙东学派诞生的部分前奏和思想背景。在南宋之后,又出现了众多宗师、学者,他们在道教史上占有重要的地位,他们的思想构成了浙东学派发展的思想背景。受其影响,浙东学派的诸多大家的思想中杂有道家、道教的成分或有受道家、道教影响的鲜明痕迹。同时,道家、道教的影响使浙东学派形成了一些独到的特点和富于特色的面貌。从这一角度出发,本书认为,浙东学派思想博杂,其所重之史学与儒学有一定的距离,浙东学派这一概念的地域性与学术思想性要实现统一有一定的困难,而浙西的思想史也需要研究,故建议把浙东学派扩展成为"浙学"。

仁与礼是儒学的两个核心范畴。与此前学者们泛泛地理解仁和礼不同,本书把仁的内涵分为四个层次,把礼的内涵分为三个层次,从而显示了仁与礼关系的复杂性。与过去学者们偏重于从政治或伦理的角度来考察孔子的"仁"与"礼"的关系不同,本书以人的自然属性为背景,基于人的真实、完整的生存状态,从社会学的角度出发,从人的社会交往关系来处理仁与礼的关系,综合生理、心理、伦理、认识论等方法,说明道德属性的来源、道德品质的培养、道德在社会交往关系中的地位与意义、道德与政治的关系,从而对仁与礼的关系给出一种新的诠释,并为它在现代社会条件下的意义与价值作出新的论述。

儒学的传承、弘扬目前主要有六方面的力量，它们各有优势和特长，可以互补共用。

儒学并非存在于过去，而就在当下。本章致力于探讨儒学与现代商业文明的关系。我们认为，儒家思想在处理个人与自然界、他人、社会的关系方面，在理论上经历了三个发展阶段：义利观、理欲观和两个文明观。它们都与商业文化没有本质的冲突。联系现代社会的条件，对儒家的义利观，我们强调先利后利，利以见义，义利两行，义利双成。对理欲观，在个人与社会关系这一层次，我们强调要妥善地处理好法律、道德与求利的动机这三者的关系；就法律与求利的关系而言，要坚持守法求利，以法护利，以法正利的原则；就道德与法律的关系而言，要坚持以法律护伦理，以伦理提升法律的原则；在个人的心性层次，要解决个人的品性修养问题。对两个文明观，我们强调要把商业文化提升到沟通物质生产和精神生产的中介的高度，放到社会整体文明的大环境中来作系统的考虑。总之，儒家思想在现代仍然可以成为多种知识资源中的一种。

儒学源远流长。它所关注的内圣外王智慧对现代管理有多方面的启发性意义。本书就德性立身与人性化管理、克己复礼与管理的基础性工作、诚信无欺与管理的品质、义以生利与管理的价值、执经达权与中庸管理、以和为贵与协和性管理、"为政以德"与象征性管理、"修己以安人"与管理目标这八个方面作了阐述，涉及管理的过程、方法、艺术、目标等诸多方面，希望由此推进源于西方的管理科学与源自中国传统文化的管理智慧的融合。

第一节　朱熹思想对道教的影响[*]

一

儒家自古以来就有"五福寿为先"的说法，将获得"福禄寿"视为人生最高理想。孟子已有中医药方面的知识，后世儒家人物也多有学习、

---

[*] 本节原文发表于《孔子研究》2000 年第 5 期，此处略有修改。

研究中医药知识的经历，有的还从理论的高度作了论述，如宋初理学先导范仲淹有"不为良相，便为良医"的主张。理学家中，张载的医术尚佳。二程对中医药有所研究，朱熹也如此。中医药对儒家的发展有影响，这为儒家接受道教影响铺平了道路。

道教与中医药有密切的关系。道教产生后，把《黄帝内经》奉为经典，《道藏》太玄部收入《黄帝内经》类著述六种以及《难经》等医学著作。中医药的根本思想是重生恶死、防病治病、延年益寿。道教不仅重生恶死，还要长生不死。长生不死首先得无病、健康。道教与中医药在根本观念上的一致性决定了二者在理论上有诸多类似性。中医的基本理论如天人相应观、阴阳五行说、藏象经络、营卫气血等，多为道教炼养学承袭和发挥，因此导引、胎息、存思、服气以及内丹等道术，都以《黄帝内经》人体生命理论作为指导。

由于道教与中医药的密切关系，儒学以中医药为中介，与道教间接地发生联系就是理所当然的了。这是道教炼养术能够与理学修养论互相出入的原因之一。这必然带来理论上的某些类似性，如阴阳学说就是中医药、道教和理学三者共同的理论。正如朱熹所说："《易》只是个阴阳。庄生曰：'〈易〉以道阴阳'，亦不为无见。如奇偶、刚柔，便只是阴阳做了《易》。等而下之，如医技养生家之说，皆不离阴阳二者。"[①] 由于理学、中医药、道教三者之间的密切联系，理学在哲学思想上对此前中国传统文化的集大成的综合和发展，也必然会对中医药的发展产生影响。[②]

由朱熹理学对中医药的影响，可以推断它必将对南宋之后的道教产生影响。这首先可以由道教中人对朱熹的评论来看。朱熹与道教人士有不少交往。在交往中，朱熹的人格和学识受到了道教中人的推崇。全真教南宗第五祖白玉蟾曾经与朱熹同住武夷山，其《上清集》中有《朱文公像疏》和《赞文公遗像》。对朱熹之死，他哀悼说："天地棺，日月葬，

---

① （宋）黎靖德编：《朱子语类》卷六十五，王星贤点校，中华书局1986年版，第1605页。

② 参见常存库《理学对中医学的影响和作用》上，载《朱子学刊》第3辑，福建人民出版社1993年版；常存库《理学对中医学的影响和作用》下，载《朱子学刊》第4辑，黄山书社1991年版。

夫子何之？梁木坏，泰山颓，哲人萎矣！两楹之梦既往，一唯之妙不传。竹简生尘，杏坛已草，嗟文公七十一祀，玉洁冰清，空武夷三十六峰，猿啼鹤唳。管弦之声犹在耳，藻火之象赖何？人仰之弥高，钻之弥坚。听之不闻，视之不见，恍兮有象，未丧斯文。惟正心诚意者知，欲存神索至者说。"这表达了对朱熹高尚人格的无限景仰，对其渊博学识和思想的无比推崇，认为朱熹的死，是"皇极堕地，公归于天。武夷松竹，落日鸣蝉。"[①] 这字里行间表达了朱熹与武夷山道教之间的紧密联系。除了赞同朱熹所主张的正心诚意外，白玉蟾所说的"道心者，气之主；气者，形之根。形是气之宅，神者形之具。神即性也，气即命也"[②] 也是直接袭用朱熹的用语。这说明白玉蟾与朱熹当有密切的关系。从白玉蟾的悼念文字来看，不像是朱熹死后几十年因景仰而作，似乎是他与朱熹有密切的交谊，寄托深情而发。尽管没有充分的证据说明朱熹与白玉蟾有过直接交往，但他们思想上的相通是显然可见的。一代道教宗师白玉蟾把朱熹之死看作象屋梁毁坏、泰山崩塌、巨星陨落一样的巨大损失，足见道教对朱熹的推崇之高。倘若朱熹是完全反对、排斥道家、道教，倘若他的思想中没有与道家、道教相通的地方，那这是不可能发生的。

二

　　道教人士对朱熹的推崇意味着他们的思想很可能受朱熹哲学的影响。事实确实如此。

　　朱熹对易学的研究是在其早期，即他把以象数为主的道教易学与儒家的义理易学结合起来而开始创建自己的哲学体系的时期。易学是他构建哲学体系的逻辑起点之一。他主张《易》为卜筮之书，由此比一般儒家学者重视易学的象数方面，也正因此而与同样比较重视象数的道教易学渊源贯通。他的易学得到了他身后的道教人士的赞赏，对此后的道教易学有影响。宋末元初的道士雷思齐在《易图通变》和《易筮通变》中

[①]（宋）白玉蟾：《修真十书上清集》，载《道藏》第4册，文物出版社、上海书店、天津古籍出版社1988年版，第795、796页。

[②]（宋）白玉蟾：《海琼白真人语录》，载《道藏》第33册，文物出版社、上海书店、天津古籍出版社1988年版，第131页。

称赞朱熹在《易》的筮发方面"发明先儒所未到，最为用功"①。略后于雷思齐的张理素在《易象图说》中已经频繁引证朱熹的易学言论。大约与雷思齐同时的道教学者俞琰颇好引证朱熹著述言论，其十三卷《周易集说》是以朱熹的《周易本义》为指南的。俞琰还作有《易外别传》。关于它与朱熹、道教的关系，俞琰自己说到："为之图，为之说，极阐先天圆环中之极玄，证以《参同契》、《阴符》诸书，参以伊川、横渠诸儒之至论，所以发朱子之所未发，以推广邵子言外之意。"② 在谈到《先天图》的"天根""月窟"时说："是道也，邵康节知之，朱紫阳知之，俗儒不知也。"而且，他称赞朱熹说："邵子之学，非朱子孰能明之？"③ 由于朱熹的一部分思想通过邵雍来源于道教，所以后来的道教人物多把朱熹的思想与邵雍的思想融合在一起，如明代第二代正一派首领张宇初说："太极散而为万物，则万物各一其性，各具一太极……合而言之，万物统体一太极也；分言之，一物各具一太极也……未分之前，道为太极；已形之后，皆具是理，则心为太极……万事万化皆本诸心，心所具者，天地万物不违之至理也。"④ 这是把邵雍的太极理论与朱熹的理一分殊理论融合在一起了。

无极太极理论是朱熹易学乃至其哲学体系的核心和基础。它通过周敦颐、邵雍间接渊源于道教易学，但经过了多方面的系统综合、创新而有了新的发展，因而朱熹身后的道教学者们对它评价很高。受朱熹这一思想的影响，道教学者们多把太极与道互为诠释。《净明忠孝全书·净明法说》："无极而太极，无极者，净明之谓也。"⑤ 净明大道作为修炼的最高境界就是理学的无极，中黄八极作为修炼的核心就是理学的太极或理，

---

① （元）雷思齐：《易筮通变》，载《道藏》第20册，文物出版社、上海书店、天津古籍出版社1988年版，第329页。

② （元）俞琰：《玄牝之门赋》，载《道藏》第20册，文物出版社、上海书店、天津古籍出版社1988年版，第321页。

③ （元）俞琰：《易外别传》，载《道藏》第20册，文物出版社、上海书店、天津古籍出版社1988年版，第313页。

④ （明）张宇初：《岘泉集》，载《道藏》第33册，文物出版社、上海书店、天津古籍出版社1988年版，第188—189页。

⑤ （清）黄元吉：《净明忠孝全书》，载《道藏》第24册，文物出版社、上海书店、天津古籍出版社1988年版，第634页。

丹元绛宫作为修炼的着眼点就是理学的人心。金元之际的全真教也用朱熹无极而太极的理论来诠释其本源论、本体论和境界论。例如李道纯在《中和集·抱一歌》中说："无极极而为太极，太极布妙始于一。一分为二生阴阳，万类三才从此出。本来真一至虚灵，亘古亘今无变易。"[①] 无极是宇宙万物的本源，也就是道。道教修炼的目的就是回返这一本源，即得道。所以，李道纯在《三天易髓》中直接把道教内丹解释为太极。他解释"无极而太极"时，不是从道教惯常的宇宙发生论的角度解说，而是直接取朱熹之意，认为："无极而太极，是谓莫知其极而极，非私意揣度可知也，亦非谓太极之先又有无极也，太极本无极也。"[②] 在朱熹哲学中，道即太极，就是天理，太极之理无所不在。元代苗太素在《玄教大公案》中直接表述了朱熹的这一思想，说："物物具一太极，存一天理。"[③] 元代《玄宗直指万法同归》卷一则把朱熹无极而太极的理论与理气说相贯通，以便把形而上的玄理探讨与形而下的修持功夫统一起来，说："无极者纯然理之谓也，盖有是理而后有是炁，理炁浑融，是名太极。"[④] 这一提法适应道教内丹修炼的需要，既承继朱熹太极为理的观点，又突出了炁的存在和理炁一体浑融的关系。总的说来，对朱熹无极而太极的理论，道教取其思维形式，对作为人的思、言、行规范的天理则不甚强调。这说明道教取朱熹的无极太极理论主要是在思辨形式方面，具体内容则仍然是道教的。

朱熹的性体论对后世道教影响很大。朱熹认为，人性的本质是天地之性，其内容为太极，即天理。人、物皆循天理秉气而生，天理在人在物皆有，性也为人、物所皆有。只因气秉有异，所以人、物各有差异。后世道教基本上继承了这一思想。例如牧常晁认为人性即太极之性："或问：人性与太极是同是异？答云：人性即太极之性也，理同于太极则同，

---

① （元）李道纯：《中和集》，载《道藏》第 4 册，文物出版社、上海书店、天津古籍出版社 1988 年版，第 510 页。

② （元）李道纯：《全真集玄秘要》，载《道藏》第 4 册，文物出版社、上海书店、天津古籍出版社 1988 年版，第 530 页。

③ （元）苗善时：《玄教大公案》，载《道藏》第 23 册，文物出版社、上海书店、天津古籍出版社 1988 年版，第 899 页。

④ （元）牧常晁：《玄宗直指万法同归》，载《道藏》第 23 册，文物出版社、上海书店、天津古籍出版社 1988 年版，第 911 页。

理异于太极则异。曰：物之性亦同太极否？答云：形器不同，性则同也。"① 在他和张宇初等道教学者看来，性即理，人性本来是善的，只是因气秉的缘故而不得不区分为气质之性和天地之性。天地之性作为本然之性，就是知觉运动。气质之性就是后天的贪嗔痴爱，由于气质之性，人有善有恶。当然，道教更重视的是与身心修炼关系密切的性命理论。与作为儒者的朱熹重视性而不太强调命不同，道教从其得道而长生不死的终极目标出发，更重视的是命，或者把性、命同等看待。与朱熹之前的道教理论不同，受朱熹理命观的影响，后期全真教明显有把命本体论化的倾向，力求把功夫修炼的过程和得道境界的提高统一起来，提出了"性者，太极之真无；命者，无极之妙有"②的主张。对这种思想的渊源关系，李道纯《中和集》揭露说："故性命之学不敢轻明于言，亦不忍隐斯道，孔子微露于系辞，谦溪发明于太极通书。" 实际上，真正把周敦颐思想阐发出来的是朱熹，他说："形而上者无形质，形而下者有体用。无形质者系乎性，有形质者系乎命。"③ 道教的修炼在不同的派别中有重性与重命的细微差别，但性命兼修仍然是各派的共同主张，所以元末明初全真教道士王道渊袭取朱熹的"体用一源，显微无间"的观点论证性命互为体用、双修双证的主张："性者，人身一点元灵之神也；命者，人身一点元阳之气也。命非性不生，性非命不立……性乃为人一身之主宰，命乃为人一身之根本……性应物时，命乃为体，性乃为用；命运化时，性乃为体，命乃为用。体用一源，显微无间，方可谓之道。缺一不可行也。"④ 这是力图把全真教南宗先命后性的主张和全真教北宗先性后命的主张统一起来，其统一的思维架构就是朱熹所阐发的"体用一源，显微无间"。

先天的形而上的理体论落实于后天的形而下的人和物而有性体论，

---

① （元）牧常晁：《玄宗直指万法同归》，载《道藏》第23册，文物出版社、上海书店、天津古籍出版社1988年版，第936页。

② （元）牧常晁：《玄宗直指万法同归》，载《道藏》第23册，文物出版社、上海书店、天津古籍出版社1988年版，第924页。

③ （元）李道纯：《中和集》，载《道藏》第4册，文物出版社、上海书店、天津古籍出版社1988年版，第494、495页。

④ （明）王玠：《还真集》，载《道藏》第24册，文物出版社、上海书店、天津古籍出版社1988年版，第103页。

性体的获得则有赖于在心地上下功夫。正如在理体论和性体论方面吸收朱熹的思想一样，后期全真教也吸收了朱熹的不少心体论的思想。《玄教大公案》主张："夫天下犹一身，天道即本心。心虚明则天理昭彰，乃知道在自身，向外求则远矣；明在本心，向外观则昧矣。"① 把天理当本心，显然是受朱熹思想影响的结果。金元之后，外丹服食因其屡屡失败而早已被抛弃，内丹修炼虽有成效，但其肉体飞升的成仙目标也被事实证明是可望而不可即的海市蜃楼，内丹道教由心性自然论进入了心性境界论的新阶段。此时，汲取朱熹理学的概念框架、思维方式来对修持的境界进行精细深邃的论证以维持道教的生存、提高道教哲学的思辨水平变得尤为迫切。这表现在对朱熹的中和旧说与中和新说的吸纳和利用。对朱熹的中和旧说，全真教首先是在性为未发、心为已发的意义上利用，如此从本源论的角度搭起性为体、心为用的理论框架。李道纯从融会三教的角度说："所谓中者，……释云：不思善，不思恶，正怎么时，那个是自己本来面目，此禅家之中也。儒曰喜怒哀乐未发谓之中，此儒家之中也。道曰念头不起处谓之中，此道家之中也。"② "中"即道。儒、道、佛三教对道的解释都不相同。道教的念头不起处与朱熹所说的喜怒哀乐未发比较接近，所以有的道教学者直接把儒家朱熹的解释引进道教中来，如王惟一在《道法心传》说："喜怒哀乐未发前，行到中和天地位。"③ 周无所著的《金丹直指》也以理学家所倡的"中"为炼丹时"玄关一窍"的诀要，为三教共同之点。对"中"的义理解释显示了三教修炼功夫的差异，但在解释的思维形式上却有一致之处。当把"中"解释为修炼的终极目标时，儒道二家也是相同的："问：书云，人心惟危，道心惟微，惟精惟一，允执厥中。不知中如何执？曰：执者，一定之辞，中者，正之中也。道心微而难见，人心危而不安，虽至人亦有人心，虽下愚亦有道心。苟能心常正得中，所以微妙而难见也；若心稍偏而不中，所以

---

① （元）苗善时：《玄教大公案》，载《道藏》第23册，文物出版社、上海书店、天津古籍出版社1988年版，第894页。

② （元）李道纯：《中和集》，载《道藏》第4册，文物出版社、上海书店、天津古籍出版社1988年版，第498页。

③ （宋）王惟一：《道法心传》，载《道藏》第32册，文物出版社、上海书店、天津古籍出版社1988年版，第414页。

危殆而不安也。学仙之人择一而守之不易，常执其中，自能危者安而微者著矣。"① "中"就是天理。把天理作为全真道的终极目标，与初期的全真教以真心为目标是不一样的。"盖人心静定，未感物时，湛然天理，即太极之妙也。一感于物，便有偏倚，即太极之变也。静定之时，谨其所存，则天理常明，虚灵不昧，动时自有主宰。一切事物之来俱可应也。"② 人心静定未感物时，天理湛然，因物所感，才有偏倚，为此得让天理来为人心掌舵纠偏。这实际上是朱熹的以"中"统贯未发已发。这样，道教从理论上也过渡到心贯已发、未发，进而引入朱熹的心统性情的理论，主张发挥心对性情的统率作用。这实际上是受朱熹的中和新说的影响。例如，张宇初为复性归本进行论证说："人心统乎性情，本无不善，所谓天命之性也。其具仁义礼智，不假为而能也，即继之者善也。盖天之命于物为性，善所固有。其恶也，所谓气质之性也，即性相近也。由乃感于物，动于欲，蔽于习而然。"③ 这是朱熹思想的道教翻版。如朱熹通过心统性情把功夫落实到心上一样，道教也如此。如朱熹为解决本然之心与现实的心的矛盾而使用了道心与人心的范畴一样，全真教也引入朱熹哲学中道心与人心这一对概念来解决修炼过程里心中之几微的控制，李道纯的《中和集》说："古云：常灭妄心，不灭照心，一切不动之心皆照心也，一切不止之心皆妄心也。照心即道心也，妄心即人心也。道心惟微，谓微妙难见也，人心惟危，谓危殆而不安也。虽人心亦有道心，虽道心亦有人心，系乎动静之间尔。惟允执厥中者，照心常存，妄心不动，危者安平，微者昭著。到此有妄之心复矣，无妄之道成矣。"④ 以照心解说道心，以妄心解说人心，以动静作为判别道心人心的标准，这既可以看出受了朱熹的思想影响，又体现出内丹道教修炼的特点而与朱熹思想有异。差异首先表现在对道心与人心的判别标准不同。朱熹的

---

① （元）李道纯：《中和集》，载《道藏》第4册，文物出版社、上海书店、天津古籍出版社1988年版，第495页。

② （元）李道纯：《中和集》，载《道藏》第4册，文物出版社、上海书店、天津古籍出版社1988年版，第482页。

③ （明）张宇初：《岘泉集》，载《道藏》第33册，文物出版社、上海书店、天津古籍出版社1988年版，第196页。

④ （元）李道纯：《中和集》，载《道藏》第4册，文物出版社、上海书店、天津古籍出版社1988年版，第483页。

道心与人心的判别标准是天理,道教则不然。牧常晃对此解释说:"人心若静便是道心,道心若动便是人心。只是一个心,由动静所以分危微也。"① 心静与否是道心与人心的判分标准。那静的内涵是什么呢?"有惟微之心而有惟危之心,微,静也;止其动而归于静。太极,静也;其间虽无动念却又与木石不同矣。"② 这是以太极理论解说动静,但其实质则是由此引申出内丹修炼中心之意念的把握原则。静,是动的欲念被止住后的状态,它是活静而不是死静,是蓄盈了生命潜力的孕苞。这是以朱熹的理论框架来解说道教理论的内容。全真教继承了这一点,并引入朱熹存天理灭人欲的思想,把泯人心明道心等同于存天理灭人欲,说:"俾夫志士泯人心而明彻道心,绝物欲而完全天理。虚心寂性,息气凝真,慧命金坚,道心玉莹,超入玄关,造无极奥。"③ 这里的人心、道心、天理、物欲与朱熹的涵义不完全一样,但义理框架则几乎是一致的。从人心、道心的角度切入心性炼养功夫来解释存天理灭人欲,是道教学者吸纳朱熹存天理灭人欲思想的一种方式;另一种方式则是从道教象数易学的角度,从先天、后天这一对概念的解释切入。例如,清代李涵虚受朱熹思想的影响,用"先天""后天"去区分"天理"与"人欲",认为"后天欲能阻先天道心"④。刘一明也类似地主张用先天之真的五德、五行去炼化后天五物、五贼之假,⑤ 使先天五行所具有的仁义礼智信五德袒露无遗。不过,刘一明有把上述两种阐释存天理灭人欲思想的方式综合起来的倾向,因而对这些思想的阐释更为系统、深入。他把人心称为神室,即炼内丹的鼎器,把"刚""柔""诚""信""和""静""虚""灵"视为修筑神室的八种材料,即炼化人心的"神室八法",突出地用理学解

---

① (元)牧常晃:《玄宗直指万法同归》,载《道藏》第23册,文物出版社、上海书店、天津古籍出版社1988年版,第938页。

② (元)牧常晃:《玄宗直指万法同归》,载《道藏》第23册,文物出版社、上海书店、天津古籍出版社1988年版,第936页。

③ (元)苗善时:《玄教大公案》,载《道藏》第23册,文物出版社、上海书店、天津古籍出版社1988年版,第910页。

④ (清)刘一明注,(清)李涵虚解:《〈无根树词〉二注》,载董沛文主编《张三丰全集》,盛克琦等点校,华夏出版社2017年版,第471页。

⑤ 参见(清)刘一明《修真辩难》《悟真直指》《会心内集》,《藏外道书》第8册,巴蜀书社1992年版。

释丹道。例如，对"刚"，他用浩然之气来解说："刚之一法，乃神室之梁柱……如孟夫子然，昔孟夫子善养浩然之气，四十不动心者，能刚也。"① 这是引入朱熹对浩然之气的阐释来修正道教无为而无不为的境界。对"静"，他用道心与人心来解说："妄念去而真念生，道心现而人心灭，是谓真静。真静之静，本于太极。"② "真静"是心的静，此时的心实为本心，等同于天地之性，实为理，当然也是作为即本源即本体的太极。这是朱熹哲学的观点。对朱熹哲学功夫论的内容，他也纳入进来解释炼化内丹之道。他认为，"仁义礼智信，刚柔之性，即成丹至真之药，此外无别药。"③ 儒家仁义礼智信的人伦礼法规范直接成为炼丹成道的大药，炼丹就是以中庸之道切身践履这些人伦礼法规范："宜仁即仁，宜义即义，宜礼即礼，宜智即智，宜信即信，五德一气，浑然天理……人能明善复初，采五元五德真正大药而煅炼之，未有不能成道者。"④ 成丹得道也就是存天理灭人欲，天理就是丹，就是道。其他道教派别也多有类似的主张，《性命圭旨·第七节口诀》引李之才的话："念之天理，则明月之当空；念之人欲，则浮云之蔽日。"⑤ 这里"天理人欲"的思想，主要的渊源是朱熹哲学，但有佛教禅宗的因素在内。这是道教不同派别的思想差异。这虽然还把朱熹哲学与丹道修炼的具体实际有所结合，但总的说来，道教学者们的理论创造力似乎已枯竭了。

在理论框架上受朱熹中和思想的影响，道教的修炼功夫也就难于跳出朱熹思想的窠臼，虽然其修炼的目标指向与朱熹的契符天理不同，是以炼心为修炼的下手功夫，但具体的方法则几乎是套用朱熹的惩忿窒欲、正心诚意之类。王道渊用朱熹的惩忿窒欲来解说内丹修炼的"念头不起处谓之中"的原则："惩忿者，戒心也；窒欲者，止念也。戒其心，则忿不生；止其念，则欲不起。忿不生而心自清，欲不起而情自静。心清性

---

① （清）刘一明：《神室八法》，载《藏外道书》第8册，巴蜀书社1992年版，第519页。
② （清）刘一明：《神室八法》，载《藏外道书》第8册，巴蜀书社1992年版，第524页。
③ （清）刘一明：《会心内集》，载《藏外道书》第8册，巴蜀书社1992年版，第655页。
④ （清）刘一明：《会心内集》，载《藏外道书》第8册，巴蜀书社1992年版，第656页。
⑤ 《性命圭旨》，载《藏外道书》第9册，巴蜀书社1992年版，第582页。

静,则道自然而凝矣。"① 把惩忿窒欲套到个体心理的修养功夫上,全真教的这种解说还是能够自圆其说的。净明教道士刘玉用朱熹的正心诚意来诠释获得净明大道境界的方法,他说:"净明只是正心诚意,忠孝只是扶植纲常,但世儒习闻此语烂熟了,多是忽略过去,此间却务真践实履。"② 在他看来,在正心诚意扶植纲常这一点上,儒家与净明教没有什么差别,如果要说差别,也只是儒家对此熟视无睹,或者只停留于口头上而在实践中做得不够。如果真的这样,净明教作为道教的特色不复存在,净明教还能存在吗?所以,他也指出,净明教所说的忠孝虽是儒家思想的引申,但区别还是有的,净明教所说的忠孝的涵义是:"大忠者一物不欺,大孝者一体皆爱。"③ 这与儒家的"爱有差等"有区别,近似于墨家博爱、泛爱万物的主张。不过,对惩忿窒欲,道教毕竟不是完全抄袭朱熹思想,它从内丹修炼的角度也作了创新的解释:"惩忿则心火下降,窒欲则肾水上升,明理不昧心天,则元神日壮,福德日增,水上火下,精神既济,中有真土为之主宰。"④ 这是净明教对惩忿窒欲的又一种解释,与全真教的解释着眼点不同,反映了道教不同派别所阐释的心性炼养原则的不同。刘玉把这种以伦理实践为本的修炼称为"正心修身之学""真忠至孝之道"⑤,以别于一般修炼精气神的内丹术。净明教如此,其他道教宗派的修炼同样受朱熹思想的影响,如李简易《玉溪子金丹指要》也以理学家常说的"正心诚意"为"玄关一窍"的操持诀要。总的说来,后期道教的修炼理论与朱熹哲理的界限显得比较模糊,以至于有些道教学者把道教徒的修炼也称为格物之学:"道家之

---

① (明)王玠:《还真集》,载《道藏》第24册,文物出版社、上海书店、天津古籍出版社1988年版,第104页。
② (清)黄元吉:《净明忠孝全书》,载《道藏》第24册,文物出版社、上海书店、天津古籍出版社1988年版,第635页。
③ (清)黄元吉:《净明忠孝全书》,载《道藏》第24册,文物出版社、上海书店、天津古籍出版社1988年版,第622页。
④ (清)黄元吉:《净明忠孝全书》,载《道藏》第24册,文物出版社、上海书店、天津古籍出版社1988年版,第635页。
⑤ (清)黄元吉:《净明忠孝全书》,载《道藏》第24册,文物出版社、上海书店、天津古籍出版社1988年版,第635页。

行持，即儒家格物之学也。盖行持以正心诚意为主。"① 把朱熹理学的功夫论的思想引入内丹修炼中，用作为官方意识形态的朱熹哲学思想来解说炼丹成道，固然有助于一般人对道教的理解，但这也说明道教学者们似乎以此为满足，没有去努力探索新的修炼方法、修炼原则。

朱熹对《阴符经》的研究受到了道教学者们的高度重视。在《阴符经》的注疏中，俞琰以朱熹的思想为佐证。如对《阴符经》中的"五贼"解释说："朱紫阳曰：天下之善由此五者而生，恶亦由此五者而有。故即其反言而之曰'五贼'。愚谓天之五行，水、火、木、金、土是也；人之五行，视、听、言、貌、命是也。"② 他在汲取朱熹思想的基础上结合道教修炼而有所发挥。他认为"人欲炽则天理灭"，主张"立诚抑人欲"③，也是受朱熹思想影响的结果。

朱熹对《周易参同契》及其思想的研究同样得到了道教中人的高度评价。元代三十八代天师，符箓派道教总管张与材在俞琰的《周易参同契发挥·张序》中说："自《参同契》成书以来，近世考亭大儒亦复注脚。"④ "考亭大儒"即指朱熹。俞琰的《周易参同契发挥》多引证朱熹研究《周易参同契》的思想。明代的《性命圭旨》也多次引用朱熹的言论，尤其关注朱熹有关火候的论述。在谈到火候时引用了朱熹的话："神仙不作《参同契》，火候功夫那得知。"并评价朱熹的这一句话说："千载晦翁拈一语，可怜无及魏君时。"⑤ 这既有对朱熹作为儒者能言及至此的赞赏，也有对朱熹未如魏伯阳一样切中肯綮、入木三分的遗憾。在《性命圭旨》作者看来，儒家和佛教也有火候思想，但它们与道教的火候思想有差异："成性存存者，儒家之火候也；绵绵若存者，道家之火候也；不得勤不得怠者，释家之火候也。三月不违仁，颜子之火候也；吾日三

---

① 《清微斋法》，载《道藏》第4册，文物出版社、上海书店、天津古籍出版社1988年版，第286页。

② （元）俞琰：《黄帝阴符经注》，载《道藏》第2册，文物出版社、上海书店、天津古籍出版社1988年版，第830页。

③ （元）俞琰：《黄帝阴符经注》，载《道藏》第2册，文物出版社、上海书店、天津古籍出版社1988年版，第831页。

④ （元）俞琰：《周易参同契发挥》，载《道藏》第20册，文物出版社、上海书店、天津古籍出版社1988年版，第192页。

⑤ 《性命圭旨》，载《藏外道书》第9册，巴蜀书社1992年版，第577页。

省者，曾子之火候也；日知其所亡，月无忘其所能者，子夏之火候也；戒慎乎其所不睹，恐惧乎其所不闻，子思之火候也；必有事焉而勿正，心勿忘勿助长者，孟子之火候也；发愤忘食，孔子之武火也，乐以忘忧，孔子之文火也，不知老之将至云尔者，至诚无息，而火候纯也。火候纯，大丹成，而作圣之功毕矣。"① 火候是在实践信念、意志主导作用下主体在调控好与实践相关的各种主观、客观因素的前提下把握达到目的的进度、速度的原则和方法。从个人修养来说，儒、道、佛三家确有诸多相似之处。《性命圭旨》在朱熹思想的启发下指出这一点，认为孟子的勿忘勿助与老子的绵绵若存相一致，与道教内丹修炼把握火候的功夫有类似性，应该说还是有道理的。

朱熹对道教炼养术的研究也引起了道教中人的关注，得到了他们的高度评价。《性命圭旨·真空炼形法则》引朱熹的话说："朱元晦云：鼻端有白，我其观之。"②

在理学影响下，道教更加强调对社会人事的关心和对世俗生活的投入。刘玉主张："人事尽时，天理自见。"天理就是仙道，尽人事也可成仙道，其间的关系，他认为是："欲修仙道，先修人道。"③ 这个思想固然是对道家、道教和光同尘思想的继承，但和光同尘思想的实质是对世俗社会持一种敬而远之的态度，孤高自立，"独向道中醒"。可在刘玉这里，"修人道"变成了"修仙道"的前提，这是对世俗社会的完全投入、认同和融合，清高自立的意韵被大大削弱而几无踪影了。为此，有学者甚至主张，净明教义全是理学现成的东西。④

大量融摄了道家、道教思想的朱熹哲学在南宋之后被道教丹书大量引用，是很自然的事。元代张理在《易象图说》中、刘惟永在所编《道德经集义》中都高度评价朱熹及其思想。不唯如此，元代江南各派道教都明显表现出向理学靠拢的倾向。此后内丹和会理学成为一个

---

① 《性命圭旨》，载《藏外道书》第9册，巴蜀书社1992年版，第568页。
② 《性命圭旨》，载《藏外道书》第9册，巴蜀书社1992年版，第583页。
③ （清）黄元吉：《净明忠孝全书》，载《道藏》第24册，文物出版社、上海书店、天津古籍出版社1988年版，第643、636页。
④ 参见徐西华《净明教与理学》，《思想战线》1983年第3期。

普遍的现象，以至于有道教学者把朱熹一系儒家视为道教支派之一。①

三

综上所述，朱熹对他身后的道教的影响，不仅表现在教团组织和道教学者对朱熹个人的推崇，而且广泛而深刻地影响到道教义理的各个方面。道教人物推崇朱熹，固然与朱熹思想在后期中国社会中处于官方意识形态的地位有关，企图攀附理学而弘倡道教。但更主要是因为朱熹思想与道教有本质上的共通之处。朱熹的许多思想本身就来源于道家、道教，经过他的改造后仍然与道家、道教哲学相通之处甚多，在一定意义上可以说，道家、道教哲学的精义已被他纳入自己体系中作了融贯统筹的工作，从而把它们升华到了一个更高的层次。② 有了这一基础，道教援引理学作论证就几如顺手牵羊，探囊取物。实际上，宋代以后道教大量容纳朱熹理学思想说明，宋代以后道教思想已呈现出总体上的衰落景象，新思想、新理论的诞生已不可与隋唐时期比拟。道教的根本是进行修炼，目的是得道成仙，探讨理论问题仅仅是为了信己信人，是手段，不是目的。何况，修炼主要是技术问题，理论固然有指导的作用，但毕竟是第二位的。正因为如此，道教虽然可以在种种问题的解答上冒出智慧的思想火花，但始终难于形成纯粹的集大成的思想体系。在一定意义上可以断言，宋代以后道家、道教思想的总体衰落，朱熹的思想基本上把道家、道教的内核包容进来而在社会上占据显赫地位，是一个主要原因。准以是言，朱熹哲学来源于道家道教又包容、超越了道家道教。

---

① 现代道教学者易心莹把道教分为正宗十家和支宗十三家，支宗十三家中，犹龙为首，指李耳、关尹、麻衣、陈抟、郑火龙、张三丰、李涵虚一系，"至宋别倡道学一家"。道学为次，指种放、穆修、李之才、邵尧夫、周敦颐、许坚、范锷昌、朱元晦一系，是犹龙之岔派（易心莹：《寄玄照楼书——论道教宗派》，载《藏外道书》第24册，巴蜀书社1992年版）。

② 参见孔令宏《朱熹哲学与道家、道教》，河北大学出版社2001年版。

第二节　宋明理学的纳道入儒与儒学的新发展[*]

众所周知，宋明理学是中国哲学发展的最高峰。之所以如此，原因是多方面的，但最重要的是，唐中叶以后社会动乱及变迁的震荡，佛道二家强大的政治、社会影响力的冲击，以及在形而上的哲理思辨方面的挑战，儒家经典的神圣与先贤解经的权威被强烈地动摇了，宋明理学诸家不得不放弃经学传注而代之以直探经文本义的研究方法，进而代代相承地、有自觉意识地、持续不懈地努力从别的学派吸取思想营养来丰富和发展自己。作为宋明理学思想资源的，毫无疑问首先是此前历代的儒学思想。宋明理学是坚定地站在儒学的立场上的，它高标韩愈等学者提出的道统论，张扬儒学的旗帜，为此不惜对其他学派大加挞伐。但是，由这种表面上对其他学派的批判，并不能推论出宋明理学不研究、吸收其他学派的思想。事实正好相反，宋明理学之所以成为中国哲学发展的高峰，就在于它站在儒学的立场上吸收道家、道教和佛教的思想来充实和发展自己。

既要坚守儒学的立场，坚持道统论，重振儒学，使它成为社会的主导思潮，削弱佛、道二家的社会影响力，又不得不吸收佛、道二家的思想来丰富和发展自己，这使得宋明理学诸多不得不尽可能与佛、道二家区别开来，而且在吸收时往往不能太过于露骨和直接。这具体表现在两个方面：一是以《周易》的解注为中介，泯灭道家的痕迹。《周易》的产生早于儒、道二家，它的发展既与儒家有关，也与道家、道教有关。冯友兰、钱穆、陈鼓应等学者已指出，《易传》深受道家思想的影响。西汉之后，易学分义理派和象数派，大体上说，从西汉至宋初，义理派属于儒家，而象数派属于道教。这样一来，易学成为沟通儒道两家的中介。宋明理学家以阐述《周易》为掩护而吸收道家、道教思想，可以不必冒被人指责与自己竭力强调的道统论相矛盾的风险。于是，在公开的文章

---

[*] 本节原文发表于《河北学刊》2008年第1期；人大复印报刊资料《中国哲学》2008年第4期。

中，对佛道批判多而尖锐，在私下的教学和谈话中，则能较为实事求是地分析、评价佛、道二家的思想。以朱熹为例，反映其公开写作的《文集》和私下教学的《语类》明显有这种差别。

在道、佛两家中，总体上说，宋明理学从道家、道教中吸收的东西远远比从佛教中吸收的多得多。原因有几个方面，其一，儒、道两家都有共同的思想文化渊源，都产生于春秋时期，产生的时间大致相同，在此后的发展过程中相互吸收，相互影响，二者基于共同的民族心理和民族思维方式。其二，佛教有广泛的信众和强大的宗教经济实力。与此相比，儒、道两家同为弱者，有唇亡齿寒、惺惺相惜的同情感。其三，儒、道两家同为即世的学说。儒家是完全入世的，道家虽然是站在出世与入世的边缘，但倾向于入世。与它们不同，佛教主张出世。在儒家看来，这是抛弃人伦，是拒绝尽自己所应尽的责任与义务的自私行为。其四，北宋和南宋都受外族入侵，知识分子大都有捍卫中原文化的意识。宋代理学诸家大多强调《春秋》学的大一统和尊王攘夷的宗旨。儒、道两家同为中国土生土长的学派，而佛教是外来的。几个理学的先驱人物都不约而同地在道、佛二家中更注重研究道家、道教，即使是研究佛教，也以研究中国化最彻底的禅宗为主，对佛教的其他宗派涉及较少。在儒士对佛、道的批判中，对佛教的批判非常尖锐激烈，对道家、道教则缓和得多，偶尔还有赞赏。宋代是宋明理学的奠基时期，宋代的上述特征对元、明两代的理学有直接的影响。

过去学者们把宋明理学的发端归于宋初三先生（胡瑗、孙复、石介），但究其实他们只是响应当时学界领袖范仲淹的主张，在新的历史条件下重提韩愈、李翱所张扬的道统论，攘斥佛老，在《周易》《春秋》等方面侧重研究其义理，学术贡献有限。真正的发端者应为范仲淹，他吸收道家、道教思想，倡明经旨，注重义理，提倡"明体达用之学"，为宋明理学指明了方向。稍晚一点的李觏、欧阳修等有所深入，至王安石、周敦颐、张载、三苏、二程、邵雍才基本奠定了义理、性理之学的基本骨架。其中，王安石学派真正把范仲淹的主张落到了实处，昌明"道德性命"，吸收道家思想而建构了道气一元的性理学体系，只可惜因变法引起党争、变法失败等原因，荆公新学不显于后儒。周敦颐则通过对得自于道教陈抟图书学派的《太极图》进行儒学化的义理解释，为儒学凝铸了一个形而上与形而下大体上统一简约的哲理范型，经过程朱学派，尤其是朱熹的表彰而被后世追誉为"道学宗主"。张载、三苏、二程、邵雍都各自开创了一个新的学派，但三苏蜀学杂采佛、道思想而未与儒学实现水乳交融，加之他们在文学上的贡献远大于在哲学上，故后世对蜀学评价不甚高。邵雍基于道家、道教哲理而建构了一个以象数易学为本的本体论体系，但因道家、道教色彩太过于鲜明，也不为后世儒学所推崇。

张载是宋明理学的奠基者之一、关学的创始人。《宋史·张载传》把其学术特色概括为"以《易》为本，以《中庸》为体，以孔孟为法"[1]。这只是从儒学的立场出发看问题。《中庸》其实只断言人性本源于天，并未对天道作出清晰系统的论述。《易》正好成为张载吸收道家、道教天道观和天人合一论的中介。他所谓的"太虚无形，气之本体"[2]的观点直接源自老子的道"朴散则为器"的观点和庄子的"气化生死"观。老子"有无相生"的天人合一观启发《中庸》形成了"天命之谓性，率性之谓道，修道之谓教"的观点，这影响张载而吸收道家的主张，在《正蒙·太和》中提出了"至静无感，性之渊源"[3]的性即天道的主张，在《正蒙·神化》中提出了"神，天德；化，天道。德，其体；道，其用，一于气而已"[4]的观点。他的性之二分和人性可变的思想源自于道教。《西铭》境界论的万物一体的宇宙意识、"民胞物与"的社会价值理想、生死顺应的人生态度，均是受道家思想影响的结果。张载的气一元论思想对明代的王廷相和明清之际的王夫之均有深刻的影响。王夫之同样以《周易》为中介，通过注释《老子》《庄子》《淮南子》和研究道教经籍而吸收道家、道教思想，站在儒学立场上建构了集大成的气一元论哲学体系。

程颐、程颢也是理学的奠基者、洛学的开创者。他们研究过《老子》《庄子》等道家经典，《阴符经》《黄庭经》《坐忘论》等道教经

---

[1] 《宋史》卷四百二十七《张载传》，中华书局编辑部点校，中华书局1985年版，第12724页。

[2] 章锡琛点校：《张载集》，中华书局1978年版，第7页。

[3] 章锡琛点校：《张载集》，中华书局1978年版，第7页。

[4] 章锡琛点校：《张载集》，中华书局1978年版，第15页。

典，实修过道教内丹功夫，思想上深受道家、道教的影响。他们以理为本的本体论是仿照道家、道教的道本体论而建立起来的。庄子的"心斋"、"坐忘"论对程颢的"定性"说有直接的影响，《定性书》所强调的无心、无情、内外两忘、物来顺应、反对用智、反对归于外诱之际等观点均渊源于道家。二程的人性论则受与他们同时代而稍早的道教学者陈景元的思想影响。程颐"格物穷理"而趋致于与天理合一的高尚道德境界的功夫与庄子"庖丁解牛"故事所彰明的技进乎道的路向一致。二程的弟子和再传弟子也多与其师一样致力于吸收道家、道教思想来发展儒学，如吕大临、谢良佐、杨时、李侗等，其中李侗是朱熹的老师之一。

朱熹是宋代理学家中对道家、道教经籍研究最勤、阅读最广、用功最多的人。他研究过的道家典籍，有文字记载的有《老子》《庄子》《列子》《管子》《吕氏春秋》《淮南子》和魏晋玄学新道家的著作。道教经典有《古文龙虎经》《周易参同契》《丹经》《还丹百篇》《抱朴子》《列仙传》《黄庭经》《阴符经》《度人经》《北斗经》《消灾经》《真诰》《握奇经》《清静经》《坐忘论》《陵阳子明经》《火珠林》《正易心法》《悟真篇》《道枢》《八段锦》《易老新书》《子华子》等。另外，他还阅读过道教学者孙思邈的著作，与道教关系密切的《山海经》、相书等。他研究《星经》在很大程度上可看作是为了读懂道教典籍的需要。他的弟子中有道士蔡元定、吴雄等人。在思想上，在形而上的天人未分的层次，朱熹借鉴道家、道教道、理、气的关系模式，从生生不息的道体之所然追究其所以然，借鉴道教无极而太极的观念，把本源论和本体论紧密关联起来，解决理与气的关系，构建起理体论这一哲学体系的内核，由此而形成了与道家、道教性返于初、修性返本相类似的哲理架构。理体论贯穿于天人相分的形而下层次而产生了关于人与自然界关系的物体论和关于人与自身、人与社会关系的性体论。在物体论上，朱熹借鉴道家、道教，尤其是道教本源论的衍生思想来转化《大学》的格物致知思想和提升其思辨水平，以穷理解释格物，既把儒家思想延伸进自然的领域，也为统一物体论和性体论奠定了基础。本体落实到人而有人性。借鉴道家、道教，尤其是道教的一体二元的人性思想，朱熹以理、气言性，分气质之性和天地之性而归结为天地之性，倡言性即理和性体情用，开出节情、养气复性的功夫论。为从天人相分的现实回归到天人未分的即本源即本体的理想境界，物体论和性体论必须落实于心体。与道家、道教，尤其是道教相类似，朱熹以气、理言心，视心为容纳理的容器和上达天理的工具，汲取道教的中和思想和修心理论而发展出中和旧说、中和新说、心统性情的理论，从而开出转人心为道心、存天理灭人欲、重返本心、归性复理而达到天人合一的功夫论。当然，对儒家先人的思想，朱熹也撷英取华，以形而上的哲理为基础作了新的诠释，经过综合，使儒道二家（通过道家、道教也间接吸收了佛教的部分思想）的思想嫁接融合为一体，从而源于前人又超越了前人。

陆九渊研究过《老子》《庄子》《列子》等道家作品和一些道教典籍，他所居象山实为道教正一派祖庭龙虎山之宗，他与当时的张天师有交往，对道教有所了解。他对五代宋初道教学者陈抟所创建的图书象数学有研究，基于《河图》《洛书》的哲理而对《尚书》洪范九畴进行儒学解释。他以心为本的本体论、"先立乎其大"的功夫原则均渊源于道家的明镜说和道教尊重自我的观点。他提出了"无事""无累""静""自然自在""简易"等四个功夫修养的原则，而这四者均直接得之于道家。

晚唐至明代是道教内丹学极为兴盛的时期。内丹学在理论上对心、性、命等探讨极多，形成了系统、深刻的理论。这对儒学的发展有较大的影响。同时，宋末元初的硕儒赵复的思想和修养功夫深受全真道影响，并开全真道金华派。元代理学大师吴澄校订《老子》《庄子》《太玄》《皇极经世》，与道士交往密切。赵复的弟子吴莱、宋濂的思想均受全真道影响很深，宋濂更甚。宋濂与全真道著名道士周玄初关系至密，深得道教义理的个中三昧。宋濂的思想及其纳道入儒的治学路向在明代儒生中影响深远，如娄琼、陈献章均延续这一路线。陈献章又被称为陈白沙。他的弟子及再传弟子中最杰出的是湛甘泉、张诩（廷实）、王阳明。陈献章认同道家的道论，主张"即心观妙"，通过静坐功夫而回归于道。他以自然为宗旨，力图逃归田园，实现个体精神的自足与自由，体现了道家尤其是庄子对白沙思想的明显影响。据《明儒学案》卷六《白沙学案二》，受道教影响很深的张诩谈及乃师时说："白沙先生……壮从江右吴聘君康斋游，激励奋起之功多矣，未之有得也。及归，杜门独扫一室，日静坐其中，虽家罕见其面，如是者数年，未之有得也。于是讯扫夙习，或浩歌长林，或孤啸绝岛，或弄艇投竿于溪涯海曲，忘形骸、捐耳目、去心智，久之然后有得焉，于是自信自乐。"① 受他的影响，陈白沙的三位弟子均纳道入儒。王阳明听湛甘泉讲白沙学近三年，加以发扬光大而成一家之学，在当世就有极大的影响。他发扬白沙学的方式同样是纳道入儒。他只活了五十七岁，却自称有三十年是在道教内丹术的修炼中度过的。他基于心体而以知行合一倡明良知，一是渊源于道教全真道以自明心性为体、以对世俗社会的担待为用的宗风，二是渊源于道教净明道纳儒入道、强调忠孝为人之良知良能的主张。他的养心功夫与道教一样以静坐为形式。与朱熹相比，王阳明纳道入儒来得更直接、更露骨，因而他的思想在一定程度上可以概括为道体儒用。当然，不可否认，他的哲学立场还是儒家，其哲学来源于道家、道教又超越了它们。受王阳明的影响，他的弟子们也多援道入儒，如王畿、罗洪先、刘文敏、聂豹、邓以赞、王宗沐、朱得之、薛侃、王艮、罗汝芳、周汝登、李贽、胡直、蒋信、陆澄、王嘉秀、萧惠、方与时等，其中相当多的学者还兼习道教工夫。

　　总体上看，宋明理学对道家、道教的吸收，是以"修其本而胜之"为信念，移植道家解决问题的起点、思路、方法、方法论原则、思维方式、概念模式、哲理框架、逻辑思辨等方面入儒家，为了与儒学的立场相一致，又作了改造，从而既用于丰富儒学的宇宙论、天人合一、心性论，也用它发展儒学的体用合一论和功夫境界论。这样做提升了儒学的哲理思辨水平，充实了儒学思想体系，正如清人全祖望在《宋元学案》卷四八中说，朱熹的学说是"致广大，尽精微，综罗百代"②。其他如王阳明、王夫之等，之所以建构了精妙的哲理体系而享誉后世，也得力于他们有开放的心胸，汲汲不舍地从道家、道教等他者中吸收思想营养来丰富和发展儒学。

---

　　① （清）黄宗羲:《明儒学案》卷六，沈芝盈点校，中华书局2008年版，第97页。
　　② （清）黄宗羲撰，（清）全祖望补修:《宋元学案》卷四十八，陈金生、梁运华点校，中华书局1986年版，第1495页。

众所周知，宋明理学是中国哲学发展的最高峰。之所以如此，原因是多方面的，但最重要的是宋明理学诸家代代相承的有自觉意识的持续不懈的努力——从别的学派吸取思想营养来丰富和发展自己。近代以来，在西方文化，尤其是其哲学的强势压力下，中国哲学面临着存微继绝、生死存亡的挑战，一大批学者接着宋明理学往下讲，在新的历史条件下发展了它，产生了现代新儒家学派。它经历了三四代学人的努力，取得了堪称辉煌的众多学术成果。

但是，不能不看到，现代新儒学的高潮已过，这些年来略显沉寂。从整体来看，目前儒学的发展遇到了一些困难。就儒学所生存的主体环境——中国大陆而言，儒学在学科定位上被大多数人界定为哲学，主张和赞成儒学是宗教的人少之又少。这在中国大陆的意识形态环境下，总体上看，尤其是从处理与政治的关系来说，是有利于儒学的发展的。但从儒学的普及与推广来说，导致儒学缺乏宗教所独有的传播优势。所以，对儒学的研究与推广，目前只限于一个有限的圈子，社会公众对儒学的了解较少。从海外的情况来看，根据我到过的二十几个国家的情况来看，由于历史的原因，东亚国家对儒学的了解尚比较多，而北美大体上只限于一批华裔学者和部分华侨，欧洲的情况就更不容乐观，研究儒学的学者比北美少，除了华侨，社会公众对儒学几无基本的了解。现在，我们已经进入了全球化的时代，除了西方文化之外的民族传统文化的存在与发展，面临着前所未有的严峻挑战和严酷的考验。儒学是中国传统文化中最重要的组成部分之一，在新的历史条件下，基于宋明理学的辉煌成就来探讨儒学的发展战略很有必要。

宋明理学酝酿和起步之时，儒学所处的生存环境与今天颇有几分相似。当时，在儒、道、佛三家中，佛作为外来宗教，拥有众多的经籍，高深玄妙的哲理和颇能打动人心的信仰体系，吸引了遍及社会各阶层的广泛信徒，占有众多的寺庙和山林田产等，是三家中最为强大的。道教继承先秦道家和魏晋玄学的成果，借鉴佛教中观学派三论宗等的致思方式，建构了深远精妙的哲学体系，把它的哲理发展为重玄哲学，同时，它以哲理指导养生成仙等济世度人的实践，实现了理论与实践的紧密结合，因而在当时社会各阶层也有广泛的影响。相比之下，儒学既缺乏高深精妙的哲理，也缺少佛、道那样广泛的信众，在三教中势力最小。但是，一些儒学的坚定拥护者，运用了反弱为强的战略，致力于复兴儒学。它们的战略就是，坚定儒学立场，高扬道统论。这一做法当然不是宋明儒的首创，而是儒学发展中一贯的做法，《孟子·公孙丑下》已有"五百年必有王者兴"①的观点，董仲舒著《贤良对策三》，主张"道之大原出于天，天不变，道亦不变。是以禹继舜，舜继尧，三圣相受，而守一道。"②韩愈受佛学的启发，在《原道》中主张"斯吾所谓道也，非向所谓老与佛之道也。尧以是传之舜，舜以是传之禹，禹以是传之汤，汤以是传之文、武、周公，文、武、周公传之孔子，孔子传之孟轲，轲之死。不得其传焉。"③朱熹在《中庸章句序》中明确提出"道统"一词，不过，宋代之前儒家的道统观重在通过传道谱系来阐述儒学之道，而宋儒们则更多地通过对儒学之道的阐发来梳理传道谱系。这标志着儒学的进一步成熟与深化。道统论的提出与强化，有助于树立旗帜，坚定立场，凝聚人心，梳理学派史，开启新的发展路径。现代新儒家同样继承宋明理学的观点，以道为本而彰显儒学的道统论，梁漱溟、熊十力、冯友兰、牟宗三等学者对此都有论述。这些道统观力图提升儒学的真理性和普世价值。新儒家的第三代学者杜维明的主张颇有代表性，他说："儒家传统是超时代、跨文化、多学科的人文现象，儒学是多层次和多维度的生命哲学，是具有全球意义的世界哲学。"④这样的观点和做法固然有利于儒学张扬儒学的积极意义，但也容易如历史上的道统论一样导致强烈的门户之见，自觉或不自觉地极力粉饰和美化儒学，难以正视儒学发展中的缺陷和不足，在此基础上形成了一元正统的观念，忽视了中国传统哲学是儒、佛、道三家鼎足而立，互相补充，互相影响，共同发展的事实，看不到或不愿意客观地评价道、佛对中国哲学和中国传统文化的贡献。在今天全球化的背景之下，思想学术异彩纷呈，儒学的道统论有必要适

---

① （清）焦循：《孟子正义》，沈文倬点校，中华书局1987年版，第309页。
② 《汉书》卷五十六《董仲舒传》，中华书局编辑部点校，中华书局1962年版，第2518—2519页。
③ （唐）韩愈著，刘真伦、岳珍校注：《韩愈文集汇校笺注》，中华书局2010年版，第4页。
④ ［美］杜维明：《儒学创新的哲学反思》，载冯天瑜主编《人文论丛》2006年卷，武汉大学出版社2007年版，第1页。

应这一生存环境进行适当的调整。

其实,儒学在历史上本来就不是一枝独秀。宋明理学之所以成为中国哲学的最高峰,根本原因在于它孜孜不倦地吸收道家、道教、佛教的思想并站在儒学的立场上消化、充实和发展。我们不得不承认,原始儒学在伦理规范、政治道义等方面阐述较多,而在哲理思辨方面比较欠缺,所以,从子思、孟子开始的历代儒者持续地对儒学进行哲理的深化,力图为原始儒家的伦理规范和政治道义等具体观点寻求理论解释,为它建构与这些形而下的具体观点相匹配的形而上的哲理体系。但这显然不可能在传统儒学的范围内解决,必须有开放的心胸,从道、佛诸家中吸取哲理思辨的营养,经过消化、改造之后移植到儒家中来。宋明理学诸家如此,现代新儒家同样如此。不过,不能不看到,道统论所导致的门户之见依然有强烈的制约作用,导致宋明理学诸家和现代新儒家在吸收其他学派思想时往往方式不够直接、态度不够坦率、程度不够强、数量不够多。儒学时至今日,一元正统的意识依然过强,在分殊的拓展方面严重不足,导致思想不够深刻,体系不够完备。儒学要发展,就必须充分认识到目前自己所处的多元对话中的竞争态势。在这种环境下,首先要在与诸家的对比中明了自己的优势与弱势、在立场不变的前提下可能的发展方向、自己有别于其他学派的特色等。为此,有必要基于道家、道教和佛教对儒学展开批判,基于西方分析哲学、现象学、心理学哲学、解释学、语言哲学、伦理哲学、宗教哲学、政治哲学、历史哲学、美学、日常生活哲学、后现代主义、女性主义、科学技术哲学等哲学分支或代表性哲学体系展开对儒学的批判,基于马克思主义哲学、印度哲学对儒学进行批判,等等,在批判之后在现代语境下重建儒学立场下的分支哲学,进而寻求整合与融合,对马克思主义哲学、西方哲学、印度哲学等进行吸收与转化,建构与它们具有家族相似性但又能进行平等对话的新儒学体系。这其中一个重要的问题就是,儒学要成为世界性哲学,要具有影响全人类的普世价值,对处于强势地位的西方哲学分科模式不能不有一定的依从与适应,但是,要生存和发展就必须有独特的立场和鲜明的特色,凸显自己独到的存在价值,这就必须对西方哲学的分科模式乃至言说方式进行一定的抵抗和调整。例如,在内容上,研究和借鉴西方哲学中的本体论、认识论等,强化自己本有的世界观、人生观、心性论、功夫论等领域，把本有的天道观与西方哲学的本体论相结合，性命论与价值论相结合，等等。

与言说方式紧密相关的是哲学研究方法上的创新。儒学在过去虽然有"我注六经"与"六经注我"，即义理和考据训诂的宋学与汉学方法之争，但缺乏深入的研究，在哲学研究的方法上缺乏系统的探讨，儒学研究中自觉的方法论意识有待强化。当代儒学要发展，就必须在对欧美哲学的研究中培养哲学研究的基本功和进行哲学研究的方法论的训练。这首先是分析性的思维方式，包括语言分析、逻辑分析、心理分析、社会分析等。分析是哲学研究思想成立的前提的重要手段，是进行哲学批判的前提。其次是哲理的反思方法，这有语言，尤其是概念的反思，还有本体论、认识论、实践论、文化论、存在论的反思，等等。反思是哲学批判的基本手段。最后，必需提及的是诠释学。它在当代的存在形态，按照布莱希尔（J. Bleicher）的看法，有作为方法的诠释学、作为哲学的诠释学和作为批判的诠释学三种。儒学必需借鉴它。在这方面，傅伟勋、成中英、黄俊杰、汤一介等学者已做了一些先期的工作，但还有待更多学者参与，作更加具体、深入的探讨。诠释学的方法在儒学研究中的意义在于：第一，目前在儒学的研究中，处理史料用训诂，阐发思想借鉴于西方哲学的方法。这二者没有有机结合起来，运用诠释学有望把这二者在研究过程中统合起来。第二，借诠释学来弥合当代研究者与传统的断裂，使得古人与今人能在同一时空场域中进行对话。运用诠释学的方法，应该可以在相当大程度上把儒学的丰硕的思想资源内化为富有创造精神、生机勃勃的哲学发展动力，实现儒学的现代化、世界化。此外，在言说方式上，应该积极研究西方哲学的表述方式，尤其是其中周详严谨的形式逻辑的运用，同时，也要继续发挥儒学本有的辩证逻辑，并把形式逻辑与辩证逻辑有机地结合起来。总之，坚定立场、保持特色与开拓创新，这三者的落实都有赖于方法论的研究和对方法的自觉意识与运用。

一个有生命力的哲学必然是一个有相对于特定时代具有新颖性的义理内涵的完备体系。儒学义理内涵的开显在历史上主要是从对自身的反思和对道、佛二家的批判中得来，这在唐代以后三教合一的发展历程中反映得特别明显。儒学固然要走向世界，但前提之一是在当代和未来的中国能够有大的发展，这意味着它仍然有必要如历史上一样，对传统的儒、道、佛分科模式既有依从、适应，也有抵抗、调整。其次，通过对西方哲学、印度哲学的批判进行义理的开掘，在体系的营造上，也要处理好相对于西方哲学、印度哲学、马克思主义哲学的分科关系。在现代条件下，要建立一个无所不包、绝对完备而无内部矛盾的哲学体系是不切实际的空想。儒学只能基于自己的立场，保持自己的特色，在哲学问题的探讨上有所为、有所不为，不谋求对所有领域的问题给出自己的哲学解释，而只在一个或若干个层次上建立相对完备而无内在矛盾的体系。例如，对备受责难的"老内圣开出新外王"即民主与科学的问题，既然以心为本体的体系中"良知自我坎陷"说不通，那就另觅其他本体，熔铸新的体系，甚或在新的条件下对儒学的立场适当进行修改；如果还行不通，那就放弃与民主与科学对接的努力，把这留给别的学派的政治哲学和科学技术哲学去处理。

历史上的儒学，把形上与形下、道与器、天与人、本体论与价值论、义理与心性、体与用、本体与功夫紧密结合，一体贯通，强调明体达用、明体适用。这是儒学相对于西方哲学的独到之处之一。宋明理学尚保留这一特质，而现代新儒家则在相当大的程度上忽视甚或抛弃了它，使得儒学仅仅成为象牙塔中高雅的陈设，儒学不再是历史上与人的生命紧密相关的生命儒学，而是与西方哲学颇为类似的知识儒学。儒学的发展，仅仅发展学理是不够的，还要研究现实社会中的伦理、人生、政治等问题。例如，古代中国实行的是君主专制中央集权的政治制度，而现代则追求自由民主的政治制度，儒学与君主专制中央集权的政治制度具有较高的亲缘性是不争的事实，用不着刻意为它辩解或开脱。更重要的是应该思考如何通过儒学义理的更新去解决儒学与自由民主政治制度的融洽关系的问题。再如，道德的异化，在古代有，现代或许更甚。相当多的中国人注重私德，而忽视公共道德；一些人满口道德仁义，却满肚子男盗女娼；胡五峰所提示的"天理人欲，同行异情"[1]的伦理异化现象；儒学本为己之学，但儒学所高扬的道德理想主义，即使是它的研究者和推广者中也有相当一部分人没有身体力行地做到。在古代社会，儒学是占据主导地位的官方意识形态，虽然出现这些问题不纯粹是儒学的原因，

---

[1]《胡宏集》，吴仁华点校，中华书局1987年版，第329页。

儒学不可能为此负责，但强调伦理道德、建构高尚道德风气的社会是儒学努力的目标，与此同时，这些道德问题却长期存在，儒学的研究者不能不去认真反思儒学的义理是否有缺漏需要进行弥补、修改。对现代人，尤其是人口众多的中国大陆民众的现实问题，从儒学的立场出发，对它们的解决提出具有可操作性的建设性建议——这是海外新儒家难以做到、中国大陆的新儒家学者极少有人去做的事——这也是现代新儒家在中国大陆普通民众中应者乏人的重要原因之一。内圣开出新外王不一定做得到，但内圣开出新境界肯定是能够做到的——营造良好的道德风尚、提升人的精神境界是儒学的强项。当然，我们强调儒学应该经世致用，但不应该走到另一个极端，即不注重形而上的哲理研究而只考虑形而下的应用，如果这样，儒学的长远发展就会变成无源之水、无本之木。体与用之间的正确关系应该是以体致用，以用明体，即体即用，体用相须。

第三节　浙东学派与道家、道教[*]

一　浙东学派与道家、道教

浙江在历史上人才辈出，涌现出了一大批文人和思想家，他们具有开放的胸襟、博大的视野、深邃的思想、务实的学风。他们在中国传统文化的各个领域都作出了重大的贡献。儒、佛、道三家是中国传统文化的三大组成部分，从汉代开始，三家的发展构成了一个相互影响、互为补充、相依递进的动态关系。浙东学派通常指南宋开始出现的以籍贯为浙东地区的儒学名士继传不绝而形成的一个儒家流派。对浙东学派的研究不应该仅仅局限于儒学的框架内，而应该从思想据以发生的历史背景出发，从儒、佛、道三家相互激荡的动态关系出发进行研究，如此可以趋符于历史的真实、对思想发生的描述更全面、对思想结构的真切把握。

浙江毗邻在道教历史地理学上占有重要地位的江西、江苏，地理位置上的条件为三地频繁而密切的沟通与交流创造了基本的可能性，道教

---

[*] 本节第一部分为《浙东学派与道家道教的关系初探——兼谈"浙学"》（《杭州师范大学学报》（社会科学版）2008年第3期，第57—61、65页）的第一部分，此处略有修改。本节第二部分载钱明主编：《阳明学新探》，中国美术学院出版社2002年版。

思想观念上的开放、灵活和注重创新则使得这种可能性变为现实性，这作为一个重要因素，使得浙江在道教史上涌现出了一大批著名道士、宗派领袖和思想家，一大批籍贯不是浙江的道教学者、思想家也往往长期在浙江传道、讲学，如他们中较为显著的有葛玄、葛洪、杜子恭、孙恩、卢循、许迈、陆修静、孙游岳、顾欢、司马承祯、杜光庭、闾丘方远、罗隐、施肩吾、张伯端、林灵素、胡莹微等，① 他们及其思想构成了浙东学派诞生的部分前奏和思想背景。在南宋之后，又出现了白玉蟾、莫月鼎、王惟一、刘大彬、杜道坚、林灵真、黄公望、金志扬、何道全、傅金诠、闵一得、卫真定等众多宗师、学者，他们在道教史上占有重要的地位，其思想构成了浙东学派发展的思想背景。

依据何炳松在《浙东学派溯源》的观点，从广义上来看，浙东学派包括永嘉学派、永康学派、金华学派、四明学派、姚江学派和以黄宗羲为代表的清代浙东学者群体。永嘉学派源于北宋的周行己，传于郑伯熊、薛季宣、陈傅良，而由南宋的叶适集大成。永嘉学派重在以经制言事功，以陈亮为代表的永康学派，重在以史策的研究为现实政治服务。这两个学派所在地道教均很兴盛。清光绪年间的《永嘉县志·忠靖王庙记》说："忠靖王庙，一在八仙楼，元延祐间建；一在华盖山下，明洪武初建。今每年三月初，民间必请王出庙，巡行城内外，以驱瘟疫，两庙神轮出，出之日通行大道多设布棚，张灯结彩，灯烛辉煌，男女杂遝……至归殿后，各里纷纷搭台演戏数本，各曰平安戏。"② 这里讲的是元、明、清三代之事，但这种风俗起源甚早。明宋濂《忠靖王碑记》说，忠靖王姓温，名琼，唐长安二年（公元702年）生于温州平阳县，二十六岁时举进士不第而幻化为神，为民除害，于是民间"遂皆祠王，以祈灵响焉"③。这种信仰活动一直延续至今。宋元两代平阳一带的道教传播，正一道方面有林氏道教世家和"水南家学"出现，前者出现了林灵素、林灵真等著名道士，后者实即灵宝东华派在温州平阳一带的称呼，即水南派。全真道方面也有众多道士传金丹派南宗。平阳与永嘉、永康地理位置较近，

---

① 参见孔令宏《浙江道教史发凡》，《杭州师范学院学报》（社会科学版）2005年第6期。
② 光绪《永嘉县志》卷四，光绪八年温州维新书局刻本，第31页。
③ 乾隆《平阳县志》卷九，乾隆二十五年刻本，第8页。

由此可知道教在这一地区传播之盛。在这地区产生的永嘉、永康学派，不可能不受道教、道家思想的影响。南宋时，以吕祖谦为代表的婺学兼综朱陆，涵摄理、心二义，汲永嘉、永康之所长，而吕祖谦的家乡金华地区，以黄大仙为主的道教信仰颇为盛行。朱熹的思想与道家、道教有非常深厚的渊源关系，古人早有"朱子道，陆子禅"之说，对此，笔者有专著作了详尽的考证与论述。① 前人把陆九渊的思想渊源归结为禅宗，这当然没错，但是必须指出的是，陆九渊的思想渊源绝不是只有禅宗，道家、道教同样是一个不可轻视的渊源，对此笔者也有论述。② 兼综朱、陆思想而重在历史的吕学同样也把道家、道教视为自己的一个重要思想渊源，并影响于其传人后学。吕学在后世的流传分为金华系和四明系，前者的代表人物是北山四先生，即何基、王柏、金履祥、许谦，后者的代表人物是王应麟、胡三省、史蒙卿、袁桷，史蒙卿有弟子程端礼、程端学兄弟，与王应麟同时的还有黄震。③ 对金履祥，《元史》本传说："乃用邵氏《皇极经世历》胡氏《皇王大纪》之例，损益折衷，一以《尚书》为主，下及《诗》《礼》《春秋》，旁采旧史诸子，表年系事，断自唐尧以下，接于《通鉴》之前，勒为一书，二十卷，名曰《通鉴前编》。凡所引书，辄加训释，以裁正其义，多儒先所未发。"④ 邵雍是道教学者，《皇极经世》中充满了道家哲理和道教观念。这样，金履祥本于《皇极经世》所作的《通鉴前编》虽然本意是站在儒学的立场上，也很难断言它是纯粹的儒学作品了，难怪《元史》说其中"多儒先所未发"了。《元史》卷一八九记载，许谦同样是对"天文地理、典章制度、食货刑法、字学音韵、医经术数之说，靡不该贯；一事一物，可为博文多识之助者，必谨志之。至于释老之言，亦皆洞究其蕴。谓学者：孰不曰辟异

---

① 参见孔令宏《儒道关系视野中的朱熹哲学》，（台湾）中华大道出版社2000年版；孔令宏：《朱熹哲学与道家、道教》，河北大学出版社2001年版。
② 参见孔令宏《陆九渊思想与道家、道教》，《世界弘明哲学季刊》2003年第6期。
③ 参见董平《南宋婺学之演变及其至明初的传承》，载刘东主编《中国学术》第10辑，商务印书馆2002年版。
④ 《元史》卷一百八十九《金履祥传》，中华书局编辑部点校，中华书局1976年版，第4317页。

端，苟不深探其隐而识其所以然，能辨其同异，别其是非也几希。"① 柳贯是金履祥的弟子，与许谦为同一师门，宋濂在《潜溪前集》卷十《故翰林待制承务郎兼国史院编修官柳先生行状》中称其"读书博闻强记，自礼乐、兵刑、阴阳、律历、田乘、地志、字学、族谱及老、佛家书，莫不通贯；国朝故实，名臣世次，言之尤为精详。"② 在《文献集》卷十下《翰林侍制柳公墓表》中，黄溍也类似地评价他"读书博览强记，自经史百氏至于国家之典章故实、兵刑、律历、数术、方技、异教外书，靡所不通。"③ 其实，在深究佛老这一方面，宋濂与柳贯相比可谓有过之而无不及。《王忠文集》卷二一《宋太史传》中曾经对宋濂之博学评论说："景濂于天下之书无不读，而析理精微，百氏之说，悉得其指要。至于佛、老氏之学，尤所研究，用其义趣，制为经论，绝类其语言，置诸其书中，无辨也。青田刘君基谓其'主圣经而奴百氏，驰骋之余，取老、佛语以资嬉剧，譬犹饫粱肉而茹苦荼、饮茗汁耳。'"④ 这里明确指出，宋濂祛除道家、道教的术语而取其精神实质并让其杂融于儒书之中，让人难以分辨。这是对道家、道教思想的消化性吸收。在《惜溪录》卷一《宋文宪公画像记》中，全祖望曾在论及婺中学术的演变时说："予尝谓婺中之学，至白云（许谦）而所求于道者疑若稍浅；观其所著，渐流于章句训诂，未有深造自得之语，视仁山（金履祥）远逊之，婺中学统之一变也。义乌诸公师之，遂成文章之士，则再变也。至公（宋濂）而渐流于佞佛者流，则三变也。犹幸方文正公（孝孺）为公高第，一振而有光于先河，几几乎可以复振徽公（朱熹）之绪。惜其以凶终，未见其止，而并不得其传。"⑤ 依全氏之说，婺中学术与佛老的关系越来越密切，以至于渐变渐远，如果后来不是出现了像方孝孺这样的人，则几乎入于"异端"。方孝孺虽在宋濂门下六年而"尽传其学"，但不如宋濂那样有开

---

① 《元史》卷一百八十九《许谦传》，中华书局编辑部点校，中华书局1976年版，第4319页。

② 罗月霞主编：《宋濂全集》第一册，浙江古籍出版社1999年版，第120页。

③ （元）黄溍：《钦定四库全书荟要：文献集》，吉林出版集团有限公司2005年版，第701页。

④ （明）王祎：《王忠文集》，《影印文渊阁四库全书》第1226册，台北：台湾商务印书馆1986年版，第444页。

⑤ （清）全祖望：《鲒埼亭集外编》卷十九，清嘉庆十六年刻本，第1页。

阔的学术胸怀，他烈辟佛老，尊朱极严，故黄宗羲在《明儒学案》卷四三《诸儒学案上一》说："景濂氏出入于二氏，先生以叛道者莫过于二氏，而释氏尤甚，不惮放言驱斥，一时僧徒俱恨之。"①但方孝孺极辟佛老，也是以对佛老的谙熟为前提的，否则就是无的放矢的胡说。胡长孺（1240—1314）字汲仲，永康人，得朱学嫡传，但又与元代天台宗大德梦堂昙噩交往甚密，相互切磋文艺。②甬上自杨简、袁燮、舒璘、沈焕四先生以后，心学流衍而演变为主流。朱学则发端于王应麟、黄震、史蒙卿。黄震与王应麟在学术上唱同一调门，史蒙卿则是王应麟的弟子。他们均有朱陆思想渊源杂多的特点，其中自然少不了作为本土思想传统之一的道家、道教。这一特点一直持续下来，明代王阳明及他的大部分弟子同样与道家、道教有非同寻常的渊源关系，以至于笔者主张用"道体儒用"来概括王阳明哲学思想的特点。③明末清初，黄宗羲同样与道家、道教有很深的渊源关系，对此龚鹏程有专文论述。④黄宗羲之后，浙东史学传人有万斯同、万斯大、谈迁、全祖望、邵晋涵、胡应麟、章学诚等人，他们的学术均与道家、道教有千丝万缕的联系。全祖望虽然儒家立场坚定，但他曾经对道教经典《阴符经》的成书年代和作者、王安石与道家思想的联系、邵雍易学与道教的联系、周敦颐《太极图》与道教的关系等都有精当的评论，如果没有对道家、道教深入研究的基础，这是不可能的。而且，他在《鲒埼亭集》外编卷三一《题真西山集》中明确指出："两宋诸儒，门庭径路半出于佛、老。"⑤胡应麟（1551—1602），字元瑞，更字明瑞，号少室山人，又号石羊生，浙江兰溪人，著述甚丰。其中《四部正讹》一书，上承宋濂的《诸子辨》，扩大检讨重要的古书，为古书辨

---

① （清）黄宗羲：《明儒学案》卷四十三，沈芝盈点校，中华书局2008年版，第1042页。

② 宋濂在《春草斋集序》中说："吾乡修道先生胡公，以光明正大之学，发为精深严简之文，训迪学子，篇章句字皆有法，往往从之者多得文之旨趣，其所造固有浅深高下之殊，而体裁终不失于古。四明梦堂噩师，虽居浮屠中，能久与先生游，先生为文之法，实与闻之。"（乌斯道：《春草斋集》卷首，《影印文渊阁四库全书》本）

③ 参见孔令宏《儒道关系视野中的朱熹哲学》附录，（台湾）中华大道出版社2000年版；孔令宏：《道体儒用的阳明哲学》，载钱明主编《阴明学新探》，中国美术学院出版社2002年版。

④ 参见龚鹏程《黄宗羲与道教》，载《海峡两岸道教文化学术研讨会论文集》，台湾学生书局1997年版。

⑤ （清）全祖望：《鲒埼亭集外编》卷三十一，清嘉庆十六年刻本，第6页。

伪，其中多有涉及道家、道教经籍者，如《鹖子》《列子》《子华子》《尹喜》(《道德经节解》)《文子》《阴符经》、郭象《庄子注》、葛洪《西京杂记》和与道家、道教多有联系的《山海经》。此外，他对北周废佛的主谋卫元嵩等与道教相关的历史也多有研究。对正一道龙虎山的历史，他在《少室山房笔丛》卷四十二《玉壶遐览》中说："汉第一代天师张道陵为玄教宗，继张鲁三国时据汉中。其子盛，魏封都亭侯，复还龙虎山，升坛授箓。传及五季，代称先生，若真静、虚白、葆真、虚静之属，而玄教日崇，至宋有正应先生、守真、观妙等。历宋而元，赐以冲和真人之号，传至正常，为四十二代，即国初天师也……自汉迄今，凡一千四百余年，相传五十代，盖释门所未有也。"[1] 他所著的《甲乙剩言》"胡孟弢"条载孟弢在任城客邸中遇见一位道士，"下瞰南池，远眺洸水，划然长啸，有如凤音"[2]，这是对啸与神仙道教关系的史料记载。对胡应麟与道家、道教的关系，下文还将从经史之学与子学的关系加以考察。此外，与道家、道教有紧密联系的浙东学者还有章学诚等。

儒学内部对道家、道教思想的吸收早已有之，其目的一是为了完善儒学，二是辟异端以维护儒学的正宗地位。明代中叶，儒学内部出现了明道致用这一新的思想动向。它主张：明经的目的在于明道，明道的目的在于致用，因此讲学当致用。这样，吸收诸子思想，尤其是道家、道教思想来丰富和发展儒家理学成为风尚。顾炎武在《顾亭林文集》卷五《富平李君墓志铭》中对此曾给予评述，说："当万历之末，士子好新说，以庄列百家之言窜入经义，甚至合佛老与吾儒为一，自谓千载绝学。"[3] 可见，明代自启祯年间以来，包括诸子百家思想在内的新说，在学术思想领域中已居于重要地位，严重威胁着占统治地位的理学的存在。到了明清之际，这一动向得到了更大程度的发展。有的学者，如黄宗羲、唐甄等，不愿意如宋濂等人一样偷用诸子思想，也不满足于从诸子书中寻章摘句，而是直接以诸子著述的形式从诸子学中阐发新思想。为了使这种做法合法化，他们对诸子与儒家的关系给出了新的诠释。万历举人胡

---

[1] (明)胡应麟：《少室山房笔丛》卷四十二，上海书店出版社2009年版，第444页。
[2] (明)胡应麟：《甲乙剩言》，中华书局1991年版，第10页。
[3] 《顾亭林诗文集》，华忱之点校，中华书局1983年版，第119页。

应麟在《少室山房笔丛》卷三八《华阳博议》中，对经学与子学之间的关系说道："百家之学，亡弗本于经也。"① 清初黄宗羲在《孟子师说》中类似地说："古今诸子百家，言人人殊，亦必依傍圣门之一知半解而后得成说，何曾出此范围。"② 这个观点不符合史实，其本意在于强调诸子与儒经在精神实质上是相同的，诸子也是有价值的。在《文史通义》卷一诗教上中，章学诚进一步发挥了这种思想，说："战国之文，其源皆出于六艺。何谓也？曰：道体无所不该，六艺足以尽之。诸子之为书，其持之有故而言之成理者，必有得于道体之一端，而后乃能恣肆其说，以成一家之言也。所谓一端者，无非六艺之所该，故推之而皆得其所本，非谓诸子果能服六艺之教，而出辞必衷于是也。《老子》说本阴阳，《庄》《列》寓言、假象，《易》教也。邹衍侈谈天地，关尹推衍无行，《书》教也。纵横辞命，出使专对，《诗》教也。管、商法制，义存政典，《礼》教也。申、韩刑名，旨归赏罚，《春秋》教也。其他杨、墨之言，孙、吴之术，辨其源委，挹其旨趣，九流之所分部，七录之所叙论，皆于物曲人官得其一致，而不自知为六典之遗也。"③ 在他看来，诸子的宗旨都可归结为六经之说。这种诸子合乎经义的观念，为清代儒家援用子书求证、发挥经义铺平了道路。

在史学领域，明末清初以来，有不少学者确认诸子亦史，诸子于史学研究有益。胡应麟继承了前人诸子书中有历史，历史书中有诸子的贡献，即子史互见的思想，在《华阳博议》中直接提出"众说子也而实史"④ 的观点。谈到诸子记载三代史迹时，他说："春秋、秦、汉杂传子书，又往往掇拾其一，而轶其二三。"⑤ 他虽然推崇经传，但也明确指出诸子可证三代古史的史料价值，说："夫三代之书，其传于后世常寡，而三代之迹，其轶于上古常多，至圣贤大节，未有不具载于六经，而互见于子史者。"⑥ 他明确指出，三代历史不但见于六经，而且互见于诸子。

---

① （明）胡应麟：《少室山房笔丛》卷四十二，上海书店出版社2009年版，第385页。
② 《黄宗羲全集》第一册，浙江古籍出版社1985年版，第154页。
③ （清）章学诚著、叶瑛校注：《文史通义校注》，中华书局1985年版，第60页。
④ （明）胡应麟：《少室山房笔丛》卷三十八，上海书店出版社2009年版，第385页。
⑤ （明）胡应麟：《少室山房笔丛》卷十五，上海书店出版社2009年版，第150页。
⑥ （明）胡应麟：《少室山房笔丛》卷十五，上海书店出版社2009年版，第153页。

章学诚可谓浙东史学大师，对子与史的关系，他也有不少精辟的见解。他在"六经皆史"观的基础上，进而认为经、子、集皆与史相通。《文史通义·报孙渊如书》中，他说："愚之所见，以为盈天地之间，凡涉著作之林，皆是史学。六经特圣人取此六种之史，以垂训耳。子、集诸家，其源皆出于史，末流忘所自出，自生分别，故于天地之间，别为一种不可收拾、不可部次之物，不得不分四种门户矣。"① 章学诚反对"离事而言理"，因此，他不仅认为六经皆史，而且其他子书甚至文集，都可以作为史来对待。在《文史通义·外篇·述学博文》中，他认为诸子不仅来源于史，而且"诸子之书，多周官之旧典"②《章氏遗书·史考释例》还有"虽曰诸子家言，实亦史之流别"③ 之说。他在编修《史籍考》的类例中特别强调要选录子书，说："诸子之书，多与史部相为表里。如周官典法，多见于《管子》《吕览》，列国琐事，多见于《晏子》《韩非》。"④ 他在《章氏遗书·史考释例》中又说："子部列有类家，而会要典故之书，其例实通于史。法家之有律令，兵家之有武备，说家之有闻见，谱录之有名数，是子库之通于史者什之九也。"⑤ 章学诚这种诸子皆史的观念与其六经皆史的提法一样，不仅对史学理论有新的贡献，而且使人们对子书有了新的认识。

章学诚虽无诸子学的研究专著，但他坚持"事势自然"的观点，认为诸子书、诸子学是古代社会发展的产物，都"必有得于道体之一端"⑥。正是在吸收道家等诸子思想的基础上，他对历史哲学多所阐发，颇具新意。如他对"道"解释说："道者，非圣人智力之所能为，皆其事势自然，渐形渐著，不得已而出之，故曰天也。"⑦ 道之所以即为天，是因为

---

① （清）章学诚：《章氏遗书》卷九，商务印书馆1936年版，第334页。
② （清）章学诚：《章氏遗书》卷七，商务印书馆1936年版，第224页。
③ （清）章学诚著，仓修良编注：《文史通义新编新注》外篇一《史考释例》，浙江古籍出版社2005年版，第440页。
④ （清）章学诚：《校雠通义》卷第十三《内篇三》，民国十一年吴兴刘氏嘉业堂刊本，第95页。
⑤ （清）章学诚著，仓修良编注：《文史通义新编新注》外篇一《史考释例》，浙江古籍出版社2005年版，第440页。
⑥ （清）章学诚著、叶瑛校注：《文史通义校注》，中华书局1985年版，第60页。
⑦ （清）章学诚著、叶瑛校注：《文史通义校注》，中华书局1985年版，第119页。

道的实质是自然。对此，章学诚有明确的阐述："道有自然，圣人有不得不然，其事同乎？曰：不同。道无所为而自然，圣人有所见而不得不然也。圣人有所见，故不得不然；众人无所见，则不知其然而然。孰为近道？曰：不知其然而然，即道也。非无所见也，不可见也。不得不然者，圣人所以合乎道，非可即以为道也。圣人求道，道无可见，即众人之不知其然而然，圣人所藉以见道者也。故不知其然而然，一阴一阳之迹也。学于圣人，斯为贤人；学于贤人，斯为君子；学于众人，斯为圣人。"① 这种对道即天而实为自然的观点，无疑源出于《老子》。章学诚肯定道家之学的价值，而且如庄子一样，为道术为天下裂而惋惜。如《文史通义》卷二《内篇二》所说："诸子之奋起，由于道术既裂，而各以聪明才力之所偏，每有得于大道之一端，而遂欲以之易天下。"② 这与《庄子·天下》所说"天下之治方术者多矣，皆以其有为不可加矣"③ 如出一辙。章学诚与庄子一样肯定"子学"的魅力，认为"天不生诸子，万古长如夜"，天不言，诸子诞生而替天言，世界因此阳光明媚，一片光明。但是，章学诚又与庄子一样对统一"道术"的分裂而感到惋惜，企望于重建道术，为宇宙、人类提供最高的智慧和学说。

从上可见，浙东学派的诸多大家，如吕祖谦、陈亮、叶适、王阳明、黄宗羲、章学诚等，他们虽然站在儒学的立场上对道家、道教多有批判并有强烈的门户之见，但他们的人生经历往往在早年多与道教人物有交往、研究、阅读过道家、道教著作，思想上受道家、道教影响很深，成熟后往往也未完全割断与道家、道教的思想联系。这使得他们的思想中杂有道家、道教的成分或有鲜明的受道家、道教影响的痕迹。同时，道家、道教的影响使得浙东学派形成了一些独到的特点和富于特色的面貌。一是思想渊源博杂多端，这同样是道家、道教学者的一般特点。二是较少囿于门户之见，因循守旧，而是心胸开阔，勇于创新。这一点，恰好是道家、道教思想发展史上一贯所具有的特色。三是理论能与实践相结合，注重实用。浙东学派的最大特点是倡言功利，提倡经世致用。如叶

---

① （清）章学诚著、叶瑛校注：《文史通义校注》，中华书局1985年版，第120页。
② （清）章学诚著、叶瑛校注：《文史通义校注》，中华书局1985年版，第171页。
③ 陈鼓应：《庄子今注今译》，商务印书馆2007年版，第983页。

适在《习学记言序目·汉书三》中说:"无功利,则道义者乃无用之虚语尔。"他提出不应"以义抑利",而应"以利和义",主张"以利与人……故道义光明"①。这与正统儒家所捍卫的"君子喻于义,小人喻于利""谋道不谋食"的信念大相径庭,而与道家、道教重视实用、以术得道的思想特色颇为一致。在经济政策上,叶适等浙东学者们多不赞成儒家重农抑商、重官抑私的方针,主张繁荣工商业,政府不应该过多干预、限制经济,而应该实行比较自由放任的经济政策。这与受汉代黄老道家深刻影响的司马迁的主张颇为接近,其中渗透着道家、道教所宣扬的自然、无为的深层哲理观念。

二 道体儒用的阳明哲学

宋代理学,尤其是朱熹哲学深受道家、道教思想的影响。② 这对此后的儒家思想发生了深刻的影响。朱熹之后儒家哲人的纳道入儒已经不再羞羞答答、遮遮掩掩,而是公开的、全面的、整体的。元明两代的儒家学者吴澄、陈献章、娄琼均受道教思想影响。王阳明自幼对道教有浓厚的兴趣,身体力行地修炼内丹而且颇有成就。他受道家、道教思想影响的程度远远超过朱熹。他的心学思想受道教内丹学影响之深,与其说是儒学,不如说是道学,准确地说,他的思想的实质是道体儒用。在他的影响下,心学的一大批弟子和传人,如王畿、罗洪先、朱得之、胡直、蒋信、王宗沐、方与时、罗汝芳、陆澄、王嘉秀、萧惠等均修炼内丹并以内丹学思想来证心学,在思想上受道教影响很大。

王阳明正德三年的龙场悟道是靠修炼道教的静坐之术而得的。悟的内容是格物致知的实质,即"圣人之道,吾心即足"。正德八年他以知为心的本体,九年明确为良知是心之本体,十六年正式把本体与功夫、知与行合一而提出"致良知"之教。"良知"虽然最早源于孟子,但后来并不只是儒家的东西,道教中就有这一思想。良知本体是天理之全,心体自足,天理俱在,不假外求。这个思想,金代全真教北宗创始人王重阳类似地说过。王阳明用太虚对良知本体的描述,与王重阳对道本体的描

---

① (宋)叶适:《习学记言序目》,中华书局1977年版,第324页。
② 参见孔令宏《朱熹哲学与道家道教》,河北大学出版社2001年版。

述很接近。道教修道的三要素是精、气、神，王阳明也把这搬进儒家来，用以解释良知本体的"妙用""流行"和"凝聚"。道家、道教的道本体是玄寂，即静。王阳明的良知本体也有静的性质。如镜子一样情顺万物而无情，实即王弼所说的应物而无累于物。明镜之喻也来源于道家。道家所主张的智慧洞悉而不为外物所累的本体境界，与王阳明的良知本体没有本质的差别。

王阳明认为，致良知即证悟本体，即体即用，这正如唐代《清静经》等道教经典所说的"修道即修心，修心即修道"。王阳明也与庄子一样从齐物、修己两方面来体证本体。

本体是形而上，必须落实到形而下。良知本无所谓动静，但它在形而下的层次则有动静的区别。这区别在于："循理之谓静，纵欲之谓动"①。这类同于嵇康所说的"心无所尚而是非允当"，也与庄子的"是其所是，非其所非"有渊源关系。在王阳明看来，本体的作用完全顺任自然。但道家、道教只管自己的养生，佛教遗弃社会人伦，这是儒与佛道的区别。他认为，养生以清心寡欲为根本，寡欲则心自清，但清心不是独居求静、不管人事，而是以不变应万变的养心功夫。这是王阳明站在儒家立场上对道教修心之术的改造。王阳明的养心功夫与道教一样用静坐的形式去除杂念，体悟本体。对传统儒家的立志思想，王阳明借用道教内丹学的"结圣胎"来解释。本体落实到形而下的用的层次，他同道家、道教一样重本体的领悟而不重知性的开张。庄子主张"言不尽意"，王阳明同样如此。他与道家一样把言论纷纭看作是社会动乱的原因之一。从良知本体出发，王阳明对传统儒家的理想社会进行了更新改造，他的理想社会的蓝图类似于嵇康等道家人物的观点。

总之，王阳明一生与道家、道教有密切的关系。他在形而上的体的层次取法于道家、道教哲学的道本体论，在形而下的层次则恪守儒家的立场，并大体上做到了体与用的一致。阳明哲学的实质是道体儒用。

---

① 《王文成公全书》，王晓昕、赵平略点校，中华书局2015年版，第221页。

第四节　儒学仁礼关系的现代诠释与现代价值*

关于孔子对仁与礼的关系的看法，学者们有不同的观点。我认为，应该以人的自然属性为基础，从人的社会交往关系来思考、处理仁与礼的关系。

一　仁与礼的内涵

基于对儒家思想的分析，我们认为，仁的内涵有四个层次，每一层次有相应的性质：

第一，本源论层次及其性质"生"。孔子宣称："仁远乎哉？我欲仁，斯仁至矣。"① 这是把仁视为每一个人与生俱来就具有的内在性质。孟子把仁视为生命的善端。宋明仁学进而直接以"生"训仁。从本源论的角度，儒家认为，仁与人的生命本性若合符契，与生命一道生生不息。

第二，主体间性层次及其性质"通"。《说文解字·人部》说："仁，亲也。从人从二。"② 把仁解释为"从人从二"之"二人"，这一词源学的解释可看作仁的最原始内涵的直接而真切的说明。《中庸》说："仁者人也"，郑注："人也，读如相人偶之人，以人意相存问之言。"③ 这就是说，仁是一个关系范畴，指的是主体间性。与西方的主体间性理论不同，孔子所创始的儒家学说不是从唯一的我出发，而是从"交互的我"与同一关系场域中的"你"出发的。它不是把他人作为一种业已世界化的"准客体"而物化地加以认识，而是把他人乃至他物都作为一种和我一样自足自在的主体而直接加以把握的。这就是说，儒家不是把我与他人的关系视为主体对于客体的单向的意向性认识活动，而是视为两个有意志

---

* 本节原标题为《儒学的仁礼关系及其现代诠释》，载国际儒学联合会编《儒学与当代文明》，九州出版社 2005 年版，第 1012—1022 页。

① 程树德：《论语集释》，程俊英、蒋见元点校，中华书局 1990 年版，第 495 页。

② 王平、李建廷编著：《说文解字》（标点整理版），上海书店出版社 2016 年版，第 200 页。

③ 《礼记正义·中庸》，阮元校刻《十三经注疏》（清嘉庆刊本），中华书局 2009 年版，第 3535 页。

的主体双向互相"对话"的解释学过程。

儒家认为，人际交往中你与我是互为存在前提的。以"二"释人说明，我不能离开你而独自存在的，我只是置身于与你的关联场域中才能获得对我自身存在的肯定。如孔子所说："鸟兽不可与同群，吾非斯人之徒与而谁与？"① 其次，人际交往中你与我是互为因果的。孔子说："己欲立而立人，己欲达而达人"②，最后，人际交往中你与我是平等的。"君之视臣如犬马，则臣视君如国人；君之视臣如土芥，则臣视君如寇雠。"③ 事实上，由于不是把他人作为己身之外的对象，而是作为真正的主体来把握，由于强调主体间不是对立关系而是平等的交互关系，中国古代哲学历来坚持"人是目的"而反对把他人沦为我之"工具"和"手段"，倡扬友爱、互助，从而与种种片面鼓吹斗争、冲突的哲学保持着较大的距离。

在孔子看来，通过"尽己之心"与"推人之心"，可以达到人与人之间的"通"。孔子强调对他人心灵的直觉、感悟与体悟。这就是他所谓的"仁者爱人"和"恕"。他说："夫仁者，己欲立而立人，己欲达而达人。能近取譬，可谓仁之方也已。"④ 这是就积极的方面而言的。就消极的方面而言，"子贡问曰：有一言而可以终身行之者乎？子曰：其恕乎！己所不欲，勿施于人。"⑤ 贯通这两方面的是以己推人的恕。关于恕，《说文》云："恕，仁也。"⑥ 孟子也说："强恕而行，求仁莫近焉。"⑦ 恕即是由己之心推知他人之心，是我与他人之间的"沉默的交谈"，反映的是主体之间心心相印的沟通、默契的性质。据此，孟子直接把这种对他人心灵的直觉和感悟称为"不忍人之心"或"恻隐之心"，即所谓"人皆有所不忍，达之于其所忍，仁也"⑧。主体间性层次的仁，性质是通。焦里堂以"旁通之情"释仁，戴震以"通天下之欲之欲"释仁，说的都是这个意思。谭嗣同则直截了当地以破世间对峙之通为仁，称"仁以通为第一

---

① 程树德：《论语集释》，程俊英、蒋见元点校，中华书局1990年版，第1270页。
② 程树德：《论语集释》，程俊英、蒋见元点校，中华书局1990年版，第428页。
③ （清）焦循：《孟子正义》，沈文倬点校，中华书局1987年版，第546页。
④ 程树德：《论语集释》，程俊英、蒋见元点校，中华书局1990年版，第428页。
⑤ 程树德：《论语集释》，程俊英、蒋见元点校，中华书局1990年版，第1106页。
⑥ 王平、李建廷编著：《说文解字》（标点整理版），上海书店出版社2016年版，第274页。
⑦ （清）焦循：《孟子正义》，沈文倬点校，中华书局1987年版，第883页。
⑧ （清）焦循：《孟子正义》，沈文倬点校，中华书局1987年版，第1007页。

义",提出"中外通""上下通""男女通""人我通"①。这是对仁在主体间层次的内涵的极为精辟的概括。

第三,社会政治层次及其性质"公"。社会政治层次是建立在主体间性层次之上的。在这一层次,儒家主张"公",反对"私"。孔子不仅提倡"毋我"而且强调"克己复礼"方可以为仁。二程把这一思想发展为"仁者,浑然与物同体"②。这一思想的实质是"公"。程颐说:"仁道难名,惟公近之。"③ 公是与私相对而言的。

第四,境界论层次及其性质"爱"。这是本源论层次与主体间性层次、社会政治层次相结合,在人的后天生命历程中的表现。孔子说"仁者爱人"④,又说"择不处仁,焉得智"⑤,爱不仅使得主体从自我封闭的孤独中走出,从而清除了与他人、与自然分离之苦,而且作为一种根于"天命之性"的最原始、最质朴的与整个世界融为一体的生命要求,它也是一种最深刻、最直接的切入对象、把握事物的方式。如此一来,仁就是贯通内外的成己成人、立身处世的综合性的理想状态,一种境界。诚如宋儒说:"盖仁者,人所自在而自为之。"⑥

当然,在人与人的交往关系中不仅只有人,还有物。人际之间的交往除了通过主体间性来展开,还要通过异于人的世界的形式展开。所以,人的社会化与对象化实际上同时存在着,人与人的关系往往包含着人与物的关系,主体间关系和主客关系密切交织、互为补足。对此,儒学是通过礼的范畴来加以说明和解释的。

礼的内涵,从儒家的思想来看,它有三个层次:

第一,天礼,其性质为文,对"文",司马光的解释是:"古之所谓文者,乃诗书礼乐之文,升降进退之容,弦歌雅颂之声,非今所谓文也。"⑦ 如此看来,"文"实为一种有意味的形式,一种秩序。《礼记》

---

① 谭嗣同:《仁学》,中华书局1958年版,第4页。
② 王孝鱼点校:《二程集》,中华书局2004年版,第16页。
③ 王孝鱼点校:《二程集》,中华书局2004年版,第63页。
④ 程树德:《论语集释》,程俊英、蒋见元点校,中华书局1990年版,第873页。
⑤ 程树德:《论语集释》,程俊英、蒋见元点校,中华书局1990年版,第226页。
⑥ (宋)朱熹:《四书章句集注》,中华书局1983年版,第168页。
⑦ (宋)司马光著,李之亮笺注《司马温公集编年笺注》卷六十,巴蜀书社2009年版,第547页。

称"礼必本于大一"①,张载称"礼即天地之德"②,王安石称"体天下之性而为之礼"③。根据这些解释,礼即宇宙本源的原初生命活动形式。

第二,人礼,其性质为德:人礼乃周公"还礼于俗",让礼从天上返回人间的结果。人是宇宙本源的产物,据此,《礼记·礼器》说:"礼也者,反本修古,不忘其初者也。"④ 张载也说:"宗法不立,则人不知统系来处。"⑤ 正是在这种返祖归始的过程中,人为自己业已"匿名"而"认不出自己"的社会存在找到其人性的原始出处和根据,并使这种社会存在成为自己生命能够根深叶茂地显现和发扬的形式。《礼记·乐记》说:"礼乐皆得,谓之有德。"⑥ 这个"德"的具体内容,首先是"顺"。《礼记·乐记》说:"乐极和,礼极顺。"⑦ 其次是"敬"。《礼记·聘义》说:"相接以敬让,则不相侵陵。"⑧ 敬使得双向的、对等交叉型的人际关系模式成为可能。正如《礼记·曲礼上》说:"礼尚往来,往而不来,非礼也;来而不往,亦非礼也。"⑨ 人际关系同样是对称平等的。诚如《左传》昭公二十六年所说:"君令、臣共、父慈、子孝、兄爱、弟敬、夫和、妻柔、姑慈、妇听,礼也。"⑩ 据此,建立在人际关系基础上的政治关系同样也是双向的、平等的、交互性的,这就是民主。《论语》中"出

---

① 《礼记正义·礼运》,阮元校刻《十三经注疏》(清嘉庆刊本),中华书局2009年版,第3087页。
② 章锡琛点校:《张载集》,中华书局1978年版,第264页。
③ 《王安石全集》,秦克、巩军标点,上海古籍出版社1999年版,第249页。
④ 《礼记正义·礼器》,阮元校刻《十三经注疏》(清嘉庆刊本),中华书局2009年版,第3118页。
⑤ 章锡琛点校:《张载集》,中华书局1978年版,第258—259页。
⑥ 《礼记正义·乐记》,阮元校刻《十三经注疏》(清嘉庆刊本),中华书局2009年版,第3313页。
⑦ 《礼记正义·乐记》,阮元校刻《十三经注疏》(清嘉庆刊本),中华书局2009年版,第3347页。
⑧ 《礼记正义·聘义》,阮元校刻《十三经注疏》(清嘉庆刊本),中华书局2009年版,第3676页。
⑨ 《礼记正义·曲礼上》,阮元校刻《十三经注疏》(清嘉庆刊本),中华书局2009年版,第2665页。
⑩ 《春秋左传正义·昭公二十六年》,阮元校刻《十三经注疏》(清嘉庆刊本),中华书局2009年版,第4594页。

门如见大宾,使民如承大祭"①所体现的孔子对民意的诚惶诚恐、敬若神明,不正是周代民主制度之下统治者的"公仆"遗风吗?所以孔子曰:"古之为政,爱人为大,所以治爱人,礼为大。"②质言之,政治活动无非是个体生命的本然形式在社会中的一种显现活动,它固然有抽象的、概念化的律令和法的形式,但其实是"器以藏礼",是与人的生命紧密联系在一起的"礼仪"形式。正是礼仪的不同形式决定了人们社会行为的不同内容,决定了人们在社会事务中不同的身份和作用,此即"礼以定位"。"仪"所体现的政治制度、规范不过是生命活动稳定性在政治领域的表现,即政治秩序。它们不是政治家逞一己之私的统治工具,而是以家庭血缘关系为基础的族类生命的具体生动、自然而然地呈露的表现形式。

第三,物礼,其性质是专制统治的用具:上述两个层次都没有涉及现实生存活动中人的物质利益。一旦涉及礼往往就会变味。儒家阵营中,到了荀子,礼就演变成为后王统治社会的用具,是"使有贵贱之等,长幼之差,知愚能不能之分"③的政治"别异"的工具,是"法之大分类之纲纪"④,是纠正和规范人的行为的外在的"绳墨"和"规矩",这样一来,与生命和同的礼治社会也就转变为离弃生命的"法治"专制社会。进而,儒生们以"理"释"礼",礼被解释为理,儒学也就失落了独立的道统,屈服于政统,成为官方意识形态的一部分。于是,人际间交互性的、平等的关系不再存在,取而代之的是"下顺乎上,阴承乎阳"的"天下之正理",从而,"天理存则人欲亡,人欲胜则天理灭,未有天理人欲夹杂者","革尽人欲,复尽天理"⑤,人的生命已不再重要,"饿死事

---

① 程树德:《论语集释》,程俊英、蒋见元点校,中华书局1990年版,第824页。
② 《礼记正义·哀公问》,阮元校刻《十三经注疏》(清嘉庆刊本),中华书局2009年版,第3497页。
③ (清)王先谦:《荀子集解·荣辱》,沈啸寰、王星贤点校,中华书局1988年版,第70页。
④ (清)王先谦:《荀子集解·劝学》,沈啸寰、王星贤点校,中华书局1988年版,第12页。
⑤ (宋)黎靖德编:《朱子语类》卷十三,王星贤点校,中华书局1986年版,第224、225页。

极小，失节事极大"①。这样一来，民主被专制所取代，社会秩序陷入混乱和无序。到了清代，朴学家们反宋明理学，以礼释理，礼又只成为知性认识的内容，退出了人的生命领域，从而，礼也就走到了物礼的尽头。

二 仁与礼的关系

仁的内涵有四个层次，礼的内涵有三个层次，由此可见，仁与礼的关系不应该是简单地用一句话就能概括的。我们认为，应该从如下几个方面来考虑：

第一，基于人的现实生存状态，礼是人的生活规则、伦理规范、人文规范、社会制度，是人一出生就直接面对的现实生存环境，是不可回避的，也是人在社会中成长所必不可少的。诚如孔子所说："丘闻之，民之所由生，礼为大。非礼，无以节事天地之神也；非礼，无以辨君臣上下长幼之位也；非礼，无以别男女父子兄弟之亲，婚姻疏数之交也"②。所以，"不学礼，无以立"③。人在社会中既然不可能独自生存，必须与别人交往，而礼就是社会性交往行为的规范，所以孔子有"礼以行之"的主张，并强调"约之以礼"。总之，就仁与礼的关系而言，礼比仁处于更为基础性的层次，是每一个社会成员、每一个参与社会交往的人都必须要直面的。

第二，礼中含仁。仁的实现需要借助于礼。仁并非空洞之物，它的发用流行需要通过礼来显现。实施礼的行为，也就是实行仁的精神。在仁的实现过程中，礼具有头等重要的意义。《论语·颜渊》记载："颜渊问仁。子曰：克己复礼，为仁。一日克己复礼，天下归仁焉。为仁由己，而由仁乎哉？颜渊曰：请问其目？子曰：非礼勿视，非礼勿听，非礼勿言，非礼勿动。"④使自己的言行符合礼，这本身就是仁。这就是说，礼是仁的外在表现形式，离开了礼，仁就没有存身之所。孔子讲"能行五

---

① 王孝鱼点校：《二程集》，中华书局2004年版，第301页。
② 《礼记正义·哀公问》，阮元校刻《十三经注疏》（清嘉庆刊本），中华书局2009年版，第3496页。
③ 程树德：《论语集释》，程俊英、蒋见元点校，中华书局1990年版，第1169页。
④ 程树德：《论语集释》，程俊英、蒋见元点校，中华书局1990年版，第817—821页。

者于天下为仁矣"。这"五者"就是"恭、宽、信、敏、惠"①。另外，孝悌也是仁的表现。孔子说："君子务本，本立而道生。孝悌也者，其为仁之本与！"② 除此之外，"居处恭，执事敬，与人忠；虽之夷狄，不可弃也"③ 也是仁。孔子认为，仁者如果行为不符合道德规范，那就说明其仁的品级并不高，还有待完善。守礼者不必是仁者，但仁者必当是守礼者。通过礼可以彰显仁。

第三，就价值观而言，仁是比礼更高的价值要求。孔子指出，成为仁者比守礼更为艰难："仁者先难而后获，可谓仁矣。"④ 仁并不是所有人都可以达到的，因为它比礼的要求更高。所以孔子说："民之於仁也，甚於水火。水火，吾见蹈而死者矣；未见蹈仁而死者也。"⑤ 对那些连守礼也难以做到的人，即小人，孔子甚至直截了当地说："未有小人而仁者也"⑥，所以，他认为，王者当政要三十年才有可能仁政大行："如有王者，必世而后仁。"⑦ 但这种比礼更高要求的仁，才是人类社会应该提倡的价值观，是人之所以为人的根据之所在。孔子在回答弟子关于君子修养的层次时说，"修己以敬""修己以安人""修己以安百姓"是三个依次升高的层次，而最高的层次"修己以安百姓，尧舜其犹病诸"⑧。只有圣人才能做到仁，即使尧舜也没有完全做到仁。仁既是人道主义的最高要求，也是人生境界的最高品级，还是最符合本源论所彰显的生生不息的生命的本性。

第四，礼因有物礼这一层次的内涵，故有蜕化变质的可能。物礼是与人的生命本性不相符的，也是违反人类共同的基本价值观的。人只有在基于生产实践的社会交往关系中才能形成崇善恶恶的价值观，才能自觉地守礼。孔子以爱为仁之本，但爱并不等于代替他人去劳动。他说：

---

① 程树德：《论语集释》，程俊英、蒋见元点校，中华书局1990年版，第1199页。
② 程树德：《论语集释》，程俊英、蒋见元点校，中华书局1990年版，第13页。
③ 程树德：《论语集释》，程俊英、蒋见元点校，中华书局1990年版，第926页。
④ 程树德：《论语集释》，程俊英、蒋见元点校，中华书局1990年版，第406页。
⑤ 程树德：《论语集释》，程俊英、蒋见元点校，中华书局1990年版，第1123页。
⑥ 程树德：《论语集释》，程俊英、蒋见元点校，中华书局1990年版，第957页。
⑦ 程树德：《论语集释》，程俊英、蒋见元点校，中华书局1990年版，第910页。
⑧ 程树德：《论语集释》，程俊英、蒋见元点校，中华书局1990年版，第1041页。

"爱之，能勿劳乎？"① 问题的关键在于："夫民劳则思，思则善心生；逸则淫，淫则忘善，忘善则恶心生。"② 礼是根据崇善恶恶的价值观而制定的，其核心是基于人与人之间的自由、平等关系，用规范来调节人与人之间的关系，防止不劳而食、抢劫、掠夺、以强凌弱等不公正、不对等的社会交往关系的出现。恕道的内容是不强迫他人做于人不利的事情。这一思想来自于对人与人之间的平等、自由的了解，来自于对人性和人心的深刻洞察，人性人心的本质决定了人我同此心、同此性。我心我性所不愿承忍者，绝不能强加于他人。儒家思想后来之所以变为君主专制的护身符而被曲解利用，正是因为它引入法家思想而偏离了人际间的自由、平等性。早期儒家的"君事臣以礼，臣事君以忠"的"君臣相须"由此演变为"善皆归于君，恶皆归于臣"的"君尊臣卑"，早期儒家的"得乎丘民而为天子"的"民贵君轻"由此沦落为"君之所好，民必从之"的"君令民从"。这样一来，天礼不复存在，人礼也就沦陷为物礼。摒弃物礼，回归人礼并以天礼为终极归宿，是现代已完成局部并正在进行中的一个长期而艰巨的重大任务。已完成的局部就是，民主已成为全人类的共识和主导的发展潮流，民主国家已在世界上占多数。"正在进行中"说明现代社会尚有弊端，这一任务还远远没有完成。例如，哈贝马斯认为，现代社会的一大悲剧在于"争辩"取代了"对话"，"强制"取代了"协商"，人与人的诗意关系被物与物的冷酷关系所取代。

第五，基于人类共有的价值观，仁应该成为制礼行礼的根据，在理论上仁对于礼具有优位性，即仁对于礼来说是属于第一位的，而礼是第二位的。《论语》对礼的强调是以对仁的首肯和深信不疑为前提的。仁是在立身处世中通过价值观的诱导和行为规范的约束而积淀于内心的一种综合性的理想的心理状态。仁是礼的灵魂，礼是仁的功用。如果缺乏这种认识，对于现实生活中的背仁之礼就只能听之任之而无所作为。在人们的现实社会交往关系中，仁与礼是难以截然分开的，所以，以仁为体、以礼为用准确地说应该是依仁以制礼、行礼为体，设礼以显仁为用。

---

① 程树德：《论语集释》，程俊英、蒋见元点校，中华书局1990年版，第958页。
② 徐元诰：《国语集解》，王树民、沈长云点校，中华书局2002年版，第194页。

第六，私人空间是以无限个体为逻辑前提的，而公共空间则是以有限个体为逻辑前提的。在现代社会，我们应该对私人空间与公共空间有明确的划分。在私人空间中提倡仁，尤其是境界论层次的仁，并由仁倡导圣。但在公共空间中，必须倡导和实施礼，并力图通过个体与社会共同体在交往活动中以仁为指导，通过商谈达到符合主体间层次、社会政治层次的仁与礼的良性互动，并向本源论层次的仁与天礼的良性互动发展。皮亚杰说，人际之间的一种彻底交互关系的建立必然会导致个体的合目的性与社会的合规律性之间对立的和解，即导致外在的伦理规定的内化，实现真正的道德自律。这体现了仁与礼的体用关系的良性互动。在现代社会，市场经济下激烈竞争所导致的人际关系的淡漠、个体的孤立绝缘等窘境，是可以凭藉儒家的仁、礼之说而有所缓解的。"从思想倾向上来讲，儒家伦理既是自由主义的，又是社群主义的。儒家的道德原则乃是要求实现所有人的自由与平等的原则，它主张在他人和群体的尽善尽美中实现个体的完善。儒家自由主义总是渗透着儒家社群主义，同时后者也总是渗透着前者，因为在互动的交往和行动中，儒家社群主义要求所有人自由平等地参与其中。如果是在现代的民主社会里，这种相互渗透将会重建新的价值，也将把道德的权利和政治的权利结合在一起"①。哈贝马斯认为，一个理想的社会应打碎阻塞言语的文化锁链，使人们彼此敞开心扉，以诚意、亲善、相互尊重为原则建立一种"使非强迫的普遍同意成为可能"的"理想化的说话情境"。这一"理想化的说话情境"，不就是社会层次的仁与人礼相结合的情境吗？但根据儒家思想，达到这一情境显然还不够，还要达到本源论层次的仁与天礼相须相融的最高情境。

第五节　传承、弘扬儒学的新举措[*]

儒学的传承、弘扬目前主要有六方面的力量参与：一是从事儒学研

---

① ［美］成中英：《对哈贝马斯理路的儒学反思》，崔雅琴译，载杨国荣主编《思想与文化》第三辑，华东师范大学出版社2003年版，第29页。

[*] 本节原文发表于台湾《孔子世家》2018年第4辑。

究的学者、学术性刊物、机构和团体；二是进行以儒学为主的国学普及的学者、儒学爱好者及主要由他们组成的社团；三是进行以儒学为主的国学普及教育的民间办学机构；四是遍及各地的孔庙；五是由孔、孟、颜、曾、朱等后裔组成的宗亲联谊会，其中孔氏后裔占据主导地位；六是礼生。至于遍及146个国家由中国大陆官方与国外教育机构合作举办的五百多所孔子学院和一千一百多个孔子课堂，主要从事的是汉语教学，儒学的宣传教育并非其日常工作。

这六方力量，在传承、弘扬儒学方面，各有其优势和特长。

儒学研究的学者，主要是对儒学的历史、思想、学派等领域进行系统深入的学术研究，在现代还包括接着传统儒学往下讲，即发展儒学，建构和发展新儒家的任务。他们的学术研究成果，虽然本于客观的学术立场，但也是在高层次上传承、弘扬儒学，对儒学的普及具有引领的作用，能够让儒学的传承、弘扬保持在正确的轨道上，即使是现代具有创新意义的新儒家，也是在继承儒学基本特色的基础上对儒学的发展，并非另起炉灶、离经叛道。学术研究的成果是论文和著作，虽然读者数量较少，但在学术人才培养方面有重要作用，是新一代儒学研究人才需要阅读的作品，是新的儒学研究得以展开的前提。儒家研究的学术性刊物，比较专门的是《孔子研究》，还有一些以书代刊的学术集刊，如《国际儒学研究》《朱子学刊》等。儒学的学术研究机构，专门的有中国孔子研究院、贵阳孔学堂等，此外还有诸多附设于高等院校和社会科学院的研究院所，如山东大学附设的儒学高等研究院。儒学的学术团体也比较多，著名的有国际儒学联合会、中华孔子学会、（中国）朱子学会等。此外，还有与此紧密相关的中国孔子基金会。

普及儒学的学者、儒学的爱好者和由他们组建的社团对儒学的普及宣传贡献良多。他们往往采取因地制宜、灵活多样的方式宣传儒家文化。他们组建的社团，在一些骨干分子的带动下举办了多种多样的活动。这些社团多以孔子文化促进会、儒学促进会等命名。这类团体中，孔教会比较特殊，它在香港等地和几个东南亚国家是政府认可的合法宗教团体。需要注意的是，普及儒学的学者和儒学爱好者的一些言论，并不完全正确。他们组建的社团中的部分未经正规注册、或注册后未有效开展活动、或从事与其宗旨不相符合的营利性活动。

普及儒学的民间办学机构在最近二三十年间大量涌现出来。他们多为书院，部分称为国学馆，还有少数以"堂"等命名。著名的是位于北京的四海孔子书院等。他们招收各个年龄段、各个层次的学员，展开礼仪实践与理论相结合的教学。

孔庙是儒家文化的载体和活化石。在儒家文化传播所及之处，往往有孔庙的存在。中国大陆的孔庙在20世纪五十至七十年代多被破坏，八十年代之后多被恢复重建。孔庙具有统一的规制（山东曲阜除了有孔庙外，还有孔府、孔林）。往往每年在孔子诞辰日要举办大型祭祀活动，届时地方行政长官、各界社会名流竞相参与，媒体也多给予报道宣传。在非祭祀的日子，孔庙通过器物、文字、图画、塑像等多种形式，向参观者展示儒家文化的悠久历史和深厚内涵。一些地方的孔庙也通过提供场地等形式，与儒学研究者、爱好者、团体和机构合作进行儒家文化的普及和研究活动。

宗亲联谊会是传承儒家文化的重要力量。据说孔姓是华人十大姓之一。全世界孔子后裔大约有三百万人。孔子后裔的姓名，姓之后的第二个字为其辈分，辈字谱是统一的。由于颜渊、曾子是孔子入室弟子，孟子自称孔子嫡传，后世称其为亚圣，所以，孟子、颜渊、曾子后裔也沿用孔姓辈字谱。孔、孟、颜、曾四姓各有自己的宗亲联谊会。南宋朱熹在儒学领域贡献巨大，影响深远，各地朱氏宗亲会往往以其为旗帜举办各种联谊、文化活动。孔氏宗亲会著名的有世界孔子后裔联谊会、孔子后裔香港宗亲总会等。近年来，各姓宗亲会往往不满足于吃吃喝喝的联谊活动，而是力图举办多种多样的社会公益活动，一些地方的宗亲会甚至还力图提升到文化层次，通过编印儒学普及类内部刊物等多种形式，参与儒学的普及、教育甚至宣传活动中去，取得了可喜的成绩。这其中，由孔子后裔发起组建的孔子世家谱续修工作从1999年启动，2009年出版，历时十年编修完成了《孔子世家谱》，共分4集，108卷，154册。此后，《孔子世家谱》继续修订增补，现在其数字化系统录入了二百万左右孔子后裔的信息。

民间还存在着礼生，他们也继承儒家文化，但往往深受道教、佛教的影响，其礼仪内容并非纯粹的儒家传统。他们只在少数地区存在，人数少，仅在当地有一定的影响力，没有形成跨地域的力量。

上述六种力量各有特点。如果能把这六种力量团结起来，对儒家文化的传承、弘扬肯定会起到巨大的促进作用。2017 年 12 月 8—9 日，孔子、儒学、儒家经典诠释：第五届经典诠释与文化传播学术研讨会在台北大学和台北孔庙召开，本次会议由台北大学人文学院东西哲学与诠释学研究中心主办，台北市孔庙管理委员会合办，协办单位有台北大学中文系、"中央大学"文学院儒学研究中心、华梵大学、社团法人中华经典唱持与人文诠释学会、中华经典文化教育协会、世界孔子后裔台湾联谊会、社团法人中华孔氏宗亲会、"中国孔学会"、台中莲社、国际经典文化协会、台湾国际经典文化协会、新加坡南洋孔教会、元亨书院，等等。本次会议宗旨为加强学术合作，促进《孔门儒学》的研究心得并促进文化交流，是上述六种力量除了礼生之外的五种力量的首次合作，就笔者参会的观察，应该说会议效果不错，各方评价较好，期待这样的活动可以在多地每年都举办，继续搞下去。

第六节　儒家思想与商业文化的关系[*]

商业文化，顾名思义，是指发生于商业领域的文化现象。这大体上可以划分为商业企业内部的企业文化和企业之间的社会文化。前者涉及商业企业管理的问题，日本式的以人为主的企业管理模式的成功已经说明了儒家思想对此的价值，这里无须赘述。我们认为，所谓商业文化，主要还是指企业和个体商人之间在市场交易时所体现出来的种种文化现象及其背后的意含，例如从事商业工作的人员的行为模式、生活方式、人群关系以及其他商业行为中所体现出来的道德、价值观念。

一

儒学与商业的关系可谓其来有自，因为"重农抑商""强本抑末"是儒家一贯的观点。但"抑商"并不是要取消商业，而只是不把它当作社

---

[*] 本节原文载于金庸主编：《新经济条件下的生存环境与中华文化》，浙江大学出版社 2002 年版。

会生活中最重要的事业。这个思想虽然使得商人的社会地位比较低，对于商业的发展在一定程度上也有抑制的作用，但作为官方意识形态的儒家思想是政府制定政策的理论依据，在自然经济的农业社会中，儒家从整个社会发展的角度提出"重农抑商"的观点，也是有其历史合理性的。那么，纯粹的儒家思想与商业文化的关系如何呢？从汉武帝"罢黜百家，独尊儒术"开始，儒家思想就确立了在意识形态领域的统治地位。经过几千年的浸润，儒家思想对古代商业的影响确实可谓深入骨髓。古代人经商，在产品生产上，强调"货真""量足""价实"。在产品交易上，强调诚实待人，"市价不二"，公正待人，"童叟无欺"，视信誉为自己的生命，往往几代人绵延不绝地维护店铺的同一块"金字招牌"。在交易活动中，强调"一言既出，驷马难追"，反对言而无信。在交易对象的选择上，强调与可靠、诚实的人打交道，往往可以先取货物，而到年关一并结算。在销售理念上，强调买卖公平，薄利多销，反对牟取暴利。这些现象背后所体现的儒家哲学的理念就是四个字：诚、信、仁、义。明代中叶以后，儒商真正形成。儒学与商业的结合在山西商人和徽商两大商帮那里表现得很突出。这些现象说明，儒家思想与商业至少在本质上并不冲突。这可从儒家思想与商业文化各自的核心理念，义和利，即道德与利益的关系来看。

儒学对伦理道德是比较强调的，甚至可以说是伦理本位的立场。那么，商业文化与儒学的关系，首先就是义与利的关系。谈到这一点，有人认为儒学只谈义不言利。这种观点看似有理，但仔细分析起来，却是一种误解。孔子确实说过，"君子喻于义，小人喻于利"[1]，而且"子罕言利"。但是，孔子也说"不义而富且贵，于我如浮云"[2]，"义以生利，利以平民"[3]，主张"见利思义"，反对见利忘义。孔子对经商的子贡是持肯定态度的。他提及过"货殖"，说过"执鞭之士，吾亦为之"[4] 的话，表明他并不反对发展商业或经商。

---

[1] 程树德：《论语集释》，程俊英、蒋见元点校，中华书局1990年版，第267页。
[2] 程树德：《论语集释》，程俊英、蒋见元点校，中华书局1990年版，第465页。
[3] 《春秋左传正义·成公二年》，阮元校刻《十三经注疏》（清嘉庆刊本），中华书局2009年版，第4111页。
[4] 程树德：《论语集释》，程俊英、蒋见元点校，中华书局1990年版，第453页。

孟子一方面将义、利等同于善、恶，把义、利与伦理道德直接联系起来，说："鸡鸣而起，孳孳为善者，舜之徒也；鸡鸣而起，孳孳为利者，跖之徒也。欲知舜与跖之分，无他，利与善之间也。"① 这就把为义与为利作为道德人格的判分标准。在孟子看来，一味求利者，就是如盗跖一样的强盗、小人，专心求义者，才能成为圣人。孟子还把这一观点上升到他所提倡的"仁政"的高度。在梁惠王问及能否"利吾国"时，说："王何必曰利？亦有仁义而已矣！"② 这表明他对利的忽视。他还有更明确的说明："君臣父子兄弟，去利，怀仁义以相接也，然而不王者，未之有也。"相反，如"终去仁义，怀利以相接，然而不亡者，未之有也。"③ 如果要在"去义"与"去利"这两者之间进行选择，那么，只能选择后者。仅就此而言，孟子重义轻利的思想倾向何其昭然！但是，另一方面，孟子又有"为民制产"之说，联系他所说的"上下交征利而国危矣"④ 来看，孟子所反对的是损公肥私的一己之私利，并不一般地反对利。这表明孟子也并未完全抹杀利的存在。后来，荀子发展了孔子、孟子的思想，说："正利而为谓之事，正义而为谓之行。"⑤ "事"，指农、工、商等等事业，"行"指德行。利与义、事与行并言，这就清楚地说明，荀子并不反对利，而是要求利合于义。

一般认为，董仲舒是只讲义不讲利的代表。确实，他说过："凡人之性，莫不善义；然而不能义者，利败之也。"⑥ 仅就这一句话来说，似乎董仲舒是反对利的。但他也说过，义与利分别起到"养心""养体"的作用，这就承认了利的存在。人们往往根据董仲舒的名言"正其谊（义）不谋其利，明其道不计其功"⑦ 之说而认为他反对求利。但仔细分析下来，即便就董仲说这句名言而论，也含有这样的潜台词："未有义正而不利者，未有道明而无功者"。也就是说，只要合于义，必能谋到利；只要

---

① （清）焦循：《孟子正义》，沈文倬点校，中华书局1987年版，第914页。
② （清）焦循：《孟子正义》，沈文倬点校，中华书局1987年版，第36页。
③ （清）焦循：《孟子正义》，沈文倬点校，中华书局1987年版，第825—826页。
④ （清）焦循：《孟子正义》，沈文倬点校，中华书局1987年版，第37页。
⑤ （清）王先谦：《荀子集解·正名》，沈啸寰、王星贤点校，中华书局1988年版，第412—413页。
⑥ （清）苏舆：《春秋繁露义证·玉英》，钟哲点校，中华书局1992年版，第73页。
⑦ 《汉书》卷五十六《董仲舒传》，中华书局编辑部点校，中华书局1962年版，第2524页。

合于道，必能成就功。

在义与利的之间的抉择首先发生于人的心中，取决于人的心理活动中的价值选择。求利的活动，是缘于人的欲望的驱使。孟子认为，"好色，人之所欲；……富，人之所欲；……贵，人之所欲"①，"欲贵者，人之同心也"②，肯定了人们追求"富贵"的欲望。但富贵必须以"其道得之"，不应该"不以其道得之"。因此，他认为，应该"欲而不贪"，即使"极天下之欲，不足以解忧"③。为此，他有"养心莫善于寡欲"④ 的观点。荀子认为，"饥而欲食，寒而欲衣，劳而欲息"，"好荣恶辱，好利恶害，是君子、小人之所同也"⑤。为此，应该使人们的欲望得到有限度的满足，"养人之欲，给人之求"⑥。董仲舒肯定人的欲望与仁一样，为人所具有，认为人生"不得无欲"，但又"不得过节"⑦。就义而言，如果要真正能左右人的思想并最终影响到人的行动的选择，也必须落实到人的心中，形成道德的自律意识。但道德本身如果仅仅靠自律，则对修养高的少数人或许还是有效的，但对绝大多数人而言，自律的效果微乎其微，往往是利战胜义而不是相反，所以义即道德还必须作为社会或某一职业阶层共同遵循的伦理规范，违背了它就要受到舆论的谴责。这两个方面联系起来，就是道德既要有自律的性质，也要有他律的性质。借鉴于道家天道自然的观念形态和"理"的范畴，《礼记·乐记》说："人生而静，天之性也；感于物而动，性之欲也。物至知知，然后好恶形焉。好恶无节于内，知诱于外，不能反躬，天理灭矣。夫物之感人无穷，而人之好恶无节，则是物至而人化物也。人化物也者，灭天理而穷人欲也。"⑧ 这就把道德的自律与他律两方面综合起来的需求用"天理"这一概念体现出

---

① （清）焦循：《孟子正义》，沈文倬点校，中华书局1987年版，第615页。
② （清）焦循：《孟子正义》，沈文倬点校，中华书局1987年版，第796页。
③ （宋）朱熹：《四书章句集注》，中华书局1983年版，第303页。
④ （清）焦循：《孟子正义》，沈文倬点校，中华书局1987年版，第1017页。
⑤ （清）王先谦：《荀子集解·荣辱》，沈啸寰、王星贤点校，中华书局1988年版，第63、61页。
⑥ （清）王先谦：《荀子集解·礼论》，沈啸寰、王星贤点校，中华书局1988年版，第346页。
⑦ （清）苏舆：《春秋繁露义证·保卫权》，钟哲点校，中华书局1992年版，第174页。
⑧ 《礼记正义·乐记》，阮元校刻《十三经注疏》（清嘉庆刊本），中华书局2009年版，第3314页。

来了。但《乐记》没有从形而上的层次对此进行严密的理论论证。以朱熹为代表的宋代理学家用"理"这一本体论的范畴来表达这一理论发展的需求，并把义与公、利与私联系起来，把儒家的义利观发展为理欲观。

朱熹把义、利均从天理的角度进行了定义。他认为："义者，天理之所宜"①，这是从本体论哲学的高度对义的强势肯定。那什么是天理呢？朱熹从三个层次来进行理解。在形而上的层次，他说："所谓天理，复是何物？仁、义、礼、智岂不是天理？君臣、父子、兄弟、夫妇、朋友岂不是天理？"② 在伦理道德的层次，他把天理与善联系在一起。天理本无所谓善恶，但若从形而下的角度来看，它只能是善："性即天理，未有不善者也"③ 善恶的处理必须落实到心。从这个角度，朱熹认为，天理还是"心之本然"。他说："盖天理者，此心之本然，循之则其心公而且正。"④ 在朱熹看来，"心之本然"是指"心"未有思虑之萌和遇物而感时的未发状态。此时，心中浑然"天理"，而无一丝人欲之杂。"盖此心本自如此广大，但为物欲隔塞，故其广大有亏；本自高明，但为物欲系累，故于高明有弊。"⑤ 心为物欲隔塞、系累，其本然状态不复存在，也不再有虚通畅达、广大、高明的功能。本心即天理。"人人得其本心以制万事，无一不合宜者，夫何难而不济？"⑥ 与天理的内涵相应，朱熹也把义的理解从形而上的原理落实到形而下的实用层次，说："义者，心之制，事之宜也。"⑦ 也就是说，义就是在心的制约作用下应对事物的合宜性。

对于利，朱熹直接定义利即"人欲之私"⑧。什么是人欲呢？首先，从

---

① （宋）朱熹：《四书章句集注》，中华书局1983年版，第73页。
② 《朱熹集》卷五十九《答吴斗南》，郭齐、尹波点校，四川教育出版社1996年版，第3045页。
③ （宋）朱熹：《四书章句集注》，中华书局1983年版，第325页。
④ 《朱熹集》卷十三《辛丑延和奏劄二》，郭齐、尹波点校，四川教育出版社1996年版，第514页。
⑤ （宋）黎靖德编：《朱子语类》卷十二，王星贤点校，中华书局1986年版，第202页。
⑥ 《朱熹集》卷七十五《送张仲隆序》，郭齐、尹波点校，四川教育出版社1996年版，第3936页。
⑦ （宋）朱熹：《四书章句集注》，中华书局1983年版，第201页。
⑧ （宋）朱熹：《四书章句集注》，中华书局1983年版，第202页。

形而上的层次来看，人欲是与天理正相对立的东西。如果说这不太好理解的话，那么，从形而下的层次，朱熹认为，人欲是为"嗜欲所迷"："不为物欲所昏，则浑然天理矣。"① 人欲就是被物质欲望所蒙蔽或迷惑而产生的恶念，是过分的欲望。与伦理道德联系起来考虑，朱熹认为，人欲是"恶底心"："众人物欲昏弊，便是恶底心，及其复也，后然本然之善心可见。"② "恶底心"意味着心有不好之处。所以，朱熹进而认为，人欲还是心的毛病。"人欲者，此心之疾疢，循之则其心私而且邪。……私而邪者，劳而日拙，其效至于治乱安危，有大相绝者，而其端特在夫一念之间"③。人欲就是心有毛病，偏离了心的本然状态，虽也在工作，但事倍功半，没有生机，没有活力，甚至会造成危乱的恶果。相反，"公而正"的心"逸而日休"，充满生机和活力，虽然工作却不会疲惫，而且能够取得事倍功半的治、安的结果。朱熹认为，利"生于物我之相形"，是物我相计较以后产生的，"才有欲顺适底意思即是利"④，从心理动机来说，利就是对顺畅舒适的追求。这是面临物质利益时人的选择和价值判断，这涉及人与自然的关系，也涉及作为价值判断标准的义，即天理。

总之，朱熹主张"存天理，去人欲"，他认为，"所谓天理者有未纯，所谓人欲者有未尽而然欤？天理有未纯，是以为善常不能充其量，人欲有未尽，是以除恶常不能去其根"⑤ 多行善举，灭除恶根，天理自然就越来越多地浮现出来了。

在朱熹看来，人性作为天理的一部分，其活动表现为情。情则往往会转化为欲望。所以人们往往也把二者并连说"情欲"。情在后天的环境中，表现得正，就是善；表现得不正，就是恶。但性与情实际上又只能存在于人的心中。所以理学家主张用心来控制、主宰性情，

---

① （宋）黎靖德编：《朱子语类》卷十三，王星贤点校，中华书局1986年版，第224页。

② （宋）黎靖德编：《朱子语类》卷七十一，王星贤点校，中华书局1986年版，第1795页。

③ 《朱熹集》卷十三《辛丑延和奏札二》，郭齐、尹波点校，四川教育出版社1996年版，第514页。

④ （宋）黎靖德编：《朱子语类》卷十三，王星贤点校，中华书局1986年版，第228页。

⑤ 《朱熹集》卷十四《戊申延和奏札五》，郭齐、尹波点校，四川教育出版社1996年版，第539页。

即所谓"心统性情"。"心统性情"为"明天理灭人欲"确立了理论基础。

从义利观到理欲观一脉相承的发展表明了儒家对伦理道德的强势肯定,并由外在的人我关系,一方面深入到内在的心性层次,另一方面也突出了人与物质利益的关系,即突出了人与自然界的关系。

程朱理学的思想是针对宋代"物欲横流""无一毛一孔不受病"的社会现实提出来的。"明天理灭人欲"的思想在明代中期以前,总体来看还是适合社会发展的需要的,但在明代中期之后,随着大一统的君主专制中央集权及与其相适应的意识形态的形成,这个主张被片面、孤立地运用,在社会生活中就基本上是反面作用了。儒家学者"平时袖手谈心性,临危一死报君王"成了普遍的现象,在社会生活中,"以理杀人"的现象也日渐多见。究其缘由,这与"存天理灭人欲"的信念仅注重了个人内在的心性方面而忽视了外在的物理、事功有关。其实,在理学家提出"存天理灭人欲"的主张时,这一点就有人指出来了。陈亮与朱熹的观点针锋相对,认为"王霸可以杂用,则天理人欲可以并行"①。他和叶适所代表的事功派主张在处理人与外物、人与他人的关系中建功立业,经邦济世。但事功派的主张完全割裂了理与欲的关系,这也是偏颇的。不过,他们的主张也启发了后来的学者们对理与欲的关系进行更加周全的探讨。王夫之既修正被后人理解、强调偏了的程朱学派的观点,② 提出"人欲之各得,即天理之大同"③"私欲之中,天理所寓""人欲之大公,即天理之至正"。同时,他又坚持了理欲统一的基本观念,主张以"公天下"来代替"私天下","必循天下之公"④。这为消解"以理杀人"的现象提供了理论基础。此后,戴震主张"有生故有欲""欲根于性而原于天""无欲又焉有理",欲外无理,理存于欲,应在"遂人欲"的同时以"仁"来节制人欲横流。

---

① 《陈亮集》卷二十八,邓广铭点校,中华书局1987年版,第354页。
② 朱熹主张天理人欲同体,说:"天理人欲分数有多少,天理本多,人欲便也是天理里面作出来"(《朱子语类》卷十三),又说:"虽是人欲,人欲中自有天理"(《朱子语类》卷十三)。这是朱熹注重理论的严密性的体现。
③ (清)王夫之:《读四书大全说》卷四,王孝鱼点校,中华书局1975年版,第248页。
④ (清)王夫之:《读通鉴论》卷末,舒士彦点校,中华书局1975年版,第950页。

在他们看来，欲并不仅仅表现在处理人与人之间的社会关系上，也表现在处理人与自然的关系上，合理的欲是推动社会进步的重要力量。颜元、李塨倡实学，重功利，主张经世致用，"犯手实做其事"①，"手格其物而后知至"②。颜元在漳南书院设置工、火、水、农、天文、地理、文、理等科教授学生，这就向发展物质文明方面推进了一步。同时，他们也同样"知操存，知省察"③，没有否弃心性修养。

正是在这一思想基础上，加之鸦片战争后中国衰弱落后而蒙受物质文明高度发达的西方列强的压迫奴役的刺激，孙中山提出了"心性与物质"文明建设的主张，认为"物质文明与心性文明相待，而后能进步"，"中国近代文明以比欧美，在物质文明方面，不逮固甚远，其在心性方面，虽不如彼者亦多，而能与彼颉颃者正不少，即胜彼者，亦间有之"④。欧美物质文明高，但心性文明十分低下，精神空虚，因此，物质文明和心性文明两者应该并重，才是社会文明和进步的标志，才能充分体现出人的自尊、自重、自觉的精神。孙中山的心性文明建设的内容，有四个方面：心理建设、政权建设、振兴教育、道德修养。这一观点，可谓是对中国古代儒家义利、理欲观的最终总结。⑤ 心性文明建设，孙中山先生使用了"精神之建设""精神上之建设""心性文明"三个词。我们今天所强调的物质文明与精神文明共同发展，"两个文明一起抓，两手都要硬"的主张，就由此而来。

二

循着义利观、理欲观、两个文明观三个层次的发展，儒家思想的蕴

---

① 《颜元集》，王星贤等点校，中华书局1987年版，第645页。
② 《颜元集》，王星贤等点校，中华书局1987年版，第159页。
③ （清）冯辰、（清）刘调赞：《李塨年谱》卷三，陈祖武点校，中华书局1988年版，第104页。
④ 《孙中山选集》，人民出版社1981年版，第139—140页。
⑤ 毛泽东说过："从孔夫子到孙中山，我们应当给予总结，继承这一份珍贵的遗产"（《中国共产党在民族战争中的地位》，《毛泽东选集》第2卷，人民出版社1991年版，第534页）。这是把孙中山思想当作中国古代哲学的终结。而且，孙中山认为，"忠孝"可以使国家"强盛"（《孙中山文粹》下卷，广东人民出版社1996年版，第797页），儒家"修齐治平"的思想是"最有系统的政治哲学"（同上，第7911页），他甚至把"三民主义"的丰富内容归结为一个"仁"字（《孙中山全集》第六卷，中华书局2006年版，第29页）。

涵不断扩大和深化，为解决个人或集体与自然界、社会的关系提供了基本的原则。根据这些基本原则而继承儒家思想，结合现代社会的情况而作出新的阐释，我们认为，儒家思想及其延伸仍然可以作为现代商业文化建设可资利用的多种知识资源中的一种。

（一）

正统儒家的义利价值观思想，虽然并没有完全否定利，但对求利毕竟还是有些制约作用的。所以在儒家阵营内也不是没有反对的声音。如陈亮与朱熹曾经反复进行义利王霸之辩。陈亮认为义利不应该对立，可以双行，主张"功到成处，便是有德，事到济处，便是有理"[1]。与陈亮同时的叶适也反对崇义非利的片面观点，认为"后世儒者，行仲舒之论，即无功利，则道义者乃无用之虚语尔"[2]。清代的颜元也把计功谋利视为是正当的，说："世有耕种而不谋收获者乎？世有荷网持钩而不计得鱼者乎？抑将恭而不望其不侮，宽而不计其得众乎？"[3] 他主张："以义为利，圣贤平正道理也。""义中之利，君子所贵也。"[4] 为此，他把董仲舒的"正其谊（义）不谋其利，明其道不计其功"改为"正其谊（义）以谋其利，明其道而计其功"[5]。所以，总体看来，在义与利的价值取向上，儒家更重视义，但并不因此而泯灭利。儒学并不是不谈利，而是主张获得利益的动机要纯正、手段要正当，即必须符合伦理道德规范。就求利的手段而言，这已经在民间形成了俗语："君子爱财，取之有道"。儒家还倡导在商业中诚实待人，如荀子所说："商贾敦悫无诈，则商旅安，货通财，而国求给矣。"[6] 这些思想，无论对古对今，还是对中国和任何国家，都是适用的。这是人类社会健全发展的基本原则。被称为"日本企业之父"的涩泽荣一就是根据这一点提出了"道德与经济合一"的思想（即"论语加算盘"的说法）。他把孔子所说的"富与贵，是人之所欲

---

[1] 《陈亮集》卷二十九，邓广铭点校，中华书局1987年版，第354页。
[2] （宋）叶适：《习学记言序目》，中华书局1977年版，第324页。
[3] 《颜元集》，王星贤等点校，中华书局1987年版，第671页。
[4] 《颜元集》，王星贤等点校，中华书局1987年版，第163页。
[5] 《颜元集》，王星贤等点校，中华书局1987年版，第163页。
[6] （清）王先谦：《荀子集解·王霸》，沈啸寰、王星贤点校，中华书局1988年版，第229页。

也；不以其道得之，不处也"① 作为经商办企业的原则，主张致富要讲信义道德。日本松下集团1970年创办的松下商学院通过开设《大学》《论语》《孝经》等商业道德课，确立了"经商之道在于德"的教育方针："明德"，竭尽全力身体力行实践商业道德；"亲民"，至诚无欺保持良好的人际关系；"至善"，为实现尽善尽美的目标而努力。总之，上述思想可概括为"见利思义""义利双行"②。一部分人也主张，儒家思想对于东亚经济的繁荣发展是起了推动作用的。这就含有儒家思想推动了东亚商业发展的意思。新儒家也主张，"义以导利（利的善化）""利以合义（义的落实）"，企业可以凭据儒家思想做到"义利双成"。③

这就说明，儒家思想对现代工商社会仍然具有莫大的价值。但是，我们也要看到，儒家伦理道德观点并不是没有缺陷的。儒家强调义的价值引导性，故而往往不自觉地把义的产生归功于圣人，把义视为先验的东西而灌输给人，忽视了义的实践性，即义在个体人格中长成的过程。人的生存和发展离不开求利，因而义应在利中得到完善、丰富和检证。所以，儒家义利观在今天的运用应该相对地划分为四个阶段或层次：

首先，先利后义。"仓廪实，知礼节；衣食足，知荣辱；让生于有余，争起于不足"④。义的规范、制约作用必须有其得以发生的条件。人只有在基本的生存需要能够得到满足的前提下才有可能遵循和追求道义。"富而教之"，重视人文化成也是儒家的一贯思想。

其次，利中见义。在商业活动超越了生存的需要之后，人们从事它的目的就主要是为了获得社会的承认。获得社会的承认，就意味着必须符合社会公众的评价标准，符合社会公众的价值观念、道德规范、思想主流、情感品位等等。这样，在求利经商获得中自然就发现了义，知道了遵循义的重要性。

再次，利而不污，义利两行。

---

① 程树德：《论语集释》，程俊英、蒋见元点校，中华书局1990年版，第232页。
② 参见李锦全《中国传统价值观的现代思考》，载《人文精神的承传与重建》，广东人民出版社1995年版，第353页。
③ 参见蔡仁厚《道德上的义利双成与经济上的义利双成》，载《中国哲学的反省与新生》，台北：正中书局1994年版，第123—126页。
④ 黄晖：《论衡校释·问孔》，中华书局1990年版，第422页。

有一种观点认为，在现代条件下，道德不应该干预市场经济，市场经济有其自身的规律。这是一种值得商榷的观点。市场经济的内核确实是以最少的成本获得最大的收益。但市场经济的运作，最基本的规律就是等价交换的价值规律。由价值规律引申出来，它的原则就是公开、公平、公正。这就体现了伦理道德的涵含在内。何况，市场经济的运作必然落实到每一个参与市场交换的人员，市场经济的运作必须由这些具体的个人来操作。这些具体的个人同样不能没有道德。此外，市场经济是在文化环境中运作的，脱离文化环境而能独立运作的市场经济是不存在的。在文化理念上，市场经济是以效率性、工具理性和技术性为基础的。如果一个社会纯粹地实行这些理念，则这个社会必定过分机械、严苛、冷酷甚至残忍，这是与人的本性不相符合的。为此，只能实施"效率优先，兼顾公平"的原则。本来，单纯的市场经济是不可能作为社会运行的唯一机制的。因为市场经济具有目标选择的盲目性、利益获取眼光的短视性（即以短期利益为主，忽视中长期利益）、利益获取的自私性（市场经济的主体都是一个个具体的企业和个人，他们首先想到的是本企业、个人自己的利益，对社会公共工程不感兴趣，忽视社会公共利益）。即便在西方发达国家，对市场不干预的政策早在1929年的经济大萧条时期就开始被抛弃，代之以政府对市场运行进行积极干预的凯恩斯主义。也就是说，市场经济是覆盖全社会的基础力量，但这并不否定它应该在一定程度上与宏观调控相结合，从而促进整个社会的健全的可持续发展。总之，市场经济的文化理念和社会宏观调控的需要都决定了需要伦理道德作为润滑、调节市场经济运作的补充规范。这就说明，义与利都有存在的价值和必要。

所以，义利必须两行。唯利无义，去义存利，就是"拔一毛利天下而不为也""一切向钱看"。就社会的健全发展而言，应该把义、利辩证地结合起来。既有义，又有利才全面。当义利发生矛盾时，义为上，利为下。但只是讲义也不够，一个人只靠思想不能当饭吃，只讲道德、理想不讲物质利益，这种"左"倾的观点和做法在我们国家过去的教训已经够深刻了。取得利要靠诚实的劳动，非法得利的情况必须通过依法治国、依法行政来有效地消除。不道德的得利也要通过体制的完善和社会监督机制来予以消除。"己所不欲，勿施于人"，是儒家处理人我关系的两条基本原则之一。《礼记·大学》中说:"货悖而入者,亦悖而出。"①用不正当的手段得来的财物,也会被别人用不正当的手段拿去。在这方面,徽商运用儒家思想为我们树立了榜样。他们认为,"狡诈生财者,自塞其源也""以义为利,不以利为利"②,自当广开财源。

义利两行是客观的现象。知道了义的重要,并不等于就能付诸行动。知而不行、知行脱节是常见的现象。但是,知道了遵循义的重要,毕竟可以在很大程度上阻抑不义的行为发生的可能性。

最后,义利双成,这包含义以导利、利以义制、利而合义三个方面的含义。义决定着人们能否有效地追逐利益。因为商业活动作为社会生活的一个重要组成部分,它必然会受到各种社会准则、习俗和道德义务的制约。"己欲立而立人,己欲达而达人",是儒家处理人我关系的两条基本原则之一。这条原则的意义在于,遵循义或许会在一两次商业活动中丧失短期利益,但从长远来说,必定能获得更大的利益,更为重要的是,遵循义有利于形成大型企业组织,从而增强企业的竞争力。徽商以诚实取信于人,且多行义举,在其家乡及其聚集的侨居地实现余缺互济的道义经济,所以他们的发展很快。

义表征着人的思想道德素质,也是人的境界高低的表现。社会上职业、受教育程度、人生经历等不同的人,他们的思想道德素质和境界也有高低不同的区别。对他们的义的要求必须适应这种差别,并与他们求利的实际情况结合起来。此外,义的实施也有社会环境的问题。对得利而先富起来的人,要创造环境使他们越富越爱国,积极资助、支持教育、文化等等社会福利和公益事业,不可为富不仁。总之,义、利对不同的人,不同的地区有不同的要求,要以义统利,发展和促进利的增长。

(二)

儒家理欲观是义利观的深化,理欲观中的"理"包含了人伦礼法的内涵,也就是含有伦理道德、礼貌、礼节、法律、规章制度等内容。此外,天理还是最根本的人性,是宇宙自然演化、发展和运动变化的规律

---

① 《礼记正义·大学》,阮元校刻《十三经注疏》(清嘉庆刊本),中华书局2009年版,第3635页。

② 同治《黟县三志》卷十五《舒君道刚传》,清同治九年刊本,第29页。

等。至于"欲",宋代理学大师朱熹把它划分为两类:一类是天理能节制的,这类的欲,可与天理共存;另一类是直接违背天理的欲,这类的欲,就是私欲,只能去除,即所谓"存天理去人欲"。通过心对性情关系的处理,"明天理灭人欲"要落实于"变化气质",进而上升到"仁"的理想境界。"浑然天理便是仁"[①],"天理"完满时,人性也达到了最完美的程度。这就是孔子所说的"为仁由己"的功夫。

由此看来,儒家理欲观对商业文化建设的意义在于,在个人与社会关系这一层次,要妥善地处理好法律、道德与求利这三者的关系。

就法律与求利的关系而言,要坚持守法求利,以法护利,以法正利的原则。

对于当前市场经济中存在的坑、蒙、拐、骗和假、冒、伪、劣等问题,有人认为,不完全是道德问题,大部分可以纳入法制的轨道,即所谓道德的法律化。确实,市场经济的规范运作必须以法律为准绳。法律必须适应市场经济的运作需要,与之相吻合、配套。法制是最基本的要素。但实际上,我们现在固然也有立法方面的问题,如法律不健全、既有的法律与变化了的实际情况不相符合等问题,但总的看来,最重要的是没有依法行政的问题,表现为有法不依、执法不严、违法不究、以情代法、徇私枉法、以权压法等等。这与执法者个人的道德修养应该说也是有关的。这就说明,法律毕竟不能完全代替道德。

儒家思想是比较重视法律的,以至于有"阳儒阴法"之说。但是,从内容上说,儒家最重视的是刑法,而不是民法、商法。这当然主要是受古代自然经济的环境因素的制约。今天,刑法固然不可少,但更重要的是民法、商法。从思想上说,儒家虽有"民为邦本"的思想,但由于没有对君权进行制约的思想和措施,没有政权合法转移的思想,所以它的民本思想只是上对下的施舍和赏赐,而不是一个人与生俱有的权利和人民对统治者的制约,所以它不是民主法制思想。我们今天存在于市场经济中的商业文化的繁荣却必须奠基于民主法制思想之上。但不容否认,儒家思想的民本思想有能够转化出民主法制思想的基础和可能性。

儒家强调每一个人都具有与生俱来的相同本性,这可引申出法律面

---

① (宋)黎靖德编:《朱子语类》卷二十八,王星贤点校,中华书局1986年版,第719页。

前人人平等的思想涵含。"内圣"的思想强调个人的内心自觉,"外王"的思想强调维持社会正常的良性秩序,儒家重视观念的改变和教育,这些都对我们今天的法制建设有启发意义,有利于法制的推行。儒家把道德、法律施行的重点放在每一个人的内心自觉。这一观念直到今天仍然有巨大的价值。我们可以利用它,启发全体公民把法律作为保障自己的权利和利益的工具去自觉地享有、使用与遵守,把这作为自己基本的生活方式的一部分。把法由外在规范转化为内在价值取向是可能的。这是因为,现代社会联系的广泛性固然为每个个人提供了更多的选择并得以建立起自主性,但另一方面,现代社会分工的细密性又使每个个人对他人与社会更加具有依赖性。正是这种更加不可摆脱的依赖性使每个个人更加需要法律作为最基本的游戏规则和规范来调节人与人之间的行为,更加需要容纳他人与社会,更加需要培植起人性、人道主义精神、群体意识和义务感。

利用儒家思想来推行法制建设的目的,是要靠法律来保护公民的合法权益,用法律来惩罚那些违法的求利活动、求利者,用法律来威慑、阻抑违法的商业行为的发生或将其恶果降低至较小程度,使所有商业行为均做到守法求利。

就道德与法律的关系而言,要坚持以法律护伦理,以伦理提升法律的原则。

儒家是道德理想主义者。儒家的主张是以士、农、工、商四大阶层中的士,即知识分子为基本对象的,没有涵括全体社会公民。对士阶层的知识分子是可以把道德标准定得比较高的,但对社会大众则不宜这样。普遍的道德标准并不是越高越好。否则,就有可能把道德的最高标准当成了最低标准,给大众造成沉重的心理负担。而且,在社会的运行机制尚不太健全的情况下,还有可能在相对承担义务的道德规范体系中使居于社会优势地位的阶层或个人利用这种现象把本来正常的道德规范变成一种片面强调对方义务而抹煞其权利的压迫、剥削手段。在今天的社会条件下,我们面对的并不仅仅只是知识分子,而是全体社会公民,在这种情况下,就不能如儒家一样强调高调理想,强调道德理性,而是要从最普遍的公民的实际出发,着眼于最低层次的生存活动,以生存理性来解决问题,从建设最低层次的人心秩序、最低层次的行为秩序、最低层次的公共秩序着手。为此，就要从法制和人权这一最低层次的建设开始。法律既然是最低层次的社会规范，也就意味着它是最强有力的、强制性的规范，是覆盖全社会的普遍适用的规范，是任何一个社会公民、任何一个社会组织都必须遵循的基本规范。

这同时也意味着，法律可以对比它高一个层次的、立于它之上的道德规范起到基础性的保护作用。

伦理道德既有任何国家、同一国家任一历史阶段都适用的共同性，也有不同国家、同一国家的不同历史阶段的差异性。法律同样如此，其差异性的一面甚至更突出。这样，道德作为比法律高一层次的社会行为规范，就要自觉地与法律相吻合，并把法律的精神实质进行升华，使它能够在法律的强制性约束作用所不能、所不宜起作用的地方发挥规范作用，使它转化为社会公共道德和职业道德的具体规范。同时，也使得对社会公共秩序的维持和守护由外在强制为主转化为以自觉遵循为主，舆论监督为辅。

儒家思想的人人平等是与它的伦理道德本位观相一致的。法律、伦理道德、精神境界这三者是人性表现中依次升高的层次，与此一一对应，人权、人格、品性也是人性实现中三个依次升高的层次。儒家执其中而取伦理道德和人格，力图左右逢源，一体贯通，在自然经济的社会条件下有其合理性，对我们今天也未尝就没有启发价值。

儒家思想中所具有的人人平等的思想，被王阳明具体化为"四民异业而同道"①，并通过阳明心学的平民化和社会化，在明朝后期的社会中使得许多人确立了人人可以成为圣人的信念。但究其实质，这只是人格的平等而不是人权的平等。普天之下，每一个人都具有平等的生存权利和发展权利，这是最基本的人权。只有人权平等，人格平等才有保障，也才能真正得以落实和实现。今天，我们首先要实现人权平等。这其中首先要解决生存的人权，其次是发展的人权，使得每一个社会公民都真正拥有公平、公正的生存与发展的权利。在此基础上再发展人格平等，促进社会的和谐融洽，形成真正的礼乐、文明之邦。然后进一步，发展品性平等，保证每一个社会公民个人的境界存在的权利，并在社会运作

---

① 《王文成公全书》卷二十五，王晓昕、赵平略点校，中华书局2015年版，第1081页。

机制上创造一个有利的环境条件促进其实现，使得每一个社会公民身心健康、精神上富有生机和活力，人性得到最完满的表现，表现出最完美的人性，从而社会也达到最理想的状态。

所以，强调从法制和人权这一最低层次的建设开始，也不应放弃对不同阶层的人采用不同的做法来促进这种建设的逐步提高，例如对大多数知识分子仍然可以强调道德理想和人格培育，对他们中间的优秀分子强调精神境界和品性升华。但是显然，低层次的要求对高层次的要求同样适用，达到高层次的公民不能违背低层次的要求。无论是哪一阶层的公民，自觉遵守法律都是最根本、最基本的要求。

在法制和人权的建设有一定的基础之后，就要致力于人格培育和品性升华的工作，这就离不开情。最根本的人性是天理在人身上的表现，它的活动表现为情。就情、理、法的关系而言，在儒家看来，这三者是一致的。一方面，情因理显。情本是性的直接表现。但最根本的人性实为天理统御宇宙万物生化而在人身上的凝聚，是天理在人类产生之后内在于人身中、人之所以为人的共同本性。所以性也是天理的表现。因此，情也是天理的表现。这种表现就发生于当下的心中。情的存在和变动是受理的规范和控制的，尤其是当情与欲联系起来的时候。在实际的人的思、言、行中，理到无可引证之处，情的坚持令理站立；情到无可涵养滋长之余，理的证说使情坚定。理因情立，情为理生。这两方面说明了情与理的统一性。当然这并不否定它们的差异乃至会在实际中有矛盾和冲突。在解决矛盾和纠纷时，儒家历来的主张是："动之以情，晓之以理，齐之以法"。以情为先，所重在理。理讲不通，迫不得已才动法。这个主张应该说是有其合理性的，但在现代社会条件下，对其适用范围应该有所节制，不能作为涵盖一切的原则来予以施行，尤其是当情与法发生冲突时，无论如何都必须以法律为准绳，情的表现只能限定在法律所规定的范围之内，此时情与法的关系可在民主法制思想的前提下用经权观来处理，法律为经，情为权，"执经达权""经权合一"，服务于"立人""成人"的目的。

儒家理欲观对商业文化建设的意义还在于，在个人的心性层次，要本着"外得于人，内得于己"的原则解决义利、公私问题的基础上，解决个人的品性修养问题，营造超越、高迈的心境态势，使得本心常住，虚静灵明，生机蓬勃，不至于抵挡不住日常生活中的诱惑与干扰。这可以在商业活动中造就气质优异、心理健康、思想健全、品性卓越、境界超迈的个体人格，培育现代商界圣人。

（三）

儒家对伦理道德的强调，在历史上不但维护了社会秩序和安定，而且培养了中华民族"尚公"的精神和高度的社会责任感。这就说明，有必要把义利观和理欲观提升到两个文明观的层次。

在这方面，徽商也为我们运用儒家思想树立了榜样。他们在儒家思想的指导下，出现了弃儒从商、由商入儒、贾服儒行、以儒术饰贾、由贾而"缙绅"化的风尚。他们附庸风雅，注重谈吐、风仪、识鉴，注重文化修养，视读书、藏书、刻书和诗赋棋琴书画为雅事，白天经商，晚上读书。既阅读儒家典籍，也究心于与治生、货殖有关的典籍。这样，徽商既提高了自身的文化素质，同时以商业的成功与推进文化、培育人才并举，既提高了商人的素质和层次，又制造了一个官僚集团，从"贾而好儒"进到了"官商互济"。徽商侧身于商场却不忘情儒业的举动，有力地推动了其故乡徽州及其聚居地南京、杭州、扬州等地文化事业的发展。以其故乡歙县为例，据村志《橙阳散志》统计，该村在1775年之前就有78位作者编著155种书。根据近人的统计，徽州（缺休宁）历代著述者达1852人，成书4175种。对此，王观把它上升到理论的高度说："善商者处财货之场而修高明之行，是故利而不污"[①]。在商业活动中同样可以实现内圣外王的理想。而这里的实质在于，"其业则商贾也，其人则豪杰也"[②]。其实，正是因为经商这种活动极容易使人被染污，所以置身于这种活动中经过煎熬历练，也才能真正做到"出淤泥而不染"，造就心理健康、人格健全、品性端正庄肃、境界高明超逸的圣人——不食人间烟火的圣人本来就不存在。但这还只是内圣，还要在成己之后成人，立己之后立人，这就要把个体的心性修养扩展到整个社会的精神文明的建设中去，所以徽商才乐善好施，致力于发展文化、教育和地区的社会公益事业。

[①] （明）李梦阳：《空同集》卷四十六，上海古籍出版社1991年版，第419页。
[②] （清）沈垚：《落帆楼文集》卷二十四，民国七年吴兴刘氏嘉业堂刊本，第12页。

由理欲观上升到两个文明观，一方面把人与自然界关系的处理突出出来了，强调了慎用、用好科学技术，以最少的资源耗费取得最大的、最理想的产出，进行物质生产的重要性和基础地位。这一点，儒家在古代对农业的重视，抽象地说就是对物质生产的重视。儒家也有不少由农业生产的需要引申出来的生态学思想和处理人与自然关系的原则。但总体来说，儒家思想对发展科学技术显得比较薄弱。道家、道教哲学中相对要多一些，但也与现代科学还有较大的距离。这就得大力从西方文化中引入。由理欲观上升到两个文明观，另一方面也继承了从心性和人的精神修养、道德品性、思想境界着眼于个人，以法律、道德规范、管理体制方面着眼于社会，对人的生存与发展进行全方位的调节、控制，对社会的物质生产和精神生产的统一达到了比较圆满的地步。

具体来说，要把商业行为放到整个社会大环境中，联系生产、销售、消费三个环节作通盘的整体考虑。在这种三阶段的周期运动中动态地实现两种文明的统一。在生产阶段，用真材实料，既要追求经济效益，又要摈弃利润最大化原则（"不务仁义之行，而徒以私利相高"[①] 在古代社会也是为大众所唾弃的）；既要发展生产，又不能造成环境污染；把企业当作社会大家庭中的一员，而不是以生产为手段向社会索取利润的机器。在销售阶段，要兼顾利润、消费者的欲望和需要以及社会利益，以消费者为中心，面向社会作总体市场营销，维护消费者眼前和长远的利益，致力于提高社会经济效益，增进社会福利。在消费阶段，强调适当消费，厉行节约，不超前消费，不过度消费，消费活动不能危害他人，不能造成消费剩余物对环境的直接或间接的污染。

再上升一个层次，两个文明观对我们今天处理儒家思想与商业文化的关系的启发还在于，商业活动既与物质生产有关，也与精神生产有关，可以而且应该作为沟通和促进物质文明和精神文明协同建设的中介。这就是，商业活动通过自身的成长，渗透进位于个人与国家之间的社会中介组织，如经济机构、教育机构、公共传播媒介、俱乐部、行会、慈善机构、志愿协会、宗教组织等等非权力、非金钱的社会公共领域，即市民社会中去，从而参与建设一个健康而活跃的市民社会，弥补政府立法

[①] （明）李梦阳：《空同集》卷五十九，上海古籍出版社1991年版，第538页。

对家庭和社会组织的发展和稳定无能为力的缺憾。与此同时，也由此而把市民社会作为与政治沟通的中介，在与市民社会的互动关系中接受社会一般文化的影响并使自己所造就的商业文化成为社会文化的一个有机组成部分。这样，既造就了健康有序的商业文化，也充分满足了社会文化再生产、社会整合和个性成长的需要，对政治、经济、社会、文化四者的整合和可持续发展起了促进作用。

总之，儒家思想的核心实质可以用"内圣外王"四个字来概括。以此为旨归，儒家思想在现代社会必须把个人的修养与物质、社会的力量结合起来，这就是说，儒家思想必须在现代找到其现实基础和存在的土壤。当然，我们不同于港台新儒家的地方在于，我们并不主张儒家思想仍然要如古代一样成为官方意识形态，这是不可能实现的。儒家思想在现代社会条件下，只可能、也可以而且应该成为多种知识资源中的一种，为社会的健全和可持续发展作出自己的贡献，证明自己存在和发展的价值。

第七节 儒家对现代管理的几点启示[*]

儒家的创始人是春秋时期的孔子，集大成者是战国时期的孟子。发展至汉代，在董仲舒"独尊儒术"的主张下成为官方主导的意识形态，经过两晋南北朝的低迷后，到唐代，经过韩愈与李翱的道统论的宣传而开始勃兴，经过北宋五子，南宋的陆九渊、朱熹、陈亮、叶适，明代的王阳明、王夫之等大家的发展而达到高峰，清代逐渐走向衰弱，民国时期，经历五四运动对孔孟之道的全盘否定后，迅速出现了境内外新儒学的兴起和当今中国的儒学热。

经过两千多年的发展与传播，儒家早已不仅仅是中国人的思想，而是全人类共同的精神财富。作为人文主义哲学之一，它的影响不仅仅停留于古代，对现代和未来也具有亘古弥新的价值，其中一个方面就是它对现代管理理论与实践已经产生了较大的影响。例如，儒家思想对日本管理有很大的影响。松下商学院在商业人才培养中强调儒学，主张经商

---

[*] 本节原文载于赖永海主编：《首届中国传统智慧与现代管理国际论坛论文集》，《宏德学刊》第4辑，南京大学出版社2015年版，第98—104页。

之道在于德。日本著名企业家涩泽荣一在企业管理中提出了《论语》加算盘的主张。日本式管理主张"士魂商才",即把经济与道德合一,义利并举,以人为中心,以家族式企业为特色,无疑是儒学在管理中的运用。受儒学的影响,新加坡在社会公共管理上主张:国家至上,社会为先,家庭为根,社会为本,关怀扶助,同舟共济,求同存异,协商共识,种族和谐,宗教宽容。儒家思想对韩国管理同样有很大的影响,这只要从延续了500年之久的李朝政权把儒家定为国教即可看出。本节即在此背景下讨论儒学对现代管理的几点启示。

一　德性立身与人性化管理

孔子主张"修己以敬""修己以安百姓",内修德性,外以德化,成就圣业。关于德性的内容,孔子提及仁、义、礼、智、信、恭、宽、信、敏、惠、勇等。孔子说:"仁者不忧,智者不惑,勇者不惧。"[①] 后世《中庸》把智、仁、勇三者称为"三达德",说:"智、仁、勇三者,天下之达德也。"孟子则把有仁、义、礼、智视为人之善性萌发的"四端"。西汉的董仲舒则把仁、义、礼、智、信五者视为"五常",即处理君臣、父子、兄弟、夫妇、朋友等人伦关系的基本行为准则。

《大学》对儒家内修德性的思想有所发展,提出了"三纲领""八条目"的系统理论。它说:

> 大学之道,在明明德,在亲民,在止于至善。知止而后有定;定而后能静;静而后能安;安而后能虑;虑而后能得。物有本末,事有终始。知所先后,则近道矣。古之欲明明德于天下者,先治其国;欲治其国者,先齐其家;欲齐其家者,先修其身;欲修其身者,先正其心;欲正其心者,先诚其意;欲诚其意者,先致其知;致知在格物。物格而后知至;知至而后意诚;意诚而后心正;心正而后身修;身修而后家齐;家齐而后国治;国治而后天下平。自天子以至于庶人,壹是皆以修身为本。其本乱而末治者否矣。其所厚者薄,而其所薄者厚,未之有也!

---

① 程树德:《论语集释》,程俊英、蒋见元点校,中华书局1990年版,第625页。

所谓"明明德",就是发扬光大人所固有的天赋的光明道德。"亲民","亲"同"新",是革新、弃旧图新之意。"亲民"就是使人弃旧图新、去恶从善。"止于至善"就是要求达到儒家伦理道德的至善境界。"为人君止于仁,为人臣止于敬,为人子止于孝,为人父止于慈,与国人交止于信。"这是《大学》提出的教育纲领和培养目标。格物、致知、诚意、正心、修身、齐家、治国、平天下,后世称之为《大学》的"八条目",这是实现"三纲领"的具体步骤。"八条目"的中心环节是修身,格物、致知是修身的外部途径,诚意、正心是修身的内在前提,齐家、治国、平天下是修身的更高一个层次的自我实现,所以《大学》第一篇在末尾的时候又说"自天子以至于庶人,壹是皆以修身为本"。

儒家注意到,社会上既有道德修养高的君子,也有道德修养不高的小人。"故小人可以为君子而不肯为君子,君子可以为小人而不肯为小人。小人君子者,未尝不可以相为也。然而不相为者,可以而不可使也。故涂之人可以为禹,则然;涂之人能为禹,未必然也。虽不能为禹,无害可以为禹。"[①] 小人可以成为君子而不肯做君子,君子可以成为小人而不肯做小人。小人和君子,未尝不可以互相对调着做,但是他们没有互相对调着做,是因为可以做到却不可强使他们做到。所以,路上的普通人可以成为禹,那是对的;路上的人都能成为禹,就不一定对了。虽然没有能成为禹,但并不妨碍可以成为禹。荀子认为每个人在理论上都可以成为禹。只不过现实中的绝大多数人不愿意付出艰苦努力,也就不能完全转化自己的本性而让自己成为禹这样的圣人。这就是说,在儒家看来,人性是可以塑造的。

儒学这种人性可以塑造的观点用到现代管理中就是强调管理必须适应人性,既要有适应道德修养高的人的管理措施,也要适应道德修养低的人的措施,更要创造气氛和环境并采取措施引导,让道德修养低的人提高道德修养,自觉自愿地为组织的整体利益考虑,为组织的发展竭尽全力。

---

① (清)王先谦:《荀子集解·性恶》,沈啸寰、王星贤点校,中华书局1988年版,第443—444页。

二　克己复礼与管理的基础性工作

儒家要求人们"德配天地，道贯古今"（南京夫子庙对联），那如何做到呢？孔子提出的主张是"克己复礼"。他说："一日克己复礼，天下归仁焉。"① 这就是要人们克制自己的私欲，遵守礼。这包括在公众场合的他律和在独处时的自律，后者即慎独。这二者的实现取决于人心的控制，所以王阳明有"破山中贼易，破心中贼难"② 一说。

孔子曾经提出克己的三大目标指向："君子有三戒：少之时，血气未定，戒之在色；及其壮也，血气方刚，戒之在斗；及其老也，血气既衰，戒之在得。"③ 儒家认识到，人不可能没有欲望，正当合宜的欲望是无可非议的。荀子指出："人生而有欲，欲而不得，则不能无求；求而无度量分界，则不能无争。争则乱，乱则穷。"④ 这就是要让人们明白，欲望如果不区分可与不可，恰当与否，就必然引起争夺，一旦这样，社会秩序就必然混乱，结果是大家都得不到，陷入贫穷。

怎样避免这种局面出现呢？儒家主张，首先是要实施礼。为什么呢？因为："礼，经国家，定社稷，序人民，利后嗣者也。"⑤ "夫礼者，所以定亲疏，决嫌疑，别同异，明是非也。"⑥ 在儒家看来，礼是社会生活中的基本原则，包含了部分伦理与法的内容。首先是，名分所规定的不同社会角色的人们行为要符合角色期待。"君君，臣臣，父父，子子。"⑦ 其次，不同角色相互之间的行为规范要对等合宜。"君使臣以礼，臣事君以忠。"⑧ 总之，"名不正则言不顺，言不顺则事不成，事不成则礼乐不兴，

---

① 程树德：《论语集释》，程俊英、蒋见元点校，中华书局1990年版，第817页。
② 《王文成公全书》卷四，王晓昕、赵平略点校，中华书局2015年版，第205页。
③ 程树德：《论语集释》，程俊英、蒋见元点校，中华书局1990年版，第1154页。
④ （清）王先谦：《荀子集解·礼论》，沈啸寰、王星贤点校，中华书局1988年版，第346页。
⑤ 《春秋左传正义·隐公十一年》，阮元校刻《十三经注疏》（清嘉庆刊本），中华书局2009年版，第3770页。
⑥ 《礼记正义·曲礼上》，阮元校刻《十三经注疏》（清嘉庆刊本），中华书局2009年版，第2663页。
⑦ 程树德：《论语集释》，程俊英、蒋见元点校，中华书局1990年版，第855页。
⑧ 程树德：《论语集释》，程俊英、蒋见元点校，中华书局1990年版，第197页。

礼乐不兴则刑罚不中,刑罚不中则民无所措手足"①。名分、职位的设立要合宜,每个人的名分要符合伦理习俗,授予一个人职位要考虑他的德与才,只有德贤才优,他人才没有非议,才有利于事业的发展。

礼的实施同样最终要归结到心。所以儒家强调欲望的控制。宋明理学为此提出了存天理灭人欲的主张:"学者须是革尽人欲,复尽天理,方始是学。"② 这并不是要人们消灭所有的欲望,而是说,要自觉地去掉与自己的名分不匹配的私欲。这其实也就是孟子所谓的寡欲:"无为其所不为,无欲其所不欲,如此而已矣。"③

在现代社会,儒家这些主张涉及法律、道德与求利动机的关系。对此,我们的主张是:守法求利、以法护利、以法正利,以法律保护伦理,以伦理补充法律的不足。要充分认识到,经济是沟通物质生产与精神生产的中介,利益分配的公开、公平、公正是维持社会秩序的基础。经济发展,利益分配做好了,物质文明和精神文明才有协调发展的可能,在此基础上强调个人品性修养才有实际意义。这就要求在现代管理中,组织的经济效益追求,员工的生存需要保证、利益分配、职位设计、用人得当是基础性工作,只有做好了这些工作,引导员工提高道德品质才有实际意义。

三 诚信无欺与管理的品质

在社会交往关系处理中,儒家要求每个人都诚信待人。"诚者,言必成之谓;信,人言也。"诚就是真实无妄,不欺骗别人。信就是说话算数,说到做到,言必信,行必果。孔子即已这样教导学生。"子以四教:文、行、忠、信。"④ 孔子教人以学文,修养而存忠信,强调"与朋友交,言而有信"⑤。孟子也有类似的主张:"诚者天之道,思诚者人之道也。"⑥

---

① 程树德:《论语集释》,程俊英、蒋见元点校,中华书局1990年版,第892页。
② (宋)黎靖德编:《朱子语类》卷十三,王星贤点校,中华书局1986年版,第225页。
③ (清)焦循:《孟子正义》,沈文倬点校,中华书局1987年版,第901页。
④ 程树德:《论语集释》,程俊英、蒋见元点校,中华书局1990年版,第486页。
⑤ 程树德:《论语集释》,程俊英、蒋见元点校,中华书局1990年版,第30页。
⑥ (清)焦循:《孟子正义》,沈文倬点校,中华书局1987年版,第509页。

诚信在现代社会同样是社会交往的基本原则。真诚、讲信用是交往得以继续发生的基本前提。说假话欺骗别人，被骗者不可能再次受骗。说话不算数，下次别人就不再相信自己。管理的本质是维持组织的良性运转并增进组织的发展，涉及对内的管理和对外的公共关系的处理。这两个方面都要求诚信。

四 义以生利与管理的价值

个人的生存和发展需要物质利益的满足，但人既然生活在社会中，对利益的追逐自然就不能不考虑既有社会规范和对他人的影响。对此，儒家有清醒的认识。荀子说："义与利者，人之所两有也。虽尧、舜不能去民之欲利，然而能使其欲利不克其好义也。虽桀、纣亦不能去民之好义，然而能使其好义不胜其欲利也。"① 这就是说，追逐利益和考虑社会道义是每个人都必需的。不能只考虑其中一个方面而不考虑另一方面。"先义而后利者荣，先利而后义者辱；荣者常通，辱者常穷；通者常制人，穷者常制于人；是荣辱之大分也。"② 荀子主张先义后利，认为如果相反，则后果肯定是不好的。这一观点符合孔子的主张。孔子说过："礼以行义，义以生利，利以平民，政之大节也。"③ 通过礼来表现社会正义，采取符合义的措施去追逐利益，获得利益之后，公平地进行分配，这可视为管理中处理义利关系的基本原则。这其实也可视为管理的价值实现。

根据这一基本原则，我们认为，在现代管理中，应该坚持见利思义，取利有义，先义后利，重义轻利，公平分利的基本原则。秉承这一基本原则，也就实现了管理的价值。

五 执经达权与中庸管理

社会生活纷繁复杂。身处其中的个人往往面临种种选择，有时还颇

---

① （清）王先谦：《荀子集解·大略》，沈啸寰、王星贤点校，中华书局1988年版，第502页。
② （清）王先谦：《荀子集解·荣辱》，沈啸寰、王星贤点校，中华书局1988年版，第58页。
③ 《春秋左传正义·成公二年》，阮元校刻《十三经注疏》（清嘉庆刊本），中华书局2009年版，第4111页。

为困难。为此,儒家提出了执经达权的基本原则。这要求人们选择首先要符合道义。孔子说:"富与贵,是人之所欲也;不以其道得之,不处也。贫与贱,是人之所恶也;不以其道得之,不去也。君子去仁,恶乎成名。君子无终食之间违仁,造次必於是,颠沛必於是。"① 道义就是经,是不能违背的基本原则。儒家针对社会公共管理,即治国提出了九经:"凡为天下国家有九经,曰:修身也,尊贤也,亲亲也,敬大臣也,体群臣也,子庶民也,来百工也,柔远人也,怀诸侯也。修身则道立,尊贤则不惑,亲亲则诸父昆弟不怨,敬大臣则不眩,体群臣则士之报礼重,子庶民则百姓劝,来百工则财用足,柔远人则四方归之,怀诸侯则天下畏之。"② "九经"就是治理国家的九条基本原则。通过这九经的实施,儒家希望造就社会关系融洽,天下太平,欣欣向荣的良好局面。

儒家坚决反对离经叛道的行为。"所恶执一者,为其贼道也,举一而废百也。"③ 即使不得已用权,也要求不得在本质上违背经,用权不能常态化,问题一旦解决就必须回归到执经的常道学行上来。这也就是执经达权的主张。

执经达权的主张其实是儒家中庸哲学的反映。"中"即处于矛盾的两个极端之间,"庸"即平常,也就是保持事物的稳定性。儒家一贯主张以中为用。孔子讲"过犹不及"④;"不得中行而与之……狂者进取,狷者有所不为也。"⑤ 中的表现是"君子惠而不费,劳而不怨,欲而不贪,泰而不骄,威而不猛。"⑥ 孔子强调中而保持事物稳定性是评价行为的重要标准:"中庸之为德也,其至矣乎。"⑦ 孔子之后的儒家进一步发展了这一观点。例如,对中,后世朱熹解释说:"中只是个恰好道理"⑧ 这一解释可谓得儒家中庸之精髓。

---

① 程树德:《论语集释》,程俊英、蒋见元点校,中华书局1990年版,第232—235页。
② 《礼记正义·中庸》,阮元校刻《十三经注疏》(清嘉庆刊本),中华书局2009年版,第3536页。
③ (清)焦循:《孟子正义》,沈文倬点校,中华书局1987年版,第919页。
④ 程树德:《论语集释》,程俊英、蒋见元点校,中华书局1990年版,第772页。
⑤ 程树德:《论语集释》,程俊英、蒋见元点校,中华书局1990年版,第931页。
⑥ 程树德:《论语集释》,程俊英、蒋见元点校,中华书局1990年版,第1370页。
⑦ 程树德:《论语集释》,程俊英、蒋见元点校,中华书局1990年版,第425页。
⑧ (宋)黎靖德编:《朱子语类》卷三十三,王星贤点校,中华书局1986年版,第840页。

现代管理涉及很多领域的多对矛盾，例如：内部与外部、权威与服从、集权与分权、有序与无序、刚性规范与柔性约束、竞争与合作、发展与稳定、物质刺激与精神激励、经济效益与社会效益、进退、表里、虚实、得失，等等。按照儒家的中庸哲学，我们给出处理并评价管理行为恰当与否的标准是：适时、取中、得宜、合道。这就是符合儒学的中庸管理。

六 以和为贵与协和性管理

执经达权、中庸为用的行为必然造就人与人之间关系的和谐，这是儒学所追求的社会目标。儒学创立之初，孔子就提出："礼之用，和为贵。"① 后世孟子进一步联系天、地、人来谈和，指出："天时不如地利，地利不如人和。"② 这就是说，人和比地利、天时更加重要，因为"人心齐，泰山移"，在关系和谐团结、管理得当的前提下，人多力量大。基于以和为贵的主张，儒家主张在矛盾中，统一性比斗争性更基本，更重要。诚如张载所言："有象斯有对，对必反其为，有反斯有仇，仇必和而解。"③ 在人与人之间的关系处理中，同样要坚持以和为贵的主张，哪怕是在儒家所钟爱的君子与所厌恶的小人的关系处理中，也是如此。"君子和而不同，小人同而不和。"④ "君子和而不流。"⑤ 君子与小人同样要和。只不过在人际关系处理中，君子注重和谐，但要追问事情的是非曲直，不人云亦云，小人则有利则同，无利则乱，只追逐利益而不考量道义。二程进一步把君子之和解释为"和于义"："君子之和，和于义。"⑥

从上述可见，儒家认为，情感在管理中的作用不能排除，和谐的人际关系有助于事业的发达。这与以韦伯为代表的西方管理理论排除情感在管理中的作用是完全不同的。在现代管理中，我们认为，儒学给我们

---

① 程树德：《论语集释》，程俊英、蒋见元点校，中华书局1990年版，第46页。
② （清）焦循：《孟子正义》，沈文倬点校，中华书局1987年版，第251页。
③ 章锡琛点校：《张载集》，中华书局1978年版，第10页。
④ 程树德：《论语集释》，程俊英、蒋见元点校，中华书局1990年版，第935页。
⑤ 《礼记正义·中庸》，阮元校刻《十三经注疏》（清嘉庆刊本），中华书局2009年版，第3529页。
⑥ 王孝鱼点校：《二程集》，中华书局2004年版，第1223页。

的启示是，亲密型人际关系有助于组织发展。管理者要通过多方面的措施造就和谐融洽的组织内部关系和组织与环境的公共关系。这将为组织的发展增添很大的助力。就此而言，要实施协和式管理。

七 "为政以德"与象征性管理

与西方的科学管理不考量管理者自身的品德修养不同，儒学从创立之日起就关注这一点并给予高度强调："为政以德，譬如北辰居其所而众星共之。"[1] 这是强调管理者的道德品质高，可以让被管理者以他为学习的楷模与榜样，团结在他周围。这样，"其身正，不令而行；其身不正，虽令不从。"[2] 也就是说，由于被管理者对管理者的接纳，能够心悦诚服地接受管理，较少内耗，降低管理成本。

儒学对这一现象是从人性的角度来进行解释的："性相近也，习相远也。"[3] 也就是说，具有类似性的人容易相处。管理者道德品质高，被管理者就容易被感化、被引导而愿意提高自己的道德品质。为此，管理者具有较高道德品质，这本身就是一种无言无为却具有实效的象征性管理。

西方的管理科学都是以人性不变为管理的理论前提。与此不同，儒学从创立之日起就强调，人性是可变化的，也是可以塑造的。北宋儒学学者张载更是明确提出了"变化气质"的主张。这是儒家式管理与西方行为科学的根本不同。在儒家看来，管理者要营造合适的氛围，制定合理的制度，采取恰当的管理措施促进被管理者的性格、气质等整体精神面貌发生改变，促进精神境界的提升。这样，被管理者会自觉自愿地做好自己的本职工作，管理就只是一种无为式的象征性管理。

要做到这一点，首先是职位设计、晋升制度与选人用人的工作要做好，实施分级管理。每个管理层级只做好属于本管理层应该做的事，抓大放小，用不着事必躬亲。诚如孟子所说：

"人有不为也，而后可以有为。"[4] 荀子同样主张无为，说："仁者之

---

[1] 程树德：《论语集释》，程俊英、蒋见元点校，中华书局1990年版，第495页。
[2] 程树德：《论语集释》，程俊英、蒋见元点校，中华书局1990年版，第901页。
[3] 程树德：《论语集释》，程俊英、蒋见元点校，中华书局1990年版，第1177页。
[4] （清）焦循：《孟子正义》，沈文倬点校，中华书局1987年版，第553页。

行道也，无为也；圣人之行道也，无强也"①，这样，其实也就是规范化管理、自动化管理。

其次，在管理控制中，要坚持"道之以德，齐之以礼"②，搞好内在与外在控制，重点是进行结果控制而不是过程控制，也就是给予明晰的任务和完成的时间与目标即可，不需要过问具体过程，充分发挥员工的主观能动性、积极性和创造性。

八 "修己以安人"与管理目标

与西方式管理仅仅从组织发展角度来定位管理目标并数量化为经济的增长率不同，儒家式的管理有更高层次的管理目标。儒家式的管理目标是基于人文主义哲理而在人己关系中进行定位的。它强调，管理的目标是在人我互动中促进共同发展。管理者不能把个人的自私的欲望塞进组织中假公济私而当作组织的目标。从正面来说，"己所不欲，勿施于人"③，"施诸己而不愿，亦无施于人"④。管理者不能强迫被管理者去做自己都不愿意做的事。从反面来说，管理者自己要发展，也要让被管理者发展，并且要引导被管理者去发展。诚如《论语》所说："夫仁者，己欲立而立人，己欲达而达人。能近取譬，可谓仁之方也。"在儒家看来，人与人之间是平等的，应该将心比心，换位思考，设身处地地为别人着想。如孟子所说："老吾老，以及人之老；幼吾幼，以及人之幼。"⑤ 人不能太自私，应该尽自己的能力帮助周围的人。

在管理上，儒家强调，政治管理的目标不只是善政，更重要的是善教而得民："善政不如善教之得民也。善政，民畏之；善教，民爱之。善政得民财，善教得民心。"⑥ 也就是说，管理的目标不只是具体的经济效益、增长率等经济目标，更重要的是以教师一样的角色教化、引导员工

---

① （清）王先谦：《荀子集解·解蔽》，沈啸寰、王星贤点校，中华书局1988年版，第404页。
② 程树德：《论语集释》，程俊英、蒋见元点校，中华书局1990年版，第68页。
③ 程树德：《论语集释》，程俊英、蒋见元点校，中华书局1990年版，第1106页。
④ 《礼记正义·中庸》，阮元校刻《十三经注疏》（清嘉庆刊本），中华书局2009年版，第3531页。
⑤ （清）焦循：《孟子正义》，沈文倬点校，中华书局1987年版，第86页。
⑥ （清）焦循：《孟子正义》，沈文倬点校，中华书局1987年版，第897页。

和周围的人得到发展。这就要求管理者具有更渊博的知识、更强大的能力、更高的素质,"要给别人一瓢水,自己就得有一桶水"。同时,在道德修养上,管理者率先力行:"身修而后家齐,家齐而后国治,国治而后天下平。"① 树立"为天地立心,为生民立命,为往圣继绝学,为万世开太平"的宏愿,把自己修炼成为有涵养、有能力、有境界的儒官、儒商,足以教导他人,促进自己和他人的共同进步和发展,这才是管理的真正目标。

上述八个方面涉及管理的过程、方法、艺术、目标等诸多方面,希望由这一抛砖引玉式的探讨推进源于西方的管理科学与源自中国传统文化的管理智慧的融合,使得我国的公共管理和企业管理更符合中国国情,更具有管理效能。

---

① 《礼记正义·大学》,阮元校刻《十三经注疏》(清嘉庆刊本),中华书局2009年版,第3631页。

第五章

中国古代哲学与科学技术

1840年以来，科学技术越来越成为与中国众多方面都有紧密联系的重要话题。为此，本章探讨中国哲学与科学技术的关系。

我们首先以数学为例，讨论了《周易》与中国古代科学技术的关系，认为过去学者们对此所持的否定性意见失之于偏颇，《周易》把数与万物联系起来，数形结合，力图以此求知万物运动变化的规律，因而，《周易》对中国古代科学技术有较大的促进作用。尤其是象数派。当然它也有消极影响。《周易》作为古代文化，今天的人们应该抱着古为今用、活学活用、推陈出新的态度，在回顾中受到启发，并把启发性假说付诸科学的论证和实验，在实践中检验并发展它。

在儒、道、佛三家中，儒、佛都与科学技术关系疏离。但是，我们也应该注意到，佛学中的藏传佛教中有因明、医方明、工巧明，与科学技术关系紧密。儒学中的一些深受道家影响的学者，也对科学技术进行思考。朱熹就是其中的典型例子之一。朱熹是儒家学者中少数几个有丰富的科学哲学思想的人，是李约瑟用以说明道家有机论自然观对中国科学技术有促进作用的三个典型之一。他的科学哲学主要是关于物的思想、物生化过程中的理气关系、天人关系、格物穷理等四个方面。这些思想与此前儒家思想鲜有渊源关系。那么，其来源是什么呢？本文认为，道家、道教重视物和对物的探讨对朱熹有影响，道家、道教思想对朱熹提升阐释物生化过程中理气关系的思辨水平的作用不可忽视，道家、道教对天人关系的阐释对朱熹有影响，道家、道教思想提高了朱熹格物致知论的思辨水平。朱熹的科学哲学与道家、道教有很深的渊源关系，这说明道家、道教思想的启发至少帮助朱熹提高了其科学哲学的思辨水平。

朱熹对科学技术的探索并不只是停留于思辨层次，还对诸多具体领域展开了研究。朱熹在具体科学领域的思想，直接渊源于沈括，而指导沈括作出进行科学探索活动的思想则来之于道家、道教。这促使我们深入研究朱熹在具体科学领域的思想与道家、道教的关系。本书考察了宇宙演化与宇宙结构、生命科学与医学、气象科学等领域，指出这些领域中朱熹的思想与道家、道教确实有渊源关系。指导朱熹得出这些思想的道家有机论自然观既对西方有影响，也对朱熹身后中国科技的发展有影响。

注重运动变化和普遍联系，是中国古代科学技术的重要特点。为此，本书探讨了中国古代科学技术思想中的机变论和感通论。

机变论是中国古代科学技术思想中有关事物存在的变化和条件的理论。它的基本范畴是幾与机。二者均有多方面的内涵，二者的含义在不少方面是相通、相同的，大致说来，不同的方面在于：幾主要指涉自然观，机主要指涉认识论与实践论。对机的应用包括观机、执机、应机、盗机、发机等五个阶段。机变论对中国古代科学技术有广泛而深远的影响，在今天仍然有一定的启发性意义。

对事物运动变化的机理进行探讨，是中国古代科学技术思想中的感通论的内容。它包括感应论和变通论两部分。感应论经历了西汉之前的物类感应论、西汉至宋代的天人感应论和宋代开始的本原感应论三个发展阶段，其中人们对同类相感、异类相感、显感、潜感等进行了探讨，并把感应的机制分为气类感应和存在感应。变通论是感应论所探讨的内容的进一步深化。变是过程，通是结果。通是在事物与事物之间呈现出来的。通具有存在论、认识论、实践论三层意义。感通论从一个侧面昭示了中国古代科学技术思想与源出于西方的近现代科学技术思想的不同。

文化与科学技术有紧密的联系，自然观是把文化与科学技术联系起来的重要中介之一。道家文化为中国古代科学技术作出过多方面的重大贡献，尤其是在医学领域。现代科学技术转型的方向与道家自然观有相通之处，尤其是表现在动态演化观、普遍联系观和复杂性观念等三个方面。科学技术的创新发展需要自由、平等、民主的社会环境，道家文化在这三个方面都有系统深刻的阐述，我们需要承传道家文化，塑造科学技术发展所需要的文化土壤，促进中国科学技术的大发展。

在上述探讨的基础上，本章概括地论述了中国古代科学技术的思维方式。

第一节　《周易》象数与中国古代科学技术的关系略论*

《周易》与中国古代科学技术有密切的关系，尤其是象数派。之所以如此，是因为《周易》把数与万物联系起来，数形结合，力图以此求知万物运动变化的规律。我们首先以数学为例来考察这一点。

一

魏晋时期，刘徽在《九章算术注·序》中说："昔者包牺氏始画八卦，以通神明之德，以类万物之德，作九九之术以合六爻之变，暨于黄帝神而化之，引而伸之，于是建历纪，协律吕，用稽道原，然后两仪四象精微之气可得而效焉。记称隶首作数，其详未之闻也。按周公制记而有九数，九数之流，则《九章》是矣。"① 这有两个要点，一是数学即九九之术与卦之爻变是一致的，换言之，数与象、数与形是一致的。由此可引申出，数起源于八卦。这可以与《汉书》所说的"自伏牺画八卦，由数起"② 相参证。二是数字的倍增与万物的产生是一致的，即一分为二、二分为四、四分为八也就是太极生两仪、两仪生四象、四象生八卦。质言之，数学与万物的产生和运动变化是一致的，所以，可以用数来描摹万物的运动变化，据数可以求知万物运动变化的规律。他又说："徽幼习《九章》，长再详览，观阴阳之割裂，总算术之根源，探赜之暇，遂悟其意，是以敢揭顽鲁，采其所见，为之作注。"③ "阴阳"指方圆二形和奇偶二数。在刘徽看来，阴阳是数产生的根源。他的这一观点，显然是发展自成书于公元前1世纪的《周髀算经》中的："数之法出于圆方。圆方者，天地之形，阴阳之数"④ 由此可知，数学从很早的时期，就与《周

---

* 本节原文载于刘大钧主编《大易集奥》，上海古籍出版社2004年版。此处略有修改。
① 白尚恕译：《九章算术今译》，山东教育出版社1990年版，第1页。
② 《汉书》卷二十一《律历志》，中华书局编辑部点校，中华书局1962年版，第955页。
③ 白尚恕译：《九章算术今译》，山东教育出版社1990年版，第1页。
④ 《周髀算经》卷上，上海古籍出版社1990年版，第4页。

易》结下了不解之缘。

　　数起源于阴阳和八卦，这是北宋初开始数起源于河图、洛书的观点的源头，因为河图、洛书是从阴阳、五行、八卦发展而来并把它们内在地包容于其中。这一观点最早是由陈抟提出的，后来得到了图书学派的赞同在数学家中响应者也不少。宋代杨辉与丁易东在研究纵横图时，接受了数起源于河图、洛书的观点。在杨辉所著的《续古摘奇算法》中，其纵横图的做法是从洛书数开始的。丁易东在《大衍索隐》卷中说："洛书四十九得大衍五十数图。"卷下说："九宫八卦综成七十二数合洛书图。"① 到了明代、清代，数起源于河洛的观点仍对数学家产生影响，如王文素所撰的《通证古今算学宝鉴》，其卷首就有朱熹《周易本义》所载的河图和洛书二图，并认为它们是"数之本原"。程大位的《算法统宗》同样在卷首画有龙马负图、河图图、洛书图。在河图图下，程大位说："河图者，伏羲氏王天下，龙马负图出河，遂则其文以画八卦。"在洛书图下，程大位说："洛书者，禹治水时，神龟负文列于背，有数至九，禹遂因而第之，以成九畴。"② 而在《算法统宗·总说》中，程大位说："数何肇？其肇自图书乎？伏羲得之以画卦，大禹得之以序畴，列圣得之以开物。……故今推明《直指算法》，辄揭河图洛书于首，见数有原本云。"③ 在《算法统宗·后识语》中，程大位再次强调："盖自宓戏宰世，龙马负图，而数肇端。"④ 可见，数之河洛起源说在中国传统数学思想中代有传承，影响广泛而深远。

　　数之河洛起源说之所以能够造成很大的影响，有几个原因：其一是因为河图、洛书所表现出来的纵横图本身就是数学研究的内容之一；其二，与河图、洛书紧密相关的大衍算法中含有不少代数学的内容；其三，宋明理学认定"理"先天地而存在，河洛起源说对他们的哲学理论是极大的支持，所以他们对河洛起源说非常感兴趣，大力宣传它，而加之理

---

① （宋）丁易东：《大衍索隐》，《影印文渊阁四库全书》，台北：台湾商务印书馆1986年版，第806册，第315—316页。
② （明）程大位：《新编直指算法统宗》首篇，清康熙五十五年刻本，第1—2页。
③ （明）程大位：《新编直指算法统宗》首篇，清康熙五十五年刻本，第1页。
④ （明）程大位：《新编直指算法统宗》卷末《书〈直指算法统宗〉后》，清康熙五十五年刻本，第1页。

学作为官方意识形态的地位,导致河洛起源说在思想文化界有广泛而深远的影响。

在数学上,河洛起源说既有积极因素,又有消极因素。积极因素表现在,河洛起源说锤炼了人们的抽象思维能力,促使中国古代数学改变了传统的以归纳为主要方法的特色,变为以演绎为主要方法,并促使中国古代数学进入符号化的阶段,初步具有了公理化逻辑体系的雏形。消极因素表现在,其一,河洛起源说把人类认识自然的能力归之于天意,当人们得到一些数字规律乃至数学规律在客观世界中暂时找不到模型、原型,或者得不到恰当的、正确的解释时,就将它归结于神或天意;其二,河洛起源说中的"阴阳奇偶之说"偏于哲理性的抽象,在人们解决具体的数学计算问题时往往成为思想上的障碍之一,使得人们在方法上难以有新的突破。

数起源于河图、洛书的观点对数学有很大的影响,那么,河图、洛书的内容与数学的关系如何呢?

数本来就是抽象的。抽象的哲学理论对数学的发展是有推动作用的。玄学是促使魏晋南北朝几何学取得巨大成就的原因之一,使其凸显了非实用性。这一点在宋明时期又体现出来了。"隋唐时代的数学著作不过一、二种,但是在宋代前后不到三百年却写出了五十多种,平均每五六年一种,其中有些著作水平极高。"[①] 这固然有唐代重视算术的遗风的因素,但更重要的是受象数学和理学的兴盛的影响。

易学象数学和图书学派断言,世界的规律是通过数学的法则表现出来的。物质变化的规律可以用数学的方式来计算和推测,物质世界的变化存在着量的规定性。因而,图书学派的研究内容与数学有内在的一致性。这有多方面的表现:例如,邵雍六十四卦卦序是完美的六位二进制卦序。"数学"原为宋代象数易学的一支。对象数学与数学的关系,《四元玉鉴》刻书时有莫若、祖颐所撰的两篇序文。莫若的序说:"数一而已,一者万物之所从始。故易一太极也,一而二,二而四,四而八,生生不穷者岂非自然而然之数耶?河图洛书泄其秘,黄帝九章著之书。"[②]

[①] 李迪:《中国数学史编》,辽宁人民出版社1984年版,第148—149页。

[②] (元)朱世杰撰,(清)罗士琳补草:《四元玉鉴细草》,商务印书馆1937年版,第1页。

这与其说是数学，不如说是图书学派和受其影响的理学哲学。刘徽把类推发展为等式推理，建立数学概念体系。到了宋代，理学家为类推增加了"格物穷理"的前提，如程颐说："格物穷理，非是要穷尽天下之物，但于一事上穷尽，其他可以类推。"[①] 在这一观念的影响下，宋元数学具有很强的抽象化、逻辑化的特色。

受《周易》象数学、尤其是其中的图书学派的思想影响，宋元数学取得了巨大的理论突破，获得了不少全新的成果。我们这里以方程为例。

用解方程的方法来解决实际问题需要经过两个步骤：首先要根据问题来设未知数，再按题给条件列出一个未知数的方程，这就是所谓的"造术"。如果未知数只有一个，则它就称为天元，一元高次方程的解法就称为天元术。宋代，秦九韶和李治都对天元术有论述，其中以李治论述得最为详尽。他所说的"立天元一为某某"，用现代数学的语言来说就是"设 x 为某数"。用特定的文字符号表示任意的未知数，并结合位置关系表示未知数的任意次幂，这样，一般的代数方程就可以建立起来。这与现代列方程的思想是一致的。由此看来，天元术作为一种抽象的建立方程的方法，具有普遍适用的意义。后来，作为朱熹的五世孙，朱世杰的《四元玉鉴》吸取了天元术的思想，参照了线性方程组用算筹摆出"矩阵"的运算方法，创造出以"天""地""人""物"表示四个不同的未知数的四元高次方程组的数值解法。莫若在《四元玉鉴·序》中说："其法以元气居中，立天元一于下，地元一于左，人元一于右，物元一于上，阴阳升降，进退左右，互通变化，错综无穷。"[②] 以不同的文字表示不同的未知数意味着中国数学在向符号代数的方向发展上已经取得了巨大的成就。换言之，中国古代数学已经步入符号化的新阶段。这在后世是有影响的。直到 19 世纪，李善兰（1811—1882）在翻译《代微积拾级》时，仍将 A、B、C、D 译成甲、乙、丙、丁，x、y、z 译成天、地、人。朱世杰以算筹的布列方法说明一元方程、二元方程（两仪化元）、三元方程（三才运元）、四元方程（四象会元）的解法。在一个筹图中利用位置关系表示不同的未知数以及它们的不同幂指数和不同的乘积项，这

[①] 王孝鱼点校：《二程集》，中华书局 2004 年版，第 157 页。
[②] （元）朱世杰撰，（清）罗士琳补草：《四元玉鉴细草》，商务印书馆 1937 年版，第 2 页。

是抽象思想与形象思维的巧妙结合。这就意味着，几何关系被表达为代数关系，这是以容易驾驭得多的数量关系的研究来进行较难把握的空间形式的研究。这种方法在现代的代数拓扑学中仍然有运用。

南宋数学家秦九韶（1202—1261）的《数书九章》把问题分为若干类，第一类为"大衍类"，用的是"大衍总数术"。这是受《周易》大衍之数的影响而提出来的。《数书九章》卷一第一题有"蓍卦发微"题：

> 问《易》曰："大衍之数五十，其用四十有九"。又曰："分而为二以象两，挂一以象三，揲之以四以象四时"，三变而成爻，"十有八变而成卦"。欲知所衍之术及其数各几何。①

通过对这一问题的解答，秦九韶阐明了"大衍总数术"。"大衍总数术"不再是归纳方法的运用，而是由一般到具体的演绎法的运用。"大衍总数术"的一个衍生方法是"大衍求一术"。从现代数学的观点来看，"大衍求一术"其实是一次同余式问题，即联立一次同余式组的解法。"大衍求一术"采用对《周易》揲蓍程序的解说形式，将数学与易学糅合在一起。"大衍求一术"来源于大衍筮法。秦九韶试图用"大衍求一术"来解释《周易·系辞传》，与历代经学家的注疏不同。他在《数书九章》自序中说："昆仑旁薄，道本虚一。圣有'大衍'，微寓于《易》。奇、余取策，群数皆捐。衍而究之，探隐知原。"② 可见，秦九韶是将大衍法与算术奇偶相生的思想方法紧密联系在一起的。对此，《四库全书》本《数书九章》在"蓍卦发微"题之后有编者的话，说："按揲蓍之法载于《易传（学）启蒙》，言之甚明。算术以奇偶相生取名大衍可也，竟欲以此易古法则过矣。"③ 又说："此条强援蓍卦，牵附衍数，致本法反晦。"④

---

① （宋）秦九韶：《数书九章》，《影印文渊阁四库全书》第 797 册，台北：台湾商务印书馆 1986 年版，第 331 页。
② （宋）秦九韶：《数书九章》，《影印文渊阁四库全书》第 797 册，台北：台湾商务印书馆 1986 年版，第 326 页。
③ （宋）秦九韶：《数书九章》，《影印文渊阁四库全书》第 797 册，台北：台湾商务印书馆 1986 年版，第 331 页。
④ （宋）秦九韶：《数书九章》，《影印文渊阁四库全书》第 797 册，台北：台湾商务印书馆 1986 年版，第 335 页。

这里既批评他对《周易》蓍法的解释不合古法传统，又批评他因援引蓍法而致使数学方法不甚明晰。这种批评固然有一定的道理，但问题在于，《周易》本为数学最重要的渊源之一，如果离开了蓍法的启发，秦九韶还能作出上述数学发现吗？

河图、洛书也来源于大衍筮法。直到清代，《周易折中·启蒙附论》仍然是以河图、洛书两个图式讲数学原理。如此看来，《周易》象数学及其图书学派与中国古代数学可谓是形影相随，难分难解。之所以如此，是因为《周易》卦画与阴阳、五行相结合，构成了有方位的八卦或六十四卦方位图。这些图中，有不太多的数个符号在不同位置上相配置，就可以组合出无穷多的意义来，从而可用以表征万物的生成或万物之间的联系。这种思想对中国古代数学思想方法有巨大的影响。中国古代数学的算筹运算中，位置有重要的意义，例如解线性方程组时不同的位置表示不同的未知数，在高次方程理论中位置表示未知数的次数。在多元高次方程组中，位置有不同的未知数、未知数的不同次数等意义。这种位置制具有简易明了的优点，因而使得中国古代数学在上述几方面取得了极大的发展，与同一时期的世界其他国家相比处于领先地位。此外，在这些卦图的影响下，还出现了专门研究组合数字方法的纵横图等，表现了初步的组合数学的思想。总之，这使得中国古代数学具有离散数学的鲜明特点。[①]

阴阳、五行学说对离散数学有用，对连续量的分析则不太适用，但程大位却认为："窃尝思之，天地之道，阴阳而已。方圆，天地也。方象法地，静而有质，故可以象数求之。圆象法天动而无形，故不可以象数求之。"[②] 既有的思想框架不适用于解决新问题，却不去寻找新方法，反而得出了不可知的结论，这表明阴阳五行学说不是万能的，一旦被视为普遍适用的框架，则阴阳五行学说对数学家的思想就具有束缚作用了。再一个例子是祖冲之，他明知"径一周三"只是约数，精确值有小数，但却认为整数和小数的接合处是"阴阳交错而万物化生"之处。故圆周率的小数部分是"上智不能测"的，如可用有限迫近无限，则"化机有

[①] 王鸿均、孙宏安：《中国古代数学思想方法》，江苏教育出版社1989年版，第23页。
[②] （明）程大位：《新编直指算法统宗》卷三，清康熙五十五年刻本，第21页。

尽而不能生万物矣!"① 与刘徽相比,祖冲之显然是倒退了。这也是受阴阳学说误导的结果。

《周易》对中国古代数学的影响不只是在数的起源和内容两个方面。中国古代数学著作在形式上往往是模仿《周易》而来。例如,"算经"之名来源于《易经》,题名仿制于卦名,题型模拟于卦画,答案多采用卦辞的表述形式,解题术则具有与爻辞的类似性。图象、数据、推理、论断分别对应象、数、理、占,如此等等,不胜枚举。在思维方法上,中国古代数学同样多模仿《周易》。《周易》以"探赜索隐,钩深致远"为志职,中国古代数学也往往援引这一句话,把彰往察来作为自己的努力方向。《周易》主张"方以类聚,物以群分",以类比推理作为主要的逻辑思维方法,中国古代数学也是如此。例如,刘徽注《九章算术》,主张:"数同类者无远,数异类者无近。"② 数的运算要"以行减行,当各从其类","令出入相补,当各以其类"③。《周易》主张"同归而殊途,一致而百虑",中国古代数学也颇为欣赏一题多解的主张和做法。

《周易》"太极生两仪、两仪生四象、四象生八卦"的宇宙发生论和与此相应的蓍法注重进程,强调程序性、阶段性,这使得中国古代数学也具有浓郁的强调可操作性的算法和代数特征,而算法正是现代计算机科学技术的理论基础。

《周易》对中国古代数学从总体上来说是起了积极的作用的。它的象数学,尤其是图书学派的思想,使得中国古代数学达到了符号化,建立了一个具有化繁为简的特征的符号系统,一改此前的实用面貌,具有了抽象的新特色;一改此前以非逻辑思维为主的特点,具有了演绎证明的新特点;一改此前零碎散乱的形式,具有了一个理论意义上的构造体系。此外,在这一时期,筹算发展成为简便易用的珠算,即算盘。有了这样的工具,数学有可能更好地为现实的世俗活动服务。宋元数学从而成为中国古代数学发展史上的最高峰。

对理学和图书学派对宋代以后中国数学的影响,一些治中国科学技

---

① (明)程大位:《新编直指算法统宗》卷三,清康熙五十五年刻本,第21页。
② 白尚恕译:《九章算术今译》,山东教育出版社1990年版,第11页。
③ 白尚恕译:《九章算术今译》,山东教育出版社1990年版,第359、418页。

术史的学者多有微词。主要的观点是认为理学和图书学派是唯心主义，割裂了数与物质，用一些先验的框架束缚了人们的思想，对数学起了阻碍作用。这种观点是在对理学和图书象数学派缺乏深入、系统研究基础上得出来的，而且没有考虑到数学不同于其他科学的特殊性。对这个问题，贝尔盖注说：".数字并不取决于被知觉或被描绘的物体的实际（经验）的多元性，相反地，它是那样一些物体，其多元性是根据一个事先决定的神秘数字（好象在一预制的结构中那样）而取得的形式来确定的。"① 由此看来，理学和图书象数学派对宋代之后数学的促进作用不可低估。当然，我们也应该看到，它们对宋代之后的数学也确有阻碍作用。徐光启说过："算数之学特废于近世百年间尔，废之缘有二，其一为名理之儒，土苴天下之实事，其一为妖妄之术，谬言数有神理，能知来藏往，靡所不效，卒于神者无一效，而实者无一存。"② 数学在明代中期以后衰落的原因，第一是不受士大夫重视，缺乏继承和发展的人才。这是主要的原因；第二才是夸张数有神理的观点破产的影响。但后者恐未必能够成为数学衰落的重要原因，因为同样受理学和图书象数学派的影响，李治在《测圆海镜》自序中说："故谓数为难穷斯可，谓数为不可穷斯不可……苟能推自然之理以明自然之数，则虽远而乾端坤倪，幽而神情鬼状未有不合者矣。"③ 这说明，数学不会全部照搬理学和图书象数学派的观点，只要数学家遵循数学研究的规律，就能够有所发现，推动数学的发展。

二

上文论述了《周易》、尤其是其中的象数学派与中国古代数学的关系。这里，我们从总体上对《周易》与中国古代科学技术的关系作一个简略的考察。

事实上，以《周易》的太极、两仪、四象、五行、六爻、八卦、九

---

① [英]李约瑟：《中国科学技术史》第二卷，科学出版社、上海古籍出版社1990年版，第312页。

② （明）徐光启：《刻〈同文算指〉序》，转引自钱宝琮《中国数学史》，科学出版社1964年版，第230页。

③ （元）李治：《测圆海镜》，《影印文渊阁四库全书》第798册，台北：台湾商务印书馆1986年版，第3页。

宫、十象、十二月、二十四节气、六十四卦等象数模式为理论要素，形成了中国古代科学技术的基本范式，它们渗透到数学、天文、历法、地理、炼丹（原始化学）、中医药、养生保健、工艺技术等诸多领域，把它们联系成为一个相对统一的科学技术体系，对促进人们各知识领域的互通互渗起了积极的作用，从而在整体上促进了中国古代科学技术的发展。

李淳风把天文历法的起源归功于伏羲，说："阴阳迭用，刚柔相磨，四象既陈，八卦成列。此乃造文之元始，创历之厥初者欤！"[1] 天文历法受《周易》影响的程度不亚于数学。此外，中医药也是运用《周易》象数理论最多的一个学科，对此可参见相关文献。[2] 类似的情况还见之于作为原始化学的炼丹术等众多领域。中国科技史上著名的科学家，都钻研《周易》，如汉代的张衡、魏晋的刘徽、唐代的一行、宋代的沈括、明代的张介宾、清代的方以智等。《周易》对中国古代科学技术的影响，是科学家们也承认的。秦九韶在《数书九章·自序》中写道："圣人神之，言而遗其粗；常人昧之，由而莫之觉。"《周易》对中国古代科学技术的影响，如同对数学一样，主要是通过其象数学派的思想，尤其是宋代以来的图书学派的思想。1607年徐光启在《刻〈几何原本〉序》中说："顾惟先生（指利玛窦）之学，略有三种：大者修身事天，小者格物穷理；物理之一端别为象数，一一皆精实典要，洞无可疑。其分解擘析，能使人无疑。而余乃亟传其小者，趋欲先其易信，使人绎其文，想见其意理，而知先生之学可信不疑。"[3] 之所以说象数是格物穷理之学的一支，是因为《周易》是儒家六经之首，因而是理学思想的源头之一。易学象数学派的代表人物陈抟、邵雍是理学思想的源头之一。儒家易学以义理派为主，但朱熹力图把易学的义理派与象数派统一起来，论证其理本体论和格物穷理的主张。徐光启高度评价象数学对物理之学即科学的作用。1612年，他在《泰西水法·序》中指出天主教可以补儒易佛，并说：

---

[1]《隋书》卷十七《律历志》，中华书局编辑部点校，中华书局1973年版，第415页。

[2]（明）张景岳：《医易义》；邹学熹、邹成永：《中国医易学》，四川科技出版社1988年版；麻福昌：《易经与传统医学》，贵州人民出版社1989年版；黄自元：《中国医学与〈周易〉原理——医易概论》，中国医药科技出版社1989年版；杨力：《周易与中医药》，北京科技出版社1990年版；李浚川、肖汉明主编《医易会通精义》，人民卫生出版社1991年版。

[3]（明）徐光启撰，王重民辑校：《徐光启集》，上海古籍出版社1984年版，第75页。

"其余绪更有一种格物穷理之学。凡世间世外,万事万物之理,叩之无不河悬响答,丝分理解……格物穷理之中,又复旁出一种象数之学。象数之学,大者为历法,为律吕,至其他有形、有质之物,有度、有数之事,无不赖以为用,用之无不尽巧极妙者。"[1] 类似地,方以智也认为:"格致研极之精微,皆具于《易》。"[2]

不可否认,《周易》对中国古代科学技术同样有消极的影响。基于此,有些学者对《周易》与中国古代科学技术的关系持否定态度。李约瑟就持这种主张。他的理由主要是:《周易》中关于技术发明的说法为虚构;受《周易》的影响,炼丹术变得神秘化了;受《周易》的影响,中国古代对生命现象纯属臆测;卦的符号体系与封建官僚体制之间的对应配合是非科学的;莱布尼兹在接触《周易》以前已发明二进制,二进制与邵雍卦图的吻合只是偶然的巧合。这些理由貌似成立,实则经不起推敲。例如,炼丹术的神秘化,是因为它是道教修道成仙之术的一种,是受宗教观念影响的结果。李约瑟之所以有这些理由,是因为他把《周易》当作了一部科学著作,而没有承认《周易》的哲学性质。图书学派所倡导的数理哲学把一切都归结于数学,这种思想在其积极的一面促进了数学与其他自然科学的结合,有利于促进人们用数学去描述自然界各个领域中存在的规律。只可惜这一点在当时的社会环境中没有形成普遍、广泛的社会思潮,没有从根本上革新中国科学技术的面貌。当然,我们并非不承认《周易》对中国古代科学技术存在消极影响。例如,李约瑟所指出的卦的符号体系与封建官僚体制之间的对应配合,显示了《周易》的天人合一的观念。在这种观念指导下,统治者常常为了人事的需要而提倡遵从某种模式并把它推广到自然科学的研究中,要求学术研究为政治服务,要求学术思想与政治思想服从统一的模式。这是有害于科学技术的发展的。再如,《周易》所推崇的音律与历法的融通,从今天来看,与事实不符,因而是一个失败的假说。

《周易》对中国古代科学技术起到了较大的促进作用。它对现代科学

---

[1] (明)徐光启撰,王重民辑校:《徐光启集》,上海古籍出版社1984年版,第66页。
[2] (明)方以智:《物理小识》,《影印文渊阁四库全书》第867册,台北:台湾商务印书馆1986年版,第2页。

技术也应该会有一定的促进作用。我们认为,《周易》作为古代文化,人们应该抱着古为今用,活学活用,推陈出新的态度,在回顾中受到启发,并把这种启发付诸科学的论证和实验,在实践中检验。

第二节 朱熹的科学哲学与道家、道教的关系[*]

邹衍、董仲舒、朱熹是李约瑟用以说明道家有机论自然观对中国科学技术有促进作用的三个典型。朱熹是这三个典型中科学哲学思想最丰富的。本节拟深入研究朱熹的科学哲学思想与道家、道教的关系,以期推进有关李约瑟思想研究的深入。

一 儒道两家关于物的思想

孔子论物,《论语》中仅一见:"百物生焉,天何言哉?"[①]《孟子》论物二十二见,物作客观物体、物件、事情、事物讲,与孔子论物相似。"物"在孔子、孟子那里都不是哲学概念。《老子》五千言,论物者十三见,论万物者十七见,凡三十处。《庄子·天下》评述关尹、老聃学说时说:"以本为精,以物为粗。"[②]《庄子》中的《齐物论》表明道家已自觉地从哲学上来考察物,庄子还有将心与物对举的意味。儒道两家相比较,道家比较重视探讨物、人与自然界的关系。儒家从哲学上探讨物肇始于荀子。荀子基于人与自然界的关系探讨物,但其思想深受稷下道家的影响。作为儒、道融合的思想结晶,《易传》以物为核心范畴,说:"有天地,然后万物生焉。盈天地之间者万物"[③],构筑了较为完整的哲学思想体系。此后儒家也探讨物,如《孟子·尽心上》所说:"亲亲而仁民,仁民而爱物"[④],但亲亲、仁民、爱物的顺序说明,儒家更重视的是社会、政治、

---

[*] 本文载于王国忠主编《李约瑟与东西方文化——李约瑟研究》,科学出版社2003年版。
[①] 程树德:《论语集释》,程俊英、蒋见元点校,中华书局1990年版,第1227页。
[②] 陈鼓应:《庄子今注今译》,商务印书馆2007年版,第1011页。
[③] 《周易正义·序卦》,阮元校刻《十三经注疏》(清嘉庆刊本),中华书局2009年版,第200页。
[④] (清)焦循:《孟子正义》,沈文倬点校,中华书局1987年版,第949页。

伦理道德问题，强调的是人与人之间的关系，"内圣外王"的"外王"所强调的也是平治天下，对身外之物不甚关切，探讨较少。与儒家相比，从老庄开始，道家就从哲理上探讨物。后起的道教也继承了道家的这一特点。

要估测道家、道教重视物对朱熹的影响，不能回避开《大学》，因为一般认为格物致知思想是《大学》所提出的，朱熹不过是把儒家本有的思想作一阐发罢了。但这个观点是有问题的。《大学》虽然言及格物致知，但其内涵与程朱所阐释的有很大的区别。郑玄注释"致知在格物"说："知，谓知善恶吉凶之所终始也。格，来也。物，犹事也。其知于善深，则来善物；其知于恶深，则来恶物。言事缘人所好来也。"[1] 这是比较符合《大学》本义的解释。《大学》在韩愈、李翱之前并不受重视。孔颖达、韩愈也并不重视格物致知。李翱在《复性书》中解释"致知在格物"时说："物者万物也，格者来也、至也。物至之时，其心昭昭然明辩焉，而不应于物者，是致知也，是知之至也。"[2] 这同样是把格物作为道德修养的手段，[3] 并没有对格物致知看得很重。二程开始把格物、致知两目与诚、正、修、齐、治、平并列为八目，但二程对此的阐释仍不甚清晰。朱熹是在继承二程思想的基础上，在李侗的启发下，吸收司马光、吕大临、谢良佐、杨时、尹焞、胡安国、胡宏等人的思想，经过自己的刻苦研究而发明的。与二程的《大学》改本相比，朱熹更加突出了"物格"的重要性。[4] 以"即物穷理"来阐释《大学》的"致知在格物"是程朱的发明。[5]

宋仁宗之后理学家重视《大学》，强调格物致知，主要是断以己意，

---

[1] 《礼记正义·大学》，阮元校刻《十三经注疏》（清嘉庆刊本），中华书局2009年版，第3631页。

[2] 《李文公集》卷二，上海古籍出版社1993年版，第9页。

[3] 参见余敦康《大学、中庸和宋明理学》，载《历史论丛》第四辑，齐鲁书社1983年版，第135页；周予同：《〈大学〉和〈礼运〉》，《周予同经学史论著选集》，上海人民出版社1983年版，第411页。

[4] 参见李纪祥《两宋以来大学改本之研究》，台北：台湾学生书局1988年版，第337页。

[5] 所以，明末清初的陈确认为，《大学》《中庸》与孔、孟的精神不相符合，他呼吁"还学庸于戴记，删性理之支言，琢磨程朱，光复孔孟，出学人于重围之内。"（《书大学辩后》，《陈确集》，中华书局1979年版，第609页）他认为《大学》、《中庸》受过道家的影响是对的，但他没有看到，后人对《大学》、《中庸》，尤其是对《大学》的解释，是经过改本而附加上后人的解释，以使之符合解释者的需要。

把它作为排佛的武器。① 但对朱熹而言，虽然他说过："异端虚无寂灭之教，其高过于大学而无实"②，但"不为悬空求理"，不"流于功利"只是表面的原因，最主要的还是他自身的理论需要。他一方面为了解决二程所没有解决的人性从何而来的问题，需要从本源论来给出人性的根据。另一方面，也需要把本源论贯穿到物和处理人与自然界的关系，对宋代蓬勃发展的科学技术作出反映，如此可使自己的哲学体系有更广泛的解释能力，在体系上更具完整性。

道家、道教对物的探讨，必然作为先在的思想资料对宋明理学有影响。二程并不多谈与自然科学相关的问题，与道家、道教关系密切的张载、邵雍却比较重视。思想渊源于道教的邵雍，其著作《皇极经世》分为《观物内篇》和《观物外篇》说明了他对物的重视。邵雍、张载的思想均对朱熹思想有巨大的影响。

二 物生化过程中的理气关系

要把握物的性质及其运动变化的规律，运用它们，从而利用或改造物使之满足人的需要，就有必要以对象化的思维方式从物的形成的视角深入探讨理、气关系，因为物的性质及其运动变化的规律与其产生、形成确实有千丝万缕的联系。

朱熹认为，在万物的产生、形成过程中，"天地之间，有理有气。理也者，形而上之道也，生物之本也；气也者，形而下之器也，生物之具也。是以人物之生，必受此理，然后有性，必禀此气，然后有形。"③ 气是"生物之具"，所以它同理一样也是太极，是万物之根。"圣人谓之太极者，所以指夫天地万物之根也。"④ 正是在这个意义上，他说："太极只是一个气。"⑤ 气不能独自完成生化万物的任务，还要有理的协同才行，

---

① 参见詹海云《陈乾初大学辨研究》，台北：明文书局1986年版，第32页；李纪祥：《两宋以来大学改本之研究》，台北：台湾学生书局1988年版，第69页。
② （宋）朱熹：《四书章句集注》，中华书局1983年版，第2页。
③ 《朱熹集》卷五十八《答黄道夫》，郭齐、尹波点校，四川教育出版社1996年版，第2947页。
④ （宋）黎靖德编：《朱子语类》卷九十四，王星贤点校，中华书局1986年版，第2366页。
⑤ （宋）黎靖德编：《朱子语类》卷三，王星贤点校，中华书局1986年版，第41页。

所以他说：" 若论本原，即有理然后有气。若论禀赋，则有是气，而后理随而具。"① 那么，就"禀赋"而言，气怎么生化万物呢？朱熹继承了邵雍一分为二的观点，认为单独的一是无法生化万物的，一必须变为两，才能由静而动。所以，他说："天地间，一气而已，分而为二，则为阴阳。"② "阴阳者，造化之本。"③ 太极一气化为阴阳二气，由此才开始了生化万物的历程。这是早在朱熹之前道家、道教就阐明了的，如《庄子·则阳》说："阴阳者，气之大者也。"④ 阴阳是气的最基本的显现，阴阳二气生化万物。这个观点被道教所继承并给予大力阐扬。

道教认为，阴阳二气还不能直接生化万物，还要由阴阳转化为五行后，才能由无形变为有形。朱熹采纳了这个观点，说："做这万物四时五行，只是从那太极中来。太极只是一个气，迤逦分做两个气，里面动底是阳，静底是阴，又分做五气（五行），又散为万物。"⑤ 虽然"五行一阴阳也"，但二者毕竟已经有了差别。"阴阳是气，五行是质。有这质，所以作得物事出来。"⑥ 五行作为已有一定质的气，自然就意味着气的状态、性质有差异，表现为有偏正、通塞、清浊、纯驳等的区别，所以使得生化出来的物有差异，⑦ 如清轻者为天，重浊者为地，精英者为人，渣滓者为物。⑧

这样，万物由无形变为有形之后，"气化"的阶段随之结束而进入了"形化"的阶段。在形化阶段，气仍然起着主导作用。"理无迹，不可见，

---

① 《朱熹集》卷五十九《答赵致道书》，郭齐、尹波点校，四川教育出版社1996年版，第3078页。

② （宋）朱熹：《易学启蒙》卷一，载朱杰人等编《朱子全书》第1册，上海古籍出版社、安徽教育出版社2002年版，第212页。

③ （宋）黎靖德编：《朱子语类》卷六十九，王星贤点校，中华书局1986年版，第1735页。

④ 陈鼓应：《庄子今注今译》，商务印书馆2007年版，第795页。

⑤ （宋）黎靖德编：《朱子语类》卷三，王星贤点校，中华书局1986年版，第41页。

⑥ （宋）黎靖德编：《朱子语类》卷一，王星贤点校，中华书局1986年版，第9页。

⑦ 《朱熹集》卷十五《经筵讲义》说："气之为物，有偏有正，有通有塞，有清有浊，有纯有驳。以生之类而言之，则得其正且通者为人，得其偏且塞者为物。"（参见《朱熹集》卷十五《经筵讲义》，郭齐、尹波点校，四川教育出版社1996年版，第574页）

⑧ （宋）黎靖德编：《朱子语类》卷十四，王星贤点校，中华书局1986年版，第259页。

故以气观之。"①形气相感，就使得物变化不休。其中的关键在于阴阳五行之气，正如朱熹所说："如阴阳五行错综不失条绪，便是理。"②阴阳五行的所以然之理就是道。所以，从形质来看，"阴阳五行为太极之体……此'体'字如何？曰：是体质。道之本然之体不可见，观此则可见无体之体"③。朱熹的这个思想与道家、道教是一致的。《周易参同契》说："物无阴阳，违天背元。"④从体用观来说，道是体，阴阳五行就是用。正如《太平经》所说："道无奇辞，一阴一阳，为其用也。"⑤这一思想，杜光庭作了总结："本者元也，元者道也。道本包于元气，元气分为二仪，二仪分为三才，三才分为五行，五行化生万物，万物者末也。"⑥

如此看来，朱熹以阴阳五行之气解释万物的生化，基本上是以道家、道教本源论为内容。但有人会说，这些思想是来源于《易》，怎么会是道家、道教的呢？其实，《易》并未以阴阳五行立论，《易经》没有阴阳概念，《易传》才有阴阳概念出现。《易传》中也没有"五行"的字眼，如果说有其萌芽的话，则其五行学说也并不完备。以阴阳五行解释《易》的，恰恰是道家、道教，或是与道家、道教关系紧密的人物。对此，朱熹有一个交代："庄子分明说《易》以道阴阳。要看阴阳，须当恁地看万物，都是那阴阳作出来。"⑦《庄子》说"《易》以道阴阳"，那只是基于《易传》而言的以偏概全，不是事实，但这里的关键在于，朱熹已经说明，他的这个思想来源于道家人物庄子及其后学对《易》的理解和对阴阳在生化万物的过程中的作用的理解。《易传·系辞》虽然说过"一阴一阳之谓道"，但《系辞》形成于战国末期甚至更晚，这个思想的形成与《老子》有很密切的关系，⑧与《庄子》也有密切的关系。先秦之后，董

---

① （宋）黎靖德编：《朱子语类》卷六，王星贤点校，中华书局1986年版，第111页。
② （宋）黎靖德编：《朱子语类》卷一，王星贤点校，中华书局1986年版，第3页。
③ （宋）黎靖德编：《朱子语类》卷三十六，王星贤点校，中华书局1986年版，第976页。
④ （后蜀）彭晓：《周易参同契分章通真义》，载《道藏》第20册，文物出版社、上海书店、天津古籍出版社1988年版，第151页。
⑤ 王明编：《太平经合校》，中华书局1960年版，第11页。
⑥ （唐）杜光庭：《太上老君说常清静经注》，载《道藏》第17册，文物出版社、上海书店、天津古籍出版社1988年版，第163页。
⑦ （宋）黎靖德编：《朱子语类》卷七十四，王星贤点校，中华书局1986年版，第1895页。
⑧ 参见陈鼓应《易传与道家思想》，生活·读书·新知三联书店1996年版，第186—187页。

仲舒等人用阴阳五行解释万物的生成，是深受道家或道教的影响。汉代以后至周敦颐之前，以阴阳五行作为思维框架几乎成了道教的专利，而周敦颐至朱熹的理论又是取之于道家、道教。①

前面说过，气是与形结合起来的，形气相感才有物的运动变化。如此看来，气只是道或理与物之间的关系的中介。朱熹用道器论来阐述道或理与物之间的关系。

《老子》中已提到"道"与"器"这对范畴。《易传·系辞》中所说的"形而上者谓之道，形而下者谓之器"②是对《老子》三十二章和二十八章所说的道、器观念的哲理抽象。另外，深受稷下道家思想影响的《管子·五行》首句说："一者本也，二者器也。"③"一"即道。《系辞》的说法估计也受到这一思想的影响。④后来，《老子河上公章句》早于王弼《老子注》对它作了说明："万物之朴散则为器用。弱道散则为神明，为日月，分为五行。"王弼的道器观简言之就是"举本统末""执一统众"。"本""一"为道，"末""众"为物。此后，道教重玄学作了更深入的探讨。晚唐道教学者杜光庭对此总结说："形而上者道之本，清虚无为，故处乎上也。形而下者道之用，秉质流行，故处乎下也。显道之用以形于物，物秉有质，故谓之器。器者，有形之类也……此乃道是无体之名，形是有质之用。凡万物从无而生，众形由道而立，先道而后形，道在形之上，形在道之下。故自形而上谓之道，自形而下谓之器。形虽处道器两畔之际，形在器上，不在道也。既有形质，可为器用，故云形而下者谓之器。夫道，无也。形者，有也。有故有极，无故长存。"⑤在他看来，道在器先，器由道立。道是体，器是用。五代时的道士施肩吾

---

① 根据陈鼓应的考证，儒家典籍《论语》《孟子》《大学》《中庸》中没有出现一次阴阳并举的用法，而在《老子》中，阴阳对举者1处，《庄子》中阴阳并称者26处，《帛书四经》中阴阳并提47处，《管子》中约有30处，由此可说明阴阳概念主要是道家的概念。（参见陈鼓应《易传与道家思想》，生活·读书·新知三联书店1996年版，第76—77、226页）

② 《周易正义·系辞上》，阮元校刻《十三经注疏》（清嘉庆刊本），中华书局2009年版，第171页。

③ 黎翔凤：《管子校注》，梁运华整理，中华书局2004年版，第859页。

④ 参见陈鼓应《易传与道家思想》，生活·读书·新知三联书店1996年版，第228页。

⑤ （唐）杜光庭：《道德真经广圣义》，载《道藏》第14册，文物出版社、上海书店、天津古籍出版社1988年版，第370—371页。

则简洁地概括为:"形而上者谓之道,形而下者谓之器。上以下为基,道以器为用。"① 二程认为,道是本,器是末,道犹原理,器犹具体事物,二者相依共存。他们说:"形而上为道,形而下为器,须著如此说。器亦道,道亦器。但得道在,不系今与后,己与人。"② 这与杜光庭、施肩吾的说法本质上是一致的。二程用《易传》"一阴一阳之为道"来描述理与气之间的关系,把它与"形而上者谓之道,形而下者谓之器"联系起来,如果离开了道家、道教哲学的启发,恐怕是难于实现的。朱熹继承了二程的说法并作了系统的论述,提出了"道器不离""道体器用""道本器末""道先器后"等命题。③

理气关系是就物的产生、形成而言,道、器关系是就物的性质而言。这二者显然有区别。但是,道、器的关系,与理、气关系有紧密的联系。理在物的产生、形成过程中起着对气的控制、规范、统御的作用,在物由无形变为有形之后,气形相感而使物有运动变化,气的作用发生了变化,理的作用必然发生变化。这个转变的思想是朱熹在阐释邵雍的道教易学时受到启发而提出的。"问:邵先生说无极之前,无极如何说前?曰:邵子就图上说循环之意。自姤至坤是阴含阳,自复至乾是阳分阴。复坤之间是无极。自坤反姤是无极之前。"④ 朱熹进一步解释说:"无极之前,阴含阳也。有象之后,阳分阴也。"⑤ 无极之前,属于浑沌,天地未分,人物未生,只见阴,不见阳,所以说阴含阳。有象之后,天地已分,人物渐生,阳始见,所以说阳分阴。也就是说,在有象之前,阳只是处于潜伏状态,是阴强阳弱,而有象之后,是阳长阴消,阳渐强阴渐弱的过程。无象到有象就是物的产生从无形到有形的过程。阳为气,阴为理,阴阳强弱的变化,也就是理气强弱的变化。这个思想的渊源,在朱熹看来就是道教。二程对本源论的阐发较为薄弱且存在着漏洞,这是由于他

---

① (宋)施肩吾:《西山群仙会真记》,载《道藏》第4册,文物出版社、上海书店、天津古籍出版社1988年版,第426页。
② 王孝鱼点校:《二程集》,中华书局2004年版,第4页。
③ 参见(宋)黎靖德编《朱子语类》卷二十四、七十五、七十七,王星贤点校,中华书局1986年版。
④ (宋)黎靖德编:《朱子语类》卷六十五,王星贤点校,中华书局1986年版,第1615页。
⑤ (宋)黎靖德编:《朱子语类》卷一百,王星贤点校,中华书局1986年版,第2549页。

们对邵雍的道教易学缺乏兴趣，了解不深。对此，朱熹明确指出："邵子所谓易，程子多理会他底不得。"①

有形之物出现后，理同样是无形的，其作用就是保持该物之为该物，也就是说，理已经转化为物的性质，以物的运动变化过程中所体现出来的规律的面目来表现自己的存在。对此，朱熹解释说："论万物之一原（源），则理同而气异；观万物之异体，则气犹相近，而理绝不同也。"②他又从形而上与形而下的角度来解释说："若以形而上言之，则冲漠者固为体，而其发于事物之间者为之用；若以形而下者言之，则事物又为体，而理之发见者为之用。"③ 形而上的宇宙是冲漠者为体，气为用；形而下的万物则是气为体，理为用。所以他说："气虽是理之所生，然既生出，则理会他不得。如这理寓于气了，日用间运用，都由这个气，只是气强理弱。"④ 气强理弱的关系，当与道教学者们所说的道虚物实的观点有一定的关系。李荣说过道体虚无而罗于有象。王玄览则说得更清楚，道"充虚遍物，不盈于物；物得道遍，而不盈于道。道物相依成，一虚一实。"后来，谭峭详细论证了虚实相通。虚者弱也，实者强也。虚者道也，实者气也、物也。从道虚物实过渡到理弱气强是很自然的。所以，在物的运化的层次上，道家、道教，尤其是道教，同样是主张气强道弱的。朱熹认为，虽然气强理弱，但是，"夫天高地下，而二气五行，纷纶错糅，升降往来于其间，其造化发育，品物散殊，莫不各有固然之理。"⑤从气上说，物中皆有理。从物上说，"天道流行，造化发育。凡有声、色、貌、象而盈于天地之间者，皆物也。既有是物，则其所以为是物者，莫不各有当然之则而自不容已，是皆得天之所赋，而非人之所能为也。"⑥

---

① （宋）黎靖德编：《朱子语类》卷六十五，王星贤点校，中华书局1986年版，第1615页。
② 《朱熹集》卷四十六《答黄商伯》，郭齐、尹波点校，四川教育出版社1996年版，第2222页。
③ 《朱熹集》卷四十八《答吕子约》，郭齐、尹波点校，四川教育出版社1996年版，第2332页。
④ （宋）黎靖德编：《朱子语类》卷四，王星贤点校，中华书局1986年版，第71页。
⑤ 《朱熹集》卷七十八《江州重建濂溪先生书堂记》，郭齐、尹波点校，四川教育出版社1996年版，第4073页。
⑥ （宋）朱熹：《四书或问》卷二，《影印文渊阁四库全书》第197册，台北：台湾商务印书馆1986年版，第232页。

物中之理皆为外在于人、不以人的意志为转移的天之理，人要利用物，就必须格物穷理。

综上所述，朱熹对物生化过程中理气关系的阐释，固然主要是基于《周易》和《大学》，但《周易》中的《易传》和《大学》的成文都受过道家思想的影响，而且此后道家，尤其是道教对《周易》作了阐发，对物及其生化过程给予了极大的关注，并形成了先于朱熹而存在的思想资源，加之朱熹对道家、道教著作多所研读，则可以断言，道家、道教思想对朱熹提升阐释物生化过程中理气关系论的思辨水平的作用不可忽视。

三 天人关系

在气强理弱的情况下，要把握理不就显得困难了吗？由此，人与物，也即人与自然界的关系凸显出来了。朱熹认为，从本源上说，天人本是合一的，但人从自然界产生后，就与自然界有了间隔。"人与天地本一体，只缘渣滓未去，所以有间隔。若无渣滓，便与天地同体。"[1] 这里的"同体"之体，是指本体。人能复其性，则可实现自己的本体存在，便是与天地同体，并不是取消人的形体存在。消除间隔重新回到天人合一的状态，就得在天与人各有其"分"的前提下，通过人的努力去消弭"分"而做到。而且，这并不是人、物未产生前的本然的天人合一，只能是一种境界。天人合一是一个由合到分、由分到合的过程。道家就是这样看问题的。《老子》强调"人法地，地法天，天法道，道法自然。"[2] 这蕴涵有天人相分的思想。《庄子》在其思想的最高层次主张"道通为一"，没有天人之分，但在涉及与自然有关的部分，就有了天与人的区分和差别："人与天一也……有人天也，有天亦天也，人之不能有天，性也。"[3] 这种天人之别就是天人相分的思想。《庄子》所说的人要"物物而不物于物"，要"胜物而不伤"，也以天人相分的观念为基础，只不过老庄多强调顺应天道这一方面。后来的道家也有鲜明的天人相分的思想。

---

[1] （宋）黎靖德编：《朱子语类》卷四十五，王星贤点校，中华书局1986年版，第1151页。
[2] 陈鼓应：《老子今注今译》，商务印书馆2003年版，第169页。
[3] 陈鼓应：《庄子今注今译》，商务印书馆2007年版，第601页。

那么,《庄子》的"天"是什么意思呢?它没有直接回答这个问题,但它说过:"天也,非人也。天之生是使独也,人之貌有与也,是以知其天也,非人也。"① 这说明《庄子》的天主要是自然之天,是宇宙万物的本然。道教则继承先秦道家的思想,一般以元气来解说天,天仍然是自然之天。

孔子讲天命,天有意志,所以要祭祀,要神道设教。这大体奠定了此后儒家天概念的内涵。董仲舒吸取《淮南子》的"天人相应""天人相通""天人相类""物类相动"的思想,提出了"天人感应"的基本观点,把自然之天改造成了有意志之天,天被赋予了伦理价值色彩。天已经是人心中的天。天被主观化了。天是董仲舒所倡导的伦理道德的化身,是以外在的客观的形貌来承担人的价值观念。《黄老帛书·经法》指出:"故执道者观于天下也。无执也,无处也,无为也,无私也。"② 又说:"欲知得失,请必审名察形,形恒自定,是我愈静,事恒自施,是我无为。"③ 董仲舒借鉴这一思想,也反复申述"居无为之位,行不言之教"④"以无为为道,以无私为宝"。天在董仲舒那里虽然是一个人格化的神,但仍然没有脱去"天地不私,四时不息"⑤ 的外衣,仍然承袭了道家的无为无形的特点。到了朱熹,他的天概念虽然总体上看是儒家的,但道家、道教的自然之天的这一方面比他之前的儒家人物更加突出、鲜明。首先,他承认,"天只是一个大底物。"⑥⑦ 既然是物,那当然是外在于人。这个物,是生生不已的,个中缘由在于"天只是一元之气"⑧⑨,气是万物的源头。而且,他强调:"天只是一气流行,万物自生自长、自形自色。"⑩

---

① 陈鼓应:《庄子今注今译》,商务印书馆2007年版,第121页。
② 陈鼓应:《黄帝四经今注今译》,商务印书馆2007年版,第10页。
③ 陈鼓应:《黄帝四经今注今译》,商务印书馆2007年版,第336页。
④ (清)苏舆:《春秋繁露义证·玉英》,钟哲点校,中华书局1992年版,第175页。
⑤ 陈鼓应:《黄帝四经今注今译》,商务印书馆2007年版,第35页。
⑥ (宋)黎靖德编:《朱子语类》卷一,王星贤点校,中华书局1986年版,第6页。
⑦ 《庄子·则阳》说:"天地者,形之大者也。"
⑧ (宋)黎靖德编:《朱子语类》卷六,王星贤点校,中华书局1986年版,第107页。
⑨ 《庄子·知北游》说:"通天下一气耳。"
⑩ (宋)黎靖德编:《朱子语类》卷四十五,王星贤点校,中华书局1986年版,第1150页。

这更有鲜明的道家、道教色彩。"天地只是一气,便自分阴阳,缘有阴阳两气相感化生万物。"① 万物的生化是靠阴阳二气,万物生化出来之后也仍然靠阴阳二气。他在《太极说》中开宗明义地说:"动静无端,阴阳无始,天道也。"② 道,也就是天道。这与他的道体论以自然为本位来考察天是一致的。说天道,就意味着有人道,老子是这样把天之道与人之道对峙起来,朱熹也如此。这就有了天人之分。朱熹说:"天人所为,各自有分,人做得底,却是天做不得底,如:天能生物,而耕种必用人;水能润物,而灌溉必用人。"③ 那人根据什么去"耕种"、"灌溉"呢？天人虽然各有分,但二者必须相互联系,这首先是人自天即自然中来,得从自然中索取生活资料,依靠自然而生存。

为此,人就得去认识自然、改造自然,使得自然能与人的需要相一致,正如《黄老帛书·经法·六分》说:"王天下之道,有天焉,有人焉,又（有）地焉,三者参用之。"④ 人作为"三",作为主动的一方,把天和地统一起来了,从而实现了天、人、地三方两两的合二为一。《黄老帛书·经法·论》还指出:"必者,天之命也。"⑤ 即客观必然性是自然主义的"天之命"。这里,人的主动性和积极性已经被大大提升了。在这个思想的影响下,荀子提出了"天人相分""人定胜天"的光辉命题。他既强调要"明于天人之分""制天命而用之",但又说"唯圣人不求知天"⑥,天人关系还没有真正统一起来。⑦《淮南子》中有鲁阳挥戈止日的传说:"鲁阳公与韩构战酣,日暮,援戈而挥之,日为之反三舍。"⑧ 此

---

① （宋）黎靖德编:《朱子语类》卷五十三,王星贤点校,中华书局1986年版,第1286页。
② 《朱熹集》卷六十七《太极说》,郭齐、尹波点校,四川教育出版社1996年版,第3536页。
③ （宋）黎靖德编:《朱子语类》卷六十四,王星贤点校,中华书局1986年版,第1570页。
④ 陈鼓应:《黄帝四经今注今译》,商务印书馆2007年版,第87页。
⑤ 陈鼓应:《黄帝四经今注今译》,商务印书馆2007年版,第130页。
⑥ （清）王先谦:《荀子集解·天论》,沈啸寰、王星贤点校,中华书局1988年版,第308、317、309页。
⑦ 荀子思想深受黄老思想影响,可参见余明光《荀子思想与黄老之学》,载陈鼓应主编,《道家文化研究》第六辑,上海古籍出版社1995年版。
⑧ 何宁:《淮南子集释·览冥训》,中华书局1998年版,第447页。

后，道教承接这一思想提出了"我命在我不在天"的卓越思想，甚至说："数可以夺，命可以活，天地可以反覆。"① 特别强调了在法自然的基础上，人仍然可以把潜能即主观能动性发挥到极限。朱熹也说："盖天下事，有不恰好处，被圣人做得都好。"② 道教徒在未成仙之前，"我命在我不在天"只是努力的信念，不是事实，只有成仙之后才是事实。儒家士大夫在未成圣之前，平治天下也只是努力的信念，不是事实，只有在成圣之后才是事实，才能把"天下事"中"不恰好处"都做得好。总之，要改造自然首先要认识自然，而这二者均须"法自然"。

四　格物穷理

认识自然就是对天地自然之物的性质及其运动变化规律的把握。对此的探索，有两个角度，一是追寻物的产生历程，弄清物运动变化背后不变的东西，这往往是就具体的物而言；一是探索众多的物的共同性。这两个角度，其实也是紧密联系的人的思维的先后两个阶段。从哲学上来说，就是本源论和本体论及它们二者的关系。由此看来，"天以阴阳五行化生万物，天即理也"③。这个理，是物生化出来后所具有的性质和运动变化的规律，以及物与物之间相互关系所体现出来的秩序。总之，是自然之理："盖天者，理之自然。"④ 所有这些天之理，就是天道："天道者，天理自然之本体。"⑤ 人要生存，就得去认识天道、遵循天道。

天道于道家来说主要是一种宇宙意识和对自然界生化成长的选择和认定，对毁坏灭绝的忽视、回避、过滤。所以道家只需要强调对天道本然的珍护、遵循就行了，没有必要去细致入微地具体认识体现在事事物物中的道或理。质言之，道家对道的追求，主要是对现实的超越、精神境界的提升。道教则不一样。道教徒为了修道，需要穷究宇宙万象。外

---

① （五代）谭峭：《化书》，载《道藏》第23册，文物出版社、上海书店、天津古籍出版社1988年版，第594页。

② （宋）黎靖德编：《朱子语类》卷六十四，王星贤点校，中华书局1986年版，第1570页。

③ （宋）朱熹：《四书章句集注》，中华书局1983年版，第17页。

④ 《朱熹集》卷六十七《尽心说》，郭齐、尹波点校，四川教育出版社1996年版，第3535页。

⑤ （宋）朱熹：《四书章句集注》，中华书局1983年版，第79页。

丹道教要烧炼金丹以求长生，必须知晓水、火、土、金、石、草、木等等的特性，研究物理。道教徒对各种药物的观察达到了精深细致的地步。如葛洪在《抱朴子》中提及的芝的种类就有22种以上之多，其中至少有九种有很细致的描述，① 没有反复观察和亲身体验，是不可能写得出来的。道教还把"慈心万物""放生养物""种诸果林"等作为修行的戒律。所以，唐代道士王玄览上升到哲理上说："道能遍物，即物是道。"② 道教对科学技术比儒家重视，这是朱熹也承认的，为此他批评二程说："康节说形而上者，不能出老庄，形而下者，则尽之矣。二先生说下者不尽，亦不甚说。"③ 形而下者即指物理。邵雍的物理思想主要是渊源于道教。受其影响，朱熹也很关心物理，说："物只是物，所以为物之理，乃道也。"④

要认识天道、天理、物理，就意味着有了主客之分，必须认识到主观不等于客观。正如谭峭所说："化化不间，由环之无穷，夫万物非欲生，不得不生；万物非欲死，不得不死。"⑤ 万物的生死均受道的主宰，不以人的主观意志为转移。《管子·君臣上》说："夫道者虚设，其人在则通，其人亡则塞者也。"⑥ 《玄言新纪明志部》认为："道者，通物者也。……理境无壅，故谓之通。"⑦ 《道体论》在综合上述思想后指出："道以理所通"⑧。这就是说，万物均受道的主宰，道与人之间有"隔"，即存在着认识上的对象性关系。人要"就隔辩通"而使得"物无外转"，就得去认知物中之"理"。受道家、道教影响的朱熹继承了上述思想，直

---

① 参见《抱朴子内篇·仙药》和《抱朴子内篇·佚文》。
② （唐）王玄览：《玄珠录》，载《道藏》第23册，文物出版社、上海书店、天津古籍出版社1988年版，第621页。
③ （宋）黎靖德编：《朱子语类·问遗书》，王星贤点校，中华书局1986年版，第3343页。
④ （宋）黎靖德编：《朱子语类》卷五十八，王星贤点校，中华书局1986年版，第1363页。
⑤ （五代）谭峭：《化书》，载《道藏》第23册，文物出版社、上海书店、天津古籍出版社1988年版，第592页。
⑥ 黎翔凤：《管子校注》，梁运华整理，中华书局2004年版，第563页。
⑦ （唐）颜师古注：《玄言新纪明老部》，载《藏外道书》第21册，巴蜀书社1992年版，第319页。
⑧ （唐）通玄先生：《道体论》，载《道藏》第22册，文物出版社、上海书店、天津古籍出版社1988年版，第887页。

接指出："知者，吾心之知；理者，事物之理，以此知彼，自有主客之辩。"① 主客之分，就是人之心与物之理的区分。这二者又是紧密联系的。"物与我心中之理本是一物，两无少欠，但要我应之尔。物心共此理。"② 人之心与万物，都有同样的本源，都受同一的理的统御。这个共同性使得人心认识物之理成为可能。

认识物之理，从人来说，是致知，就物而言，是格物。"致知，是自我而言；格物，是就物而言，若不格物，何缘得知？"③ 格物，就是以人心去思考物的运动变化所体现出来的性质和规律性。"格物之妙"，在于"物之所触，思之所起。"④ 认识了这种性质和规律性后，就可以因应之而行事。"自家知得物之理如此，则因其理之自然而应之，便见合内外之理。"⑤ 这就把主客观统一起来了。由阴阳二分思维模式抽象出来的一分为二与合二为一观念，与主客二分之间有紧密的联系，后者可看作是前者的一种运用。

道家对天道的遵循实则以认识天道为前提，只不过先秦道家多强调直觉体认，后期道家才对"穷理"比较重视。道教虽然也重视"穷理"，如葛洪谈到事物变化的根据时说："然其根源之所由，皆自然之感致，非穷理尽性者，不能知其旨归，非原始见终者，不能得其情状也。"⑥ 但道教徒并不满足这一点，他们还要把所穷得的理转化为得道成仙的实践力量，所以特别强调根据物理和人的需要去改造物。如谭峭说："虚含虚，神含神，气含气，明含明，物含物。达此理者，情可以通，形可以同。同于火者化为火，同于水者化为水，同于日月者化为日月，同于金石者化为金石。惟大人无所不同，无所不化，足可以与虚皇并驾。"⑦ 人与物

---

① 《朱熹集》卷四十四《答江德功》，郭齐、尹波点校，四川教育出版社1996年版，第2115页。
② （宋）黎靖德编：《朱子语类》卷十二，王星贤点校，中华书局1986年版，第220页。
③ （宋）黎靖德编：《朱子语类》卷十五，王星贤点校，中华书局1986年版，第292页。
④ （清）黄宗羲著，（清）全祖望补修：《宋元学案》卷四十八，陈金生、梁运华点校，中华书局1986年版，第1552页。
⑤ （宋）黎靖德编：《朱子语类》卷十五，王星贤点校，中华书局1986年版，第296页。
⑥ 王明：《抱朴子内篇校释》，中华书局1985年版，第284页。
⑦ （五代）谭峭：《化书》，载《道藏》第23册，文物出版社、上海书店、天津古籍出版社1988年版，第595页。

之间的共同性使得人可把握物的性质和运动变化的规律性而能与物"通""同",即改造物。道教强调与"虚皇并驾"。"虚皇"指元始,也就是造化。与"虚皇并驾"就是"夺造化之权""盗元命之秘",使自己成为世界上一切变化的发动者、支配者。之所以说"夺""盗",是因为在道教看来,造化之秘十分深奥、玄秘,将它对事物变化的支配权转移到人手中,需要倾性命去争夺。这显示出道教与道家哲学的区别。道家比较强调对天道的遵循,道教则强调充分发挥人的主观能动性,积极地去改造自然,例如,人的自然寿命是有限的,随顺天道,则人是要死的,但人可以积极地去努力,逆天道而行之,就可以延长寿命,甚至长生不死。

认识、把握事物的性质和规律性,关键在于要如实地去认识事物,葛洪评论司马迁说:"其评论也,实原于自然;其褒贬也,皆准的乎至理。不虚美,不隐恶,不累同以偶俗。刘向命世通人,谓为实录;而班固之所论,未可据也。固诚淳儒,不究道意,积其所习,难以折中。"[①]他自己也是如此,强调"实"学,强调要观见"真""理"。这是道家、道教的共同主张。

如果说庄子谈以物观物还缺乏系统的理论深度的话,邵雍强调这一点就完全不同了。他在《观物篇》中,在中国哲学史上首次提出"物理之学"的概念和"体用交而人物之道于是乎备"的观点。"体"指外在于人的万物,"声气味者,万物之体也。""用",指人,"耳目口鼻,万人之用也"[②]。如此,"以物观物""观物以理""人物之道"就可以把握了。[③] 清代王植评价它说:"此篇皆格物穷理之精义也"[④]。朱熹受邵雍的影响也说:"宽着心,以他说看他说,以物观物,无以己观物。"[⑤] 这就是要在自然面前甘当小学生,虚心地向自然学习。他说:"天有四时,春夏秋冬,风雨霜露,无非教也。地载神气,神气风霆,风霆流行,庶物露

---

① 王明:《抱朴子内篇校释》,中华书局1985年版,第184页。

② (宋)邵雍:《皇极经世》,载《道藏》第23册,文物出版社、上海书店、天津古籍出版社1988年版,第421页。

③ (宋)邵雍:《皇极经世》,载《道藏》第23册,文物出版社、上海书店、天津古籍出版社1988年版,第432页。

④ (清)王植:《皇极经世书解》卷十四,《影印文渊阁四库全书》第805册,台北:台湾商务印书馆1986年版,第631页。

⑤ (宋)黎靖德编:《朱子语类》卷十一,王星贤点校,中华书局1986年版,第181页。

生，无非教也。"① 天无言，却能教化人。这个思想固然与孔子所说的"吾无隐乎尔"有关，但也受道家思想的启发：

> 曰：程子说："庄子说道体，尽有妙处，如云'在谷满谷，在坑满坑'。不是他无见处，只是说得来作怪。大抵庄老见得些影，便将来作弄矜诡。"又曰："'黄帝问于广成子'云云，'吾欲官阴阳以遂众生'。东坡注云云。是则是有此理，如何便到这田地！"②

朱熹还有"考之""察之""求之文字之中，或索之讲论之际"的求实方法和探索精神。他反对人云亦云，说："举天下说生姜辣，待我吃得真个辣，方敢信。"③ "须要实去验而行之方知。"④ 朱熹注重验证，曾经在玉山僧舍验证了一个道士所说的笋生可以观夜气的说法是错误的。⑤ 道教确实比较明显地主张研究大自然。例如，葛洪强调"博学则究微极妙，经深涉远，思理则清澄真伪，研核有无。"⑥ 朱熹为了把握天理也主张，"即凡天下之物"以穷"天地日月阴阳草木鸟兽之理"，"表里精粗无所不到"，"以求至乎其极"。道家、道教认为，大道至玄，至理幽深，不可为事物表象所迷惑，所以要涤除玄览。这确立了至理不可一日穷尽的原则。朱熹同样是以它为前提而谈论格物致知、穷理。

认识事物必须由定性达至于定量。朱熹认为："有气有形即有数。物有衰旺，推其始终，便可知也。"⑦ "有是理便有是气，有是气便有是数。数乃分界限处也。"⑧ 因而他强调量化分析。⑨ 这与他受邵雍的象数学思

---

① （宋）黎靖德编：《朱子语类》卷三十三，王星贤点校，中华书局1986年版，第849页。
② （宋）黎靖德编：《朱子语类》卷三十三，王星贤点校，中华书局1986年版，第849—850页。
③ （宋）黎靖德编：《朱子语类》卷五，王星贤点校，中华书局1986年版，第92页。
④ （宋）黎靖德编：《朱子语类》卷三十五，王星贤点校，中华书局1986年版，第929页。
⑤ 参见（宋）黎靖德编《朱子语类》卷一百三十八，王星贤点校，中华书局1986年版，第3288页。
⑥ 王明：《抱朴子内篇校释》，中华书局1985年版，第16页。
⑦ （宋）黎靖德编：《朱子语类》卷六十五，王星贤点校，中华书局1986年版，第1610页。
⑧ （宋）黎靖德编：《朱子语类》卷六十五，王星贤点校，中华书局1986年版，第1608页。
⑨ 参见［日］山田庆儿《认识·模式·制造——中国科学的思想风土》，《古代东亚哲学与科技文化：山田庆儿论文集》，辽宁教育出版社1996年版，第116页。

想影响有关。注重从量的方面进行思考是道家、道教,尤其是道教的一贯主张。《庄子·秋水》中,北海若说:"夫物,量无穷。"郭象注说:"物物各有量。"①《吕氏春秋·大乐》说:"音乐之所由来者远矣,生于度量。"②《淮南子·人间训》谈到铅转化为丹时说:"铅之与丹,异类殊绝,而可以为丹者,得其数也。"③ 即铅转化为丹是由一定的数量关系决定的。《周易参同契》把炼丹的定量关系变得更加具体,强调了炼丹必须重视数量关系:"端绪无因缘,度量失操持"④ 如果对数量把握不准,炼丹就会失败。炼丹是一种科学试验活动。"优劣有步骤,功德不相殊。制作有所踵,推度审分殊。有形易忖量,无兆难虑谋。"⑤ 葛洪时代的炼丹,药物往往以数十斤、数百斤计,到了唐代,仅以斤、两,甚至分计,定量化的进步反映了炼丹技术日益精密、精确。在炼丹过程中,道教徒们发现,药物烧炼前后的总量不变。这在陈少微的《大洞炼真宝经九还金丹妙诀》和金陵子的《龙虎还丹诀》等等丹书中屡有说明。内丹修炼特别重视时间的精确计量,如《灵宝毕法》强调"既有形名,难逃度数"。内丹学把一年的时间依次划分为四时、八节、二十四气、七十二候、三百六十日、四千三百二十辰,把一月分为三百六十辰、三千刻、一十八万分。在自然经济的农业社会,如果不是为了炼丹的需要,对时间是不必要划分得这么细微的。邵雍的《皇极经世》也把量的区分推扩于宇宙万物和人类社会的历史。

那么,如何穷理呢?宇宙万物均有共同的本源,均在道(理)的控制下由同一的气衍生出来,这种同源同质性决定了生化过程完成后万物必然相互之间有家族类似的共通性。何况,本源论与本体论是紧密关联的,在万物生成后,本源被替换为本体,但本体与本源都是同一的道或

---

① (晋)郭象注,(唐)成玄英疏:《庄子注疏》,曹础基、黄兰发点校,中华书局2011年版,第308页。
② 许维遹:《吕氏春秋集释》,中华书局2009年版,第108页。
③ 何宁:《淮南子集释·人间训》,中华书局1998年版,第1303—1304页。
④ (后蜀)彭晓:《周易参同契分章通真义》,载《道藏》第20册,文物出版社、上海书店、天津古籍出版社1988年版,第141页。
⑤ (后蜀)彭晓:《周易参同契分章通真义》,载《道藏》第20册,文物出版社、上海书店、天津古籍出版社1988年版,第142页。

理。由于有这种类的共同性，在认识上便可用取类推证的方式。[1] 所以，道家、道教和朱熹都主张"以类求之"："只要以类而推，理固是一理，然其间曲折甚多，须是把这个做样子，却从这里推去，始得。"[2] 朱熹的这个思想当与道家、道教有关。《庄子》主张："物固相类，二类相招"[3]，"同类相从，同声相应，固天之理也"[4]。因此它有"相与为类"之说。[5] 或许受此影响，《易传》中"类族辨物"和"触类旁通"的思想，董仲舒发展了它而提出"伍比偶类"的方法。这影响了《太平经》和《周易参同契》。后者主张"以类辅自然""同类易施功""以类相求"[6]。葛洪把事物之理分为两种，一种是"可以类求者"，一类是"可以理推者"[7]。对可以理推者，葛洪的推理方式是："愿曾以显而求诸乎隐，以易而得之乎难，核其小验，则知其大效，规其已然，则明其未试耳。"[8]《晋书·葛洪传》说他"精辩玄赜，析理入微"[9]。作为道士的司马承祯强调"循名究理，全然有实"[10]，他的说理确实也如抽丝剥茧，层层推勘而出。朱熹的说理论证也是如此"铢分毫析"。

必须说明的是，朱熹的格物致知思想，固然首先是继承《大学》的思想，但就思想史发展的历程来看，《大学》受过道家思想的影响。[11] 朱熹的格物致知思想已经比《大学》的思想更加精深系统。正是不满于《大学》格物致知思想的初级形态，朱熹才表面上借鉴二程的思想，实为根据自己的思想，重新编排古本《大学》，并补了"致知格物"的传文。

---

[1] 冯达文：《回归自然——道家的主调与变奏》，广东人民出版社1992年版，第220—227页。
[2] （宋）黎靖德编：《朱子语类》卷十八，王星贤点校，中华书局1986年版，第398页。
[3] 陈鼓应：《庄子今注今译》，商务印书馆2007年版，第605页。
[4] 陈鼓应：《庄子今注今译》，商务印书馆2007年版，第937页。
[5] 陈鼓应：《庄子今注今译》，商务印书馆2007年版，第87页。
[6] （后蜀）彭晓：《周易参同契分章通真义》，载《道藏》第20册，文物出版社、上海书店、天津古籍出版社1988年版，第141、155、152页。
[7] 王明：《抱朴子内篇校释》，中华书局1985年版，第50页。
[8] 王明：《抱朴子内篇校释》，中华书局1985年版，第140页。
[9] 《晋书》卷七十二《葛洪传》，中华书局编辑部点校，中华书局1974年版，第1913页。
[10] （唐）司马承祯：《坐忘论》，载《道藏》第22册，文物出版社、上海书店、天津古籍出版社1988年版，第896页。
[11] 参见庄万寿《〈大学〉、〈中庸〉与黄老思想》，载陈鼓应编《道家文化研究》第一辑，上海古籍出版社1992年版，第230—248页。

他援"理"入《大学》,把"格物"解释为"穷理",以"豁然贯通"来表述穷理过程中由量的积累到质的飞跃。这两点均与道家、道教思想有关。关于前者,"朱熹所说的'致知'只是指主体通过考究物理在主观上得到的知识扩充的结果。"① 根据"理"范畴的由来和上述分析,这个思想渊源于道家、道教。后者固然与孔子所说的"一以贯之""推己及人"的思想有关,但也不能排除他借鉴了道家、道教"静观玄览"的直觉思想的因素。朱熹把"格致"立于"诚意"之前,与佛教的"空"完全相反,却与道家、道教的"真""理"观相一致,增加了《大学》的知性因素。他还为《大学》的格物确立了方法论,阐明了穷理的功夫和途径。他对《大学》思想的阐发,将《大学》理学化了,基本不符合《大学》的本意,但这恰好说明,他从《大学》阐发出来的思想实在不是原始儒家思想所能包容得了的,如果没有道家、道教思想的启发,朱熹是难于把《大学》的研究推向一个高峰的。道家、道教思想提高了朱熹格物致知论的思辨水平。

第三节　朱熹的具体科学思想与道家、道教*

在《中国科学技术史》中,邹衍、董仲舒、朱熹是李约瑟用以分析说明道家的有机论自然观对中国科学技术的关系的三个典型例子。邹衍为阴阳家,但先秦之后阴阳家消失,其思想被黄老道家、道教继承。董仲舒用阴阳五行作为思想框架来容纳儒家思想,实际上是吸收了黄老道家的很大一部分思想。朱熹进一步超越了董仲舒,不仅吸收了道家、道教的很多思想,而且如同道教一样,在科学技术领域作出了多方面的贡献。本文拟考察朱熹的科学思想与道家、道教的联系。

一　朱熹科学思想的直接渊源

如同道家、道教把道和气作为两个最基本的范畴一样,在朱熹的理论体系中,理与气也是最基本的范畴,而且是体用无间的。朱熹既讲从

---

① 陈来:《宋明理学》,辽宁教育出版社1991年版,第212页。
* 本节原文发表于《自然辩证法通讯》2002年第2期,此处略有修改。

理到气，也讲气与理的关系，所以有可能吸收和容纳很多自然科学的知识和材料。他说："上而无极太极，下而至于一草一木一昆虫之微，亦各有理。一书不读，则阙了一书道理；一事不穷，则阙了一事道理；一物不格，则阙了一物道理。须着逐一件与他理会过。"① 朱熹的穷理固然是为了把握天理，但他也没有漠视日用生活。"名物度数皆有理存焉，又皆人所日用而不可无者。游心于此，则可以尽乎物理，周于世用。"② 正是基于这个认识，朱熹为穷理学习了广泛的知识。他读过《黄帝内经》、张横的《灵宪》、张载的《正蒙》、沈括的《梦溪笔谈》、历代的《天文志》《仪象法要》③《天经》《步天歌》④，对历代的地理和动物学、植物学⑤、医学、乐律、算学⑥等方面的知识，也有广泛的涉猎。

朱熹的科学思想，《梦溪笔谈》是主要的来源之一。他在阐述关于日、月、星、光、宇宙万物之"理"时明确说过："唯近代沈括所说，乃为得之。"⑦ 实际上，沈括（1029—1093年）的思想，尤其是指导他进行具体科学研究的哲学思想，在很大程度上就是来源于道家、道教。沈括认为："虚者，妙万物之地也。在天文，星辰皆居四旁而中虚；八卦，分为八方而中虚。不虚，不足以妙万物。""虚"，又可称为"黄庭"："黄庭者，虚而妙者也，强为之名，意可道则不可谓之虚。岂可求而得之也哉？""黄庭，有名而无所，冲气之所在也。"⑧ "虚"就是"一"，就是"道"："一者，道也。谓之无，则一在；谓之有，则不可取。"⑨ 把"虚"

---

① （宋）黎靖德编：《朱子语类》卷十五，王星贤点校，中华书局1986年版，第295页。
② （宋）朱熹：《四书或问》卷二，《影印文渊阁四库全书》第197册，台北：台湾商务印书馆1986年版，第394页。
③ 参见《朱熹续集》卷二《答蔡季通》，郭齐、尹波点校，四川教育出版社1996年版，第5164页。
④ 参见《朱熹续集》卷三《答蔡伯静》，郭齐、尹波点校，四川教育出版社1996年版，第5201页。
⑤ 如读过陆羽的《茶经》，参见《朱熹集》卷79《卧龙庵记》，郭齐、尹波点校，四川教育出版社1996年版，第4091页。
⑥ 他读过《九章算术》，参见《朱熹续集》卷二《答蔡季通》，郭齐、尹波点校，四川教育出版社1996年版，第5170页。
⑦ （宋）朱熹：《楚辞集注》卷三，蒋立甫点校，上海古籍出版社、安徽教育出版社2001年版，第53页。
⑧ （宋）沈括：《梦溪笔谈》卷七，金良年点校，中华书局2015年版，第70页。
⑨ （宋）沈括：《梦溪笔谈》卷七，金良年点校，中华书局2015年版，第63页。

"黄庭""一""道"联系甚至等同起来,这种思想渊源于道教是无疑的。

沈括认为,气是万物运动变化的动力:"凡积月以为时,四时以成岁。阴阳消长,万物生杀,变化时节,皆主于气而已。"① 用阴阳二气解释万物的运动变化,是道家、道教的主张。"大凡物理有常有变。运气所主者,常也;异夫所主者,皆变也。常则如本气,变则无所不至,而各有所占。"② 事物的变化有常有变,道教也有这个思想。沈括认为,事物的变化是自然而然的:"阴顺阳逆得之自然","物至则变。"③ 这与葛洪所说的"变化者,乃天地之自然"④ 是一致的。

沈括认为,万物的变化遵循理。"天地之变率皆有理。"⑤ 理是客观的。"所谓正声者,如弦之有十三泛韵,此十二律自然之节也……此天至理,人不能以毫厘损益其间。"⑥ 他在《乐律》中谈到五音时说提到了"天理"的概念:"此皆天理不可易者。古人以为难知,盖不深索之。听其声,求其义,考其序,无毫发可移,此所谓天理也。"⑦ 沈括与周、张、二程是同时代的人,尤其与二程年龄不相上下。他的这一思想,应该说是当时北宋道家、道教占主导地位的时代思潮的体现,不能说是来源于二程。⑧

由此可见,朱熹与科学相关的思想,包括一部分具体学科的思想,主要是来源于道家、道教,至少是间接渊源于道家、道教。下面就几个领域作具体的考察。

二 朱熹科学思想的具体分析

(一)宇宙演化与宇宙结构

朱熹的宇宙演化思想,继承《淮南子》《易纬·乾凿度》《列子·天

---

① (宋)沈括:《补笔谈》卷二,《梦溪笔谈》,金良年点校,中华书局2015年版,第286—287页。
② (宋)沈括:《梦溪笔谈》卷七,金良年点校,中华书局2015年版,第69页。
③ (宋)沈括:《梦溪笔谈》卷七,金良年点校,中华书局2015年版,第71页。
④ 王明:《抱朴子内篇校释》,中华书局1985年版,第284页。
⑤ (宋)沈括:《梦溪笔谈》卷七,金良年点校,中华书局2015年版,第68页。
⑥ (宋)沈括:《补笔谈》卷一,《梦溪笔谈》,金良年点校,中华书局2015年版,第278页。
⑦ (宋)沈括:《梦溪笔谈》卷五,金良年点校,中华书局2015年版,第40页。
⑧ 朱熹表达过这样的意思:二程的科学技术思想是非常贫乏的。

瑞篇》的思想,① 即太易→太初→太始→太素→浑沦→天地,并根据后世认识的深化而作出了一定的创新。

在宇宙演化的形式上,朱熹吸收了道家和道教的阴阳二气生化万物的思想,说:"天地初间,只是阴阳之气。只一个气运行,磨来磨去,磨得急了,便拶许多渣滓,里面无处出,便结成个地在中央。气之清者便为天,为日月,为星辰,只在外常周环运转,地便在中央不动,不是在下。清刚者为天,重浊者为地。天运不息,昼夜辗转,故地㩧在中间。使天有一息之停,则地须陷下。惟天运转之急,故凝结得许多渣滓在中间。地者,气之渣滓也,所以道'轻清者为天,重浊者为地'。"② 天运转的动力机制是一个长期困扰古人的问题。屈原在其《天问》中提出的问题,浑天说和盖天说都难以作出合理的解答。《管子·白心》为此作了尝试:"天或维之,地或载之。天莫之维,则天已堕矣;地莫之载,则地已沉矣。夫天不堕,地不沉,或维而载之。"③ 根据上下文来看,"或"就是"视之则不见,听之则不闻,洒乎满天下,不见其塞"的东西,即精气。《黄帝内经·素问》假托歧伯答黄帝问说:"地为人之下,太虚之中者也",对大地不堕给出了比《管子》更明确的答案:"大气举之也。燥以干之,暑以蒸之,风以动之,湿以润之,寒以坚之,火以温之。……故燥盛则地干,暑盛则地热,风盛则地动,湿盛则地泥,寒盛则地裂,火盛则地固矣。"④ 这里没有提到天。盖天和浑天说都把天想象为硬壳,宣夜说则视为气:"天积气耳"⑤。北宋张载以其气本体论为天运的物理机制奠定了哲学基础,一反天文学家的成见提出了七曜左旋说。⑥ 朱熹从五六岁就被宇宙之谜所困扰,⑦ 几十年来一直对此耿耿于怀,力图从实践和理论上弄清它。实践上,他最早设想了中国的圆天象仪,曾经

---

① 《孝经·钓命诀》与《易纬·乾凿度》雷同,只是把"浑沦"改为"太极"。
② (宋)黎靖德编:《朱子语类》卷一,王星贤点校,中华书局1986年版,第6页。
③ 黎翔凤:《管子校注》,梁运华整理,中华书局2004年版,第799页。
④ (清)张隐庵集注:《黄帝内经素问集注》,上海科学技术出版社1959年版,第252—253页。
⑤ 杨伯峻:《列子集释》,中华书局1979年版,第31页。
⑥ 章锡琛点校:《张载集》,中华书局1978年版,第11页。
⑦ (宋)黎靖德编:《朱子语类》卷九十四,王星贤点校,中华书局1986年版,第2377页。

力图复原苏宋所造的水运天象仪。在理论上，他在阐述周敦颐和邵雍的两个宇宙图式的基础上，把它们与张载的气化宇宙论结合起来，运用太极生化模型提出了一个离心式宇宙起源假说，依据它反驳前人关于天左旋而七曜右旋的天运图式，论证张载的七曜与天共左旋之说："横渠说天左旋日月亦左旋，看来横渠之说极是。"① 以今天的眼光来看，左旋说和右旋说均有一定的道理。二者都是基于运动的相对性来解释天体的视运动，虽然右旋说与实测相符，但从理论的自洽性来看，左旋说更优越。右旋说主张七曜如磨盘上的蚂蚁随天左旋的同时在磨盘上右行，除此之外没有任何物理根据支持。在张载对左旋说的阐释中，虽说天地七曜都顺气左旋，以七曜顺迟来解释所见左旋，但仍停留在运动现象上而未深入到动力学机制的探索上。朱熹则从宇宙形成的动力学机制上来阐明所有天体的物理运动方向的一致，并对视运动作出了新的解释。

《淮南子·天文训》认为"天地之袭精为阴阳"②，朱熹设想天地的初始是阴阳二气，二者有相似之处。朱熹的这种宇宙形成理论与笛卡尔的宇宙旋涡理论有某种相似之处，不同在于朱熹以地球为旋涡的中心，而笛卡尔以太阳为旋涡的中心。但朱熹比笛卡尔早了六百多年。朱熹企图用离心力来解释天地的空间结构的形成，就当代科学来看，这种解释当然不对。大尺度的气态物质的弥漫和分化，主要是各部分的运动速度不同造成的，并非离心力的缘故。但在当时，朱熹的观点毕竟对驳斥盖天说的错误观念起了作用。在他看来，天之运行有一个"枢轴"，不过"其运转者，亦无形质，但如劲风之旋"③。这虽是宣夜说的观点，但还是比较新颖和贴切的解释。

基于气而用离心力来解释宇宙的形成，只是就无极而太极的一次生成而言。朱熹还根据邵雍的循环思想提出了宇宙就是太极生灭、明暗交替的无尽循环的思想。④ 这与现代宇宙论的周期循环假说基本一致。

---

① （宋）黎靖德编：《朱子语类》卷二，王星贤点校，中华书局1986年版，第16页。
② 何宁：《淮南子集释·天文训》，中华书局1998年版，第166页。
③ （宋）朱熹：《楚辞集注》卷三，蒋立甫点校，上海古籍出版社、安徽教育出版社2001年版，第51页。
④ 参见（宋）黎靖德编《朱子语类》卷十九，王星贤点校，中华书局1986年版。

关于宇宙结构，当有人问"天有形质否"时，朱熹回答说："只是个旋风，下软上坚。道家谓之刚风。人常说天有九重，分九处为号，非也。只是旋有九耳。但下面气较浊而暗，上面至高处，则至清至明耳。"[1] "九天"之说首先出现于屈原的《天问》，此后，《吕氏春秋·有始训》、《淮南子·天文训》、东汉王逸的《楚辞章句》等等道家作品反复申述，朱熹把它由八个空间方位加中央改为"圆则九重"、"天有九重"。他之所以这样改造，是因为在《易》的象数学中，阳之象为"一"，最大的数为"九"；阴之象为"一"，最大数为"六"。天为阳，地为阴，阳数至于九，九为老阳之数，故天有九重。

朱熹认为，"天无体"[2]，天由气构成："盖天只是气，非独是高，只今人在地上，便只见如此高，要之他连那地下亦是天，天只管转来旋去，天大了，故旋得许多渣滓在中间，世界上无一个物恁地大，故天恁地大，地只是气之渣滓，故厚且深。"[3] 地只是天的一部分。天是无形之气，地就是气旋转之渣滓而成的"一块实地事物"[4]。所以，"天以气而依地之形，地以形而附天之气。天包乎地，地特天中之一物尔，天以气运乎外，故地榷在中间，岿然不动。使天之运有一息停，则地须陷下。"[5] 他的这个思想，来源于邵雍。他说："康节言天依形，地附气，所以重复而言不出此意者，惟恐人于天地之外别寻去处故也。天地无外，所以其形有体而气无体也。为其气极紧，故能扛得住，不然则堕矣。气外更须有躯壳甚厚，所以固此气也。"[6] 这说明他的这个思想与道教有渊源关系。

根据"天无体"的观点，朱熹认为，日月星辰都是由"清气"构成，并且"只在外常周环运转"，不是辍在天球之上："星不是贴天，天是阴阳之气，在上面，下人看见天随星去耳。"[7] 他还说，日月列星"其旋也，

---

[1] （宋）黎靖德编：《朱子语类》卷四十五，王星贤点校，中华书局1986年版，第1156页。

[2] （宋）黎靖德编：《朱子语类》卷二，王星贤点校，中华书局1986年版，第15页。

[3] （宋）黎靖德编：《朱子语类》卷十八，王星贤点校，中华书局1986年版，第395页。

[4] （宋）黎靖德编：《朱子语类》卷二，王星贤点校，中华书局1986年版，第21页。

[5] （宋）黎靖德编：《朱子语类》卷一，王星贤点校，中华书局1986年版，第6页。

[6] （宋）黎靖德编：《朱子语类》卷一百，王星贤点校，中华书局1986年版，第2548页。

[7] （宋）黎靖德编：《朱子语类》卷二，王星贤点校，中华书局1986年版，第16页。

固非缀属而居，亦非推挽而行。"①朱熹的宣夜浑天合一说在物质性气范畴的基础上，将天体演化、宇宙结构和气的运动变化三种学说紧密结合起来，组成了完整的，也可以说是比较先进的宇宙学说。

当然，朱熹的这些思想是在继承前人的成果的基础上又作了自己的研究。《宋史》说："朱熹家有浑仪，颇考水运制度，卒不可得。"②朱熹用浑仪未必完全是因为作历史研究的需要。③这也说明朱熹很重视实际观察。

对朱熹的上述思想，英国中国科技史专家李约瑟博士给予了很高的评价。他说："中国人提出了一种早期的无限宇宙的概念，认为恒星是浮在空间的实体，他们认为在整个宇宙有机体中，作为组成部分的有机体各按其部分循着自己的道去运动，对于抱着这种见解的人来说，河外星系的发现似乎证明了他们的信念，最后，朱熹给这一观点提供了伟大的哲学论据，他说：'天无体。'"④李约瑟还指出："我们切不能匆忙地假定中国天文学家从未理解行星的运动轨道，《朱子全书》中的天文卷⑤是颇耐人寻味的，其中载有1190年前后的几段对话。这位哲学家曾谈到'大轮'和'小轮'，也就是日、月的'小轨道'以及行星和恒星的大轨道，特别有趣的是，他已经认识到'逆行'不过是由于天体相对速度不同而产生的一种视现象。他主张历算家应当明白，所有的'逆'和'退'的运动只是一种表面现象，事实上它们都是'顺'和'进'的运动。"⑥

朱熹关于宇宙论方面的这些思想，与道家、道教关系很密切。《朱子

---

① （宋）朱熹：《楚辞集注》卷三，蒋立甫点校，上海古籍出版社、安徽教育出版社2001年版，第52页。

② 《宋史》卷四十八《天文志》，中华书局编辑部点校，中华书局1985年版，第966页。

③ 陶宏景"尝造浑天仪，高三尺许，地居中央，天转而地不动，以机动之巧与天相会，云：'修道所需，非止史官是用'"（《南史》卷七十六《陶宏景传》，中华书局编辑部点校，中华书局1975年版，第1898页）。

④ ［英］李约瑟：《中国科学技术史》第四卷《物理学及相关技术》第一分册，科学出版社、上海古籍出版社2003年版，第129页。

⑤ 参见《御纂朱子全书》卷五十，《影印文渊阁四库全书》第805册，台北：台湾商务印书馆1986年版，第388页。

⑥ ［英］李约瑟：《中国科学技术史》第四卷《物理学及相关技术》第一分册，科学出版社、上海古籍出版社2003年版，第129页。

语类》记载："先生曰：天其运乎，地其处乎，日月其争于所乎，孰主张是，孰纲维是，孰居无事而推行是。意者，其有机缄而不得已邪？意者，其运转不能自止邪？云者为雨乎？雨者为云乎？孰隆施是？孰居无事淫乐而动是？庄子这数语甚好。是他见得方说到此。其才高……又曰：庄老二书解注者甚多，竟无一人说得他本意出，只据他臆说。某若拈出，便别，只是不欲得。"① 这说明道家思想确实给予了他一些启发。宇宙论、天文学是道家、道教比较重视的学科。《云笈七签》开篇就论述宇宙空间的问题，《混元混洞开辟劫运部》历数"古今之言天者一十八家"，比较赞同葛洪所谈的浑天说。历史上一些天文学家，如祖冲之、傅仁均、李淳风等都是道教信徒，或是曾隶属道籍，这说明道家、道教对我国古代天文学的发展有促进作用。

关于地球的形成，朱熹受五行思想影响，说："天地初始，混沌未分时，想只有水火二者，水之滓脚便成地，今登高而望群山，皆为波浪之伏，便是水泛如此，只不知因甚么时凝了，初间极软，后来方凝得硬。"② 这个思想今天看来显得幼稚，③ 但毕竟是他在实地考察的基础上作了思考的结果。近代地质学家章鸿钊评论说："这种思想虽不完全精确，但是地质学萌芽时代应有的观念。"又说："中国最重利用厚生，唐、宋时人已颇有纯粹的地质观念。朱子的思考尤为敏锐，故所语往往颇中肯綮。"④ 朱熹说："常见高山上有螺蚌壳，或生石中，此石即旧日之土，螺蚌即水中之物。下者却变而为高，柔者变而为刚，此事思之至深，有可验者。'阳变阴合而生水火木金土'。阴阳气也，生此五行之质。天地生物，五行独先。地即是土，土便包含许多金木之类。天地之间，何事而非五行？

---

① （宋）黎靖德编：《朱子语类》卷一百二十五，王星贤点校，中华书局1986年版，第3001页。
② （宋）黎靖德编：《朱子语类》卷一，王星贤点校，中华书局1986年版，第7页。
③ 关于以"水火"为地球形成的根源，十八世纪欧洲地质学界也有水成说和火成说的长期争论，这已晚于朱熹近七百年。关于"水泛"形成地，六百年后法国的布丰认为，地球初时呈现半液态，绕轴自转，形成扁球状；七百年后，法国的蒙博特在1852年提出地球冷缩说，认为地球像个苹果，冷却收缩就有皱纹，形成山脉。这与朱熹的"初间极软，后来方凝得硬"的观点是一致的。
④ 章鸿钊：《中国地质学发展小史》，商务印书馆1955年版，第4页。

五行阴阳，七者滚合，便是生物底材料。"① 从高山上有螺壳化石的现象联想到沧海桑田、地壳变化和山岳成因，并悟出"低地成高""柔化为刚"的道理。这显然是吸取了老子的"反者道之动"和"刚柔相济"的思想。沧桑巨变的思想，最早见于葛洪《神仙传》中仙人麻姑和王方平的对话："麻姑自言：接待以来，已见东海三为桑田，向到蓬莱，水又浅于往昔会时略半也，岂将复为陵陆乎？方平笑曰：圣人皆言海中行复扬尘也。"② 当然，《诗经》中有"高岸为谷，深谷为陵"之说，但道家、道教更倾向于思考这类宏观的宇宙演化思想。麻姑之说，得到了唐代颜真卿的肯定，将它与高山上发现螺蚌之类古生物化石联系起来说明海陆的变迁。这一思想被后来的沈括和朱熹继承。朱熹进一步把海陆变迁作为整个宇宙演化的一部分以推测大地的演化过程和地面构造的成因。朱熹的这个发现，科技史专家梅森认为是"敏锐观察和精湛思辨的结合。"③ 李约瑟也给予高度的评价："在中国的文献中，有关山岳成因论述，是极为丰富的。其中最有名的，是新儒家者朱熹。"④ 朱熹这一思想不仅给中国地质学家李四光予启发，而且被西方著作家西尔科克所领会。⑤

朱熹还探讨了海水、潮汐的形成。关于海水的成因，他说："海水未尝溢出者，庄周所谓'沃焦土'是也。"⑥ 说明他这个思想的渊源之一仍然是《庄子》。葛洪也著有《潮说》。

（二）生命科学及医学

朱熹在生命科学和医药方面也有广博的知识。他读过《黄帝内经》《本草》《难经》《脉经》《茶经》等书。

关于生命的起源，朱熹受《庄子》的影响，主张是从种子生化出来

---

① （宋）黎靖德编：《朱子语类》卷九十四，王星贤点校，中华书局1986年版，第2367—2368页。
② （晋）葛洪：《神仙传》，上海古籍出版社1990年版，第18页。
③ ［英］斯蒂芬·梅森：《自然科学史》，周煦良等译，上海译文出版社1980年版，第75—76页。
④ ［英］李约瑟：《中国科学技术史》第五卷《地学》第一分册，科学出版社1976年版，第264页。
⑤ ［英］李约瑟：《中国科学技术史》第五卷《地学》第一分册，科学出版社1976年版，第264页。
⑥ （宋）黎靖德编：《朱子语类》卷二，王星贤点校，中华书局1986年版，第28页。

的。"生物之初，阴阳之精，自凝成雨。盖是气化而生，如虱子，自然爆出来。既有此两个，一牝一牡，后来却以种子渐渐生去，便是形化，万物皆然。"① 这里强调了万物的生化没有造物主在起作用。至于人的起源，当有人问："第一个人是如何产生的？"朱熹以阴阳五行之气来解释，回答说："以气化，二五之精，合而成形。释家谓之化生。如今物之化生者甚多，如虱然。"② "化生"之说来源于佛教不错，佛教中确实把生物分为卵生、胎生、化生、湿生四类，但这里的气化学说则是道家的。

朱熹对药性有一定的认识，说："大黄不可为附子，附子不可为大黄"③，因为二者药性寒热不同。他也熟谙医理，说："人病伤寒，在上则吐，在下则泻，如此方得病除"④。朱熹著有《伤寒补亡论跋》。他从养生实践中总结出来的经验"夜饭减一口，活得九十九"被后世医家作为箴言收录。⑤ 关于传染病，朱熹说道："染与不染，系乎人心之邪正，气体之虚实，不可一概而论也。"⑥ 传染病的传染，现代科学认为是细菌感染的结果，与人心的邪正与否无关，取决于"气体之虚实"。当然，从朱熹的思想来看，他所谓的人心的邪正本来就与气紧密相关，并涉及人的精神状态的好坏，所以从心理生理学的角度来看，也不能完全否定朱熹的说法，但相对而言，气体的虚实却是主要的因素。

朱熹还从道士崔嘉彦学习过诊脉。《通雅》卷五一载有朱熹论《脉诀》，说："古人察脉非一道，今世惟守寸关尺之法，所谓关者，多不明。俗传《脉诀》，辞最鄙浅，非叔和本书，乃能直指高骨为关。"⑦ 这可见于朱熹在庆元元年作的《跋郭长阳医书》。⑧ 方以智评论说："《脉诀》至

---

① 《御纂朱子全书》卷四十九，《影印文渊阁四库全书》第805册，台北：台湾商务印书馆1986年版，第377页。
② （宋）黎靖德编：《朱子语类》卷一，王星贤点校，中华书局1986年版，第7页。
③ （宋）黎靖德编：《朱子语类》卷四，王星贤点校，中华书局1986年版，第61页。
④ （宋）黎靖德编：《朱子语类》卷七十二，王星贤点校，中华书局1986年版，第1818页。
⑤ 如见于元代邹铉所著的《寿亲养老新书》。
⑥ 《朱熹集》卷七十一《偶读漫记》，郭齐、尹波点校，四川教育出版社1996年版，第3703页。
⑦ （明）方以智：《通雅》卷五十一，中国书店1990年版，第619页。
⑧ 参见《朱熹集》卷八十三《跋郭长阳医书》，郭齐、尹波点校，四川教育出版社1996年版，第4297页。

朱子始议之，李时珍编而论之……"①

（三）气象科学

朱熹注意到了雪花的六角形晶体和透明石膏的六角形晶体的共同点："雪花所以必出六者，盖只是霰下被猛风拍开，故成六出……太阴玄精石亦六棱，盖天地自然之数。"② 这个认识比西方天文学家开普勒对雪花六角形的发现要早四五百年。李约瑟认为，朱熹的这个发现是"非凡的认识"③。"太阴玄精石"的得名应该与道教炼丹有关。

朱熹在继承张载得自于道家、道教的思想基础上，阐述了风、雨、霜、雪、露、虹等自然现象的成因。有人问："高山无霜露，其理如何？"朱熹的回答是："上面气渐清，风渐紧，虽微有雾气，都吹散了，所以不结。若雪，则只是雨遇寒而凝，故高寒处雪先结也。道家有高处有万里刚风之说，便是那里气清紧。低处则气浊，故缓散。想得高山更上去，立人不住了，那里气又紧故也。《离骚》有九天之说，注家妄解，云有九天。据某观之，只是九重。盖天运行有许多重数（以手画圆晕，自内绕出至外，其数九），里面重数较软，至外面则渐硬。想到第九重，只成硬壳相似，那里转得又愈紧矣。"④ 朱熹这个回答，既继承了道家、道教思想，又有自己的创新之处。从他的回答可以看出，对这类现象他是细密地观察过的。他是在认真观察的基础上，对前人的思想进行分析思考而得出结论的。⑤

此外，朱熹在历法方面也有论述。但这同样是道教所关心的问题。

三 朱熹有机自然观对西方和中国科学技术的影响

关于道家、道教与朱熹的科学思想的关系，李约瑟认为，道家、道教的思想是一种有机自然主义的思想。在他看来，朱熹的思想是来源于庄子，与道家、道教有密切的关系。因为"理学根本上确实是有机主义

---

① （明）方以智：《通雅》卷五十一，中国书店 1990 年版，第 625 页。
② （宋）黎靖德编：《朱子语类》卷二，王星贤点校，中华书局 1986 年版，第 23 页。
③ ［英］李约瑟：《火药和火器的史诗》，载潘吉星编《李约瑟文集》，辽宁科学技术出版社 1986 年版，第 572 页。
④ （宋）黎靖德编：《朱子语类》卷二，王星贤点校，中华书局 1986 年版，第 23 页。
⑤ 参见（宋）黎靖德编《朱子语类》卷二、卷八十六、卷九十九，王星贤点校，中华书局 1986 年版。

哲学。"① 确实，朱熹的科学思想，主要是宇宙演化、宇宙结构、天文、气象、中医药这些领域。这些领域恰恰是道教为了炼丹（含外丹和内丹）、强身健体而特别关心的领域。如同水利、印染、农业等领域是道教很少、甚至不关心一样，朱熹对这些能直接发展经济的领域也基本上没有去关心。

朱熹的自然科学思想，受到了李约瑟的高度评价。他说："从科学史的观点来看，或许可以说，他（指朱熹）的成就要比托马斯·阿奎那大得多。"② 在朱熹生活的同一时期，西方社会仍处于暗无天日的中世纪教会统治时期。托马斯·阿奎那（约 1225—1274）是基督教神学家，至多可以说他的思想中含有星点科学思想的萌芽因素，却谈不上他对科学直接作出了什么贡献。而且，他的思想成熟时间晚于朱熹近一百年。李约瑟认为，莱布尼兹确实受了朱熹哲学的影响，他认为，当爱因斯坦到来之时，"人们会发现一长串的哲学思想家已经为之准备好了道路——从怀特海上溯到恩格斯和黑格尔，又从黑格尔到莱布尼兹——那时候的灵感也许就完全不是欧洲的了。也许，最现代化的'欧洲的'自然科学理论应该归功于庄周、周敦颐和朱熹等人的，要比世人至今所认识到的多得多。"③ R. A. 尤里达教授也是联系着道家、道教思想来评价朱熹的科学思想在历史上的贡献。他说："现今的科学大厦不是西方的独有成果和财富，也不仅仅是亚里士多德、欧几里得、哥白尼和牛顿的财产——其中也有老子、邹衍、沈括和朱熹的功劳。我们不能说中国本土的科学倘若独立发展下来将会演化成什么样子。但是，我们可以说，当今科学发展的某些方面所显露出来的统一整体的世界观的特征并非同中国传统无关。完整地理解宇宙有机体的统一性、自然性、有序性、和谐性和相关性是中国自然哲学和科学千年探索的目标。"④

李约瑟只提到了朱熹对西方科学的影响，没有提及它对朱熹身后中

---

① ［英］李约瑟：《中国科学技术史》第二卷，科学出版社、上海古籍出版社 1990 年版，第 528 页。

② ［英］李约瑟：《中国科学技术史》第二卷，科学出版社、上海古籍出版社 1990 年版，第 506 页。

③ ［英］李约瑟：《中国科学技术史》第二卷，科学出版社、上海古籍出版社 1990 年版，第 538 页。

④ R. A. Uritam, "Physics and the view of nature in traditional China", *American Journal of Physics*, 1975, 43 (2), pp. 136 – 152.

国科学技术的发展的影响。实际上，宋末之后，在朱熹思想的影响下，中国传统的博物学被广泛地称为"格致学"。南宋末年，数学家秦九韶提出"数理一源""数与道非二本也"的思想，说明他受了朱熹思想的影响。此外，李治、杨辉、朱世杰等数学家也都是理学的信徒，他们在数学上之所以作出那么大的成绩，当与朱熹思想密切相关。朱熹五传弟子、著名医学家朱震亨把他的一部医学著作题名为《格致余论》并序称"古人以医为吾儒格物致知一事"①。王世贞说李时珍的《本草纲目》"实质理之精微，格物之通典"②，说明朱熹的格物思想对中医学有促进作用。李时珍自己也说，《本草纲目》"虽曰医家药品，其考释性理，实吾儒格物之学"③。可以认为，《本草纲目》是朱熹"即物"以穷"天地日月阴阳草木鸟兽之理"的理论的进一步实践和具体化。但李时珍的最大贡献就在于用阴阳五行理论深入阐释本草学，用"比类取象"的方法把动、植诸类归属五行，完成本草理论体系的五行化这其中起作用的仍然是从道家、道教理论中来而被朱熹集大成的阴阳五行理论。宋以后医药学家把医术看作"仁术"显然也与朱熹的思想影响有关。朱载堉（1536—1611）自幼"即悟先天学"，后著有《先天图正误》，首创十二平均律。宋应星在其巨著《天工开物》中也在《论气》的序言中称赞朱熹的《四书集注》"其言却亦平实"。由此可见朱熹的思想对后世的科技活动的影响。梁启超在其1912年发表的《王阳明的知行合一之教》中评论王阳明对朱熹的"格物致知"的驳难时说："科学初输入中国时，前辈译为'格致'，正是用朱子之说哩。"④由此看来，所谓有机论自然观对古代科学不曾起过积极的作用，甚至还是消极的，这一观点是偏颇的。不过，李约瑟在高度评价朱熹的自然科学思想的同时也指出，朱熹的有机论自然观"奇妙地预示了怀特海的'领悟'（Prehension）和黑格尔的对立和否定……在这里，中国人又射出了一支箭，落在后来波尔和卢瑟福的立足点附近，但却从未达到牛顿的位置。"李约瑟实质上是问：为什么朱熹的

---

① （元）朱震亨：《格致余论·序》，上海科学技术出版社2000年版，第3页。
② （明）李时珍：《本草纲目·序》，人民卫生出版社1982年版，第1页。
③ （明）李时珍：《本草纲目·凡例》，人民卫生出版社1982年版，第18页。
④ 梁启超：《梁启超哲学思想论文选》，北京大学出版社1984年版，第474—484页。

科学思想没有使中国的科学持续前进而产生近代科学？这个问题，笔者将在后文展开讨论。

第四节　中国古代科学技术思想中的机变论[*]

区分和描述事物是中国古代科学技术所探讨的问题之一，这其中的一个重要方面是弄清事物存在和变化的条件。对此，中国古代科学技术是以机变论来加以探讨的。有关这方面，李志超[①]、祝亚平[②]已以"机发论"这一概念作了一定的探讨，但本书认为以机变论来概括更贴切，并把重点放在与此相关的思想内蕴方面的发掘。

一

机变论的基本范畴是幾与机。

关于幾，《尔雅·释诂》说："幾，危也。"这是幾最早的含义。接着，从"危"义延伸出"接近"之义，于是出现了"幾乎"一词，意思是"差点就……"，"悬乎乎地……"；出现了问数词"幾何"，意思是"多少"。

"幾"字的含义后来发展了。《说文》的解释是："幾，微也，殆也，从丝从戍。戍，兵守也。丝而兵守者危也。"[③] 由此可见，"幾"字的含义有："微"、"近"，幼弱，有生命力，重要而不安全，须严守等。这比《尔雅》丰富多了。在这个基础上，"幾"引申出了"初"的含义，如《易·系辞》说："幾事不密"。进而有了哲理的含义。《管子·水地》说："万物莫不尽其幾"[④]。"幾"意为"从无以适有"。《易·系辞》里的"幾"含义已达抽象哲理水平，已经有了"见微知著，以小制大"的意

---

[*] 本节原文发表于《自然辩证法研究》2004年第6期，人大复印报刊资料《科学技术哲学》2004年第12期全文转载。

[①] 参见李志超《机发论——一种有为的科学观》，《自然科学史研究》1990年第1期。

[②] 参见祝亚平《道家文化与科学》，中国科学技术大学出版社1995年版，第86—91页。

[③] 王平、李建廷编著：《说文解字》（标点整理版），上海书店出版社2016年版，第98页。

[④] 黎翔凤：《管子校注》，梁运华整理，中华书局2004年版，第815页。

思，既近于信息，也指实事。① 所见虽微，却有大作用，其存在和作用易被忽视，必须着重提醒。《易·系辞》说："其殆庶几乎。""幾"意为"神妙"。

此外，与"初"指变化之始有关，"幾"又有了代表变化的终结的意义。《淮南子·缪称训》说："君子幾"②。"幾"之意即为"终"。与此类似，《庄子·齐物论》说："适得而幾矣。"③ "幾"意为"尽"。这样，"幾"又有了"从有至无"的含义。于是，"幾"有了从无至有、从有至无的双重含义。这两方面综合起来，就是事物变化的关节点，影响事物变化的序参量。对于整体，它具有牵一发而动全身的效果。

幾所涉及的从无至有，从有至无的变化是在时间与空间中展开的。为此，明末清初的方以智联系着时间、空间论述了幾。在他看来，幾与"交""轮"有紧密的联系。"交"是指空间上虚与实的交错、交叉，即物质分布的均匀与否的状态；"轮"是指时间上的前后相续；幾是指事物变化的微小征兆。它们之间的关系是："交以虚实，轮续前后，而通虚实前后者曰贯。贯难状而言其幾。"④ 要准确地理解这一点，就必须先理解方以智关于交、轮的观点。方以智认为，交与轮是事物存在的普遍现象。他说："人人一琉璃也，物物一琉璃也，可方可圆，可棱可破，可末可长，而交之轮之。"⑤ 万物的每一个方面，万物的每一种状态都以交与轮的形式参与了整个宇宙的运动。交的形式是一而二，二而一，是对立物的相互作用："尽天地古今皆二也，两间无不交，则无不二而一者，相反相因，因二以济，而实无二无一也。"⑥ 交的方式有显交、隐交、显隐相交三种。交的结果有一方为显者，有两方为显者，有因交格而变为他物者。就轮而言，方以智认为，事物的存在是前后相续，无始无终，如轮周转不停一样。他说："物物皆自为轮，直者直轮，横者横轮，曲者曲轮。虚中之气，生生成轮。举有形无形，无不轮者。无所逃于往来相推，

---

① 参见李志超《机发论———一种有为的科学观》，《自然科学史研究》1990 年第 1 期。
② 何宁：《淮南子集释·缪称训》，中华书局 1998 年版，第 707 页。
③ 陈鼓应：《庄子今注今译》，商务印书馆 2007 年版，第 78 页。
④ （明）方以智著，庞朴注释：《东西均注释》，中华书局 2016 年版，第 63—64 页。
⑤ （明）方以智著，庞朴注释：《东西均注释》，中华书局 2016 年版，第 67 页。
⑥ （明）方以智著，庞朴注释：《东西均注释》，中华书局 2016 年版，第 67—68 页。

则何所逃于轮哉？衍而长之，片而褙之，卷而接之，直立而上下之，干交而贯蒸之。以此推之，凡理皆然。"① 在他看来，事物轮转的动力在自己，换言之，轮转是事物的本性，不是外物强加给它的。事物轮转的形式有直轮、横轮、曲轮等多种，事物的轮转对别的事物的影响方式有"衍而长之""片而褙之""卷而接之"等多种。方以智认为，交与轮在同一个事物身上是同时发生着的。轮是在相交中而轮，交是在轮中而交。他说："阴阳本交汁也。亦自轮为主客体用，不以交而坏其轮也。"② 阴阳本来就有相交的本性，在相交中而轮转，故有主与客、体与用的区分。轮转中有相交，相交不废轮转。这是因为，交是空间上的互相介入、干涉，轮是时间上的持续不断，因而，轮是交的过程的持续或循环，交与轮是同时发生的。更进一步说，这是因为宇中有宙，宙中有宇。对此，他说过："灼然宙转于宇，则宇中有宙，宙中有宇，春夏秋冬之旋轮，即列于五方之旁罗盘，而析幾类应，孰能逃哉。"③ 交在轮中交，轮在交中轮，万物同时在时间和空间中发生的运动就构成了宇宙。方以智说："轮有三轮，界圆而裁成立，有平轮，有直轮，有横轮。三者拱架而六合圆矣，象限方矣，二至、二分、四立见矣。……南北直轮，立极而相交；东西衡轮，旋转而不息，南北之水火即东西之日月。东西之轮即南北之轮矣。平之则四方中五盘轮也。"④ 在他看来，轮有平轮、直轮、横轮三种。南热北寒的两极相交是直轮，日月旋转，东西相交是横轮，中央与四方相交是平轮。这三种交轮构成了宇宙的方向、象限和时间上的规定。方以智认为，无论哪一种交轮，都要通过幾发生作用。他说："何谓幾？曰：交也者，合二而一也；轮也者，首尾相衔也。凡有动静往来，无不交轮，则真常贯合于幾可征矣。"⑤ 幾是交、轮运行中发生的偶然的微妙事情，它左右事态发展的大方向。"真常贯合于幾"意思是，事物的存

---

① （明）方以智著，庞朴注释：《东西均注释》，中华书局2016年版，第90页。
② （明）方孔炤、（明）方以智：《周易时论合编》中册，郑万耕点校，中华书局2019年版，第455页。
③ （明）方以智：《物理小识》，《影印文渊阁四库全书》第867册，台北：台湾商务印书馆1986年版，第61页。
④ （明）方以智著，庞朴注释：《东西均注释》，中华书局2016年版，第89页。
⑤ （明）方以智著，庞朴注释：《东西均注释》，中华书局2016年版，第92页。

在、事物的运动、事物的规律集中体现在"幾"上,而幾是极其细微、难以认识和把握的变化的端倪。正如他所说:"幾者,微也,危也,权之始也,变之端也,忧悔吝者存乎介。介,间也。"① 幾处于有、无之间,从这里既可以自无入有,也可以自有入无。它还处于阴阳、动静等对矛盾之间,是阴阳、动静等矛盾转变的关节点。他评论邵雍的思想时说道:"邵子知先天,而不专立先天之状,止于动静之间叹之曰:'天下之至妙者也。'阴阳之幾毕此,而可知不落阴阳、动静者即此矣。"② 不落阴阳、动静即先天。先天仍然要通过幾发生作用。所以,知幾就可知先天,把握幾就可把握事物变化的关键,就可"时乘其中,应节如环"。为此,方以智反复强调"知幾其神"的意义,这显然是对《易传》中"阴阳不测之谓神"的思想的发挥与阐释。有关"幾"的思想在方以智思想体系中占有非常重要的地位。方以智以"通幾"名其哲学。"通幾"源出于《庄子·齐物论》:"通也者得也,适得而幾矣,因是已。"③ 或者是根据《周易》所说的"通天下之故……极深而研幾"④ 而提出来的。

"機"即"机",本义是机械装置中绕轴而动的部件,如杠杆。由此,它的含义向两个方向引申开来:一指一般机械,二指更抽象的东西。后者含义延伸颇广。《说文》指"发"⑤,由此而有"发动之所由",即机关的含义。《战国策·秦策》说:"听者存亡之机。"⑥ 机即"要"之意,即机要。《黄帝内经·素问·离合真邪论》说:"知机道者不可挂以发。"⑦"机"为"动之微"之意,即机兆。《庄子·至乐》说:"种有幾,得水则为继……青宁生程,程生马,马生人,人又反入于机。万物皆出于机,

---

① (明)方以智著,庞朴注释:《东西均注释》,中华书局2016年版,第95页。
② (明)方以智著,庞朴注释:《东西均注释》,中华书局2016年版,第94页。
③ 陈鼓应:《庄子今注今译》,商务印书馆2007年版,第78页。
④ 《周易正义·系辞上》,阮元校刻《十三经注疏》(清嘉庆刊本),中华书局2009年版,第167—168页。
⑤ 王平、李建廷编著:《说文解字》(标点整理版),上海书店出版社2016年版,第148页。
⑥ 何建章注释:《战国策注释·秦策二》,中华书局1990年版,第118页。
⑦ (清)张隐庵集注:《黄帝内经·素问·集注》,上海科学技术出版社1959年版,第111页。

皆入于机。"① "机"意为"群有之始，动之所宗。"《列子·仲尼》说："大夫不闻齐鲁之多机乎。"② "机"意为"巧"，即机巧。道家鄙视它，为它赋予巧诈之意。如《庄子·齐物论》说："大知闲闲，小知间间，大言炎炎，小言詹詹。……与接为构，日以心斗……小恐惴惴，大恐缦缦。其发若机栝，其司是非之谓也。"③ 又，《庄子·大宗师》说："其嗜欲深者，其天机浅。"④ 机还有"理"之意，《淮南子·主术训》有"治乱之机"⑤之说。其中的"机"之意就是"理"，即机理、机制。此外，在这些意义的基础上，又引申出了机会、机缘、机密、机谋、机能、机构等含义。我们这里主要考察它与科学技术史或科学技术思想史有关的方面。

从上述可见，幾与机的含义在不少方面是相通、相同的。它们不同的地方，大致说来，幾主要是一个自然观方面的概念，机则指涉到人，主要是一个认识论与实践论的概念。

二

机既是生之机，也是死之机。它是事物变化过程中由量变到质变的关节点。《庄子》注文说："道生一气，气变而有形，形变而有生，生者气之聚，万物之出于机者也。生变而有死，死者气之散，万物之入于机者也。"⑥ 晋代张湛说："机者，群有之始，动之所宗，故出无入有，散有反无，靡不由之。"⑦ 机既是从无生有的兆头，也是从有至无的预兆。不但如此，它也是事物发生变化的临界状态。"机者得失之变，使天地万物人理为之否泰、兴亡、损益、可否、盛衰，皆机之变也。"⑧ 事物的种种

---

① 陈鼓应：《庄子今注今译》，商务印书馆2007年版，第533—534页。
② 杨伯峻：《列子集释》，中华书局1979年版，第134页。
③ 陈鼓应：《庄子今注今译》，商务印书馆2007年版，第52页。
④ 陈鼓应：《庄子今注今译》，商务印书馆2007年版，第199页。
⑤ 何宁：《淮南子集释·主术训》，中华书局1998年版，第647页。
⑥ （明）危大有：《道德真经集义》，载《道藏》第13册，文物出版社、上海书店、天津古籍出版社1988年版，第595页。
⑦ （元）高守元：《冲虚至德真经四解》，载《道藏》第15册，文物出版社、上海书店、天津古籍出版社1988年版，第13页。
⑧ （宋）塞昌辰：《黄帝阴符经解》，载《道藏》第2册，文物出版社、上海书店、天津古籍出版社1988年版，第762页。

变化就是由机开始的。由此看来，机存在于事物变化的过程之中。凡有变化存在的地方，就有机。天有天机，地有地机，"地机"在东南之分。①神有神机，气有气机。② 人之心也有机。《阴符经》说："人心，机也。"

从状态来看，机是事物由静而动，再由动而归于静，动静交替时的状态。正如唐代卢重玄所说："犹机关系束焉。"③ 一旦"机关"打开，事物就由周期中的一个阶段进入另一个阶段，由一种状态变为另一种状态，甚至由一种事物变为另一种事物。所以，机就存在于事物的"一动一静之间"。从事物发生剧烈变化或质变后总要有一段时间处于相对稳定的状态而言，机又与"中"有联系，所以，元代道教理论家李道纯有"发而中者，机也"④ 的观点。这与古代文化中的中庸、中和等尚中思想有关。

既然机是事物变化的关节点，那么，人们就可以抓住它，对事物的变化进行控制，以使得它向符合人的预期目的的方向变化。但要这样做，首先要观察它，这样才有可能抓住它，不让它从人的眼皮底下溜走。《阴符经》说："观天之道，执天之行，尽矣。""观机"离不开眼睛。古人已经认识到："目者神之门，神者心之主。神之出入，莫不游乎目。故见机者莫不尚乎目，能知机者莫不尚乎心。"⑤ 观机得靠眼睛，"知机"则必须靠心。只有把这二者，即观察与理性思考结合起来，才能真正做到"执机"。

执机是一个信息捕捉的过程。"道无所不在，充满六合，包含虚空。苟执其机，则无所不应。如抚宫宫动，抚角角起，盖有不知其然而然者。"⑥ 执机就是要把握这"然"背后的所以然，既知其然，更要知其所

---

① （宋）张君房编：《云笈七签》卷二《劫运》，中华书局2003年版，第21页。
② （元）高守元：《冲虚至德真经四解》，载《道藏》第15册，文物出版社、上海书店、天津古籍出版社1988年版，第13页。
③ （元）高守元：《冲虚至德真经四解》，载《道藏》第15册，文物出版社、上海书店、天津古籍出版社1988年版，第13页。
④ （元）李道纯：《中和集》，载《道藏》第4册，文物出版社、上海书店、天津古籍出版社1988年版，第485页。
⑤ （宋）张君房编：《云笈七签》卷十五《天机经》，中华书局2003年版，第388页。
⑥ （宋）李嘉谋：《元始说先天道德经批注》，载《道藏》第1册，文物出版社、上海书店、天津古籍出版社1988年版，第436页。

以然。只有这样，才是真正的"测天地之机，晓造化之本"①，才能把握事物运动变化的规律。

做好了执机，才能为应机奠定一个良好的基础。道教经典《天机经》说："是故圣人将欲施为，必先观天道之盈虚，后执而行之，举事应机，则无遗策。"② 应机就是适应变化，因机而行，相机而动。如果不应机，则事物的变化就会对人产生干扰或损害。

但应机是被动的适应自然，这往往是不够的，因为自然的变化与人的需要往往是不一致的。这就有必要对机进行干预或控制，影响事物变化的程度和方向，这就是"盗机"。对盗机，《阴符经》说道："天地，万物之盗；万物，人之盗；人，万物之盗也。三盗既宜，三才既安。故曰：食其时，百骸理；动其机，万化安。人知其神而神，不知其不神之所以神。日月有数，大小有定，圣功生焉，神明出焉。其盗机也，天下莫不能见，莫不能知。君子得之固躬，小人得之轻命。""盗"的含义是矛盾双方的相互渗透、相互影响、相互制约。"盗"是"机"之体现。"盗"字体现了客观规律的隐而不显的特性，说明了掌握"机"之不易。要盗机，就必须掌握天地文理之数，知万物变化之神背后的所以神。所以，盗机是以观机、执机、应机为前提的，是对造化之机的反制与利用。要做到这一点，还应该考虑到时间因素。"观变察机，运用五贼……圣人所以深衷远照，动不失机，观天料人，应时而作。"③ 过程是与时间紧密相关的，在这个意义上，机被称为时机。中国古代对时间因素异常重视，因而，时机的意义之重要就是显然的了。"应时而作"指的就是把握时机。既应物之机，也应时之机，才谈得上盗机。"故盗机者，是夺造化于胸臆，拈宇宙在掌中，故人不测其由而成其功业者，机使之然也。"④

通过对机的控制，人可以制约物质变化的速度、程度和方向。中医针灸学典籍《灵枢经》第一章开宗明义就讲机：

---

① 《鬼谷子天髓灵文》，载《道藏》第18册，文物出版社、上海书店、天津古籍出版社1988年版，第671页。
② （宋）张君房编：《云笈七签》卷十五《天机经》，中华书局2003年版，第383页。
③ （宋）张君房编：《云笈七签》卷十五《天机经》，中华书局2003年版，第385页。
④ （宋）塞昌辰：《黄帝阴符经解》，载《道藏》第2册，文物出版社、上海书店、天津古籍出版社1988年版，第762页。

小针之要，易陈而难入。粗守形，上守神，神乎神，客在门。未覩其疾，恶知其原。刺之微，在速迟，粗守关，上守机，机之动，不离其空，空中之机，清静而微，其来不可逢，其往不可追，知机之道者，不可挂以髪，不知机道，叩之不发。知其往来，要与之期，粗之暗乎，妙哉，工独有之。往者为逆，来者为顺，明知逆顺，正行无问。逆而夺之，恶得无虚，追而济之，恶得无实。迎之随之，以意和之。针道毕矣。①

所谓"灵枢"，就是神机，即影响针刺的各种因素玄妙变化的关键。观察病症，弄清病因，抓住大宇宙的五运六气的时机和人身气运的时机，把握好下针的快慢速迟，以病情发展方向为顺，以顺为本，夺机而用，虚症要"追""济"，用补法；实症要"道""夺"，用泄法，如此无论虚、实之症均可治愈。这是把穴位当作像电路开关或枪炮扳机那样的东西，运用针刺这样的控制手段解决疾病问题。这种对变化进行控制的思想，是一种朴素的控制论。

盗机只是对事物的变化进行控制，这已经显示了人的主观能动性的伟大，但这还是不够的。因为有的时候，机只出现了萌芽状态，要出现大的变化尚需要一段较长的时间，人由于种种原因不可能等待，那么，人就只能把自己的主观能动性发挥到极限，以人力参赞事物，发动机变。这就是"发机"。《周易·系辞》说："言行，君子之枢机，枢机之发，荣辱之主也。言行，君子之所以动天地也，可不慎乎。"② 这是谈政治领域的发机，认为言行是政治之机，用好它可以改变政治地位，甚至改朝换代。《管子·七法》说："明于机数者，用兵之势也。"③《淮南子·兵略训》说："行之以机，发之以势。"④ 这里谈的是军事中的发机，认为把握好用兵之机，可以造势胜敌。三国时，魏国的蒋济著有《万机论》论政事。唐代冯用之所著的《机论》是一部政论性著作，它说："机者机

---

① （清）张隐庵集注：《黄帝内经灵枢集注》，上海科学技术出版社1958年版，第2页。
② 《周易正义·系辞上》，阮元校刻《十三经注疏》（清嘉庆刊本），中华书局2009年版，第164页。
③ 黎翔凤：《管子校注》，梁运华整理，中华书局2004年版，第116页。
④ 何宁：《淮南子集释·兵略训》，中华书局1998年版，第1081页。

也，经纬天下，织综人事而已矣。机者微也，发之至微，用之至广。"①这里谈的是政治领域中的发机，认为政治之机是由小到大，由微至显的，把握好它，既可以防微杜渐，也能够以星星之火燎辽阔之原。南唐道士谭峭的《化书》虽然主要是谈政治，但已有一定的哲理性。它说："转万斛之舟者，由一寻之木；发千钧之弩者，由一寸之机。一目可以观大天，一人可以君兆民。太虚茫茫而有涯，太上浩浩而有家。得天地之纲。知阴阳之房。见精神之藏。则数可以夺，命可以活，天地可以反复。"②这是强调发机在左右事物变化方向上的极端重要性。它又说："夫大人之机，道德仁义而已矣。"③这是就政治领域而言。对发机论述得最有哲理性的是《阴符经》，它宣称："天性人也，人心机也。立天之道，以定人也。天发杀机，龙蛇起陆；人发杀机，天地反覆。天人合德，万变定基。"它认为，物质的性质是人可以把握的，人的心是关键，所以说"人心机也"。人本来必须遵循天道。但自然界的变化会给人带来诸如水、旱、地震之类的灾害，所以人必须反制自然。就可能性而言，人可以使天地反覆，让自然界的变化符合人的需要；但要把它变为现实，则需要人运用好五官等肉体感觉器官和心，观机、执机、应机、盗机，必要时还需要制造仪器和工具，延长、伸展人的感觉器官的功能，主动积极地掌握自然之机，发而制之。道教就是这样认为的。本来，人是必然要死的。但道教偏不屈服于自然的命运，它坚信："我命在我不在天"，通过术的修炼，人可以长生不死。如内丹家认为："握胎息之机，即长生不死，其理昭然。"④只要在"二六时中，要审观微妙，知机下手"⑤，内丹术就有成功的可能。由于以运动变化着的生命这样的复杂性事物为对象，以术的修炼实践为本，所以道教对机非常重视，除了《阴符经》论机外，

---

① 《全唐文》卷四百四十《机论》，中华书局1983年版，第4128页。
② （五代）谭峭：《化书》，载《道藏》第23册，文物出版社、上海书店、天津古籍出版社1988年版，第594页。
③ （五代）谭峭：《化书》，载《道藏》第23册，文物出版社、上海书店、天津古籍出版社1988年版，第598页。
④ （宋）张君房编：《云笈七签》卷五十九《达摩大师住世留形内真妙用诀》，中华书局2003年版，第1312页。
⑤ （宋）萧道存：《修真太极混元图》，载《道藏》第3册，文物出版社、上海书店、天津古籍出版社1988年版，第49页。

甚至还出现了专门论述机的经典《天机经》。只不过其思想没有超出《阴符经》之外，新意不多罢了。

三

由于《周易》对"幾"颇多论述，而《周易》被视为儒家六经之首，儒家是在中国传统文化中占据主导地位，所以，机变论在中国古代有广泛而深刻的影响，对中国古代科学技术同样是有影响的。它所主张的"见微可以知著，用小可以制大"，是人与自然关系中的重要原理之一。它重视人的能力，鼓励探索精神，这对科学的发展是有利的。在具体的科学领域中，它使得人们注意顺天守时，注重动物、植物生长期的保护。这是农学的基本思想，对于生物学、药学和环境保护也是很重要的。在技术领域，机变论有更加广泛的运用。它反对机械决定论，强调主观能动性，坚信人定胜天，认为人能够通过技术手段战胜自然、改造自然。当然，应该看到，在实践中，一些机变论者离开了求实的基础，忘记了"道法自然"的前提，走到了科学的反面，造成了有害的恶果。

第五节　中国古代科学技术思想中的感通论[*]

中国古代科学技术对事物运动变化的机理作了深入的研究，这就是感通论。它包括感应论和变通论两部分。

一

感应论出现于战国中晚期，如《周易》说："咸，感也，柔上而刚下，二气感应以相与。"[①] 秦汉时期，感应论开始盛行起来。《吕氏春秋》的《应同》《召类》《精通》等篇叙述了大量物与物之间的感应现象，并论及"感应"发生的原因。这是感应论发展的第一阶段。由于所涉及的

---

[*] 本节原文发表于《湖北大学学报》（哲学社会科学版）2006年第2期。

[①] 《周易正义·咸卦》，阮元校刻《十三经注疏》（清嘉庆刊本），中华书局2009年版，第95页。

主要是物与物之间的感应，所以我们用"物类感应论"来概括这一阶段的特点。

西汉初期，《淮南子·泰族训》提出了"精诚感于内，形气动于天"①的观点。这一观点被后来的董仲舒发展为天人感应论。他根据"琴瑟报弹其宫，他宫自鸣而应之，此物之以类动者也"。由此引申出天人感应的观点，认为"帝王之将兴也，其美祥亦先见；其将亡也，妖孽亦先见"②。董仲舒认为，"人副天数"，所以天与人能够相互感应。人事活动会从"天"得到反应，特别是代天治民的君主的行为好坏，"天"更会直接地降下"符瑞"以资奖励，或降下灾异进行"谴告"。他强调说："观天人相与之际，甚可畏也！国家将有失道之败，而天乃出灾害以谴告之；不知自省，又出怪异以警惧之；尚不知变，而伤败乃至。以此见天心之仁爱人君而欲止其乱也，自非大亡道之世者，天尽欲扶持而全安之。"③至于老百姓更要按天道行事，否则不忠不孝，得罪君、父，就是得罪了天，而"反天之道，无成者"④，会受到天的惩罚。董仲舒谈天人感应的神学目的论，主要目的是发挥《公羊春秋》"屈民而伸君，屈君而伸天"的命题，建构政治学说，但其中也含有自然科学的内容，尤其是后来深受他的思想影响的谶纬和周易象数学，更是包容了很多自然科学的内容。

到了宋代，理学家们对感应作了哲学的抽象，从本原的高度作了论述，所以我们用本原感应论来指称宋以后的感应论思想。程颐对咸卦九四爻注释说："感，动也。有感必有应。凡有动皆为感，感则必有应……所应复有感，感复有应，所以不已也。"⑤ 在他看来，事物的运动必然产生感，有感必有应，应又生感，反复循环不已。他认为，感应是宇宙中的一个普遍现象："天地之间，只有一个感与应而已。"⑥ 张载也对感应作了颇为深刻的论述。他从本体论的高度说："无所不感者虚也。感即合

---

① 何宁：《淮南子集释·泰族训》，中华书局1998年版，第1375页。
② （清）苏舆：《春秋繁露义证·同类相动》，钟哲点校，中华书局1992年版，第359—360页。
③ 《汉书》卷五十六《董仲舒传》，中华书局编辑部点校，中华书局1962年版，第2498页。
④ （清）苏舆：《春秋繁露义证·天道无二》，钟哲点校，中华书局1992年版，第346页。
⑤ 王孝鱼点校：《二程集》，中华书局2004年版，第858页。
⑥ 王孝鱼点校：《二程集》，中华书局2004年版，第152页。

也,咸也。以万物本一,故一能合异;以其能合异,故谓之感;若非有异则无合。天性,乾坤、阴阳也。二端故有感;本一,故能合。天地生万物,所受虽不同,皆无须臾之不感。所谓性即天道也。"① 他认为,感是物与物之间的关联的形成,它发生于两个不同的物之间。万物有共同的本体,所以有相互关联的可能;万物又互有差异,所以它们能够相互生感。"虚"是张载哲学体系中的本体范畴。在张载看来,感是虚的性质之一。因为能感,所以虚才能成为万物存在和运动变化的最终依据。虚能够感,则由它衍生的万物也能感。但是,感的发生不是无条件的,物与物之间的差异是感发生的必要条件。仅此还不够,"至静无感"②,"感亦须待有物,有物则有感,无物则何所感"③。感只有在动的前提下才能发生于两个事物之间。因此,乾坤、阴阳这些由两个事物构成的"二端"能够感应。明末清初的王夫之继承和发展了张载的这一思想。他在《张子正蒙注·乾称篇下》中说:"有阴则必顺以感乎阳,有阳则必健以感乎阴,相感以动而生生不息,因使各得阴阳之撰以成体而又生其感。"④ 这是用阴阳之间的感应现象解释万物的生成。不仅如此,他还用这解释万物的变化。他在《张子正蒙注·大易篇》中甚至对变化的内涵作了新的界定:"变者,阴变为阳;化者,阳化为阴。六十四卦互相变易而象成。"⑤

理学家们不只从本体论的角度来论述感应,还从宇宙发生论的角度来论述它。张载在《正蒙·太和篇》中说:"感而生则聚而有象。"⑥ 邵雍之子邵伯温在为其父《观物内篇》作《系述》时说:"一感一应,而后物成焉。一唱一和,一感一应者,天地之道,万物之情也。"⑦ 先有感应,后有生成。这是把"感""应"作为万物产生、形成的条件。

---

① 章锡琛点校:《张载集》,中华书局1978年版,第63页。
② 章锡琛点校:《张载集》,中华书局1978年版,第7页。
③ 章锡琛点校:《张载集》,中华书局1978年版,第313页。
④ (清)王夫之:《张子正蒙注》卷九,王孝鱼点校,中华书局1975年版,第324—325页。
⑤ (清)王夫之:《张子正蒙注》卷七,王孝鱼点校,中华书局1975年版,第276页。
⑥ 章锡琛点校:《张载集》,中华书局1978年版,第7页。
⑦ (宋)邵伯温:《系述》,转引自(明)胡广《性理大全书》,《影印文渊阁四库全书》第710册,台北:台湾商务印书馆1986年版,第208页。

二

那么,究竟什么是"感",什么是"应"呢?《说文》的解释是:"感,动人心也";"应,当也。"① 这是就人事而言的。抽象地说,"感"表示能使事物产生内在变化的一种作用。"应"表示事物对外界作用的反应,即受外界影响后产生的变化。当感与应连用时,前者表示主动一方的作用,后者表示受动一方的反应,正所谓"感而后应,非所设也"②。对此,唐代孔颖达在《周易正义·乾卦》中说得很明白:"感者,动也;应者,报也。皆先者为感,后者为应。"③ 这就是说,感者为主,应者为从,感应双方是主从关系;感者为本,应者为标,感应双方是本标关系;感者在前,应者在后,感应的发生是单向的。所以,对"有感必应,应又生感"④ 的"感应之道"⑤,应该理解为甲感乙,乙应,乙又感丙……不断传递下去。

对感应发生的原因,《春秋繁露·同类相动》作了探讨。它说:"故琴瑟弹其宫,他宫自鸣而应之,此物之类动者也。其动以声而无形,人不见其动之形,则谓之自鸣也。又相动无形,则谓之自然。其实非自然也,有使之然者矣。物固有实使之,其使之无形。"⑥ 这是把感应的原因归之于"类动",并且认为这是肉眼见不到的。在《春秋繁露》看来,同类之间能够发生感应现象。西汉严君平也是把人与物、物与物之间的感应发生的原因归结为同类相动,他说:"人物同类,或为牝牡……人主动于迩,则物应于远;人物动于此,则天地应于彼。彼我相应,出入无门,

---

① 王平、李建廷编著:《说文解字》(标点整理版),上海书店出版社2016年版,第279、273页。

② 黎翔凤:《管子校注》,梁运华整理,中华书局2004年版,第776页。

③ 《周易正义·乾卦》,阮元校刻《十三经注疏》(清嘉庆刊本),中华书局2009年版,第28页。

④ (宋)董思靖:《洞玄灵宝自然九天生神章经解义》,载《道藏》第6册,文物出版社、上海书店、天津古籍出版社1988年版,第422页。

⑤ (元)李道纯:《中和集》,载《道藏》第4册,文物出版社、上海书店、天津古籍出版社1988年版,第486页。

⑥ (清)苏舆:《春秋繁露义证·同类相动》,钟哲点校,中华书局1992年版,第360—361页。

往来无户，天地之间，虚廓之中，辽远广大，物类相应，不失毫厘者，同体故也。"① 大多数古代学者认为，只有同类事物间才会产生感应作用，如《春秋繁露·同类相动》直截了当地宣称："物故以类相召也。"②

对于同类事物之间发生的感应现象，人们进而追究其原因。人们认为，这是因为它们的气相同。《春秋繁露·同类相动》说："百物去其所与异，而从其所与同。故气同则会，声比则应，其验皦然也。试调琴瑟而错之，鼓其宫，则他宫应之；鼓其商，则他商应之。五音比而自鸣，非有神，其数然也。"③ 在它看来，气同则为同类，同类之间存在着感应现象。那同类事物中的感应现象是怎么发生的呢？《淮南子》的《览冥训》有"阴阳同气相动"④ 的气类相感思想，《天文训》《泰族训》《览冥训》中更有详细的论述。董仲舒所著的《春秋繁露》有《同类相动篇》，他说："故阳益阳，而阴益阴，阴阳之气，故可以类相益损也。天有阴阳，人亦有阴阳。天地之阴气起，而人之阴气应之而起。人之阴气起，而天之阴气亦应之而起，其道一也。"⑤ 显然，董仲舒赞成"阴阳同气相动"的观点。北齐刘昼也持这样的观点，他说："方以类聚，物以群分，声以同应，气以异乖。其类苟聚，虽远不离，其群苟分，虽近未合……感动必类自然之数也。"⑥ 但并不是所有人都赞成这一观点。王充在《论衡·偶会》中对这种观点有所修正，他说："同类通气，性相感动。"⑦ 这里不是强调同类非要同气，而是认为，同类事物的气相通，所以能够因感而动。从上述可见，元气本体论是自然感应论的重要理论基础。"感应论"是建立在"元气说"基础上的。"气"是感应的中介物质，"感应"是气的作用形式之一。

后来，人们从经验事实中发现，感应不一定是显然可见的，对应于"显感"，也有"潜感"的存在。所谓"潜感"，就是人的眼睛等感觉器

---

① （汉）严遵：《老子指归》卷二，王德有点校，中华书局1994年版，第32—33页。
② （清）苏舆：《春秋繁露义证·同类相动》，钟哲点校，中华书局1992年版，第359页。
③ （清）苏舆：《春秋繁露义证·同类相动》，钟哲点校，中华书局1992年版，第358页。
④ 何宁：《淮南子集释·冥览训》，中华书局1998年版，第456页。
⑤ （清）苏舆：《春秋繁露义证·同类相动》，钟哲点校，中华书局1992年版，第360页。
⑥ （唐）袁孝政注：《刘子》，载《道藏》第21册，文物出版社、上海书店、天津古籍出版社1988年版，第777页。
⑦ 黄晖：《论衡校释·偶会》，中华书局1990年版，第102页。

官不能直接感知到的感应现象。晋代郭璞在《山海经图赞》中说:"磁石吸铁,玳瑁取芥,气有潜感,数亦冥会,物之相投,出乎意外。"① 但是,人们发现,磁石与铁、玳瑁与芥,它们都不是同一类。类似的现象还有不少。经过汉晋六朝科学技术的发展,有了更多的经验事实作为基础,孔颖达对传统的观点提出了挑战:"非唯同类相感,亦有异类相感者,若磁石引针、琥珀拾芥。"② 这就是说,感应不是只能在同类事物中发生,也可以在异类事物中发生。于是,北宋的理学家张载概括道:"感之道不一,或以同而感……或以异而感。"③

同类相感是用气的相通或相同来解释的,这一解释对异类相感显然行不通。对于异类相感,人们只能放弃用气说明的方法,而直接就事物内在的存在把握它。宋代赵希鹄编有《调燮类编》,该书卷二提及:"荷叶罩火能粉银;羚羊角、乌贼骨、鼠尾、龟壳、生姜、地黄、磁石俱能瘦银;羊脂、紫苏子油皆能柔银。"卷四记载:"蜒蚰即蜗牛之无壳者,能制蜈蚣。所经之路必有涎,蜈蚣触之即死,傅蜈蚣伤甚验;蜗牛涎能制蜈蚣蝎虿,物各畏其天也。"这些有关感应的实际经验,书中均用五行学说来解释。在此基础上,明末思想家方以智在《物理小识》里试图把物类相感现象作为阴阳五行论的基础,这显然是直接就物质的功能属性来探寻物与物之间的联系。

关于异类相感的原因,前引郭璞的"数亦冥会"一句表明,古人隐约地认识到,事物不管是否同类,只要内部的"数"一致,就能够发生感应现象。这里所谓的"数",是变化规律之意。但对这一点,人们显然并没有清楚地认识到。

对异类相感原因的探索使得感应论从气类感应论阶段发展到存在感应论的新阶段。但是,应该看到,总体上说,存在感应论实际上并没有对异类感应的原因给出令人满意的解释。

实际上,古人并未真正认识事物感应的原因和内在机制。他们中的

---

① (晋)郭璞:《足本山海经图赞》,张宗祥校录,古典文学出版社1958年版,第16页。
② 《周易正义·乾卦》,阮元校刻《十三经注疏》(清嘉庆刊本),中华书局2009年版,第28页。
③ 章锡琛点校:《张载集》,中华书局1978年版,第125页。

不少人清醒地认识到，这是一个很难解开的谜。《淮南子·览冥训》中明确写道："物类之相应，玄妙深微，知不能论，辩不能解。"① 孔颖达也承认，物类感应现象"皆冥理自然，不知其所以然也"②。有人甚至认为，事物感应的原因和内在机制是不可知的。如欧阳修在《归田录》中坦率地承认："凡物有相感者出于自然，非人智虑所及，皆因其旧俗习知之。"③ 在《张子正蒙注·太和篇》中，王夫之也类似地说："感之自通，有不测之化焉。"④ 综观两千多年来有关感应现象的论述，可以发现，其中既有经验成分，也有主观猜测；既有对事物的合理解释，也有对问题的假定性说明；对所描述的对象往往只在一定程度上达到了"知其故"。事实上，万事万物感应的原因和内在机制非常复杂，要概括出一个普遍适用的模式是不可能的。何况，事物千差万别，把一切现象都看作感应的结果，实在是失之于简单化。这样做，哲理探讨的价值肯定大于科学认识的价值。

虽然人们没有把事物感应的原因和内在机制弄清，但感应论却深刻影响到中国古代的科学技术，并确确实实为中国古代的科学技术作出了贡献。以作为原始化学的炼丹术为例。人们认为："凡药土石之类，莫不合圣感神者矣。非唯此独能变异。况磁石吸铁，隔阔潜应；水精河蚌，尚感玄远，凡圣岂是难乎？"⑤ 道家认为丹药之变化与磁石吸铁、方诸化水同理，都是感应的结果。所以炼丹术中有"感气十六转金丹"等名目。人们甚至认为："丹者，是金感于火，名之为丹。"⑥ 炼丹术中"伏、制、恋"等术语的运用，也都是从感应原理出发的。再如，博物学对中国古代科学技术作出了很大的贡献。它的基本观念就是感应论，它的重要著

---

① 何宁：《淮南子集释·冥览训》，中华书局1998年版，第450页。
② 《周易正义·乾卦》，阮元校刻《十三经注疏》（清嘉庆刊本），中华书局2009年版，第28页。
③ （宋）欧阳修：《归田录》卷二，李伟国点校，中华书局1981年版，第33页。
④ （清）王夫之：《张子正蒙注》卷一，王孝鱼点校，中华书局1975年版，第27页。
⑤ （五代）郑隐：《真元妙道要略》，载《道藏》第19册，文物出版社、上海书店、天津古籍出版社1988年版，第295页。
⑥ （宋）张君房编：《云笈七签》卷六十九《七返灵砂论》，李永晟点校，中华书局2003年版，第1521页。

作《山海经》中就屡次强调"物之相感"①。甚至于出现了直接以"感应"命名的博物学著作,例如,南北朝时,张华著有《感应类从志》(有人认为是苏轼等人编著的,待考),唐初的李淳风著有《感应经》,北宋赞宁(919—1001)所著的《物类相感志》(有人认为是苏轼等人编著的,待考)则是一部记述了物类相感的448种特殊现象的大作。北宋道教学者张君房所提出的潮说,是一个用感应论对海潮现象进行解释的例子。在他看来,日行慢,月行疾,月行一周与日相会时,二者相互作用,使阳气生,阴气盛,阴气与海水同类相感,从而引起朔日大潮。之后,月渐东行,经十五日与日相望(对冲),日月之光相遇,产生相互感应,致使太虚中的阴气流通、弥散,进而引起性质相同的海水的融散、漫溢,形成望日大潮。②感应论也是气象学的基本观念。在我国古代,人们一直持有"气至而物感,则物感而候变"③的观点。以"同声相应"的感应论研究声学,古人也取得了一些成果,从历史的角度来看,这也是有价值的。

在一定意义上说,邵雍是中国古代的科学哲学家。方以智认为:"邵子言变化感应而归之于道。"④ 邵雍的思想后来被蔡元定父子所继承。方以智对他们的思想很推崇,"以邵、蔡为嚆矢,征《河》《洛》之通符"是他的思想的特色。他把知识分为物理、宰理、至理三大类,类似于今天的自然科学、社会科学和哲学。

感应论的基本内容是认为,感应可在同类物质间发生,也可在异类物质间发生,关键在于其"气性"是否相同,内部的"数"是否一致,即是否具有共同的变化规律。这从今天看来也是合理的。

当然,其中的天人感应论是错误的。本来,"人与天地相参,与日月相应"⑤ 是一个科学的、正确的观点,自然界的各种变化确实会直接影响

---

① (清)郝懿行:《山海经笺疏》,沈海波点校,上海古籍出版社2019年版,第75页。
② 戴念祖:《中国力学史》,河北教育出版社1988年版,第373页。
③ (宋)章潢:《图书编》卷二十二《气候总论》,《影印文渊阁四库全书》第969册,台北:台湾商务印书馆1986年版,第297页。
④ (明)方以智:《物理小识》,《影印文渊阁四库全书》第867册,台北:台湾商务印书馆1986年版,第744页。
⑤ (清)张隐庵集注:《黄帝内经灵枢集注》,上海科学技术出版社1958年版,第446页。

人体发生相应的变化。这种人与自然（天地）相感应的思想，是中医病因理论的重要基础。但把这一观点从某些方面过度引申和夸大，就会造成错误，陷入荒谬之境。天人感应论的根本错误在于将自然的天人格化，由此臆造了人与天的对话。而事实正如王充早已指出的那样："人不能以行感天，天亦不能随行而应人。"① 天人感应论是没有事实依据的虚构，但我们不能因为否定它而全盘否定感应论。再则，天人感应论促使人们重视人与自然界的一致性，引导科学家去关注一切异常现象，从而在一定程度上是有利于科学技术的发展的。对它价值的评判必须放到它所存在的具体历史条件下去进行。

以气的相通或相同来说明物与物之间的感应在一定范围内还是正确的。以它解释事物间的感应现象，有一定的合理性和可取性。既然感应双方以气为中介，弥漫于空间的气将作用双方相互联系在一起，那么，它们之间的作用就不是超距作用，而只能是接触作用。② 三国时的管辂说过："苟精气相感……无有远近。"③ 这与近代科学原子论颇为接近。北齐时的刘昼的表述稍有不同，他说："物类相感，虽远不离。"④ 这一近距作用的观点，与现代物理学的场作用思想基本上是一致的。

中国古代科学认为，万物各依其类同的程度而有各种方式的、或深或浅的感应，而且，这种感应发于自然，而不是出于什么目的或企图，所以王充在《论衡·感虚》中明确宣称："物类相致非有为也。"⑤ 这一观点与亚里士多德的"目的论"是相左的，而亚氏的目的论启迪了后世西方科学上对机械因果性的探讨，虽然目的论的因果关系与机械论的因果关系是不一样的。感应论的实质是事物之间的相互联系、相互作用、相互影响，是事物之间的普遍联系，也是万事万物的差异性与统一性的辩证关系的表现，它本质上是有机论自然观的组成部分之一。正如刘君灿所指出的，与西方的因果观不同，中国的有机论着重结构一体与秩序

---

① 黄晖：《论衡校释·明雩》，中华书局1990年版，第665页。
② 胡化凯：《感应论——中国古代朴素的自然观》，《自然辩证法通讯》1997年第4期。
③ 《三国志》卷二十九《管辂传》，中华书局编辑部点校，中华书局1982年版，第825页。
④ （唐）袁孝政注：《刘子》，《道藏》第21册，文物出版社、上海书店、天津古籍出版社1988年版，第777页。
⑤ 黄晖：《论衡校释·感虚》，中华书局1990年版，第253页。

关联，因此在科学技术的追求上就不一样。① 所以，从感应论可以看出中国古代科学技术与源出于西方的近现代科学技术的不同。

三

感通论的另一部分是变通论。关于"变"，上文已详细论述。变通论的关键是"通"。什么是"通"呢？《说文》的解释是"达"②，进而引申出了连接、无所不贯、顺、利、享、至、与人交好、传送、传达、平畅、不滞等义，如《周易·系辞上》有"往来不穷谓之通"，"推而行之谓之通"③ 等命题。另外还有"知"之义，如《淮南子·主术训》中的"天下之物无不通者"④。《荀子·正名》中的"足以相通"⑤，"通"是"得以理"，明白、懂得的意思。《论衡·超奇》说："博览古今者为通人"⑥，这里的"通"是"知众事"之意，于是有"精通"的用法。此外还有总、共等引申义，即普遍、平常、全部、整个的意思，于是有"通常""通病""通例""通共""通盘""通夜"等用法。

那么，"变"与"通"的关系是什么样的呢？《周易·系辞下》说："神农氏没，黄帝、尧、舜氏作，通其变，使民不倦，神而化之，使民宜之。易穷则变，变则通，通则久。"⑦ 由此看来，"变"是过程，"通"是结果。"变"意味着事物从一种存在状态改换为另一种存在状态，或者从此事物转化为彼事物，这个过程如果顺利实现，就是"通"。如果仅有"变"的趋势或可能而事实上没有发生，或者受到内外因素的干扰而没有完成这一过程就中途夭折，那就是不"通"了。所以，孤立的事物显然无法说"通"。"通"是在事物与事物之间呈现出来的。"通"既是就存

---

① 刘君灿：《科技史与文化》，台北：华世出版社1983年版，第197页。
② 王平、李建廷编著：《说文解字》（标点整理版），上海书店出版社2016年版，第41页。
③ 《周易正义·系辞上》，阮元校刻《十三经注疏》（清嘉庆刊本），中华书局2009年版，第169、171页。
④ 何宁：《淮南子集释·主术训》，中华书局1998年版，第635页。
⑤ （清）王先谦：《荀子集解·正名》，沈啸寰、王星贤点校，中华书局1988年版，第426页。
⑥ 黄晖：《论衡校释·超奇》，中华书局1990年版，第607页。
⑦ 《周易正义·系辞下》，阮元校刻《十三经注疏》（清嘉庆刊本），中华书局2009年版，第180页。

在论的意义而言的,也是在认识论的意义上述说的。以后者而论,"通"就是发现不同的事物所具有共同的运动变化的规律。《周易·系辞上》说:"圣人有以见天下之动,而观其会通。"① 对此,朱熹在《周易本义》中解释说:"会谓理之所聚而不可遗处,通谓理之可行而无所碍处。"② 《朱子语类》中,他又进一步解释道:"会以物之所聚而言,通以事之所宜言……且如事理间,若不于会处理会,却只见得一偏,便如何行得通?须是于会处都理会,其间却只有个通处……会而不通,便窒塞而不可行;通而不会,便不知许多曲直错杂处。"③ 由此看来,"观其会通"就是探索事物与事物之间的共同规律,就是格物穷理。从前文所述可知,感应论所探讨的也是事物与事物之间相互作用、相互转化的规律。这样,感应论与变通化就紧密联系起来了。何况,"通"首先要有感,正如张载在《正蒙·太和篇》中所说:"感而后有通。"④

  变通化不只具有认识论的意义,还有实践论的意义。人的活动是具有目的性的。自然发生的变化很少恰好符合人的预期目的。为此,人只能通过"感"物,即认识物的性质及其运动变化的规律,因感而"变",因"变"而"通",即以人力促成自然界向符合人预期目的的方向变化,这是变通的题中之义。变通论是中国古代科学技术哲学的重要思想之一。

  总之,感通论是中国古代有机论自然观的组成部分之一。它指示了事物之间的相互联系、相互作用、相互影响,彰显了万物的差别性和统一性的辩证关系。它进而把人与物关联起来,使人与物形成一个更大的统一体,凸显了人以主观能动性解决人的行为的目的性与物的存在和变化的非目的性之间的矛盾的问题,并为解决这一问题指明了方向,成为一个把自然观、科学技术观、方法论三者融合为一的中国古代科学技术思想的重要组成部分之一。它展现了中国古代科学技术思想有别于西方科学技术思想的一个侧面。

---

① 《周易正义·系辞上》,阮元校刻《十三经注疏》(清嘉庆刊本),中华书局2009年版,第163页。

② (宋)朱熹:《周易本义》卷三,廖名春点校,中华书局2009年版,第231页。

③ (宋)黎靖德编:《朱子语类》卷第七十五,王星贤点校,中华书局1986年版,第1913页。

④ 章锡琛点校:《张载集》,中华书局1978年版,第7页。

第六节　道家文化与科学技术

一　文化与科学技术的关系

文化与科学技术并非没有关系，而是有紧密的联系。

先说技术，技术除了有自然属性，还有社会属性，这决定了文化对技术有比较大的影响。

通常认为，科学只有自然属性，所以不受文化的影响。其实，科学的表达不可能完全脱离自然语言的运用，而自然语言是与文化紧密联系在一起的，这决定了科学同样会受到文化的影响。所以，同样的科学分支学科在不同的文化土壤中具体表现形态往往有差异，例如医学，在中国的文化土壤中产生的是中医，在欧洲的文化土壤中产生的是西医。这是自然语言的影响。

影响科学的还有作为哲学分支的自然观。各个民族国家因为语言的不同，往往都有自己的自然观，例如欧洲有欧洲的自然观，印度有印度的自然观，中国有中国的自然观。只是到了近代，在现代化浪潮的影响下才比较接近，但是比较接近也不是完全等同，所以在自然观的表现上差异仍比较大。这可以从自然观的历史发展来看。

古代自然观有两类，一是西方的自然观，分为古希腊罗马时期的有机自然观和中世纪的神学自然观，二是中国古代有机自然观（主要是道家），其主体是以太极图为代表的太极学说和阴阳五行学说。中国传统文化有儒、道、佛三家，其中儒家不关注、不关心、不考虑科学技术问题，佛教也不强调科学技术，道家一贯关注科学技术并促进了它的发展。对此，可以参阅李约瑟《中国科学进行史》第二卷的相关论述。

近代早期形而上学自然观：它的特点是用静止、孤立的观点看问题，局限性很大，但在科学发展的早期，主要任务是搜集材料，这样的观点有其合理性。

辩证论自然观：由恩格斯所创立，强调用动态、联系的观点看问题，一度有很大的世界性影响。辩证论自然观与中国古代有机论自然观非常接近，原因在于，辩证论自然观来源于恩格斯的挚友马克思所创立的唯物辩证法，而唯物辩证法是费尔巴哈唯物主义与黑格尔唯心主义辩证法体系去掉唯心主义后的嫁接改造。黑格尔的辩证法思路则经其老师沃尔士来源于莱布尼兹，莱布尼兹的辩证法思想则来源于耶稣会传教士从中国邮寄给他的《太极图》等图像，这有德国的历史档案为证。事实上，《太极图》中的辩证法思想可上溯于道家创始人老子的《道德经》，类似于独立统一、质量互变、否定之否定的观点，在《道德经》中已经有非常精辟、系统的论述。

系统论自然观：从20世纪30年代以来，伴随着系统论、控制论、信息论等横向学科群的出现而诞生。它认为，世界上一切事物的存在形式都是系统，不仅要注意物质实体存在的时间、空间形式和运动变化特性，还要注意事物存在于其中的系统的结构、功能、层次和环境。不同层次系统的规律存在因果联系，上层系统的规律来源于下层系统之间，而不是某个和某几个下层系统。

系统论自然观来源于中国古代有机自然观而与之相通、相近。因为维纳在创建控制论时，就因他身边的中国留学生而受中医学的影响，深受启发。此外，系统论自然观所包含的联系、发展的观点也与中国古代自然观比较接近，只不过它用西方语言进行表达。从这个意义上说，系统论自然观内在地包含了辩证论自然观的合理内核。

自然观是哲学在科学技术领域的具体运用，与科学技术的关系非常密切。自然观与文化的密切关系说明了文化对科学技术的影响是不可忽略的。

二 道家文化在中国科学技术史上所作出的重大贡献

道家由老子创立，经庄子集大成，在两晋南北朝时期与儒家、佛教鼎足而立，成为中国传统文化的三大组成部分之一，此后绵延发展至今。在漫长的历史发展过程中，道家为中国古代的科学技术作出了重大的贡献。这主要表现在：

技术：四大发明中的火药和指南针都源自道家文化。关于黑火药，东晋时期葛洪的《抱朴子》已有记载，初唐道士、道家学者、同时也是伟大的中医药学家孙思邈，在其著作中明确记载了黑火药的配方和遇火会发生激烈燃烧的现象。此后一百多年，黑火药开始被用于军事，使得人类的战争从冷兵器时代进入冷热兵器并用的时代。指南针是来自于道士看风水时用的旱罗盘，无非是经过了简化以便于在航海中运用而已。中国古代还有很多其他技术也跟道家文化有直接或间接的联系。

炼丹术。长生不死、得道成仙是道家的宗教化形态道教的终极信仰目标，炼丹术就是在这一信仰目标指导下制造长生不老药的技术。炼丹术事实上是中国古代的原始化学，产生了很多化学上的成果，大致来说，现代初中化学课程所教授的内容，基本上在唐代炼丹家的著作中都已经有记载，只不过语言表述形式不同罢了。晚唐之后，炼丹家们还在有机化学领域，例如性激素的提取等方面取得了不少成果。

天文、历法、地理：作为道士的要求就是上知天文、下知地理、中知人事。这一方面是希望认识自然环境和社会环境，回避危险，选择适宜生存的地点；另一方面则与炼丹术有关，为了寻找炼丹所需要的各种植物、矿物药而走遍大江南北，深入到各种极限环境中去探索，这样就积累了大量的地理等各类知识。

现在绘制地图可以运用飞机对地理进行大范围探索，但古代没有这样的工具，那么他们如何绘制地图？这值得我们思考，《道藏》里面记录的五岳真形图与如今的地图对比有很多吻合之处。《道德经》很早就提出，一般人的眼睛只会向外看，但是修道之人不能向外看，而是向内看。眼睛向内看，不打开门、不推开窗户照样可以知道外面的情况。知道的不只是微观的情况，还包括宏观的情况。如果对道家文化没有基本了解的人会认为这种论述是胡说八道，但是这不是一个文化人、学术人应该有的态度，因为还没有把别人讲的东西搞清楚，就急急忙忙地给别人扣封建迷信的帽子，打意识形态的棍子，上纲上线，这种"文化大革命"中曾经喧嚣一时的做法难以被广泛接受，早已被历史所唾弃。

数学：在古代，数学向上通达于哲学，这在古希腊的表现是毕达哥拉斯学派，在中国古代是易学中的象数学派——这主要由道家文化所继承，而易学中的义理学派则主要由儒家所继承；向下则通达于天文学，天文学在古代一直是数学发展的动力。天文学因历法修订、气象预报、异常天象的解释等而与现实社会、政治等发生关系。它的需求和刺激是数学发展不可忽视的动力。陶弘景等道士为中国古代的天文学作出了多方面的重大贡献。除此之外，科学技术的其他领域和经济等领域对数学的需求不深、不多，也不强烈。

物理学：炼丹术需要掌握众多物质的物理和化学知识。声、光、电、磁、热、力等领域的物理知识也因修道、演道的需要而在道家文化中得以积累，例如小孔成像的原理在仪式中得以运用。

心理学：心理健康是道家追求的目标之一。身心并重、形神兼顾、性命双修是道家文化的基本观念。道家注重养生，内在地包含了养心，因此，心理学是道家文化富有贡献的一个领域。举例来说，道经《太乙金华宗旨》被翻译成十多种语言文字，对瑞士心理学家荣格创立分析心理学起了决定性的贡献。

图5—1 烟萝子朝真图

中医药学与生命科学。道家很早就因关注生命而渗透到医学中去。道家为《黄帝内经》提供了基本的理论框架。现代最完备、最通用的《黄帝内经》的注解本是隋代道士王冰所完成的。道教的终极信仰是长生不死、得道成仙。成仙以得道为前提,得道以长生不死为前提,长生不死至少意味着长寿。要长寿就必须无病预防病、有病治疗病。这就使得道教与中医药发生了紧密的联系。历史上,葛洪、陶弘景、孙思邈等著名道士,既是高道,又是中医药史上里程碑式的人物。民间也有十道九医之说。除了人体,道家对其他生命也颇为重视,一方面是因治疗需要多种植物药,另一方面,炼丹术也要用到很多种植物药。所以,中医药、生命科学与道家文化的关系非常密切。举例来说,道家对对人脑很早就展开了深入的探索并取得了卓越的成就。

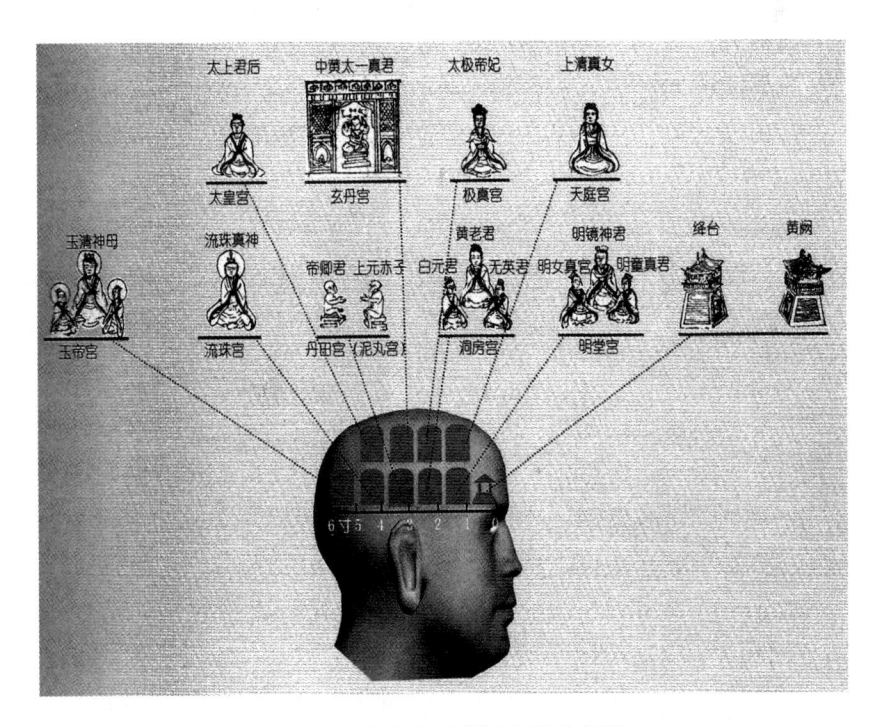

图5—2 脑九宫及诸神右侧示意图

道士们很早就探索人的大脑,但是不像西方医学那样杀掉死刑犯,剖开其大脑来研究,而是通过气功反观内思的方式来对大脑进行描述,而且用图像来比较直观地表达，与当今脑科学的研究有诸多吻合之处。

我们再以中医药为例，具体探讨道家文化对中国古代科学技术的影响。

道家与中医药学具有密切的关系和相互影响，这主要表现在如下几个方面：

1. 医道同源于共同的文化土壤。中医药学和道家均在中华民族文化的土壤中酝酿、产生、发展，二者正式形成的时间均在轴心时代，即春秋战国时期。

2. 阴阳五行说是传统中医药学理论体系的重要内容和基础，也是道家文化中养生、内丹、外丹、科仪等的理论体系的重要组成部分。事实上，阴阳五行就是中国古代自然观的核心内容。

3. 道家文化具有重生恶死的生死观和重视身体健康的身体观，因此，必然重视养生和医药。俗话说"十道九医"，意思是十个道士中九个懂医药，这不仅仅是维护自身身体健康的问题，在某种意义上，如果把道士看作是一种职业的话，也是职业上的自我保护，例如在农村进行田野调查，一些道士为斋主举行超度、祈福等法事，要求道士要有医药的基础知识，懂得望、闻、问、切，尤其是切脉。尤其是在决定为病重的斋主祈福前，要把病情搞清楚，否则法事尚未结束或刚结束不久病人过世，说明法事无效，道士的职业声誉就会严重受损。所以，道士知医在这里成了自我保护的手段。此外，道士认为修炼成仙必须做到功行双全，行包括行善施仁积德，而医药正是济人行善的重要手段。这促使有条件的道士自觉研习医术，将医药学纳入道法之中。

在长期的历史积累中，道士们发展出了与中医药学类似但不完全相同的医药的知识体系，有学者把它称为道教医学。

道教医学的理论基础主要是天人合一，天人相通，天人相应的思想，概括起来说就是，人体与自然宇宙是一个统一的整体，在结构上是相似的，遵循的规律也是相同的，只不过周期节律有差异而已。因此，对人体性命的养护和修炼应根据宇宙运行的规律来进行。这是中医药学也认同的观点。道教医学认为，元气是万物之本始，性命之根源，治病在于扶持正气，排除病气，使人体生理机能趋于协调与平衡。在形神统一观的指导下，身心并重，形神兼顾，性命双修。

道教医学的形式中，本草、针灸、汤液等与中医药学大致相同。最有特色的部分是导引、调息、内丹、辟谷、内视、房中等。祝由本是中医的重要治疗手段，但后来被抛弃，而为道教医学所容纳。此外，符、占卜、咒语、法水、斋醮、祭祀、祈祷等，具有宗教的神秘性，但具有心理治疗的功能。现在心理学实践领域有心理咨询、心理治疗，大家都认为是从西方传过来的，但其实，中国古代的道教医学里早已有类似的东西。

道家文化高度重视生命和养生，注重健康的维护，积累了丰富的知识，逐渐形成了自己的理论体系和特色，反过来又对中医药学产生了深刻的影响，这主要表现在：

1. 道教医学的许多成就为历代传统医学著作所汲取。如《诸病源候论》《千金要方》《千金翼方》《圣济总录》《本草纲目》中都吸收了道教医学的养生、治病方论。从现存中医药书籍所载方剂的方名取义上分析，有许多名方、验方都与道家文化有关，不少是直接来源于道家文化。

2. 道家对中医药发展的影响可以从一些传统医书的取名上窥见一二。例如，明代孙一奎所著的《赤水玄珠》是在道人指点下命名的，而托名孙思邈所著的《银海精微》和清代医家顾锡所著的《银海指南》中的"银海"一词显然来源于内丹道。

3. 道家内丹炼养术对传统经络学说的发展、完善有积极的推动作用。内丹修炼是反观内视，把世俗之人向外看的眼光逆转，向内看，注重虚、静、空、灵，在修炼的过程中，修炼者对人体气、血、津、液的循行走向、传感部位、路线都有比较灵敏、准确的体验和认识，从而对经络学说的发展、完善多有贡献，甚至形成了某些不同于中医学的观点，例如，中医经络学说认为人在出生后，经络系统是不可改变的，而内丹家则认为可以因内丹功法和修炼的水平而发生改变。此外，历代都有不少擅长针灸、推拿的道士。中医针灸学现行的许多穴位名称都带有浓厚的道家色彩。

4. 道家文化中颇为流行的存思、内视等炼养术对中医人体解剖学的发展起到了积极的推动作用。习内视之法首先要知晓人体五脏六腑的基本结构，并借助人体"内景图"来进行。所以自《黄庭经》问世以来，许多道门中人都十分注意绘制各种反映人体脏腑位置、形容与结构的

"内景图",这就必然有助于人体解剖知识的积累,促进传统人体解剖学的发展。值得一提的是,《修真十书》之《杂著捷径》卷十八辑录的"烟萝子首部图""烟萝子朝真图"等内景图,是迄今为止发现的中国传统医学史上最早的解剖图谱,意义非凡。上述道家文化中对大脑的认识,显然早于西方,与西方医学的认知手段和认识过程完全不同。

5. 道家养生方法中的辟谷、除三尸法,对中医排毒和治疗寄生虫病有很大的影响。辟谷可以排除宿便、废物和毒素,对消化功能的养护和肠道功能的维护很有好处。有关除三尸法的记载中有人类对寄生虫的可贵认识和防治方法。道家认为三尸九虫好秽不好净,所以除三尸的必要步骤之一就是清洁消毒,清除秽物,使三尸九虫无匿藏之处,这蕴涵有卫生防疫思想。现代养生同样强调要排除毒素,排除废物,也是继承了这种除三尸九虫的思路。

6. 道家房中术中蕴涵了极为丰富的性医学、性卫生学和优生优育的知识,对于推动中医药学在性医学、性卫生学领域的发展起到了积极的作用。

7. 外丹黄白术的丹药制备技术与器具,对传统制药学产生了深远的影响。南北朝时期,中国历史上第一部制药专书《雷公炮炙论》出现了。作者生平已不可详考,但从内容上分析,显然是一位受道家文化影响甚深的药学家,书中所记载的多种药物炮炙法均来源于炼丹术。可以肯定,现今中药制备的炮制十七法,在很大程度上是汲取了炼丹术中的药物制作技术与方法而形成发展起来的。

道家文化对中国古代科学技术的影响还可以从深受道家文化影响的科学家来看。精研道家而在医药学上作出贡献的可以排出一长串名字,其中张仲景、华佗、皇甫谧、葛洪、陶弘景、孙思邈等皆是著名的医学家。其他还有天文学家和数学家刘徽、祖冲之、秦九韶、李治、朱世杰等;农学家贾思勰、陈旉、王祯等;地理学家郦道元等。张衡、沈括、宋应星等都是由道学的智慧哺育成长起来的古代科学家。

三 现代科学技术转型的方向与道家自然观有相通之处

19世纪末至20世纪初,科学技术领域出现了X射线、放射性、电子等三大发现,接着,相对论、量子力学两大理论得以建立。由此,第三次科学技术革命得以发生。这一革命的内涵需要从如下三个方面来认识：

第一，科学与技术的双向互动影响关系得以形成，基础理论，尤其是科学的基础理论的重要性被凸显出来。从量子力学这一基础科学中衍生出了原子核物理学这一运用学科，从原子核物理学中，军事方面，原子弹、中子弹、氢弹相继爆炸成功；民用方面，相继衍生出了电子管技术、晶体管技术、集成电路技术、大规模集成电路技术、超大规模集成电路技术，与此相应，电子计算机技术发展起来了，稍晚互联网技术也应运而生。这说明科学可以促进技术的发展。这与此前的技术推动科学发展的方向相配合，使得科学与技术的双向互动影响关系得以形成。

第二，科学技术研究的范围被空前地扩大了。19世纪是以牛顿力学为核心的经典科学大发展的时期，但它的研究对象仅仅局限于宏观低速运动的层次，并以非生命领域为重心。第三次科学技术革命以来，宇宙学、相对论把科学技术的研究对象扩展到了宏观层次，量子力学则把科学技术研究的对象扩展到了微观层次。

第三，人类知识的整体性空前提高。20世纪以来，边缘学科、交叉学科、综合性学科、横断学科相继大量涌现。

边缘学科就是从某一基础学科延伸出来但又不拘泥于该基础学科的一个类别，例如，结构生物学（研究蛋白质结构）、半导体学、拓扑学等等，这些学科面小而精，应用范围很小但很深入。一般来说，基础学科越活跃，它的边缘学科就越多，从而说明这门基础学科的发展前景越大。

交叉学科与边缘学科比较接近而有略有区别，主要是指两个基础学科相互交叉而形成的研究领域，例如，化学与物理学的交叉形成了物理化学和化学物理学，化学与生物学的交叉形成了生物化学和化学生物学，物理学与生物学交叉形成了生物物理学等。交叉学科的生成通常有两种情况：一种是某些重大的科研课题涉及两个或两个以上学科领域，在研究过程中，便在这些相关领域的结合部产生了新兴学科，例如物理化学、生物力学、技术经济等；另一种情况是运用某一学科的理论和方法去研究另一学科领域的问题，从而形成了一些交叉学科，例如射电天文学和天体物理学等。边缘学科和交叉学科的大量涌现填补了很多被传统学科条块分割而遗漏了的空白地带。科学上的新理论、技术上的新发明的产生经常是出现在学科的边缘或交叉点上，所以，重视边缘学科和交叉学科将能推动科学和技术向着更深层次和更高水平发展。

综合性学科是由两个以上的学科交叉融合而形成大的研究领域，往往是用某一、两个基础学科的理论和方法都无法有效解决问题的复杂性领域。20世纪以来出现了不少综合性学科，例如环境科学、生命科学、材料科学等。

与边缘学科、交叉学科、综合性学科大体上局限于一个空间上的点或者层面不同，20世纪以来，还出现了在跨学科研究的基础上形成的、以各种物质结构、层次、物质运动形式等的某些共同点为研究对象的学科，被称为横断学科。横断学科的研究对象不只是某一领域或某种物质，而是横向贯穿于众多领域甚至一切领域之中。例如，控制论是在对自动控制、电子技术、无线电通讯、神经生理学、数理逻辑、统计力学等多种科学和技术综合利用的基础上，把动物的目的性行为赋予机器，将动物和机器的某些机制加以类比，从而抓住一切通讯和控制系统中所共有的特征，站在一个更高的理论高度加以概括和综合，制定了一整套使各种通讯和控制问题都能加以利用的理论和技术，从而形成的新学科。横断科学覆盖面广，具有抽象性和概括性，能对许多具体学科起到方法论的指导作用，往往能成为哲学和多种具体学科之间的中介和桥梁，起到双向贯通的作用。20世纪以来出现的横断学科众多，先是信息论、控制论、系统论，被称为"老三论"，接着出现的耗散结构理论、协同学、自组织理论，被称为"新三论"。接着又出现了混沌理论、模糊数学、分形理论（分数维几何学）等"后新三论"。

边缘学科、交叉学科、综合性学科、横断学科的大量涌现，在传统的基础学科之外，为科学技术各个领域之间增加了多方面的联系，使得科学技术知识的整体性显著增强，进而因横断学科群的存在而与人文社会科学乃至哲学建立起了紧密的联系。人类知识的整体性开始凸显出来了。

第四，科学技术与社会的双向影响被充分彰显出来。伴随着第三次科学技术革命，科学技术对社会的影响，在18—19世纪现代化浪潮的基础上再次被急剧放大，科学技术为人类的物质文明作出了巨大的贡献，被视为第一生产力，并影响到了文化领域，在全社会形成了注重客观求证，实事求是的基本观念，在一些发展中国家，科学的作用被过度拔高，成了科学沙文主义。在中国，五四运动以来甚至把科学当作文化革新和社会动员的政治口号，非科学被视为政治上的落后乃至反动，科学沦为某些人打压政治异己的帮凶。这从一个方面凸显了科学对社会的影响。在这一背景下，科学家和技术专家的职业化特征更加明显，二者的从业数量急剧膨胀，各个国家都不得不在中央政府的层次设立专门的部门来管理科学技术事业。科学技术的创新发展对社会的很多方面都提出了具体的要求，这甚至被提升到建设创新型国家的高度。这是科学技术的社会化方面。另一方面，社会各层次也越来越关注科学技术的发展，科学技术发展中出现的生态失衡、环境污染引起了广泛的批评，科学技术发展中出现的公平正义、伦理道德等问题引发了人们的关注和反思，政府的政策、经费投入、教育等对科学技术发展的方向、领域和速度都有严重的制约。

第五，系统论自然观得以形成。在对20世纪以来科学技术反思的基础上，尤其是在横断学科的影响下，人们概括出了新时代的自然观，即系统论自然观，其要点是：系统具有开放性、整体性、动态性、相干性、层次性，其功能是组分、结构、环境等三要素综合影响的结果，其演化具有不可逆性和方向性，高层次系统的规律来源于低层次系统之间的相干性关系，特定层次系统的尺度与结合能成反比，物质系统的层次高度与其丰度成反比。

上述五个方面反映出，科学技术已经开始在深层次上转型。这源于科研对象的位移、科学结构和科学与其环境间关系的变化。

严格意义上的科学是在17世纪晚期才在西欧诞生的。它是在资本原始积累的刺激和拉动下，在技术的推动下，略晚于第一次工业革命而出现的。近代科学技术范式是以宏观低速运动层次的非生命为研究对象而建构起来的，对微观、宇观不适用，对生命也基本不适用，尤其是对人而言。经过了近三百年的发展，时至今日，在技术领域中，植物栽培、动物饲养和人的医疗保健技术仍然是最为落后的几个领域。

20世纪以来，科学不再只研究自然界，而要研究自然界、社会和人以及三者之间的相互作用。进而，因生命科学，尤其是人的研究的需要而开始关注身、心关系，实即物质与意识的相互关系，科学不再仅仅停留于物质的层次。其实，量子力学的测不准原理即不确定性原理已经揭示，之所以不能同时测量基本粒子的波动性和粒子性，是因为人类的测量这样的认识活动严重干扰、破坏了基本粒子的运动性质。其实，这样的相互影响是普遍的，只不过在宇观、宏观层次，人的测量等认识活动对客体的影响小到可以忽略不计而已。这可以符合逻辑地引申出一个结论：事物总是处于相互影响、相互作用之中。这样一来，本体界与精神界孤立并存的观念被本体界、精神界、印象界三者相干共存的观念所取代。

此外，分形理论揭示事物的发展是随机的，任何一个细节的改变都有可能影响整个进程。正面事物必定存在反面事物与之对应。时间空间存在自相似性，不完全是无限的。

类似上述二者的新观念还有很多。概括起来说，科学的思想方法正在发生矛盾的位移：可逆性与不可逆性、对称性与对称破缺、稳定性与不稳定性、渐变与突变、精确性与模糊性、简单性与复杂性、非相干性与相干性、线性与非线性、纯理性与非理性、与社会封闭性和与社会开放性、非功利性（科研的目的在于认识客体）与功利性（科研为人类服务）等，前者正在向后者转变。这些转变的方向正好是中国传统科学技术之优长。在这些转变深入人心后，未来演变的方向将是这些两两对立的思想方法和观念的互补共存。

上述演变的方向与道家颇有相通或近似之处，我们从动态观、普遍联系观、复杂性等三个方面来讨论：

动态的观念涉及两个方面：其一，量变与质变。在古代用"变""化"两个字来表达，《太极图》有阴，也同时存在相反性质的阳，阴中有阳，阳中有阴，阴阳总体上处于动态平衡，这是量变。阴到了极点就转变为阳，阳到了极点就转变成阴，这是质变。

其二，不可逆演化。现代科学才接触到不可逆变化。此前形而上学自然观强调的是一种可逆变化，到了近代才更多地关注不可逆变化，而且认为不可逆变化比可逆变化更加普遍、更加真实。道家非常强调"道生一，一生二，二生三，三生万物"的宇宙发生论。虽然道家也讲"有无相生"和"反者道之动"，但那只是就人而言的，只有人才能因其高度的智慧和意识，认识到回归道的必要性，从而在行动上自有归无，"返璞归真"。"大曰逝，逝曰远，远曰反"，"反"并非回归到出发点，而是否定之否定，是螺旋式的上升。不可逆思想在道家变化发展的领域里是可以从逻辑上引申出来的。

普遍联系的观念：道家一贯主张事物变化的客观性和普遍性，这可以逻辑性地引申出事物之间的普遍联系性。事物之间的普遍联系性又可通达于整体性。从太极图可以看出来，把事物看作是一个整体，一分为二，同时可以合二为一，一和二之间构成对立性和统一性的关系。对立性揭示的是事物之间的普遍联系性，统一性所呈现出的是整体性的观念。整体性是中国传统文化与西方文化在观念层次上的重大差别之一。

复杂性的观念：现代科学技术正在从追求简单性向描摹事物本真的复杂性的方向转变。与此前只从单一维度的考察不同，系统论自然观要求人们综合地从四个维度来认识，即结构、功能、层次和环境。这些维度过去人们也用到，只不过，对结构，过去的观念认为结构是各向同性，结构内部是均匀的、稳定的，即使有变化，也只是量变，不是质变。现在，需要更多地认识到结构的各向异性、不均匀、质变的可能性。关于功能，人们往往认为是由结构决定的，是单一的，现在，这种认识需要改变了，事物的功能并非单一，是由组分、结构和环境的多重互动关系决定的。关于层次，此前的认识没有考虑层次的多样性，没有认识到多个层次关联起来而组合成的层次结构及其上向、下向因果关系。关于环境，此前人们只视为单一维度的而且是静止的，现在需要我们认识到其多维度的性质，而且要认识到它的可变性。

复杂性还可以从因果关系来考察。过去的科学观念只是考虑到了一因一果的线性关系，非线性关系被忽略了。非线性包括一因多果、多因一果、多因多果、混沌（模糊）等四种。复杂性与西方强调的简单性是相反的，在结构上道家按照一个层次上来考察，但现在如果我们引申到复杂性上，层次就不是单一的，而是多样的，从现代科学技术创新的发展来看，就是多维度的，而且是可变的。这些观念，中国古人在中医药学，道家在人体生命的探索和养生实践中早已有充分的运用，需要我们从观念、思维方法、逻辑等层次分别进行仔细的探讨。

四　承传道家文化，塑造科学技术发展所需要的文化土壤

美国国家科学院院士谢宇说："美国科学的最大优势不是钱、也不是人,而是……多元的、开放的、自由的、推崇个人创造力的文化……中国现在有钱、有人才,但是缺乏创新的文化土壤!"[1] 国家治理的本质,不是观念的同一化,不是泛意识形态,更不是形而上的文化标签,而是自由、宽容、尊重和社会福祉。科学的职能是发现新的而且正确的知识,技术的职能是发明新的有用的方法、工具和设备、仪器乃至人造物,总的来说,科学技术的本质是创新。科学家、技术专家只有在适合创新的文化氛围中才有可能进行创新。适合创新的文化氛围具有自由、平等、民主的特点。创新的文化土壤所需要的自由观、民主观、平等观,其实是道家对中国传统文化的最大贡献。虽然道家没有如儒家一样作为主流意识形态发挥出主导性的显著作用,但也在古代为中国的科学技术作出了卓越的贡献。近代以来,在西方坚船利炮的侵略下,中国沦为半殖民地而失去了文化自信,汲汲于迎合西方文化,崇洋媚外,数典忘祖,让道家文化失去了发挥推动创新作用的土壤,没有发挥出它本该有的作用。

为此,需要阐述道家的自由观、平等观和民主观。

道家的自由观表现在三个方面:

道家的自由观在老子有关道的本体论和本源论的阐述、在庄子的《齐物论》和《逍遥游》等篇章中得到了淋漓尽致的阐发。我们认为,道家的自由观首先是人对于自然界的自由,即力求掌握自然规律而改造自然,战天斗地的自由。道家文化中的外丹术虽然总体上来说是失败了,但也取得了一系列重大的原始化学的成果,从自然界中为人类争得了一分自由。其他道术同样在总体失败的同时为后人的发展留下了可贵的知识财富,如天文、历法、气象、地理、生物、医药等方面。这些方面的具体阐述可以阅读《中国道教科学技术史》两汉魏晋卷和南北朝隋唐卷,宋元明清卷还正在编著中。已经出版的约两百万字字数的篇幅说明,道教对中国古代科学技术的贡献有丰富的内容可写,说明道家的自由观确实是让它为科学技术作出众多贡献的原因之一。

人相对于社会的自由是道家自由观的第二个方面,即力求使得社会关系宽松活泼,个体在其中和畅自如、逍遥舒适,"欲访先生问经诀,世

---

[1] 马国川:《谢宇:美国科学在衰退吗?》,《财经》2018年第9期。

间难得自由身"①。道家在政治哲学上主张以道治国，强调"无为而治"。道家的王道之术为此付出了艰辛的努力。在旧王朝行将崩溃开始，到新王朝巩固的初期，道教珍惜生命，以民为本，休养生息、清静无为、追求太平盛世的政治主张都不同程度地发挥了作用。在王朝正常发展的过程中，道教的王道之术往往被统治者用于调节、统御、解决各种综合性的社会矛盾，同时，在潜在层次上作为社会心理发挥着与儒家思想相反的作用。儒家的政治伦理哲学建构起来的社会是以等级阶梯为核心的体制化的社会，而且有使得社会体制越来越僵硬的弊端，君主专制从汉武帝开始越来越被强化就说明了这一点。体制化的社会中，人与人之间是无平等可言的，社会生活中充满了种种束缚和制约，尤其是在体制变得越来越僵硬的时候，人们在社会关系中的自由也就丧失得越来越多。自由的丧失往往与平等的丧失相伴随。《太平经》对此已多有呼吁。后来的道教徒们提出了"至真平等"的口号，宣布"人无贵贱，有道则尊"②。《灵宝仙公请问经》中的洞玄十善戒中也有"平等一心，仁孝一切"的告诫。成玄英力图冲破体制的牢笼，宣扬"平等之大道"③，直接提出了"任性自在"的口号。这是对社会体制化的反拨，是对中毒了的体制化社会的解毒。道家的政治哲学追求太平盛世的理想社会，与儒家的平治天下的主张相通，从而与儒家相互补充。以过程消解结构，以变化消解永恒，积极批判社会现实，以此为核心原则的道家政治哲学、社会哲学思想对保持政治与社会的和谐关系，促进社会的可持续的健康发展，是很有价值的。

道家自由观的第三个方面是个体身心的自由：道家是人类文明史上对个体自由有详细阐述的很少的几个流派之一。个体身心自由即个体所具有无穷的生命潜力能够如泉水般喷薄溢涌，不复枯竭。正如道诗所言："江头日暖花又开，江东行客心忧哉"。唐代道家重玄哲学的宗旨是使人们不受既定的价值观和规范的束缚，张扬价值观多元化的合理性、合法

---

① （唐）罗隐著，雍文华校辑：《罗隐集·甲乙集》，中华书局1983年版，第94页。
② （北周）宇文邕纂：《无上秘要》，《道藏》第25册，文物出版社、上海书店、天津古籍出版社1988年版，第113页。
③ （清）郭庆藩：《庄子集释》卷六，王孝鱼点校，中华书局2012年版，第571页。

性，保持心灵的开放和绝对自由，让思想不停滞、僵化，让生命之树长青。

道家的身心自由观具体表现在灵活的处世态度上，不拘泥于出世或入世。"浮云舒卷绝常势，流水方圆靡定形"，人应该像天上飘浮的云和地上流动的水一样，随顺环境，相机应变。在时机不到时，"乐天知命，何虑何忧！安时处顺，何怨何尤哉！"① 在时机到来时，如圆球滚落高山，如瀑水注流江河，机敏神应，圆应万方。正如葛洪所说："盖君子藏器以待有也，蓄德以有为也，非其时不见也，非其君不事也，穷达任所值，出处无所系。其静也，则为逸民之宗；其动也，则为元凯之表。或运思于立言，或铭动乎国器。殊途同归，其致一焉。"② 这是一种积极入世而达观的处世态度。道家不像佛家讲出世，也不像儒家讲入世，他是在出世和入世的边缘。采取一种灵活机动的态度，但这样的态度是以自己的才华、能力有足够充分的准备为前提的，目的是使得心灵充满潜能、势能，具有无穷的生机。

心灵的自由是与身体、形体联系在一起的。性即神，命即气，气神同运，性命双修，这是宋代开始的道家内丹学派的核心思想，其实质是身心潜力的挖掘。道家文化对开发个体身心潜能的价值非常巨大。对此的修炼是在个体的私人空间中就可以实现的，所以，这是道家取得成果最多的一个方面。

道家的平等观

这可以从本源论和性体论来看。老子《道德经》说："道生一，一生二，二生三，三生万物。万物负阴而抱阳，冲气以为和。"所有的人和万物都是从同一个本源出来的，所以，人与人、人与物、物与物都是平等的，大家要相互尊重。以人而言，道是万物和人的本源，同时还是本体，所以也是人的价值论的最高价值观。因而，人性的理想状态就是本来真性，就是道性。道家认为出自本源的东西是最纯粹、最真实、最圆满、最好的、最美的。万物和人有同一个本源，人都以道性为人性的理想状态，所以，人与人之间都是平等的。

---

① 杨明照：《抱朴子外篇校笺》，中华书局1991年版，第507页。
② 杨明照：《抱朴子外篇校笺》，中华书局1991年版，第480—481页。

基于这种平等观，道家主张中和，不让人与人之间的差距过大。《道德经》七十七章提出："高者抑之，下者举之，有余者损之，不足者补之。天之道，损有余而补不足。"这些主张被后世道家文化发展成为宽容、爱好和平、尊重女性、敬老爱幼等道德规范和行为准则，被具体落实到了道士的清规戒律中。

道家的民主观

上述自由观和平等观落实到现实社会的政治中就是平等观。道家主张，政治家必须有开放、包容的心胸，如《道德经》所说："圣人无常心，以百姓心为心。"作为国家的统治者不能有自利的想法，应该作为广大人民的代表，把绝大多数人的想法作为自己的想法，明白真正当家作主的是人民，自己不过是人民的服务者，是公仆，应该全心全意为人民服务。近代道家学者严复说："夫黄老之道，民主之国之所用也。故能'长而不宰'，'无为而无不为'。君主之国，未有能用黄老者也。汉之黄老，貌袭而取之耳。君主之利器，其惟儒术乎，而申韩有救败之用。"[①]

根据上述的自由观、平等观和民主观，政府应该顺应科学技术创新发展的需要，遵循科学技术发展的规律，实施国家创新驱动战略，制定多方面综合配套、有机协同的政策，塑造万众创新的政治、文化氛围，充分发挥科学技术人才的作用，努力让科学技术发挥出符合人文价值观的作用，源源不断地涌现出新的成果，促进社会的整体性的、健全的、可持续的发展。

第七节　中国传统科学技术的思维方式

中国传统的科学技术有独特的思维方式，这表现在多方面。这里只论述最突出的三个方面，即整体思维、辩证思维、实用思维。

一　整体思维

《老子》说："道生一，一生二，二生三，三生万物。万物负阴而抱阳，冲气以为和。"张景岳在《类经图翼·气数统论》中解释说："一生

---

① 《〈老子〉评语》，《严复集》第4册，中华书局1986年版，第1079页。

二者，二生三，三生万物。夫一者，太极也；二者，阴阳也；三者，阴阳之交也。阴阳交而万物生矣。"① 这也是三国时魏国孟康才所说的"太极元气，含三为一"的意思。由此可知，太极是一个整体，由太极这一共同源头产生的万物，也是一个整体。古代人认为，万物不仅具有同一来源，而且有同一的结构，从根本上说是同一个类，因而具有互相感应的可能。由此，人们形成了思维方式上的整体观。详加分析，我们认为，这种整体观有如下几方面的特点。

首先，构成这一整体的各个部分具有相对的独立性。整体是与部分相对而言的。没有部分，也就没有整体。作为整体中的一个部分，之所以称其为部分，是因为它与别的部分之间有界限存在，因界限而与其他部分区别开来了。这就是说，构成整体的各个部分具有相对的独立性。正是基于这种认识，方以智在《周易时论合编》中提出了"细统"论。他认为，整个宇宙为一大系统，称为"统统"；其中最微细的层次，称为"细细"。在系统整体中，事物是有层次的，统中有细，细中有统，统与细相互蕴涵。研究整体性，不应忽视其差别性，而整体性又寓于差别性之中。但是，应该指出，在中国古代科学技术中，就总体而言，人们对部分的相对独立性，只是在逻辑上承认其存在，实际上往往轻视、忽视其存在，却把注意力放在整体性上。方以智的细统论，其实是针对这种观点而发的。

其次，整体中的各个部分相互之间具有关联性，通过这种关联，整体形成一个有机体。之所以如此，是因为这种关联作用具有共鸣性。这里所谓的共鸣，其实就是物与物之间通过感应而相互作用所呈现出来的和谐性。

这种整体观认为，万物水乳交融，息息相关，但功能自主，独立创造。这种整体观用道或太极来指称天地万物的共同本源和生长权能，以阴阳两极的互补和循环运动来开显事物的对立统一、动态平衡和发展前景，通过五行的相生相克、循环制化来描绘事物内部和事物之间多样性的相互渗透、相互依存和相互协调的网络状、和谐性的秩序、人与天地万物的亲缘关系。在这种整体观看来，在整体的大道中，万物的活动方

---

① （明）张介宾：《类经图翼·类经附翼评注》，陕西科学技术出版社1996年版，第34页。

式不必是因为此前的行为如何,而是由于其在循环不已之宇宙中的地位被赋予了某种内在的特质,使它们的行为自然而然;它们可以去创造发展这种"天命",但如果不按其内在的要求进行,便会失去其在整体中的相关地位,而变成另外一种东西。这就是扬雄在《太玄》中所说的:"万物权与于内,徂落于外。"所以万物的存在皆需依赖于整体而成为其组成的一部分,彼此间的相互作用并非由于机械性的刺激或机械的因,而是出于一种共鸣。故《春秋繁露·同类相动篇》说:"今平地注水,去燥就湿。均薪施火,去湿就燥。百物去其所与异,而从其所与同,故气同则会,声比则应……五音比而自鸣,非有神,其数然也。美事召美类,恶事召恶类。"① 根据这种观念,古人在思维上强调"贞定其异,感应其同",也就是既贞定各层次的"独立性",又把握其"关联性"。

独立性和关联性二者的交融,使得整体呈现出了新的特性——有机性。《春秋繁露·天道无二篇》说:"天之常道,相反之物也不得两起,……(阴与阳)并行而不同路,交会而各代理,此其文。"② 从这种"道并行而不相悖"的思想可以看出,宇宙是一个大的有机体。其中的分子,有时此占优势,有时彼占优势,但各个分子都以自由的精神相互交通,各尽其材,各足其性,谁也不比谁的价值高,谁也不比谁的价值低。正所谓"物各有其性,苟足于其性,则无小无大。"这种"各正性命""道无贵贱"的观点就是由此引申而来的。

于是乎,在这个有机整体中,一部分的扰动就会引起另一部分的相应变化,这种变化又会通过感应传递给另一部分,从而引起该部分的变化。通过多维网络状感应传递渠道,整体各个部分的运动都有自反馈平衡机制,即通过反馈而得以自动平衡,某方面有所得,另一方面必有所失,一时的得也可能造成另一时的失。从而,整体成了真正的有机体。

既然整体是有机体,自然就要求和谐。由此,有机整体观极力倡导人与自然的和谐、人与人的和谐。例如,由于道家对科技的讲求是顺应自然,因势利导,所以,道家对人类创制机械一事,都深恐其过分干预自然而危害自然,或者因有了机械,就有了分工,造成了过分的隔阂而

---

① (清)苏舆:《春秋繁露义证·同类相动》,钟哲点校,中华书局1992年版,第358页。
② (清)苏舆:《春秋繁露义证·天道无二》,钟哲点校,中华书局1992年版,第345页。

危害了相互交通的和谐。

再次,整体的发展形态具有圆道循环性。有机整体运动机理的自反馈平衡机制促使整体及其各个部分的运动形态具有周期性、循环性,古人称之为圜道。《吕氏春秋·圜道》指出了四种典型的圜道:其一,白天黑夜的变化是循环之道:"日夜一周,圜道也";其二,月亮每月运行的周期变化是循环之道:"月躔二十八宿,轸与角属,圜道也";其三,太阳运行引起的四季变化是循环之道:"精行四时,一上一下各与遇,圜道也";其四,生物(生命)的演化规律是循环之道:"物动则萌,萌而生,生而长,长而大,大而成,成乃衰,衰乃杀,杀乃藏,圜道也";其五,地表水的运动规律是循环之道:"云气西行,云云然冬夏不辍,水泉东流,日夜不休;上不竭,下不满,小为大,重为轻,圜道也。"[①] 除了这几种外,中国古代科学技术涉及的圜道还有不少,以至于被哲学家们上升为重要的哲学原理之一。

最后,整体观在思维形态上的表现是重直觉、顿悟。显然,对上述的有机整体的认识只能是整体把握,在思维形态上也只能是相互联系的思维,如类比、联想、直觉、顿悟等。关于类比、联想,后文将要谈及,这里专谈直觉、顿悟。从老子开始倡导"涤除玄览",庄子倡导"心斋""坐忘",到中国化佛教的"明心见性",再到儒家理学对心的强调乃至形成陆王心学,人们一直在提倡直觉体悟。

不容否认,理性与直觉都是人们认识世界的重要思维方式,但二者各有其特性,也有其最适用的领域。一般说来,理性的基本精神是最大限度地把人的因素暂时悬置起来,以客观的态度看待对象,而科学技术的对象正好是外在于人的客观对象,所以,在科学技术领域,人们运用理性多一些,而在其他领域,人们运用直觉多一些。但在中国古代科学技术中,由于有机整体观的影响,人们对直觉给予了过多的强调,这就会对科学技术的发展造成一些消极的影响。人对自然的认识和利用,依靠直接生存的感知经验的体认,依靠封闭内向的直觉证悟,不相信面向对象的理性分析和逻辑推论能够洞见自然的本质,这就造成了科学理性的严重欠缺。玄妙的直观顿悟影响了人们思维的理性化,模糊综合与整

[①] 许维遹:《吕氏春秋集释》,中华书局2009年版,第79页。

体直观妨碍了思维的精确化，影响了人们对整体中的部分作精细深入的研究，从而也影响了科学技术的发展。

这种整体观在内容上有多方面的表现。主要是如下四方面：

其一，天人合一。从科学技术的角度来看，天即自然。中国古代的有机整体观认为，自然与人位处于同一个整体中，都是宇宙这一整体的构成部分。而且，自然与人遵守同一的运动变化规律，自然与人有同一的运动结构，正如程颢所说："道未始有天人之别，但在天则为天道，在地则为地道，在人则为人道。"[①] 天道、地道、人道固然有差别，但它们都不过是同一的道在不同领域的不同表现形式罢了。根据这一观点，人们认为，自然知识与社会知识是相通的，于是，人们把自然知识与社会知识综合起来，形成一个统一的知识体系。例如，《吕氏春秋》《礼记·月令》把先秦以来人们在生产实践中形成的经验和技术知识，按月份进行归纳枚举，成为彼此联系、易于普及、掌握、传授的系统知识。首先，根据日、月活动的周期，将一年分为四季十二个月，即春季，含孟春、仲春、季春三月；夏季，含孟夏、仲夏、季夏三月；秋季，含孟秋、仲秋、季秋三月；冬季，含孟冬、仲冬、季冬三月。然后，列出了每月应该注意的彼此相互联系的生产经验及技术知识。其内容主要有：其一，天文知识。以二十八宿为参照物，给出本月初黄昏与黎明时中星（即南方天空所见的恒星）的位置和太阳的位置；其二，气象知识，即代指本月气象特征的谚语；其三，本月动物、植物生长的规律；其四，本月主要政事、农事、工事和虞事，强调政事要为农事服务，不能损伤农事；其五，本月人与自然协调发展所应注意的事项；其六，天气正常时本月的天气情况以及天气异常时本月可能发生的自然灾害，要人们注意防患于未然。这一知识体系的形态及其构造规则对后世中国科学技术有深刻的影响，促使人们用四季十二月、阴阳五行等模式把天文、地理、历法、音律、农业、医药、养生、政治、经济等领域的知识综合成为一个庞大的体系。于是，"上知天文、下知地理、中知人事"成为各行各业的人在学习上的共同要求。

但是，应该指出，有机整体观在天人关系上并非对天人同等看待，

[①] 王孝鱼点校：《二程集》，中华书局2004年版，第282页。

而是轻视天、重视人，轻视自然知识，重视社会知识。例如，《吕氏春秋·尊师》指出："凡学，非能益也，达天性也。能全天之所生而勿败之，是谓善学。"① 学习的目的不只是掌握知识，更重要的是为了使自己与生俱来的天性不丧失。学习知识是为人事服务，轻自然而重社会人生，这是秦汉以来中国古代根深蒂固的传统观念。它一直影响到20世纪。在近代"西学东渐"的潮流中，中国知识分子在吸收西方自然科学知识时，主要目的不是探求各种自然现象的内在规律，而是变法图强。所以，在当时社会矛盾的激荡和传统文化的背景中，人们关注的是生物进化论等那些内含有变易、发展的学科、知识，而且学习的目的并不是研究掌握生物进化论本身，而是用从其中抽象出来的变易、发展等哲理与传统的朴素辩证法相比附，为当时勃兴的变法维新运动提供理论依据。

其二，知行合一。重人事轻自然的态度，学习知识是为人事之用服务的观念导致人们强调知与行的合一，认为知与行要相须并进，不可把知与行相互割裂开来。这一点，无论儒还是道、佛，都对知与行的关系就难易、先后、轻重等问题进行了诸多讨论，具体观点各家各派有所不同，但各家各派都异口同声地倡导、强调知行合一。知行合一落实到科学技术中，就是要理论与实践并重，从实践中归纳总结出理论，把理论放到实践中进行检验，在实践中发展理论，如此互相推进，循环往复，不断把理论与实践的发展推向新阶段。

其三，技术与艺术合一。前面指出，方术也称为技术、艺术。这就是说，方术、技术与艺术混融不分。这里只讨论后二者。在中国古代，诸如医术、炼丹术、书法、武术等，表面上，它们风马牛不相及，实际上，医术、炼丹术等技术与书法、武术等艺术互相联结转化，有其共通之处。在古代，技术与艺术混融不分是一个普遍现象，不但中国如此，西方同样如此。但是，在混融的程度上，西方弱于中国，这是后来在西方二者发生分离的重要原因之一。在中国，二者的真正分离是在西方科学技术传入进来后，而且，可以说，直到今天，这种分离也没人西方那么彻底。为什么中国的技术与艺术会混融难分呢？技术活动从过程到目的都是身外的客观之物，艺术活动则不同，它是人借助身外之物表达主

---

① 许维遹：《吕氏春秋集释》，中华书局2009年版，第93页。

观的情感体验。但在传统的天人合一的有机整体观看来，这二者是一个变通的整体。再则，技术偏于操作性，艺术重于娱乐性，两者的界线点在于手工操作过程中的想象因素，也即象征性思维。以中医为例，它的基本经典《黄帝内经》是"上穷天纪，下极地理，远取诸物，近取诸身，更相问难，垂法以福万世"[1] 而产生的，它是术，但也是艺。类似地，庖丁解牛、伯乐相马、华佗刮骨这些技术同样如艺术一样表现了阴阳不测、无方无体的神工妙道。[2] 象征性思维使得人在操作活动中能够体验到想象的愉快，操作过程也就近乎艺术创造、表演过程。这与现代机械操作过程所具有的刻板性、规范性是大不一样的。但是，技术与艺术毕竟还是有差别的。在技术以手工操作为主，艺术以手工艺为主的不发达时代，二者的混融不分有其存在的合理性。但从今天的眼光来看，二者的混融难分对于技术与艺术的发展都是不利的，尤其是对于技术的发展具有阻碍作用。它阻碍了人们去努力把手工操作转化为机械化操作，阻碍了人们从技术实践中发现问题，从问题的解答中和经验的总结中建立理论，从而也阻碍了科学的发展。

其四，事实与价值相通相融。由于强调天人合一，由于有机整体观的影响，在中国古代，人们习惯于认为，事实与价值是相通相融的。这本不为错，但在重人事轻自然的观念影响下，这就导致了两方面的结果：一是人们往往把是与应当、必然与应然交混在一起，甚至于以后者代替前者；二是形成了"物物而不物于物"，重视人文知识轻视自然知识的科技价值观，这后来甚至形成了视科学技术为"奇技淫巧"的社会风气。这两个结果都对科学技术的发展起了阻碍作用。

总之，《吕氏春秋》《月令》图式所展示的以气为基础的有机整体观，实际上是一种流动循环的时空及物质观。它缺乏固定、分明、性质不变的物质观念，对运动及其在时空坐标系统中的量度仅仅满足于代数运算。它从秦汉之后一直在中国古代占据支配地位，致使中国古代自然科学走上了独特的发展道路，形成了独特的研究方法。它的特点是：其一，不

---

[1] （明）李中梓：《医宗必读》，王卫等点校，天津科学技术出版社1999年版，第1页。
[2] 陈少明：《论中国传统哲学中的象征性思维》，载洋溟编《中国传统文化的反思》，广东人民出版社1987年版，第53—54页。

是着眼于个体，而是着眼于整体或系统。其二，不是着眼于元素，而是着眼于关系。阴阳五行重视彼此之间的"关系"，而不重视"元素"，注重整体中的分析，强调个体在整体关联网中的关系位置。其三，不是着眼于静态，而是着眼于动态，在时间和气的流动中把握客观对象的运动形态。其四，不是着眼于物本身的具体结构、组成，而是着眼于它的功能、属性。在它看来，物本身是不断变化的，是不断流转中的暂时的"稳态"，并没有固定不变的结构。其五，不是着眼于运作结构，而是着眼于意义。中国古代科学技术往往强调意义的创造，而忽略了运作结构的创造。所谓运作结构是指导人们把观念变成现实存在的架构，如表格、图形、数学模型、操作流程等。古代的操舟、车船制作等，是经验上的操作，而不是运作结构。缺少了运作结构的创造，上智者固然腾挪飞转，无所不适；中人以下就无法可循了；而有法所度，则"巧者能中之，不巧者虽不能中，放依以行事，犹已。"① 其六，不是着眼于具体部分的性能，而是整体功能、整体反应能力，因此对物的研究强调通过捕捉信息，以把握物或有机体的能量、物质输入和输出的情况、维持机制平衡的能力。其七，不注意运动轨道的分析和几何模型的建立，而是通过大量观察及对观察资料的统计、计算、归纳、分类，以描述对象的运动和发展图式。②

在有机整体观看来，宇宙整体是通体相关的，其中没有真正的客观者，大家全都是参与者，只不过相干的程度有深浅之别罢了。这对于扩展人们的想象力是极有助益的。但是，通观整体观点却少了分析的精神。近代科学倡导客观精神，在研究方法上主要是抽象（abstraction，概念化，符号化，逻辑化），即透过现象看本质，为此，需要研究者暂时把研究对象从整体中分离出去，孤离（isolation 去除不重要因子，确定研究界域）起来，控制变因，然后进行研究。有机整体观及其研究方法与此大相径庭。在阴阳五行说影响下形成的有机整体观促使人们在研究事物时，习惯于作全盘的观照，注意相克相生、互相扞格的各项因素，在通体相关

---

① 吴毓江：《墨子校注》，孙启治点校，中华书局2006年版，第29页。
② 金春峰：《月令图式与中国古代思维方式的特点及其对科学、哲学的影响》，载深圳大学国学研究所主编《中国文化与中国哲学》，东方出版社1986年版，第132页。

下求其整体的圆融。但是，由于整体排斥分离，由于"有机关联"的多样与复杂，很难分析，无法画定研究领域，进行概念抽象，而且变项太多，极不易量化并应用数学来处理。加之中国古代科学技术对"数"的看法往往陷入"有是理，便有是气；有是气，便有是数。盖数乃是分界限处"① 这"气数"的命理学窠臼中，而难以把有关自然的假设数学化。这样，难以形成符号化、形式化的数理逻辑系统（formal mathematical system），以致中国古代科学技术在数学理论化的架构方面比较贫乏，在一定程度上导致中国如果孤立发展，难以产生近代形式的科学。不过，西方对抽象和孤离分析的过分强调也是有局限性的。因为抽象建构模型时，研究者认为不相干或影响甚微而去除的因子很可能就是更基本的因素。再则，在抽象时往往顾及了相克的方面，就顾及不了相生的方面，由此建构起来的理论只能是局限于某一部分或某一状况下，一离开这一范围，就不再适用。因此，西方科学的发展往往先是建立在某一范围某一条件下适用的理论，而后再加以推广。从人的思维和认识过程来看，这是有合理性的。如果不一步一步地来，一开始就想用数学笼括整体，确实是不太可能。现代的西方科学，如量子力学、系统论、广义相对论、统一场论等，已开始注重整体性，但如果没有牛顿等人在前面探求了几百年，建立了经典性的理论并取得了丰硕的成果作为基础，则这些理论是不可能产生的。

由此不难理解，与现代系统论在精神实质上颇为相似的有机整体观为什么发展不出系统科学。这从内在的方面来看，主要是面面兼顾，整体圆融，相克相生的关联式思考方法与现代科学方法相去甚远；从外在的方面来看，主要是与大一统后的官僚帝国为求安定而忌奇技淫巧，重人文轻自然有关。②

中国古代的有机整体观对古代科学技术既有积极的贡献，也有消极的影响。近来西方主张与自然和谐的环境保护学者已经注意到万物交感、整体圆融的方面；物理哲学界也出现了以"相互主观"（intersubjective）

---

① （宋）黎靖德编：《朱子语类》卷第六十五，王星贤点校，中华书局 1986 年版，第 1608 页。

② 刘君灿：《科技史与文化》，台北：华世出版社 1983 年版，第 89 页。

来取代"客观"的主张。但我们不能据此断言"吾土古已有之"或"西学源于中国",因为固然西方人在分析到极限后,开始整合地看问题,但这是分析后的综合,与中国古代缺乏分析的综合是有本质的判别的。所以,我们说,中国古代的有机整体观对当代和未来的科学技术,是具有启迪作用的。例如,有机整体观内含的天下万物息息相关的观点,有助于今天的科学界重新注重生态环境,认识到人与自然和谐共存的重要性。对当前基因工程中诸如克隆技术等的研究,也不乏警醒、启发的作用。

二 辩证思维

中国传统文化在思维形态上偏重于辩证思维。以《老子》为例,它仅仅五千字,但却涉及社会和自然界中的近百对矛盾,例如:天地、虚实、左右、大小、高下、前后、生死、难易、进退、古今、始终、正反、长短、智愚、巧拙、美丑、善恶、轻重、正奇、厚薄、弊新、善妖、强弱、刚柔、兴废、与夺、胜败、有无、损益、利害、阴阳、盈虚、静燥、张歙、华实、曲全、枉直、雌雄、贵贱、荣辱、吉凶、祸福、攻守,等等。《易传》中同样涉及近六十对二元对应的事物,如:忧乐、水火、燥湿、显潜、日月、动静、同异、东西、南北、明幽、息消、暑寒、昼夜、阴阳、辟翕、奇偶,等等。类似的情况在《周易》和后世的经典文献中同样不少。这种辩证思维在科学技术中同样有深刻的反映。例如,《吕氏春秋》总结先秦农学思想得出的结论是:"力者欲柔,柔者欲力;息者欲劳,劳者欲息;棘者欲肥,肥者欲棘;急者欲缓,缓者欲急;湿者欲燥,燥者欲湿。"① 阴阳五行模式本身就是以辩证思维为特色的。但与现代辩证思维强调对立斗争的一面不同,中国古代的辩证思维强调和谐统一。这有利于人们注意研究事物之间的联系和动态发展,但却也容易使人们轻视、忽视了对立面双方的具体性质的研究。中国古代辩证思维所展示的"一体两面""两端一致"的运思模式在科学技术中的运用,主要是借助于类比推理而去描述现象和解释原因。这虽然抽象地反映了客观世界普遍存在的矛盾运动,却无法代替对客观世界各种具体矛盾和多边关系的研讨,也不能清楚地意识到形式逻辑的作用和价值。历史文化的惯性

---

① 许维遹:《吕氏春秋集释》,中华书局2009年版,第688页。

使得人们沉溺于此，往往满足于用朴素的对立统一观念思辨地谈论宇宙的一般法则，而对理论必须接受客观实践的检验的必要性认识不够，也轻视了科学研究活动必须要受逻辑规则制约的必要性。这样，古代辩证法特有的直观性、经验性、臆测性，很容易使人们忽视存在及其变化的时空条件，为了满足自己的各种需要，容易让人偏离甚至不顾客观事实，无视逻辑矛盾，主观地运用概念的那种对立而同一的灵活性，去随意解释一切，成为通向诡辩术的桥梁。① 如果这样，那么辩证法就成了变戏法，它本来具有的对科学的作用就难以有效地发挥出来。再则，辩证法的长处是否定或批判，而不是建构。科学技术领域不是辩证法最适用的领域。在科学技术中过多地运用辩证法是不会有太多的好处的。

三 实用思维

中国传统文化从春秋战国时期起，就形成了重实用的特色。儒家自不用说，就是对哲理思辨的道家也如此。《庄子·齐物论》就有"六合之外，圣人存而不论"的主张。在这样的文化氛围中，古代科学技术也同样染上了重实用轻理论的色彩。《周礼》中所规定的基本教育内容是"六艺"，即礼、乐、射、御、书、数。它们都是实用性的东西。其中"数"即"九数"，按照汉代郑玄的解释是："方田、粟米、差分、少广、商功、均输、方程、赢不足、旁要，今有重差、勾股。"② 这个解释中虽然含有汉代的内容，但大体上仍然可以看作是《九章算术》的内容，即汉代民生日用中所涉及的主要的计算问题。以实用为目的的技艺作为教育的内容，这对后世科学技术的发展产生了很大的影响，形成了中国古代科学的经世致用的特色。这对科学的发展既有有利的一面，也有不利的一面。举例来说，以《九章算术》为代表的中国古代数学强调理论联系实际，重运用、重计算，这一思想是推动数学发展的动力之一。这即使是对现代数学而言，同样是有积极意义的。例如，西方在 17 世纪分析数学刚产生时，它的可靠

---

① 黄卫平：《融事实于价值之中的运思特征》，载洋溟编《中国传统文化的反思》，广东人民出版社 1987 年版，第 65—67 页。

② 《周礼注疏》卷十四，阮元校刻《十三经注疏》（清嘉庆刊本），中华书局 2009 年版，第 1576 页。

性也并不是因为它的理论的严格，而是因为它在实际运用中的成功而得以证明的。正因为如此，它得到了迅速的发展，从而开创了数学发展的新阶段。运用能够推动科学的发展，这在现代数学中也有反映。现代数学是各门学科利用数学模型解决各方面、各领域的问题的方法或工具。与代数学一样，是一个开放的理论体系。它的分类是按应用方向或主要应用的数学模型来进行的。它的重要目标之一是把对一个数学定理的证明转化为利用适当算法的一个机械化的计算，尤其是在计算机问世之后，这一点显得越来越突出。这些，都是与中国古代数学的基本思想相通的。由此看来，对中国古代科学重运用的思想，也不可轻易否定。

重运用对科学的发展也有不利的一方面。过于强调实用会使人轻视理论，致使中国古代科学有技术化的倾向。以数学为例，其中有不少术的内容，而理论性的公式则很少。术与现代数学公式是有区别的。二者均可用来解决一类问题，但是，公式只提供了几个有关的量之间的关系，指明通过哪些运算可以由已知量求出未知量，但并未列出运算的具体程序和步骤。一般而言，这种程序和步骤是已知的、自明的。术与此不同，它由怎样运算的具体程序构成，可以视为是为完成公式所指出的运算的具体程序，即把"公式"展开为使用某种计算工具的具体操作步骤。由此看来，它与现代意义的算法更接近。但术是从具体问题的解决办法中归纳出来的，仅从算法本身无法看出其来源。与此不同，公式是用演绎法从更基本的公式推导出来的，对它可以进行证明。换言之，对公式，我们既知其然，也知其所以然。正是由于这个特点，《九章算术》没有形成严格的理论。数学是这样，中国古代的其他科学领域也同样是这样。重视怎样得出结果，结果是什么，但不重视为什么这样做。实用思维使得中国古人很少进行枯燥的纯理论研究，影响了中国古代科学技术对公理化演绎体系、符号化、抽象化的追求。

在中国传统文化中，与儒家、佛教相比，道家、道教是与中国古代科学技术密切关联的。但道家不甚重视理论科学，宁愿从事物之用（技术）中去发现事物之理，如《庄子·齐物论》就说：

其分也成也，其成也毁也。凡物无成与毁，复通为一。唯达者知通为一，为是不用而寓诸庸。庸也者用也，用也者通也，通也者得也,适得而几矣。因是已,已而不知其然谓之道。①

在《庄子》看来,用才能通,才能得,即使一时不用,也要藏诸庸,以备他日之用。且通用后,可以不知其然。由此可见,道家不重理论与逻辑思考。以道家作为基本思想源头的道教也是这样。葛洪在《抱朴子·对俗篇》中说:"以狸头之治鼠漏,以啄木之护龋齿,此亦可以类求者也。若蟹之化漆,麻之坏酒,此不可以理推者也。万殊纷然,何可以意极哉?"在这里,咒术现象可以通过气的作用来加以类推,而化学现象却无法用道理来把握。"若责吾求其本理,则亦实不复知矣。"② 既然不能用理论加以解释,就不理会理论,直接去实践中运用就行了。这是放弃认识者信念的技术专家的信念。

不过,古代学者也认识到了理论与实践、科学与技术相与为用、相互促进的内在联系。王充在其《论衡·薄葬》中说:

> 夫论不留精澄意,苟以效外立事是非,信闻见于外,不诠订于内,是以耳目论,不以心意议也。夫以耳目认,则以虚象为言;虚象效,则以事实为非是。故是非者,不徒耳目,必开心意。墨议不以心而原物,苟信闻见,则虽效验章明,犹为失实;失实之议难以教,虽得愚民之欲,不合知者之心。丧物索用,无益于世,此盖墨术所以不传也。③

这里明确提出,既要有实践观察,更要有理论思考,因为现象有真象有假象,真与假只能靠思维去分辨。既要重运用中实实在在的功效检验,也要有理论的、逻辑的证明。这两个方面的结合,正如王充在《论衡·超奇》中所说:"凡贵通者,贵其能用之也。"④

如果中国古代科学按照王充所说的发展下去,那是一件大好事。可

---

① 陈鼓应:《庄子今注今译》,商务印书馆2007年版,第76页。
② 王明:《抱朴子内篇校释》,中华书局1985年版,第50页。
③ 黄晖:《论衡校释·薄葬》,中华书局1990年版,第962—963页。
④ 黄晖:《论衡校释·超奇》,中华书局1990年版,第606页。

惜不是这样，这也是妨碍近代科学在中国产生的原因之一。但对这一点不可强调过度。因为，古希腊只重理性分析、演绎推衍的精神，至多也只能成就西方近代科学的一半；其经验归纳、讲求事实的另一半，在很大程度上与中国重实用的特点是一致的。而且，西方近代科学几百年来之所以呈加速度发展，是先从罗列的事实中归纳出一个符号系统的理论，再由理论体系推衍出新的事实来加以检验，进而根据检验的结果改进原先归纳出来的理论体系，或者由不合原理的事实的发现，建构出足以取代旧理论的新理论。事实需求与理论概括相辅相成，理论与实用并重，正是西方近代科学获得飞速发展的基本原因之一。

此外，重实用轻理论的态度在中国古代"大一统"的政治文化环境中与特定的政治伦理观点结合得太紧密，是导致中国古代科学有伦理化的倾向，事实与价值混融不分的原因之一。同时，这也导致在科学与技术中，直接满足农业、手工业的实用技术和服务于集权国家的技术，占了很大的比重。这两点也是阻碍中国古代科学发展的原因之一。

第 六 章

中国传统科学技术及其现代化

本章在上一章的基础上继续探讨中国传统科学技术，但侧重于其与现代化这一侧面。

李约瑟的巨著《中国科学技术史》蕴涵有丰富的科技哲学思想。本书的考察指出，李约瑟的观念、方法、哲学思想都是西方的。在这样的观念、思想指导下，用西方特有的方法研究中国古代的科学技术，难免与实际情况有差距，也难以令人满意地揭示出中国古代科学技术的特质。

李约瑟难题旨在回答，16世纪之前中国科学技术居于世界的先进水平，但此后却逐渐落后于西方。近代科学技术没有产生于中国而是产生于西欧，为什么？本书认为，从单一原因出发为李约瑟难题所寻找的答案都难免有偏颇之感。用综合性的方法，从技术社会学的角度，以技术创新为突破口，才有可能为李约瑟难题给出令人满意的答案。此外，本书注意到，中国传统文化自春秋战国时期真正产生时起，就依附于、服务于王道政治，这形成了它的一系列特点。在大一统的君主专制中央集权强化、成熟后的明、清两代，这些特点在特定的历史条件下严重阻碍了科学技术的发展，是中国科技落后于西方的重要影响因素，也在很大程度上抑制了中国传统科技向近代科技的转化。

李约瑟难题的回答侧重于从宏观上探讨中国古代科学技术的传统与现代的关系，应该就这两套话语体系之间的可通约性和实现二者之间对话的途径继续深入探讨，并展开微观的具体研究。本书以道家文化中的内丹作为案例进行了分析。20世纪上半叶，在科学被作为社会意识形态而大加张扬的背景下，古老的内丹也被引入科学而力图实现二者之间在知识和方法两个领域的汇通。在20世纪80年代气功热时期气功科学研究的基础上，本书提出了若干内丹的科学研究的可能途径，并对内丹的科学研究所涉及的必要性和方法作了深入的思考。

第一节　思想要与历史吻合
——评李约瑟的道家科技哲学观[*]

李约瑟的巨著《中国科学技术史》，卷帙浩繁，是世界科技史籍上第一部中国科技史的著作。它对比较科技史的建立和发展，起了重大的推动作用。该书虽至今尚未全部出版，李约瑟博士也已经仙逝，但该书仍在全世界引起了巨大的反响。但是，李约瑟毕竟是一个在西方的文化环境中成长起来的外国人，西方的观念不可避免地积淀于他的《中国科学技术史》中。他是站在西方人的立场上，用西方人的观念框架和习惯性方法来研究中国古代科学技术的。

一　西方观念

李约瑟是从科学技术的外史，也即科技社会学的角度，与西方的情况相对照着来研究中国古代科学技术的。指导他进行这一工作的观念主要是下面两个方面：

其一，宗教——科学是李约瑟研究中国科学技术史的核心框架：科学源于宗教，又受宗教的束缚，因此发展到相当程度后又必然要从宗教中独立出来。李约瑟认为："道家极端独特而又有趣地糅合了哲学与宗教，以及原始的科学与魔术。"[①] 道家（道教）虽然是"世界上唯一不强烈反对科学的神秘主义"[②]，但它后来也同样成为科学发展的阻碍："道家由不可知论的自然主义，一变而为神秘的宗教信仰，进而成为三位一体的有神论。其准科学的实验主义，一变而为占卜算命和流行乡间

---

[*] 本节原文发表于《自然辩证法研究》1997年第4期，人大复印报刊资料《科学技术哲学》1997年第7期全文转载。

① ［英］李约瑟：《中国科学技术史》第二卷，科学出版社、上海古籍出版社1990年版，第33页。

② ［英］李约瑟：《中国科学技术史》第二卷，科学出版社、上海古籍出版社1990年版，第33页。

的法术。"①

但这个观念框架不具有普遍性。它对西方中世纪以后是大体适用的，但却不足以解释古希腊、古罗马科学技术的高度发达和基督教、伊斯兰教产生于此后等事实。实际上，三大宗教创立之后，它们关注的都只是社会问题。文艺复兴前后宗教干涉、迫害科学，完全是出于维护自己的既得利益的需要，如保持政教合一、把持大学讲坛等等。而基于现实利益的需要，也可以对宗教教义作出另一种解释。这个观念模式对中国则完全不适用。从《老子》、《庄子》这些道家作品中，我们看不到任何宗教和魔术的影子。至于道教，东汉晚期才开始形成。它有太平道、五斗米道等道教组织，有一定的教规教仪和崇拜神。它的核心观念是"太平将至"。正如汤用彤所说："《太平经》屡言太平气将至，大德之君将出，神人因以下降。故其所陈多治国之道。"② 太平道的口号是"苍天已死，黄天当立，岁在甲子，天下大吉。"③ 要使天下太平，当然要尊奉神，如"大神人"、"真人"，但不必凭借巫术。他们采取的方式是"跪拜首过"，"以善道教化天下"④。他们的目标是使天下太平，所以也不追求个人长生成仙。

关于炼丹、求仙，《汉书·刘向传》说，淮南王刘安已从事过炼金活动。后来刘向如法炮制，没有成功。求仙在汉武帝以后也归于沉寂。张敞劝汉宣帝"斥远方士之虚语，游心帝王之术"⑤。谷永说：神仙之事都是左道惑众，"欺罔世主"⑥。根据陈国符的考证，《太清金液神丹经》、《黄帝九鼎神丹经》都是西汉末年的著作，它们应是方士们的作品。直到东汉末年的《周易参同契》，尚未发现它们和当时兴起的道教有什么直接联系。葛洪也批评炼金（丹）求仙活动的方士，说他们"进不以延年益

---

① ［英］李约瑟：《中国科学技术史》第二卷，科学出版社、上海古籍出版社1990年版，第176页。
② 汤用彤：《读〈太平经〉书所见》，《汤用彤学术论文集》，中华书局1983年版，第59页。
③ 《后汉书》卷七十一《皇甫嵩传》，中华书局编辑部，中华书局1965年版，第2299页。
④ 《后汉书》卷七十一《皇甫嵩传》，中华书局编辑部，中华书局1965年版，第2299页。
⑤ 《汉书》卷二十五《郊祀志》，中华书局编辑部点校，中华书局1962年版，第1251页。
⑥ 《汉书》卷二十五《郊祀志》，中华书局编辑部点校，中华书局1962年版，第1260页。

寿为务，退不以消灾治病为业"①。不过在葛洪时代，道教与炼金术已经开始结合。但道士们炼金丹的目的不是为了发财，而是为了长生。一旦目的达不到，他们就会把炼丹术抛弃。魏伯阳、葛洪还基本上相信炼丹，托名阴长生所著的《金碧五相类参同契》则说："铅贡自在人身，不假外求。"② 唐朝有五六个皇帝死于丹药，唐朝末年以后，烧炼金丹就基本上被抛弃了。唐末宋初的"钟吕金丹派"、宋金时代的全真教、符箓派、金元时代的太一教和真大道教都不讲黄白之术。炼丹术被道教抛弃了。

战国时代，安期生、石生、卢生、侯生、徐市、韩终、聚谷诸人，已经掌握了服食行气、房中诸术，形成了以方术谋生的职业集团活动于上层社会。用自我锻炼的手段去保持健康，在战国时代就已经卓有成效。《庄子·刻意》《荀子·天论》皆有论述。《黄帝内经》讲得更加详细。《淮南子》中也记载有导引行气、长生久视之术。这些都在道教产生之前。道教初期也不注重这一点。把导引、胎息、按摩、扣齿咽液、吐纳、服气、内视、房中术等等纳入道教是东汉末期才开始的。到唐代，这些服气术才差不多与炼丹术一样兴盛。但是，柳宗元在《与李睦州论服气书》中反对，著名道士吴筠也反对。③ 钟吕金丹派则不仅反对炼丹，也反对服气，而主张炼内丹。④ 全真道南宗首领张伯端则内丹也不注重。他说："察心观性，则圆明之体自现，无为之体自成。不假施功，顿超彼岸。"⑤ 白玉蟾也说："如所问道，则示之以心；如所问禅，亦示之以心；如所问金丹大药，则又示之以心。愚深知一切唯心也。"⑥ 全真教首领王重阳也说："要行行，如卧卧，只把心头一点须猜破。"⑦ 这样，心肾交媾

---

① 王明：《抱朴子内篇校释》，中华书局1985年版，第173页。
② （汉）阴长生：《金碧五相类参同契》，载《道藏》第19册，文物出版社、上海书店、天津古籍出版社1988年版，第83页。
③ （唐）吴筠：《宗玄先生文集·服气》，载《道藏》第23册，文物出版社、上海书店、天津古籍出版社1988年版，第663页。
④ 见《钟吕传道集》、元阳子《还丹歌诀》、施肩吾《西山群仙会真记》与钟离权《破迷正道歌》。
⑤ （宋）张伯端撰，王沐浅解：《悟真篇浅解》，中华书局1990年版，第175页。
⑥ 朱逸辉校注：《白玉蟾全集》卷五《鹤林问道篇》，海南出版社2004年版，第587页。
⑦ （宋）王嚞：《重阳全真集》，载《道藏》第25册，文物出版社、上海书店、天津古籍出版社1988年版，第716页。

的内丹事实上也被道教抛弃了。因为它们只是"术",而道士追求的是"大道"。

虽然道教徒对炼丹、中医药等某些科技领域确实有很大贡献,但炼丹、服气等等这些方术却从来就不是道教的本质和主流。而天文、历法、算术、医药、农学、纺织、印染等与道家、道教无直接关系是显而易见的。这样,也就谈不上科学技术依附于宗教或原始宗教中孕育了科学技术。既然这样,则类似于文艺复兴以后科学从宗教中独立出来的情况,在中国当然就不会出现。事实上,从总体上来看,中国古代的科学技术与道教的关系并不大。它们是因应人们的需要和在生产劳动的实践中产生和发展起来的。

其二,科学技术与人文政治的对立。

李约瑟博士人认为,中国古代发达的科学技术必有一个观念基础。他认为这就是道家哲学。他从"道教在一千多年来总是和一切力图推翻现有秩序的叛乱牵扯在一起",认为"道家实质上是一种反封建力量"[①]。他在如此给道家的政治立场定位的基础上,进而得出一个论点:"道家严格区分了两种知识,一种是儒家和法家的'社会'知识,这是理性的,但却是虚假的。一种是他们想要获得的自然的知识,或洞察自然的知识,这是经验的,甚或是可能超越人类逻辑的,但却是非个人的、普遍的和真实的。"[②] 他认为,道家思想是一种有机论哲学。"中国的有机论哲学曾经阻碍近代实验科学在中国的产生。但这种有机人文主义可用于把西方世界从它陷入的机械唯物论和唯科学主义的深渊中解救出来。"[③] 对反科学运动(指针对机械论的唯物观在技术方面所给人类带来的恶果而引发的运动),李约瑟有一定的肯定。他说:"我倾向于认为,反科学运动后面的真正意义在于坚信不应该把科学看成是人类经验的唯一有效形式。"[④]

---

① [英]李约瑟:《中国科学技术史》第二卷,科学出版社、上海古籍出版社1990年版,第109页。

② [英]李约瑟:《中国科学技术史》第二卷,科学出版社、上海古籍出版社1990年版,第109—110页。

③ [英]李约瑟:《历史对人的估价——中国人的世界科学技术观》,载潘吉星主编《李约瑟文集》,辽宁科技出版社1986年版,第323页。

④ [英]李约瑟:《历史对人的估价——中国人的世界科学技术观》,载潘吉星主编《李约瑟文集》,辽宁科技出版社1986年版,第317页。

可见，这是以西方近现代人文知识和科学技术的紧张对峙关系作为梳理论证的模板。李约瑟把《庄子》在自然界的追问中表现出的理性精神的特点和古希腊哲学进行比较后得出结论："对形而上学的厌恶，始极和终极都是'道'的秘密。人所能做的一切只是对现象的研究和描述；这确实是自然科学的一纸信仰宣言。"① 他认为，庄子拒绝承认现象背后存在着非现象的东西，与西方近代自然科学的认知原则相一致。李约瑟把这作为论证中国传统科技只能从道家哲学中寻找思想基础的基本论点。由此可见，李约瑟是以西方人的观念，尤其是文艺复兴以后科学与宗教的对立关系的观念来理解中国古代科学技术与形而上学的关系，由此也不难理解他用道家的政治立场来论证道家思想是中国古代科学技术的哲学基础。但这却与中国古代的情况不相符。

道教建立初期就反对原始的巫术迷信。② 后来道教也一直排斥原始的自然神崇拜和巫术迷信。无论哪一派的道教徒，都强调对于"真道"和"伪文""伪技"，务须严格区分，不容混淆。如《老子想尔注》说："真道藏，邪文出，世间常伪技称道教，为大伪不可用。"又说："道教人结精成神，今世间伪技诈称道。"葛洪也说："俗所谓道，率皆妖伪，转相诳惑，久而弥甚，既不能修疗病之术，又不能返其大迷，不务药石之救，惟专祝祭之谬，祈祷无已，问卜不倦，巫视小人，妄说祸祟……淫祀妖邪，礼律所禁。"③ 唐朝的司马承祯在皇帝的支持下，废除了五岳的"山林之神"，代之以真君祠。宋代以前的道教，也多戒淫祀和巫术。《妙林经》《老君七十二戒》《老君说一百八十戒》《说百病》等均反对占星行卜、淫祀鬼神禁咒巫蛊等巫术。以后这些东西也与道教是若即若离的，并没有成为道教的本质和主流。实际上，这些东西并非道教的"专利"。根据顾颉刚的考证，秦代的方士和儒生几乎难以分辨。占筮、劾鬼、求仙、炼金，都是儒生们的事业。④ 号称一代儒学大师的董仲舒不也在方术盛行的特定社会历史条件下亲自学习、掌握求雨和止雨的神仙方术吗？

---

① [英]李约瑟：《中国科学技术史》第二卷，科学出版社、上海古籍出版社1990年版，第43页。
② 参见羊华荣《道教与巫教之争》，《宗教学研究》1985年第1期。
③ 王明：《抱朴子内篇校释》，中华书局1985年版，第172页。
④ 顾颉刚：《秦汉的方士与儒生》，上海古籍出版社1978年版，第8页。

刘歆也搞过巫术。后来的佛教，根据《宋书·周朗传》《魏书·清河王传》《广弘明集》等等诸多史籍的记载，从魏晋南北朝开始，在这些方面比起道教来就已经有过之而无不及了。从起源上来看，战国、秦、西汉时，巫术、方术就已经相当丰富并广泛传播。《汉书·郊祀志》《史记》中有很多记载。这些都在道教产生之前。东汉顺帝在位二十年，农民起义有十余起之多，其中多数利用方术等思想作为鼓动和组织群众的思想纽带，说明有"反封建性质"的巫术、方术在道教产生之前就已经存在并起作用了。东汉末年，曹操将善于术数的方士集中于魏国监禁起来，原因是"诚恐斯人之徒，接奸宄以欺众，行妖慝以惑民。"[①] 道教此后的发展，与方术也是时即时离，最后也抛弃了它。如东晋杜子恭重建道教组织的核心原则是"方当人鬼淆乱，非正一之气无以正之"[②]。把混杂在道教中的巫术之类清除出去。由此可见，道教的反封建性质，虽然与《老子》《庄子》对现存秩序的批评有关，但基本上是由混杂在其中的巫术、方术提供的。至于与朝廷关系密切的上层道教，是谈不上有什么反封建性质的。

二 西方方法

与上述两种只关注事物外在关系的观念相适应，李约瑟研究中国古代科学技术史，所采用的方法，是把有关中国古代科学技术和文明的东西，当作一堆静止的、封闭的、不变的材料来进行比较基础上的因果关系分析研究，同样也是只关注了事物的共时态的外在关系。这样的方法，是文艺复兴以来由牛顿力学所确立起来的机械还原论的表现。

这首先表现在他没有严格区分道家与道教，把这二者直接等同起来。这样，导致他把方术、巫术、炼金、炼丹、服气等等，没有揭示出它们在历史发展过程中与道教的时即时离的关系，误把它们当成了道教的本质和主流。

其次，他认为道教起源于战国哲学家、古代的巫和方士。这没有揭

[①] （魏）曹植：《辩道论》，载《全上古三代秦汉三国六朝文》，中华书局 1958 年版，第 2302 页。

[②] （宋）张君房编：《云笈七签》卷一百一十一《洞仙传》，李永晟点校，中华书局 2003 年版，第 2423 页。

示出道教在不同历史时期的不同思想特点,把道教某一部分思想理论内容的历史渊源联系夸大为整个宗教的起源。道教在其一千八百多年漫长的历史发展中,对中国古代的很多思想材料,都依据时势和自身的需要,先汲取改造,不合需要时又加以抛弃。表面一看,它的内容就显得十分庞杂。因而,简单地定论道教起源于什么,是不能令人满意的。之所以出现这种情况,是把历时性的道教当成了一个共时态的整体,从中梳理出甲乙丙丁各项内容,与古代有关内容加以比较而得出结论。这种静止的分析忽略了道教自身的发展过程以及道教在其发展的每一个阶段所处的社会、政治、文化、科技、经济等等历史背景。

再次,在提出"李约瑟难题"时,他是把中国、西方作了共时态的比较,认定中国落后于西方是事实,然后再对中、西文化作共时态的一一对比,确定其中各项内容是中学西源还是西学中源,然后,从中国文化体系中中国特有的事物而贴上阻碍近代科学在中国产生的根源(如有机论哲学、封建制度、辩证逻辑、汉字、社会、经济、地理等都被李约瑟认定为阻碍因素);从西方文化体系中找出它所特有的事物而贴上促进近代科学产生的标签(如机械唯物论、拼音文字、因果关系、形式逻辑、实验主义等等)。在对比中,往往不自觉地把不同时代出现的事物拼凑在一起进行比较。这既忽视了中国和西方文化各自的历史发展,也忽视了中国和西方文化各自都不是一个铁板一块的严密整体。就以西方现代科技来说,它远远不是一个逻辑上严谨统一的整体,其中渗透着各种实用的处理,如物理学经常放弃数学的严密性来处理问题。此外,如前所述,在这种比较中渗透着李约瑟作为西方人所接受的西方观念。对中国特有的事物用西方观念强行拆解,缺少对它们作多层面的把握,也就难以抓住其实质。例如"用"这一概念经常被他置于较低的地位而被认定为经验主义。其实,"用"的含蕴是多层次的,实用观念未必都是危害。再如他认定《易经》的符号系统从一开始就是中国科学技术发展的阻碍因素,理由是它过于烦琐、复杂和"导致一种对概念的因袭,对大自然采用根本不是解释的解释"[①]。这失之于简单化。实

[①] [英]李约瑟:《中国科学技术史》第二卷,科学出版社、上海古籍出版社1990年版,第363页。

际上，这种烦琐和解释之所以不是解释，是由于李约瑟和我们现代人所接受的西方教育而产生的。

最后，忽视了历时性的研究，就导致李约瑟把中国古代科学技术在庄子之前的发展一笔勾销了，也忽略了庄子对此前和当时的科技发展的成果、水平、状况的吸收和思考，把庄子思想当成了无源之水、无本之木。这也使他在对庄子思想进行剖析后就停步了，没有进一步深入研究中国古代科技的特质。

总之，上述三方面归结起来，都是先确定一个研究对象，再在这个研究对象之外去与另一个对象联系起来在比较的基础上进行因果分析。实质上都是只关注了事物的外在关系。我们认为，比较时，要注意可比性的存在与否和程度大小，即对比较科技史的有效范围要有清醒的认识，不可超越它。科学技术是文化系统中的一个子系统，与其他子系统，如政治、军事、经济、教育等等，有复杂的相互作用与相互影响。在漫长的历史发展中，各个子系统及其间的相互作用都在变化。科学技术在不同的"生态环境"中，必然有许多互不相同的特点。现象上的相同并不一定意味着来源或功能也必定相同，不是任何相同性都能说明"历史联系"，或者一个民族从另一个民族吸取。共时态的比较是必要的，但也不能忽视历时性，从内部展开的比较。

三 哲学思想

上述观念、方法，实际上都是李约瑟哲学思想的具体体现。李约瑟把他自己的哲学思想概括为三点："（1）人类社会的进化一直是逐渐的，但真正的增长在人类关于自然的知识和对外在世界的控制方面；（2）这个科学是一个终极的价值，它的应用形成不同文明的今天的统一；（3）沿着这个进步过程，人类社会朝着更大的统一、更复杂和更有机的方向发展。"[①] 他的思想的第一点，与中国古代哲学观不一致。中国哲学强调自然与社会的协调发展，而且这二者的发展要服务于个体生命本真的健全与永恒。为此，他们主张民胞物与，"物物而不物于物"，不忽视人文化成。第二点与他谈及反科学运动时的话有矛盾，有唯科学主义的

---

① 董光璧：《当代新道家》，华夏出版社1991年版，第29页。

色彩。科学不是社会发展的唯一根本动力，也不是国家强盛、文化先进的根本判据。古希腊科学发达，却难免灭亡的命运。中国春秋战国时代科学发达，国家却四分五裂。西汉汉武帝时期、唐朝贞观之治，国力强盛，科学上却鲜有成就。宋代国力衰弱，科学文化却高度发达。第一、二点结合，"进化"就成了科学技术推动社会发展的直线进化论。这种直线进化论与前述的共时态的因果分析观念——强调唯一的、普遍适用的规律的存在——相结合，就成了单线进化论。李约瑟认定的有机论哲学起源于中国的观点就表明了这一点：怀特海——科勒、伍杰、迈耶等生物学家——劳埃得·摩根、亚历山大、斯马茨、塞拉斯、恩格斯、马克思——莱布尼茨——中国。[①] 虽然这个结论是否正确还可探讨，但应该指出，在研究中国、西方有几千年悠久历史的科技、文化现象时，这种直线进化论、单线进化论往往是不敷应用的。第三点比较接近于李约瑟所说的中国人特有的世界主义。由此，他认为，中国文明也有科学特性，中国的科学技术必定会再度辉煌，中国文明必将复兴，中国必将再次强盛。之所以有这样的结论，是因为李约瑟认为，中国古代的科学技术有自己的特质。如果不是17世纪以后欧洲的崛起和19世纪对中国的侵略、压迫和掠夺，中国的科技也会按自己的特质发展下去并取得巨大的成就。他认为这种特质就是有机自然主义。但我们认为，以有机自然主义来概括中国古代科技的特质，至少是不全面的。例如，《庄子》的"道法自然"概括了庖丁解牛、乐师、津人之操舟若神、善射者、轮人等等例子，说明了中国古代工艺技术是用简单的工具进行个体劳动，技艺水平的提高依赖于个人体悟和经验诀窍。

总之，中国古代的科学技术有完全不同于西方科技的特质。以西方科技作为标准，用西方特有的方法、观念、思想来研究它，是难以揭示出它的特质的。用这些东西作为标准来评判它，是有失公允的。这样，所得出的结论也是难以令人信服的。

---

① 参见［英］李约瑟《中国与西方在科学史上的交往》，载潘吉星主编《李约瑟文集》，辽宁科技出版社1986年版，第171页。

第二节　试论用技术社会学方法
解答李约瑟难题[*]

一

在《中国科学技术史》(*Science and Civilization in China*) 这一部巨著中，李约瑟博士提出了三个问题：为什么近代科学产生于西欧而不是中国？为什么中国古代和中世纪科学没有演变成近代科学？为什么中国能在中世纪的漫长岁月里在科技方面领先于欧洲？这三个问题的核心实质是，为什么中国在16世纪后在科技方面落后与欧洲？由于《中国科学技术史》在中国和欧洲社会都产生了广泛的影响，围绕这三个问题，李约瑟和其他许多人，从各个不同的角度提出了答案，但都不能令人满意。这些已经提出的答案，代表性的观点可概括如下：

第一类答案是着眼于科学技术本身。

语言。这种观点认为，西方文字经历了从低级的象形文字到高级的拼音文字的发展阶段。汉字是象形文字，处于低级阶段。汉字书写繁杂，效率低，影响人的思维，不利于科学技术的发展，例如，不利于计算机的信息处理。这种观点不能成立。印欧语系经历了从象形文字到拼音文字的发展过程，汉字不属于印欧语系，为什么也要遵从这个进化过程？印欧语系一个语系的发展特点能认为是所有语言的发展规律吗？最近有研究结果表明，用汉字进行思维的效率比用拼音文字的高三倍。信息处理技术的发展已经雄辩地说明，汉字信息处理有高效简洁的优点，并不比拼音文字差。

逻辑。这种观点认为，奠基于因果关系基础上的形式逻辑是近代科学技术的支柱，而中国则盛行辩证逻辑。这种观点与历史事实不符。近代科学的发生，并不是靠形式逻辑推动的，恰恰相反，形式逻辑在中世纪是被教会用作论证烦琐的经验哲学的工具，起了钳制科学思想、禁锢人们头脑的作用。近代科学是从反对亚里士多德的形式逻辑出发，从神学中独立出来的。李约瑟对形式逻辑与近代科学的关系有详细的论述：

---

[*] 本节原文发表于《大自然探索》1998年第3期，此处略有修改。

"首先，已能证明中国的语言结构较任何印欧语言更充分、完善地体现了形式逻辑。其次，从公元前四世纪的中国哲学与著作中，可发现所有主要的推理方法及演绎推理的形式。第三，显然中国没有诞生亚里士多德，也没有帕尼尼（Panini）来成功地编纂形式逻辑的特征——公孙龙及墨家信徒曾试图完成这项工作，但由于后辈对此缺乏兴趣，他们的著作保存很不完整。而现在要把它们从原文讹误中挽救出来，也可能正好因为语言具有深刻的逻辑结构，所以没有编纂的需要。第四，由于同样的原因，中国思想家的思想并未迷恋于抽象逻辑，所以整个重点可以放在超越于'非此即彼'两分法的'单一目光'之上的各类微细差别。第五，也是最后的问题：所有这一切与中国科学的发展有什么关系？答案似乎是根本没有影响，不论是数学、天文学、地质学、生理学或医学都是如此。只是没有发生近代科学的突破，而对这一点似乎完全未必是由于西方存在形式逻辑之故。正如众所周知，那些科学革命的奠基人同意弗兰西斯·培根的名言：'逻辑无用，创造方为科学。'"①

实验科学。系统的实验科学确实是近代科学的一个特点。但应该看到，在科学革命前漫长的中世纪，这在西方也是不突出的。中国古代也并非就没有实验科学，如炼丹术等等。

有机自然观。李约瑟认为，中国独有的有机自然观阻碍了中国产生近代实验科学。关于这一点，李约瑟认为，欧洲也有有机自然观的原始形式，但它从属于"独特的欧洲个性分裂的观念"。另一方面，李约瑟又认为，未来科学的发展所需要的，就是中国的有机自然观。② 这两方面在一定程度上是矛盾的。所以这个观点尚需作深入的研究。

第二类观点是着眼于科学技术据以发生的自然和社会环境。

地理环境。这种观点认为，西方是海洋国家，海外贸易发达，商品经济活跃，商人活动频繁。他们需要新产品以展开竞争，因而需要科学技术的支持并乐于为此提供资金，这就促进了科学技术的发展。中国是

---

① ［英］李约瑟：《历史对人的估价——中国人的世界科学技术观》，载潘吉星主编《李约瑟文集》，辽宁科技出版社1986年版，第355页。
② ［英］李约瑟：《中国与西方在科学史上的交往》，载潘吉星主编《李约瑟文集》，辽宁科技出版社1986年版，第171—181页。

幅员辽阔的大陆性国家，气候多变，水旱灾害频仍，以农为本，水利是农业的命脉，商品经济不发达，科学技术没有强有力的支持者。这种观点有地理环境决定论之嫌。

经济。这种观点认为中国古代属于自然经济。自然经济以农业为主，独家独户自给自足，妨碍了商品交换的发展。实际上，西方在机器大工业革命以前，也属于自然经济，同样以农业为主。这种观点实质上是只考察了西方靠海的渔业和对外贸易方面而不及其他，考察中国时又只是把眼光固定在农业上而没有考察中国古代发达的手工业，在漫长的海岸线上进行的对外贸易和通过陆上丝绸之路进行的对外贸易。

社会形态。这种观点认为，近代科学之所以未在中国而是在欧洲产生，原因在于资本主义社会制度在欧洲首先兴起。但事实上，近代科学不是产生于资本主义社会，而是产生于西欧黑暗的中世纪的封建社会。同时，把科学的产生与发展看作一种社会制度作用的结果，也失之于简单化。资本主义制度也在荷兰等等国家建立，但为什么近代科学只是产生于英国、法国、德国呢？这种观点还认为，科举制度作为古代中国选拔人才的唯一途径，只是考核文、史知识，没有涉及科技方面。但应该看到，科举制度本来就主要是国家选拔官吏的途径，是否具有选拔、培训科技人才的功能取决于国家的需要，事实上，科举制度也曾经在一段时间之内选拔过天文、历法方面的人才。一般而言，只有到社会发展到相当程度产生了需要之时，专职培训科技人才的机构才有可能产生，如中国是在清代颜元时才率先由民间开始培训技术人才。

政治。这种观点认为封建中央集权的官僚制度阻碍了近代科学的产生，而同时期西方实行的是军事贵族封建主义，群岛分散，城邦割据，没有强有力的中央集权统治，其社会脆弱，不稳定，这给予科技发展的空间。实际上，科学技术创造物质产品，物质产品是任何社会都需要的。在古代中国，农业、水利、天文、历算、医药、建筑等等一直是中央政府常抓不懈的事。政府组织的类书编纂也保存了诸多科技史料。政府中设有工部或相应的机构管理手工业。至少在鸦片战争以前，明清两代中央政府都采取过一系列措施来支持科技发展。鸦片战争之后，也有"同治中兴"的短暂辉煌和洋务运动的局部成功。科学技术并不与封建集权官僚制度相对立。

集团利益。这种观点认为，科学技术是中性的，任何社会集团都需要，但在某一社会的一个特定阶段，科学技术怎样发展，发展什么，要由社会集团根据自己的利益来确定。集团斗争必然会牵制科技的发展。近代科技革命没有发生在中国，是因为落后的满族贵族以武力征服中国，使得人口锐减，土地荒芜。同时，满族贵族大肆侵占土地，对工商业的发展采取限制的政策，为了自己集团的利益扼杀了产生近代科技革命的可能性。① 这种观点是政治决定论的变种。它不足以说明，西方工业革命是伴随着资产阶级革命和资本原始积累而发生的，近代科技革命也是在社会集团斗争的血雨腥风中产生的。

如果说自然和社会环境还停留于表层，学者们还深入到了思维和文化的层次。

思维方式。这种观点认为中国人的思维方式是整体性的、模糊性的，不利于作精确的定量实验研究。如果事实果真如此，那么中国古代那么多辉煌的数学成果就无从解释了。何况，思维方式并非一成不变，思维方式是在现实问题的解决过程中和科学技术的发展过程中形成和变化的。

民族性格。这种观点认为，中国人因循守旧，盲目排外，求稳惧变，不尚竞争，性格内向，所以近代科技革命不可能在中国发生。如果中国人真的是这样，那么这上下五千年的灿烂文明何以能产生而且长存不灭？如果中国人真的盲目排外，那么，何以佛教传入中国后能生根、开花、结果，使得中国取代印度而成了向世界传播佛教的大本营？作为儒家六经之首的《易经》，开篇乾卦就说："天行健，君子以自强不息。"道家的核心思想是以柔克刚。佛教虽然超脱世外，也要求修行者刚毅坚卓，精进不懈，并有"我不入地狱，谁入地狱"的情怀。敢于、善于因应变化，积极奋发向上，是中华民族的真精神。

传统文化。这种观点认为传统文化阻碍了近代科学的产生。事实上，中世纪的欧洲社会首先接受了古希腊的传统文化。亚里士多德、欧几里得的著作在文艺复兴以前就已经传入西方。这说明近代科学与古希腊的传统文化并无必然联系。何况，古希腊的传统文化如果好的话，它应该能使古希腊民族免于灭亡，但却没有。这怎么能说是好的呢？它又如何

---

① 李申：《中国古代哲学与自然科学》，中国社会科学出版社1993年版，第424—430页。

能使得欧洲强大?! 日本明治维新，"半是欧风半汉风"，汉风就是明代王阳明的心学思想。日本历史上接受中国文化的东西最多，也属于汉文化圈。如果中国的传统文化阻碍近代科学的发生，那么，为什么接受中国传统文化的日本却能在科学技术、国家实力等等方面都有很高的发展？也就是说，阻碍近代科学在中国产生的中国传统文化却能促进日本的近代科学的发展。这岂非矛盾？视传统文化为阻碍近代科学在中国的产生和发展的原因的观点，是把传统文化看作一个永恒不变的实体，一个唯一的实体，并过分地夸大了它的作用。这实质上是怯懦和推卸责任的表现。

再一类观点则是从近现代西方科学技术发展的空间模式着眼来提出答案的。

科学中心转移。这种观点认为，16世纪以前中国也许是世界科技的中心，但后来由于科技成果产生的速度降低，产生量减少，科技中心就由中国转移到了西欧，近代科学也就不可能在中国发生。这个观点实际上并未回答为什么科技成果的产生量会减少。

偶然发生论。这种观点认为西方发生科技革命和中国没有发生，均为偶然。这种观点实际上并未提供任何答案。[1]

综上所述，李约瑟难题所涉及的是中国和西方几千年历史中的政治、文化、社会、经济等诸多方面的综合性问题。面对如此复杂的问题，企图用单因单果的观念寻找一个原因来回答它，都是不可能令人满意的。上述十四种观点之所以都有失偏颇，原因就在这里。

二

李约瑟难题隐含着一个前提，即中国古代科技与近代科技有本质的不同。但实际上，中国古代科技与近代科技并没有本质上的差异。[2]《考工记》说："天有时，地有利，材有美，工有巧，合此四者然后可以为

---

[1] 参见张秉伦、徐飞《李约瑟难题的逻辑矛盾及科学价值》，《自然辩证法通讯》1993年第6期。

[2] 参见李申《中国古代哲学与自然科学》，中国社会科学出版社1993年版，第317—333页。

良。""知者造物，巧者述之，守之，也谓之工。"其他文献记载也说明，中国古代技术的特点在于：工匠都是个体劳动者，他们之所以能称为工匠，判别的标准就是他们手中有没有长期锻炼得来的"绝活""绝招"，即超乎常人的技巧。工具与操作二者在他们的技术中，工具处于从属的地位。在操作中，对直觉、灵感比较重视。他们的技术往往只可意会不可言传。[①] 其实，技术的合目的性、手艺主导性、经验与灵感体悟相结合的活动，是中、西方古代技术的共同点。亚里士多德就说过："凡是由于必然而存在的东西都不是生成的，并与技术无关。""技术依恋着巧遇，巧遇依恋着技术。"[②] 同时，高层次的科学，特别是物理学，则是讨论必然性的学问。直到启蒙时代，狄德罗在《百科全书》中，仍把技术归入艺术一类，只不过他把一般意义上的人文艺术称为自由艺术，把工艺技术称为机械艺术。他认为，艺术是"人们为了满足自己的需要、嗜欲和好奇心等等而施于自然物的生产活动或努力"。"如果这个对象被实现了，那么，使之成功的规则和技术处理的总和就被称之为技术。"他又强调，机械"艺术的东西是难以明确描述的，这是由于缺乏准确的定义，也由于其操作的复杂性……要想弥补这第二项不利条件，唯一的办法就是亲自去熟悉它"[③]。在中国，从《汉书》开始，至少一直到《元史》，都与西方同样，把人文艺术和机械艺术列入方技或术数类中。而且，中、西方古代技术都既有理性的一面，又有经验的一面，究竟哪一个里的理性多还是经验多，孰伯孰仲，实在难以作出总体的判断。

从中国古代科学和技术与西方没有实质性的不同出发，如果说西方近代科学技术与它的古代科学技术发生了质的变化，那么李约瑟难题就是，为什么中国古代的科学技术没有如西方一样发生质的变化？如果说西方近代科学技术与它的古代科学技术没有发生质的变化，那么李约瑟难题就是，为什么中国古代科学技术在近代没有得到大的发展？但无论是否有质的变化，量的变化都是存在的，质的变化必须有量的变化为基

[①] 参见刘明《试论庄子的技术哲学思想》，载陈鼓应编《道家文化研究》第十辑，上海古籍出版社1996年版。

[②] 苗力田主编：《亚里士多德全集》第8卷，中国人民大学出版社1996年版，第124页。

[③] [法] 丹尼·狄德罗主编，[美] 坚吉尔英译：《丹尼·狄德罗〈百科全书〉（选译）》，梁从诫译，辽宁人民出版社1992年版，第118—123页。

础。所以，我们认为，李约瑟难题的核心就是为什么16世纪后中国科技成果的产生，在量上减少了，在速度上降低了。科学的质变要靠技术的质变来推动，所以李约瑟难题的实质就是技术质变的问题。技术的质变，没有外界强有力的因素的刺激和推动而自然发生，是不可想象的。那么，解决李约瑟难题就应该用技术社会学的方法来综合性地考察何以近代中国的科技成果的产生量会减少、产生速度会降低，从而没有从量变转化为质变而导致科技革命的发生。这包括如下几个方面。

一、技术社会静力学。从这个角度来看，技术创新是一个以技术人才为主体的社会政治运作过程，反映了社会上不同阶层、集团的利益调节、分配的格局。为此，要考察技术的社会历史、社会属性、社会功能、社会制度、社会集团、社会生态等方面。

二、技术社会动力学。技术知识作为不同的、相互竞争的文化知识系统中的一员，其本身的状况体现在技术产品上。技术产品是在文化上建构起来并在文化环境中进行解释和被作出评价的。人们在设计、解释、评价技术产品时都有灵活性。为此，需要考察技术与政治、军事、文化、教育、科学、经济的社会互动，以及这些互动在整个社会大系统中的综合作用与耦合关系。例如，对社会人生的看法、价值观念、思想观念、思维方式等，都对具体的技术创新活动有影响。

三、技术的社会发生学。科技是与社会生活相适应的文化形态的一部分。它的发生发展都只能在社会大环境中进行。这可从如下几个方面展开研究：技术导向的社会选择、科技生长点的产生与扩散、技术开发的社会过程、技术转移的社会机制、技术成果的社会评价、技术革命的社会契机、技术发展的社会影响。例如，作为医学社会化的一个标志是1568年在顺天府成立了一体堂宅仁医会，大约同一时期，作为数学的社会化，珠算取代筹算适应了商业的繁荣。

四、技术创新的横向研究。这可从两个层次展开。

宏观技术创新。这包括：其一，农、工、商各产业，印染、陶瓷、纺织、五金等各行业，全国各地区的经济发展态势（经济区）三个方面的结构整合。其二，政府宏观指令的成龙配套及其调控机制、效果。其三，技术的教育、传播、扩散机制。

微观技术创新。这主要研究技术创新的人才主体——技术人才的微观活动环境。这包括，手工业作坊的内部结构，即师徒关系、劳动组织等；手工业作坊的外部环境，如行会和地方政府的管理机制等；手工业作坊的产生、倒闭、集成和分裂等等。技术人才的微观活动环境对技术人才的创新活动有着极为重要的影响。

五、技术创新的纵向研究。这可从三个层次来展开：基础创新，指科学理论创新。增量创新，指具体的工艺技术的改进和新物品的发明。发展创新，介于基础创新与增量创新之间，是沟通二者的桥梁。这里应该注意的是，科学远非一个逻辑上统一的整体，技术更是如此。因而，基础创新、增量创新、发展创新之间的双向关联关系，不会如理论上设想的那么严密、齐整，其间有种种情况显示出其复杂性，尤其在古代。

六、科学范式（传统）与科技知识体系。在不同的历史、文化、社会背景中，科学范式（传统）、科学知识体系会有不同的表现形式和特点。中国古代的科学范式和科学传统，可以从《墨经》《管子》《吕氏春秋》《淮南子》，杨泉的《物理论》，邵雍的《皇极经世》，沈括的《梦溪笔谈》，宋应星的《天工开物》，徐光启的《农政全书》，李时珍的《本草纲目》等等科技著作中，分析其体例、各领域知识的次序安排、渗透于其间的哲学思想、研究方法等等方面而得出。科学范式（传统）、科技知识体系对技术人才的创新活动有着潜移默化的影响。例如，在科技范式上，中、西方古代人文艺术和机械技术都是混为一体的，后来西方的两类艺术发生了分离。大约与西方同一时期，在中国也出现了分离的萌芽。以科技知识与人文知识的分离作为科学社会化的标志之一的是宋应星的《天工开物》。但总的看来，中国的分离表现得不很明显。另一方面，欧洲近代科学在中国的传播也已开始深入到中国科学技术的骨髓中，开始作为一个强有力的因素推动中国科学技术范式发生变革。徐光启（1562—1633）发挥易学中"革故鼎新"的精神，主张"治历明时取象于革"[①]，引西法入《大统》，主张编写《崇祯历书》（1625）。方以智主张中、西汇通，企图以易学改造西学。焦循（1763—1820）则想以现代数学改造易学。但总的看来，这一时期科技范式的变革缺乏更强有力的外

[①] （明）徐光启编纂：《崇祯历书》上册，上海古籍出版社2009年版，第66页。

部因素的推动，也就是说，社会变革没有使中国传统的科技活动的运作方式和科技体系的结构模式作出变动，更遑论改变更深一层的科技的基本思维方式、科技术语的基本意义。

总之，上述六个方面构成了一个系统地解答李约瑟难题的方案。我们认为，根据这个方案作认真细致的研究，必定能较为圆满地为李约瑟难题给出答案。但这个任务显然是本书无力完成的。不过，我们乐于将初步的结论的一部分列出，以期抛砖引玉：中国古代的天人关系论、科技知识的体系形态、科技哲学思想、社会形态、政治结构、人文思想是同构同态的，在深层次的思想机制上是一致的，相互之间的内在联系非常柔韧而牢固。由于这种整体全息同构机制，其中一个部分单独发生变革进而带动整体变革的困难程度，比西方各国要大得多。在 17 世纪前后，商品经济在江南地区已有较大发展；手工业作坊已经接近转化为工厂（工场）的门槛；实证思想等等已经渗透到科技知识和科技哲学中，使它们在形态上发生了较大的变化；人文思想已先期发生了重大变化；社会形态的变化也已经处于酝酿之中；政治结构也处于变革的前夜，中国产生近代科学的各种相关因素均已大体齐备。但总的来说，尚未达到能够使整体变革呼之欲出的地步，缺少一个相应的科技生长点来起到牵一发而动全身的功效。也就是说，影响科技创新的各因素缺乏强有力的联动机制。满族贵族实行武力压制，全面恢复不含变革因素的东西，粗暴泯灭可能导致变革的因素，政治因素与商业经济的一时的对抗性关系作为序参量在关键时刻起了阻碍科技生长点的产生的作用，导致科技创新机制失真乏力，使中国科技事业失去了发生科技革命和转化为近代科学的机遇。

第三节　从中国传统文化对王道政治的源属性谈李约瑟难题[*]

中国古代科学技术在 16 世纪之前曾领先于世界，此后却落后于欧洲，近代科学技术并没有在曾经有雄厚基础的中国发生，这是李约瑟难题的题中之义。解答李约瑟难题，应从技术社会学的角度，应用系统方

---

[*] 本节原文发表于《大自然探索》1999 年第 2 期，此处略有修改。

法进行周密而深入的研究,① 但这是本书无力完成的事。本书仅从科学技术与传统政治文化的关系着眼来讨论。

一

中国古代的传统文化,从其产生之日起,就与王道政治结下了不解之缘。春秋战国时期,旧的社会秩序土崩瓦解,干戈四起,生灵涂炭。"诸侯异政",学术下移,"不治而议论"的士阶层兴起,形成了处士横议的学术风气。诸子百家蜂起,各家"各引一端,崇其所善"②,出发点、角度和具体的言论尽管有所不同,但目的都是希望统治者、当权者采用自己的学说来构建新的社会秩序,各家学说的旨归都是新的社会秩序的构造和治化,以实用为目的,少有社会秩序巩固时期那样深沉的理性思考。孔子周游列国,目的是希图得到诸侯国的任用,使自己有机会按照儒家学说治理社会。墨家通过帮助统治者攻城守池来推行其学说。法家则是赤裸裸的政治哲学和权术。道家似乎比较超脱,但它同样是政治生活中的失败者在无可奈何和悲叹之余的一种冷静的理性思考。《老子》五千言中反复论及小国寡民、无为而治等政治主张和政治权谋。"内圣外王"这一被用以概括儒家思想实质的词也是首先见于《庄子》书中,以至于后世有庄子是道家还是儒家的争论。所以,司马谈《论六家要旨》谓各家是"同归而殊途",皆"务为治者也"。春秋战国时期是中国学术文化的真正发源,这个源决定了此后中国传统文化的特点,即以社会治化为目的,以实用为标准。

这一特点进而决定了中国传统文化具有先天不足:对精深的理性思考的缺乏,对构建理论体系的忽视,缺少为学术而学术的知识价值观,学术研究的重心是社会、政治问题,而不是对自然界的改造和征服。学术研究的方向和所探讨的问题都受政治的左右,而且是自觉自愿地赞应社会治化。以人性论为例,人性本恶的主张比较切合实际,却无法存在下去。人性本善的主张因为可以作为既让老百姓心中喜滋滋的胡萝卜和蜜糖,又可以使之失去对统治者作恶的警惕和防范,成为统治者为非作

---

① 参见孔令宏《试论用技术社会学方法解答李约瑟难题》,《大自然探索》1998年第3期。
② 《汉书》卷三十《艺文志》,中华书局编辑部点校,中华书局1962年版,第1746页。

歹的遮羞布。这使得统治者的理论教化和他们事实上的所作所为形成了巨大的反差，从而使得教化的虚伪性彰显出来，"只许州官放火，不许百姓点灯"的事实促使"人各有分"、安于本分的思想难以得到落实。作为社会秩序稳定、和谐之所需的等级序差在思想的观念层次难以生根实存。在等级序差中，上对下既然没有慈仁容照，下对上当然也不会有真正的渊于人格、职业、品性等等方面的差距所体现出来的尊重，上下之间的关系就只是出于名利计较目的下的逢迎、争夺和较量。儒家人物为了一官半职把自己的人格、信念、理论原则全盘抛弃的事例比比皆是。道家、道教的"终南捷径"自不用说，道教神仙世界的等级秩序就是人间官权世界等级秩序的折射，道教神仙世界中被浓墨重彩、连篇累赘描绘的奢华、富丽，无所不有、无所不能、无所不可，就是人间官权世界的奢侈、淫乱、糜烂的反映。整个社会的价值观变得单一化了，仕途做官成为整个社会唯一的价值标准。做了官就能拥有一切，帝王、长官的好恶主宰、左右一切。社会的各个阶层、职业都向官看齐，"有权不用，过期作废"，吏治的腐败由此产生，并蔓延到社会的各个角落，形成整个社会的全面腐败。原则、纪律、法律是利益争夺的工具，是约束别人的，自己可以例外，有用时就是原则、纪律、法律，对自己无利时就是一纸空文。这是就静态而言。与官本位的社会价值观相适应，学术领域中出现了三纲五常不可逾越的名教条令。

就社会秩序的动态方面而言，伦理道德是协调人际关系的润滑剂，是保持社会公共秩序正常运转之所需，是维持社会正常存在和发展的必要规范。但在官本位的社会环境中，伦理道德同样发生了异化，成为统治者和在社会利益分配中处于优势地位的阶层向被统治者和处于劣势地位的阶层不公正地掠夺利益和进行非对等的服务的工具。道家对儒家的伦理道德在理论上作了否定和批评，却没有从尊道贵德的制高点提出一套可供现实社会采用的方案，它的高妙玄理反而流变成了君主统御臣民的阴谋权术。就是在伦理学上提出了善恶两忘、善恶双谴的道教学者成玄英，对于三纲之常同样也主张"父子君臣，各居其位，无相参冒"[1]。

---

[1] （晋）郭象注，（唐）成玄英疏：《庄子注疏》，曹础基、黄兰发点校，中华书局2011年版，第461页。

谈变论变最多的道教徒尚且如此，较为保守的儒家就更是把三纲五常视为学术禁区，就是把经权观偶尔用一用，他们也没有做到。在伦理道德被代代强势肯定的情况下，德才兼备，以德为重成为评价人的标准。这个标准含有人的全面发展的意蕴。人的全面发展若落到实处就只能解释为人的生存和发展中的技能的多样化，这在古代社会固然容易实现一些，但绝对意义上的劳动技能的多样化是不可能的。因为它与社会存在和发展必须进行劳动分工的事实相违背。实际上，人的全面发展的结果，表现于个人，就是每一个人在人生经历中形成的独特个性。个性除了德和才这两个方面之外，尚有其他很多方面。何况，在德与才这两个方面中，德又处于至高无上的优先地位，而德的所指却非常空泛，或者被有意无意地泛化，扩展到无所不包的地步，从而成为每一个人都可以凭它评价其他任何人的工具。当评价者和被评价者之间有利益制约关系时，评价往往就不是全面和公正的。在这种情况下，对他人的道德评价往往成为利益争夺中除了权势强夺外的一种手段。"欲加之罪，何患无辞"说明了这种道德评价的随意性、危险性和有效性。这样，真正促进社会进步的人才往往被所谓的社会舆论所牵制、压制，甚至迫害。如此造成的结果是阻抑了整个社会的竞争机制的形成，降低了社会发展的速度，加剧了社会矛盾。道家对伦理道德尚有深刻的反思，例如李康指出，"木秀于林，风必摧之；堆高于岸，流必湍之"[①]，对伦理道德的负面作用和社会异化有深刻的认识，但道教出于干预王道政治并与儒家一争高低的需要，不得不在这一点上屈服，从而基本上抛弃了道家对此的挑战和反拨，道家文化作为社会发展的解毒剂失效了。这是从宋代末年开始，儒家伦理道德规范得以被强化到超越此前任何朝代的原因。

诸子百家的学说既然都是以社会的政治教化为目的，那么，学术批判和争论的标准自然也就是是否对社会的政治教化有益。《庄子·天下》评论各家学说，比较推崇高远玄妙的老子哲学，但老子哲学的实质是由宇宙观落实到人生观和政治观，《天下》篇的评判标准仍然是"益于天

[①] （魏）李康：《运命论》，载《全上古三代秦汉三国六朝文》，中华书局 1958 年版，第 2590 页。

下",在此前提下断言百家众技"皆有所长,时有所用"①。荀子在《非十二子》中对各家的学说也进行了评判,认为十二子"饰邪说,文奸言,以枭乱天下,矞宇嵬琐,使天下混然不知是非治乱之所存"②。由此可见荀子进行学术评判的标准同样是政治标准,即从"治"的角度看,以"礼"为标准,由"治乱"论"是非"。荀子的学术评判标准、原则,深刻影响了此后的《淮南子·要略》、司马谈《论六家要旨》和《汉书·艺文志》,后学承继不绝。在此后儒、佛、道三教的争论和斗争中,统治者从是否有利于巩固自己的统治的角度来考虑问题,因而对待三教的政策基本上都是三教并包,以儒为主。从学术界来说,三教的各方同样也是把文以载道、经世致用,即是否适用于社会的政治教化作为抬高自己、贬低异教的标准、手段,甚至不惜攀附政治势力,动用政治手段来解决学术问题,排斥异己。

在对待外来文化的态度和处理本土文化与外来文化的关系上,汉代开始,佛教从印度传入中国。但佛教自传入之始,为了生存和发展,不得不逐步中国化和世俗化。佛教各派都不同程度上地中国化了,其中以禅宗最为典型。中国化和世俗化的内容,最明显的表现是五明,即佛教徒的五种学问,只有内明,即佛学受重视。因明在唯识宗的推崇下经过短暂的辉煌后也归于沉寂。属于科学技术的工巧明、医方明基本上被抛弃了,声明,即声韵学与语言学也不受重视。因为这些东西对统治者的一统天下作用不大。禅宗的中国化最彻底,因而也比其他宗派有更强的势力和影响。对此,朱亚宗认为:"禅宗严重地阻碍了中国传统科技的进步。以禅宗方式实现佛教文化与中国文化的融合,给人以深刻的历史启示:禅宗过多地牺牲了佛教文化中的优秀成分,以过分屈从于中国传统封建秩序的方式赢得佛教生存的条件,虽是历史条件使然,但它使中国传统文化失却一次重大更新的历史机遇。禅宗的方式已向历史透露出中国传统文化未来变易的艰难性和中国近代科学技术落后的必然性。"③

---

① 陈鼓应:《庄子今注今译》,商务印书馆2007年版,第784页。
② (清)王先谦:《荀子集解·非十二子》,沈啸寰、王星贤点校,中华书局1988年版,第90—91页。
③ 朱亚宗:《中国科技批判史》,国防科技大学出版社1995年版,第261页。

自汉武帝采纳董仲舒"罢黜百家，独尊儒术"的主张之后，儒家成为历代的官方意识形态，法家与儒家合流，形成阳儒阴法的局面，道家和后来传入中国的佛教成为官场失意者的精神慰藉品和麻醉剂。此后中国古代的知识分子形成了一个"以禄干政"的传统，科举制度形成之后，更强化了这一点。由此看来，中国传统文化是生存于自战国末期以来慢慢形成的官本位的社会环境中，具有对王道政治的源属性。

二

科学技术的发展离不开环境。这首先是政治环境。在科学技术尚不可能直接转化为生产力，自然经济尚无对科学技术的紧密依赖、强烈需求和直接推动的情况下，政治因素所起的作用显得尤其重要。中国传统科技是大一统科技，科技研究的主导力量是居官的科学家。科技研究的主要组织者和推动者是皇权机构。科技活动的管理体制是政治领导而非学术领导，科技活动的领导者或为班门弄斧，或为例行公事，科技人员也往往是受禄任事，敷衍官差。科技研究的主要内容是与统治者一统天下并达到长治久安息息相关的天、算、农、医四大学科，尤其是前两个方面。这些决定了科技研究的方向、规模和速度。

为了从科技与政治的关系的角度对解答李约瑟难题提供一些建设性意见，有必要把时间具体化。与近代科学发展的形成期、确立期、完成期三个阶段大致对应，从西方科学传入中国这个角度来看，根据山田庆儿的观点，可以把中国近代科学的发展划分为三个阶段：1578年至17世纪50年代末，17世纪60年代至18世纪40年代初，19世纪中叶以后。[①]

在第一个阶段，明代末年，东南沿海地区已经出现了资本主义生产关系的萌芽，工场手工业在地方经济中已占有一定的比重。但总体而言，明初建立的户口、里甲制度仍然紧紧地把农民束缚在土地上，整个中国仍然是自给自足的自然经济占据主导地位，朝廷也不再如宋、元那样鼓励海外贸易，工商业的发展虽然有了比较大的起色，但在政治体制的重重束缚中举步维艰。经济与科技之间尚未建立起紧密的联系，科学技术

[①] 参见［日］山田庆儿《近代科学的形成与东渐》，《古代东亚哲学与科技文化：山田庆儿论文集》，辽宁教育出版社1996年版，第338—349页。

的发展缺乏强大的社会推动力量。但此时,君主专制的中央集权已达到了无以复加的地步。而且,与此前敬德保民、标榜仁义不同,朝廷利用国家权力,采取种种超经济的强制手段赤裸裸地掠夺人民。例如,明神宗派遣大量矿监与税使,到全国各地汲取工商业者的财富。这样,政治未能为手工业和科学的发展提供必要的、足够的动力。

从文化环境来看,南宋末年之后,程朱理学在逐步被捧成官方意识形态的同时,也逐步被曲解、改造、蜕化为统治者对人民进行精神统治的工具,其本有的理性主义观念和科学精神逐步丧失殆尽。在这样的情况下,由南宋陆九渊所开创、明代晚期王阳明集大成的陆王心学开始在思想界发生了巨大的影响。作为对程朱理学的反拨,心学在注重个体价值、强调主观能动性方面确实有其重要意义,但它更强调在心性义理上用功夫,对科学技术等外在的世界甚至不如程朱理学那样关心。从宋至明,被改造了的程朱理学伴随着君主专制中央集权的政治体制的加强,被前所未有地普及和灌输到基层社会和民间,宋元时期对发明创造进行鼓励的政策不复存在,鄙薄技艺、视科学技术为奇技淫巧的观念也被逐步强化、泛化,并在明代末年达到了顶点。理学的伦理道德规范积弊越来越多,对人的主体性、创新性、竞争性等精神活力的培育起了很大的束缚作用。明代开始施行的八股取士制度也导致知识分子思想僵化,脱离实际,学风沉闷。迂腐的文人、士大夫"四体不勤,五谷不分","平时袖手谈心性,临危一死报君王",对外在的世界并不关心,对科学技术知识也知之不多。在这样的官本位的政治、社会环境中,科学技术的价值无从体现,科学技术不可能受到重视,其发展也就不可能很快,这是明代中后期技术成果急剧减少的一个重要原因。这样,晚明启蒙学者的科学成就和方法上的近代因素,在这样的政治、文化背景中受到了强有力的阻抑,没有得到长足的发展。

科学技术在16世纪以前尚未成熟到一个独立的文化部门的地步,它只能依附于其他文化部门,如哲学。对统治者而言,科学技术并无什么害处,相反,所取得的科技成果可以被用来宣扬自己的功德和业绩,为巩固其礼乐刑政的统治服务。在古代中国比较发达的农、医、天、算四门学科中,不少问题囿于当时的历史条件不可能解决,也不可能全面深入地加以认识,具有一定的神秘色彩。统治者,特别是汉代以后的统治者，往往有意识地利用和控制这些内容为自己的统治服务，而不让其干扰和破坏自己的统治。例如，《唐律疏议》卷九"玄象器物"条称："诸玄象器物、天文图书、谶书、七曜历、太一雷公式，私家不得有，违者徒两年（私习天文者亦同）。其纬候及论语谶亦在禁限。"① 天文历法是直接和天帝打交道的学问，其研究、传授只限于禁中和专门的研究机构。这无疑是束缚科技发展的一个障碍。好在唐、宋、元三代对此执行不严，所以天文学取得了巨大的发展，但到了明代，"国初学天文有厉禁，习历者遣戍，造历者殊死"②。这造成了天文学发展的停滞，由此使数学的发展失去了一个重要的推动力量。这四大学科尚且如此，其他学科的情况就更不容乐观了。这一时期，徐霞客、宋应星、徐光启、李时珍等人的科技活动没有得到朝廷的支持，仍然是凭个人兴趣展开的自发活动。

与中国相对比，在这一时期，堪称近代科学的实体在西方也还没有产生。从事科技研究的人仍是自然科学研究的爱好者，他们的人数微乎其微，研究活动仍然是在大学之外展开的个体活动。与传统不同而具有近代因素的若干新观念已经出现。这些情况都与中国相类似。但是，一系列对此后近代科学的形成有意义的科技成果已经出现。中国却因农民起义、清入关等政治离乱，既降低了社会生产发展的速度，使得社会、经济领域对科技的需求减弱，又阻抑了技术成果的大量涌现。历法改革等一系列实用领域的研究也因政治因素的介入和与政治吻合的传统文化中"道上器下"、强调满足百姓日用的科技价值观的影响，没有被导向以实际观测、经验证实为基础的比较纯粹的科学理论研究，③ 使得科技进一步发展的基础没有欧洲那么雄厚。黄宗羲、方以智等启蒙思想家的新观念没有充分的能够发生大的影响的土壤。这些预示了中国传统科技发生质变而转化为近代科学的可能性并不大。

在第二个阶段，满族作为异族入主中原后，处心积虑巩固自己的统

---

① 刘俊文：《唐律疏议笺解》卷九《职制》，中华书局1996年版，第763页。
② （明）沈德符：《万历野获编》卷二十《历法》，中华书局1959年版，第524页。
③ 朱载堉、徐光启、徐霞客、宋应星等人的科技成果显示了与西方同期科技成果不同的总体特点，即指向百姓日用而不是直接为工场生产效率的提高服务，他们的成果就总体而言是对传统科技体系进行综合性的总结，而不是就具体科技问题进行分析性的精密、深入的研究，创新也显得不足。

治，实行文化专制主义，大兴文字狱，对刻字、印刷、书籍销售等领域严加控制，大肆强化在元、明两代已被改造得适合于君主专制中央集权、鄙薄技艺的程朱理学作为官方意识形态的社会功能，注重个体和主观能动性的陆王心学受到了压制。其他文化领域同样弥漫着政治高压，科学技术仍然被视为雕虫小技。在镇压反清力量的同时，清朝贵族严酷摧残了东南沿海地区发达的商品经济。他们没有顺应经济发展的形势，仍然把重农抑商作为经济方面的国策，无视工场手工业的发展，在政策上错误地压制科学技术的发展，在思想上尊经崇古。在西方先进的科学技术传入中国的情况下，他们对世界各国的形势发展没有清醒的认识，仍然以"天朝上国"自居，在西方科技比中国传统科技先进的事实面前仍然倡导"西学中源"，把科学技术的研究引向了以经学治科学、复古注经的错误道路，使得中国科学技术的发展失去了一次重大的机遇。举例来说，明末清初的历法之争（时间界限大致为1629年至1672年）中，在汤若望引入西法而制成的新历明显胜过旧的大统历的事实面前，一些守旧的朝臣却以政治手段力阻新法的实施，拥护新历和维持旧历的两派展开了若干回合的反复较量，并付出了血的代价，最后又是康熙皇帝凭借政治手段，用强权和高压才使西法天文学在钦天监中的地位巩固下来。

科学与宗教的紧张性对抗关系在欧洲作为推进近代科学形成的一个强有力的因素起了重大的作用。欧洲当时是政教合一的，所以科学与宗教的对抗性关系实质上也就是科学与政治的对抗性关系。这凸显了科学技术的地位和重要性，使得经过资产阶级革命、政教分离后的新兴统治者可以凭借政治力量直接为科学技术的发展营造一个非常有利的环境。但在中国，具体的科学发现并未对政治理念构成威胁，二者之间也就没有对抗性关系的存在。这样，科学技术摆脱政治的羁绊而独立地大发展的动力就大打折扣了。统治者也仍旧沿袭"道上器下"的观念而执行把科学技术视为为礼乐刑政服务和满足百姓日用的政策，对科学技术没有给予关注和重视。这两个结果导致中国科学技术的发展方向没有顺应时势作出更革，规模没有明显的扩大，研究工作的组织形式没有从个体活动转化为公共协作的形式，国立的科学技术研究机构没有建立，职业科学家没有出现，科学技术的研究因不具有社会的性质而没有国民性，科学技术的教育机构没有出现，教科书编辑出版等科学技术知识传播的渠道也没有建立起来。从这一时期起，中国科学技术在总体上落后于西方已成为事实。

18世纪40年代末，在西方科学传入中国在实质上终止的时候，[①]近代科学在西方已经得以确立。恰恰在此时，清朝的闭关锁国政策完全实施，中国脱离了近代科学形成的大环境，而此时西方近代科学则迈上了加速发展的快车道。由于政治的干扰和与之相配套的文化观念的束缚，中国科学技术的发展断送了100年左右的时间，从而使得传统科技发生较大变化而转化为近代科学并与西方近代科学并驾齐驱的可能性完全丧失。

以大一统的君主专制政体为基本形态的中国古代社会的政治结构，自国家产生之日起就初露端倪，并一直延续至21世纪初。与此相适应的哲学思想，在长期的历史发展过程中发挥了其文化功能和社会功能。在自然经济的社会结构中和中国自身特殊的历史条件下，在科学技术自身的发展尚能受其包容的情况下，大一统的君主专制政体和与此相适应的传统文化，对科学技术的阻抑作用还不会明显地暴露出来。对古代的一些大型科技活动，大一统的政治体制也可以动用全社会的力量来推进这些活动的完成。但在自然经济开始解体，科学技术的发展需要由量变的积累转化为质变的情况下，加之大一统的君主专制政体在明清两代空前加强而达到完全成熟，它们的阻抑作用就充分地暴露出来了。在欧洲，大一统的君主专制政体是在奴隶社会和封建社会末期才出现的，而且往往并不稳固，持续时间多不长，原因在于它的传统文化没有中国的传统文化那样的对王道政治的源属性，从而为此后在自然经济的社会结构已无法容纳发展了的科学技术的情况下，能够对科学技术的变革少一些阻碍。

三

19世纪中叶以后，以近代科学技术武装而富强起来的西方国家凭借船坚炮利打开了中国紧闭的大门，中国与西方在科学技术方面的交流重新开始。列强的坚船利炮促使统治者不得不关注科学技术的发展。一些

[①] 1723年，清世宗因怀疑传教士与其他皇子勾结，对他的帝位不利，下令除钦天监供职者外，一律驱逐到澳门，不得擅入内地。传教士附带把科学技术输入中国的活动就此基本终止。

具有开明思想的官吏开始把这付诸行动。此后，洋务运动开始，曾国藩、左宗棠、李鸿章、张之洞等官员凭借手中的军政大权推行近代科学技术，为科学技术的发展营造了一个各方面成龙配套的环境，近代科学开始在中国得以确立。这其中，以政治为依托的行动是与文化观上的变革密切配合在一起的。洋务运动的施行者们突破了此前守旧的"天朝上国无所不有"及与之相应的"西学中源"说，提出了"中体西用"这一较为适合当时情况却又无法满足未来需要的新主张作为处理洋务运动的思想指导原则。在这一原则的指导下，1861年12月，安庆内军械所成立。它是中国近代第一个军事技术研究所，也是中国近代第一个科技研究所、第一个技术试验工场。1865年设立江南制造局。这标志着科技研究的组织形式由个体研究转变为政府承揽的公共协作的研究形式。1867年设立兵工学校，这是培养科技人才的专职机构，促进了技术与科学之间的联系的紧密化。1868年设立江南制造局翻译馆，后又派遣出国留学生。所有这些同类事件说明，通过国家的政治力量，科学技术已经成为一项社会事业，近代科学在中国的发展已经不可逆转，科学精神开始向社会传播和普及。

但洋务运动以"中体西用"为指导原则，传统文化对王道政治的源属性及其对科技发展的阻抑作用都未消除。它以官督商办为主导的组织原则，政治仍然主宰一切，这与具体、灵活的科技、经济活动往往步调不一致，这作为另一个关键因素导致了洋务运动的总体失败。此后，戊戌变法、辛亥革命、新文化运动、科玄论战，是近代科学精神在中国确立的几大政治、文化运动。戊戌变法失败了，辛亥革命虽然推翻了延续两千多年的大一统的君主专制政体，但也不彻底。新文化运动对古、今、中、西的问题作了热烈的探讨，对依附于王道政治的传统文化展开了猛烈的批判，道本器末的科技价值观被抛弃了。新文化运动和科玄论战的影响，虽然只局限于文化人中间，但毕竟为科学精神和科学规范在中国的确立奠定了坚实的基础。经过这一系列事件，束缚中国科技发展的两个强有力的因素大体上被清除，中国的科学技术事业进入了现代科学的范围中，中国开始步入现代化。

但是，由于这一系列事件都是以急风暴雨的民众运动的方式在短时间内完成的，因而不可避免地具有其局限性和不彻底性。这一点还表明，近代科技在中国的确立主要是靠政治力量的拉动而不是靠自身对社会发挥的功能而挺立起来，科学技术仍然未完全独立。这预示了此后在现代化事业中科学技术的发展仍然免不了还会有不尽如人意的事件出现，实事求是的科学精神的完全确立也并不会很顺畅。事实确实如此。中华教育文化基金会董事会改组风波、"大跃进"运动中的浮夸风、"文化大革命"中的反相对论运动、人体特异功能论争等等事例说明，[①] 传统文化对王道政治的源属性的毒瘤并未完全根除，权力意识与科学精神之间仍然有冲突，社会运作规范与科学规范之间仍然存在着较大的鸿沟需要弥补，科学精神和科学规范在中国现代化中的完全确立，还任重而道远。这也是李约瑟难题对中国现代化的警醒和提示之一。

立足于人性本恶，至少是或善或恶的人性理论，以防范人的为罪为恶为核心的法制，市场经济社会所需要的公开、公平、公正的民主，处理社会公共事务而服务于社会各个领域的政府职能的合理、合法的发挥，以科学技术作为生产力的强富源泉而促进发展的物质文明，以科学的理性主义精神为灵魂的社会运作机制，以能力为本位，通过竞争来实现社会资源的优化配置的发展机制，所有这些决定了我们对于传统文化的态度，即在根本改造的基础上，把它们作为有益的知识资源与现代社会的现实结合起来。这是李约瑟难题对于我们处理传统文化与现代化的关系的启示。

第四节　内丹的科学研究[*]

一　内丹与科学在知识和方法两个层次上的汇通

内丹的科学研究开始于20世纪前半叶，代表性的人物有两个，一是千峰老人赵避尘（1860—1942），二是道教学者陈撄宁（1880—1969）。此外有王清任、王宏翰、张锡纯、唐宗海等。

1933年，内丹家赵避尘刻板印刷了其著作《性命法诀明指》和《卫生生理学明指》，大量引入西方人体知识来汇通中国内丹学，在内丹学界

---

① 参见董光璧《传统与后现代——科学与中国文化》，山东教育出版社1996年版，第136—163页。

* 本节原文发表于《武当》2019年第5期。

影响很大。郑术指出，根据医学名词在不同时代的翻译差别并将赵氏著作的文句与西方入华译著原文相比对，发现赵氏的著作中既用到当时时兴的西医知识，又广泛涉及19世纪中晚期、甲午战争前传教士译著中的西方人体知识，他尤其大量取材自1851年出版的由英国传教士合信与陈修堂共同编译的《全体新论》。这可能主要是因为传教士对西方"灵魂论"与中国传统"心性论"的汇通，让内丹家更易接受传教士译著。

赵避尘如何用西方心、脑知识和血管、神经知识来改造传统内丹神识论和经络气穴论？他用西方脑知识中的功能分区论汇通内丹神识论中识神和元神的性质，将内丹史上"脑主元神，心主识神"模式，改为了脑既主元神，也与识神密切相关；用实体性的血管、神经等管道汇通内丹经络关窍炁穴；将传统内丹"机发则成窍"的关窍经络，改为实体的"生命之管窍"；接受了西方心血运动论，认为经络包括了某些血管，血管中行血，管外行气。偶尔也说有的血管既行气，又行血；他认为脑炁筋（神经）也属于经络范围，元神通过脑炁筋滋养调控全身。从神经方面的这种汇通，解决了精神和经络如何互相感应这一内丹难题。但是，必须看到，一些经赵避尘汇通后的人体知识，与传统内丹的根本信念是相违背的。造成这些汇通所带来的很多矛盾，集中体现在人体图——人体知识的直观展现上。赵氏师徒接受西方解剖学理念，极力创造写实、精确的"西化"内丹图；而传统丹图却故意用抽象、象征手法来排斥写实性与精确性。造成这两种丹图绘制方法的差异的原因在于，传统内丹有关眼睛的认识、神识论和精炁论等，把解剖作图法与识神（假我）、视觉（眼睛）关联起来，怀疑甚至否定了通过视觉认识人体的可靠性，认为只有把传统内丹图与元神（真我）和身体感受相关联，才能发展出另一种体认"真知"的途径。正是这种认识带来了新、旧内丹图的矛盾，也造成了内丹方法与西方解剖方法通约的困境。[①]

赵避尘的两种著作，虽然因对西方人体知识了解不深不透而存在着汇通的矛盾，但在西方医学昌明的时代背景下，他的著作还是引起了很大的反响。法国学者戴思博把赵的《卫生生理学明指》翻译为法语出版，

---

① 参见郑术《当中国内丹遭遇西方身体——赵避尘著作里的中西汇通》，博士学位论文，中国科学院研究生院，2012年。

《性命法诀明指》也被其他人翻译成英文、俄文、意大利文等。

与赵避尘侧重于在具体知识上汇通内丹与西方人体知识，陈撄宁侧重于从观念和方法上来汇通内丹与西方科学。他析丹术与道教为二，其实是在科学主义盛行、宗教式微的社会背景下，将道教的炼养学说与符箓派的低俗迷信区别开来，向科学靠拢。陈撄宁所谓的仙学，主要是道教传统的内、外丹术。他在《众妙居问答》中说："所谓'仙学'，即指炼丹术而言，有内丹、外丹两种分别。"① 陈撄宁认为仙学是一门实验性质的学术。陈撄宁曾提出，仙学有四大原则，其中第一条就是讲求实凭实据，"务实不务虚"②，而非将理论建立在玄虚的信仰之上，"仙学乃实人、实物、实情、实事、实修、实证，与彼专讲玄理者不同"③。他明确指出："神仙要有凭有据，万目共睹，并且还要能经过科学家的试验，成功就说成功，不成功就说不成功。其中界限，俨如铜墙铁壁，没有丝毫躲闪的余地。"④ 其次，陈撄宁摈弃了以往丹经满纸"五行八卦龙虎铅汞"等隐语的弊端，亦不空谈"满纸心性玄言"，力图以科学的分析方法和实证精神来探索内丹的隐秘。

20世纪八九十年代，在中国大陆兴起了气功热，在这一背景下，气功的科学研究也有所展开。主要研究的问题是：其一，气功外气的存在性，大量实验和研究，既未肯定，也未否定气功外气的存在，但为进一步的研究奠定了一定的基础。⑤ 其二，气功功能态和特异功能的研究。其三，意与气相互作用的研究。⑥ 后两个方面只是略有进展。存在的主要有争议性的问题有二，一是研究的可靠性，即严谨性和可重复性不够，二是外气效应的判断，肯定还是否定。⑦

气功一词虽然出现于宋代以来，但鲜有使用。对20世纪以来使用的气功概念和其内涵来看，总体而言，气功只是内丹的初级入门功夫。

---

① 洪建林编：《道家养生秘库》，大连出版社1991年版，第423页。
② 洪建林编：《道家养生秘库》，大连出版社1991年版，第603页。
③ 洪建林编：《道家养生秘库》，大连出版社1991年版，第424页。
④ 洪建林编：《道家养生秘库》，大连出版社1991年版，第511—512页。
⑤ 刘天君：《气功外气研究述评》，《中国中医药信息杂志》1998年第10期。
⑥ 王锡安：《国内近十年来气功实质研究概况》，《安徽中医学院学报》1990年第3期。
⑦ 刘天君：《气功的研究现状与发展方向》，《中国中医基础医学杂志》1998年第1期。

基于上述气功研究状况和目前科学技术的动态，本书提出内丹科学研究的如下思路供参考。

二　内丹科学研究的若干可能途径

内丹修炼展开科学研究的一些可能途径，如何用严谨的科学研究的手段来对气功或者是内丹所涉及的一些重要的方面，展开科学研究。

（一）有关经络的若干假说

我们用倒序的方法罗列出迄今为止有关经络研究的主要假说：

2018年，基于探针的共焦激光显微内镜发现了一条"流动流体的高速公路"。研究人员说，这个新发现的网络遍布人体的致密结缔组织薄层，是互相连接的间质，这些间质组织位于皮肤之下，以及肠道、肺部、血管和肌肉内部，并连接在一起形成由强大的柔性蛋白质网支撑的网络，其间充满了液体。

2009年，饶平凡，刘树滔，郭静科等人首次通过自由基特定显影技术获得清晰度最高的经络路线照片，并刊登在 Bioscience Hypotheses 杂志上。

2005年，代启彬提出经络是"类分化细胞集合"论断。

1996年邓宇等提出"分形分维的经络形态及解剖结构"（非间隙经络，细胞充填的非管经络）。

1996年张声闳提出"间隙维"经络。

1992年，中国曾邦哲提出"神经—内分泌—免疫调控"功能整合（经络宽带效应是三体互动的混沌现象）与系统医学模型等。

1985年，法国 de Vernejoul P 同位素示踪显像方法；另外，法国 Niboyet 对皮肤电的研究。

1984年，谢浩然，人体经络间隙结构解剖观察。

1984年，匈牙利 Eore 用二氧化碳测定仪研究经络。

1980年张保真等采用的肉眼实地观察铺片及血管灌注法。

1978年孟昭威的经络第三平衡系统。

1972年汪桐提出经络的实质是二重反射假说。

20世纪70年代日本学者本山博用液晶薄膜法观察，循经感传线上的温度变化。

1970年，法国J. Borsarello使用红外热像方法进行经络研究。

1956年Nogierop对中国耳针穴位图谱及作用的研究等。

1955年，中古义雄等"良导络之研究"成果，笹川"良导点"，"良导络"。

1952年，藤田六郎提出了关于经络的假说。

1950年，日本长滨善夫报道了循经感传现象。

从上述主要经络假说的研究历程可以看出，最初研究经络的不是中国人，是日本人；其次，本是中国人提出的经络学说，对它的科学研究，主体力量不是中国人，而是外国学者！个中缘由耐人寻味！从1950年到现在国外学者持续不断地进行探讨。中国要引领科学发展的前沿，要抢占科学技术发展的最高峰，要缩短中国跟国外科学技术的差距，就要努力朝这方面做功夫。

(二) 气、真气、炁

与经络直接相关的就是"气""真气""炁"。

"炁"是什么？"丹"是什么？炼丹可以练到阳神出窍，"阳神"是什么？这些都是目前科学难以搞清楚的问题。其中，可以说，炁是内丹研究最大的难点，痛点。

目前的科学在一些领域，已经给我们提出了一些有启发性的思路。

量子力学中有量子隧道效应和量子纠缠效应。量子隧道效应，就是量子在相互影响的过程中，会交集成一个管道。具体地说，经典物理学认为，物体越过势垒，有一阈值能量；粒子能量小于此能量则不能越过，大于此能量则可以越过。例如骑自行车过小坡，先用力骑，如果坡很低，不蹬自行车也能靠惯性过去。如果坡很高，不蹬自行车，车到一半就停住，然后退回去。量子力学则认为，即使粒子能量小于阈值能量，很多粒子冲向势垒，一部分粒子反弹，还会有一些粒子能过去，好像有一个隧道，故名隧道效应（quantum tunneling）。可见，宏观上的确定性在微观上往往就具有不确定性。虽然在通常的情况下，隧道效应并不影响经典的宏观效应，因为隧穿几率极小，但在某些特定的条件下宏观的隧道效应也会出现。[1]量子隧道效应似乎可以启发我们理解炁在经络中的运行现象。

---

[1] 立新：《"隧道效应"基础理论探析》，《吉林工程技术师范学院学报》2016年第2期。

量子纠缠效应。假设一个量子系统是由几个处于量子纠缠的子系统组成，而整体系统所具有的某种物理性质，子系统不能私自具有，这时，不能够对子系统给定这种物理性质，只能对整体系统给定这种物理性质，它具有"不可分性"。不可分性不一定与空间有关，处于同一区域的几个物理系统，只要彼此之间没有任何纠缠，则它们各自可拥有自己的物理性质。物理学者艾雪·佩雷斯（Asher Peres）给出不可分性的数学定义式，可以计算出整体系统到底具有可分性还是不可分性。假设整体系统具有不可分性，并且这不可分性与空间无关，则可将它的几个子系统分离至两个相隔遥远的区域，这些子系统仍然具有相关性。以两颗向相反方向移动但速率相同的电子为例，即使一颗行至太阳边，一颗行至冥王星边，在如此遥远的距离下，它们仍保有关联性（correlation）；亦即当其中一颗被操作（例如量子测量）而状态发生变化，另一颗也会即时发生相应的状态变化。按照科学正统的说法，量子纠缠现象的存在否定了世界的定域实在性。也就是说，对于这个现象的理解，我们只有两种不能同时选择的选项，一种是承认在我们观察前，不存在一个客观真实的世界，也就是量子力学的说法。在我们观测前，一切都不存在，根本就不存在什么粒子、自旋等等，只有一缕波在扩散，在观察的一瞬间，整个系统才变为现实，这就保持了两个观测到的粒子的协同性；另一种则是承认存在超光速的瞬时沟通信号，两个粒子是客观存在的，但它们仍然"纠缠"在一起，以一种幽灵般的方式在实时进行沟通，这样也可以保持这种协调性。必须注意到，量子纠缠是一种纯粹发生于量子系统的现象；在经典力学里找不到类似的现象。① 量子纠缠效应似乎可以启发我们思考内丹修炼到中高级阶段出现的特异功能现象和阳神出窍现象。

量子隧道效应、量子纠缠效应，都是量子这一微观层次特有的现象。从量子到分子，到人的细胞，再到组织、器官、系统和人体，整个人体的生理跨越了很多个层次。按照系统论的原理，层次性是系统的基本特征，两个相邻层次的系统之间存在着双向因果关系，但高层次系统的规律不是直接来源于某个低层次系统，而是来源于两个以上低层次系统之

---

① 百度百科"量子纠缠（物理学概念）"词条，https://baike.baidu.com/item/量子纠缠/1714985? fr = aladdin，2018 年 8 月 4 日。

间的相干性关系。也就是说,低层次系统的规律不适用于高层次系统,不能把低层次系统的规律直接套用到高层次系统中去。量子属于低层次,人体生命属于高层次,二者之间有很大的层次差距。量子隧道效应和纠缠效应呈现的规律不可能直接适用于人。现在需要做的是,用严谨的科学研究的态度去探讨,能不能把跨越的几个层次关联起来,建立起一种通道,在对生命的研究领域突破细胞的层次,往分子、原子甚至更低层次的量子的方向进行探讨。

与此相关的还有狄拉克费米子、外尔费米子、狄拉克锥,等等。粒子物理学中除中微子外,标准模型中的所有费米子都是狄拉克费米子。狄拉克费米子是反粒子与自身不同的费米子。一个狄拉克费米子相当于两个外尔费米子。狄拉克费米子可以视为左手的外尔费米子与右手的外尔费米子的组合。外尔费米子(Weyl semimetal)并没有被视为基本粒子。外尔费米子是一种无质量费米子,在量子理论和标准模型中发挥重要作用。与狄拉克费米子对应的是反粒子与自身相同的马约拉纳费米子。[①] 所谓狄拉克锥是指一种独特的能带结构,其能带在分离填充和未填充电子的费米能级处呈上下对顶的圆锥形。由于这种能带结构满足描述相对论粒子能量—动量关系的狄拉克方程,因此被称为狄拉克锥。具有狄拉克锥能带结构的材料,具有许多优异的物理性质,比如非常高的载流子迁移率和反常量子霍尔效应等。狄拉克费米子、外尔费米子、狄拉克锥等对一些特异功能的现象的研究,似乎是一种启发性的思路。

挠场:挠场(torsion field)又称自旋场(spin field)或扭场(axion field),是物体自旋角动量扭曲时空坐标所产生的场。挠场是万有引力、电磁力、弱作用力、强作用力之外的另一种力,为第五种力。从量子场论的角度来看,物理真空是一个具有强烈涨落的系统,它蕴涵巨大的能量。根据量子场论对真空态的描述,J. Wheeler 估计出了真空的能量密度高达 $1095g/cm3$。如果可以通过对真空的自旋扰动来释放真空涨落中的能量,那么,这种能源是巨大无穷的。[②] 挠场理论强调量子真空是非常活跃

[①] 百度百科"狄拉克费米子"词条,https://baike.baidu.com/item/狄拉克费米子/20178140? fr = aladdin,2018 年 8 月 4 日。

[②] 头条百科"挠场"词条,http://www.baike.com/wiki/挠场,2018 年 8 月 4 日。

的空间，它充满离子和能量场，跟这种现象伴随的能量在温度的绝对零度依然存在。宇宙的所有物质对真空都是开放的，通过动态的卡西米尔效应和绕场相关可以从空间的任何一点提取能量，这可不可以解释气功中的气呢？

上述与量子力学相关的知识点说明，要从复杂性科学这一基本点出发，去进行气功或者是内丹的研究。

此外，气功师发放外气发出的东西究竟是什么，20世纪80年代有学者认为是一种红外线波，到了今天，更多的人认为主要是一种太赫兹波，例如江西中医药大学就以此为基础做了一些研究工作。但这似乎不能解释其他很多外气发放的现象，所以，有关外气的物理研究，尚待深入。我们强调，所谓气，无论是内气还是外气，最终都要落实到用客观的设备来进行定量化的检测。这样，太赫兹波检测仪、基里尔相机、光子计数器等之类的设备就应该用上去。

(三) 脑神经、脑垂体和松果体

气功和内丹修炼与人的大脑有非常紧密的联系。

境外对冥想，主要是佛教禅定做了大量研究，已发表2000篇左右的论文并出版了一些著作。得出的结论可以概括为三点：有助于提高人的认知能力；可以改变大脑神经结构；可以提高人的情绪调控能力。我们知道，禅定跟内丹有非常紧密的联系，在肉体生理的改变方面更是内丹的强项，基于类比推理，我们有理由相信禅定的这三个结论在内丹身上也是适用的，但是要做验证，而且我们会相信在改变大脑神经网络结构这方面，内丹的功能远远要比禅定高得多，这就值得我们去探讨。浙江大学脑科学研究中心发表的论文指出，利用超高场磁共振成像技术（MRI）研究大脑功能联结组，可以让对大脑的研究深入到意识和认知层次。我们希望有学者研究内丹状态中的特异状态。

另外，我们认为，内丹或者气功的脑部研究尤其应该重视脑垂体和松果体。垂体是人体最重要的内分泌腺，分泌多种激素，如生长激素、促甲状腺激素、促肾上腺皮质激素、促性腺素、催产素、催乳素、黑色细胞刺激素等，还能够贮藏并释放下丘脑分泌的抗利尿激素。这些激素对代谢、生长、发育和生殖等都有重要的作用。通过练气功、练内丹能够健康长寿，这是共识，但这应该具体化，要从腺素分泌中体现出来。

松果体俗称第三只眼，是内丹中所谓天眼的生理部位，是约 7mm × 4mm 大小的扁锥形小体，位于丘脑后上方，以柄附于第三脑室顶的后部。松果体在儿童时期较发达，一般 7 岁后逐渐萎缩，成年后不断有钙盐沉着。所以，成年人的松果体是关闭的。内丹修炼修到第二阶段炼气化神即将结束的时候，松果体会被重新激活，开始发挥它的作用。松果体能合成、分泌多种生物胶和肽类物质，主要是调节神经的分泌和生殖系统的功能，而这种调节具有很强的生物节律性，并与光线的强度有关。

总之，我们认为，脑科学的研究中，脑垂体和松果体应该是探讨的重点之一。

(四) 性机能的研究

内丹的主流派别是从对性能量的保存、转化和利用开始，主动回避死亡，实现逆生长，进而追求长生不死。也就是说，内丹涉及性与生、死的关系。对此，美国科学家斯·格洛夫（Grof）说："由于技术日新月异的进步，西方人不得不付出了很多代价，特别是，我们越来越从人类存在的生物本质中异化出去。这种异化尤其突出地表现在生命的三项基本活动上——出生、性和死亡。由西格蒙德·弗洛伊德发端的心理学革命已在相当大程度上消除了对人类性活动的压抑。在最近十年里，我们则亲眼看到出生与死亡研究领域有了较大进展。这不仅表现为对出生与死亡这类体验有了日益深入的理解，而且表现为对新生婴儿和濒死者的医疗护理有了重大的变革。在消除了对出生与死亡的思想禁忌之后，人们随即重新发现了精神世界的意义，而这一点曾被物质科学的飞速发展所淹没。随着这些领域的知识不断增长，有一点变得越来越明显：出生、性和死亡是与精神世界密切相关的，它们有力地植根于人类的无意识之中。这种见解恰好表达了古代各种宇宙论、宗教和哲学的核心，因此，这些认识论上的新发现就在古代智慧与现代科学的鸿沟之间迅速架起了一道沟通的桥梁。"[①] 出生、性、死亡三者中既隐含着生命的秘密，又隐含着心灵（精神世界）的秘密，道教有关它们的知识既在古代智慧和现代科学之间架起了桥梁，又在哲学、科学和宗教三大文化领域之间进行

[①] [美] 斯·格洛夫：《死亡探秘——人死后的另一种状况》，雁栖、李军译，中国人民大学出版社 1991 年版，第 133 页。

了沟通。丹道性命学中包含了出生、死亡和性的体验，内丹人体修炼工程就是揭示生、死、性之秘的工程。

强调性机能与内丹关系的研究很有必要。内丹功法的正统就是以人的性能量转化运用，升华提高作为核心和基础的。表现在修炼初期性欲、性能力会有显著的增强，炼精化气结束后，男子"降白虎"，杜绝精液外泄，"马阴藏相"、性欲消失，女字"斩赤龙"，断月经，两乳扁平，均与性机能相关。男女双修更是利用了人的性交活动来展开，这样就促使我们要去思考古人说的"还精补脑"的科学的解释是什么。因为它对人的生命质量的改进太过于重要，这是 80 年代气功热时相关研究遗漏了的一个领域。

此外，性机能既与生理有关，也与心理有关。内丹也如此。近代以来的生物学和医学都以排除心理影响来研究人，看不到心理对身体的影响。当代的研究应该在这方面有所突破。

（五）脉搏、心脏、呼吸

脉搏、心脏、呼吸等也与内丹修炼紧密相关。庄子说："真人之息以踵，众人之息以喉。"[1] 普通人的呼吸，气到喉咙这个地方就没有了，真正修炼有成的气是从鼻孔、嘴巴进去，一直注入脚底的涌泉穴。呼吸并不仅仅只是人体的呼吸，是跟大自然，天地的大系统构成的一个整体的波动、平衡的过程。中国哲学，尤其是道家哲学，都强调"天人合一"。内丹认为，呼吸练到高级阶段就是胎息，胎儿在母亲的子宫中不是用嘴巴鼻子呼吸的，用的是全身十万八千个毛孔全部打开来进行呼吸的。所以，内丹或者气功修炼的高级阶段也要达到胎息的这种状态，到那个时候直接可以和天地自然保持一种阴阳平衡。胎息练到成功的标志是什么，"息停脉住"。这个阶段，就是在大周天打通之后，结丹之前就做得到的。

此外，通过心电图检测，真正修炼有成的人，心跳基本上接近一条直线，也就是心跳的频率很低。脉搏也存在类似现象。这些都是比较重要的指标。从研究来说，需要进行大量样本的数据采集，进行统计分析，力图摸索出一些与内丹修炼各阶段关联起来的规律。

脉搏、心脏、呼吸等结合起来都比普通人的指标要低得多的这种状

---

[1] 陈鼓应：《庄子今注今译》，商务印书馆 2007 年版，第 199 页。

态名叫"超级低觉醒状态"。这种状态应该进行综合性的研究。

（六）内丹修炼者的抗衰老指标

历来的内丹文献均宣称内丹修炼可以延年益寿，延缓衰老，具有健身养生的功效。现代医学中已经有抗衰老指标的相关研究，那么，与内丹相关的科学研究也应该考虑建立符合内丹特点的抗衰老指标体系。衰老是有严格的科学指标的，每个年龄段都有具体的生理指标显示衰老的程度。可以分成40岁、50岁、60岁、70岁、80岁五个档次，每档设立20个或30个衰老指标，检验其衰老的程度。修炼内丹的人，最起码比同龄人的衰老指标低12—15岁。抗衰老指标达到一定程度的修炼者，才有资格进入到内丹修炼层次的考核。

建立这一指标体系，有两个方面的重要意义，其一，打假。气功或内丹修炼是一个个体性的行为，修炼所取得的功效和与此相应的所达到的阶段或者层次，如果不是有意识地需要判断或检测，通常而言也只有修炼者本人清楚，"如人饮水，冷暖自知"。但是，修炼者在得道成仙之前，还是一个社会人，必须生活于社会中而与他人发生种种往往与名、利纠缠在一起的关系，这就使得一些人基于名利追逐的需要而夸张性地宣称自己达到了很高的层次，自我吹嘘，贬低别人，抬高自己，甚至神化自己，为此不惜弄虚作假，坑蒙拐骗，造成修炼圈的种种乱象。这在20世纪80年代的气功热中表露无遗，今天的修炼圈中同样有一些这样的人。所以，建立相对客观的，符合内丹修炼特点的抗衰老指标体系，根据它进行检测，就可以打假，让这些名不副实的假大师、假宗师、假掌门现出原形，还修炼圈干净、清静！让内丹能够得到更多社会公众的认可，更有利于它的健全发展。其二，为广大修炼者在各个阶段的修炼提供一个具体的参照标准，不至于盲练。

三 用科学研究内丹的思考

科学在最近三百年来已经显示出了其巨大的物质文明方面的功能，对人类的精神文明显然也有深刻的影响，让整个社会形成了一种强调实事求是的作风。实事求是是建立在科学事实的客观性、真理性、可重复性验证的基础上，由此在社会公众中获得了广泛的认同。用科学的方法来研究内丹非常有必要，尤其是在中国这样的发展中国家，在科学沙文主义盛行的背景下，证明内丹的科学性甚至是让内丹摆脱"封建迷信"、与被警惕的宗教划清界限的一条必由之路。我们强调这项工作非做不可，因为科学和智能技术会在理解人性和人心的基础上开辟人类生存的新的可能性，发挥塑造人性和人类社会的力量。

用科学研究内丹也有一定的局限性，建立在西方科学研究的基础上的这一套东西，显然不能解决所有的问题，尤其是涉及身心关系的问题，它会显得非常有局限性，但是不能因为这而盲目地否定。不能因为今天科学达不到炼丹的中、高级阶段的研究，就不去做这些事情。否则，内丹就只能永远停留在玄幻、宗教的层次，难以被社会公众认识，难以发挥其造福苍生的本有功能。何况，科学研究是一种探索性的发现工作，只能逐步靠近，逐步接近。

现代科学有两个最根本的特征。第一是定量化的因果关系。第二是可重复性的实验验证。这要求我们要对课题进行可行性研究，确定选题后，针对具体目的设计相应的实验，用仪器设备来客观地对气功、内丹修炼当中所涉及的身心现象进行检测、判定。由于影响因素多，必要时要做对照实验和排除性实验、双盲实验。

实验的本质是在人工控制的前提下，让事物之间的联系以简化、纯化的形式呈现出来。也就是说，它只考虑了物的影响因素，没有考虑人的因素。即使是物的因素，也只是考虑了与研究目的直接相关的主要因素，而把次要因素放到背景中去，虚化了。如果对主要影响因素选择不当，人工控制条件的工作没有做好，则实验的可重复性就会有困难。一旦不可重复或者重复性不理想，实验结果就得不到同行研究者的认可，实验就失去了科学研究的意义。

此外，量子力学中的测不准原理已经揭示出，由于测量工具的干扰，我们不可能同时把基本粒子的波动性和粒子性测量准确。测准波动性就测不准粒子性，测准粒子性就测不准波动性。测量工具或测量手段对测量对象的影响是普遍存在的，只不过在宏观和宇观层次，这样的影响小得可以忽略不计，但在微观层次，这样的影响就显示出来而且到了完全无法忽视的地步。但量子力学还是没有涉及人所特有的心理现象。在气功或内丹研究中，因为研究的不只是生命的生理层次，还涉及心理层次，所以，心理意识就不能作为次要的影响因素而忽略不计。20 世纪 80 年代气功热时期所做的很多外气发放和人体特异功能的研究就有大量案例说明，由于气功师和功能人的心理意识难以进行人为的准确控制，仅仅检测物质性因果关系的实验在重复性验证方面比较差，这也是这一类研究成果难以得到主流科学家的认同，这一类研究难以融入主流科学研究圈的重要原因之一。为此，应该学习心理学中的实验方法，适当地改造之后用于内丹的研究中。

用科学研究内丹会促进内丹和道教的普及，但也可能带来对二者理解的扁平化。但是，古老的气功和内丹要发展也必须借用科学的手段去做，这样才能让人心服口服，而且我们还要强调，今后的科学研究，可能更多地不能仅仅停留在物质的层次，还要研究人的身心关系，研究物质和意识之间的关系，这是一个很重要的努力的方向。

中国目前科学研究的总体情况是很不能令人满意的。美国国家科学院院士谢宇说："美国科学的最大优势不是钱、也不是人，而是多元的、开放的、自由的、推崇个人创造力的文化。中国现在有钱、有人才，但是缺乏创新的文化土壤。"我们认为，国家治理的本质，不是观念的同一化，不是泛意识形态化，更不是形而上的文化标签，而是最终要落实到自由、宽容、尊重和社会福祉。为此，需要提升整个社会的质量，创造一个相对自由、宽松、活泼、平等、相互尊重的社会环境，这样我们的科学研究才能创新，才能真正地取得成就。造就创新的文化土壤，思想的解放，观念的更新是非常重要的。

第七章

区域传统文化及其现代化

对传统文化与现代化关系的探讨容易因为文化的广博性而出现浮泛之弊。为了避免这一误区，本书运用了类型学的方法，通过案例研究了知识类型和观念类型，进而探讨区域传统文化与现代化的关系。

通书是本书研究的知识类型的案例之一。以记载农历为本的民间通书，是民间编纂天文年历的成果表达，是传统天文学在民间的权威解释文本。中国古代天文学通过观天察地来预兆人事变化之吉凶的传统决定了通书容纳了大量择日、风水等术数内容，进而纳入了以道教为主体的宗教性内容，还容纳了生产和日常生活所涉及的多个方面的基本知识，因而成为传播传统知识的民间百科全书，反映了区域社会公共知识的体系构成和传承。因人的社会阶层的区分和所处地域的不同，通书的内容还有皇历与不同地域民历的差异，蕴涵有官方正统秩序与民间地域秩序之间的复杂互动关系。深入来看，通书具体而微地给予当代与中国传统文化相关的人文学科多个领域的学术研究多方面的启发意义。

少数民族道士的知识是本书研究的知识类型的案例之二。温州地区陈靖姑信仰盛行，为群众的陈靖姑信仰进行宗教服务的道士是武派道士，本章运用田野调查与文献研究相结合的方法，对文成县一名畲族雷姓间山教道士的书籍保存、分类作了描述，探讨了民间道士的书籍保存、分类，多元的知识结构与他们多样化的宗教活动，造成这一情况的根本原因在于道士因职业化的谋生需要应付群众多元的信仰、心理和社会需求。

土葬是本书研究的观念类型的案例。云南省弥勒市十八寨的汉族系明代从南京调出的驻军后裔，文化上既传承了中原汉族文化，也受当地彝族等少数民族的影响。本书在田野调查的基础上，参考相关文献，把十八寨汉族的丧葬礼仪分为初丧、治丧、出殡、终丧四个阶段四十一个步骤，对它们作了详尽的描述，并力图给出学理化的解释。从中可见，十八寨汉族的丧葬礼仪，既传承上古礼仪，又因应时代而作了相当的简化；既传承中原文化，又有地方特色。本章在此基础上探讨了十八寨汉族丧葬礼仪的程序内涵，并揭示了其文化内涵，那就是：慎终追远，倡扬孝道，齐同生死，和谐营生。

全国性的大传统与各地区的小传统之间具有双向互动关系并反映在现代化过程中。由各地区文化遗产构成的中国传统文化在全球化的背景中显得越来越重要，对此我们必须有清醒的认识。为此，各地区应该自觉行动起来，对本地区的文化遗产全面普查，采取多种方法科学保护，创新传统文化传承机制，从多种途径努力，积极发展文化产业，把文化资源与经济要素相结合，让传统文化作为经济系统的生产要素，充分发挥出它促进报酬递增的潜力，消解传统文化的保护、传继、弘扬与现代化在现实中经常性出现的矛盾。

第一节　民间通书的知识类型分析*

一　与通书相关的几个概念

近几年我耗费大量时间到浙江、福建、江西等省区进行民间道教的田野调查，搜集到了诸多通书。这些通书的印制传承者往往把自己的书界定为历书，把自己视为星学传人，认为自己从事克择之道。星学即星命、占卜之学，渊源甚早，在中外文化中均流衍不绝。《四库全书》中收录不少，如明代万民英所撰《星学大成》罗列众多星家古法和星学家言论，中间插进注释和评论，巨细靡遗，灿然大备。中国传统星学是术数中的显学之一，有运用天干地支的流派，子流派之一是以度为主，以《果老星宗》为代表，郑富升、卢清河、李光浦均有著作；子流派之二是以宫为主，以舒英《干元秘旨》为代表，此外霍敏卿、吴师青等均有著作。还有以明末清初俗称地仙的风水大师蒋大鸿为宗的子流派，主天星择日是其延伸应用。此外还有运用二十八宿的流派，子流派之一是演禽，

---

* 本节原文发表于《文化艺术研究》2014年第3期。

多用于择日、兵阵，如池本理的《禽星易见》，钟羲明的《择日精粹》。子流派之二是流传于日本的宿曜道，如《大藏经》密教部的《宿曜经》等。从这里可知，星学包含了择日、风水等众多术数的内容（对此下文有详细阐述），而术数广泛通用于社会和日常生活等诸多方面，人们希望借此趋吉避凶而力求无往而不通，所以，单纯的星学著作，也即日书是有的，但是，在后来的发展过程中，星学著作或日书虽然以择日为主，却加入了很多其他术数等内容，故被名之为通书。清代中期以来影响较大的通书是清代乾隆丙午年（1786）成书的《鳌头通书》（十卷），是一部搜罗广泛的大部头择日类书，起例、断诀完备，收入了玉函斗首元辰、河洛生成数、金精鳌、诸家銮驾帝星、通天窍马、盖山黄道、雷霆升玄、造命、禽遁、遁甲奇门等内容。后世有人不断踵事增华，有《鳌头通书大全》《改良鳌头通书大全》等版本，卷数递增到 36 卷之多。

  星学著作或日书的核心内容是以时间为主线来展开对未来的吉凶预测，这就导致它们与历书有紧密的联系。历书是记载历法的书。历法是用来安排农事、判断节气、记载时日、确定时间计算标准的方法，根据天文观测而制定。我国传统历法，以"阴历"（或称农历）、"太阳历"及"阴阳合历"为主。阴历以朔望月为单位，根据月的圆缺变化而制定。大小月交替为 30 天、29 天，全年 12 个月共 354 天。阳历则以地球绕行太阳一圈定为一年，每月 28 天至 31 天不等，一年计 365 天，闰年为 366 天。阴阳合历则是既考虑月亮的运行周期又考虑太阳的运行周期，有六个大月，各 30 天，有六个小月，各 29 天，一年 12 个月，354 天。这与太阳历 365 天之间相差了 11 天，大约三年就必须补上一个闰月，于是有"十九年七闰"之说。用置闰的方法来弥补阴历年与阳历年天数之差，我国比希腊早发明了 160 年。中国在 4000 多年前就有历法了。古代使用的历法有黄帝历、颛顼历、夏历、殷历、周历和鲁历等，其中以传说是由轩辕黄帝创建的"黄历"最为古老。由于古时我国使用"黄历"的区域广阔，影响深远，所以人们习惯把历法称为"黄历"。

  "君权神授""天人合一"，掌握最大最多权力、位居权力阶梯最高层的皇帝号称"天子"，代表上天治理凡间，是中国古代政治合法性、合理性的根本观念。因此，在古代，天文学和相关的历法被统治者视为正统和权威的象征，是治理大一统帝国所不可或缺的。为此，在传统社会里，历朝历代都设置官署司理天文和历法。周有太史，秦汉以后有太史令。隋设太史监，唐为太史局，后改名司天台。宋、元有司天监，与太史局、太史并置。元设有回回司天监。明清时期改名为钦天监。这些官署的职能就是观察天象、推算历法、编撰历书。所编历书，宣称"奉正朔"，即认为是天命所授。这些天文机构官员还有另外一项任务是为皇帝占星，即星学的运用。

司理天文和历法的官署所编历书要报经皇帝批准才能发布。据说唐文宗李昂曾下令，历书必须由皇帝本人钦定，由皇帝委任京城司天台颁布，只许官印不许私印，从此，"黄历"就成了"皇历"。"皇历"一词据说还与宋太宗有关。宋太宗每年到了年末，都给文武百官发送历书一本，其中有农历日期节令以及在耕作种植方面的普通知识。因为历书是皇帝所送，因此称它为"皇历"。清代乾隆朝为避弘历名讳，更名为"时宪书"。

在一定程度上说，中国古代黄历的编制就是编算天文年历的工作。它包括中国古代天文学的许多重要内容，是古代科学观察和研究的结晶。"黄历"中所记历法，一般是以一年为限，第二年就不完全一样，如果拿去年的黄历来查看今年的历法，就一定是错误的，因此"老黄历"也被赋予了因循守旧、不思变革的引申意义。

中国在3000多年前就有了用甲骨文记载的历书，到秦代，历书已经普及而成为人民生活的指导手册。唐太和九年（835）已有木板刻印的历书出现，即《宣明历》，其中载有月日、时辰和节气。现存的一部最古老的印刷历书是唐僖宗乾符四年（877）印刷的，现藏于英国伦敦。旧时，每年十月初一日钦天监颁布次年历书。《燕京岁时记》载："十月颁历以后，大小书肆出售宪书，衢巷之间也有负箱唱卖者。""宪书"即皇历，亦称"通书"。清末到民国时期，市面上贩卖所谓"大本新皇历"，上面印着《大清光绪某年钦颁时宪书》《中华民国全序通书》。历书在传统社会中是必不可少的。久远以来，黄历一直是中国民间最畅销的书籍。元泰定五年（1328），官印黄历高达三百多万本。目前台湾地区每年印制的黄历大约为五六百万本。不少现代人仍然习惯于使用黄历。

到了现在，历书种类繁多，有年历、月历、日历、农历、怀历、台历、挂历、万年历等多种，还出现了以计算机、手机软件为载体或嵌入钟表等器具内的电子历书。随着科技进步和社会、文化的发展，信息传播的便捷，其内容几乎无所不涉，丰富多彩；设计形式不仅多样化，而且往往富有文化艺术气息，带有名人书法、诗画的历书、年历，往往就是一件收藏品，因此时下重视收藏各类历书、年历的人愈来愈多。我们这里讨论的，是主要运用于农村，以农历为主的传统历书，即通书。

总之，在中国传统文化的早期，星学著作、日书、历书虽然有联系，但多属单独存在。大致从唐代晚期开始，纯粹的星学著作、日书、历书也还有出现，但数量已经比较少。绝大多数与这相关的著作是把这三者融合起来，并收纳了多种术数以及与社会和日常生活相关的诸多方面的知识，被称为通书。

二 通书的知识类型分析

《尚书·尧典》言及："乃命羲、和，钦若昊天，历象日月星辰，敬授人时"。《周易·系辞》中则有"观乎天文，以察时变""天垂象，见吉凶""仰以观乎天文，俯以察于地理，是故知幽明之故"之说。由此，席宗泽认为，中国传统文化中的天文学正是沿着这两部经书所规定的路线往前发展的。《春秋战国文化史》中称，从西汉刘歆的《三统历》到唐代僧一行的《大衍历》再到元代郭守敬的《授时历》的发展过程中，《周易》思想起了重要作用。① 其他著作也如这两部经典一样坚持了天地人一体化运动的思想。例如，《吕氏春秋·十二纪》把人放到天、地之间的空间中，以时间为主线，阐述在一年的不同时间应该做什么，怎样处理好人与社会和自然环境的关系。《吕氏春秋·序意》说："凡十二纪者，所以纪治乱存亡也，所以知寿夭吉凶也，上揆之天、下验之地、中审之人，若此，则是非可不可无所遁矣。"② 类似的观点，在此后的《淮南子》等众多类书中多有阐述。事实上，这样的时间观念产生甚早。在其影响下，基于人们在生产、生活中往往会遇到一些不确定性问题难以决策处理，历法往往被与选择做事的恰当时间以趋吉避凶的术数相结合，历书中自然也就引入了这方面的内容。从出土文献看，战国秦汉时期，

---

① 参见吕文郁《春秋战国文化史》，东方出版中心 2007 年版，第 108 页。
② 许维遹：《吕氏春秋集释》，中华书局 2009 年版，第 274 页。

中国民间已有流行"日者"所造的《日书》,以历法配合禁忌,供人选择时间趋吉避凶。《日书》中还有很多堪舆,即风水术的内容,如放马滩秦简《日书》甲种有建除、土忌,乙种有门忌、月忌(室忌)、四时啻等禁忌,睡虎地秦简《日书》甲种有室忌、门忌、土日(土事或土功)及宇池方位的吉凶等。① 宋朝以来,历书中有关"冲煞忌宜"的术数内容更多更明显。

通书中所谓的择日,就是选择最有利的年、月、日、时(天时因素)来行动以趋吉避凶,甚至在一些重大事件上达到改命和造命的效果。择日之术的门派有十余种之多,例如:正五行择日、天星择日、星宿择日、建星择日、玄空飞星择日、奇门择日,等等。择日之法多端,众书言论纷歧。择日师必须博采众家之说,区分神杀轻重,配合天时、方位、人命才能求得真正的吉日良辰,趋吉避凶。诚如白洪鑫在其通书中所说:"其义广大,其道深微。苟毫厘之差,则千里之谬。欲利人反以害人矣。"②

除了选择术之外,风水是通书中的重要内容之一。在传统术数看来,风水能影响个人和家族在长时段中所体现出来的命运,也是改命的重要方法,不可不重视。宋代以来的皇历及民间通书都收入了很多风水的内容。收入《四库全书》子部的清朝皇历《钦定协纪辨方书》属理论型的历书,乃针对民间通书的"讹袭谬见"修订的。它很重视风水术,如卷三十三《利用一》录有"选择要论""杨筠松造命歌""疑龙经""论造葬""论补龙""论扶山""论立向""论相主""论开山立向与修山修向不同""论修方""论修方兼册向及中宫""论用盘针""罗经图""定方隅法"等条目。民间流行的各类实用型通书,因为读者主要是识字不多的基层民众,所以往往把选择相关的风水知识写得比较通俗易懂。③《白洪鑫大通书》类似地收入了《罗经理气解》《罗经图说》《登山便论》《现代套房风水学(城镇商品房)》《三元罗经详解》等风水的内容,不

---

① 参见吴小强《秦简日书集释》,岳麓书社 2000 年版,第 102 页。
② 白洪鑫:《白洪鑫通书》,打印未刊本,2012 年。
③ 参见陈进国《民间通书的流行与风水术的民俗化——以闽台洪潮和通书为例》,《台湾宗教研究通讯》2002 年第 4 期。

只继承传统，还顺应现代农村城镇化的过程而有所发展。大致说来，各种通书涉及风水的内容基本上都是与日常生活紧密相关的竖造要论、修整要论、安葬要论、修理坟茔、入宅归火、修作厨灶等内容。①

陈进国指出，风水中关于竖造宅舍及安葬活动所须趋避的神煞的判断，官方版本的皇历和民历版本的通书往往有差异。这牵涉到是否遵照正统的权威（奉正朔）的问题。民间通书往往宣称遵从皇历，但却同时录印民间版本的观点，表面上尊重皇历的观点，实际上还是婉转地告诉读者，民间版通书的观点更可取，因为它们懂今之世，尊今之法，更适于"俗用"。这种现象透露出，民间社会对于代表正统权威的知识体系的价值并非盲目认同。② 此外，对不同地区通书中的"造宅碎金赋""年家凶神忌例"进行比较可以看出，神煞及宜忌是各地民间约定俗成的，地区不同，神煞和宜忌往往也不同。这说明通书作为地方知识体系的权威，同民间习俗有一种良性的互动格局。基层民众按通书所设定的宜忌行事时，会潜移默化地形成一种文化习惯，从而以趋吉避凶的信仰心态来处理个人、家族、社群的竖造宅舍、安葬等风水事宜。

在陈进国看来，很多通书都收入的《碎金赋》突出了时间的宜忌对于空间秩序建构的重要影响。透过回避神煞所确立的时空秩序，营造和建构个体生命秩序赖以健康维系所需的环境和条件。有关时空宜忌的设定是有深刻的哲学观念作为基础的，即有序的生活状态是有序的宇宙状态的一部分，而宇宙状态总是呈现于特定的时空之中。克择和堪舆所要确定的就是这种特定时空中的和谐有序，从而保证世俗生活也处于和谐有序的状态中。只不过，在通书有关秩序的建置中，时间与空间相比，时间无疑是第一性的，起着决定性的作用。③

黄历的术数内容基本上是非理性的，历史上曾遭到包括王充等人的反对，但并没有阻碍这种思潮的流传不绝。元代以后至清末，官方还设馆，透过官僚以及教育体系进行推广，使得选择术在中国的影响力日益

---

① 参见白洪鑫《白洪鑫大通书》，打印未刊本，2012年。
② 参见陈进国《民间通书的流行与风水术的民俗化——以闽台洪潮和通书为例》，《台湾宗教研究通讯》2002年第4期。
③ 参见陈进国《民间通书的流行与风水术的民俗化——以闽台洪潮和通书为例》，《台湾宗教研究通讯》2002年第4期。

深化。① 信奉基督教的太平天国颁行的黄历删掉了所有禁忌，只注明节气与礼拜天；清代宣统年间颁布的黄历也禁止刊载宜忌、冲煞、方位、流年、太岁；台湾日治时期的黄历，只有"宜"而无"忌"；台湾光复后，又都恢复了。1919年五四运动以来，在大陆，术数常被批评为迷信。但是，它始终作为传统文化的一部分，顽强地存在着。例如，《温陵脞牍》描述清代福建泉州择日之风盛行，说："凡建筑、婚丧、修舍、醮神、作醮、拜忏，均命克择家择日，初生小儿剃发亦必择日行之。"② 对此，陈进国指出："先秦以来以数术方技之学为主的知识传统的长期延续，一定程度上促使了传统中国所谓的'国家'与'社会'一直呈现并维系着一体化的局面……从'奉正朔'的皇历到'民间所用'的通书之发展，毋宁说反映官方与民间在文化传统上更为强烈的连结。""通书更代表着民间社会实用文化的一种权威解释文本，对民间社会'事生事死'的文化消费活动有着较强势的范导作用。"③ 但也要看到另一方面，即其中的风水术，转化为民众的大众化文化行为，具有对'奉正朔'的正统权威的潜在解构（如官方对丧葬社会成本付出的忧虑），甚至会带来特定地域（如社区）社会秩序的局部解构（如停柩、房分之争）。

通书所标榜的"趋吉避凶"及对种种神煞的回避，说明基层民众普遍具有一种功利化的宗教信仰心态。这透露出，通书中往往有宗教性的内容。清代潭阳魏明远编纂的《增补象吉备要通书大全》卷二八有"生坟压圹灵符"条目。④ 据王育成考证，上述压圹符在明代已基本定型，在贵州、湖南、陕西等明代墓穴中都有发现。⑤ 白洪鑫所编《通书》2014年版中就录有《三十三天》《十八地狱》《张天师祛病符法》及解秽符、猪骨符、发丧符、保胎符、催生符、补运符、收惊符、鱼骨符、止血符、鸡瘟符、牛瘟符、猪瘟符、招财符等。在《大通书》中则有众佛下降、众神下降、敬录众神佛降生诞辰日期便览、长生符、竖造全章谓营造官

---

① 参见黄一农《社会天文学史十讲》，复旦大学出版社2004年版，第271页。
② 民国《同安县志》卷二二《礼俗》，民国十八年排印本，第7页。
③ 陈进国：《民间通书的流行与风水术的民俗化——以闽台洪潮和通书为例》，《台湾宗教研究通讯》2002年第4期。
④ （清）魏明远：《增补象吉备要通书大全》目录，校径山房文瑞楼康熙六十年刊本。
⑤ 参见王育成《中国古代道教奇异符铭考论》，《中国历史博物馆馆刊》1997年第2期。

衙城郭寺观文庙神庙儒学宗祠楼台亭馆仓库宅舍等事、祭祀鬼神、立坛祈祷、祈福醮愿、做祈安醮、解冤吉日、大三会日、斋醮（超宗拔度）碎金赋、拔度之尊称、开光碎金赋、普度碎金赋、异教例决等宗教性内容。其中绝大部分属于道教，少部分是佛教的，其中的《异教例决》，内容还涉及天主教和基督教。这说明，通书与时俱进，把民众宗教信仰中最实用的部分都纳入进来了。道教是中华民族土生土长的唯一正统宗教，其长生不死，得道成仙的终极信仰本身就有鲜明的功利色彩。这与通书是一致的。此外，择日、风水等方术同样为道士所使用，它们的阴阳五行、八卦九宫、天干地支等基础理论结构与道教多种术的基础理论是一致的。道教主要存在于基层民间而为民众普遍信仰。因此，通书纳入较多的道教内容，也就是情理中的事。

三 通书的政治文化内涵及启示

古时历书系由官方颁布。明清两朝的钦天监，除了每年上呈供皇帝专用的上历、皇太后历、东宫亲王历等历书之外，还编撰有供社会大众使用的民历和七政历（记七政四余之行度）。其中皇族专用的历书和民历的格式大致相同，仅依使用者身份的不同而有部分辅注的内容相异。例如供御览的上历中，加注颁诏、出师、招贤、遣使等军国大事。这就是说，历书针对不同的使用者，内容是可以不同的。这就预示着在官历之外，必然会出现民间发行的历书。此外，官历的内容往往较为简略，不能兼顾各地的风俗习惯，无法满足各地民间社会的实际需要。所以，民间各地必然会出现不同于官历的历书。为了维护正统秩序，宋朝以降，官方颁布律例，处罚私造、盗印、贩卖历日者。例如，清雍正元年（1723）科臣黑硕色奏请申禁："江南、浙、闽等省民间所用历日，多系无印私历及通书等。今薄海内外莫不遵奉正朔，岂宜令私历公行，请将各省私历徧行严禁，令布政司将用印官历交与贸易人发卖，则民间俱有官历看，通书、私历自废。"[①] 官方的禁行往往难以奏效，风头一过，民间依然故我。因为有巨大的市场，私印之举屡禁不止，从业者往往极力

---

① （清）席裕福、（清）沈师徐辑：《皇朝政典类纂》卷四百一十五，沈云龙主编《近代中国史料丛刊续编》第92辑，文海出版社1982年版，第9331页。

标榜自己推算的朔闰节气、行事宜忌与官方的天文正统相统一，从而树立可信度与市场信誉度。宋代以来，往往由五术、择日师排出"通书"，各地命相师挂上各家堂号另行印版牟利，或卖出版权由公私机关印行当赠品。例如，清代以来，南方流行的通书大致可分为福建泉州的洪潮和系统和广东兴宁的罗家系统。清代乾隆御封泉州洪潮和为克择宗师，他及其后裔递袭继成堂，编有《洪氏锦囊》《克择南针》《廿四山会解正宗》《地理铨真》《洪氏六十女命稼嫁娶大全》《克择讲义》《日学讲义》等书，影响波及南方多省。南方民间择日多为洪氏择日法，主要以《克择讲义》《洪氏锦囊》《廿四山会解》《六十仙命配廿四》《日学讲义》为主，以《象吉》《协纪》《通德》《宪书》《陈子性》《崇正》为辅。例如，当代分别在浙江苍南和福建福鼎开设有星华堂的董珍辉，自称是"洪潮和亲传洪观清门人白益三、赵遇卿同授"，属"洪潮和长房派"（洪观清是洪应奎的门人）。其所编的年度通书——《阴阳日表趋避通书》，在闽东及浙南一带具有一定的销售量。该通书的基础内容基本袭自早期的继成堂通书。① 广东兴宁发行的通书则在闽西、闽西南的客家人及闽南人中流传，著名堂号有宗睦堂、集福堂、九星堂、崇道堂、天宝堂、万兴堂、广善堂等。其中兴宁福兴镇黄畿村宗睦堂罗家推算通书（也称造福通书），已有三百余年的发行史，流传也最广。② 此外，"崇道堂"所编的罗传烈通书对香港影响较大。通书不只在汉族地区流传，还广泛传播于少数民族地区，所以，通书不只是用汉语传承，也有用少数民族文字传承，如侗族用侗语传承有《南集通书》等。

历书中记载日、月、五星的运动、位置的计算，昏、旦中星和时刻的测定，日、月食的预报等，均用于选择吉日。黄历中，白虎、天刑、朱雀、天牢、玄武、勾陈为六黑道凶日；青龙、天德、玉堂、司命、明堂、金匮为六黄道吉日；除日、危日、定日、执日、成日、开日为吉；建日、满日、平日、破日、收日、闭日为凶。顺此思路，凡与人们的生产和日常生活相关的知识，往往被纳入到历书中来，历书也就变成了人

---

① 董珍辉：《星华堂通书》，打印未刊本，2001年。
② 参见陈进国《民间通书的流行与风水术的民俗化——以闽台洪潮和通书为例》，《台湾宗教研究通讯》2002年第4期。

们获得基础知识的百科全书，成了通用于生产和日常生活各个领域的行为指导手册。正是在这个意义上，历书在民间被通俗地称为"通书"。但因通书的"书"字与"输"同音，为了避忌，故又名"通胜"。

各种通书的格式、体例不尽相同，内容包罗万象，不同的从业者编制的文本还有不同的堂号。一般来说，通书扉页上刊印当朝帝后生辰忌日，日历以外的部分谓之"序"，有的序多于正文。除了时令宜忌，甚至将《三字经》《百家姓》《千字文》《朱子治家格言》等都附上。民国以来，还有当代伟人像，文明结婚仪式图，火车站名表，诸神、佛圣诞辰日期表，等等。例如，浙江温州施明铠所编《施神洲通书》2011年版约70页，内容主要是：日月食的时间、日常礼包上的用语、月份的别称、万历十九年至乾隆五年（长达150年）年历对照表、瓯江潮的涨平时间、每年岁月占丰歉歌诀、农历2011年全年的行事宜忌、百家姓及所属的郡别，还有一些佛、神的诞辰时间等，涉及生活的二十多个方面。这些内容源自《宪协吉通书》（三卷）、《大小利》（5册）、《奇门》、《六壬》、《太乙》、《五福行经》、《二十八宿三传》等20余册相关书籍。[1] 白洪鑫所编2014年通书中，还有《怎样管教孩子》《父母教养子女之道》《警世金句》《中国安葬名称》《中国婚俗名称》《三教九流（指社会各种职业）》《苍南平阳二县各地都属》等内容。[2] 陈进国指出："大体来说，清代以降闽中民间各地流行的各类实用型年度通书，基本是以《钦定协纪辨方书》为标准，以《象吉》《宪书》《鳌头》《崇正辩谬》《选择求真》《催福》等坊间常见的理论型历书为参用，再结合本地和邻省赣粤的一些地方惯例编撰而成的。"[3] 笔者在浙江、江西等地所见多种通书，亦印证了陈进国的这一观点。某一堂号发行的通书，往往有繁、简两个版本。繁本内容多，往往有三四百页，偏重于理论，较为高深，时效性较长，一般老百姓难以看懂，发行量不大；简本内容少，往往只有六七十页，具体说明各年度从事各事项的时日吉凶，时效只有一年，较为浅显，流

---

[1] 蔡榆：《打开通书》，http：//www.wenzhou.gov.cn/art/2011/1/17/art_9831_156847.html，2014年3月2日。

[2] 白洪鑫：《白洪鑫通书》，打印未刊本，2012年。

[3] 陈进国：《民间通书的流行与风水术的民俗化——以闽台洪潮和通书为例》，《台湾宗教研究通讯》2002年第4期。

传也广。有的把简本称为通书,把繁本称为大通书。

陈进国指出,通书是"对中国传统天文学进行实用化的一种权威解释文本"①,这诚然不错。但失之于以偏概全。作为民间沿袭传统文化的实用型百科全书式著作才是通书的重要特点。以此而论,通书其实反映了区域社会公共知识的体系构成和传承。

通书的知识类型分析对当代与中国传统文化相关的人文学科多个领域的学术研究是富有启发意义的。当代中国的学术研究"大都以学科史的专题研究为基础,较多关注发现或发明了什么,而对古代知识自身的概念、认识方法、知识形态以及是否形成自足的知识体系等问题则深入不够。"学者多限于利用图书馆的存书而侧重于研究儒学及其相关领域,关注伦理与政治,关注社会上层士大夫的政治与生活,却忽视了基层民间的知识、信仰和生活的研究,对术数、武术、气功、中医等,要么忽视,要么在没有弄懂的情况下就简单地斥之如垃圾,极个别学者的少量研究,也仅限于表层的文化事象描述或外围的知识的社会意义探讨,"而对知识自身的历史则较少自觉。这在有关民俗、信仰、宗教、仪式等方面的研究中表现得最为突出"。学者们既没有认真去弄清它们的理论依托,也没有搞清它们的内在整体结构和与当时知识世界其他部分的联系,对它们在当时社会中的意义更缺乏同情的理解,让它们"不仅失去合法性地位,失去作为知识自身应该享有的尊重,也自然失去古为今用的合法性途径"②。我们认为,对传统的知识,不但要进行宏观的研究,更要做微观的探讨,即知识体系各组成部分的精深研究。此外,对于它们在不同时代的构成方式、生产方式,知识积累、传承、具体的技艺操作过程等,都需要探讨。潘晟指出:"以下几个层次的探讨相对较为重要:第一,以同期史料为基础,复原不同时期对各种知识(包括技艺、术数、仪式、信仰等)的认识、描述、探索、区分等,勾勒出不同时期知识整体及其各分支的基本面貌;第二,探索不同时期对于各分支知识认同的

---

① 陈进国:《民间通书的流行与风水术的民俗化——以闽台洪潮和通书为例》,《台湾宗教研究通讯》2002 年第 4 期。
② 潘晟:《重构中国古代知识、思想与信仰的世界》,《中国社会科学报》2014 年 1 月 29 日 A05 版。

过程，这种认同包括起源、概念确立、知识分化、系统化、精密化过程，及其对自身历史、知识性质的不断再塑过程，即古人对于某类知识的自足或自洽性的自觉过程；第三，探讨并复原古人创造、累积不同知识、技艺的理论与方法，及其自我解释的变迁，传承与传播的时间或空间过程；第四，探索知识之间的相互关联性，以及知识内部家派的竞争与外部地位的合法性竞争，知识整体趋势及各分支与所处时代的社会关联性（制度、风尚、政治经济、事件等）。"① 在此基础上，方可进行古今比较、中西比较。总之，唯有这样，才能真正超越以精华与糟粕二元对峙模式研究传统文化所造成的种种误区，让传统文化的研究成为名实相符的真正的学术研究。通书就是适合于在这一认识指导下进行研究的对象之一。以他人为对象的研究，可从大处着眼，小处着手，具有典范性的学术意义。

第二节　闾山教道士的知识类型研究
——以温州文成雷姓畲族道士为例

温州是闾山教陈靖姑信仰盛行的地区。"目前温州13个县市区中，有20平方米以上建筑面积的民间信仰场所8579处，大部分庙宇都会配祀陈十四，其中主祀陈十四的有925处。"② 文成为温州市下辖县，1946年从青田、瑞安、泰顺各析出部分区域而设，地形以山地、丘陵为主，有"八山一水一分田"之说。工业不发达，经济相对落后，传统文化保存相对较好。2010年总人口为21万人。其中畲族是少数民族中人口数最多的。XX乡位于县域中部，县城北部。人口约15000人。其中的XX村是畲族村。

经人介绍，笔者两次采访了该村雷姓畲族道士。雷道士自述生于1945年，初中毕业，曾参军三年，后在粮管所、财税局、县钛合金厂工

---

① 潘晟：《重构中国古代知识、思想与信仰的世界》，《中国社会科学报》2014年1月29日A05版。

② 林亦修、鲁益新：《地方化：温州陈靖姑宫庙神班研究》，载叶明生主编《澳门陈靖姑文化论坛——首届澳门临水夫人陈靖姑文化国际学术研讨会文集》，宗教文化出版社2016年版，第191页。

作过，钛合金厂倒闭后继承父亲的职业，为闾山夫人教，即武派道士。但因他是畲族，所以他具体的法事活动有鲜明的畲族特色。他的祖父、父亲均为道士，儿子也是道士。他家中保存有畲族的祖图，擅长"打王"，为此2008年成为该县道教舞蹈项目的非物质文化遗产传承人，同年成为文成县第二届优秀农村乡土人才。他收藏的畲族祖图、神斧、铁杯、龙角、鬼牢等曾参与2006年举办的温州市非物质文化遗产保护展览。他也是县第四、五届政协委员，曾被评为1995年政协先进个人，在1992年党风党纪征文中获得三等奖。这显示他与共产党员的无神论信念比较接近，做道士主要是因家庭传承和谋生的关系，未必对道教有非常虔诚的信仰。在地方社会，这并非个例，事实上，在其他地方的采访中，笔者还遇到过村党支部书记兼做道士的情况。

图7—1 雷道士与道友切磋道艺（雷道士提供）

斋醮科仪，就其本义而言是道士的演道行法，所以，沿袭传统，符合传统的规范，是其根本特色。斋醮科仪的通例是请神来帮助道士和斋主达成一定的愿望，然后谢神、送神。为此，必须对神尊重、恭敬，科仪的步骤和各步骤的环节、动作、言辞都不允许出现差错。所以，照本宣科是道士做法事的常态。

因而，保存、使用与科仪相关的书籍就成了道士职业生涯中非常重要的事。由于带到法事现场使用的书籍容易磨损、水浸、火烧、受到损伤、丢失等，所以，道士不得不在家中保存书的原件，而只把备份，即抄写件带到法事现场。在家中保存书籍是很重要的。道士们通常为此专门置办密封性好，干燥的木柜或木箱，把书籍分类后放在其中保存。为了防止受潮而导致书页粘连，每年夏天要择日把书取出晾晒。为了防范虫蛀，还需要在木柜或者木箱中放置樟脑等。在空闲时间，道士们往往要抄书，制作备份。由于抄写件是带到法事现场使用的，同行容易看到，基于同行竞争的现实，抄写件往往不是对原件的原样复制，会出现故意遗漏重要内容、错乱原书顺序、来自不同底本内容的混杂、有错别字甚至遗漏个别句子等情况。所以，在田野调查中，要了解道士的书籍，一定要到道士家中看原书，而不是在法事现场看抄写件。

图7—2 雷道士的书籍保存（孔令宏摄）

对民间散居正一派道士的书籍分类，学术界极少关注，目前没有见到相关研究成果。根据大量田野调查所得的实际情况，《东方道藏·民间道书合集》把全部文献分为道教宗谱、道教志、道坛宫观文献、乩坛文献、档案、法教文献、劝善书、民俗礼书、通书等九大类。历来修藏均汇集多方数据却未注明数据源及其时间，以致后人无从考索其渊源。为避免这一缺憾，除道教宗谱、道教志、劝善书、民俗礼书、通书之外的文献的二级分类以当代行政区划的省、地区（地级市）、县（区、县级市）、乡（镇、镇级市、街道）依次分类，同一乡（镇、镇级市、街道）下以道坛分类。原则上以县（区、县级市）为归册单位，文献较丰富的县（县级市）会分为多册。同一道坛、宫观、乩坛下的文献采用三级分类。道教宗谱、道教志、劝善书、民俗礼书、通书因为数量少，故不再按照地域进行分类。道坛宫观文献的三级分类为祖师家谱庙史、仪式抄本、符箓咒语、内密、传戒授箓、印鉴文书、掐诀踏斗、乐器乐谱、神像画、法器衣冠、法物图谱、道教民俗文物、道坛布置、宫观布局与神像安置、碑刻文献、宫观管理文献、道教术数、内丹武术与医药、道教文学艺术、民俗礼书、通书等二十一类。其中仪式抄本很多，我们把它进行四级分类，分为经忏、仪式通用、延生解厄、度亡拔伤、诸真科仪、其他功能等六类。除经忏外，其他五类之下按照仪节顺序进行分类如下：投辞、预告、扬幡、发奏、拜章、符命玉札、立幕、请光、宿启、早午晚朝、敕坛、宣表、告简投龙、设醮。这样把功能与仪节相结合，可以把仪式相关的书籍文献进行比较完美的分类。[①]

根据上述分类方法，雷姓道士的292册书籍属于道坛文献，分类如下表。书名后依次是抄写年代、页数、字数。个别书籍因抄写时间不详而留空。

[①] 参见孔令宏、李东《〈东方道藏〉科仪类书籍分类方法探析》，浙江大学《东方道藏》编纂国际学术研讨会论文，杭州，2016年；孔令宏：《〈东方道藏〉序论》，浙江大学《东方道藏》编纂国际学术研讨会论文，杭州，2016年。

一级分类	二级分类	三级分类	书名	抄写年代	页数	字数
道坛宫观文献	祖师家谱庙史		雷氏家谱	二〇〇五年	17	1200
			师爷名流传	道光五年	44	4000
			师爷名次	1997年8月30日	85	7140
			造井授魂师爷圣班科书（注：畲族用）	2007年7月19日	50	4800
	仪式抄本	经忏	九经书	民国十六年	18	1500
			三官宝经	光绪十四年	21	1700
			灵宝清微	一九八一年	21	1800
			灵华宝忏	一九八六年	30	2600
		仪式通用	开坛科	2015年11月12日	16	1568
			开五方科	2004年11月18日	22	1848
			解前请水科		32	2700
			净灶醮科	民国十二年	5	300
			祀灶科书	光绪二十九年	12	800
			灶箓科书	光绪二十八年	36	2700
			灵宝圣班科	一九九九年	15	1250
			灵宝整奏启师科	一九二八年	11	700
			道门申发科		23	1656
			申发科	1995年1月	23	2070
			灵宝小申发科	壬子年	14	1000
			灵宝大申发科	光绪二十九年	45	4000
			灵宝大申发科	一九九九年	70	7000
			灵宝分灯解结还愿送圣科	一九九九年	45	4000
			灵宝擎赦科书	光绪二十七年	21	1800
			灵宝上堂灯科	一九九九年	28	2500
			灵宝谢雷醮科	同治五年	12	1000
			灵宝早朝科	丙子年	45	4000
			灵宝涤秽科	壬子年	11	900
			请神地主名	光绪二十九年	59	4000

续表

一级分类	二级分类	三级分类	书名	抄写年代	页数	字数
道坛宫观文献	仪式抄本	仪式通用	各都地主名		21	4704
			叫愿佛名		16	1200
			叫愿佛名1		29	1392
			叫愿佛名2		25	1000
			请祖师	光绪三十年	20	1750
			请祖师	民国乙卯年	24	2000
			请神本	二〇〇四年	23	2000
			请外家亲		10	500
			请元帅书	民国癸丑年（1913）	7	500
			请元帅书	民国二年（1913）	9	756
			祭元帅科	民国三年	10	700
			祭元帅科		18	1512
			资度圣班	一九五四年	19	1600
			武教镇坛科	甲寅年	14	1000
			镇坛醮科	民国十二年	28	2300
			扬幡斗刚簿	二〇〇〇年	15	1000
			扬幡斗刚册	一九九八年	32	2500
			借天兵	民国二年（1913）	40	3360
			借天兵法书（注：做罗山，立须弥）		65	4680
			借天兵法书	太岁壬子年	31	2700
			借天兵立水弥法书	民国二年	22	1800
			做罗山法（注：打王用）	民国三年	16	1300
			做罗山法		24	1728
			做罗山法2	民国三年（1914）	24	1728
			做罗山法书	1941年	28	2352
			催兵法书	民国三十二年（1943）	32	2688
			百鸟兵，送天兵法书	民国戊寅年（1938）	8	400

续表

一级分类	二级分类	三级分类	书名	抄写年代	页数	字数
道坛宫观文献	仪式抄本	仪式通用	点鱼兵法书	民国壬午年（1942）	9	650
			斗兵法书	甲辰年	22	1760
			斗兵法书	民国三十年	44	3696
			吊九台定楼科书		15	1150
			袭雨定楼醮		24	3480
			变楼法书	民国三十六年	9	500
			度人灯		9	60
			法主灯科	一九八六年	21	1700
			姜尚公制七星灯		13	900
			踏红砖法书	民国三十（1941）	12	1152
			红砖火坛法书	民国三年	50	4000
			红砖火坛法书	民国三年	15	1250
			红砖火坑法书		29	2900
			红砖火坑法书2		25	2250
			红砖火坑法书3		33	2970
			鲸头殿	公元戊午年	13	880
			落火暗火法书（注：为自家祖先中的叛徒而用）	宣统三年	46	3600
			落火暗火法书（注：为自家祖先中的叛徒而用）	宣统三年	95	7980
			起胜颂法书	光绪三十一年	26	2300
			玉元小发奏	嘉庆十二年	34	3050
			转金朝金科		26	2400
			做五声角	民国辛巳年	22	1800
			变身法书	光绪三十一年	13	1100
			打三界书		19	1750
			解押魔鬼科	光绪三十年	14	1200
			落火变桶		21	1800
			落火变桶		33	2772

续表

一级分类	二级分类	三级分类	书名	抄写年代	页数	字数
道坛宫观文献	仪式抄本	仪式通用	变楼法书	民国三十六年	10	600
			还恩变楼科	2009 年	16	1568
			起醮头变坛科	光绪二年	31	2600
			会盟醮科	乾隆三十三年	33	3000
			讲酒科书	光绪二十九年	14	1200
			开眼光科		10	900
			燃灯科书	光绪三十三年	22	1700
			现灯科	一九九九年	14	800
			玄帝灯	同治甲戌年	22	1700
			献酒诗	民国二年	11	700
			献十王酒科	光绪二十九年	20	1660
			许地主愿科		13	890
			早晚朝科	一九九九年	50	4100
			杂念科		30	2650
			释道三界赦书	光绪三十一年	47	4200
			扫风捉吓科书	一九九九年	28	2600
			捉吓扫风口授	2002 年 12 月 5 日	28	3024
			赦水藏身科	一九九九年	20	1670
			日午神法书	民国二年	16	1400
			日午神法书	民国二年（1913）	31	2604
			五门法书		22	1860
			摆兵布阵法书（原书名不清，登记为"书名?"，现书名为笔者拟定）		13	1100
			庐山起祖法书（原书名缺，登记为"无书名3"，现书名为笔者拟定）		13	1050
			粮星醮科	2011 年 5 月	38	4256
			起?头法书	光绪三十一年	50	4200

续表

一级分类	二级分类	三级分类	书名	抄写年代	页数	字数
道坛宫观文献	仪式抄本	延生解厄	安龙醮科		40	3000
			度关科	宣统元年	16	800
			祈禳度关科	宣统三年	29	2300
			禳火醮科		24	2200
			流霞醮科		21	2000
			遣霞科	1994年12月	61	5124
			马氏天仙祈雨醮科	同治十三年	12	1000
			祈雨醮科		20	1500
			汤氏祈雨科	民国三年	10	800
			求雨吊楼	民国三十五年（1946）	71	7952
			求雨吊楼发符官科书	民国三十五年	35	3020
			催雨愿名	民国三十五年（1946）	17	510
			灵山愿法（注：请神祈雨用）	1944年	蓝法亮	17
			灵山愿科	岁次庚辰年	30	1200
			扬庆请甘露		9	760
			平等斛筵科	宣统三年	47	4000
			解释圣班科	光绪二十八年	28	2400
			解释变楼科	1997年	19	1596
			解释求赦科（注：49解，剪布解钱）	2005年	29	2436
			驱妖醮科	民国三年	12	1000
			石砆科		14	1000
			送船科	光绪辛丑年	21	1800
			太岁醮科		35	3000
			退土藏身法书	光绪二十九年	17	1400
			斩铁蛇醮科	民国初年	28	2200
			做清醮		20	1600
			洪楼醮科	民国癸未	11	800
			祭禳科		21	1700

续表

一级分类	二级分类	三级分类	书名	抄写年代	页数	字数
道坛宫观文献	仪式抄本	延生解厄	九州岛法书	民国三年	18	1600
			九州岛五庙法书		64	5376
			扦九州岛科	光绪三十年	17	1500
			扦九州岛科	民国三十年（1941）	41	3444
			请梁呼龙同科		14	1160
			五斗求寿科	2007年1月27日	48	5184
			五斗求寿科仪	2012年10月5日	66	7392
			庆寿科	一九八五年	23	1700
			庆寿	二零零二年	47	5000
			全家福禄		14	1200
			禳灾金科		20	1750
			做台床法书	民国元年	29	2500
			做基床法书	民国元年（1912）	22	1848
			基床法书		25	2100
			点州台床法书	民国二十六年（1937）	33	3696
			五庙法书	民国元年	33	2850
			招财醮		16	1400
			芦（当为"庐"）山解退法书	光绪三十一年	48	4000
			庐山解退法书	甲寅年	82	9840
			芦（当为"庐"）山救人书		20	1700
			庐山救人书	光绪三十年（1904）	39	2730
			开门放水法		39	3600
			北斗延生忏科		16	1500
			水宫醮科	一九九九年	17	1500
			太上孤天灯科	光绪十二年	24	2000
			太岁醮科		47	3500
			天仙广生衍祀宝忏	一九九五年	37	3400
			瓦罂做福科书	一九九五年	8	300
			移星解厄科	一九九九年	13	1000

续表

一级分类	二级分类	三级分类	书名	抄写年代	页数	字数
道坛宫观文献	仪式抄本	延生解厄	正一安宅醮科	1999年	24	2000
			正一烩炉醮科	1999年	38	3300
			正一集福祈禳醮科	光绪二十八年	24	2060
			祈福求寿醮科	2005年5月15日	29	2436
			退土科书		13	980
			上禄请鲁班神名	2011年10月18日	15	1680
			斩除天犬科	2006年7月20日	106	10176
			斩除天犬科仪	2006年7月29日	16	1568
			斩蛇科书	1995年1月3日	46	3864
			祝灯科	1995年	42	4032
			祝灯科2		26	2912
			小铢墨条章（注：还愿用）	民国初年	10	600
			铢墨条章（注：还愿用）	民国乙未年	20	1500
		度亡拔伤	开度辅灯科（49灯解厄科）（注：畲族用）	2004年	36	3024
			开方摄召科	2017年5月	24	2688
			拔伤（注：畲族用）	光绪十五年	31	2200
			灵宝拔伤解结科（注：畲族用）	光绪二十九年	15	1400
			灵宝绕棺上堂法事科	1999年	20	1800
			灵宝三十六伤科（注：畲族用）		28	2300
			灵宝施食科		12	1000
			灵宝行医科		26	1600
			灵宝判斛施食送灵科	1999年	22	1750
			灵宝填亡生库书		17	1600

续表

一级分类	二级分类	三级分类	书名	抄写年代	页数	字数
道坛宫观文献	仪式抄本	度亡拔伤	收殓亡师科（卷上）	1996年3月18日	74	6216
			收殓亡师科（卷下）	1996年3月20日	57	4788
			清微火棺殓玄科（注：开路）	2015年	40	4480
			青玄醮科	1999年	20	1500
			三光炼度科	辛未年	42	3600
			行医炼度科	2002年	74	8806
			施九幽科	民国三十二年	30	2400
			血盆经科	辛未年	7	400
			应门召灵科		29	2400
			做超度科（注：畲族用）	光绪二十九年	33	2600
			做圣度亡科（注：畲族用）	光绪二十六年	68	6000
			翻土科		9	760
			起伤科	1979年	17	1500
			普施科书		19	1600
			七塔醮科	民国三十年	16	1400
			起点伤同科	1979年	15	1300
			灵瑶表科		43	3660
			血湖忏金科		41	5000
			破血湖科	光绪三十二年	18	1500
			玉阳铁罐上集	1982年	41	3600
			招魂科书	民国二十八年	21	1650
			斛食法书	民国十二年	13	1200
			冥官科仪（抄写人：白希望）		22	2000
			金章受生填库书	光绪三十一年	33	2900
			库官钱贯	民国元年	18	1700
			粮关小度科（抄写人：白希望）	1999年	28	2600

续表

一级分类	二级分类	三级分类	书名	抄写年代	页数	字数
道坛宫观文献	仪式抄本	度亡拔伤	破狱科	民国八年	25	2300
			人死犯制解书	公元乙亥年	10	400
			叹灵科	公元乙未年	10	500
			做七荐灵科	光绪三十年	30	2660
		诸真科仪	灵宝解斋观音醮科	戊子年	11	800
			三府醮科	光绪三十一年	12	1000
			三府醮科	民国三十六年	14	1100
			祭三府科	辛未年	7	400
			三官醮科		15	1000
			三官忏科	民国七年	72	6500
			天皇（注：紫微大帝）醮科	光绪二十八年	25	2100
			玉皇忏科	道光十二年	32	2600
			玉皇花咒	甲子年	5	200
			玉皇妙忏	1950年	33	2300
			诸天醮科	民国二十四年	15	1200
			玄天上帝圣班	2011年5月5日	16	1792
			诸天圣班	甲戌年	8	500
			诸位圣班科	壬子年	28	2200
			资度圣班	光绪二十九年	28	2300
			孤天科	1981年	20	160
			关帝醮科		10	700
			大帝爷醮科	1993年	31	2232
			三代祖师灯		16	1360
			师尊官将醮科	1999年	31	2700
			真武宝忏	2010年	12	1000
			绵神醮科	民国癸未年	11	700
			东岳地主醮科		24	2100
			庆扬地主醮科	光绪甲辰	24	1700
			土司醮科	光绪三十年	31	2600
			高斗醮科	1999年	21	1700
			供王醮科	光绪三十二年	28	2650

续表

一级分类	二级分类	三级分类	书名	抄写年代	页数	字数
道坛宫观文献	仪式抄本	诸真科仪	太阴圣母醮科		35	3100
			陈十四夫人功德经	2011年8月	15	1890
			琼花醮分花口语（注：为五显灵官大帝而用）	2010年	11	1078
			琼花醮科（注：为五显灵官大帝而用）	1994年	47	3948
			琼花台前醮科（注：为五显灵官大帝而用）	1994年	35	2940
			神女汤氏娘娘宝经1	2014年3月28日	39	3822
			神女汤氏娘娘宝经2	2017年2月17日	41	3444
			神女汤氏娘娘醮科	2014年2月9日	31	3472
			十八洞府齐天大圣神名科	2007年3月27日	13	1248
		其他功能	闲用杂书		13	1200
			便用诸书	1968年	10	800
			十八典科书		26	2260
			李山书（注：启蒙读物）	2008年3月	155	7440
			簿记适用（注：启蒙读物）	民国二十三年	38	2800
			上大人经（启蒙读物）	民国三十二年	14	1000
		符箓咒语	三景玉符	丁巳年	15	1200
			画符科书		17	300
			净口咒	乾隆四十五年	30	2700
			灵宝涤秽符科	壬子年	23	2000
			灵宝符箓科		26	2450
			亡师炼度灵符	1998年	8	48
			有关咒语		11	800

续表

一级分类	二级分类	三级分类	书名	抄写年代	页数	字数
		内密	灵宝秘默心机		19	1660
			指南卷壹		37	3300
			诸科秘法		46	4070
		传戒授箓	奏职文意	1993 年	6	500
			传度诚意本	光绪十六年	6	400
			正一传度科	光绪二十九年	80	7530
		印鉴文书	功德情意	光绪庚寅年	6	300
			晴意簿卷	共和庚辰年	9	500
			太上救苦行丧仪文	2006 年	65	5000
			疏式关诰科		192	10120
			关检牒式科	1999 年	41	3000
			催兵牒式	1951 年	10	760
			出垟牒诰	民国辛乙年	31	2650
			五山牒	民国辛巳年	10	800
			乩书—具状式样	2005 年	10	700
			乩书—具状式样	2005 年 7 月 27 日	14	1120
			道门文检	1996 年	26	2000
			解释文检		26	1800
			情旨	民国十八年	18	1400
			情旨	民国二十三年	13	1060
			情旨式	光绪二十七年	9	600
			遍达观式	光绪二十九年	19	1650
			表式（原书名不清，登记为"无标题2"，现书名为笔者拟定）		47	6000
		掐诀踏斗	藏宫步斗科	光绪二十八年	23	1900
		乐器乐谱	变船歌	民国十六年	16	1000
			琴诗部		34	2700
			汤氏娘娘歌	2017 年 1 月 2 日	21	2058

续表

一级分类	二级分类	三级分类	书名	抄写年代	页数	字数
		神像画	雷允德挂图		30	
		宫观管理与道坛记事文献	记账行用	民国十七年	15	1000
			法事记录（原书名不清，登记为"无书名5"，现书名为笔者拟定）		13	1090
		道教术数	卦书大全	1968年	36	3500
			六十花甲	民国元年	10	600
			五星七政星盘式样	2012年	19	1780
			地理山热书	光绪三十年	31	2850
			入地眼	民国十年	76	8900
			算命地理全书	民国丁巳年	24	2000
			笺诗簿	癸未年	15	1000
			伍公经	民国三十四年	27	2300
			郁离子	甲戌年	15	1000
			卜筮总断万事全	乙丑年	95	8000
			改正星平要诀	1989年	17	500
			命造概理	2012年	21	1700
			五星命理	民国五年	14	1300
			甲子掌诀（抄写人：白希望）	丙午年	36	3050
			增补渊海子		14	1150
		内丹、武术与医药	灵宝行医科	1994年10月	85	7140
			灵宝行医科2	1994年9月15日	48	3456
			探脉细法	光绪三十一年（1905）	20	2800
			治癞人细法	2007年6月29日	14	1764
			绵神法科	民国癸未年	8	600
			绵绳醮科（打妖精用；哪吒；人胡言乱语时用）	1943年	15	1260

续表

一级分类	二级分类	三级分类	书名	抄写年代	页数	字数
		道教文学艺术	对联诗		22	1700
			古对簿	光绪二十三年	14	1000
			新刻千家诗	光绪二十一年	12	1000
			山歌本	民国三十一年	22	1500
			无爷无她（注：无爸无妈）歌（注：畲族用）	1974年	6	300
			阴阳歌本	宣统二年	23	2000
劝善书			二十四孝文	光绪二十九年	14	1200
民俗礼书			买卖契式	光绪二十五年	22	1700
			卖契式		47	4000
			置田园产业簿	民国三十四年	30	2800
通书			光绪黄历（原书名不清，登记为"无书名4"，现书名为笔者拟定）		17	1460
			惯用通书	太岁辛未年	15	1300
			便览通书	光绪乙未	56	5000
			阳本通书	光绪二十七年	56	6000
			通书：序		26	5000
			象吉备要通书：卷1—5		55	12000
			象吉备要通书：卷6—24		900	110000
			增补象吉通书大全		85	1500

兹对上述文献进行分析如下：

第一，上述文献的抄写年代的写法不统一，既有汉字，也有阿拉伯数字，还有二者混杂的，比较随意。此外，没有抄写年代的有84册，占比29%。这两点恰恰是手抄本文献的特征。为方便阅读，干支纪年后括号内的阿拉伯数字是笔者所加。

第二，手抄本文献属于非标准用纸，非标准装订。毛笔书写时字有大有小，导致同样大小的纸张可以写不同的字数（上表中的字数为版面计算，非精确点计）。所以，页数与字数之间的关系并不固定。上述292册手抄本，总的页数为10116，总字数为890674，平均每册为34.64页，每页88.05字。这或可作为大概的参考。因为这些手抄本是法事专用，如果太厚，不利于在做法事时翻阅。法事仪节本来就多，字数太多，不利于念唱，而且法事中除了念唱之外，还要使用多种法器并配合使用多种肢体动作。

第三，上述文献中，书名中有"庐山"二字的书籍，因为"闾山"就是"庐山"的方言讹误，所以这表明其所属宗派为闾山夫人教，即陈靖姑信仰。其余请神科和不少法术类书籍，也表明其所属宗派为夫人教，因为注重法术是闾山教的特点之一。

第四，关于闾山教与道教的关系。本文赞同萧登福先生的观点，视闾山教为道教的支派之一。① 不过，需要说明的是，这只是学术界的一种观点。道教界和地方政府对此并无一致的看法，有的地方道教协会把闾山派法师视为道士而同意他们加入道教协会，有的地方则不承认他们是道士，拒绝他们加入道教协会。与此相一致，不认可闾山派法师为道士的地方，政府往往把闾山教视为民间信仰。

一部分人认为闾山教属于法教，而法教往往被视为民间信仰或民间宗教。所以学术界有部分学者不认为闾山教属于道教。其实，法教早已渗透于道教中，宋代以来诸多以雷法为主的法教被纳入道教中，导致道教中法术盛行，明代《道藏》中收录了不少法教书籍，例如《道法会元》。② 所以，学术界甚至有部分学者把宋元道教概括为法派道教。

事实上，闾山教、法教、道教三者间模糊不清的关系，在上述雷姓道士的书籍目录中就可以看出。与太上、灵宝、清微、玉皇、三官、三府等相关的书籍，是纯正的道教的内容，占了科仪类书籍中接近一半的

---

① 参见萧登福《从南宋白玉蟾语录看闾山教的源起》，载叶明生主编《澳门陈靖姑文化论坛——首届澳门临水夫人陈靖姑文化国际学术研讨会文集》，宗教文化出版社2016年版，第88—121页。

② 参见孔令宏主编《东方道藏·民间道书合集》第一辑《序论》，社会科学文献出版社2019年版。

比重。法术类的书籍，占了大约三分之一的比例，大致可以归入法教。以"庐山"起头的、请神科、法术类书籍中的相当部分，显然属于闾山教。

第五，内丹方面的书籍缺如，这并非个例。在笔者所调查过的500余名正一派散居道士的书籍中，发现有内丹书籍的仅仅有二例，而且这两名道士显然并未修炼内丹，至少没有达到比较高的水平。这说明，宋代以来道教宣称"内用成丹，外用成法"，把内丹修炼与科仪紧密结合，这"隐含了只重科仪表演而忽视甚至忽略内炼精髓的危险，为道教的健全发展埋下了祸根"[①]。事实确实如此。内丹与科仪的紧密结合并没有形成传统，绝大多数从事科仪活动的道士并没有修炼内丹，这种主张很有可能宋元时期也没有落实到现实中。而按照宋元时期道教科仪的理论，通过内丹修炼培植真气，恢复元气，调用元气，调动元神而行法，是法术灵验的根本。失去了这一根本，科仪就变成了外在化的表演，其灵验的可能性，恐怕就只剩下基于信仰和民俗传统所展现的从众心理等心理暗示功能了。之所以如此，主要原因有两个方面，其一，修炼内丹需要有清静的心理状态和长达十年左右的修炼才能成功，需要不间断地修炼来保持，这需要有一整套的生活方式配套。居住宫观，没有家庭拖累的全真派道士相对比较容易，正一派道士火居在家，需要养家糊口，从事科仪活动往往只是农业、商业等主业之外的副业，世俗中对名利的追逐、生活的繁杂、压力、快节奏让他们很难在内丹方面修炼有成。其二，道教的科仪，比佛教等其他宗教的要复杂得多。从事科仪需要对坛场布置、文检、服饰、罡步、掐诀、符法、咒语、《度人经》等基本经典烂熟于心，还要掌握吹、拉、弹、唱等音乐功夫，所学内容众多。田野调查发现，勤学苦练者用三年左右的时间也只能入门，五六年才能大致掌握，而要到精深、全面之境，少于十年工夫是不大可能的。所以，仅仅是熟练掌握科仪并达到运用自如就已经耗费了大量的时间精力，很难再花更多的时间去修炼内丹。

第六，上述书籍中，理论性的少，书法、绘画、戏曲等休闲、娱乐等的没有，绝大多数为实用性的操作手册，以解决乡村民众生活中经常

[①] 孔令宏编著：《道教概论》，浙江大学出版社2013年版，第194页。

遇到的问题为目的。这说明正一派散居道士的科仪具有浓郁的职业化的特点。这一特点可谓其来有自。宋代以前，道士的生存以贵族供养为主，宋代以降，法与箓分离，伴随着以雷法为中心的清微派、神霄派、天心正法、东华派等法派道教逐渐占据正一派的主流，为乡民进行信仰服务而获取生存所需成为道士生存的主流，虽然道士仍然宣称是宣道演法，但对绝大多数散居道士而言，做道士仅仅是谋生的手段而已，他们把做道士当作职业，或主业，或兼业，一旦有更好的谋生手段，他们就会离开。这其中的原因，前述的历史原因是一个方面，还有几个方面，例如，在法、箓分离的背景下，授箓对正一派道士的重要性大为下降。一方面，对乡间道士而言，千里迢迢到江西龙虎山天师府去授箓，不仅路途遥远耗时太多，而且授箓还要交纳一笔不小的资费，所以很多散居道士不愿意去；另一方面，龙虎山天师府基于利益的考虑，往往大量印刷各个等级的箓，派员送到各地售卖，这无形中降低了箓的神圣性。现实中，散居道士们往往或者誊印天师府的箓，或者模仿而私自造箓，然后私自授箓，使得授箓从神圣的神职认证变成了地方道士相互之间的行业认可。更有甚者，部分道士未经授箓，直接袭用父亲或师傅的箓职做法事。此外，广大的斋主对科仪的内容缺乏全面、深入的了解，没有能力判断道士所做的法事是否符合传统规范，这也给了部分道士不求提升宗教修养，随意忽悠斋主予可乘之机。不过也不可过分夸大这一点，由于道士做法事多为三个以上道士组成道士班集体合作，因业务不熟悉而难以与他人配合的道士也难以生存，所以，团队合作的职业形式也制约道士必须掌握基本的做法事的能力。

第七，上述书籍中的医药类的书籍的存在，显示了道教的宗教特点。其一，道教历来强调自己为"理身理国之教"，与中医药有紧密的联系，知医识药是道士的基本技能之一。其二，这些书的功用显示出，它们主要是应付精神病人，这是中医药甚少关心，恰恰是道医擅长的领域。其三，探脉之类的书，据雷道士讲，是让道士掌握基本的号脉技能的书，目的是让道士做足自我保护。因为道士被延请去为重病者作宗教服务，道士先得探视病人，如果病人病情危重，时日无多，道士就找借口推辞，否则斋主花了钱做了法事，未见到效果，会来找道士的麻烦，影响道士的职业声誉。

第八，上述书籍中屡有重复的版本。这有几个方面的原因。其一，前面说过，道士通常对一本书要保存原件和抄写件两种，原件备用，抄写件带到法事现场使用。其二，道士抄写书籍，虽然也有特定的规范和格式，但因用毛笔字手写，字有大小、疏密，所以仅仅从页数来看就会有差异，是否完全相同，需要仔细比对。其三，原件和抄写件不一定完全相同。一种情况是抄写件简略，因为法事时间有长有短，近代以来总的趋势是简化，例如过去7天、9天、14天甚至49天的法事都有，现代超过3天的法事比较少见，为此就要删去一些简化后的法事上用不到的内容。另外一种情况是出于保密的需要，删去了一些关键性的内容；或者故意打乱顺序，或者把一本书的内容抄写到另外一本书中只有抄写者知道的位置。其四，道士之间在书籍方面会有一定的交流，从别的道士得来的抄本与自己的传本放在一起，也会显示出同一本书的不同版本。

第九，雷道士为畲族，生活在畲族聚居的村子里，需要为畲族服务，畲族固然信仰道教，但有自己的民族特色，所以他的藏书中有一部分是专为畲族置办的。但因畲族人口少，汉族人口多，出于谋生之需，雷道士更多地是为汉族人口服务，所以，为汉族作道教服务的书占的比重比较大。当然，也应该看到，相当一部分书籍应该是没有民族特色的，既可以用于汉族，也可以用于畲族。

第十，上述书籍中，《李山书》《簿记适用》《上大人经》都是启蒙读物，也就是教人读书识字用的教材。这些教材从内容来看，既有认字读书的功能，但更多地显示出为道士培训服务的特点。这说明乡村道士既承担着一定的社会教育功能，也承担着培养下一代道士的宗教教育职能。

第十一，乡村道士的作用。上述书籍中，科仪书固然占了比较大的比重，但是，择日即选黄道吉日、堪舆即风水、预测即算命、劝善书、民俗礼书、通书等也占了一定的比重。这表明，道士实际上是乡村的知识分子，在乡村社会的作用是多方面的，为乡民服务的内容并不仅仅局限于科仪法事，除了心理和信仰层面之外，劝善、调解乡民之间的矛盾，往往也是道士的服务内容。所以，道士在维系乡村礼俗传统，保持社会秩序稳定方面是起积极作用的。

第三节　云南省弥勒市十八寨汉族丧葬礼仪调查研究[*]

安葬亡者有多种方式，云南省弥勒市如同云南省其他地区一样，习惯上实行土葬。[①] 近年来推行火化，强行要求公职人员火化，但非公职人员则绝大多数遵循传统，愿意土葬，不愿意火化。土葬的观念是入土为安。土葬由来已久，产生的原因有五个方面：（1）人类生存意识引起的原始生态环境保护行为。人类丧葬民俗起源于对动物类似行为的模仿。（2）人性的发展，人伦情感关系进化而产生土葬。例如，《孟子·滕文公上》说："盖上世尝有不葬其亲者，其亲死，则举而委之沟壑。他日过之，狐狸食之，蝇蚋姑嘬之，其颡有泚，睨而不视。夫泚也，非为人泚，中心达于面目，盖返归蔂梩而掩之，掩之诚是也。"[②]《吕氏春秋》卷十说："死而弃之沟壑，人之情不忍为，故有葬死之义。葬者，藏也。"[③]（3）灵魂信仰与农业社会"以土为本"的观念意识相结合产生土葬。在农业社会，植物采摘及种植生产形成"重土"意识：生命来自泥土；有地则生，无地则死。对此，《礼记·祭义》说道："众生必死，死必归土，此之谓鬼。"[④]（4）儒家孝道伦理的长期影响。《孝经·开宗明义章》说："身体发肤，受之父母，不敢毁伤，孝之始也。"[⑤] 朱熹在《山陵议状》中也说："葬之言藏也……使其形体全而灵魂得安，则其子孙盛而祭祀不绝，此自然之理也。"[⑥]（5）明代朝廷极力推行的历史影响。

---

[*] 本节原文载于廖东明主编：《道法自然德化天下——中国云南道教文化国际学术研讨会论文集》，宗教文化出版社2018年版，第234—255页。

[①] 卞云龙、周鸿：《云南居民丧葬观的调查报告及其政策导向》，《思想战线》1999年第6期。

[②] （清）焦循：《孟子正义》，沈文倬点校，中华书局1987年版，第404—405页。

[③] 许维遹：《吕氏春秋集释》，中华书局2009年版，第220页。

[④] 《礼记正义·祭义》，阮元校刻《十三经注疏》（清嘉庆刊本），中华书局2009年版，第3461页。

[⑤] 《孝经注疏·开宗明义章》，阮元校刻《十三经注疏》（清嘉庆刊本），中华书局2009年版，第5526页。

[⑥] 《朱熹集》卷十五《山陵议状》，郭齐、尹波点校，四川教育出版社1996年版，第616—617页。

土葬各地习俗不同。本节所述为云南省弥勒市十八寨（即虹溪镇）的习俗。弥勒市地处滇南，明代之前为少数民族聚居地区，境内汉族早自明洪武十五年（1382）置云南布政使司广西府弥勒州，因驻军而迁入，此后逐渐增加，目前汉族为第一大民族，彝族为第二大民族。十八寨地处众山环绕之内的平地坝子，周围山上多有彝族村寨。它是明正德十六年（1521）末所置十八寨守御千户所驻地，驻军1120人，其南方约三十公里外则有捏招巡检司，同样兼具军事功能。由此形成了兼具屯田和镇戍功能的汉族移民新区。[①] 这些汉族军人系由"应天府柳树湾"派出，"应天府柳树湾"即当时南京皇城前的宫禁要地，兵部所在地，现在的南京蓝旗街、御道街一带。[②] 中原文化随之传入。当代十八寨汉族多为这些明代守军的后裔。十八寨是滇南著名的文化古镇，有文庙、文昌宫、黄莲寺、魁星阁、文笔塔、牌坊等众多古建筑。十八寨文化的主体是以传承明代中原文化为主，因汉族与当地少数民族的婚姻等的交流，也受当地少数民族文化的影响。因此，十八寨的丧葬习俗，也应如是。本节以笔者于2010年10月、2015年6月、2016年2月三次在弥勒市十八寨经历村民孔祥舜、刘琼仙过世、脱孝的丧葬活动田野调查为据，辅以对其他参与人员的走访调查，参考相关文献，力图给出学理化的解释。

一 丧葬准备

老人临近去世或者刚去世，需要召开亲属会议，首先是明确丧葬事务中的角色。角色有丧主、傧相、孝子等。丧葬事务的总负责人称为"丧主"。孝子是死者的儿子、孙子、重孙，其中长子、长孙、长重孙为正孝子。孝子在丧葬活动中角色重要，要承担跪接亲友等众多事务。如有多位孝子，则相互还要分工。丧主多因失去亲人而处于悲痛之中。孝子繁杂之事多而忙碌，而且，丧礼仪程冗长烦琐，规矩很多，稍有疏忽，

[①] 参见陆韧《明代云南汉族定居区的分布与拓展》，《中国历史地理论丛》2006年第3期。另可参见曹洪刚《明王朝对西南边疆山地开发与统治的深入——以十八寨守御千户所设立筑城为例》，《中国山地民族研究集刊》2013年第1期。

[②] 参见张正祥《柳树湾考》，《南京史志》1984年第4期；济民：《高石坎、柳树湾已初步查明》，《南京史志》1984年第4期。另参弥勒县志编纂委员会编纂《弥勒县志》，云南人民出版社1987年版，第832—836页。

就会造成礼仪环节遗漏和失礼，要么对死者不恭，要么对吊唁者不礼貌，所以，要请有威望、有经验、阅历深、会办事的人帮忙，具体主持丧事每个环节各个方面的安排和礼仪施行。这样的人称为傧相。傧相可由亲属担任，也可向外延请。其次，讨论决定费用分摊和各项事务的分工，然后分头行动。

第一，要延请阴阳先生和傧相，讲好酬金。阴阳先生的身份首先是丧葬师，负责丧葬的信仰方面的安排，往往同时兼风水先生的角色。傧相即白事司仪，负责仪式流程各阶段的安排和指导。在农村，阴阳先生和傧相多为一人同兼。丧家在老人临终前或咽气后，阴阳先生要指导亲属寻找适合的埋葬地点，开挖、建造坟墓。

第二，准备好棺材。

第三，确定拟报丧的名单。

第四，确定就餐地点和每天的就餐人数，是饭店代劳还是自办，自办则涉及厨师、买菜、洗菜人员的延请。

第五，制作金银元宝、报丧、挖坟墓、抬棺材等的人要确定并通知到。

第六，做好丧葬过程中所需要的物品的准备。

（一）摆放供品：灵柩前供桌上摆放的香炉、香灯，装供品的九个小碗。

（二）噙口钱：放在死者嘴里。

（三）纸、香、金、银元宝等：

1. 三天须烧的纸（包括每天早、晚各烧一次、烧大纸一次、到坟地一次）。

2. 香，要根据丧葬期的长短及每天用量准备。

3. 金、银元宝：元宝用黄纸、锡箔纸叠制，黄纸叠制者为金色，体积略大；锡箔纸叠制为银色，体积略小。用量、用法与纸相同。

4. 丧盆：烧纸时用，一个。

5. 岁头纸：按阴历岁数，每岁一张纸，每三张一叠，用白绳系好并上、下各加一张，天、地各一张。在烧大纸时，孝子披在肩背上带到烧大纸处，披在男纸马、女纸牛背上烧掉。

6. 白酒：一瓶。

7. 剪刀：一把。

8. 买路钱：用烧纸剪成，用筷子穿成一串，在出殡到坟地的路上用。

9. 鞭炮至少十封，焰火两箱。

（四）灵幡：准备好出殡时用（由孝子举着到绕棺处，烧纸时烧掉）。

（五）孝布、孝带：

1. 买黑孝布和别针（按应戴的人数准备）；

2. 白孝带；

3. 红布：一尺，孙子辈的黑孝布上用别针别上一小条红布；

4. 参与服务的车辆（谈好酬金），每辆车在服务结束时要系红布一条以示避邪。

（六）死者的遗像：放一张黑白大照片，带黑镜框和黑纱，出殡前和出殡后摆放在灵桌前面，出殡时由长孙抱着。

（七）准备好要丢弃或烧掉的死者遗物；出殡的前一天晚上烧大纸时烧死者生前喜欢的衣物1—2件（不必太多），其余出殡时带到坟场附近埋掉。

（八）米：一斤。

（九）净水：一瓶。

（九）纸灰钱：纸灰钱烧成灰，凉后按白事司仪要求，包为7包。

（十）金童、玉女、男纸马、女纸牛、牵马（牛）童：带到坟地，烧大纸时烧掉。

（十一）领魂鸡：大公鸡一只，必须是没有在丧葬事务中使用过的。

（十二）接待客人所需用到的水和烟（水在就餐地点、出殡路途、坟地用，烟则在接待客人时散发，出殡时随机发放，就餐时每桌发一盒，抬棺材的人每人一盒）。

二 丧葬仪式

（一）初丧礼仪

1. 送终：老人临终时，希望子女等直系亲属守护在其身边，听取遗言，直至去世，这称为"送终"。就子女而言，这是在老人生前尽孝的最后一次机会；就老人而言，有子女送终，而且所有子女都来送终，老人往往才认为自己有福。所以，送终关乎两代人最后一次亲情互动，在丧葬习俗中很重要。

2. 沐浴：即在老人断气后，趁身体尚热为他沐浴，其意义首先是寄托晚辈对长辈的孝敬之情，其次是文化上的象征意义。沐浴前要"买水"，即用阴间通行的纸钱买来沐浴所用的水，把"阳间之水"转换为"阴间之水"，这样一来，沐浴就有两层文化意义，一是"用水洗去死者生前的罪恶，消除死者在生前所犯下的罪孽"，二是郑重其事，让死者干干净净地到达阴间，顺利地被已在阴间的祖先收容。① 此外，对男性亡者，还要请理发员为死者剃头；对女性亡者，要为她梳头。

3. 小殓：入殓礼仪包括"小殓"和"大殓"。大殓指放尸入棺。小殓在先，即在沐浴后为死者穿上"寿衣"。这主要是为了表示孝意和哀悼。这源自周礼，是儒家所张扬的礼制，后来被引申成为亡人"免罪"。寿衣的种类很多。传统的和现今比较流行的主要有如下几种：

寿衣：寿衣包括衣、裤、裙。衣有长衫、短袄、马褂、旗袍等，并有内衣、中衣、外衣之分，裤和裙都有长、短及中、西不同款式。

寿帽：又称寿冠。男性用的有礼帽、便帽，还有清朝的瓜皮帽；女性用的，特别是南方地区，常戴蚌壳式绒帽，但这适合老年妇女，不适合中、青年女性。

寿鞋、寿袜：寿鞋通常用中式布鞋，寿袜常用棉布袜。

寿枕：用纸、布做成。按传统习俗，头枕饰有云彩，脚枕为两朵莲花，意谓"脚踩莲花上西天"。这是受佛教影响的表现。

寿被：盖在亡者身上最外层的狭长小被，以布等面料做成，上绣星、月、龙、凤等图案。往往要用两条，一条垫于尸身下，一条盖于尸身上，与棺盖隔离。

衾：裹尸的包被，形似斗篷，用绸子等面料织成，绣以花卉、虫鱼、寿星等吉祥图案，穿在亡者的最外层。

选择寿衣有几条基本原则：其一，注意搭配。衣、裤、鞋、帽、被的款式、色彩、图案要呼应、协调。在款式上要将中式和西式区别开来，

---

① 《丧事礼仪》，http://wenku.baidu.com/link?url=2Q0FpfmGbA_eQVLcJ0xlpqku3Zm-IHU9eGRo7cciJPOcNbfzBlISrtvSBNGkXeMIHXGVhbnKgMOwmechlFxB-mt6PNVkT3w_h4_OdpbuC6F3，2015年8月3日。

切不可上穿西装下着布鞋,中不中西不西,显得不伦不类;色彩的选择要注意整体的协调,把零碎的色彩统一在大调子中,不可使用大面积的对比色,不然会显得杂乱、刺眼;图案有古典、现代、中式、西式之分,在风格上要协调、统一。这最好根据亡人生前着装的倾向性加以精心安排,显示正式、盛大、隆重之意。

其二,面料的选择涉及"殡"礼的档次,一般绸子的寿衣较为昂贵,家属应根据经济状况选择适合的寿衣。

其三,优先选择亡者生前喜欢的款式、色彩、图案,以示对长辈的孝顺。

其四,通常不选择缎织料子,因为谐音"断子",不吉利。

其五,衣、裤、鞋的质料不能用动物的皮和毛,习俗认为这样做,死者会转世为兽。

其六,整套服装不能有扣子,而且要全部用带子系紧,这样做是表示"带子",即长辈会在阴间关照晚辈。

其七,在死者的头上要戴上一顶挽边的黑色帽,帽顶上缝一个用红布做成的疙瘩,用来驱除煞气,习俗认为这样做对子孙吉利。

其八,男性亡者的脚上要穿黑色的布鞋;女性亡者则要穿蓝色的布鞋。

其九,所穿寿衣的层数视家庭经济状况而定,通常为奇数,上身可以比下身多二层,通常上身五层,下身三层。[①]

注意,为死者穿衣时,要边穿边呼唤亲人的称呼,告知为其穿衣;不能将眼泪滴到死者身上,习俗认为,如果这样,以后做梦会见不到死者。

4. 换床:沐浴之后,把老人从卧房移到正厅中临时铺设的板床上,这叫换床,也称为"挺丧""上榻"。经济状况不好的家庭,多用临时卸下的门板作板床。习俗认为,人如果死在床上,灵魂会被吊在床上,无法超度。所以,有的地方刻意要求让长辈死在门板上,如果老人是在床上咽气,子女往往会受人非议。

---

① 《丧事礼仪知识》,http://www.360doc.com/content/13/0715/06/238966_300035673.shtml,2015年10月4日。

5. 正寝：即寿终正寝。这主要涉及亡人摆放。习俗要求在人断气后立即把尸体抬到堂屋，头向神龛，脚向大门停放。忌顺梁横放，忌头不向神龛。如果换床时人已断气，则换床与寿终正寝为同一步骤。正寝的同时撤去病榻卧具，即古代丧礼中的"易簀"。夭折的人或者死于户外（医院例外）的人，通常不移入正厅，而是移至床前地上。这是儒家正命观念影响的表现，即推崇顺应于天道、得其天年而死，这是"正命"，否则为"非命"。《孟子·尽心上》说："尽其道而死者，正命也；桎梏死者，非正命也。"赵岐注释："尽修身之道，以寿终者为得正命也。"[①] 亡者如果不是直系亲人，也不能停尸于堂屋。如果亡者之上还有长辈，死时也不移入正厅。这彰显了血缘关系的重要性。

尸体摆放好之后，要在死尸脚下放盆，过去多为瓦盆，后来有用搪瓷盆或不锈钢盆的，在其中为亡者烧纸钱，称为"烧倒头纸"，或者称为"烧落气纸"。这是给亡人的冥资，兼具安慰亡者之效。烧出的灰烬不要抛弃，要包成七包在大殓时用。此外，要点燃香烛，并在板床下点亮油灯，称为过桥灯，意思是阴间黑暗，点灯为亡者照亮通往幽冥的道路。

6. 送无常：习俗认为，人死是无常鬼把人的魂勾摄走所导致的，所以，要遣送它离开，方法是在尸体移入灵堂后，携酒饭至河边、江旁、池畔、湖滨、沟渠边，焚烧纸钱、草鞋、稻草等物，从水中送它离去。

7. 卜期：即出殡择日。这主要考虑八条原则：其一，坟山的坐向。这是从风水的角度来考虑。其二，死者的出生年月（主要是出生年，月只作为参考）。其三，不能与亡者子女的属相或八字相冲。其四，初七、初九不宜出殡。民间有"七不出，八不入"之说，有"七不葬母，八不养父"的规矩。这大概与《周易》的"七日来复"观念有关。其五，死者死亡后的第七天不宜出殡。其六，人在刚日死，应该选择在柔日下葬；柔日死，应该在刚日下葬。两个日子不宜同为刚日或者同为柔日。这可能是《周易》"一阴一阳之为道"的观念的影响。其七，一般选择农历双日安葬。这大概是因为中国文化中偶数代表稳定、安全之故。其八，凡奇月死者，应在偶月下葬；偶月死者，应在奇月下葬；奇月、偶月也要配合好才行，否则不吉。

[①] （清）焦循：《孟子正义》，沈文倬点校，中华书局1987年版，第880页。

这八条原则中，风水首先要考虑，因为这涉及亡者之气与天地之气是否相匹配、能否得到安顿并能否保佑后世子孙的大问题。所以，必须避免选择出来的日子与坟山及仙命相冲撞而出凶祸，而且要把坐山和仙命的贵人及福禄调出来（从所选择的年、月、日、时的天干地支中可知），以期亡者享安宁，生者获富贵。如果不知死者的出生年，则按"蒙拢大吉"的原则下葬。其余因素属于民俗的层次，能都兼顾到最好。

但是，选择各方面都能兼顾到的吉利的出殡日子往往很困难，有时会出现如果兼顾，就需要等一周甚至更长的时间。因此，过去富裕人家往往延期三至五日出葬，而普通人家只要日子相合即可下葬，通常只是多延长一日。现在流行"一七之内"，即亡者在死后七天内安葬，可以不择日子。之所以这样，一是心理因素，习俗观念中刚刚死去的人，其亡魂对生者而言有很大的危险性，亲人们希望尽早出殡；二是如果夏天气温高，尸体腐烂速度快，会散发出难闻的气味。所以，在不能兼顾的情况下，民俗层次的因素可以忽略，但要由阴阳先生作法化解。一般是下葬后，用多支桃树枝削尖钉入地中，用五色线串联，环绕坟墓一圈。如果情况严重或者非正常死亡的亡者有戾气，则要用鸡冠之血画符，把画有符的黄纸做成棺材样的厌镇之物埋入死者的坟头，意在让死者的灵魂不要出来发泄不满，给生者带来危害。此法其来有自。明朝万历年间柳洪泉所著术数著作《三元总录》提及：亡者去世时，"阳精阴魄之气，郁结而为殃煞"①。阴阳先生必须掌握出"殃"之处，出殃的日时、高度、颜色、方向等则可用《三元总录》的歌诀推算而知。亡人去世时所犯的"煞"，用《三元总录》中所载的"镇法"处理，即小函子一个，内盛神符，放棺材上一同下葬。②

8. 告丧：也称为报丧。老人咽气后，在烧落气纸、点长明灯的同时要燃放鞭炮，其意义有二，一是驱赶来捉魂的鬼卒，二是借此告知邻里，家人出大事了。但这不是正式的报丧。报丧要由亡者的长子到各亲戚（近亲）家，敲门，不可进门，亲戚出来后在门口下跪，说明亡故时间和拟出殡时间，要求亲戚提前一天去吃饭，并协助处理丧事。至于与死者

---

① （明）柳洪泉：《三元总录》，内蒙古人民出版社2010年版，第140页。
② （明）柳洪泉：《三元总录》，内蒙古人民出版社2010年版，第166页。

有往来的远亲、朋友、故旧，则由死者的儿孙、侄儿、侄孙们分头去报信。路遇亲朋故旧长老，也须叩头敬告。

报丧除了这样的"口传"，有文化之家也可以"文告"。文告又称"讣告""讣闻""讣音""讣文""讣式"等，系由古代"赴告"演变而来。"赴告"即古代诸侯以崩薨相告，"赴"同"讣"。讣告多张贴于门前："不孝子侍奉无状，祸延显考（妣）某公，于×年×月×日×时辞世（或：弃养）享年×岁"，并写明成服、祭奠、出殡日期。孝子姓名前面的称呼，如父母双亡称孤哀子，父亡母存称孤子，母亡父存称哀子。[①] 富裕人家往往很重视此事，有的还请文人撰行状，征诗文，在报纸上刊登。

9. 大殓：即在死者死后的二十四小时内（时间长了尸体腐烂加速，会有难闻的气味散发出来），要由阴阳先生选择一个好的时辰，正式将尸体移入棺材中。在此之前，要把棺材准备好，棺材内部各边缘要用松香或沥青熔化，严实封闭。入殓的程序为：

第一由长子抱住死者的头部，其他人协助，把死者放入棺材中，一般是头朝里脚朝外，然后摆正尸体。第二，用手将死者双眼闭上，嘴合拢，称为"整容"。第三，放"噙口钱"，即找中间有方孔的古铜钱，用红线穿其孔，打结，塞入死者口中，再把丝线系在死者两耳上。第四，双脚用棉线系紧，使之脚尖并拢向上，这棉线称为"拌肢索"，意思是让死者不能行走，挽留死者在阳间多停留一段时间。第五，把烧落气纸烧出的灰烬包成七包，在死者的双手、双脚、腰部、肩头、头部下面各放一包。第六，"搭面纸"，即用一块红布盖住死者的脸部。第七，有的地方要求为亡人，尤其是女性，在棺材中放木梳一把，镜子一面，便于她梳妆打扮。第八，亡人入殓后，把棺材用板凳架起。

10. 守护灵柩：从长辈断气到大殓期间，家人要昼夜轮流守护在棺材侧边，以示尽孝，这称为"守铺"。大殓之后，家人守护、睡卧在棺旁，称为"守灵"，有的地方俗称"困棺材"。这期间不能让油灯、蜡烛、香火熄灭，也不能让猫、狗等动物接近灵床或棺材，习俗中认为如果发生

---

① 《丧事礼仪》，http：//wenku.baidu.com/link？url＝2Q0FpfmGbA_eQVLcJOxlpqku3ZmI-HU9eGRo7cciJPOcNbfzBlISrtvSBNGkXeMIHXGVhbnKgMOwmechlFxB-mt6PNVkT3w_h4_OdpbuC6F3，2015年8月3日。

这种情况，死者来世就会成为畜生，不吉利。出殡前一夜，丧家多在棺旁守一夜，以示"永别"前的奠念，称为"伴宿""伴夜"或"伴亡"。也有前来吊唁的亲友一起伴柩过夜的。

（二）治丧仪礼

1. 灵棚或灵堂布置：

传统上，要在屋外搭灵棚，亲朋故旧来吊唁时，孝子在灵棚内跪接来吊者。现在习俗从简，已经没有了。大多是把放灵床的堂屋就当作灵堂。灵堂的布置相沿成习，是有规矩的。

灵堂中多悬挂亲友送来的挽幛。挽幛悬挂的位置分三档，一档一个席位。先是祖档，即祖母娘家送来的挽幛；其次是母档，其上席为舅舅家送来的挽幛；再次为妻档，即妻子娘家送来的挽幛，其后才是其他亲戚送来的挽幛。有的灵堂内还悬挂孝帏。实际上，灵堂有无孝帏、孝幛是视家境经济状况而定的，贫寒人家可以不设。

灵堂中必需设立灵牌，即在灵堂设神案，上面设灵牌。灵牌用白纸制成，上面墨书"仙逝显考（妣）某公（母）讳××（氏）老大（孺）人之灵位。不孝男（女）×××泣血叩首"。灵牌前面香案上摆放香炉、香灯和祭品。

灵堂（棺材）两边有一对纸扎的金童、玉女（现在丧葬用品商店有售，多为纸扎或塑料制品），按男左女右摆放。习俗认为，亡人落葬后将把它们焚烧，这样它们到了阴间就会变成死者的佣人，任其役使。

2. 穿孝、成服：大殓后，死者亲属根据同死者关系的亲疏，穿着相应的丧服，叫"成服"。古代为亡者服丧的丧服分五等，称"五服"，依等级从高到低为：斩衰、齐衰、大功、小功、缌麻。五服之内的亲属称"五属"，五属之外就不再具有亲属关系。等级不同，守孝期和丧服也不一样，例如，"斩衰"守孝三年，"齐衰"守孝一年。清末以来，五服制已经不再实行，而行服孝。服孝有三种：

（1）"重孝"：子女为父母、妻为夫、承重孙（子亡，长孙视同儿子）为祖父母，穿素服、束麻绳、头戴孝箍，女顶白长巾，穿麻边白鞋，俗称"披麻戴孝"。

孝子的孝服与一般人的有所不同：传统上要求戴麻冠，现代多以竹条编成帽子形状的空套，外缠白纸；穿麻衣（长背心式，现代简化为只要不是鲜艳的红绿等色即可);穿孝鞋,鞋上罩一层白布,在后跟半寸左右现出鞋的本色、用麻缕或草编的绳带系腰,孝布较长,长九尺,拖及脚背(如祖父母犹存则贴圆形红纸于麻冠上,女婿亦同),手持"哭丧棒"。"哭丧棒"也称为"丧杖""哀杖",用竹或木制成。其中父丧用竹杖,称"苴杖",母丧用桐木杖,称"削杖"。原本丧杖是用于孝子拄扶,因孝子过度哀伤,身虚体弱,行走困难,故需用杖扶持。后来逐渐演变成丧礼中的一项风俗习惯。原本丧杖长一米,主要用于扶拄,后演为三十公分,外缠白纸,称为丧仪中的礼具。

"重孝"在停灵期间、三七、五七之日都是需要的。

(2)叔父母、堂伯叔父母、姑父母顶白布短手巾;孙为祖父母、伯叔祖父母戴孝帽;外甥、外甥女为舅父母,侄为伯叔父母戴孝帽或顶白布手巾。停灵期服孝,结束后即可除去。

(3)"全破孝":内外亲戚、吊客,每人一条白布手巾,下葬后即可除去。祖父、祖母亡故,孙辈穿孝服,帽子前沿正中缝一个用红色绒布扎成的圆球,布鞋加罩白布面,俗称"封鞋",鞋跟处不封死,留一宽缝,加缝红布一条;鞋脸正中各缝一红线球。孙女无帽,则头扎一白布宽带,于前额正中部位缝红绒球一个,鞋同孙男,这三个绒球称"缨儿"。另外,外祖父、母死亡,外孙、外孙女服孝时也要带缨,红线球按男左女右,缀于孝帽和封鞋的偏侧,俗称"歪缨"。到了20世纪20年代,市面上有麻制红线球出售,则红线球就改为麻制红线球。1949年之后,改孝服为佩戴黑纱,红绒球则缀在黑纱上。[①] 这主要是在城市中实行。在农村,大多沿袭旧俗。

穷苦人家制备不起孝服,但也需用孝帕包头。笔者两次田野调查,安葬之日,五服之内后辈及致祭亲戚,普发孝布,并以孝布区分辈分,子辈用白布,孙辈用红布或白布加红饰。长子孝布最长为5.8尺,其余4.8尺、3.8尺、2.8尺不等,依亲疏而定。平辈及朋友致祭,多用毛巾代替孝布。

---

① 《丧事礼仪》,http://wenku.baidu.com/link?url=2Q0FpfmGbA_eQVLcJ0xlpq-ku3ZmIHU9eGRo7cciJPOcNbfzBlISrtvSBNGkXeMIHXGVhbnKgMOwmechlFxB-mt6PNVkT3w_h4_Odp-buC6F3,2015年8月3日。

对请来的抬殇人员及其他帮忙人员，一律给孝帽。

3. 签点，也称为成主，分为题主、题材头、题材盖三个步骤。

题主：也称为"写木主（即神主牌）""写主牌"。传统的丧礼中，除夭折和凶死者外，人死后，都要为其设神位，以飨祭祀。在出殡之前，丧家要择日请本族或当地有名望的人为木主题主。一般在木主正面写衔名、谥号，背面写其经历、生卒时间、子女和配偶的姓名、安葬的地点、方位。木主正面的"主"字，暂写为"王"字，待日后举行点主仪式时补上一点，也有在题主时一并完成的。加点时须请地方绅士或有威望的老者，用红笔在"王"上加点，变成"神主位"，点后将笔向后一甩数丈，拂袖而去。再由孝子用墨笔在点上复点一次，俗称"点主"。点后孝子在前跪，捧主牌，次子等在后跪，磕头，然后转身将主牌放置棺头。如果开吊设祭堂，则神主牌供奉灵堂内，等出殡时再将其供奉在主屋供桌上，或放入宗庙内。

题材头：即出殡前题主的祭官在棺头上题字，其步骤是：孝子跪下，向祭官呈上题材头的绢和白布，双手献上崭新的毛笔。然后，孝子执砚跪于前，祭官题材头神位。材头神位的格式有男与女、老年人与年轻人之分，字数也有规矩。关于格式，父亲去世称"先考"，母亲去世称"先妣"，六十岁以下去世，故字前加"世"字，六十岁以上去世，在故字前加"耆"字。字数上男为阳，奇数；女为阴，偶数。字数的排列有两种方法，一种是用"生旺墓绝"四字依次循环排列，男最后一个字占"生"，女最后一个字占"旺"。例如：耆故先考○府君讳○○之灵柩，共13个字，为阳为奇数，最后字占"生"。另一种方法，字数按"生、老、病、死、苦"依次循环推算，必需占"生"字，以男性为例，老人的神位格式是："时故先考某公讳某灵柩"。此外，宫式门楣扇形框中，题"安乐宫"三字。两边楹联大多书写"孟坡头上金童送，奈河桥边玉女迎""金童持壶春常在，玉女举案日月长"等。

题材盖：棺材盖上留有碗口大的圆圈，用以题字，称"题材盖"，题字仍请祭官书写，题法大致有三种，一是用金、木、水、火、土五行题盖，寓镇压之意；一是按性别书写，男性老人多书写："佑启我后人""是之谓不朽"等，女性老人则写："坤德后嗣昌""坤柔顺利贞"等。也有少数写七个字的，男性多题："大德锡类昌后嗣"，女性多题："王母瑶池添宝座"等，意思多以吉祥为主。弥勒地区过去实行，现在往往把这省略了。

4. 吊丧：亲友接到报丧或讣告后，往往在葬前一天，带上挽幛、花圈、香烛、纸钱、挽联等来丧家吊唁。所以，发葬的前一天要开大门，称作"大开门"。孝子在傧相的安排下，要不时到村口迎接吊客。待亲友、邻里聚集稍多，主人便以白布丈余包裹于头上，称为"呈白"，表示吊丧开始，即"开孝"。亲友前来吊孝，要先到灵床前行礼。传统吊唁礼俗讲求"先死为大"，在吊唁的人中除了长辈不下跪，即使平辈也得跪拜。礼毕，丧家跪呈致吊者孝布一条，长四至五尺，白色，多以白粗布为之。致吊者接孝布后，立即顶之于头，或系之于腰，否则被视为失礼。死者的孙子、重孙，跪在灵堂两旁向前来吊唁的亲朋拜谢。最后，燃放爆竹以示祭拜礼仪的结束。

丧家要设便筵招待一众吊客，通常为四菜一汤。有的丧家吊客多，从中午就开始置酒席，一直延续到晚席。

5. 收礼。民间办丧事期间，丧家有"人情"收入，需要指派专人收礼登记，事毕向丧家交点。普通丧事所送礼物主要是挽幛、花圈、礼金等。丧家置备礼簿及谢帖，一方面登记礼物及数量，一方面写谢帖交给送礼者以资证明。礼簿登记需要尽可能详细，以作为将来回礼的参考。

6. 超度：吊丧之日，要为亡者做诸多法事。首先是在黄昏时到村庙送汤，没有村庙的则到村子外路边祭献水饭。其次，晚上放焰口。民间习俗认为，人死后三天，他的灵魂要正式去阴曹地府报到，或者被神、佛或它们的使者迎接去了。事实上，并非每一个人死后都能升天或者到西方极乐世界，但如果在死者去世三天灵魂离开的时候，为他请僧人或道士念经礼忏或者放焰口救度恶鬼，就能使死者赎罪积德，有利于他到天上或者西方极乐世界。相对于神来说，是迎接死者的灵魂；相对于死者亲友，是送别死者的灵魂。因此，这个仪式叫"迎三"，也叫"送三"。放焰口是这个仪式中最重要的部分。焰口是梵语的音译，就是佛教中在地狱里受苦受难的饿鬼王的称呼，据说它肚大如山，喉咙细如针，因饥渴太甚，口吐火焰，一切饮食到了它的嘴边，都化为灰炭。放焰口是道教和佛教都做的法事，但二者的做法有差异。佛教只有度，而道教多了一个"炼"亡魂的步骤，即法师以自己内丹修炼所得之阳炼化鬼魂身上之阴，令其成为全阳而得超度。民间丧俗中放焰口的目的是为了避免死者投生饿鬼，也希望其他鬼魂不要侵扰亡魂，所以遍施饮食于鬼魂。民间举行仪式，摆放三宝，即佛教的佛、法、僧，道教的道、经、师，便可以让饿鬼得到救助，脱离苦海。佛教的焰口常用的是瑜伽焰口。受此影响，道教常用的是铁罐焰口等。放焰口通常要请僧人或道士来做。与放焰口相关，有的丧家还做法事为亡人"开路"并保佑其路途平安，其作用与放焰口类似，常由僧人、道士一起做。十八寨过去的道教宫观或佛教寺庙尚未复建，自然也没有道士或僧人可请，即使有，经济状况不好的人家也未必请得起。所以，往往就请阴阳先生代劳主持。先燃香，阴阳先生念祷词安慰亡灵，引导孝子、孝女三跪九叩，阴阳先生诵道经《太乙救苦天尊护身妙经》、佛经《般若波罗蜜多心经》等为亡人送魂，保亡人顺利到达阴间。由死者长子代表在灵柩前三鞠躬后，烧大纸，为亡人准备路上所需费用。最后是除北：这是在出殡前一天晚上，孝子孝女前往村子北边举行的仪式，为老人在阴间求得一块安身之地。大概是当代简化的缘故，笔者所调查的两次丧事中已不行此仪式。

7. 唱戏。在下葬的前一天和下葬当时，要请戏班子唱戏。唱戏的本义，一是为亡者送行，二是酬神，让众神保佑亡者，三是借此答谢吊丧的客人和亡者的邻居。但现代的唱戏多以制造喜庆、热闹气氛为主，似乎演变成了一种娱乐活动，除了极少数环节表现出悲哀之情外，大多数节目都呈现出欢乐之情，甚至有一些嬉戏的、不甚高雅的节目出现。唱戏似乎以吸引较多数量的观众为目的，能吸引到的观众越多，似乎显得越成功，丧家也因此感觉有面子。因此，农村出现了专门以此为业的演出团体，人数少则五六人，多则二十几人，酬金也因戏班人数和名声而有很大的差别。丧家往往对此很重视。戏班到达，孝子要提前到村头，至少要到屋子门外跪迎，呈上礼品，燃放鞭炮以示欢迎。唱戏多于天黑后开始，演出通常要到深夜十二点结束。开始和结束时，丧家要燃放焰火。过去唱戏有吹鼓手，现在往往多用大功率喇叭等电器、乐器代替。除了要支付戏班酬金外，还要招待演出人员吃饭、喝水、住宿、抽烟。

（三）出殡仪礼

1. 扎社火：又称扎纸扎。这一习俗是由唐宋时期的随葬器物演变而来的。这样做是为了满足死者在阴世生活的需要，取悦于鬼魂而安慰亲属，寄托人们对死者的关怀照料之情，也是子女尽孝的表现。丧葬礼仪中的纸扎种类样式极为丰富，主要的是：鹿、鹤、摇钱树、金山、银山、仓库、牌坊、门楼、门房、茶房、轿厅、宅院、大堂、卧室、箱柜等各种家具；轿子、马、船等交通工具；羊、牛、马、猪、猫、狗等家畜、家禽；曹判官、奈何桥、破四门、替身人、戏文纸扎等专用品，各种装饰、用品，无不精美齐备。现在，随着时代的变迁和发展，迎合人们的所需还有了纸扎的别墅、轿车、自行车、冰箱、彩电、洗衣机、苹果手机等各种现代化家庭用品，让逝去的人在阴间也能过上奢华的生活。凡人世间所有，死者所缺，都可扎制，其造型均采用仿真手法，惟妙惟肖，种类齐全。而且都可到丧葬用品商店购买现成的。其中，纸扎宅院尤其重要。它象征死者在阴间的住所。其造型大都是按照阳间的建筑格局，三间两厢式造型制作。房屋的正门上，书有对联，曰："冥司新住宅、阴府旧人家"；"看来是假、化去是真"。门前书有标明死者姓氏的"宅"字样。房中的设施与人间相仿佛，房中设有钱库，内放金、银元宝千只左右。尤为周全的是：房内必定放有两张文书——房契和告示。房契是死者拥有此房的凭据。告示是告知死者在阴间的诸位乡邻，谓死者来阴间居住，迁居于此，诚望街坊邻居相互照应。房契和告示的文字内容与书写格式均与人世间的一样，是人间化的阴间文书。[①] 总之，可谓考虑周到，一应俱全。

2. 钉棺盖，民间称为"镇钉"。钉棺盖前，要把绊脚绳剪断取走，从亡人口中取出压口钱，并用融化的蜡或沥青密封棺盖与棺体接触的四方边缘。镇钉通常用三根钉子，俗称"子孙钉"，表示三代衔接，子子孙孙兴旺发达。

镇钉颇有讲究。首先，镇钉的人选。如果亡人是女性，则必须由她的男性亲戚来镇钉，兄弟优先，如果没有兄弟，则由稍远的男性亲戚来做。如果亡人没有男性亲戚，则转由夫家男性亲戚来做。如果亡人为男性，则由其兄弟来做，没有兄弟的，则由稍远的亲戚来做。如有多位男性亲戚，则每人平均敲一钉或两钉或三钉，有奇数时则长者多敲一钉。

---

① 参见马楠《亦真亦幻祭祀亡灵——浅谈云南丧俗纸扎艺术的造型特征》，2009年云南省研究生学术论坛论文，昆明，2009年，第296页。

其次，镇钉前，孝子必须跪请为首的镇钉人员，呈上托盘，内装红布包裹的榔头、钉子，还要根据镇钉人数准备红包，内放带数字六的纸币，如6、16、66元等数额，因为民间习俗中，六为吉利数字。再次，孝子孝女必须到棺材前依次跪下，人手拿三炷香，在阴阳先生的指示下，叩头。最后，镇钉时，并非顺序钉完，而是对角线展开依次钉下去。钉左边时，镇钉者提示，"左边"，孝子孝女大喊，"爸爸（妈妈），钉左边了，请你躲避到右边！"镇钉者提示，"右边"，孝子孝女大喊，"爸爸（妈妈），钉右边了，请你躲避到左边！"敲钉完毕，孝子孝女叩头，阴阳先生致辞安慰亡人。孝子向镇钉者呈上红包，镇钉者通常谢绝，似乎只有亡人是女性，她的男性亲戚镇钉者才可以收红包。

3. "教童子"：死者的长女教灵堂两旁的"站棚人"即"金童玉女"在阴间如何照顾亡者，俗称"教童子"，其内容为父母的性格、癖好和衣食住行事的宜忌。"教童子"前，先用针在金童、玉女的耳朵上戳个洞，以免它们耳朵聋，到了阴间听不到使唤。为了让"金童玉女"牢记，每说几句话就要鞭子抽打一下，千叮咛万嘱咐，威逼利诱，让它们悉心照料好亡者。

4. 辞灵：即向死者灵魂告别。这是即将出殡，死者即将"上路"，众人与亡者最后分手的时刻。先装"馅食罐"，把最后一次祭奠的饭食，每种象征性地取一点装在瓷罐里，出殡时，由大媳妇抱着，到坟地后埋在棺材前。其次，装五谷罐，通常在出殡时由亡者的孙子抱着，到坟地祭祀后抱回家，放在供桌下祭祀。然后是正式的辞灵仪式。这一仪式在傧相或阴阳先生的安排下，十分隆重，鼓乐喧天，哭声一片。辞灵仪式通常在出殡前一天夜晚举行，一般在夜间12点以前，旧时称几更几分。

5. 回灵：把灵堂的祭桌及祭品搬到门口，正孝子头顶亡人牌位，表兄弟在两旁搀扶，把"牌位"从灵堂请到外面的供桌上，众孝子依次向亡人牌位叩头，然后分跪在供桌两旁，向吊丧的亲友行礼，接着，正孝子头顶"亡人牌位"回正屋，把牌位放到供桌上供奉，或以后放入祖祠。

6. 请棺：回灵后，孝子在棺头扶棺，闺女、儿媳等在棺尾痛哭，抬棺人员在两边用手托棺底，将棺柩抬到大门口，放在两条长板凳上，抬棺人员在棺上绑好"龙杠"，孝子跪在棺前，众亲友再次向棺柩磕头，孝子回谢。同时，丧盆、倒头饭、引魂灯（亦称倒头灯）以及一些祭品也要移出灵堂。

7. 烧枕头：把亡人生前所用的枕头拆开烧掉。这既有避免传染病的用意，也为解除亡魂干扰活人的忌讳。

8. 摔瓦：把灵前祭奠烧纸所用的瓦盆摔碎。摔盆者通常是与死者关系最近的人，例如长子或长孙，如果亡者无儿孙，不得不由别人来摔盆，这一仪式就会使摔盆者与死者的关系变近，甚至确立财产继承关系。习俗认为，这盆是死者的锅，摔得越碎，死者携带越方便，所以摔盆时要一次摔碎，越碎越好。摔盆一结束，棺材即起动。但时代变迁，瓦盆现在已经极少见，所以这一仪式，似乎也被省略了。至少在笔者调查的两次丧事中都没有这一环节。

9. 出殡：备好祭祀用品，由阴阳先生主持礼仪，孝男孝女三拜，阴阳先生读祭文，念咒喷"符水"，引导孝男孝女"旋棺"，即在棺材周围绕行三圈，准备启程。

出殡通常在上午举行，凡准备随棺到坟地的人员必需进食，有的地方习俗规定不准吃豆腐，可能是因为豆腐为白色，意象不好，再则，豆腐不耐饿。

出殡队列由幡旗和度布引路，幡旗是用带叶的一根竹枝制成的，把写有死者姓名、殁日、坟地坐向分针的纸条挂在竹枝上。现在已变为纸扎的引魂幡，丧葬用品商店有售，以之招魂和纪念。引魂幡有两种样式。飘带最下边，如果男子故去时是箭头，女子故去则是凹形。男的在最下边剪出五个箭头，女的在最下边剪出五个豁口。另外引魂幡飘带的中间，男的剪成圆形，女的剪成方形。象征男为乾为天，女为坤为地，取天圆地方之意。[①] 引魂幡必须经阴阳先生用朱笔点过。"度布"即白布，约7尺长，俗称"布桥"，为死者生前亲戚所送，由几个妇女双手举布扯拉，跟在幡旗后面，持幡旗及度布者均不能回头看望。吹鼓手在两旁紧跟。一个妇女执两壶酒和一盏点燃的防风灯，紧随度布队列，边走边撒纸钱和米饭给沿途的拦路鬼。后面是棺柩，拿草把或条凳（留着垫棺用）的人，后面是孙子抱着五谷罐，正孝子手持哭丧棒，大儿媳抱"馅食罐"，

---

① 参见马楠《亦真亦幻祭祀亡灵——浅谈云南丧俗纸扎艺术的造型特征》，2009年云南省研究生学术论坛论文，昆明，2009，第295页。

近亲，沿路放鞭炮和散发纸烟的人，远亲，阴阳先生（僧道），送葬的亲属、吊客及抬筐的人，送葬的妇女，浩浩荡荡。

习惯上，出殡必须有人抬到坟地，不能用车载。不过，最近一两年，随着人工费上涨，也有少数人家开始用车载，这样可以节省大约一半到三分之一的花费。出殡前一天，必须请抬棺材的人——称为抬众——来吃晚饭，用好烟、好酒、好菜招待，以请他们把死者平安送达坟地，避免他们在中途把棺材落地——这是极为不吉利的事，或者发生其他不吉利的事。抬众通常为四五十岁的男性，他们每班8个人，视从亡者之家到坟地的路途远近，有两班的，也有三班甚至四班的，中途轮换。另外还要有专人运送水和烟，供抬众在路途中喝和抽。传统上，由于每家都可能发生长者亡故之事，通常视为互相替换帮忙，所以抬众是没有酬金的，此时需要由丧家的长子一一到抬众家里下跪拜请。但近年来，商品经济意识增强，加之抬棺往往路途遥远，是重体力活，有些人不愿意做，所以就演变为给工钱，可以由主家去请，也可以让一个人负责去请，给他双倍工钱。这样一来，如果路途遥远，则抬众的人工费往往占了丧事费用的很大比例。2015年的丧事人工费为每人100元。

负责抬棺材的人先准备好"龙杠""绳索"并捆绑在棺柩上，等候傧相的安排。抬众将棺柩抬起，正孝子双膝跪地，头顶丧盆，灵柩抬起，正孝子将丧盆摔碎，抬众将置棺的两条长凳向前推倒，鼓乐齐鸣，鞭炮炸响，哭声一片，哀乐阵阵，送葬队伍启程。

10. 搭桥：孝子孝女在棺材前面跪地、低头、弯腰，搭成桥形，抬众抬着棺材在上面通过，意谓让亡人过奈河桥，顺利到达阴间。这通常要三次。前两次子孙亲属面朝家，表示挽留亡人多在阳间待一段时间；后一次子孙亲属面朝送往坟地的方向，表示恭送亡人并祈祷他一路平安。由于发生过捆绑棺材的绳索断裂压伤甚至砸死幼儿的事，所以，有的丧事中，搭桥改为子孙亲属们到路两边跪下，让棺木从他们的中间抬过。

11. 路祭：即村邻亲友为死者在出殡路上设祭。这需要事前送祭帖，把地点告知丧家，然后提前在路旁安置方桌，桌上摆香烛祭品，送葬队伍到祭桌后停柩，祭丧者在棺头跪拜叩首。路祭有两种情况，其一是一家设祭，全家人在路旁等候，停柩后行跪拜礼；其二是几家人共祭，凡参与者都到路旁等候，停柩后，先由主祭者跪在棺头行四次叩首礼，示意将桌上的祭品洒在棺前，再跪拜，接着其他人一一跪拜。路祭时，孝子一直跪在棺头右旁，向路祭者磕头回谢。祭毕，继续抬棺前行。笔者两次田野调查的丧事均无路祭，而是由戏班在路中临时唱戏代替。棺材停于舞台前面，众孝女象征性地打伞于棺材上，为亡者遮风挡雨。此时有人向驻足观看的男性观众散发纸烟，以示感谢。这样的唱戏通常进行两次，每次约一个小时。

12. 哭丧：习俗中，出殡路上在绕棺结束前必须有哭声伴随。其实，哭声贯穿丧事的全部过程，大的场合就有几次，其中出殡时的哭丧最受重视。如果出殡路上没有哭声，死者的子孙将会被视为不孝。所以，有的丧家花酬金请人帮哭，甚至出现了职业性的哭丧夫或哭丧妇，或者由戏班演出人员代哭，但这一项的费用要另收。现代随着电器的发达，往往吹鼓手的工作被高音喇叭的哀乐播放所代替。

13. 绕棺：出殡队伍到达村口时，要举行绕棺仪式。孝子、孝女、亡者的亲朋故旧，手持三炷香，在阴阳先生的带领下，环绕棺材，顺时针走三圈，途中吃一块米糕，三跪九叩，逆时针走三圈，阴阳先生边摇铃边诵《绕棺经》，三跪九叩，结束。众人脱去孝布。戏班结束演出任务。

14. "燎龙杠"：绕棺之后，送葬回来的人必须原路返回，还不能笔直地走进家门，通常要安排专人做好准备，等他们回到门前时，在门前烧草，孝子孝女两脚在燃烧的草上绕一圈，并将手中的工具放在火上烤一下，去掉晦气，避邪免灾，才能进门。然后必须换一套衣服，至少要换上衣，然后坐车直达坟地。

15. 埋遗物。棺柩送走以后，丧家立刻将死者的铺盖、衣服运送到距离坟地比较近的三岔路口烧掉，让亡者在阴间可以继续享用。但笔者两次田野调查，丧家却只是挖土填埋，并没有烧掉，原因是怕引起火灾并有气味出现。这是现代环境保护意识的体现。

（四）下葬礼仪

下葬阶段是亡人在阳世的最后时间，丧家往往郑重其事。

1. 阴宅。亡人的坟墓，从风水的角度称为阴宅，即亡人在阴间的住宅。这透露出人们把亡人在阴间的状态视为如同他在阳间一样的观念。因此，人死后，丧家通常都要请风水先生依据《三元总录》《象吉备要通书》等术数类书籍的规矩，依照风水术中的寻龙、点穴、观砂、察水等过程选定一个"藏风聚气"结穴之处,将穴点定,然后请人按阴阳先生所定穴位挖墓,称为"打井"。挖掘墓穴先由孝子跪着破土——称为"斩草",抬众接着挖掘。此外,受儒学影响,风水文化主张,穴位要反映人的社会身份等级,佳穴需有福命才能起到福荫作用,贵宅需与福人才能相应,不同等级的人应该使用不同的阴宅风水结构,否则必须作相应的"拆成"处理。"拆成"即根据地理环境状况更好地组织空间并进行适当的布置,将不利的环境通过适当的时空重新组织和改造,使它人为地转变为吉利的"风水宝地"[①]。这样,亡人在阴间才能生活得安定顺畅,也才有可能福荫后世子孙。这一步骤事实上必需提前一两天就做好。近年来,随着经济状况的好转,不少老人往往提前数年即已把夫妻合葬墓选好地点并建筑完毕,需要时,只需把水泥预制板上面的土扒开,把水泥预制板揭开,即可使用。

2. 扫屋。棺材抬到墓地,整理墓坑后,正孝子以树枝作为扫帚,由穴里倒退拖出穴外,象征性地为死者"扫屋",脚印必需扫掉,免得亡魂沿脚印追来。

3. 引魂。也称为"讨五俗",始于商周时期,后来民间沿袭成为用装有粮食的瓶子和口袋随葬,或者把馅食罐放在墓坑壁上龛内,使死者不受饥饿。但弥勒地区的习惯是,阴阳先生用米在坟内撒出符即可。符文为"敕令(内圈为太极图,外圈为八卦图)富贵双全"。馅食罐有的是放在墓碑前。此外,为防止蚂蚁侵扰棺材,还要在墓坑内四周边缘撒雄黄粉。如果是此前已建好三个月以上的坟,随后还要在下葬前燃放鞭炮,以驱赶可能出现的孤魂野鬼鹊巢鸠占。

4. 落葬

按照传统的规矩,下葬必须在太阳落山前完成。

棺材放入墓穴称为"下井"。落葬时,鼓乐齐鸣,抬众将杠索解下,用绳索兜住棺底,将棺木徐徐放进正穴中。此时必须燃放鞭炮,据说是为死者去阴间而钱行。由阴阳先生在井口中间用一根红线从棺头至棺尾拉直,在线的中间系一方孔铜币,测定棺柩在井穴中的正中位置,然后

[①] 参见文传浩、周鸿《论风水文化对中国传统丧葬文化的影响——兼论其在当代殡葬改革中的政策导向》,《思想战线》1999 年第 2 期。

用罗盘对准坐向分针，矫正方向。

然后是"掩煞"。民间习俗认为，鸡冠之血为阳中之阳，具有掩煞的作用。于是，出殡前便需准备一只健康而且鸡冠血没有被使用过的公鸡，把它放在棺材上一路带到坟地。在安葬之前，阴阳先生手提公鸡站在墓井中，咬破鸡冠，把鸡血滴在墓井的五方五位，然后手中摇铃，口中念咒，起到掩煞的作用。

棺材落葬后，鼓乐停，送葬者均解下孝巾、孝帽。正孝子跪在坟穴前面，分别叩拜"四方地脉龙神"，祈求山神龙神允准安葬死者。抬众将"引魂灯"（倒头灯）放在棺头，丢上一盒火柴。亲属们抓起泥土扔到灵柩上——称为"添土"。灵柩入井后，先盖一层薄土，再把墓穴里扫出来的土撒在上面，然后在灵柩上放一只碗——称为"衣饭碗"，目的是万一今后迁坟时方便识别，动作需轻，免得惊扰亡灵，招致不幸。接着，众亲属用衣服后面的衣襟兜土环绕墓走一圈，把土倒在墓上，反复三次。然后由挖井的人填土整坟。通常要把土堆成馒头形，直至坟堆高出地面1—2米为止。然后将"柳魂枝"插在坟的尾部。这是因为"柳"字与"留"字读音相同，人们以此表达依依惜别之情；此外，柳树对环境适应力强，生命力旺盛，人们以此表达生生不息之意。接着，把"倒头饭"扣在坟顶上。

坟外墓碑前，安放一盏点燃的油灯，左右两侧各放一陶制小埕或者塑料瓶，装米的小埕或瓶子放在左侧，装水的放在右侧，以解亡者的饥渴。

坟地整好，死者家属在墓台前点香烛，摆上完整熟鸡和一块熟肉，点上香，将送葬的纸扎焚化。焚化前，要把放在轿内的四个"轿夫"取出，放于轿子的四角，一起焚烧。另外，把一对站棚人的脚下支架折断后才能焚烧，让他们因为没有脚，跑不了，只能乖乖地到阴间去侍奉亡人。参与送葬的人要吃块米糕，并把写有亲属姓名，并用红线缠绕的煮熟的鸡蛋拿到墓台前献祭（献祭后吃下或带回）。亲属们再三跪拜，最后烧纸钱放鞭炮。孝男向送坟人叩头致谢，至此，丧事基本完毕。

习俗认为，人死后的灵魂随时有可能从坟墓里出来跟着活人回家。而人们对那些自己回来的亡人的魂魄具有恐怖的心理，所以不得不在丧葬中遵守禁忌，采取回避甚至驱赶的种种措施，保证自己平安。参与下葬的人离开墓地前必须绕墓转三圈，离开墓地时有四件事必需要做：其一，不能走原路（送葬时走的路），其二，不准回头张望，习俗认为这有可能看见死者的亡魂，亡魂就有可能把看的人留下出现危险。这其实是一种节哀的措施，不希望活人因眷恋亡者而不愿意离开墓地。其三，回到村头路口或家门口，要跨过燃烧松枝、草的火堆，目的是祛除阴间不祥之气。其四，进家后要用水或酒洗手，祛除晦气，希望今后家中不再死人。

5. 谢宴：落葬回来之后，丧家要设酒筵款待抬众、吹鼓手、吊丧者、亲友和参与帮忙的人。尤其要感谢亲友，因为他们送了金钱、香烛、冥锭以及孝帏、挽联。亲友前往丧家吊祭，孝子除叩谢外，还要迎送。

实际上，由于参与人员众多，整个丧事活动中都必须有酒席。丧事酒席通常为三天。第一天是"家奠"，有的地方称为"小开门"，为便饭，只有至亲近族出席；第二天是"正吊"，有的地方称为"大开门"，是三天中最隆重的。由于吊客人数多，往往从中午延续到晚上，所以也叫"流水席"。通常第三天出殡。出殡回来后的酒席称为"回灵席"。年老而寿终正寝的，习俗上称为"白喜事"或"喜丧"，有的地方酒席上有"偷餐具"的风俗，也就是散席后，出席的人每人"偷"酒杯、汤匙、小碗等一、两件带走。习俗认为"偷"喜丧的碗、匙是吉利的，带回家用可以避邪、免灾、添寿。所以，丧家往往有意备好一批匙、碗、杯等用具，让亲友"偷"拿。笔者经历的两次丧事中，没有这一现象。

饭毕，死者儿女们都分得死者一件遗物，其他亲友饭后散去。

下葬次日，还要请近亲和帮忙的人员继续用餐一次以示感谢。

6. 祭奠：在死者下葬的当天晚上举行，丧家在堂屋中供桌前要摆放祭品，点燃线和油灯，阴阳先生摇铃、画符、诵经、念咒，孝子孝女三跪九叩，烧纸钱元宝，举行祭奠仪式。然后，到家外路边，为亡人泼水饭，点香，烧纸钱。

7. 安家堂：这是在下葬的次日上午进行。照例摆放祭品，点燃线和油灯，由阴阳先生摇铃、念咒、画符、诵经，孝子孝女三跪九叩，烧纸钱。目的是保佑亡人平安顺利，不要惊扰活着的人，保佑亲人和家宅平安顺利。

（五）终丧礼仪

1. 告山：也称为"圆坟""暖坟""暖墓"等，指的是在安葬死者后的第三天，正孝子率全家老幼到新坟上添土、奠纸、举哀。也有的是凡有服之亲都去。上坟添土称为"复山"（有的地方称为"上梁"），这时要用与死者年龄数相等或加倍的馒头、包子、饼子等，从坟顶往下面四周抛撒，让围观的人哄"抢"。接着家人要摆供品、上香、烧纸钱、跪拜，哭着绕新坟三匝而后归。但是，这一仪式现已简化为安葬之后三日内，孝子晚上为死者献送水、饭、酒，到送死者绕棺的地方送火，即用草燃烧，供死者照明。

2. 做"七"

民间习俗，从死者断气之日开始的四十九天有七个七天，每七天为一"七"，这期间孝子不能理发、刮胡子等，称为"囚七"。七个"七"中如有一个以上与农历中的初七、十七、二十七等"七"相重合，称为"犯七"。俗话说："亡人不犯七，活人没饭吃。"这意思是说，犯七对活人有利，亡人却会遭难受罪。为此，活人需要为亡人消灾除难，方法是到坟地为亡人淋七。以山西为例，具体的做法是：用麻纸剪纸人，数目要比亡人的寿数多三个，把它们扎在谷秆上，再剪一把伞、一架梯子、一座桥。把这些纸人围成一圈，扎到坟头，中间放伞、梯和桥，用水浇放有核桃和枣的漏瓢，淋湿纸人，口中虔诚地说一些种种提醒亡人的话语，如躲雨了、过桥了、打雷了，等等。这是传统的做法，现在很多地方已经简化为为死者献水饭，烧纸钱，次数也简化为四次，即：一七（被三天圆坟所代替）、三七、五七、七七，即只烧单数，烧大七。通常烧一七、七七，以孝子为主，称为有头、有尾；三七以死者儿媳为主；五七以死者女儿为主。①

"做七"的丧俗，汉代即已见于文字记载，唐代已盛行于社会。"其理论根源，是天体运动和人体生命运动的七日（包括七月、七年）节律；其生活基础，是古人在"天道唯七规律下形成的许多以七为节律的民俗

---

① 《丧葬习俗》，http://baike.baidu.com/link?url=rb6QoLBES0zbAB_2r7fykuhWmQ0de-GX1JzrnsxyQeN0FPmAAZGI46VKt-ZQrnixYkamu2n4g1u6Ej0h6EfCXz，2015年12月27日。

事象"①，其内容是儒家的七虞之礼、道教的七七奠和后起的佛教的七七宅三者的融合。② 道教认为，人生四十九日后三魂全，人死四十九日后七魄散。四十九日后灵魂与肉体彻底分开，再也没有复生的希望，所以不必祭奠。③ 佛教认为，凡人死后，除罪大恶极者被立刻打入地狱，广施善德者即刻升天外，其他众生并不是要立即在地狱、饿鬼、畜生、人、天、阿修罗六道中轮回，从人命终之后到转生之前有一个"中有身"（也称"中阴身"）的过渡阶段，如童子之形，在阴间寻求生缘。以七天为一期，如果七天过去仍然没有寻求到生缘，则可以延续七天。到第七个七天为止，必定转生到一个地方，如《瑜伽师地论》卷一说："又此中有，若未得生缘，极七日住。有得生缘，即不决定。若极七日，未得生缘，死而复生，极七日住。如是展转，未得生缘，乃至七七日住。自此以后，绝得生缘。"④ 这就是说，人死后，灵魂以七日为期，寻找生缘。七日是死者的魂灵转世的一期，在七期，即七七四十九日之内，死者的魂灵必得转生来世。"七七"斋的主要的目的就是通过僧人的诵经超度，使死者魂灵早结善缘，投生到更好的去处。正如《地藏菩萨本愿经》卷下《利益存亡品第七》所说："若能更于身死之后七七日内广造众善，能使是众生永离恶趣，得生人天，受受胜妙乐，现在眷属，利益无量。"

3. 烧百天、烧周年、烧三周年

烧百天、烧周年、烧三周年即分别于亡者死后的第一百天、一周年、三周年为亡者烧纸钱献祭。关于其起源，有儒家和佛教两种观点。起源于儒家礼仪的观点认为，"百日"祭礼源于古代的祔祭（新死者与祖先合享之祭），唐代开始盛行。三周年祭礼与古代的禫祭礼和居丧三年的礼仪制度有关，即亡者逝世三周年后，生者恢复正常生活状态。就内涵而言，三周年主要源于传统丧葬礼俗中的"居丧"礼。"居丧"也称为"守孝"

---

① 刘道超：《七七丧俗之发生发展根源探析》，《中南民族大学学报》（人文社会科学版）2008年第3期。

② 参见刘铭、徐传武《"七七"丧俗考源》，《民俗研究》2010年第2期。

③ 朱爱东：《过渡礼仪——云南魏山坝区汉族丧葬习俗研究》，《广西民族研究》2002年第1期。

④ （唐）玄奘译：《瑜伽师地论》卷一，载《大正藏》第13卷，东京大正一切经刊行会1929年版，第784页。

"守制",即在长辈去世后,为报答养育之恩,根据与其亲疏远近之关系,亲属要依照斩衰、齐衰、大功、小功、缌麻五服之制,分别于一定时间段内在衣服、容貌、饮食、居处等方面从哀从简,禁绝婚娶、宴饮、夫妻生活、娱乐之事。如果是官员,居父母丧期间要停职守孝,称为"丁忧"。一般认为,重孝斩衰的居丧时间为三年。禫祭之后孝子才可以完全脱去孝服,解除自亲人去世开始的衣食住行各方面的禁忌,恢复到正常的生活状态,所以又称"除服"或"除丧",这也意味着丧葬礼俗活动的彻底结束。[①] 后世居丧禁忌逐渐宽松。

佛教传入中国后,吸收儒家守孝三年的观点并作了改造。它认为,亡魂到阴曹地府后,要历经十位阎王和四位审判官。他们会提询、侦讯亡者,根据亡者生前所作所为的善恶多少进行审判。十殿阎王是阴府的检察官,其中首先过前七殿:第一殿秦广明王、第二殿楚江明王、第三殿宋帝明王、第四殿伍官明王、第五殿阎罗帝君、第六殿卞城明王、第七殿泰山明王。晚辈在阳间为亡者烧七,是希望长辈在阴间过王顺利,平安舒适。四十九天后移送阴曹法院,历经四次审讯,每一旬即十日调审一次:一审在头旬,即从第五十九天开始,由崔氏判官主审;二审,二旬,第六十九天开始,李氏判官;三审,三旬,第七十九天开始,韩氏判官;四审,四旬,第八十九天开始,杨氏判官,至九十九天审判结束。此后,从第一百天开始,由第八殿平政明王审,从一周年开始由第九殿都市明王审判,然后转交第十殿转轮明王审判,他会在三周年到来之时进行审判,决定如何投生,转入来世。所以,孝子孝女要在阳间分别于七日、百日、周年、三周年烧纸钱,习俗认为这所烧的纸钱到阴间后就是可以流通使用的孔方兄,可以周济亡人,甚至贿赂阴官,让亡者过审顺利,投得好胎,转世顺利。

根据笔者的调查,弥勒地区的百日、周年、三周年祭均已简化为在这三个日子的晚上在供桌前点灯燃香,祭供品,叩头,到屋外洒水饭、烧纸钱。很少有其他活动。脱孝则无固定的时间,多数人家是在下葬当年的春节前后进行,通常先诵经三日脱孝,第四日扫墓。诵经三日脱孝的程序是,阴阳先生提前半日到丧家作文书等准备工作,第一天洒扫坛

---

① 参见孔美艳《除灵·三周年祭礼及演剧考》,《中华戏曲》2013 年第 2 期。

场、迎神、迎亡，第二天超度，第三天酬神、酬亡、送神、送亡、安家堂。阴阳先生所念诵的经书有《地藏菩萨本愿经》《地母养生保命真经》《救劫皇经》《太阴太阳血河真经》，此外还根据具体情况诵一些短小的佛教、道教混杂的《出门经》《门神经》《五谷妙经》《财神经》《佛说观世音救苦经》《观音大士救苦宝忏》《临济祖师解冤真经》《佛说眼光经》《太阳真经》《太阴真经》《十句经》《悔过经》等。有的人家甚至在下葬当日就脱孝，即下葬当天绕棺结束时就进行。当然，某些居丧禁忌还有，只是往往比较淡，有人遵守，有人则忘记了。

此外，弥勒地区除了上述祭礼，往往还要在死者的第一个春节前后去坟前祭祀，称为"拜新香"，通常是在春节前三天或后四天进行。其内容依然是坟前放供品、燃香、点灯、扣头、烧纸钱、泼水饭，坟后祭山神。结束时放鞭炮。

清明节期间，晚辈往往去坟前给长辈烧纸钱、献祭，修整坟墓。但在农村，此举似乎不是很盛行。

此外，在现代体制下，孝子还要在亲人过世后，尽快到辖区派出所注销户口，开具死亡证明，处理死者身后的银行存款等事宜。

三 弥勒市虹溪镇丧葬礼仪的程序内涵

朱爱东把云南巍山坝子汉族丧葬程序概括为如下四大步骤：

（1）初丧仪礼：送终、沐浴、衣殓、换床、正寝、卜期、告丧、棺殓、守护灵柩

（2）治丧礼仪：设灵棚、超度、除北、吊丧、签点（成主）

（3）出殡仪礼：搭桥、出殡、路祭、谢客、下葬

（4）终丧仪礼：告山、做"五七"、满三年[①]

据笔者的经历，弥勒市的丧葬习俗中没有告山、除北这两项，做七七而不是五七。

上述程序划分是从办理丧葬事务的人的角度来划分的，朱爱东根据过渡理论从死者的角度把上述程序概括为三大阶段：

---

① 参见朱爱东《过渡礼仪——云南巍山坝区汉族丧葬习俗研究》，《广西民族研究》2002年第1期。

(1) 分离期：从送终到正寝，为从生入死，灵魂脱离肉体的分离阶段，沐浴、衣殓和换床仪式内涵有与过去割断联系的象征意义，消极的禁忌仪式较多。

(2) 过渡期：从正寝到做七，即从灵魂脱离肉体到灵魂找到归宿为过渡期。此时死者的身份尚未确定，他虽然死了，离开阳间，但却还没有到达阴曹地府，阴魂不散，四处游荡，还有可能因为阳间有委屈、冤枉、不满、心愿未了等原因而作祟于他人，需要依靠生者的帮助才能找到归宿。因此，过渡期仪礼根据目的大致可以分为抚慰保护性的、禁忌性的和帮助性的三种。

(3) 结合期：从做七到满三年。在这期间，亡人的身份发生了两次改变。第一次，亡人的魂魄已经完全消散，或者已托生，不再具有危险性，所以这一时期的禁忌仪式，为减少危险而设的减少了，更多的是服丧期的规范性禁忌仪式，内涵多为儒家的孝道和道教、佛教强调的感恩、报恩，如满三年之前，丧家忌贴春联，忌办喜事等。第二次，做完七七后，亡人的灵牌便可以摆在祖宗的位置，意味着亡人正式成为祖先中的一员，在亲人看来，它是友好的、善良的，得到祭奠，它就会护佑家人、后代。①

此外，丧葬师或傧相在丧葬事务中起着举足轻重的作用。从信仰的角度来说，探讨他们的工作程序同样也有意义。有文献把他们的主要任务分为25项，即咒（咒语）、椁（椁头纸，即岁数纸）、联（灵堂的对联）、殃、煞、殓（亡人入棺盛殓）、堂（在棺头前写有亡人姓名的黄纸条，称为"名堂"）、忌（入殓、开光所忌之人）、押（如太岁押祭主需厌镇）、罡（如祭主犯天罡河魁需镇破）、钱（指做买路钱）、幡（制作灵幡，又称灵头幡、孝幡）、引（路引）、圹（墓穴，安排确定墓穴的方位、长宽、深浅、墓穴中安放的镇物、随葬物）、符、券（墓券）、步（明堂步）、告（旧坟告祖）、破（破土开穴，即下罗经定方位、朝向和深浅）、山（立新茔地寻龙点穴确定山向）、开（行开山斩草仪式）、起

---

① 参见朱爱东《过渡礼仪——云南魏山坝区汉族丧葬习俗研究》，《广西民族研究》2002年第1期。

（起灵）、净（净宅）、回（回灵趋吉）、谢（谢墓）。①

四 弥勒市虹溪镇丧葬礼仪的文化内涵与意义

从上述阐述可见，弥勒十八寨的丧葬礼仪，既传承上古礼仪，又因应时代变化而作了相当的简化；既有地方特色，也内蕴了深刻的文化内涵。

慎终追远：《论语·学而》："曾子曰：'慎终追远，民德归厚矣。'"②慎重地办理父母的丧事，以隆重而长久的丧葬仪式哀悼亲人的逝别，是作为中国社会主流意识形态的儒家所张扬的重要观念之一。流风所及并经两千多年来的积淀，使得民间形成了高度重视丧葬礼仪的习俗。从上文可见，丧葬礼仪耗时至少三天，延请人员众多，金钱方面的花费不菲。当地常言："死人不开口，开口吃三年。"意思是办一场丧葬活动要花掉一个家庭三年的收入。根据笔者田野调查所知，这并非夸张之词，一场中等偏下规模的丧葬活动，扣除人情收入（实际上人情以后是要还的），各项花费不会低于二万元，这确实是当地一般农民家庭三年的收入之和。随着人工费和物价的上涨，费用还会继续增加。愿意耗费巨额资金办理丧葬事宜，确能说明人们对它的重视。

齐同生死：儒家重视血缘关系，张扬孝道，提倡在长辈活着的时候以礼待之，为其解除心困与身困，死亡时隆重地以礼送终。《论语·为政》："生，事之以礼；死，葬之以礼，祭之以礼，可谓孝矣。"③这含有视死如生，视亡如存之意。道家从庄子以来把死亡视为一种休息，诚如《庄子·大宗师》所说："夫大块载我以形，劳我以生，佚我以老，息我以死。"④这就取消了生与死的对立，要求人们不要厚生薄死，贪生怕死。受儒道两家生死观的影响，风水文化重视阴宅，即人死后长眠的场所，认为理想的阴宅必需藏风、靠水、得气，阴阳协调、静谧祥和。道教、佛教主张"超生死、得解脱"，让亡者得到宗教信仰意义上的升华。这种

---

① 《阴阳先生》，http://blog.sina.com.cn/s/blog_ab7f3a3b010154n6.html，2015 年 8 月 3 日。
② 程树德：《论语集释》，程俊英、蒋见元点校，中华书局 1990 年版，第 37 页。
③ 程树德：《论语集释》，程俊英、蒋见元点校，中华书局 1990 年版，第 81 页。
④ 陈鼓应：《庄子今注今译》，商务印书馆 2007 年版，第 209 页。

观点进而强化了风水文化中"灵魂不死、祖先有灵"的观念，主张死后能得到一块"葬身之地"，肉体"入土为安"，希冀通过阴阳轮回，早日转世回到人间。流风所及，民间甚至出现了重视送终的程度超过了为活着的长辈尽孝的程度的恶劣现象。

倡扬孝道：儒家提倡孝道，父母在世时要孝敬，离世时更要哀死思亲，厚葬久丧。为了让死者的魂魄顺利到达阴曹地府，在那少受或者免受处罚，过上如阳间一样平安、舒适、奢华、幸福的生活，在吸收了佛教、道教有关彼岸世界的思想后，人们在丧葬礼仪中同样要尽孝，要竭尽所能采取多方面的措施，周全地安慰、保护、扶持、帮助、祈求神灵保佑父母顺利到达阴间，安享冥福，顺利地投胎、转世。

和谐营生：在儒、道、佛三家的影响下，基于阳世与阴间两界相隔但可相通的观念，人们通过多种仪式极力营造和谐舒畅、生生不息的局面。其中既有积极的控制措施，例如控制亡者的死亡时间以回避家庭的某些不利局面出现，这是希望亡人与家庭关系的和谐；再如让刚刚过世，处于生与死边缘，魂魄比较柔弱的亡者不受猫、狗等动物的打扰，这是希望亡人与动物不要相互干扰；普施水饭以避免孤魂野鬼侵扰亡者，是希望阴间的亡人与鬼各行其道，不相干犯。还有消极的禁忌措施和象征性的措施，例如为亡人沐浴的目的是不把阳世的污秽带到阴间，让亡人清洁、干净、舒爽地到阴间去。此外，请风水师为亡者选择坟地，并在其指导下营造阴宅，是为了让亡人有一个与周围自然环境相协调的、比较理想的安息之所。在丧葬礼仪中，人们并非只是祭祀亡人一个，而是延及至少三代以上先祖，并通过回灵等仪式把亡人加入到先祖的行列，通过仪式为列代先祖祈福，同时要求他们在另一个世界荫庇子孙，"希望通过先祖灵魂的关照和保佑，让子孙人口兴旺，事业有成，生活平安幸福，无病之忧，无灾祸之忧"[1]，让家族生生不息。这其中既有天、地、人之间的和谐，也有神、人、鬼之间的和谐；既有阳间人与人之间的和谐（涉及个人、家庭、家族、村庄、社会等五个层次），也有阴间亡人与鬼（别人家的亡者）的和谐；既有同一代际阳间与阴间的和谐，也有不

---

[1] 鲁忠江：《论农村地区丧葬改革现状及其成因》，《吉林广播电视大学学报》2007年第6期。

同代际的此生与来世，长辈与晚辈，或者说先祖与后代之间的和谐。总之，人们通过丧葬礼仪，极力营造，努力在复杂的时空环境、社会环境、心理环境中追求多层次、多维度、多要素和谐共存、生生不息的局面。

总之，丧葬礼仪在特定时空中通过一系列行为呈现了血缘性伦理、社会关系，所透露出的多维时空之间既有边界，又在一定条件下互通转化，和谐共存，生生不息，这从一个侧面展现了中国哲学的世界观和天人合一的基本观念，也从一个侧面展现了中国宗教天、地、人、神、鬼五者生息与共的信仰，是传统中国文化安顿人心，维持社会秩序，处理个人、社会与自然界关系的模式之一，因而是中华民族文化基因的一个组成部分。

第四节　区域传统文化的保护及其产业化发展*

一　保护传统文化的重要意义

民族文化相互之间有竞争、有冲突，但也有互补和沟通，它们之间需要进行沟通、对话与协作。这是民族文化能够独立存在并维系其发展的基本条件。在全球化时代到来的时候，这一基本条件有了新的变化，出现了特殊的情况，即各民族文化已经步入同一个舞台，文化与经济之间的联系越来越紧密，文化生产和学术研究受到市场经济规律的强烈制约，文化形成越来越失去固定空间的限制，竞争加剧，变化迅速。这些情况，一方面使得文化诸要素集合为整体和形成新的传统越来越难；另一方面使得旧的传统文化被一些强势文化同化从而消失的可能性加大，而民族文化又是一个民族借以区别于其他民族的根本标志，民族国家古已有之的传统文化因而显得弥足珍贵，保持传统和适应现实的关系被凸显出来。

传统文化在当代的中国大陆面临着严重的生存与传承危机，这是不争的事实。这种情况的出现有多方面的历史与现实的原因，限于篇幅，这里不拟详述。但是，随着申报世界文化遗产的宣传，随着自己的传统

---

* 本节原文发表于《浙江工商大学学报》2010年第3期。

文化的一些部分被日本、韩国等申报世界遗产取得成功，强烈地刺激了国民的民族感情，文化遗产所具有的现实和潜在价值、传统文化的重要性，被越来越多的国人逐渐认识到了。但是，还有相当多的人对传统文化的重要性认识不够。实际上，传统文化本来就是构成我们人之为人的组成部分。人的出生是自己无从选择的，但只要我们一出生，就必然地开始生存于一个有特定传统文化的社会中，从而开始了由生物人到社会人，进而转变成为文化人的过程。传统文化无时无刻不在潜移默化地渗透到我们的心理意识中，参与着把我们从生物人塑造成为社会人和文化人的过程。例如，我们的道德规范和为人处世之道并不同于西方国家，而是中华民族传统文化的积淀。如果我们自觉地学习掌握传统文化，就能使我们对它的认识和遵循从盲目达到自觉，有助于我们在成长的历程中，在人事方面少走弯路，少犯错误，成长的速度会更快，个性的涵育、精神境界的涵养会有更高的质量。

其次，对传统文化的重要性，还应该从我们目前面临的世界发展大势来深刻地认识。今天，由于交通、通信的发达，交往的频繁，整个地球已经变成为一个地球村，我们已经处于全球一体化的时代，尤其是在与科学技术相关的物质性层面和表现如国际惯例之类的跨文化社会交往规范的表面层面。在这个背景之下，要形成新的文化传统极为困难。这样一来，各民族本已有之的传统文化就显得弥足珍贵，传统文化成为民族与民族相区分的标准、标志或身份性名片。何况，传统文化本来就是我们民族的根源、我们民族的血脉，割断了它，中华民族还可能作为一个独立的民族屹立于世界民族之林吗？举例来说，印度、日本是我们的近邻，它们发展所取得的成就有目共睹，但它们并没有轻视、贬低自己的传统文化，反而在传承、弘扬方面做得很好。对比之下，我们中国大陆应该感到汗颜。

再次，对传统文化的重要性，还应该从我们目前发展所处的阶段来思考。我们已经由农业经济经由工业经济踏入了知识经济的门槛。由于使用上的可共享性和知识生产上的可互补性，作为生产要素的知识在生产中能够与其他生产要素相结合而提高后者的生产率，而生产率的提高又可以让更多的人去进行知识的创造，构成正反馈循环，从而使得经济系统出现报酬递增的趋势。① 文化是知识的一种，它虽然不是技术知识，但同样可以作为智力要素，成为经济系统投入要素的一个部分甚至是重要的部分，关联、重组、整合经济系统各要素，提高其效能和效率，使得经济系统能够有较高的产出。典型的例子是休闲与旅游产业。休闲本来就是在传统文化熏陶下通过身心调节而让人放弃负担和压力，产生自适、自在的主观感觉的活动，它的内核当然是文化，所以它无疑是一种文化产业。旅游与此类似。自然的山水不管多么漂亮，也不可能与人发生联系，只有旅游者把文化的内涵灌注到自然的景物中，它们才能与人发生联系而让旅游者产生美感，让旅游者产生愉悦与舒适，进而达到调节旅游者身心的效果。所以，旅游的本质是文化。其中，传统文化是极为重要的部分。没有人文性的传统文化景点，单纯的自然山水是不可能长久地吸引众多旅游者的。

最后，传统文化的重要性还可以从当前国际关系格局中看出来。当前，文化与经济、政治相互交融，在综合国力竞争中的地位和作用越来越突出。文化的力量，深深熔铸在民族的生命力、创造力和凝聚力之中。文化是国家软实力的非常重要的组成部分之一。中国不应该仅仅满足于成为一个经济大国，还应该重新确立强国的形象，而在文化的荒漠上是不可能建立起经济大国和军事强国的。因此，发展民族传统文化极其重要。

中华民族的传统文化是由各地区、各民族的区域（地方）传统文化构成的。区域文化与中国传统文化有千丝万缕的联系，它们之间首先是部分与整体的关系。部分是整体的结构基础，区域文化是部分，中国传统文化是整体，各个地方的区域文化有机地整合起来，就构成了中国传统文化。没有多姿多彩、丰富艳丽的区域文化，作为整体的中国传统文化就不可能形成。同时，作为整体的中国传统文化构成了各区域文化赖以生存的直接环境，影响到各区域文化的具体存在形态、内容和发展速度。其次是特殊性与一般性的关系。一般性来源于特殊性，特殊性的抽象形成了一般性。区域文化是特殊性，中国传统文化是一般性，二者之

---

① 参见许为民等编著《自然、科技、社会与辩证法》，浙江大学出版社 2002 年版，第 404—405 页。

间是既对立又统一，相与为用，缺一不可的关系。最后是大传统与小传统的关系。大传统来源于小传统之间的相干性联系。区域文化是小传统，中国传统文化是大传统，区域文化作为小传统具有作为整体的中国传统文化所没有的性质，这为它提供了独立存在的可能性和基本依据。小传统的存在与发展要受到作为其赖以生存的环境的大传统的制约。区域文化作为小传统在维护各个地区民众的心理凝集力、情感凝集力等方面发挥了重要的作用，这就是所谓的乡土意识。在过去以自然经济为主导的社会中，乡土意识是很重要的。当然，在现代化扩展开来，开放性、流动性急剧放大的社会条件下，乡土意识的作用已经受到了一定的削弱，但并不等于完全消失。它在维护一个地区的社会稳定、保持伦理秩序、调节人心秩序方面仍然有较大的作用。

一脉相承的民风、民俗、宗教等文化凭借着它的定势和惯性孕育着一个地区的群众的思维方式、价值观和行为方式，对保持当地人民群众的良好的人心秩序，维系高尚的道德风尚，建构融洽的行为秩序，凝聚乡土意识，保持社会的和谐稳定有巨大的作用。它对经济的发展也有巨大的影响，因为等价交换的价值规律是市场经济的根本规律，这体现在人文理性上就是公平、公正的社会正义。这样的社会正义只有可能存在于良好的社会、文化环境中，尤其是良好的人文环境中。也就是说，良好的文化环境是经济取得持续性较大发展的必要条件。例如，就伦理与经济的关系而言，不难想象，人与人之间如果缺乏诚信，必然导致经济领域交易成本上升；如果假、冒、伪、劣产品泛滥，这样的经济必定难以持久发展。

二 区域传统文化的内容及其保护措施

既然如此，一个区域性地区的发展，在经济发展取得一定成就，基本达到小康水平时，就应该谋求实现更高层次的经济转型，即向知识经济转型。要做到这一点，除了进行科学技术创新外，还必须进行与知识经济相配套的文化建设。这首先就是文化遗产的发掘、传承与弘扬。对于各个地区的区域传统文化，本地区的人自己必须珍惜。事实上，也只有本地区的人才最有条件珍惜。

为此，首先要全面普查，科学保护。普查是对传统文化遗产，尤其对其中的濒危部分进行抢救性保护的基础。要迅速组织专门力量，对地区内传统文化遗产集中开展全面普查，编制传统文化遗产的保护名录，为文化遗产保护工作奠定坚实的基础。文化遗产的保护范围大致可分为如下五个方面：

（一）口述文学。主要是流传于地区内的民间神话、传说、故事、歌谣、谚语等。

（二）民间艺术。主要包括民歌、器乐、歌舞、戏曲、皮影戏、风筝、民间绘画、刺绣、剪纸、奇石、盆景花卉等民间手工艺术。

（三）传统工艺。主要指各类生产、生活用品的传统手工艺制作。

（四）民俗文化。包括传统节日、婚庆、丧葬及宗教的礼仪、庆典、祭祀活动、修炼方法，民间社火，游艺活动，日常生活习俗、民间饮食、特色菜肴、小吃制作、武术等体育健身方法、传统中医药等。

（五）文物古迹。古建筑、古民居、古遗址、石窟寺、石造像、摩崖石刻以及民俗文物等。

对上述文化遗产的保护，有几点要注意：

（一）首先要从征集、收藏濒临灭绝而又十分珍贵的文化遗产做起。除了史籍和地方志等文献的整理、分析外，还要搞好田野调查，进行民间传说、谚语、歌谣、曲艺、谱牒、碑刻、寺庙宫观山志、民间手工艺等前述文化遗产文献的搜集、整理、分析研究，把工作做得扎实、认真、系统、深入。

（二）对历史陈迹加以保存，对受到损毁而有价值的，应该本着修旧如旧的原则加以修复。借助于专家的智慧，拿出具体的方案，在集体论证的基础上，对已湮没或仅存遗址的文化设施有选择地进行重建，对破损了的文化设施本着修旧如旧的原则进行修复，对暂时修复不了的应保护遗址，组织人力，进行培训，对濒临失传或已失传，但确有价值的民间艺术进行恢复。然后可以做好两个方面的工作，一是申报全国文化古镇，二是申报市级、省级、国家级甚至世界级文化遗产，使传统文化的价值得到权威的认定，为后续工作争取有利条件。

（三）以编修本地的地方志为契机，对本地区的文化资源进行翔实的文献与口头调查，对本地区的历史、宗教文化、民间文学、民间艺术等进行发掘、整理。这些工作，当然主要依靠本地区的文化人进行，因为他们有近水楼台先得月的方便条件。但这显然不够，因为本地区的文化人往往不可能在所有传统文化所涉及的学科都有高水平的专业人才，所以还必须从外地高校或科研院所邀请不同学科专业的学术专家参与，按照学术规范进行考证，对相关问题进行严谨的学术研究，必要时可以召开全国性乃至国际性的学术研讨会，学习和借鉴区域外学者们的研究方法、研究成果，把地区传统文化的研究提高到一个新层次。然后，把研究的成果编纂为系列丛书出版。这一方面可以扩大本地区的文化知名度，另一方面可以在出版后听到来自各方面的反响，吸收更多的意见和建议。在学术性研究成果出来后，以之为基础做好通俗性的普及与宣传工作，把地区文化的知名度扩展到全国乃至全世界，把这两方面有机地结合起来，为区域文化研究与建设做出更大的贡献，进而把这一工作融入全省建设文化大省、全国建设精神文明的大局中去，争取得到地方政府、中央政府和社会各界的重视与支持，以便相关工作见效更快、取得的成果更多。

（四）要运用报纸、期刊、电影、电视、广播、互联网、手机等多种传播手段，把学术研究成果与现代社会的特点结合起来加以宣传、弘扬，这虽然有旅游促销的直接目的，追求的是经济效益，但仅仅停留于这个层面是不够的，还应该重视社会效益，提高地方的知名度与影响力，为地方社会的发展打文化牌，进而把这一工作上升到弘扬传统文化的高度，这样才能高屋建瓴，取得更有长远价值和普遍意义的社会效益。

（五）坚持以人为本，创新文化遗产保护的手段。对于民间文化传承人的保护，可采取发放政府文化遗产津贴、授予民间艺术家等荣誉称号、资助有关历史资料的抢救和整理、鼓励带徒传艺、举办相关传习活动、加强知识产权保护、给予创业扶持和税收优惠等方式，尊重和彰显传承人对传统文化的继承与发展。此外，应在中小学、职业技术学院等开设文化遗产普及与保护方面的课程，从小培养青少年对传统文化遗产的情感，提高对中华文化整体性和历史延续性的认识，同时造就一大批传统文化遗产的传承人才。要充分发挥民间艺人、文化能人在活跃农村文化生活、传承发展民族民间文化方面的作用。坚持以人为本，尊重劳动，尊重知识，尊重人才，鼓励创新的方针，从政策上促进、从制度上保证传统文化遗产传承人和民间艺术家的创造活力，使一切有利于展现中华民族文化和地方文化传统的良好愿望都得到尊重、创造活力得到支持、创造才能得到发挥、创造成果得到肯定。①

（六）在保护工作中，应该由易到难，由小到大，有计划、分步骤、有重点地做好传统文化遗产保护工作，待时机成熟、条件具备时，建设地区传统文化遗产展览馆或博物馆，以便对内传承，对外宣传，充分展示传统文化遗产在打造地区文化品牌中的魅力。

三　发展区域文化产业的必要性与途径

在保护传统文化的基础上，进一步创新传统文化传承机制，积极发展文化产业。

发展文化产业很有必要，也有可能。十一届三中全会以来，我国已经取得了巨大的经济成就，这为文化产业的发展奠定了坚实的经济基础。我国地域辽阔，历史悠久，文化积淀浓厚，文化内涵深醇，文化种类丰富，这为文化产业的发展准备了坚实的基础。开发利用这些传统文化资源并加以产权保护，可转化成为具有中国特色的文化产业。这样的文化产业事实上也有巨大的市场需求。一方面，伴随着现代化的推进，人们越来越深切地体验到现代化所带来的种种弊端，转而怀念、向往已横遭破坏的昔日的淳朴与安宁；同时，经过多年改革开放的宣传，一个庞大的中国传统文化的需求市场正在全球形成。为此，应该从经济的角度看文化，从文化的视野看经济，把文化与经济相结合，让历史变为财富，用文化铸造经济领域的人文精神，确立新的文化发展观。从文化的角度看经济，文化对经济发展的推动作用越来越大，对社会的影响越来越深，文化建设在全局中的地位和作用越来越突出。从经济的视野看文化，文化不仅对经济和社会发展具有巨大而深远的影响力、凝聚力、感召力，文化产业也正在成为经济发展新的重要增长点。文化产业被称为"21世纪的最后一桶金"。把文化资源与经济要素相结合，让传统文化作为经济系统的生产要素，充分发挥出它促进报酬递增的潜力。这样一来，传统文化的保护、传继与弘扬不再是不得已的压力和包袱，而是一种与现代

---

① 参见吴勤学《21世纪中国经济最大的增长点：中国传统文化的产业化》，《北京联合大学学报》（人文社会科学版）2005年第3期。

化水乳交融般融合在一起，有报酬，有产出，有鲜活生命力的东西，传统文化与现代化在现实中经常性出现的矛盾就被消弭一空。这对保持我们民族的健全的可持续发展，意义是非常重大的。

发展文化产业，创新传统文化传承机制，应处理好三个关系：一是文化事业与文化产业的关系。文化事业与文化产业是文化建设的两个重要组成部分，也是传统文化传承与发展的两个重要组成部分，二者缺一不可。文化事业要在非市场领域发挥作用，着力解决那些市场不愿干、干不了的事情；文化产业要通过发挥市场机制的作用，促进文化发展，并推动文化事业的机制转换、活力增强、服务改善。二是社会效益与经济效益的关系。必须坚持把社会效益放在第一位，防止盲目产业化，杜绝片面追求经济效益而损害社会效益的做法。过去曾经时兴过的"文化搭台，经济唱戏"的片面做法是错误的。三是传统文化中精华与糟粕的关系。积极鼓励优秀传统文化的产业化开发，同时努力防止传统文化中的糟粕借发展文化产业之机死灰复燃。[①] 但是，应在听取专家和多方面意见的基础上审慎做出对精华与糟粕的认定，切忌草率和武断。

如何发展文化产业呢？根据学理研究和一些地区的实践经验总结，我们提出如下建议：

（一）理顺、改革文化管理和发展体制。在广泛调查研究和论证的基础上，消除管理体制中管办不分、政事不分、政企不分的弊端。解决文化企业规模小、结构不合理、产权不清晰、资源分散、条块分割等问题，对原有文化企业进行整合，调整文化产业结构，用企业化的运作方式对营利性文化单位进行改革，创建集约化经营模式。股份制集团公司是文化产业体制改革的产物，也是现代企业制度的要求。在产业结构上，要力创民族文化品牌，培育文化精品，建立文化艺术人才市场、文化设备市场、文化信息市场等，打破地区封锁，建立大流通体制，实现跨区域经营。我国文化产业发展的走向应该是都市文化建设带动文化产业发展的集群模式。要发挥重大文化产业项目的带动示范效应，加快文化产业基地和区域性特色文化产业集群的建设，培育文化产业骨干企业，以之为龙头，带动我国文化产业的整体发展。当前主要是要抓好包括多媒体

---

① 参见张晓明《中国文化产业评论》，社会科学文献出版社2003年版，第256页。

集成、动画与漫画、游戏、软件开发、3G 和即将上市的 4G 通信配套产业、策划与信息咨询、创意设计、博物与会展、图书出版、影视娱乐、休闲旅游业等在内的现代都市文化产业的建设。此外，构建传输快捷、覆盖广泛的文化传播体系也很重要。

（二）整体推进，重点突破。传统文化遗产保护与文化产业开发工作量大面广，任务艰巨，需要做的工作很多。要进行文化经济系统的市场策划，分清轻重缓急、主次先后，量力而行，分步实施。首先要筛选项目，制定方案。其次要强化措施，狠抓落实。有重点地选择几个通过近期努力能办到的优秀文化遗产保护项目，明确领导，落实专人，集中精力抓保护和开发。

（三）寻求中国传统文化与市场新的结合点，提升文化产品的科技含量。现在我国文化产品生产大多仍然处于个人手工作业的阶段，其传播是以人与人之间的直接的方式进行，文化产品生产者本身就是文化产品的载体和媒介，以实物服务和人力服务为主，市场范围小，传播速度慢。科学技术在文化产品生产领域的运用是滞后的、被动的。为此，要以知识产权保护为核心，建立文化产品维权体系并让其卓有成效地运转，这样，文化产品创新的成果和利益才有法律上和体制上的切实保障，人们才有意愿在文化产品生产中广泛运用科学技术，不断增加文化产品生产的技术含量，开发新产品以满足人民群众日益增长的文化精神需求，运用互联网等高新技术传播文化产品，提高文化产品的生产效率和市场占有率。

（四）文化资源的产业化。打好文化牌是发展文化产业的有效途径。充分利用现有文化资源，发展文化产业已经成为经济增长的引擎、经济发展的新支柱。为此，要以文化产业的形式为传统文化的传承和发展确立坚实的、现实的经济基础，这就是要把传统文化资源尽可能多地、创造性地转化为文化产业的投入要素。要在"保护"与"开发"相结合的观念指导下，对本地区的文化产业进行整体规划，然后对各个部分进行具体的策划。本着以人文为本，以生态保护为重，以文化为内涵的原则，以休闲、旅游为支柱行业，吸引民间艺术业、会展业、特色产品业等行业的加盟，整合成具有强大吸引力的文化旅游产业。

从经济建设的角度来说，在经济发展到一定程度后，休闲就开始成为拉动经济增长的支柱产业。旅游是休闲产业的核心部分。要根据本地区的具体情况，把区域传统文化的研究、挖掘与旅游资源的开发紧密结合起来。这里的一个基本原则在于，旅游不是商品，而是文化，是一种特殊的文化。单纯的山水，即使再漂亮，也难以长久吸引众多的人，只有把文化的内涵渗入其中，山水才有灵性，才有内容，或者说，只有把外在的形式与内在的内容统一起来，山水才能从存在于眼睛而真正进入人的心中，才能与人的内心世界相结合，才能给人带来美的愉悦和享受，对人的身心给予调节，旅游对于人的价值才会得以彰显出来。为此，要把旅游开发与区域传统文化的保护有机地结合起来，仅仅强调一个方面而轻视甚至于忽视另一个方面都是不对的。应该强调的是，有的地方在搞旅游开发时，缺乏对传统文化的深入了解，牵强附会，搞一些假古董，做得不伦不类，与传统文化严重背离，结果自然招徕不了游客，造成了开发资金的较大浪费，这样的教训应该吸取。[①] 在开发和创新传统文化中必须保持原有的特色，真正起到传承、弘扬的作用。要在深入分析研究的基础上，把准本地区历史文化的文脉，把保护与利用紧密结合起来，选择地区内优秀的民族民间文化，把它们融入风景、风情旅游之中，形成各具特色的民间艺术旅游区块，这样既可增添景区的人文色彩，提升景区的文化品位，又可提高旅游的经济效益和社会效益。民族民间艺术的商品化、市场化对传承和弘扬传统文化和休闲、旅游发展都具有积极作用。要重视民族民间传统文化中具有地域特色的剪纸、绘画、泥塑、雕刻、编织等民间工艺旅游纪念品的开发，精心组织戏曲、民歌、皮影、花灯、龙舟、舞狮舞龙等民间艺术和民俗表演项目，积极开发古镇游、生态游、农家乐等民俗旅游项目，积极与现代体育学、营养学、医学紧密结合而发展按摩、推拿、拔火罐、刮痧、药膳、药酒、药茶、药粥、药饮、矿泉水、温泉洗浴、武术、气功等养生保健项目，在更大范围内进行文化资源整合，提高经营能力，加快形成富有地方特色和优势的民间艺术产品系列，推进民间艺术特别是传统工艺品的产业化生产和商品化经营，将文化资源优势转换为旅游优势、经济优势，培育新的经济增

---

① 参见孔令宏《开展地方文化研究——王益庸〈富阳历代名人〉序》，载王益庸《富阳历代名人》，中国文联出版社 2004 年版，第 1 页。

长点,推动地区经济发展。

在具体做法上,要按照文化和旅游研究专家的建议,在地方党政的领导下,搭建领导班子,整合文化旅游资源,集中精兵强将,分工负责,强力推进,实现地区内传统文化遗产保护与旅游开发工作的新突破。为了加大推介旅游资源,要适时组织举办地区农民艺术节、旅游文化节等节庆活动,拍摄制作重点景区或文化品牌的 MTV 光盘并在出品后在电视台定期、定时播放。要坚持保护与利用、传承与创新相结合的原则,把富有浓郁地方特色的民间歌舞、民间音乐搬上舞台,制成 CD、DVD 等光盘产品,让传统文化遗产展示出靓丽的风采,推进地区旅游产业的快速发展。

(五)文化输出。经济全球化并不意味着文化的"趋同化"和"一体化"。相反,经济全球化反而使得人类更需要文化的多元化、自主性。这是不同民族文化之间交流、对话、协调发展的基础。伴随着中国作为世界大国地位的提升,其他国家迫切需要全方位地了解中国。因此,以中国优秀传统文化输出为外在方式,有助于树立中国作为世界大国的国家亲和力形象,达到输出既有国家价值观的内在目标,促进国家外交战略和社会经济发展战略的实现。为此,我们要明确自己的特点,发挥各地区优秀传统文化的特长,准确搞好自己在全球文化市场中的定位,制订对外文化输出的战略目标,通过多渠道的对外文化交流,搞好文化产品的输出。例如,应该学习西方的节日经济,搞节日文化,反"洋文化渗透"之道而为之。西方借情人节、圣诞节输出芭比娃娃和圣诞老人,我国文化企业也应该积极输出文化节日产品,例如端午节输出风筝等,既健身又传播中国传统文化。

总之,在全球化的背景中,传统文化是国家文化软实力的重要组成部分,对提高国家的综合竞争力,维护社会稳定,提升国民素质等方面都有重要的作用。[1] 而要发挥这些作用,有赖于作为构成整体传统文化的各地区区域传统文化得到全面普查,科学保护,进而创新传统文化传承机制,在传播、弘扬的基础上,积极发展具有经济效益和社会效益的文化产业。

---

[1] 参见郭万牛、杨蓉《文化软实力与综合国力》,《学术界》2009 年第 6 期。

参考文献

一 古籍

（汉）青乌先生撰，（金）兀钦仄注：《青乌先生葬经》，载《丛书集成新编》第25册，台北：新文丰出版公司1986年版。

《史记》，中华书局编辑部点校，中华书局1982年版。

（汉）严遵：《老子指归》，王德有点校，中华书局1994年版。

（汉）阴长生：《金碧五相类参同契》，载《道藏》第19册，文物出版社、上海书店、天津古籍出版社1988年版。

《汉书》，中华书局编辑部点校，中华书局1962年版。

（东汉）刘熙撰、（清）毕沅疏证、（清）王先谦补：《释名疏证补》，祝敏彻、孙玉文点校，中华书局2008年版。

《周髀算经》，上海古籍出版社1990年版。

《三国志》，中华书局编辑部点校，中华书局1982年版。

《后汉书》，中华书局编辑部点校，中华书局1965年版。

（魏）管辂：《管氏地理指蒙》，一苇校点，齐鲁书社2015年版。

（晋）葛洪：《神仙传》，上海古籍出版社1990年版。

（晋）郭璞：《足本山海经图赞》，张宗祥校录，古典文学出版社1958年版。

（晋）郭璞：《葬书》，载：《影印文渊阁四库全书》，台北：台湾商务印书馆本1986年版，第808册。

（晋）郭璞：《青囊海角经》，《四库存目青囊汇刊（二）》，郑同校，华龄出版社2017年版。

（晋）郭象注，（唐）成玄英疏：《庄子注疏》，曹础基、黄兰发点校，中华书局2011年版。

（晋）僧肇著，张春波校释：《肇论校释》，中华书局 2010 年版。

（南齐）顾欢：《道德真经注疏》，载《道藏》第 13 册，文物出版社、上海书店、天津古籍出版社 1988 年版。

（南梁）刘勰：《文心雕龙》，中华书局 1985 年版。

（南梁）陶弘景：《真诰》，载《道藏》第 20 册，文物出版社、上海书店、天津古籍出版社 1988 年版。

《魏书》，中华书局编辑部点校，中华书局 1965 年版。

（北周）宇文邕纂：《无上秘要》，《道藏》第 25 册，文物出版社、上海书店、天津古籍出版社 1988 年版。

（唐）杜光庭：《道德真经广圣义》，载《道藏》第 14 册，文物出版社、上海书店、天津古籍出版社 1988 年版。

（唐）杜光庭：《太上老君说常清静经注》，载《道藏》第 17 册，文物出版社、上海书店、天津古籍出版社 1988 年版。

《晋书》，中华书局编辑部点校，中华书局 1974 年版。

（唐）韩愈著，刘真伦、岳珍校注：《韩愈文集汇校笺注》，中华书局 2010 年版。

《黄帝宅经》，载《道藏》第 4 册，文物出版社、上海书店、天津古籍出版社 1988 年版。

（唐）空石长者：《五星捉脉正变明图》，载《四库存目青囊汇刊（一）》，郑同校，华龄出版社 2017 年版。

（唐）李鼎祚：《周易集解》，王丰先点校，中华书局 2016 年版。

（唐）司马承祯：《坐忘论》，载《道藏》第 22 册，文物出版社、上海书店、天津古籍出版社 1988 年版。

（唐）通玄先生：《道体论》，载《道藏》第 22 册，文物出版社、上海书店、天津古籍出版社 1988 年版。

（唐）王玄览：《玄珠录》，载《道藏》第 23 册，文物出版社、上海书店、天津古籍出版社 1988 年版。

（唐）吴筠：《宗玄先生玄纲论》，载《道藏》第 23 册，文物出版社、上海书店、天津古籍出版社 1988 年版。

（唐）吴筠：《宗玄先生文集》，载《道藏》第 23 册，文物出版社、上海书店、天津古籍出版社 1988 年版。

（唐）玄奘译：《瑜伽师地论》，载《大正藏》第 13 卷，东京：大正一切经刊行会 1929 年版。

（唐）颜师古注：《玄言新纪明老部》，载《藏外道书》第 21 册，巴蜀书社 1992 年版。

（唐）袁孝政注：《刘子》，载《道藏》第 21 册，文物出版社、上海书店、天津古籍出版社 1988 年版。

（后蜀）彭晓：《周易参同契分章通真义》，载《道藏》第 20 册，文物出版社、上海书店、天津古籍出版社 1988 年版，第 151 页。

（五代）谭峭：《化书》，载《道藏》第 23 册，文物出版社、上海书店、天津古籍出版社 1988 年版。

（五代）郑隐：《真元妙道要略》，载《道藏》第 19 册，文物出版社、上海书店、天津古籍出版社 1988 年版。

（宋）白玉蟾：《海琼白真人语录》，载《道藏》第 33 册，文物出版社、上海书店、天津古籍出版社 1988 年版。

（宋）白玉蟾：《修真十书上清集》，载《道藏》第 4 册，文物出版社、上海书店、天津古籍出版社 1988 年版。

（宋）晁公武撰，孙猛校证：《郡斋读书志校证》，上海古籍出版社 1990 年版。

（宋）陈景元：《元始无量度人上品妙经四注》，载《道藏》第 2 册，文物出版社、上海书店、天津古籍出版社 1988 年版。

（宋）陈景元：《道德真经藏室纂微篇》，载《道藏》第 13 册，文物出版社、上海书店、天津古籍出版社 1988 年版。

《陈亮集》，邓广铭点校，中华书局 1987 年版。

王孝鱼点校：《二程集》，中华书局 2004 年版。

（宋）丁易东：《大衍索隐》，《影印文渊阁四库全书》第 806 册，台北：台湾商务印书馆 1986 年版。

（宋）董思靖：《洞玄灵宝自然九天生神章经解义》，载《道藏》第 6 册，文物出版社、上海书店、天津古籍出版社 1988 年版。

《鬼谷子天髓灵文》，载《道藏》第 18 册，文物出版社、上海书店、天津古籍出版社 1988 年版。

《胡宏集》，吴仁华点校，中华书局 1987 年版。

（宋）蹇昌辰：《黄帝阴符经解》，载《道藏》第 2 册，文物出版社、上海书店、天津古籍出版社 1988 年版。

（宋）李德鸿：《珠神真经》，载《丛书集成续编》第 43 册，台北：新文丰出版公司 1989 年版。

（宋）李嘉谋：《元始说先天道德经批注》，载《道藏》第 1 册，文物出版社、上海书店、天津古籍出版社 1988 年版。

（宋）黎靖德编：《朱子语类》，王星贤点校，中华书局 1986 年版。

（宋）陆佃：《陶山集》，《影印文渊阁四库全书》第 1117 册，台北：台湾商务印书馆 1986 年版。

《陆九渊集》，钟哲点校，中华书局 1980 年版。

（宋）陆思诚：《悟真篇记》，载《道藏》第 2 册，文物出版社、上海书店、天津古籍出版社 1988 年版。

（宋）吕祖谦编：《宋文鉴》，齐治平点校，中华书局 1992 年版。

（宋）欧阳修：《归田录》，李伟国点校，中华书局 1981 年版。

《欧阳修全集》，李逸安点校，中华书局 2001 年版。

（宋）彭耜：《道德真经集注杂说》，载《道藏》第 13 册，文物出版社、上海书店、天津古籍出版社 1988 年版。

（宋）秦九韶：《数书九章》，《影印文渊阁四库全书》第 797 册，台北：台湾商务印书馆 1986 年版。

（宋）邵伯温：《易学辨惑》，《影印文渊阁四库全书》第 9 册，台北：台湾商务印书馆 1986 年版。

（宋）邵雍：《皇极经世》，载《道藏》第 23 册，文物出版社、上海书店、天津古籍出版社 1988 年版。

《邵雍集》，郭彧整理，中华书局 2010 年版。

（宋）沈括：《梦溪笔谈》，金良年点校，中华书局 2015 年版。

（宋）施肩吾：《西山群仙会真记》，载《道藏》第 4 册，文物出版社、上海书店、天津古籍出版社 1988 年版。

（宋）司马光著，李之亮笺注：《司马温公集编年笺注》，巴蜀书社 2009 年版。

（宋）汪藻：《靖康要录》，《影印文渊阁四库全书》第 329 册，台北：台湾商务印书馆 1986 年版。

（宋）王安石：《周官新义》，吴人整理，上海书店出版社 2012 年版。

《王安石全集》，秦克、巩军标点，上海古籍出版社 1999 年版。

（宋）王惟一：《道法心传》，载《道藏》第 32 册，文物出版社、上海书店、天津古籍出版社 1988 年版。

（宋）王嚞：《重阳全真集》，载《道藏》第 25 册，文物出版社、上海书店、天津古籍出版社 1988 年版。

（宋）项安世：《周易玩辞》，上海古籍出版社 1990 年版。

（宋）萧道存：《修真太极混元图》，载《道藏》第 3 册，文物出版社、上海书店、天津古籍出版社 1988 年版。

《性命圭旨》，载《藏外道书》第 9 册，巴蜀书社 1992 年版。

（宋）薛道光等注：《紫阳真人悟真篇三注》，载《道藏》第 2 册，文物出版社、上海书店、天津古籍出版社 1988 年版。

《杨简全集》第 1 册，董平校点，浙江大学出版社 2016 年版。

（宋）叶适：《习学记言序目》，中华书局 1977 年版。

（宋）詹大和等：《王安石年谱三种》，裴汝诚点校，中华书局 1994 年版。

（宋）章潢：《图书编》，《影印文渊阁四库全书》第 969 册，台北：台湾商务印书馆 1986 年版。

（宋）张伯端撰，王沐浅解：《悟真篇浅解（外三种）》，中华书局 1990 年版。

（宋）张君房编：《云笈七签》，李永晟点校，中华书局 2003 年版。

章锡琛点校：《张载集》，中华书局 1978 年版。

《周敦颐集》，陈克明点校，中华书局 1990 年版。

（宋）朱熹：《楚辞集注》，蒋立甫点校，上海古籍出版社、安徽教育出版社 2001 年版。

（宋）朱熹：《四书或问》，《影印文渊阁四库全书》第 197 册，台北：台湾商务印书馆 1986 年版。

（宋）朱熹：《四书章句集注》，中华书局 1983 年版。

（宋）朱熹：《易学启蒙》，载朱杰人等编《朱子全书》第 1 册，上海古籍出版社、安徽教育出版社 2002 年版。

（宋）朱熹：《周易本义》，廖名春点校，中华书局 2009 年版。

《御纂朱子全书》，《影印文渊阁四库全书》第 805 册，台北：台湾商务印书馆 1986 年版。

《朱熹集》，郭齐、尹波点校，四川教育出版社 1996 年版。

（宋）朱震：《汉上易传》，《影印文渊阁四库全书》第 11 册，台北：台湾商务印书馆 1986 年版。

（金）赵秉文：《闲闲老人滏水文集（附补遗）》，中华书局 1985 年版。

（元）高守元：《冲虚至德真经四解》，载《道藏》第 15 册，文物出版社、上海书店、天津古籍出版社 1988 年版。

（元）黄潽：《钦定四库全书荟要：文献集》，吉林出版集团有限公司 2005 年版。

（元）雷思齐：《易筮通变》，载《道藏》第 20 册，文物出版社、上海书店、天津古籍出版社 1988 年版。

（元）李道纯：《全真集玄秘要》，载《道藏》第 4 册，文物出版社、上海书店、天津古籍出版社 1988 年版。

（元）李道纯：《中和集》，载《道藏》第 4 册，文物出版社、上海书店、天津古籍出版社 1988 年版。

（元）李治：《测圆海镜》，《影印文渊阁四库全书》第 798 册，台北：台湾商务印书馆 1986 年版。

（元）苗善时：《玄教大公案》，载《道藏》第 23 册，文物出版社、上海书店、天津古籍出版社 1988 年版。

（元）牧常晁：《玄宗直指万法同归》，载《道藏》第 23 册，文物出版社、上海书店、天津古籍出版社 1988 年版。

《清微斋法》，载《道藏》第 4 册，文物出版社、上海书店、天津古籍出版社 1988 年版。

《宋史》，中华书局编辑部点校，中华书局 1985 年版。

（元）俞琰：《黄帝阴符经注》，载《道藏》第 2 册，文物出版社、上海书店、天津古籍出版社 1988 年版。

（元）俞琰：《玄牝之门赋》，载《道藏》第 20 册，文物出版社、上海书店、天津古籍出版社 1988 年版。

（元）俞琰：《易外别传》，载《道藏》第 20 册，文物出版社、上海书店、天津古籍出版社 1988 年版。

（元）俞琰：《周易参同契发挥》，载《道藏》第 20 册，文物出版社、上海书店、天津古籍出版社 1988 年版。

（元）赵道一：《历世真仙体道通鉴》，载《道藏》第 5 册，文物出版社、上海书店、天津古籍出版社 1988 年版。

（元）朱世杰撰，（清）罗士琳补草：《四元玉鉴细草》，商务印书馆 1937 年版。

（明）蔡清：《易经蒙引》，刘建萍等点校，商务印书馆 2017 年版。

（明）程大位：《新编直指算法统宗》，清康熙五十五年刻本。

（明）方孔炤、（明）方以智：《周易时论合编》，郑万耕点校，中华书局 2019 年版。

（明）方以智著，庞朴注释：《东西均注释》，中华书局 2016 年版。

（明）方以智：《通雅》，中国书店 1990 年版。

（明）方以智：《物理小识》，《影印文渊阁四库全书》第 867 册，台北：台湾商务印书馆 1986 年版。

（明）胡广：《性理大全书》，《影印文渊阁四库全书》第 710 册，台北：台湾商务印书馆 1986 年版。

（明）胡应麟：《甲乙剩言》，中华书局 1991 年版。

（明）胡应麟：《少室山房笔丛》，上海书店出版社 2009 年版。

（明）来知德：《周易集注》，《影印文渊阁四库全书》第 32 册，台北：台湾商务印书馆 1986 年版。

（明）李梦阳：《空同集》，上海古籍出版社 1991 年版。

（明）李时珍：《本草纲目》，人民卫生出版社 1982 年版。

（明）李中梓：《医宗必读》，王卫等点校，天津科学技术出版社 1999 年版。

（明）柳洪泉：《三元总录》，内蒙古人民出版社 2010 年版。

（明）缪希雍：《葬经翼》，载《丛书集成新编》第 25 册，台北：新文丰出版公司 1986 年版。

（明）沈德符：《万历野获编》，中华书局 1959 年版。

《元史》，中华书局编辑部点校，中华书局 1976 年版。

（明）王玠：《还真集》，载《道藏》第 24 册，文物出版社、上海书店、天津古籍出版社 1988 年版。

《王文成公全书》，王晓昕、赵平略点校，中华书局 2015 年版。

（明）王祎：《王忠文集》，《影印文渊阁四库全书》第1226册，台北：台湾商务印书馆1986年版。

（明）危大有：《道德真经集义》，载《道藏》第13册，文物出版社、上海书店、天津古籍出版社1988年版。

（明）徐光启编纂：《崇祯历书》，上海古籍出版社2009年版。

《徐光启集》，上海古籍出版社1984年版。

（明）张介宾：《类经图翼·类经附翼评注》，陕西科学技术出版社1996年版。

（明）张宇初：《岘泉集》，载《道藏》第33册，文物出版社、上海书店、天津古籍出版社1988年版。

《陈确集》，中华书局1979年版。

（清）戴震：《孟子字义疏证》，何文光整理，中华书局1982年版。

《戴震全集》第1册，清华大学出版社1991年版。

（清）董德宁：《悟真篇正义》，周全彬等编校《悟真抉要：道教经典〈悟真篇〉注解集成》，宗教文化出版社2010年版。

《全唐文》，中华书局1983年版。

（清）冯辰、（清）刘调赞：《李塨年谱》，陈祖武点校，中华书局1988年版。

《顾亭林诗文集》，华忱之点校，中华书局1983年版。

（清）郭庆藩：《庄子集释》，王孝鱼点校，中华书局2012年版。

（清）郝懿行：《山海经笺疏》，沈海波点校，上海古籍出版社2019年版。

（清）黄奭辑《易纬》，上海古籍出版社1993年版。

（清）黄元吉：《净明忠孝全书》，载《道藏》第24册，文物出版社、上海书店、天津古籍出版社1988年版。

（清）黄宗羲：《明儒学案》，沈芝盈点校，中华书局2008年版。

（清）黄宗羲著，（清）全祖望补修：《宋元学案》，陈金生、梁运华点校，中华书局1986年版。

《黄宗羲全集》，浙江古籍出版社1985年版。

（清）黄宗炎：《图学辩惑》，载黄宗羲撰《易学象数论（外二种）》，郑万耕点校，中华书局2010年版。

（清）焦循：《孟子正义》，沈文倬点校，中华书局1987年版。

（清）刘一明：《修真辩难》，《藏外道书》第8册，巴蜀书社1992年版。
（清）刘一明：《悟真直指》，《藏外道书》第8册，巴蜀书社1992年版。
（清）刘一明：《会心内集》，《藏外道书》第8册，巴蜀书社1992年版。
（清）刘一明注，（清）李涵虚解：《〈无根树词〉二注》，载董沛文主编：《张三丰全集》，盛克琦等点校，华夏出版社2017年版。
（清）毛奇龄：《太极图说遗议》，《毛奇龄易著四种》，郑万耕点校，中华书局2010年版。
（清）毛奇龄：《仲氏易》，《影印文渊阁四库全书》第41册，台北：台湾商务印书馆1986年版。
（清）彭定求编：《道藏辑要》，巴蜀书社1995年版。
（清）全祖望：《鲒埼亭集外编》，清嘉庆十六年刻本。
（清）阮元校刻：《十三经注疏》（清嘉庆刊本），中华书局2009年版。
（清）尚秉和：《周易尚氏学》，张善文点校，中华书局2016年版。
（清）沈廷励：《身易实义》，康熙二十三年洗心楼刻本。
（清）沈垚：《落帆楼文集》，民国七年吴兴刘氏嘉业堂刊本。
（清）苏舆：《春秋繁露义证》，钟哲点校，中华书局1992年版。
（清）王夫之：《读四书大全说》，王孝鱼点校，中华书局1975年版。
（清）王夫之：《读通鉴论》，舒士彦点校，中华书局1975年版。
（清）王夫之：《尚书引义》，王孝鱼点校，中华书局1962年版。
（清）王夫之：《思问录》，王伯祥点校，中华书局2009年版。
（清）王夫之：《张子正蒙注》，王孝鱼点校，中华书局1975年版。
（清）王先谦：《荀子集解》，沈啸寰、王星贤点校，中华书局1988年版。
（清）王先慎：《韩非子集解》，钟哲点校，中华书局1998年版。
（清）王轩等纂修：《光绪山西通志》，三晋出版社2015年版。
（清）王植：《皇极经世书解》，《影印文渊阁四库全书》第805册，台北：台湾商务印书馆1986年版。
（清）魏明远：《增补象吉备要通书大全》，校径山房文瑞楼康熙六十年刊本。
《魏源集》，中华书局2009年版。
（清）席裕福、（清）沈师徐辑：《皇朝政典类纂》，沈云龙主编《近代中国史料丛刊续编》第92辑，文海出版社1982年版。

（清）严可均校辑：《全上古三代秦汉三国六朝文》，中华书局1958年版。

《颜元集》，王星贤等点校，中华书局1987年版。

（清）张隐庵集注：《黄帝内经素问集注》，上海科学技术出版社1958年版。

（清）张隐庵集注：《黄帝内经素问集注》，上海科学技术出版社1959年版。

（清）章学诚：《校雠通义》，民国十一年吴兴刘氏嘉业堂刊本。

（清）章学诚：《章氏遗书》，商务印书馆1936年版。

（清）章学诚著，仓修良编注：《文史通义新编新注》，浙江古籍出版社2005年版。

（清）章学诚著、叶瑛校注：《文史通义校注》，中华书局1985年版。

（清）朱彝尊：《经义考》，《影印文渊阁四库全书》第678—680册，台北：台湾商务印书馆1986年版。

同治《黟县三志》，清同治九年刊本。

民国《同安县志》，民国十八年排印本。

陈鼓应：《老子今注今译》，商务印书馆2003年版。

陈鼓应：《庄子今注今译》，商务印书馆2007年版。

陈鼓应：《黄帝四经今注今译》，商务印书馆2007年版。

程树德：《论语集释》，程俊英、蒋见元点校，中华书局1990年版。

高明：《帛书老子校注》，中华书局1996年版。

黄晖：《论衡校释》，中华书局1990年版。

何建章注释：《战国策注释》，中华书局1990年版。

何宁：《淮南子集释》，中华书局1998年版。

《九章算术今译》，白尚恕译，山东教育出版社1990年版。

黎翔凤：《管子校注》，梁运华整理，中华书局2004年版。

刘俊文：《唐律疏议笺解》，中华书局1996年版。

楼宇烈校释：《王弼集校释》，中华书局1980年版。

罗月霞主编：《宋濂全集》，浙江古籍出版社1999年版。

蒙文通：《道书辑校十种》，巴蜀书社2001年版。

饶宗颐：《老子想尔注校证》，上海古籍出版社1991年版。

王明编：《太平经合校》，中华书局1960年版。

王明：《抱朴子内篇校释》，中华书局1985年版。

王平、李建廷编著：《说文解字》（标点整理版），上海书店出版社2016年版。

吴毓江：《墨子校注》，孙启治点校，中华书局2006年版。

徐元诰：《国语集解》，王树民、沈长云点校，中华书局2002年版。

许维遹：《吕氏春秋集释》，中华书局2009年版。

严灵峰辑校：《老子宋注丛残》，台北：台湾学生书局1979年版。

杨伯峻：《列子集释》，中华书局1979年版。

杨明照：《抱朴子外篇校笺》，中华书局1991年版。

雍文华校辑：《罗隐集》，中华书局1983年版。

朱逸辉校注：《白玉蟾全集》，海南出版社2004年版。

二　学术专著

白洪鑫：《白洪鑫大通书》，打印未刊本，2012年。

白洪鑫：《白洪鑫通书》，打印未刊本，2012年。

陈鼓应：《易传与道家思想》，生活·读书·新知三联书店1996年版。

陈来：《宋明理学》，辽宁教育出版社1991年版。

程发轫编：《六十年来之国学》第一册，台北：正中书局1972年版。

程建军：《藏风得水》，中国电影出版社2005年版。

戴念祖：《中国力学史》，河北教育出版社1988年版。

丁文剑：《现代建筑与古代风水》，东华大学出版社2008年版。

董光璧：《当代新道家》，华夏出版社1991年版。

董光璧：《传统与后现代——科学与中国文化》，山东教育出版社1996年版。

董珍辉：《星华堂通书》，打印未刊本，2001年。

冯达文：《回归自然——道家的主调与变奏》，广东人民出版社1992年版。

顾颉刚：《秦汉的方士与儒生》，上海古籍出版社1978年版。

郭彧：《风水史话》，华夏出版社2006年版。

何晓昕、罗隽：《中国风水史》（增补版），九州出版社2008年版。

洪建林编：《道家养生秘库》，大连出版社1991年版。

《胡适文存四集》，黄山书社1996年版。
黄一农：《社会天文学史十讲》，复旦大学出版社2004年版。
孔令宏：《中国道教史话》，河北大学出版社1999年版。
孔令宏：《儒道关系视野中的朱熹哲学》，（台湾）中华大道出版社2000年版。
孔令宏：《朱熹哲学与道家、道教》，河北大学出版社2001年版。
孔令宏：《宋明道教思想研究》，宗教文化出版社2002年版。
孔令宏：《从道家到道教》，中华书局2004年版。
孔令宏编著：《道教概论》，浙江大学出版社2013年版。
孔令宏主编：《东方道藏·民间道书合集》第一辑，社会科学文献出版社2019年版。
李迪：《中国数学史编》，辽宁人民出版社1984年版。
李纪祥：《两宋以来大学改本之研究》，台北：台湾学生书局1988年版。
李廉：《周易的思维与逻辑》，安徽人民出版社1994年版。
李申：《中国古代哲学与自然科学》，中国社会科学出版社1993年版。
《梁启超哲学论文选》，北京大学出版社1984年版。
梁邵辉：《周敦颐评传》，南京大学出版社1994年版。
梁启超：《清代学术概论》，上海古籍出版社2000年版。
刘君灿：《科技史与文化》，台北：华世出版社1983年版。
吕文郁：《春秋战国文化史》，东方出版中心2007年版。
马宗霍：《中国经学史》，上海书店1990年版。
《蒙文通全集》，巴蜀书社2015年版。
弥勒县志编纂委员会编纂：《弥勒县志》，云南人民出版社1987年版。
苗力田主编：《亚里士多德全集》，中国人民大学出版社1996年版。
潘吉星编：《李约瑟文集》，辽宁科学技术出版社1986年版。
钱宝琮：《中国数学史》，科学出版社1964年版。
钱穆：《庄老通辨》，生活·读书·新知三联书店2002年版。
卿希泰主编：《中国道教史》第2卷，四川人民出版社1992年版。
邱仁宗主编：《20世纪西方哲学名著导读》，湖南人民出版社1991年版。
《孙中山选集》，人民出版社1981年版。
谭嗣同：《仁学》，中华书局1958年版。

唐君毅：《中国哲学原论》，台北：台湾学生书局1984年版。
王鸿均、孙宏安：《中国古代数学思想方法》，江苏教育出版社1989年版。
王其亨主编：《风水理论研究》，天津大学出版社1992年版。
王玉德：《寻龙点穴——中国古代堪舆术》，中国电影出版社2006年版。
吴小强：《秦简日书集释》，岳麓书社2000年版。
许为民等编著：《自然、科技、社会与辩证法》，浙江大学出版社2002年版。
《严复集》，中华书局1986年版。
易心莹：《寄玄照楼书——论道教宗派》，载《藏外道书》第24册，巴蜀书社1992年版。
尹奈：《智能逻辑初探》，电子工业出版社1988年版。
于希贤、于涌：《中国古代风水的理论与实践》，光明日报出版社2005年版。
詹海云：《陈乾初大学辩研究》，台北：明文书局1986年版。
詹石窗：《道教风水学》，台北：文津出版社1994年版。
张晓明：《中国文化产业评论》，社会科学文献出版社2003年版。
朱亚宗：《中国科技批判史》，国防科技大学出版社1995年版。
祝亚平：《道家文化与科学》，中国科学技术大学出版社1995年版。

［法］丹尼·狄德罗主编，［美］坚吉尔英译：《丹尼·狄德罗的〈百科全书〉》（选译），梁从诫译，辽宁人民出版社1992年版。
［美］斯·格洛夫：《死亡探秘——人死后的另一种状况》，雁栖、李军译，中国人民大学出版社1991年版。
［德］黑格尔：《哲学史讲演录》，北京大学哲学系外国哲学史教研室译，生活·读书·新知三联书店1956年版。
［意］贝内德托·克罗齐：《历史学的理论和实际》，傅任敢译，商务印书馆1982年版。
［意］贝内德托·克罗齐：《作为思想和行动的历史》，田时纲译，商务印书馆2017年版。
［英］R. G. 科林伍德：《历史的观念》，何兆武、张文杰译，中国社会科学出版社1986年版。

［德］米希尔·兰德曼：《哲学人类学》，彭富春译，工人出版社 1988
年版。

［英］李约瑟：《中国科学技术史》第二卷，科学出版社、上海古籍出版
社 1990 年版。

［英］李约瑟：《中国科学技术史》第四卷《物理学及相关技术》第一分
册，科学出版社、上海古籍出版社 2003 年版。

［英］李约瑟：《中国科学技术史》第五卷《地学》第一分册，科学出版
社 1976 年版。

［英］罗素：《西方哲学史》，何兆武、李约瑟译，商务印书馆 1963 年版。

［英］斯蒂芬·梅森：《自然科学史》，周煦良等译，上海译文出版社 1980
年版。

［英］威廉·涅尔、玛莎·涅尔：《逻辑学的发展》，张家龙、洪汉鼎译，
商务印书馆 1985 年版。

［美］唐力权：《周易与怀德海之间：场有哲学序论》，台北：黎明文化事
业公司 1989 年版。

［德］马克斯·韦伯：《社会科学方法论》，朱红文等译，中国人民大学出
版社 1992 年版。

三　论文

卞云龙、周鸿：《云南居民丧葬观的调查报告及其政策导向》，《思想战
线》1999 年第 6 期。

蔡仁厚：《道德上的义利双成与经济上的义利双成》，载《中国哲学的反
省与新生》，台北：正中书局 1994 年版。

曹洪刚：《明王朝对西南边疆山地开发与统治的深入——以十八寨守御千
户所设立筑城为例》，《中国山地民族研究集刊》2013 年第 1 期。

陈波：《"是"的逻辑哲学分析》，《中国社会科学》1993 年第 1 期。

陈进国：《民间通书的流行与风水术的民俗化——以闽台洪潮和通书为
例》，《台湾宗教研究通讯》2002 年第 4 期。

陈久金：《〈周易·乾卦〉六龙与季节的关系》，《自然科学史研究》1987
年第 3 期。

陈来：《关于程朱理气学说两条资料的考证》，《中国哲学史研究》1983 年

第 2 期。

陈少明：《论中国传统哲学中的象征性思维》，载洋溟编《中国传统文化的反思》，广东人民出版社 1987 年版。

陈晓平、桂起权：《辩证逻辑形式化的新进展——对张金成系统的评价和补正》，《武汉大学学报》（哲学社会科学版）1992 年第 6 期。

董平：《南宋婺学之演变及其至明初的传承》，载刘东主编《中国学术》第 10 辑，商务印书馆 2002 年版。

龚鹏程：《黄宗羲与道教》，载《海峡两岸道教文化学术研讨会论文集》，台北：台湾学生书局 1997 年版。

郭万牛、杨蓉：《文化软实力与综合国力》，《学术界》2009 年第 6 期。

济民：《高石坎、柳树湾已初步查明》，《南京史志》1984 年第 4 期。

金春峰：《月令图式与中国古代思维方式的特点及其对科学、哲学的影响》，载深圳大学国学研究所主编《中国文化与中国哲学》，东方出版社 1986 年版。

金岳霖：《中国哲学》，《哲学研究》1985 年第 9 期。

胡化凯：《感应论——中国古代朴素的自然观》，《自然辩证法通讯》1997 年第 4 期。

黄卫平：《融事实于价值之中的运思特征》，载洋溟编《中国传统文化的反思》，广东人民出版社 1987 年版。

孔令宏：《易势分形学导论》，全国分形理论讲习班暨专题讨论会论文，武汉，1991 年。

孔令宏：《中华生命科学理论的易释逻辑阐释》，云南省人体科学学会第三届会员代表大会获奖论文，昆明，1991 年。

孔令宏：《由 ICALP'91 谈辩证逻辑形式化的若干问题》，云南省逻辑学会 1991 年年会报告论文，昆明，1991 年。

孔令宏：《形式逻辑·辩证逻辑与模式变换》，云南省逻辑学会成立十周年庆祝大会暨 1992 年年会论文，昆明，1992 年。

孔令宏：《运用易势逻辑进行中医专家系统医理设计》，首届国际中医药工程学术讨论会论文，南京，1992 年。

孔令宏：《全息逻辑》，《潜科学》1994 年第 1、2 期。

孔令宏：《试论理论体系的比较与评价》，《云南学术探索》1997 年第

2 期。

孔令宏:《周敦颐〈太极图〉与张伯端的关系》,《中华道学》1998 年第 1 期。

孔令宏:《试论用技术社会学方法解答李约瑟难题》,《大自然探索》1998 年第 3 期。

孔令宏:《道体儒用的阳明哲学》,载钱明主编《阳明学新探》,中国美术学院出版社 2002 年版。

孔令宏:《陆九渊思想与道家、道教》,《世界弘明哲学季刊》2003 年第 6 期。

孔令宏:《开展地方文化研究——王益庸〈富阳历代名人〉序》,载王益庸著《富阳历代名人》,中国文联出版社 2004 年版。

孔令宏:《浙江道教史发凡》,《杭州师范学院学报》(社会科学版) 2005 年第 6 期。

孔令宏:《〈东方道藏〉序论》,浙江大学《东方道藏》编纂国际学术研讨会论文,杭州,2016。

孔令宏、李东:《〈东方道藏〉科仪类书籍分类方法探析》,浙江大学《东方道藏》编纂国际学术研讨会论文,杭州,2016。

孔美艳:《除灵·三周年祭礼及演剧考》,《中华戏曲》2013 年第 2 期。

李锦全:《中国传统价值观的现代思考》,载《人文精神的承传与重建》,广东人民出版社 1995 年版。

李申:《太极图渊源辩》,《周易研究》1991 年第 1 期。

李志超:《机发论——一种有为的科学观》,《自然科学史研究》1990 年第 1 期。

立新:《"隧道效应"基础理论探析》,《吉林工程技术师范学院学报》2016 年第 2 期。

林铭均、曾祥云:《中国逻辑史研究中的两个理论问题质疑》,《中山大学学报》(社会科学版) 1994 年第 2 期。

林亦修、鲁益新:《地方化:温州陈靖姑宫庙神班研究》,载叶明生主编《澳门陈靖姑文化论坛——首届澳门临水夫人陈靖姑文化国际学术研讨会文集》,宗教文化出版社 2016 年版。

刘道超:《七七丧俗之发生发展根源探析》,《中南民族大学学报》(人文社会科学版）2008年第3期。

刘明：《试论庄子的技术哲学思想》，载陈鼓应编《道家文化研究》第十辑，上海古籍出版社1996年版。

刘铭、徐传武：《"七七"丧俗考源》，《民俗研究》2010年第2期。

刘天君：《气功的研究现状与发展方向》，《中国中医基础医学杂志》1998年第1期。

刘天君：《气功外气研究述评》，《中国中医药信息杂志》1998年第10期。

鲁忠江：《论农村地区丧葬改革现状及其成因》，《吉林广播电视大学学报》2007年第6期。

陆韧：《明代云南汉族定居区的分布与拓展》，《中国历史地理论丛》2006年第3期。

罗翊重：《用〈易经〉阴阳象数看莱布尼茨逻辑数学化的思想》，《周易研究》1991年第4期。

罗翊重：《论一阶谓词逻辑诸词项间的层次结构——关于〈易经〉象数模式在经典数理逻辑中的运用》，中国逻辑学会现代逻辑学术讨论会论文，哈尔滨，1993。

马国川：《谢宇：美国科学在衰退吗？》，《财经》2018年第9期。

马楠：《亦真亦幻祭祀亡灵——浅谈云南丧俗纸扎艺术的造型特征》，2009年云南省研究生学术论坛论文，昆明，2011。

蒙文通：《严君平〈道德指归论〉佚文》，《图书集刊》1948年第8期。

潘晟：《重构中国古代知识、思想与信仰的世界》，《中国社会科学报》2014年1月29日A05版。

束景南：《周敦颐太极图说新考》，《中国社会科学》1988年第2期。

汤用彤：《读〈太平经〉书所见》，《汤用彤学术论文集》，中华书局1983年版。

王路：《"是"的逻辑研究》，《哲学研究》1992年第3期。

王锡安：《国内近十年来气功实质研究概况》，《安徽中医学院学报》1990年第3期。

王育成：《中国古代道教奇异符铭考论》，《中国历史博物馆馆刊》1997年第2期。

文传浩、周鸿：《论风水文化对中国传统丧葬文化的影响——兼论其在当代殡葬改革中的政策导向》,《思想战线》1999年第2期。

吴勤学:《21世纪中国经济最大的增长点:中国传统文化的产业化》,《北京联合大学学报》(人文社会科学版)2005年第3期。

徐西华:《净明教与理学》,《思想战线》1983年第3期。

余敦康:《大学、中庸和宋明理学》,载《历史论丛》第四辑,齐鲁书社1983年版。

余明光:《荀子思想与黄老之学》,载陈鼓应编《道家文化研究》第六辑,上海古籍出版社1995年版。

余英时:《史学、史家与时代》,载《历史与思维》,台北:联经出版事业公司1976年版。

张秉伦、徐飞:《李约瑟难题的逻辑矛盾及科学价值》,《自然辩证法通讯》1993年第6期。

张金成:《对辩证逻辑形式化的研究》,《武汉大学学报》(哲学社会科学版)1992年第6期。

张正祥:《柳树湾考》,《南京史志》1984年第4期。

赵总宽:《关于辩证逻辑形式化的若干问题》,《逻辑科学》1988年第2、3期。

郑术:《当中国内丹遭遇西方身体——赵避尘著作里的中西汇通》,博士学位论文,中国科学院研究生院,2012。

周继旨、卢央:《〈周易〉与中国传统思维模式》,《文史哲》1992年第1期。

周予同:《〈大学〉和〈礼运〉》,《周予同经学史论著选集》,上海人民出版社1983年版。

朱爱东:《过渡礼仪——云南魏山坝区汉族丧葬习俗研究》,《广西民族研究》2002年第1期。

庄春波:《文化哲学论纲》,《管子学刊》1996年第1期。

庄万寿:《〈大学〉、〈中庸〉与黄老思想》,载陈鼓应编《道家文化研究》第一辑,上海古籍出版社1992年版。

[日]山田庆儿:《认识·模式·制造——中国科学的思想风土》,《古代东亚哲学与科技文化:山田庆儿论文集》,辽宁教育出版社1996年版。

[日]山田庆儿:《近代科学的形成与东渐》,《古代东亚哲学与科技文化:

山田庆儿论文集》，辽宁教育出版社1996年版。

［美］成中英：《对哈贝马斯理路的儒学反思》，崔雅琴译，载杨国荣主编《思想与文化》第三辑，华东师范大学出版社2003年版。

［美］杜维明：《儒学创新的哲学反思》，载冯天瑜主编《人文论丛：2006年卷》，武汉大学出版社2007年版。

［美］席文：《为什么科学革命没有在中国发生——是否没有发生？》，载李国豪等主编《中国科技史探索》，上海古籍出版社1986年版。

［美］夏含夷：《周易乾卦六爻新解》，载《文史》第二十四辑，中华书局1985年版。

David C. Hoy, "Foucault: Modern of Postmodern?", in J. Arac, eds., *After Foucault*, New Brunswick, N. J.: Rutgers University Press, 1988.

Kong Linghong, Mathematical Dialectical Logical Proportional System and Medical Expert System, Medinfo'89, Peking, 1989.

Kong Linghong, Mathematical Dialectical Logical Proportional System and the Study of Medical Expert System of Traditional Chinese Medicine, INFORMATICA'90, Peking, 1990.

R. A. Uritam, "Physics and the view of nature in traditional China", *American Journal of Physics*, 43: 2, 1975.